화양국지 華陽國志

【상】

화양국지【상】華陽國志 上

1판 1쇄 인쇄   2023년 1월 20일
1판 1쇄 발행   2023년 1월 31일
—
편   자 | 상   거
역주자 | 이은상 · 임승권
발행인 | 이방원
—
발행처 | 세창출판사
　　　　신고번호 · 제1990-000013호 | 주소 · 서울 서대문구 경기대로 58 경기빌딩 602호
　　　　전화 · 02-723-8660 | 팩스 · 02-720-4579
　　　　http://www.sechangpub.co.kr | e-mail: edit@sechangpub.co.kr
—
ISBN 979-11-6684-161-3 94910
　　　　979-11-6684-160-6 (세트)
—
·이 책은 한국연구재단의 지원으로 세창출판사가 출판, 유통합니다.
·잘못된 책은 구입하신 서점에서 바꾸어 드립니다.
—
이 번역서는 2019년 대한민국 교육부와 한국연구재단의 지원을 받아 수행된 연구임 (NRF-2019S1A5A7069102).

화양국지 華陽國志

권1~권8

Annotated Translation of
the Records of the Countries South of Mount Hua

【상】

상거(常璩) 편찬

이은상·임승권 역주

세창출판사

　동진(東晉, 317~420) 때 상거(常璩, 대략 291~361)가 편찬한《화양국지(華陽國志)》는 현존하는 중국 최초의 지방지(地方誌)이다. 이 책은 신화의 시대에서 시작하여 동진 영화(永和) 3년(347)에 이르기까지 지금의 사천(四川)·운남(雲南)·귀주(貴州)·감숙(甘肅)·섬서(陝西)·호북(湖北) 지역의 역사·정치·군사·문화·풍속·인물 등 비교적 풍부한 중국 서남 지역의 고대 민족 사료를 보존하고 있다. 따라서 해당 지역과 민족의 역사와 문화뿐만 아니라 이 지역의 지리, 정치사, 경제사, 민족사를 연구하는 데 사료적 가치가 매우 높은 텍스트이다.

　상거는 자가 도장(道將)이며, 촉군(蜀郡) 강원현[江源縣, 지금의 사천성 숭경현(崇慶縣)] 사람이다. 그의 집안은 후한(後漢, 25~220) 때부터 진(晉, 265~420)나라 때까지 강원 지역에서 대대로 관리를 지낸 문벌사족이었다. 서진(西晉, 265~317) 말에 저족(氐族) 사람 이웅(李雄, 274~334)이 촉(蜀) 지역의 성도(成都)에 성한(成漢, 304~349) 왕조를 세웠다. 상거는 이 성한 왕조의 세 번째 황제인 이기(李期, 재위 334~338)와 네 번째 황제인 이수(李壽, 재위 338~343)의 시대에 사관(史官)으로 재직하면서 《양익이주지지(梁益二州地志)》·《파한지(巴漢志)》·《촉지(蜀志)》·《남중지(南中志)》를 저술했다. 여기에서 우리는 당시 수많은 지방정권 가운데 하나인 성한 왕조의 통치자들이 대내외적으로 그 정통성을 인정받고자 왕조의 역사서를 편찬하는 데 많은 노력을 기울였음을 알 수 있다.

작은 지방정권의 사관이었던 상거는 정치적, 사회적 상황이 급변했던 시대적 상황에 직면하여 새로운 환경에서 서남을 바라보게 되었다. 동진 영화 3년(347)에 환온(桓溫, 312~373)이 촉 지역을 정벌하자 그는 성한의 마시막 황제인 이세(李勢, 재위 343~347)에게 투항할 것을 권했다. 상거는 그 공을 인정받아 중원(中原)의 문벌사족들이 주축을 이룬 동진 정부에서 관직 생활을 했지만 지역 차별로 인해 그의 벼슬길이 그리 순탄하지는 않았다. 이에 그는 멸망한 성한 왕조에 대한 회한과 고향에 대한 그리움으로 예전에 저술했던 《양익이주지지》·《파한지》·《촉지》·《남중지》 등을 모아 중국 서남 지역의 역사인 《화양국지》를 편찬했다. 상거는 제국에 소속된 사관이 아니라 지방정권인 성한의 사관으로서 파(巴)·한중(漢中)·촉(蜀)·남중(南中) 등 지역의 정체성을 표상하는 《화양국지》를 기술하여 최초로 중국 서남 지역의 역사를 썼다.

《서경(書經)》〈우공(禹貢)〉에 "화산(華山)의 남쪽과 흑수(黑水)를 경계로 양주(梁州)가 있다.[華陽黑水惟梁州.]"라고 했다. 구주(九州)의 하나인 양주(梁州)는 지금의 섬서성, 사천성 일대와 운남성 일부 및 귀주성 일부가 포함된 지역이다. 바로 《화양국지》에서 다루고 있는 지역들이다. '화양(華陽)'은 화산(華山)의 남쪽을 뜻한다. 화산은 서한(西漢, 기원전 202~8)의 수도였던 장안(長安)에서 멀지 않은 곳에 있다. 촉 땅에 터전을 잡은 성한 왕조가 자신들의 정체성을 서한 왕조에서 찾은 것이다. 상거를 비롯한 성한 왕조의 사람들은 진나라를 중앙으로 인정하지 않고 스스로를 화산의 남쪽에 위치했던 서한을 계승했다고 자부했다.

《화양국지》 권12 〈서지(序志)〉에 "촉 땅이 개벽(開闢)한 것에서부터 시작하여 영화(永和) 3년(347)에서 끝맺는다."라고 했다. 《화양국지》는 영화 4년인 348년 가을에서 영화 10년인 354년까지의 기간에 편찬되었다.

《화양국지》는 권1 〈파지(巴志)〉, 권2 〈한중지(漢中志)〉, 권3 〈촉지(蜀志)〉, 권4 〈남중지(南中志)〉, 권5 〈공손술유이목지(公孫述劉二牧志)〉, 권6 〈유선주지(劉先主志)〉, 권7 〈유후주지(劉後主志)〉, 권8 〈대동지(大同志)〉, 권9 〈이특웅기수세지(李特雄期壽勢志)〉, 권10 〈선현사녀총찬(先賢士女總贊)〉, 권11 〈후현지(後賢志)〉, 권12 〈서지(序志)〉 등 모두 12권이다. 그 내용은 크게 두 부분으로 나뉜다. 전반부인 1권부터 4권까지는 지리에 관한 내용으로, 북쪽으로는 지금의 섬서성과 감숙성 남부, 남쪽으로는 지금의 운남성 서남부 변경, 서쪽으로는 지금의 사천성 서부 지역, 동쪽으로는 장강(長江) 삼협(三峽)을 아우른다. 즉, 파(巴)·촉(蜀)·한중(漢中)·남중(南中) 네 지역의 건치연혁(建置沿革)을 상세하게 기록함으로써 중국 서남의 지리적 연혁을 유기적으로 보여 주고 있다. 또한 각 주(州)의 역사, 군현(郡縣)의 연혁, 치성(治城)의 소재(所在), 유명한 산천, 주요 도로, 지역 특산물과 풍속, 민족, 신화, 전설, 권문세가의 분포 등을 소개했다. 상거는 특히 촉 땅의 신화를 수집, 기록함으로써 중원과는 다른 독자적인 정통성을 제시했다.

후반부 5권부터 12권까지는 중국 서남부 지역의 중요한 역사 사건과 인물에 관해 서술하고 있는데, 잠총(蠶叢)과 어부(魚鳧)의 전설에서부터 시작하여 동진 때인 347년까지, 특히 공손술(公孫述, 36년 졸)과 유언(劉焉, 194년 졸)이 촉을 점거했던 시기, 삼국(三國) 촉한(蜀漢, 221~263) 시기, 성한(成漢, 304~349) 시기를 중점적으로 다루었다. 후반부를 다시 둘로 나눌 수 있는데, 5권부터 9권까지는 이 지역을 다스린 역대 통치자들에 대해서 서술했다. 서한 말 공손술부터 시작하여 동한 말 유언과 유장(劉璋) 부자(父子), 촉한의 유비(劉備, 161~223)와 유선(劉禪, 207~271) 부자 그리고 성한의 이특(李特, 303년 졸)에서 이세(李勢)에 이르기까지 그 흥망의 역사를 총체적으로 분석, 고찰했다. 개별적이고 분절된 역사를 통사적으로 엮음으로써 서남 지역의 역사를 재구성한 것이다.

10권과 11권은 서한 때부터 동진 초기까지 현사(賢士)와 열녀(烈女) 401명의 이름·관직·본적지·사적(事迹) 등을 기록했다. 상거는 인물 이름 앞에 고상(高尙)·덕행(德行)·문학(文學)·인의(仁義)·충정(忠正)·술예(術藝) 등의 항목을 설정했으며, 지역적 특성에 의거하여 인물을 배치했다. 예를 들면, 어떤 지역은 교육에 종사한 인물 위주로, 어떤 지역은 정치적 업적이 뛰어난 인물 위주로, 어떤 지역은 상업적 능력이 탁월한 인물 위주로 서술하는 방식을 택했다.

상거는 중앙의 시선이 아닌 지방정권의 주체적인 입장에서, 시간적으로는 원고시대부터 성한이 멸망하기까지, 공간적으로는 화산 남쪽에 위치한 파·촉·한중·남중 네 개 지역, 즉 현재의 사천·운남·귀주·감숙·섬서·호북에 이르는 중국 서남 지역의 역사, 지리, 풍속에 관해 서술했다. 또한 파(巴)·촉(蜀)·저(氐)·강(羌) 등 30여 개 소수 민족들의 명칭과 분포 상황, 역사와 풍속뿐만 아니라 한족 정권과의 관계를 기록했다. 형식은 사마천(司馬遷) 《사기(史記)》의 영향을 받아 편년체와 기전체가 결합된 전통적인 역사서의 서술방식을 따르면서 역사, 지리, 인물 등 세 가지 측면에서 화양의 역사를 편년체로 정리했다. 또한 각 지방별 물산과 문벌 사족, 인재를 서술했다.

《화양국지》는 체제가 완비되고 자료가 풍부하며, 고증 또한 충실하여

책이 편찬되자마자 세인(世人)의 주목을 받았다. 특히 범엽(范曄, 398~445)의 《후한서(後漢書)》, 배송지(裴松之, 372~451) 주(注) 《삼국지(三國志)》는 이 책에서 많은 부분을 인용했으며, 이후에도 최홍(崔鴻, 478~525)이 저술한 《십육국춘추(十六國春秋)》라든가 역도원(酈道元, 466~527)이 쓴 《수경주(水經注)》, 남북조(南北朝) 양(梁, 502~557)나라 때 역사가 유소(劉昭)가 주(注)한 《후한지(後漢志)》 등 중국 서남 지역 역사를 다룰 때마다 이 책을 인용하지 않은 것이 없을 정도로 사료적 가치가 매우 높다. 따라서 정사(正史) 위주의 역사 서술이 주류를 이루는 상황에서 정사에서 다루지 않는 지방의 역사를 돌아봄으로써 중국 역사 연구의 편향이 어느 정도 극복되기를 기대한다.

《화양국지》의 판본은 매우 많다. 현존하는 《화양국지》 판본은 30종에 이른다. 문헌에 기재되어 있는 《화양국지》 최초의 판본은 북송(北宋, 960~1127) 때인 1080년에 여대방(呂大防, 1027~1097)이 성도(成都)에서 간행한 것인데, 현재 이 판본은 전해지지 않고 여대방이 쓴 서문만 남아 있다. 남송(南宋, 1127~1279) 때 단릉(丹稜) 사람 이기(李埼)가 구본(舊本)에 잘못된 부분이 많았으므로 독자가 이해할 수 없다고 여겼고, 이에 교정(校正)을 가하여 1204년에 임공(臨邛)에서 다시 간행했는데, 이를 '가태본(嘉泰本)'이라 칭한다. 명(明, 1368~1644)나라 이후에 간행된 《화양국지》는 모두 이 가태본을 원각본(原刻本)으로 삼았으나 널리 유통되지는 않았다. 명나라 때 전숙보(錢叔寶)가 가태본을 초록(抄錄)했으며, 청(淸, 1616~1912)나라 순치(順治, 1644~1661) 연간에 풍서(馮舒, 1593~1649)가 또 가태본을 초록했다.

명나라 때 장가윤(張佳胤, 1526~1588)이 1564년에 포주(蒲州)에서 판각한 《화양국지》는 현존하는 가장 오래된 각본(刻本)이다. 장가윤은 당시 저명한 시인으로, 교감은 그의 전문 분야가 아니었다. 그는 원본을 자기 마음대로 고쳐서 원본의 진면모를 많이 손상시키는 오류를 범했다. 장가윤의 각본이 나온 1564년에 성도(成都)에서 유대창(劉大昌)의 각본이 나왔다. 이 밖에도 만력(萬曆, 1573~1620) 연간에는 하우도(何宇度) 각본이 나왔고, 천계(天啓) 6년인 1626년에는 성도에서 이일공(李一公)의 각본이 간행되었다.

명나라 때 초본(抄本)이 많다. 전곡(錢穀, 1508~1572)이 가태본을 초록한 것을 《사부총간(四部叢刊)》에서 영인(影印)했다. 이 밖에도 1567년에 간행된 오수(吳岫) 초본, 우충당(愚忠堂) 초본, 산수원두(山水源頭) 초본이 있다. 《사고전서(四庫全書)》에 수록된 《화양국지》는 오수본이다.

청나라에 들어와서 건륭(乾隆, 1736~1796) 연간에 정걸(丁杰)은 전곡이 소장하고 있던 또 다른 초본을 교감했다. 후에 이것을 이조원(李調元, 1734~1803)에게 주었는데, 이조원은 1782년에 판각하여 그가 편집한 총서(叢書)인 《함해(函海)》에 포함시켰다. 1814년에 간행된 제금관본(題襟館本)은 저명한 교감학자인 고광기(顧廣圻, 1766~1835)가 교감하고, 사천 인수(鄰水) 사람 요인(廖寅, 1751~1824)이 간행한 것이다. 《사부비요(四部備要)》에서 이 간본을 배인(排印)했으며, 20세기 초에 성도(成都) 지고당(志古堂)에서 번각(飜刻)했다. 이조원과 요인의 교감본 이외에도 청나라 때 하작(何焯, 1661~1722), 혜동(惠棟, 1697~1758), 노문초(盧文弨, 1717~1795) 등 저명한 학자들이 《화양국지》를 교감했는데, 이들의 교감이 대부분 여러 판본들을 대조하는 데 그친 반면에 고광기는 수많은 관련 역사서들과 《화양국지》를 대조하여 기존의 판본들에서 나타난 오류들을 많이 바로잡아서 《화양국지》 판본들 가운데 수작(秀作)이라는 평을 받는다. 하지만 애석하게도 고광기는 전곡의 초본, 장가윤과 유대창 그리고 이일공의 각본, 이조원의 《함해》본을 살펴보지 않았고, 그가 저본(底本)으로 삼은 상숙(常

熟) 풍씨(馮氏) 공거각본(空居閣本)과 그 밖에 오수 초본과 하우도 각본 같은 그가 참조한 판본들은 모두 선본(善本)이 아니다. 그가 한 교정(校訂) 또한 간혹 꼼꼼하게 살피지 않아 이로 인해 오류가 많이 발생했다.

현대로 들어와서 임내강(任乃强, 1894~1989)이 수십 년에 걸쳐 교주(校注)한 노작(勞作)인 《화양국지교보도주(華陽國志校補圖注)》가 상해고적출판사(上海古籍出版社)에서 1987년에 출판되었으며, 유림(劉琳)이 교주한 《화양국지교주(華陽國志校注)》가 1984년에 파촉서사(巴蜀書社)에서 출간되었다.

역자가 《화양국지》 번역을 위해 저본(底本)으로 쓴 텍스트는 제노서사(齊魯書社, 2010)에서 출판된 《화양국지(華陽國志)》이다. 유림이 교주한 《화양국지교주》와 임내강이 교주한 《화양국지교보도주》 등의 자료들을 참고하여 교감하고, 각주를 달았다. 《화양국지》는 그 글이 전아(典雅)하고 고박(古朴)하나 오랜 세월에 걸쳐 여러 사람의 손을 거쳐 전사(轉寫)하고 판각되는 과정에서 잘못 표기하거나 글자가 빠지거나 더해지는 등 수많은 오류가 발생하여 지금의 독자들이 읽기에는 매우 난해한 텍스트가 되었다.

중국의 '중앙'인 중원(中原)과 다른 독특한 문화를 지닌 중국 '변방'의 역사서 《화양국지》가 중국 서남 지역의 로컬 정체성을 이해하고 연구하는 데 매우 유용한 기초 자료로 활용될 수 있기를 기대한다.

2023년 1월 16일
역주자 삼가 씀.

화양국지
(華陽國志)

—

권1
파지(巴志)

옛날 당요(唐堯) 때에 홍수가 하늘까지 넘쳤다. 곤(鯀)이 치수(治水)에 성공하지 못하자[1] 대우(大禹)가 그의 뒤를 이어 강과 하천을 소통하게 하니 수많은 시내가 잘 정비되었고, 천하를 분봉하여 옛 아홉 구역[圃]을 근거로 구주(九州)[2]를 설치했다. 그 가운데 위로 우러러서는 삼벌성(參伐星)[3]에 대응하고, 아래로 구부려서는 화산(華山)의 남쪽에 위치하며, 흑수(黑水)와 강수(江水), 한수(漢水) 사이를 양주(梁州)로 삼았다. 그곳의 토지는 푸른빛을 띤 흑색이고, 밭은 하상(下上) 등급이며, 부세는 하중(下中) 등급에 해당한다.[4] 공물은 미옥[璆]·철(鐵)·은(銀)·강철[鏤]·돌화살촉[砮]·경석[磬石]·곰[熊]·큰곰[羆]·여우[狐]·삵[狸]·직피(織皮)이다. 마침내 사방이 안정되고 구주가 통일되고, 부세를 관장하는 육부(六府)[5]가 잘 정비되어 많은 토지가 정통을 얻게 되었으며, 각지에서 공손하게 재부(財賦)를 받들어 중국(中國)에 바쳤다. 천하를 태평하게 하고 백성을 화목하게 하는 교화가 동쪽에

---

1 옛날 당요(唐堯) … 못하자: 《사기(史記)》 권2 〈하본기(夏本紀)〉의 글이다.

2 구주(九州): 《상서(尚書)》 〈하서(夏書) 우공(禹貢)〉에 따르면 우(禹)는 중국을 기(冀)·연(兗)·청(青)·서(徐)·양(揚)·형(荊)·예(豫)·양(梁)·옹(雍) 등 아홉 개 주(州)로 나누었다.

3 삼벌성(參伐星): 28수 가운데 서방백호칠수(西方白虎七宿)의 하나인 삼수(參宿)에 딸린 별자리로, 옛 사람들은 자수(觜宿)와 삼수가 익주(益州)에 해당한다고 여겼다.

4 밭은 … 해당한다: 《상서(尚書)》 〈하서(夏書) 우공(禹貢)〉에서는 각 주(州)의 토질과 공부(貢賦)를 9등급으로 나누었다. 하상(下上)은 제7등급, 하중(下中)은 제8등급이다.

5 육부(六府): 옛날 부세(賦稅)를 담당하던 6개 기구이다. 《예기(禮記)》 권2 〈곡례 하(曲禮下)〉에 이르기를, "천자의 육부는 사토(司土)·사목(司木)·사수(司水)·사초(司草)·사기(司器)·사화(司貨)이다.[天子之六府, 日司土司木司水司草司器司貨.]"라고 했다.

서 서쪽으로 두루 미쳐 전파되었다.

하(夏)·은(殷)·주(周) 삼대를 거치며 구주(九州)의 목백(牧伯)이 그 직책을 다했다. 주 문왕(周文王)이 서백(西伯)이었을 때 서쪽에는 아홉 나라가 있었다. 주 무왕(周武王)이 상(商)나라를 물리치고 나서 서주(徐州)를 청주(靑州)에 병합하고, 양주(梁州)를 덜어 옹주(雍州)에 합쳤을 때도 여전히 직방씨(職方氏)[6]가 그 땅을 관할하면서 그 토양을 변별하고 일의 공(功)이나 이익을 변별하면서 진(秦)나라 때까지 이르렀다.[7] 한(漢)나라가 일어난 후한 고조(漢高祖)가 이곳에 의지하여 대업을 이루자 마침내 옹주를 양주(涼州)로 바꾸고, 양주(梁州)를 익주(益州)로 바꾸었다.[8] 때문에 파(巴)·한(漢)·용(庸)·촉(蜀) 등의 군(郡)이 모두 익주에 속했다. 위(魏)나라 함희(咸熙, 264~265) 원년에 촉을 평정하고, 처음으로 익주의 파(巴)와 한(漢) 7개 군을 분할하여 양주(梁州)를 설치하고, 치소(治所)를 한중(漢中)에 두었으며, 상국참군(相國參軍) 중산(中山) 사람 경보(耿黼)를 양주 자사로 삼았다. 원강[元康, 291~299, 진 혜제(晉惠帝)의 연호] 6년(296)에 광한(廣漢)을 다시 익주로 귀속시켰으며, 또다시 옹주(雍州)의 무도(武都)와 음평(陰平) 그리고 형주

---

6 직방씨(職方氏): 주(周)나라 때 관직으로 천하의 지도(地圖)와 사방의 공물(貢物)을 관장했다.

7 주 무왕(周武王)이 … 이르렀다:《주례(周禮)》〈하관사마(夏官司馬) 직방씨(職方氏)〉는 주(周)나라 때에도 여전히 중국을 기주(冀州)·유주(幽州)·병주(幷州)·연주(兗州)·청주(靑州)·양주(揚州)·형주(荊州)·예주(豫州)·옹주(雍州) 등 구주(九州)로 나누었다고 서술하고 있다.《상서(尙書)》〈하서(夏書) 우공(禹貢)〉의 구주와 비교하면 서주(徐州)가 청주(靑州)에 합쳐지고, 양주(梁州)가 옹주(雍州)에 합쳐지며, 기주(冀州)를 유주(幽州)와 병주(幷州)로 나누었다.

8 한(漢)나라가 … 바꾸었다: 한 고조(漢高祖) 때는 주(州)를 설치하지 않았고, 한 무제(漢武帝) 원봉(元封) 5년(기원전 106)에 이르러 전국을 13개 주부(州部)로 나누었는데, 바로 사례(司隸)·예(豫)·연(兗)·서(徐)·청(靑)·양(涼)·병(幷)·기(冀)·유(幽)·양(揚)·익(益)·형(荊)·교지(交阯)이다.

(荊州)의 신성(新城)·상용(上庸)·위흥(魏興)을 분할하여 양주에 귀속시켰다. 양주는 이때에 이르러 모두 11개 군과 58개 현을 거느렸다.

《낙서(洛書)》[9]에 이르기를, "인황(人皇)[10]이 처음 나와 지황(地皇)을 계승한 뒤에 그의 형제 아홉이 구주(九州)를 나누어 다스리며 구유(九囿)로 삼았다. 인황은 가운데 주(州)에 살면서 주변의 8보(八輔)[11]를 다스렸다."라고 했다. 화양(華陽) 땅 양산(梁山)과 민산(岷山)이 있는 곳이 그 가운데 한 구역[囿]이고, 그곳에 있는 나라가 파(巴)나라와 촉(蜀)나라이다. 그 지역의 분야(分野)[12]는 천상의 여귀성(輿鬼星)과 동정성(東井星)이다. 그곳의 군주는 오제(五帝) 이전에는 들은 바가 없다. 오제 이래 황제(黃帝) 및 고양씨(高陽氏)의 후손들이 대대로 파·촉의 후백(侯伯)이 되었다. 대우(大禹)가 치수할 때 주(州)를 칭했는데, 파·촉은 양주(梁州)에 속했다. 대우가 도산씨(塗山氏)에게 장가들어 신일(辛日)에 아내를 취하여 임일(壬日)과 계일(癸日)이 지난 갑일(甲日)에 집을 떠났는데 아들 계(啓)가 태어나 우는 소리에도 돌아보지 않았고, 세 차례나 자신의 집 문을 지나면서도 집안으로 들어오지

---

9 《낙서(洛書)》: 동한(東漢) 초에 출현한 참위서(讖緯書)로, 우(禹)가 치수(治水)할 때에 낙수(洛水)에서 나온 신귀(神龜)의 등에 있었다는 글이다. 거기에는 방위에 따라 수(數)가 그려져 있었다 하고, 이것을 수리(數理)의 근기(根基)로 삼아 미래의 일과 길흉화복(吉凶禍福)을 예언한 《하락도참(河洛圖讖)》이 있다.

10 인황(人皇): 삼황(三皇) 가운데 하나로, 삼황은 천황(天皇)·지황(地皇)·인황(人皇)을 가리키는데, 삼황설은 전국(戰國) 시대에 발생했다. 《사기(史記)》 권6 〈진시황본기(秦始皇本紀)〉에 승상 왕관(王綰), 이사대부(御史大夫) 풍겁(馮劫), 정위(廷尉) 이사(李斯) 등이 아뢴 글에서 이르기를, "옛날에 천황·지황·태황(泰皇)이 있었는데 태황이 가장 존귀합니다.[古有天皇, 有地皇, 有泰皇, 泰皇最貴.]"라고 했다. 서한(西漢) 말 이후에 참위설이 성행함에 따라 태황이 인황으로 바뀌었다.

11 보(輔): 기보(畿輔), 국도(國都) 부근 지역을 가리키는 말이다.

12 분야(分野): 하늘의 별자리와 땅의 위치를 대응시켜 중국 전역을 28수(宿)에 배당하여 나눈 것을 말한다. 《주례(周禮)》 〈춘관종백(春官宗伯) 보장씨(保章氏)〉 정현(鄭玄) 주(注)를 참조.

않고 시간을 절약하여 치수에만 힘썼다.[13] 지금의 강주(江州) 도산(塗山)이 바로 그곳으로 대우의 사당과 명문(銘文)이 있다. 대우는 회계(會稽)에서 제후들과 회맹했는데, 옥백(玉帛)을 차고 회맹에 사신으로 온 나라가 1만 여 나라가 되며,[14] 파나라와 촉나라도 거기에 갔다. 주 무왕(周武王)이 은 주왕(殷紂王)을 토벌할 때 파·촉 군사의 도움을 받았는데 《상서(尚書)》에 기록되어 있다.[15] 파나라의 군대는 날래고 용맹하여 노래 부르고 춤을 추 면서 은나라 사람들을 공격하자,[16] 앞에 있던 은나라 사람들이 창을 거꾸 로 들어 자신들을 향하게 했다. 그런 까닭에 세상에서는 그 일을 가리켜 "무왕이 주왕을 토벌할 때 앞에서는 노래하고, 뒤에서는 춤을 추었다.[武 王伐紂, 前歌後舞.]"[17]라고 했다. 무왕은 은나라를 이기고 나서 종희(宗姬)를 파나라에 책봉하고, 자작(子爵)의 작위를을 부여했다. 옛날에는 멀리 떨

---

13 대우가 … 힘썼다: 이 내용은 《상서(尚書)》 〈우서(虞書) 고요모(皋陶謨)〉와 《맹자(孟子)》 권5 〈등문공 상(滕文公上)〉에 나온다.

14 대우는 … 나라가 되며: 《춘추좌씨전(春秋左氏傳)》 〈애공(哀公)〉 7년에 이르기를, "우(禹)가 도산에서 제후들을 규합했는데 옥백을 쥔 자들이 1만여 나라였다.[禹合諸侯于涂山, 執玉帛者 萬國.]"라고 했다. 《국어(國語)》 권5 〈노어 하(魯語下)〉에 이르기를, "옛날 우가 여러 신들을 회계산에 이르게 했다.[昔禹致羣神于會稽之山.]"라고 했다.

15 주 무왕(周武王)이 … 기록되어 있다: 《상서(尚書)》 〈주서(周書) 목서(牧誓)〉에는 무왕(武王) 이 주(紂)를 칠 때 용(庸)·촉(蜀)·강(羌)·모(髳)·미(微)·노(盧)·팽(彭)·복(濮) 등 8개 서남 부족들이 무왕을 따랐다고 했는데, 파(巴)는 언급되지 않았으나 파가 여기에 참여했을 가능성이 있다.

16 파나라의 군대는 … 공격하자: 《예기(禮記)》 권25 〈제통(祭統)〉에서 인용한 《상서대전(尚 書大傳)》 권2 〈주전(周傳)〉에 이르기를, "무왕이 주를 토벌하여 상교(商郊)에 이르러 멈추 고 밤에 묵었는데 사졸(士卒)이 모두 기뻐하며 노래하고 춤을 추며 아침을 기다렸다.[武 王伐紂, 至於商郊, 停止宿夜, 士卒皆歡樂歌舞以待旦.]"라고 했다.

17 무왕이 … 춤을 추었다: '무왕이 주왕을 토벌할 때 앞에서는 노래하고, 뒤에서는 춤을 추었다.[武王伐紂, 前歌後舞.]'라는 내용은 《태평어람(太平御覽)》 권108에서 인용한 《상서대 전(尚書大傳)》 권2 〈주전(周傳)〉에 나온다.

어져 있는 나라가 비록 크다고 할지라도 작위는 자작을 넘지 않았다. 그런 까닭에 오·초(吳楚)나라 및 파나라의 작위가 모두 자작이었다.[18]

파(巴)나라 땅은 동쪽으로는 어복(魚復 지금의 사천(四川) 봉절(奉節))에 이르고, 서쪽으로는 북도(僰道 지금의 사천 의빈(宜賓))에 이르며, 북쪽으로는 한중(漢中)과 접하고 남쪽으로는 검중(黔中)과 부릉(涪陵)에 이른다. 땅에는 오곡을 심고, 가축으로는 육축(六畜)이 있었다. 뽕나무·누에·삼[麻]·모시[苧]·물고기[魚]·소금·구리·철·주사[丹]·옻[漆]·차(茶)·꿀[蜜]·거북[靈龜]·무소[巨犀]·꿩[山鷄]·흰 꿩[白雉]·황윤(黃潤)[19]·선분(鮮粉) 등을 다 공물로 바쳤다. 그곳의 과실 가운데 진귀한 것으로 나무에는 여지(荔支)가 있고, 덩굴로는 신구(辛蒟)가 있으며, 과수원[園]에는 구약(蒟蒻)·향차(香茶)·금귤[給客橙]·동규(東葵)가 있다. 약재 가운데 진귀한 것으로는 파극(巴戟)과 천초(天椒)가 있다. 대나무와 나무 가운데 귀한 것으로는 도지(桃支)와 영수(靈壽)가 있다. 명산으로는 도산(塗山)·적산(籍山)·영대산(靈臺山)·석서산(石書山)·간산(刊山)이 있다. 파나라 사람들은 질박하고 솔직하며 의기(義氣)를 좋아했는데, 민간의 풍속은 돈후하여 선민(先民)의 풍모가 남아 있었다. 그런 까닭에 이 지역의 시(詩)에 이르기를, "산천이 매우 평탄하여 기장을 많이 심었네. 맛있는 술과 좋은 곡식으로 아버지를 봉양할 수 있겠네. 들판은 흙으로 된 언덕이라 곡식이 많이 있네. 좋은 곡식과 맛있는 술로 어머니를 봉양할 수 있겠네."라고 했다. 이 지역에서 제사를 지낼 때 부르던 시에 이르기를, "봄

---

18 옛날에는 … 자작이었다: 주(周)나라 때는 공(公)·후(侯)·백(伯)·자(子)·남(南) 등 5등급의 작위가 있었다. 《춘추(春秋)》에 따르면 변방 멀리 떨어져 있는 나라는 비록 대국(大國)일지라도 작위가 자작을 넘지 않았다. 그런 까닭에 오(吳)나라와 초(楚)나라는 일률적으로 '자(子)' 또는 '남(男)'으로 불렀다.

19 황윤(黃潤): 일종의 유명한 세마포(細麻布)이다.

날의 첫 번째 달[孟春], 저 언덕 위에서 수달이 제사 지내네.[20] 영원히 효도하니[永言孝思][21] 제사 지냄이 몹시도 기쁘네. 저 기장은 정결하고, 저 희생은 살졌네. 길한 날에 재물 바치니, 조상께서 찾아와 흠향하리라."라고 했다. 이 지역의 옛것을 좋아하고 도를 즐기는 시에 이르기를, "해와 달이 밝고 밝은데도 저녁이 찾아온다네. 늙지 않기란 얻기 어려우니, 누가 불로장생할 수 있으리오?"라고 했다. 또 이르기를, "덕행만이 진실한 보물이니, 부귀가 어찌 영원하리오. 나는 옛사람의 훌륭한 명예와 명성만을 앙모하리라."라고 했다. 그러나 파나라 사람들의 단점은 행동이 느리고 둔하다는 것이다. 파나라의 풍속은 질박하여 민첩한 행동이나 화려한 언변이 없다. 파나라에 속한 이민족으로는 복(濮)·종(賨)·저(苴)·공(共)·노(奴)·양(獽)·이(夷)·단족(蜑族) 등이 있다.

주(周)나라 중기에 파(巴)나라가 비록 주나라 왕을 받들어 직무를 수행했지만, 진(秦)·초(楚)·등(鄧)나라와 더불어 나란히 견주어졌다.[22] 《춘추(春秋)》에 따르면 노 환공(魯桓公) 9년(기원전 703)에 파왕[巴子]이 한복(韓服)을 사자로 보내 등나라와 우호적으로 지내기를 청한다고 초나라에 고했다.[23] 초왕[楚子무왕(武王)]이 도삭(道朔초나라대부)을 보내 파나라 사자를 이끌고 등나라

---

20 봄날의 … 제사 지내네: 《여씨춘추(呂氏春秋)》〈맹춘기(孟春紀)〉에 이르기를, "봄날의 첫 번째 달에 물고기가 얼음 위로 올라오니 수달이 물고기로 제사 지낸다.[孟春之月, 魚上冰, 獺祭魚.]"라고 했다. 고유(高誘)의 주(注)에 "수달은 물짐승이다. 잉어를 잡아 물가에 두는데, 사방에 물고기를 벌여 놓기에 사람들이 이것을 '물고기로 제사 지낸다'고 말했다.[獺, 水獸也, 取鯉魚置水邊, 四面陳之, 世謂之祭魚.]"라고 했다.

21 영원히 효도하니: 원문 '언(言)' 자와 '사(思)' 자는 어조사로 쓰인다. 《시경(詩經)》〈대아(大雅) 하무(下武)〉에서 그 예를 찾아볼 수 있다.

22 나란히 견주어졌다: 등(鄧)나라는 서주(西周)와 춘추 시대에 지금의 하남성 등현(鄧縣) 일대에 있던 작은 제후국이다. 당시 중원(中原)은 진(秦)·초(楚)·등(鄧)·파(巴)나라를 '만이지국(蠻夷之國)'으로 보았다. 그래서 '나란히 견주어졌다'라고 말한 것이다.

를 빙문(聘問)하게 했는데, 등나라 남방 교외에 있던 사람이 사자를 공격하여 그들이 지닌 예물을 빼앗았다. 파왕이 노하여 등나라를 정벌하여 무찔렀다. 그 후 파나라와 초나라의 군사가 함께 신(申)나라를 정벌했다. 초왕이 파나라 군사를 놀라게 했다. 노 장공(魯莊公) 18년(기원전 676)에 파나라가 초나라를 쳐서 이겼다. 노 문공(魯文公) 16년(기원전 621)에 파나라와 진(秦)나라, 초나라가 함께 용(庸)나라를 멸망시켰다. 애공(哀公) 18년(기원전 476)에 파나라 사람이 초나라를 공격했으나 우(鄾)에서 패했다. 그 후 초왕이 여름에 맹약을 주관하여 진나라가 서쪽 땅을 다스리고, 파나라가 변경의 먼 땅을 분할하기로 희(郗)에 모여 맹약을 맺었다. 전국 시대에 파나라가 일찍이 초나라와 혼인 관계를 맺었다. 7국이 왕을 칭하던 때에 이르러, 파나라도 왕을 칭했다.

주(周)나라 말기에 파(巴)나라에서 내란이 발생했다. 파나라의 장군 만자(蔓子)가 초(楚)나라에 군사를 요청하면서 그 대가로 3개 성을 주기로 허락했다. 초왕(楚王)이 파나라를 구원했고, 파나라가 안정되자 초나라는 사자를 보내 약속한 성을 요구했다. 만자가 말하기를, "초나라의 영명함에 의지하여 화란을 제거할 수 있었다. 우리가 진실로 초왕에게 성을 주기로 허락했으니 장차 내 머리로 사례할 것이지만, 성은 가져갈 수는 없을 것이다."라고 했다. 마침내 만자가 스스로 목을 베어 자결했고, 파나라에서 그의 머리를 초나라 사자에게 주었다. 초왕이 탄식하여 말하기를, "내가 파나라의 만자 같은 신하를 얻을 수만 있다면, 무엇 하러 성을 요구하겠는가?"라고 했다. 마침내 초왕이 상경(上卿)의 예를 갖추어 그의 머리를 장사 지내 주었다. 파나라 역시 상경의 예를 갖추어 그의 몸을 장

---

23 《춘추(春秋)》에 … 고했다: 파(巴)나라가 문헌에 등장하기 시작한 것은 이때부터이다.

사 지냈다.

주 현왕(周顯王) 때 파(巴)나라가 쇠약해졌다. 진 혜문왕(秦惠文王)이 파나라·촉(蜀)나라와 우호 관계를 맺었다. 촉왕(蜀王)의 동생 저후(苴侯)가 사사로이 파나라와 친한 관계를 맺었다. 파나라와 촉나라는 대대로 전쟁을 치렀다. 주 신왕(周慎王) 5년(기원전 316)에 촉왕이 저후를 정벌하자, 저후가 파나라로 달아났다. 파나라는 진(秦)나라에 구원을 청했다. 진 혜문왕은 장의(張儀)와 사마조(司馬錯)를 보내 저후와 파나라를 구원했다. 마침내 진나라가 촉나라를 정벌하여 멸망시켰다. 장의가 파나라와 저(苴) 땅의 부유함을 탐내 파나라를 취하고, 왕을 붙잡아 진나라로 돌아갔다. 진나라는 파군(巴郡)과 촉군(蜀郡), 한중군(漢中郡)을 설치하고, 그 땅을 41개현(縣)으로 나누었다. 장의가 강주(江州)에 성을 쌓았다. 사마조는 파나라의 부수(涪水)를 따라 진군하여 초(楚)나라의 상오(商於) 지역을 빼앗아 검중군(黔中郡)으로 삼았다.

진 소양왕(秦昭襄王) 때 백호(白虎)가 사람들을 해치자, 검중군(黔中郡)·촉군(蜀郡)·파군(巴郡)·한중군(漢中郡) 사람들이 그 일로 근심했다. 진왕(秦王)이 마침내 큰돈을 걸어 나라 안에서 사람들을 모집하고, 백호를 죽이는 자는 읍 1만 가(家) 혹은 그에 걸맞은 황금과 비단을 준다고 했다. 그러자 구인현(朐忍縣)에 사는 이민족 요중(廖仲)과 약하(藥何) 그리고 화살을 쏘아 호랑이를 잘 잡는 진정(秦精) 등이 높은 누각에서 하얀 대나무로 만든 쇠뇌를 백호에게 쏘아 세 발을 머리에 명중시켰다. 백호는 항상 무리지어 다녔는데, 눈알을 부릅뜨고 분노하여 다른 호랑이들을 공격하여 죽이고 나서 크게 포효하더니 죽었다. 진왕이 기뻐하여 말하기를, "호랑이가 4개 군을 다니며 사람을 1천 2백 명이나 해쳤다. 이제 하루아침에 근심이 제거되니, 그 공로가 막대하다."라고 했다. 진왕이 약속한 상을 주려고 하다가 그들이 이민족임을 꺼려 하여 마침내 궐문 돌에 글씨를 새겨 맹약하기를, "이민족이 경작하는 전답에서는 세금을 거두지 않고, 열 명의 아내가 있더라도 계산하지 않으며, 사람을 다치게 한 자는 경중에 따라 논하고, 사람을 죽인 자는 돈으로 죽음을 대속한다."라고 했다. 또 맹약하기를, "진나라가 이민족을 침범하면 황룡(黃龍)²⁴ 한 쌍을 보내 주고, 이민족이 진나라를 침범하면 청주(淸酒)²⁵ 한 종(鐘)을 보낸다."라고 했다. 그러자 이민족이 안정되었다. 한(漢)나라가 일어나자, 역시 고조(高祖)를 따라 진나라를 평정하는 데 공이 있었다. 고조가 그 때문에 그들의 부세와 요역을 다시 면제시켜 주었는데, 그들은 오로지 백호를 쏘아 죽이는 일로 업을 삼았다. 그들은 해마다 한 사람당 40전(錢)을 공물로 바쳤다. 그렇기 때문에 세상에서는 "백호가 이민족의 세금을 면제시켜 주었다.[白虎復夷.]"라고 하거나 "판순의 만족[板楯蠻]"이라고 불렀는데, 지금 말하고 있는 '강두호자(弜頭虎子)'²⁶이다.

한 고제(漢高帝)가 진(秦)나라를 멸망시키고 한왕(漢王)이 되어 파·촉의 왕으로 봉해졌다.²⁷ 낭중(閬中) 사람 범목(范目)은 은덕과 신의, 방략을 가지고 있어 고제가 반드시 천하를 평정할 인물임을 알고, 그에게 유세하여

---

24 황룡(黃龍): 황금으로 용의 형상을 주조한 것을 가리키는 듯하다.

25 청주(淸酒): 숙성 기간이 비교적 길고 농도가 순한 술을 가리키는데, 파인(巴人)들이 청주를 잘 빚었다고 한다.

26 강두호자(弜頭虎子): 중국 고대 서남 지역의 소수 민족인 '판순만(板楯蠻)'의 별칭으로, 머리에 두 개의 활이 서로 겹쳐진 형태의 장식을 했기 때문에 '강두(弜頭)'라고 했다. 또 《만서(蠻書)》 권10 〈남만강계접련제만이국명(南蠻疆界接連諸蠻夷國名)〉에는 '현두호자(弦頭虎子)'라고 표현하기도 했다.

27 한 고제(漢高帝)가 … 봉해졌다: 《사기(史記)》 권7 〈항우본기(項羽本紀)〉에 이르기를, "항우(項羽)가 패공(沛公)을 한왕(漢王)으로 삼아 파촉(巴蜀)과 한중(漢中)을 통치하고 남정(南鄭)을 도읍으로 삼게 했다."라고 했다.

종인(賨人)을 모집하여 함께 진나라를 평정하기로 약속했다. 진나라가 평정되자 범목을 봉하여 장안건장향후(長安建章鄉侯)로 삼았다. 고제가 장차 관동(關東)을 정벌하려고 했으나, 종인들이 모두 고향으로 돌아가고자 했다. 고제는 그들의 공로를 칭찬하고 그 뜻을 상하게 하기 어려워 마침내 파나라로 돌아가도록 허락했다. 그리고 범목에게 말하기를, "부귀해지고 나서 고향으로 돌아가지 않는 것은 비단옷을 입고 밤길을 걷는 것과 같다."라고 했다. 그래서 임지를 옮겨 낭중자향후(閬中慈鄉侯)에 봉했지만, 범목이 굳게 사양하자 마침내 도면후(渡沔侯)에 봉했다. 그런 까닭에 세상 사람들은 "삼진(三秦)[28]이 멸망하자, 범목이 세 차례나 후(侯)에 봉해졌다."라고 말했다. 범목은 다시 종인 가운데 나(羅)·박(朴)·잠(昝)·악(鄂)·도(度)·석(夕)·공씨(龔氏) 등 일곱 성씨의 조세와 요역을 면제시켜 줄 것을 청했다. 낭중에는 유수(渝水)가 있어 종인 대부분이 그 좌우에 살고 있는데, 타고난 성품이 굳세고 용감하여 처음에 한나라 군대의 선봉이 되어 적진에 뛰어들면 예기(銳氣)를 감당하기 어려웠으며, 춤추기를 좋아했다. 고제가 이를 좋아하여 말하기를, "이것은 주 무왕(周武王)이 은 주왕(殷紂王)을 정벌할 때의 가무(歌舞)이다."라고 하고, 마침내 악인(樂人)으로 하여금 그것을 배우게 했다. 이것이 바로 지금 말하는 파유무(巴渝舞)[29]이다.

---

28 삼진(三秦): 항우(項羽)가 관중(關中)을 셋으로 분할하여 봉한 옹왕(雍王) 장한(張邯)과 새왕(塞王) 사마흔(司馬欣) 그리고 적왕(翟王) 동예(董翳)를 가리킨다.

29 파유무(巴渝舞): 중국 고대 파유(巴渝) 지방의 가무(歌舞)로 '파유무(巴俞舞)'라고도 한다. 《사기(史記)》 권117 〈사마상여열전(司馬相如列傳)〉에 실려 있는 〈자허부(子虛賦)〉에 '파유의 춤과 송채(宋蔡)의 음악, 회남(淮南)의 음악과 우차(于遮)의 곡(曲)[巴俞宋蔡, 淮南于遮.]'에 대한 《집해(集解)》에 곽박(郭璞)의 말을 인용하여 이르기를, "파서(巴西) 낭중(閬中)에 유수(渝水)가 있는데 그 위에 요인(獠人)이 살고 있다. 이들은 모두 강인하고 용감하며 춤추는 것을 좋아한다. 한 고조(漢高祖)가 뽑아 삼진(三秦)을 평정했는데 후에 악부(樂府)로 하여금 이들의 춤을 익히게 했다. 그래서 이름을 '파유무'라 했다.[巴西閬中有渝水, 獠人居其上, 皆剛勇

천하가 안정되자, 고제(高帝)는 마침내 파군(巴郡)과 촉군(蜀郡)을 분할하여 광한군(廣漢郡)을 설치했다. 효무제(孝武帝) 때 다시 파·촉에서 일부 지역을 분할하여 건위군(犍爲郡)을 설치했다. 그런 까닭에 세상 사람들이 말하기를, "파군과 촉군을 분할하여 건위군과 광한군을 만들었다."라고 했다.

그때부터 다섯 가지 가르침[五敎][30]이 조화를 이루고, 우수한 인재들이 많아졌다. 뛰어나고 훌륭한 인물이 많아지자, 민간의 노래가 널리 퍼져 불리게 되었다. 그런 까닭에 조정에는 충정과 절의를 다하는 신하가 있고, 시골에서는 비유적으로 노래하는 가요가 있게 되었다. 파군(巴郡)의 초군황(譙君黃 $_{(譙玄)}^{(초현)}$)은 성제(成帝)와 애제(哀帝) 때 벼슬을 하여 간의대부(諫議大夫)[31]가 되어 수차례 충언을 올렸다. 나중에 왕망(王莽)을 피하여 벼슬을 하지 않았고, 또 공손술(公孫述)을 섬기지도 않았다. 공손술이 노하여 사자를 보내 독이 든 술을 가지고 그를 위협했다. 그러자 초 군황이 웃으며 말하기를, "내가 독이 든 술인 줄 모르겠는가?"라고 했다. 그의 아들 초영(譙瑛)이 8백만 전(錢)을 내고 위기를 모면했다. 도성에 사는 사람이 시를 지어 이르기를, "엄숙하고도 청렴 고결한 선비는 자신의 덕행 굳게 지켰네. 악한 자의 뜻 거슬려 목숨을 바치니 대대로 아름다운 명성 전하네."

好舞. 漢高募取以平三秦, 後使樂府習之, 因名巴渝舞也.]'라고 했다.

30 다섯 가지 가르침[五敎]: 다섯 가지 가르침은 "아비가 의롭고, 어미는 자애롭고, 형은 우애롭고, 아우는 공손하며, 자식은 효성스러운 것[父義, 母慈, 兄友, 弟恭, 子孝.]"을 가리킨다. 《상서(尙書)》〈우서(虞書) 요전(堯典)〉에 나온다.

31 간의대부(諫議大夫): 황제의 신변에서 간의(諫議)와 의론(議論) 등에 관한 업무를 맡는다. 원래는 한 무제(漢武帝)가 간대부(諫大夫)를 설치했고, 품질은 비(比) 800석이다. 후한(後漢) 때 광무제(光武帝)가 비로소 '의(議)' 자를 더하여 '간의대부(諫議大夫)'라고 했으며, 품질은 6백 석이다. 따라서 초 군황(譙君黃)이 서한(西漢) 성제(成帝)와 애제(哀帝) 때 벼슬을 하여 간의대부에 올랐다는 말은 시대적으로 맞지 않는다.

라고 했다. 파군의 진기산(陳紀山^{진산}_(陳壽))은 한(漢)나라 때 사례교위(司隷校尉)가 되었는데, 사람됨이 엄격하고 분명하며 바르고 곧았다. 서쪽의 이민족이 마술하는 자를 바치자 조정에서 그것을 시험했는데, 공경들이 즐거워했지만 진기산 홀로 그것을 보지 않았다. 경사(京師)에 사는 사람들이 모두 그를 칭송했다. 파군 사람이 노래하여 이르기를, "집을 지을 때는 곧은 대들보 받치고, 나라 다스릴 때는 바른 인재 필요하네. 사특한 오락에 눈 돌리지 않고, 부정한 행동에 몸 움직이지 않네. 간사하여 반란을 일으킨 자 멀리 피하니, 의리가 모두 백성을 따르네."라고 했다. 파군의 엄왕사(嚴王思^{엄준}_(嚴遵))가 양주 자사(揚州刺史)가 되어 백성들에게 은혜와 사랑을 베풀었다. 그래서 매번 관직을 옮길 때마다 현지의 관리와 백성들이 나와 길을 메운 채 수레를 붙잡으니, 황제가 조서를 내려 마침내 그곳에 머물게 했다. 벼슬에 오른 지 18년 만에 죽으니, 백성들이 자신의 부모가 상(喪)을 당한 것처럼 애통해했다. 영구를 호송하기를 원하는 자가 1백만 전(錢)을 내어 엄왕사의 가족을 도우려고 했으나, 그의 아들 서주 자사(徐州刺史) 엄우(嚴羽)가 받지 않았다. 영구를 호송하던 관리 의숭(義崇)이 차마 그 돈을 가져가지 못하여 마침내 음식을 사서 나누어 주며 지나가는 사람들에게 먹게 했다. 파군 태수(巴郡太守) 여남(汝南) 사람 응계선(應季先^{응승}_(應承))이 그 일을 선하고 아름답게 여겨 마침내 시 한 수를 써서 이르기를, "저 서한수(西漢水)여, 그 물이 깊고 깊도다. 군자가 온화하여 백성들의 부모가 되었네. 대대로 사랑을 남겨 그 베풂이 후인들을 비추네."라고 했다.

한 안제(漢安帝) 때 파군 태수(巴郡太守)가 잇달아 도리에 어긋나는 행위를 하자, 도성에 사는 사람이 그를 풍자하여 말하기를, "밝고 밝은 하늘이 천하를 굽어보네. 황제가 고을 수령 선발함은 나라와 백성의 안정을 구하기 위해서라네. 화복(禍福)이 사람으로 말미암으니, 어찌 염려하지 않겠는가? 원컨대 그대는 조서 받들어 날마다 덕을 가까이 하라."라고 했다. 영초(永初, 107~113) 연간에 광한군(廣漢郡)과 한중군(漢中郡)의 강족(羌族)이 반란을 일으켜 그 재앙이 파군에까지 미쳤다. 마묘기(馬妙祈)의 처 의씨(義氏), 왕원궤(王元憒)의 처 희씨(姬氏), 조만군(趙蔓君)의 처 화씨(華氏)가 일찍 남편을 여의자 공강(共姜)[32]의 정절을 간직하고 평생 한 차례만 혼인하는 예의를 지켜 '삼정(三貞)'으로 불렸다. 훗날 반란군의 핍박으로 도피하던 중 붙잡혀 치욕을 당할까 두려워하여 세 사람이 동시에 스스로 서한수에 뛰어들어 빠져 죽었다. 그 후 황조(黃鳥)가 그들이 빠져 죽은 곳에서 울면서 주위를 배회했다. 도성에 사는 사람이 그 일을 가슴 아파하여 마침내 시를 지어 이르기를, "꾸룩 꾸룩 우는 황조가 나무 위에 모여 있네. 요조숙녀는 비단에 수놓은 문양처럼 아름답네. 저 꽃문양 같은 아름다운 덕이여, 그 마음이 돌 같지 않다네. 서한수에 임하여 아득하여 붙잡지 못함을 탄식하네."라고 했다. 영건(永建, 126~132) 연간에 태산 사람인 오원약자(吳元約資)가 군수가 되었는데, 여러 해 동안 풍년이 들었다. 그러자 백성들이 그것을 노래하여 이르기를, "차고 부드러운 아침바람 불어오니, 때맞춰 비 내려 볏모를 적시네. 우리 태수 시시때때 농사일로 마음 쓰니, 우리 백성들 생활이 부요해진다네."라고 했다. 오자가 다른 곳으로 옮겨 가게 되자, 백성들이 그를 사모하여 또 말하기를, "멀리 바라봐도 보이지 않으니, 마음이 슬퍼 배회한다네. 그의 은택 실로 잊기 어려워, 유유한 마음 영원히 간직하네."라고 했다.

효환제(孝桓帝) 때 하남(河南) 사람 이중화성(李仲和盛)이 군수가 되자 재

---

32 공강(共姜): 춘추 시대 때 위(衛)나라 세자 공백(共伯)의 아내로서 공백이 일찍 죽자, 친정 부모가 그녀를 재가시키려고 했으나 끝내 혼인하지 않고 남편에 대한 절개를 지켜, 훗날 여인들이 정절을 지키는 본보기로 삼았다.

물을 탐하여 부세를 무겁게 거두었다. 도성에 사는 사람이 그를 풍자하여 이르기를, "개가 어찌 시끄럽게 짖는가 했더니, 관리가 문 앞에 서 있네. 옷을 걸쳐 입고 문을 나가 응대하니, 관청 기록 보여 주며 돈을 내라 닦달하네. 할 말이 막혀 기간을 더 달라고 애걸하니, 관리가 화내며 도리어 나를 책망하네. 몸을 돌려 집 안을 둘러 봐도, 집 안에는 줄 만한 것이 없네. 이웃집에서 빌릴까 생각했지만, 이웃집도 돈이 없다 말하네. 돈이여! 어찌 그리 얻기 어려운지, 나 홀로 마음 상해 초췌하게 하는구나."라고 했다. 한(漢)나라 말에 정치가 쇠퇴하면서 주목(州牧)과 군수(郡守)들이 제멋대로 정치를 하자, 백성들이 바른 정치를 갈망하며 시를 지어 이르기를, "혼탁한 못 속 물고기, 천천히 흐르는 맑은 물이여. 혼란스런 나라의 온화한 백성이 두려워하며 전대의 현인을 기다리네."라고 했다. 그 가운데 덕행과 절조, 인의를 겸비하고, 문학과 정치적 수완을 지닌 낙하굉(洛下閎)·임문공(任文公)·풍홍경(馮鴻卿)·방선맹(龐宣孟)·현문화(玄文和)·조온유(趙溫柔)·공숙후(龔叔侯)·양문의(楊文義) 등이 모두 이름을 날리고 사적을 세웠으며, 말과 행동이 세상의 귀감이 되었는데, 여기에 일일이 다 기록할 수는 없다.

한 효안제(漢孝安帝) 영초(永初) 3년(109)에 양주(涼州)에서 강족(羌族)이 반란을 일으켜 한중(漢中)을 침입하여 태수 동병(董炳)을 죽이고 파중(巴中)을 시끄럽게 했다.[33] 중랑장(中郞將) 윤취(尹就)가 그들을 토벌했지만 이기지 못했다. 익주(益州)의 여러 군(郡)들이 모두 군사를 일으켜 그들을 막았다.

---

33 영초(永初) 3년에 … 시끄럽게 했다:《후한서(後漢書)》권87〈서강전(西羌傳)〉에서는 "안제(安帝) 영초(永初) 2년(108)에 음평(陰平)과 무도(武都)의 강족(羌族)이 반란을 일으켜 한중(漢中)에 들어와 태수 동병(董炳)을 살해했다.[安帝永初二年, 陰平武都羌反, 入漢中, 殺太守董炳.]"라고 했다.

삼부(三府)[34]에서 광한(廣漢) 사람 왕당(王堂)을 천거하여 파군 태수(巴郡太守)로 삼았다. 왕당은 화란을 제거하고 통치를 강화하며, 현달한 선비들을 끌어들였다. 효자 엄영(嚴永), 은사 황조(黃錯), 명유 진모(陳髦), 준사(俊士) 장문(張璊)을 등용했는데 그들 모두 높은 벼슬에까지 이르렀다. 익주 자사(益州刺史) 장교(張喬)가 왕당의 특출함을 표문으로 올리니 우부풍(右扶風)으로 옮겨졌고, 백성들은 그를 위하여 사당을 세워 주었다.

효환제(孝桓帝)가 병주 자사(幷州刺史)로 태산(泰山) 사람인 단백합 망(但佰閤 望)을 파군 태수(巴郡太守)로 삼았는데,[35] 그는 백성들의 질고(疾苦)를 깊이 헤아렸다. 파군(巴郡) 문학연(文學掾)[36] 탕기(宕渠) 사람 조분(趙芬), 연(掾) 홍농(弘農) 사람 풍우(馮尤), 점강(墊江) 사람 공영(龔榮)・왕기(王祈)・이온(李溫), 임강(臨江) 사람 엄취(嚴就)・호량(胡良)・문개(文愷), 안한(安漢) 사람 진희(陳禧), 낭중(閬中) 사람 황려(黃閭), 강주(江州) 사람 무성(毋成)・양예(陽譽)・교취(喬就)・장소(張紹)・모존(牟存)・평직(平直) 등이 단망에게 찾아가 하소연하기를, "파군은 경계가 넓고 멀어 천 리 바깥에서 관리가 부임하는데, 수행원이 있기라도 하면 겨울에 갔다가 여름에 돌아오게 되며, 여름에 홑옷을 입고 갔다가 겨울에 겹옷을 입고 와야 합니다. 기한을 넘긴 요역으로 혼인을 할 수 없을까 염려하게 되고[懷怨曠之思.],[37] 집안에 혼례와 장

---

34 삼부(三府): 한나라 때 삼공(公)을 가리킨다. 권7 유후주지(劉後主志)의 주61 '삼사(三司)' 참조.

35 단망(但望)을 … 삼았는데:《풍속통의(風俗通義)》권5에 이르기를, "파군 태수 태산 사람 백문(伯門) 단망(但望)을 사도연(司徒掾)으로 삼았다.[巴郡太守泰山但望伯門爲司徒掾.]"라고 했는데, 바로 이 사람이다.

36 문학연(文學掾): 태수(太守)의 속리(屬吏) 가운데 하나로, 문교(文敎)에 관한 일을 관장했다.

37 혼인을 … 염려하게 되고: 원문에 나오는 '원광(怨曠)'은 남녀가 성년이 되어도 혼인하지 못한 자를 의미하는데,《맹자(孟子)》〈양혜왕 하(梁惠王下)〉에 이르기를, "안으로는 원녀(怨女)가 없고, 바깥으로는 광부(曠夫)가 없다.[內無怨女, 外無曠夫.]"라고 했다.

레 같은 길흉한 일이 생겨도 서로 만나 풀거나 구제하지 못합니다. 땔감이나 채소 같은 물건도 시장에서 직접 사야 합니다. 부유한 사람은 재물이 있어 그래도 스스로 보전할 수 있지만, 가난한 사람은 버티기가 힘듭니다. 그래서 청렴하고 검소한 사람이 오히려 억울한 피해를 입게 됩니다. 더구나 수로와 육로가 모두 험난하고, 산에는 맹수까지 있습니다. 도중에 집을 생각하는 마음이 절실하거나 기한에 쫓겨 급하게 가다 보면 강으로 추락하여 죽을 수 있고, 호랑이에게 잡혀 먹힐 수도 있습니다. 이러한 상황이 사람을 탄식하게 하며, 이러한 고통을 겪은 지가 매우 오래되었습니다. 하늘이 이러한 고통에 감응하여 우리가 명부(明府)[38]를 만나게 되었으니, 이는 파군을 새롭게 하고자 하는 것입니다. 아이와 부녀자들까지 서로 기뻐하고 축하하며 말하기를, '장차 먼 곳을 버리고 가까운 곳을 남기며, 위태로움을 풀어 안전하게 할 것이네.'라고 합니다. 파군에 현이 10개가 넘지 않아 사람이 멀리 가지 않아도 되면, 그 은혜가 아직 태어나지도 않은 아이들에게 미치고 은택이 내세에까지 이를 것이니, 그 높은 공훈은 금석에 새겨질 것입니다. 청컨대 명부께서 조정에 상주할 문서를 계연사(計掾史)[39]에게 주신다면, 이는 사람과 귀신의 바람이 같아지는 것이니 반드시 좋은 응답을 얻을 수 있을 것입니다. 그렇게 된다면 조분 등은 몹시 다행이라고 여길 것입니다."라고 했다. 단망이 그들의 의

---

38 명부(明府): 한위(漢魏) 때 군수(郡守)의 칭호로 명부군(明府君)을 의미한다. 당시 태수(太守)는 삼공(三公)의 공부(公府)처럼 관속들을 직접 불러 썼기 때문에 태수의 존칭으로 사용했다.

39 계연사(計掾史): 진한(秦漢) 때 제도에 따르면 각 군(郡)에서 매년 연말에 군리(郡吏) 1명을 조정에 파견하여 해당 군의 호구(戶口)와 간전(墾田) 그리고 도적(盜賊) 등의 상황을 보고했는데, 그것을 일컬어 '상계(上計)'라 하고 파견한 관리를 '상계리(上計吏)' 혹은 '상계연(上計掾)'·'상계사(上計史)'·'계조연(計曹掾)'·'계조사(計曹史)' 등으로 불렀다.

견을 깊이 받아들였다. 파군의 호조사(戶曹史)[40] 지(枳)[41]가 단망에게 말하기를, "조분 등 1백여 명이 여러 차례 역대 태수들에게 하소연했지만 이해를 받지 못했습니다. 명부께서 천상(天象)을 관찰하고 정무를 처리하는 것이 원대한 원칙에 합당하여 백성들을 위하여 해로움을 없애 주셨으니 그 덕은 천지에 부합하고 은택은 세상을 윤택하게 했습니다. 천지가 개벽한 이래 오늘에야 자애로운 부모와 같은 관리를 만났습니다. 《시경(詩經)》에 이르길, "높고 큰 양산(梁山)이여, 우(禹) 임금께서 다스리던 곳이라네. 탁월한 도덕은 한후(韓侯)가 받은 명령이네."[奕奕梁山, 惟禹甸之. 有倬其道, 韓侯受命.][42]라고 했는데, 이것과 비교해도 융성함이 같으니 신실로 아름다운 덕이라고 할 수 있습니다."라고 했다.

영흥(永興, 153~154) 2년(154) 3월 갑오일, 단망(但望)이 상소하여 이르기를, "삼가 《파군도경(巴郡圖經)》에 따르면, 파군(巴郡)은 경계가 남북으로 4천 리, 동서로 5천 리, 둘레가 1만여 리입니다. 속현이 14개[43]이고, 염철(鹽鐵)을 맡은 관부가 5개로 각각 승(丞)과 사(史)를 두고 있습니다. 가구 수는 46만 4780호이고, 인구는 187만 5535명입니다.[44] 멀리 있는 현은 파

---

40 호조사(戶曹史): 군리(郡吏) 가운데 하나로, 호구(戶口)를 관리한다.

41 지(枳): 유림(劉琳)은 고교본(顧校本)을 근거로 인명(人名)이 누락되었다고 보고, '지현(枳縣)의 어떤 사람'으로 해석했다.

42 높고 … 명령이네: 이는 《시경(詩經)》〈대아(大雅) 한혁(韓奕)〉의 글이다.

43 속현이 14개: 《속한서(續漢書)》〈군국지(郡國志)〉에 따르면 14개 속현은 강주(江州)·탕거(宕渠)·구인(朐忍)·낭중(閬中)·어복(魚復)·임강(臨江)·지(枳)·부릉(涪陵)·점강(墊江)·안한(安漢)·평도(平都)·충국(充國)·선한(宣漢)·한창(漢昌)이다.

44 가구 수는 … 187만 5535명입니다: 《한서(漢書)》권28〈지리지 상(地理志上)〉에는 한 평제(漢平帝) 원시(元始) 2년(2)에 "파군(巴郡)의 가구 수는 15만 8643호이고, 인구는 70만 8148명이다.[巴郡有戶十五萬八千六百四十三, 口七十萬八千一百四十八.]"라고 했고, 《후한서(後漢書)》권113〈군국지5(郡國志五)〉에는 한 순제(漢順帝) 영화(永和) 5년(140)에 "파군의 가구 수는 31만 691호이고, 인구는 108만 6049명이다.[巴郡有戶三十一萬零六百九十一, 口一百零八萬六千零四十九.]"

군 치소로부터 1,200리에서 1,500여 리나 떨어져 있고, 향(鄕)과 정(亭)[45]은 현성(縣城)으로부터 3, 4백 리 혹은 1천여 리나 떨어져 있습니다. 땅의 경계가 너무 넓어 현령이나 현위가 간흉들을 다 조사할 수도 없습니다. 갑자기 도적이라도 발생하여 독우(督郵)[46]가 안건을 감찰하려면 10일이 되어서야 겨우 도착하는데, 도적은 이미 멀리 도망쳐 자취를 감춰버리고 증거도 사라집니다. 설령 도적을 체포하여 검증하려고 해도 문서를 꾸미고 신문을 하다가 보면 봄에 시작해서 겨울이 되어도 끝낼 수 없습니다. 그러면 도적에게 법령이 미치기도 전에 사면령을 받게 됩니다. 이러한 까닭에 도적이 횡행하게 되고, 간사한 일들이 끊이지 않게 됩니다. 군연(郡掾) 공영(龔榮) 및 농서 태수(隴西太守) 풍함(馮咸)과 상곡 태수(上谷太守) 진홍(陳弘)이 말하기를, '과거에는 심지어 낭중령(閬中令) 양은(楊殷), 종진후(終津侯) 강호(姜昊)가 협박을 당하고, 현위(縣尉) 소홍(蘇鴻), 팽정후(彭亭侯) 손로(孫魯), 옹정후(雍亭侯) 진사(陳巳), 은후(殷侯) 악보(樂普)가 다치기도 했다.'라고 했습니다.[47] 또한 여인 복장을 한 도적 1천여 명이 천 리에 흩어져 있어 제때 발각되지 않다가, 모의를 한 지 한참 지나서야 겨우 주살되었습니다. 그들은 수중과 육지에 흩어져 도처에서 사람을 해쳤는데, 파군 연리(掾吏)인 지현(枳縣) 사람 사성(謝盛)·새위(塞威)[48]·장어(張御), 어복

라고 했다.

45 향(鄕)과 정(亭): 진한(秦漢) 때 제도에 따르면 현(縣) 아래에 향(鄕)이 있고, 향 아래에 정(亭)이 있다.

46 독우(督郵): 군리(郡吏)로서 속현(屬縣)을 감찰하는 일을 주관한다. 일반적으로 동·서·남·북·중부(中部)의 오부(五部)가 있어 '오부독우(五部督郵)'로 불린다.

47 과거에는 … 했습니다: 《후한서(後漢書)》 권6 〈순제기(順帝紀)〉 양가(陽嘉) 3년(134)에 이르기를, "3월 경술(庚戌)에 익주(益州)의 도적이 영장(令長)을 인질로 삼아 약탈하고, 열후(列侯)를 살해했다.[三月庚戌, 益州盜賊劫質令長, 殺列侯.]"라고 했는데, 본문에서 기록한 시간과 상황이 서로 일치한다.

령(魚復令) 윤심(尹尋), 주부(主簿) 호직(胡直) 같은 자가 한두 사람이 아니었습니다. 관리가 휴가를 얻어 집에 다녀오는 데도 수천 리가 걸립니다. 수감된 죄수가 죄에 불복하여 회답을 기다리거나 탄핵하는 데도 여러 해가 걸립니다. 만약 관리가 법령을 지키지 않고 판결했다면 겨울철이 지날까 두려워하여, 의심이 남아 있어도 먼저 죽입니다. 만약 상급 관리의 판결을 받으려 하여도, 관리가 회보를 기다리지 않고 스스로 사형을 집행하고 자살로 처리합니다. 혹은 지방관의 분노로 억울한 일을 당한 백성들이 군의 관리에게 하소연하려고 달려가지만, 매번 탄식하며 돌아옵니다. 태수가 농민들에게 누에치기와 농사를 권장해도[勸民農桑][49] 4개 현을 못 넘고, 자사가 순행하더라도[行部][50] 지역이 10개 현을 넘지 못합니다. 파군 치소인 강주(江州)는 때때로 역병이 유행하기도 합니다. 그래서 먼 현에서 이곳으로 부임해 온 외지 관리들은 대부분 질병에 걸립니다. 강주는 지세가 험하고 좁아서 집을 겹쳐 짓기 때문에 종종 화재가 발생하면 죽음을 면할 수 없습니다. 또한 물가 배 위에서 살고 있는 사람이 5백여 호(戶)가 되는데 3개의 강이 교차하는 지역에 위치하여 여름에 물이 불어나면 배가 부서지고 뒤집혀 익사하는 사람이 헤아릴 수도 없을 정도입니

---

48 새위(塞威): 이조원(李調元)은 《함해(函海)》에서 '새위(塞威)'를 '건위(蹇威)'가 아닌지 의심했다. 그는 당시 건씨(蹇氏)가 파동(巴東)의 대성(大姓)으로, 뒤에 나오는 글에도 건윤(蹇胤)·건기(蹇機) 등이 나타난다고 했다. 또한 《촉전(蜀典)》권12에 "근세에 파군(巴郡)에는 여전히 건씨가 많았다.[近世猶多蹇氏.]"라는 기록을 그 근거로 삼았다.

49 태수가 … 농사를 권장해도: 동한(東漢) 때의 제도에 따르면 군(郡)의 태수(太守)는 봄에 속현(屬縣)을 순시하면서 농민들에게 누에치기와 농사를 권장했는데, 이를 '행농상(行農桑)'이라 불렀다.

50 자사가 순행하더라도: 동한(東漢) 때의 제도에 따르면 자사(刺史)는 8월에 자신이 관할하는 군국(郡國)을 순찰하면서 범죄를 심리하고 업적을 심사했는데, 이를 '행부(行部)'라고 불렀다.

다. 강주의 동쪽은 강과 인접하고 산이 험난하여 사람들이 반쯤은 초나라 사람이어서 성정이 돈후하고 느긋합니다. 점강(墊江)의 서쪽은 토지가 평탄하고 넓으며 사람들이 영민하고 총명합니다. 이처럼 각 지방의 풍속과 사람들의 성격이 다르니 감히 파군을 둘로 나누어 하나는 임강(臨江)에, 다른 하나는 안한(安漢)에 치소를 설치하여 주시기 바랍니다. 두 지방에는 각각 상마(桑麻)·단칠(丹漆)·포백(布帛)·어장[漁池]·염철(鹽鐵)이 있어 서로 충분하게 공급할 수 있고, 경사(京師)와도 비교적 가깝습니다. 공영(龔榮) 등이 스스로 재물을 바쳐 관시(官寺)를 짓고자 하니, 나랏돈을 쓰지 않고도 백성들의 마음을 기쁘게 할 수 있습니다. 또한 효무제(孝武帝) 이래 오군(吳郡)과 촉군(蜀郡)을 분할한 적도 있었습니다. 이는 황제의 성스러운 은덕이 널리 퍼지고, 백성들의 재물이 더욱 윤택하고 번성해지는 일입니다. 군[郡土]을 더 설치하여 백성들의 노고를 줄이는 것은 진실로 성스러운 군주의 위대한 사업입니다. 신이 비록 규모가 커다란 군을 탐내어 훌륭한 대우를 받고 싶으나, 백성들이 버려지고 격리되는 것을 차마 볼 수 없어서 삼가 사실을 갖추어 황제께 고합니다."라고 했다. 조정에서 그 일을 논의했지만 허락하지 않았다. 끝내 파군을 분할하지 않았다. 그러나 파군을 분할하자는 논의는 이때부터 시작되었다.

순제(順帝)와 환제(桓帝)가 다스릴 때 판순족(板楯族)이 여러 차례 반란을 일으켰다. 파군 태수 촉군(蜀郡) 사람 조온(趙溫)이 은혜와 신의를 가지고 반란군을 항복시켰다. 이때 탕거(宕渠)에서 이삭이 아홉 알이나 달린 벼[一莖九穗][51]가 나왔고, 구인(朐忍)에는 연리목(連理木)[52]이 있었다.

---

51 이삭이 아홉 알이나 달린 벼[一莖九穗]: '일경구수(一莖九穗)'는 한 포기의 줄기에서 아홉 개의 이삭이 맺는다는 뜻으로, 상서로운 곡물을 가리키는 말이다.

광화(光和, 178~184) 2년(179), 판순족이 다시 반란을 일으켜 삼촉(三蜀)[53]과 한중(漢中)을 공격하여 함락시키니, 주·군(州郡)이 해마다 고통을 당했다. 천자가 대군을 출병시키고 싶었으나, 당시 정벌과 요역으로 군사들이 피폐해질 것을 우려하여 익주계조(益州計曹)에게 물어 책략을 살피게 했다. 익주의 계조연(計曹掾) 정포(程苞)[54]가 대답하여 말하기를, "판순족 일곱 성씨(姓氏)는 백호(白虎)를 사냥하는 것으로 업을 삼아 한나라 초기[先漢][55]에 공을 세운 사람들로, 본래 의로운 백성입니다. 요역을 면제하고 다만 1년에 1명당 40전(錢)을 징수했습니다. 그들은 용감하고 싸움에 능했습니다. 예전에 강족이 여러 차례 한중을 침입하여 군현을 파괴했는데도 실처럼 끊어지지 않았습니다. 나중에 판순족의 도움을 받아 침입한 적을 다 없앴으니, 판순족은 '신병(神兵)'으로 불렸습니다. 강족은 판순족을 두려워하고 꺼려 후손들에게 다시는 남하하지 말라고 전했습니다. 훗날 건화(建和, 147~149)[56] 2년(148) 강족이 다시 한중(漢中)을 침략했는데, 주목(州牧)과 태수(太守)[57]가 당황하여 다시 판순족에 의지해 그들을 물리쳤습니다.[58] 만약 판순족이 없었다면 촉군과 한중의 백성들은 이미 좌임(左

---

52 연리목(連理木): 두 그루 나무의 가지가 서로 맞닿아서 붙은 것으로, 고대에 태평한 시대에 나타나는 길조로 여겨졌다.

53 삼촉(三蜀): 한(漢)나라 초에 촉군(蜀郡)을 분할하여 광한군(廣漢郡)을 설치하고, 무제(武帝) 때 다시 분할하여 건위군(犍爲郡)을 설치했는데, 이 세 군을 합쳐서 '삼촉(三蜀)'이라 불렀다.

54 정포(程苞): 원문에는 '포(包)'로 되어 있으나 《화양국지》 권10 〈선현사녀총찬 하(先賢士女總贊下)〉와 권12 〈서지(序志)〉에 모두 '포(苞)'로 되어 있어 바로잡았다.

55 한나라 초기[先漢]: 서한(西漢) 시기를 가리키는 말이다.

56 건화(建和): 원문에는 '건녕(建寧)'으로 되어 있으나, 《후한서(後漢書)》 권86 〈판순만열전(板楯蠻列傳)〉에 '건화(建和)'로 되어 있어 바로잡았다.

57 주목(州牧)과 태수(太守): 주·군(州郡)의 장관(長官)이다. 주관(州官)을 '목(牧)'이라 하고, 군관(郡官)을 '수(守)'라 한다.

衽)⁵⁹을 했을 것입니다. 전(前) 거기장군(車騎將軍) 풍곤(馮緄)이 남방을 정벌할 때도 비록 단양(丹陽)의 정예병을 인솔했지만 역시 판순족에 의지했습니다.⁶⁰ 근래 익주에서 반란이 일어났을 때도 주귀(朱龜)가 병주(幷州)와 양주(凉州)의 정예병을 이끌고 토벌했으나 성공하지 못했는데, 태수 이옹(李顒)이 판순족을 이끌고 반란군을 평정했습니다.⁶¹ 조정을 향한 판순족의 충성과 공로가 이와 같으니, 본래 무슨 나쁜 뜻이 있는 것은 아닙니다. 단지 태수나 향·정(鄉亭)의 관리들이 요역과 부세[更賦]⁶²를 너무 무겁게 징수했기 때문입니다. 그들은 노비보다 더 심하게 혹사 당하고, 갇혀 있는 포로보다 더 심하게 볼기를 맞으니, 아내를 다른 사람에게 시집 보내고 자식을 팔거나 스스로 목을 베어 죽는 지경에 이르렀습니다. 주·군에 가서

---

58 훗날 … 물리쳤습니다:《후한서(後漢書)》 권87 〈서강열전(西羌列傳)〉에 이르기를, "환제(桓帝) 건화(建和) 2년(148)에 백마강(白馬羌) 1천여 명이 광한(廣漢) 속국을 침범하여 장리(長吏)를 죽였다. 익주 자사가 판순 오랑캐를 이끌고 그들을 토벌하여 무찔렀다.[桓帝建和二年, 白馬羌千餘人寇廣漢屬國, 殺長吏, 益州刺史率板楯蠻討破之.]"라고 했다.

59 좌임(左衽): 옷깃을 왼쪽으로 여미는 것으로, 오랑캐의 풍속을 말한다. 여기에서는 판순족의 도움이 없었다면 이미 촉군과 한중 사람들이 강족의 지배를 받았을 것임을 의미한다.

60 풍곤(馮緄)이 … 의지했습니다: 한 환제(漢桓帝) 연희(延熹) 5년(162)에 무릉군(武陵郡, 지금의 호남성 서북부)의 소수 민족이 난을 일으켜 한나라는 풍곤을 파견하여 진압하게 했다.

61 근래 익주(益州)에서 … 평정했습니다:《후한서(後漢書)》 권87 〈서남이열전(西南夷列傳)〉에 이르기를, "영제(靈帝) 희평(熹平) 5년(176)에 익주군(益州郡)의 여러 오랑캐[夷]들이 반란을 일으켜 태수 옹척(雍陟)을 잡았다. 어사중승(御史中丞) 주귀(朱龜)가 그들을 토벌했으나 이길 수 없었다. … 파군(巴郡)의 태위연(太尉掾) 이옹(李顒)이 토벌의 계책을 아뢰자, 마침내 이옹에게 익주 태수의 벼슬을 주어 자사인 방지(龐芝)와 함께 판순 오랑캐를 징발하여 그들을 무찔러 평정하게 했다.[靈帝熹平五年, 諸夷反叛, 執太守雍陟. 遣御史中丞朱龜討之, 不能剋. … 太尉掾巴郡李顒建策討伐, 乃拜顒益州太守, 與刺史龐芝發板楯蠻擊破平之.]"라고 했다.

62 요역과 부세[更賦]: 원문 '갱부(更賦)'는 성인 남성에 부과된 요역과 관련된 부세로서, 한 소재(漢昭帝, 재위 기원전 87~기원전 74) 이후 확인되는 갱부는 과갱(過更, 전년에 징집되어 천갱을 하고 해당 해에는 휴식하는 자)에게 부과된 전납세였다.

억울함을 하소연해도 주목이나 태수가 제대로 처리해 주지 않고, 조정과도 거리가 너무 멀어 전할 수가 없습니다. 원망을 품고 하늘에 소리치고 가슴을 치며[63] 발을 구르며 날마다 부세와 요역으로 근심하다가 혹독한 형벌을 받는 곤경에 처하자, 각지의 판순족들이 서로 모여 반란을 일으키게 된 것입니다. 그들이 무슨 깊은 모략이나 원대한 계획이 있어서 참람하게도 반역을 칭한 것은 아닙니다. 다만 현명하고 능력 있는 주목이나 태수를 선발하여 그들의 자산과 양식을 넉넉하게 하여 편안하게 해 주고, 후한 상으로 사람을 모집하여 그들의 틈을 이용한다면 자연히 평안해져[安集][64] 번거롭게 정벌을 하지 않아도 됩니다. 옛날에 중랑장(中郎將) 윤취(尹就)가 강족을 토벌하는 바람에 익주가 소란스러워진 적이 있었습니다. 그때 백성들끼리 하는 말에 이르기를, '오랑캐가 오는 것은 괜찮지만, 윤취가 오면 우리를 죽인다네.'라고 했는데, 윤취가 돌아간 뒤에 강족은 저절로 물러났습니다. 신의 어리석은 견해로는 군대를 보내는 것은 훌륭한 주목이나 태수를 임명하는 것만 못합니다."라고 했다. 천자가 그의 상소에 따라 태수 조겸(曹謙)을 보내 항복한 사람은 사면한다는 조서를 내리자,[65] 영제(靈帝)가 다스리는 내내 판순족이 병기를 거두었다.

한 헌제(漢獻帝) 초평(初平) 6년(195)에 정동중랑장(征東中郎將) 안한(安漢 지금의 남충(南充)) 사람 조영(趙穎)이 파군(巴郡)을 두 개의 군으로 나눌 것을 건의했다. 조영은 파군의 옛 이름을 얻고자 하여 익주 목(益州牧) 유장(劉璋)에게

---

63 원망을 품고 … 가슴을 치며: 《후한서(後漢書)》 권65 〈장환열전(張奐列傳)〉에 이르기를, "지금 하늘을 우러러 부르짖어도 듣지 않고, 가슴을 쳐도 이로움이 없다.[今呼天不聞, 叩心無益.]"라고 했다.

64 평안해져[安集]: 《한서(漢書)》 권39 〈조참전(曹參傳)〉에 '제국안집(齊國安集)'이라는 말이 나온다.

65 항복한 사람은 … 조서를 내리자: 한 영제(漢靈帝) 광화(光和) 5년(182) 때의 일이다.

점강(墊江) 위쪽을 파군(巴郡)이라 하고, 하남(河南) 사람 방희(龐義)[66]를 태수(太守)로 삼아, 안한(安漢)에 치소(治所)를 두자고 아뢰었다. 강주(江州)에서 임강(臨江)까지를 영녕군(永寧郡)이라 하고, 구인(朐忍)에서 어복(魚復)까지를 고릉군(固陵郡)으로 하니 파군이 드디어 나눠지게 되었다.

건안(建安) 6년(201) 어복(魚復) 사람 건윤(蹇胤)이 유장에게 파(巴)라는 이름을 뺏자고 아뢰었다. 유장이 이에 영녕군(永寧郡)을 고쳐 파군(巴郡)으로 하고 고릉군(固陵郡)을 파동군(巴東郡)으로 하고, 방희(龐義)의 자리를 옮겨 파서 태수(巴西太守)로 삼았다. 이것이 삼파(三巴)[67]이다. 이때 부릉(涪陵) 사람 사본(謝本)이 유장에게 아뢰어 단흥(丹興)·한발(漢發) 2개의 현을 군으로 만들어 달라고 청했다. 처음에는 파동속국(巴東屬國)[68]으로 삼았다가, 이후 드디어 부릉군(涪陵郡)이 되었다. 〈파군(巴郡)이〉 나눠진 뒤에 속현(屬縣)이 7개[69]이고, 인구는 2만 호[70]였다. 낙양(洛陽)으로부터 3,785리 떨어져

---

66 방희(龐義): 《촉지(蜀志)》〈유이목전(劉二牧傳)〉과 《화양국지》 권5에 의하면, 방희(龐義)는 하남군(河南郡) 사람이다.

67 삼파(三巴): 파군(巴郡)과 파동(巴東) 그리고 파서(巴西)를 모두 합친 명칭으로, 지금의 사천 가릉강(嘉陵江)과 기강(綦江) 유역 동쪽의 대부분 지역을 포함한다. 건안(建安) 6년(201)에 조위(趙韙)는 군사를 일으켜 반란을 도모했으나 죽임을 당했다. 건윤(蹇胤)이 '삼파(三巴)'라는 이름으로 고칠 것을 건의했다. "방희의 자리를 옮겨 파서 태수로 삼았다.[徙義爲巴西太守.]"라고 한 것은 점강(墊江) 위쪽의 파군을 파서로 고치고, 방희를 파서 태수로 한 것을 말한다. 강주(江州)에서 임강(臨江)까지는 계속 '파군'이라 칭했고, 구인(朐忍)에서 어복(魚復)까지는 '파동'이라 칭했다.

68 파동속국(巴東屬國): 동한(東漢) 시기에 한(漢)나라가 통치하는 소수 민족 집거지역에 '속국(屬國)'을 설치하고 장관은 '속국도위(屬國都尉)'라 불렀다. 《촉지(蜀志)》〈동화전(董和傳)〉에는 유장(劉璋)이 동화(董和)를 속국도위로 삼았다고 기록되어 있다. 파동속국은 부릉(涪陵)·영녕(永寧)·단흥(丹興)·한발(漢發) 4개 현을 다스렸고, 부릉(涪陵)에 치소를 두었다.

69 속현(屬縣)이 7개: 아래에 보이는 강주(江州)·지(枳)·임강(臨江)·평도(平都)·점강(墊江)·악성(樂城)·상안(常安) 등 7개 현(縣)이다. 삼파(三巴)가 분립된 후 점강(墊江)이 파서(巴西)에 속하게 되면서 파군(巴郡)은 모두 6개 현이 되었다.

있다. 동으로는 구인(朐忍)과 접하고, 서로는 부현(符縣)과 접하며, 남으로는 부릉(涪陵)에, 북으로는 안한(安漢)·덕양(德陽)과 접해 있다.

파왕[71]이 다스렸을 때 강주(江州)를 도읍으로 삼았으나 치소를 혹은 점강(墊江)에 두기도 하고, 혹은 평도(平都)에 두기도 했다. 이후에 치소를 낭중(閬中)에 두었다. 그 선왕의 능묘는 대부분 지(枳)에 있었다. 목축을 한 곳은 저(沮)인데, 지금의 동돌협(東突峽) 아래의 축저(畜沮)[72]가 바로 그곳이다. 또 귀정(龜亭) 북쪽 언덕에 시장을 세웠는데 지금의 신시리(新市里)가 그곳이다. 파군 동쪽의 지현(枳縣)에 명월협(明月峽)·광덕서(廣德嶼)가 있으니, 파군에도 또한 삼협(三峽)[73]이 있는 것이다. 파나라와 초나라

---

70 2만 호: 진 혜제(晉惠帝) 때의 수치이다. 서진(西晉) 태강(太康) 초기 파군(巴郡) 4개 현은 3천 3백 호에 불과했다.

71 파왕: 원문은 '파자(巴子)'이다. 자(子)는 서백(西伯)의 경우처럼 파나라 왕에게 주어진 작위인 자작(子爵)을 뜻한다. '파왕'으로 번역한다. 《사기(史記)》〈장의열전(張儀列傳)〉에 석경현(石鏡縣) 남쪽 5리에 파자성(巴子城)이 있다는 기록이 있다. 민국(民國)《합천현지(合川縣志)》에는 "지금 주(州) 치소의 남쪽에 있으며, 지명은 수남(水男)이고, 세간에서는 이를 '고성구(故城口)'라 불렀다. 즉 파자(巴子)의 다른 도성이다.[今(合州)州治之南, 地名水南, 俗謂之故城口, 即巴子別都也.]"라고 기록되어 있다.

72 동돌협(東突峽) 아래의 축저(畜沮): 지금 중경시(重慶市) 동쪽 40리의 동라협(銅鑼峽)에 해당한다. 동라협 하류 13리에 광양파(廣陽壩)가 있는데, 옛날에 이곳에서 수초가 무성하게 자랐다고 한다. 파나라 사람들이 이곳에서 목축을 하여 '축저(畜沮)'라 부르게 되었다.

73 삼협(三峽): 광덕서(廣德嶼)의 '서(嶼)'는 '도서(島嶼)'이기 때문에 '삼협(三峽)'이라는 명칭에 부합되지 않는다. 《여지기승(輿止紀勝)》권175에는 '광덕협(廣德峽)'이라고 썼다. 《유취(類聚)》권6과 《어람(御覽)》권53은 유중옹(庾仲雍)의 《형주기(荊州記)》를 인용하여 "파초에는 삼협이 있다. 명월협(明月峽)·광덕협(廣德峽)·동돌협(東突峽)으로, 지금은 이것을 '무협(巫峽)'·'자귀협(秭歸峽)'·'귀향협(歸鄉峽)'이라 칭한다.[巴楚有三峽: 明月峽廣德峽東突峽, 今謂之巫峽秭歸峽歸鄉峽.]"라고 기록했다. 모두 광덕서가 광덕협임을 고증한 것이다. 파의 삼협은 파현(巴縣)과 지현(枳縣)의 사이에 있어서, "군의 동쪽 지현에 명월협·광덕협이 있다.[郡東枳有明月峽廣德峽.]"라고 말한 것이다. 지금 중경시(重慶市)에서 부릉(涪陵) 사이에는 '협(峽)'이라 불리는 것이 세 곳 있는데, 즉 동라협(銅鑼峽)·명월협(明月峽)·황초협(黃草峽)이다. 고금의

가 여러 차례 서로 침공하여, 한관(扞關)·양관(陽關)·면관(沔關)을 설치했다.

한(漢)나라 때 파군(巴郡)의 치소는 강주(江州) 파수(巴水)[74]의 북쪽에 두었고, 감귤관(甘橘官)[75]이 있었는데, 지금의 북부성(北府城)[76]이 바로 그곳이다. 지금 다시 남성(南城)[77]으로 옮겼다. 유 선주(劉先主_유비(劉備))는 처음에 강하(江夏) 사람 비관(費瓘)[78]을 태수로 삼고, 강주 도독(江州都督)[79]을 겸임하게 했다. 후에 도호(都護) 이엄(李嚴)[80]이 다시 큰 성을 쌓았는데, 그 둘레가 16리였다. 성 뒤의 산을 뚫어 문강(汶江)[81]에서부터 물이 통하여 파강(巴江)으로 흘러들게 하여, 성을 모래톱[州]으로 만들고자 했다.[82] 〈이엄은〉 5개 군[83]

지세 변화가 크지 않아서, 《상지(常志)》에서 말하는 '파의 삼협[巴之三峽]'이 바로 지금의 동라협 등의 삼협을 말하는 것이다. 동돌협이 동라협이며, 지금 중경시 동북쪽 40리에 위치한다. 명월협 역시 《수경주(水經注)》〈강수(江水)〉에 기록되어 있는데, 지금도 여전히 '명월협'이라 부르고 있으며, 중경시 동북쪽 80리에 위치한다. 광덕협이 황초협(黃草峽)이며, 지금 장수현(長壽縣) 동남쪽 30리, 한진(漢晉) 시기 지현(枳縣)의 경계에 있다.

74 파수(巴水): 가릉강(嘉陵江)으로, 그 상류는 본래 지금의 거강(渠江)을 가리킨다.

75 감귤관(甘橘官): '감(甘)'은 '감(柑)'과 같다.

76 북부성(北府城): 지금의 중경시(重慶市) 강북구(江北區) 가릉강(嘉陵江)과 장강(長江)이 합류하는 곳에 위치하고, '강북저(江北咀)'라고 칭하기도 한다.

77 남성(南城): 지금의 중경시(重慶市) 중구(中區)에 위치하며, 가릉강(嘉陵江) 남쪽 기슭에 있다.

78 비관(費瓘): 자는 빈백(賓伯)이며, 강하(江夏) 맹현(鄳縣) 사람이다.

79 강주 도독(江州都督): 촉한(蜀漢) 시기에 강주(江州)·영안(永安)·한중(漢中)·내항(牀降) 도독(都督)을 설치하고 막강한 군대를 주둔하여 이 네 곳을 지키게 했다.

80 이엄(李嚴): 자는 정방(正方)이며, 남양(南陽) 사람이다. 본래 유장(劉璋)의 장군이었으나, 후에 유비(劉備)에게로 갔다. 유비가 세상을 떠날 즈음 이엄을 중도호(中都護)로 삼아 내외군사(內外軍事)를 통솔하도록 하고 영안(永安)에 주둔하도록 했다.

81 문강(汶江): 지금의 장강(長江)이다. 명나라 이전 사람들은 민강(岷江)을 장강의 수원(水源)이라 여겨, 의빈(宜賓) 아래를 '문강(汶江)'이라 칭했다. '문(汶)'과 '민(岷)'은 통한다.

82 성을 … 만들고자 했다: 《원화지(元和志)》 권33에는 "〈이엄이〉 다시 남산을 뚫어, 문강

으로 파주(巴州)를 설치하고자 했는데 승상(丞相) 제갈량(諸葛亮)이 허락하지 않았다. 제갈량이 북벌하려던 때에 이엄을 한중(漢中)에 불러들였기에 산을 뚫는 일에 이르지 못했다. 그러나 이엄은 창룡문(蒼龍門)과 백호문(白虎門)을 만들었다. 보통의 군현과 다르게[84] 창고에는 모두 성을 쌓았다. 이엄의 아들 풍(豊)이 대신하여 도독이 되었다. 풍이 해임된 후 재동(梓潼) 사람 이복(李福)[85]이 도독이 되었다. 연희(延熙, 238~257) 연간에 거기장군(車騎將軍) 등지(鄧芝)[86]가 도독이 되어 양관(陽關)에 치소를 두었다. 연희 17년(254)에 평도(平都)·악성(樂城)·상안(常安) 3개 현을 폐지했다.

함희(咸熙) 원년(264)에 오직 4개 현이 있었다. 진서참군(鎮西參軍)[87] 농서(隴西) 사람 신이 사화(辛怡思和)[88]를 태수로 삼고, 이부수군(二部守軍)을 통솔하게 했다.

강주현(江州縣).[89] 파군(巴郡)의 치소이다. 도산(塗山)[90]에 우왕(禹王)의 사

(汶江)과 부강(涪江) 두 강을 합류시켜 모래톱 위에 성을 세우려고 했다.[(李嚴)又鑿南山, 欲會汶涪二水, 使城在孤洲上.]"라고 기록되어 있다.

83 5개의 군: 파(巴)·파동(巴東)·파서(巴西)·탕거(宕渠)·부릉(涪陵) 속국이다.

84 보통의 군현과 다르게: 원문 '별군현(別郡縣)'은 '일반적인 군현(郡縣)과는 다름'을 뜻한다.

85 이복(李福): 자는 손덕(孫德)이며, 재동(梓潼) 부현(涪縣) 사람이다. 이복은 이풍을 대신하여 건흥(建興) 9년(231)에 강주 도독(江州都督)이 되었다.

86 등지(鄧芝): 자는 백묘(伯苗)이며, 의양(義陽) 신야(新野) 사람이다.

87 진서참군(鎮西參軍): 위(魏)나라 진서장군(鎮西將軍) 종회(鍾會)의 참군(參軍)을 말한다. 위 경원(景元) 4년(263)에 종회와 등애(鄧艾)가 촉(蜀)을 평정하고, 이해 12월 익주(益州)를 분할하여 양주(梁州)를 설치했다. 파군(巴郡)이 양주에 속하기 때문에, 새로이 태수(太守)를 임명한 것은 이 시기였을 것이다.

88 신이 사화(辛怡思和): 《사천통지(四川通志)》에는 '신이(辛怡)'라고 되어 있으며, 원문에는 성씨를 나타내는 '신(辛)' 자가 탈락되었다. '사화(思和)'는 신이의 자이다. 신이는 농서(隴西) 적도(狄道) 사람이다.

89 강주현(江州縣): 원래 파(巴)나라의 도읍이며, 진(秦)나라 때 설치했으며, 파군(巴郡)의 치소가 있다.

당과 도후(塗后)[91]의 사당이 있다. 도산 북쪽의 강가[92]에 글이 새겨져 있는데, 그 내용은 "한나라 초기에 건위(犍爲) 사람 장군(張君)이 태수가 되었는데, 홀연히 선도(仙道)를 깨우쳐 여기에서 등선(登仙)했다."라고 했다. 지금 백성들은 이곳을 '장부군사(張府君祠)'라 이른다. 현 아래에는 맑은 물[93]이 흐르는 동굴이 있는데, 파(巴)나라의 사람들은 이 물로 물분[水粉]을 만드는데, 기름지고 윤기가 나며 신선하고 향기가 난다. 물분을 경사(京師)에 공물로 바쳤기에 '분수(粉水)'라 이름했다. 그러므로 세상 사람들은 '강주타림분(江州墮林粉)'[94]이라고 일컬었다. 여지(荔支) 농장이 있는데, 여지가익을 때면 태수[95]는 항상 음식을 차려 사대부에게 명하여 나무 아래 모여그것을 먹도록 했다. 현 북쪽에는 논밭이 있는데, 황제에게 진상하는 쌀

---

90 도산(塗山):《태평환우기(太平寰宇記)》 권136에는 "도산(塗山)은 파현(巴縣) 동남쪽 8리의 민강(岷江) 남쪽 기슭에 위치하며, 높이는 7리, 둘레는 20리로, 끝은 석동협(石洞峽)에 닿는다.[塗山在(巴)縣東南八里岷江南岸, 高七里, 周回二十里, 尾接石洞峽.]"라고 기록되어 있다. 도산은 지금은 '진무산(眞武山)'이라고도 칭한다.《사천통지(四川通志)》 권10에는 "진무산은 파현 동남쪽 70리에 위치하며, 도산의 정상이며, 진무산이 그 속칭이다.[眞武山在縣東南七十里. … 卽塗山之絶頂, 眞武其俗稱也.]"라고 기록되었다.

91 도후(塗后): 우왕(禹王)과 결혼한 도산씨(塗山氏)의 딸 여교(女嬌)이다.

92 도산 북쪽의 강가: 원문 '북수(北水)'는 도산(塗山) 북쪽 물가에 인접해 있는 곳을 말한다.

93 맑은 물:《여지기승(輿地紀勝)》 권175에 "맑은 물이 나오는 동굴은 중경부(重慶府) 서쪽 30보에 위치하며, 물이 항상 맑고 차가우며, 맛이 달다. '분수정(紛水井)'이라고도 이름했다.[淸水穴在重慶府西三十步, 水常淸冷, 味甘, 亦名紛水井.]"라고 했다.

94 강주타림분(江州墮林粉):《수경주(水經注)》와《촉중명승기(蜀中名勝記)》에는 '타림분(墮林粉)',《여지기승(輿地紀勝)》 권159와《원일통지(元一統志)》에는 '수목분(隨沐紛)'이라 되어 있는데, 뜻이 명확하지 않아 어느 것이 맞는지는 미상이다.

95 태수: 원문은 '이천석(二千石)'이다. 한나라 때 태수의 봉록이 2천 석이었기에 2천 석은 태수를 가리키는 말로 쓰인다.《한서(漢書)》〈선제기(宣帝紀)〉에 선제가 이르기를, "서민들이 제 고장에 안착하여 근심 걱정이 없이 살 수 있는 것은 정사가 공평하고 송사가 잘다스려지기 때문인데, 이 일을 나와 함께 하는 사람은 오직 어진 저 이천석들이다.[庶民所以安其田里而無愁歎之聲者, 政平訟理也. 興我共此者, 其惟良二千石乎.]"라고 한 데서 나온 말이다.

[御米]이 생산되었고, 못에는 돗자리를 만드는 물풀[96]이 생산되었다. 현의 세족으로는 파(波)·연(鈆)·모(母)·사(謝)·연(然)·개(愷)·양(楊)·백(白)·상관(上官)·정(程)·상(常)씨가 있었는데, 대대로 고관이 배출되었다.

지현(枳縣).[97] 강주현(江州縣) 동쪽 400리에 있고, 치소는 부릉수(涪陵水 오강(烏江))가 모이는 곳이다. 토지는 척박하다. 특별히 인사가 많은데,[98] 장(章)·상(常)·연(連)·려(黎)·모(牟)·양(陽)씨 등이 군에서 가장 뛰어났다.

임강현(臨江縣).[99] 지현(枳縣) 동쪽으로 400리이며, 구인(朐忍)에 접해 있다.[100] 염관(鹽官)을 두었는데, 감계(監溪)와 도계(塗溪)[101] 두 계천에 있다. 온 군(郡)의 사람들이 의지하는 곳이다.[102] 이 지방 호족들 역시 집안에 염

---

96 돗자리를 만드는 물풀: 원문 '포(蒲)'는 물풀의 이름이고, '약(蒻)'은 어린 물풀을 뜻하는데, 모두 돗자리를 만들 수 있는 식물이다. '린(藺)'은 등심초(燈心草)로, 역시 돗자리를 만들 수 있다.

97 지현(枳縣): 원래 파나라 땅이었는데, 전국 시대에 초나라에 속했다. 《사기(史記)》〈소진전(蘇秦傳)〉에 "소대가 말하기를, '초나라는 지현을 얻은 까닭에 나라가 망했습니다.'[蘇代曰, '楚得枳而國亡.']"라는 기록이 있다.

98 특별히 인사가 많은데: 원문의 '시다(時多)'는 '특다(特多)'의 오류이다.

99 임강현(臨江縣): 서한(西漢) 때 옛 현(縣)으로, 파군(巴郡)에 속한다.

100 구인(朐忍)에 접해 있다: 부릉현(涪陵縣)에서 충현(忠縣)까지 물길로 300리이다. 임강과 구인 두 현의 경계가 되는 곳은 또한 파군(巴郡)과 파동군(巴東郡)의 경계가 되는 곳이기도 하다.

101 감계(監溪)와 도계(塗溪): 감계(監溪)는 지금 충현(忠縣) 동쪽의 감계하(澉溪河)이며, '황금하(黃金河)'라고도 불린다. 도계(塗溪)는 지금의 도정하(塗井河)이며 '여계하(汝溪河)'라고도 불린다. 《충주지(忠州志)》 권1에는 "감계(澉溪)는 주의 동쪽 10리에 있다. 양산(梁山) 노용동(老龍洞)에서 발원하며, 굽이굽이 200여 리를 흘러 삼각탄(三角灘)과 황금탄(黃金灘)이 합류하는 곳까지 이른다.[澉溪在州東十里. 發源於梁山老龍洞, 曲折經二百餘里至三角灘與黃金灘水合流.]"라고 기록하고 있다. 또 "도계는 주의 동쪽 55리에 위치한다. 양읍(梁邑) 반용동(蟠龍洞)에서 발원하고, 135리를 흘러 도정(塗井)까지 이른다.[塗溪, 在州東五十里. 發源於梁邑蟠龍洞, 一百三十五里達塗井.]"라고 했다.

102 온 군(郡)의 … 곳이다: 감계와 도계에는 염정(鹽井)이 있어 파군의 사람들이 이 염정에

정을 소유하고 있었다. 엄씨(嚴氏)·감씨(甘氏)·문씨(文氏)·양씨(楊氏)·두씨(杜氏)가 대성(大姓)이다. 진(晉)나라 초에 문립(文立)[103]이 상백(常伯)[104]이 되어 좌우 신하에게 천자의 뜻을 전달했다. 양종(楊宗)은 '무릉(武陵)'이라 칭해졌고,[105] 감녕(甘寧) 또한 임강현 사람이며, 오(吳)나라에서 손씨(孫氏)의 용맹한 신하였다.[106]

평도현(平都縣).[107] 촉(蜀) 연희(延熙) 연간에 폐지되었다. 대성(大姓)으로는 은씨(殷氏)·여씨(呂氏)·채씨(蔡氏)가 있다.

점강현(墊江縣).[108] 강주현(江州縣) 서북쪽으로 물길을 따라 400리[109]에 위

의지하고 살았다.

103 문립(文立): 진나라 초에 산기상시(散騎常侍)를 역임했다.

104 상백(常伯): 본래 서주(西周)의 관명(官名)으로, 주왕(周王)의 좌우 대신을 뜻했다. 후에 황제 좌우의 시종관(侍從官), 즉 시중(侍中)·산기상시(散騎常侍) 등을 상백(常伯)으로 했다.

105 양종(楊宗)은 … 칭해졌고: 원문은 '楊宗符稱武(隆)[陵]人'이다. 《대동지(大同志)》에 의하면, 양종(楊宗)은 일찍이 무릉 태수(武陵太守)를 역임했다. 그래서 원문의 '부(符)'는 '유(有)'의 오류로 보았다.

106 감녕(甘寧) … 신하였다: 원문에는 '인(人)' 자가 앞 문장에 포함되어 있으나, 앞 문장은 [陵]에서 끝나는 게 옳으며, 유림(劉琳)의 교주(校注)에 의거, 원문 '인' 자 앞에 '감녕역현(甘寧亦縣)' 세 글자가 탈락되어 있다고 보고 번역했다. 감녕(甘寧)은 파군(巴郡) 임강현(臨江縣) 사람으로 자는 흥패(興覇)이며 오나라 손권(孫權) 휘하의 명장이다. 절충장군(折衝將軍)과 서릉 태수(西陵太守)를 역임했다. 《삼국지(三國志)》에 〈감녕전(甘寧傳)〉이 있다. 원문 '호신(虎臣)'은 용맹한 신하를 비유하는 말로 쓰인다.

107 평도현(平都縣): 본래 파나라의 다른 도성이었다. 진(秦)·서한(西漢) 때 지현(枳縣)의 땅에 속했다가, 동한(東漢) 화제(和帝) 때 현을 설치했다. 후주(後主) 연희(延熙) 17년(254)에 폐지되고 임강현(臨江縣)에 편입되었다.

108 점강현(墊江縣): 본래 파나라의 다른 도성이었다. 원래 파군(巴郡)에 속했는데, 헌제(獻帝) 흥평(興平) 원년(194)에 유장(劉璋)이 삼파(三巴)를 분리하고도 파군에 속했다. 건안(建安) 6년(201)에 파군이 파서(巴西)로 고치고도 이 현은 여전히 귀속되었는데, 후에 유선(劉禪) 건흥(建興) 15년(237)에 이르러서야 파군으로 복속되었다.

109 물길을 따라 400리: 중경(重慶)에서부터 합천(合川)까지의 수로는 230리이다.

치한다. 누에를 치고 소와 말을 길렀다. 한나라 때 공영(龔榮)은 뛰어난 재주로 형주 자사(荊州刺史)가 되었다. 후에 공양(龔揚)과 조민(趙敏)은 덕행으로 파군 태수(巴郡太守)가 되었다. 순우장(淳于長)은 매우 잘생긴 용모를 지녔다. 여씨(黎氏)·하씨(夏氏)·두씨(杜氏)가 모두 대성(大姓)이다.

악성현(樂城縣).[110] 강주(江州)의 서쪽 300리에 위치하며,[111] 연희(延熙) 17년(254)에 폐지되었다.

상안현(常安縣) 역시 폐지되었다.

파동군(巴東郡)은 유 선주(劉先主)가 익주(益州)로 들어갈 때 강관도위(江關都尉)로 바꾸었다.[112] 건안(建安) 21년(216)에 구인(朐忍)·어복(魚複)·한풍(漢豐)·양거(羊渠),[113] 의도(宜都)[114]의 무(巫)[115]와 북정(北井)[116] 등 6개 현을 고릉군(固陵郡)으로 하고, 무릉(武陵) 사람 요립(廖立)[117]을 태수로 삼았다. 장

---

110 악성현(樂城縣): 한(漢)나라 말에 설치되었다.

111 강주(江州)의 … 위치하며: '서주강(西州江)' 세 글자는 '강주서(江州西)'의 오류이다. 《독사방여기요(讀史方輿紀要)》 권69에 의하면, 강진현(江津縣) 서쪽 30리에 악성계(樂城溪)가 있으며, 큰 강까지 흘러들어간다고 한다. 악성탄(樂城灘)도 있다고 한다.

112 파동군(巴東郡)은 … 바꾸었다: 서한(西漢) 때 어복현(魚複縣)에 강관도위(江關都尉)를 두어 파동(巴東)을 지켰는데, 유비(劉備)가 옛 제도를 다시 따른 것이다.

113 양거(羊渠): 《속한지(續漢志)》에는 이 현이 없으며, 건안(建安) 21년에 구인현(朐忍縣) 지역을 분리하여 한풍현(漢豐縣)과 함께 설치했다.

114 의도(宜都): 군(郡)의 이름이다.

115 무(巫): 전국 시대 초(楚)나라의 무군(巫郡)이며, 진(秦)나라 때 폐지하고 현(縣)을 세웠다. 양한(兩漢)·삼국(三國)·진(晉)이 이를 따랐다. 성(城)은 지금의 사천(四川) 무산현(巫山縣) 북쪽에 있다.

116 북정(北井): 《속한지(續漢志)》에는 기록이 없으며, 건안(建安) 15년(210)에 유비(劉備)가 임강군(臨江郡)을 의도군(宜都郡)으로 고칠 때 설치했다. 성(城)은 지금의 무산현(巫山縣) 북쪽 대창진(大昌鎭) 동남족 25리에 있다.

117 요립(廖立): 원문 '강립(康立)'은 '요립(廖立)'의 오기로 보인다. 《촉지(蜀志)》〈요립전(廖立傳)〉에 "립(立)의 자는 공연(公淵)이고, 무릉(武陵) 완릉(浣陵) 사람이다. 건안(建安) 20년

무(章武) 원년(221), 구인(朐忍) 사람 서려(徐慮)와 어복(魚復) 사람 건기(蹇機)는 파(巴)라는 이름을 잃은 것으로 표(表)를 올려 논쟁을 벌였다. 유 선주가 듣고서 다시 파동(巴東)으로 하고, 남군(南郡) 사람 보광(輔匡)[118]을 태수로 삼았다. 유 선주가 오(吳)나라를 정벌하러 갔다가, 이도(夷道)[119]에서 돌아와 이 군에서 죽었다. 상서령(尚書令) 이엄(李嚴)을 도독으로 삼고,[120] 방어시설을 짓게 했다. 이엄이 강주(江州)로 돌아가고, 정서장군(征西將軍) 여남(汝南) 사람 진도(陳到)[121]가 도독이 되었다. 진도가 임기 중에 죽자 정북대장군(征北大將軍) 남양(南陽) 사람 종예(宗預)[122]가 도독이 되었다. 종예가 돌아가고, 내령군(內領軍) 양양(襄陽) 사람 나헌(羅憲)[123]이 그 자리를 대신했다. 촉이 평정되고도 나헌은 그 일을 계속 맡았으며, 능강장군(凌江將軍)에

---

(215)에 유비(劉備)에게 귀속되었으며, 파군 태수(巴郡太守)를 역임했다."라고 기록되어 있다.

118 보광(輔匡): 자는 원필(元弼)이며, 양양(襄陽) 사람이다. 유비(劉備)를 따라 촉(蜀)으로 들어갔으며, 익주(益州)가 평정된 후 파군 태수(巴郡太守)가 되었다.

119 이도(夷道): 지금의 호북(湖北) 의도(宜都)이다.

120 유 선주가 … 도독으로 삼고: 장무(章武) 원년, 유비(劉備)가 오(吳)나라를 정벌하러 나갔다가, 이도(夷道) 효정(猇亭)에서 대패했다. 장무 3년(223)에 영안(永安)에서 죽으며 이엄(李嚴)을 영안 도독(永安都督)으로 삼도록 했다.

121 진도(陳到): 자는 숙지(叔至)이며, 여남(汝南) 사람이다. 건흥(建興) 4년(316) 이도(夷道)의 뒤를 이어 영안 도독(永安都督)을 맡았고, 정서장군(征西將軍)에 배임되었다.

122 종예(宗預): 자는 덕염(德艶)이며, 남양(南陽) 사람이다. 연희(延熙) 연간 후반에 영안 도독(永安都督)이 되었으며, 정서대장군(征西大將軍)에 배임되었다. 경요(景耀) 원년(258)에 병으로 성도(成都)로 부름을 받아 돌아왔다.

123 나헌(羅憲): 원문 '나헌(羅獻)'은 《진서(晉書)》〈나헌전(羅憲傳)〉에는 '나헌(羅憲)'이라 되어 있다. 이에 근거하여 '나헌(羅憲)'으로 고쳤다. 경요(景耀) 연간에 파동 태수(巴東太守)가 되었다. 이때 염우(閻宇)가 파동 도독(巴東都督)을 맡았고, 나헌은 군사를 통솔하며 염우의 부이(副貳), 즉 부관이 되었다. 위(魏)가 촉(蜀)을 치자 염우는 성도(成都)로 돌아왔고, 나헌은 남아서 영안(永安)을 지켰다.

임명되고 무릉 태수(武陵太守)를 겸임했다.

태시(泰始) 2년(266)에 오(吳)나라 대장(大將) 보천(步闡)[124]과 당자(唐咨)[125]가 나헌을 공격했는데, 나헌은 성을 지켰다. 당자는 서쪽으로 침공하여 구인(朐忍)까지 이르렀다. 그리하여 촉(蜀) 상서랑(尚書郎) 파군(巴郡) 사람 양종(楊宗)이 낙양(洛陽)에 다급함을 알렸는데, 그가 돌아오기도 전에 나헌이 출격하여 보천을 쳐서 대파하여 보천과 당자는 퇴각했다. 나헌은 감군(監軍)[126] · 가절(假節) · 안남장군(安南將軍)[127]으로 천거되었고, 서악후(西鄂侯)에 봉해졌다. 입조(入朝)하여 황제가 사용하던 수레 덮개[御蓋]와 조복(朝服)을 하사받았다. 오나라 무릉 태수(武陵太守) 손회(孫恢)[128]가 남포(南浦)[129]를 약탈하여 안만호군(安蠻護軍)[130] 양종(楊宗)이 그를 토벌하자 퇴주했다. 〈나헌은〉 이 일로 인해 양종을 무릉 태수로 삼고, 남포에 주둔시킬 것을 청하는 표를 올렸다. 양종은 무릉의 만이(蠻夷) 소수 민족을 달래고 보듬어, 3개 현[131]의 소수 민족들이 처음으로 백성으로 귀부(歸附)하게 되었다.

---

124 보천(步闡): 오(吳)나라 보즐(步騭)의 아들이다.

125 당자(唐咨): 위(魏)나라 이성군(利城郡) 사람이다. 황초(黃初) 연간에 오(吳)나라로 도주했고, 관직은 좌장군(左將軍)에 이르렀다. 이후 위나라에 항복하여 안원장군(安遠將軍)이 되었다.

126 감군(監軍): '감파동제군사(監巴東諸軍事)'의 약칭이다. 위진(魏晉) 때 고급 장령(將領)이며, 도독제군(都督諸軍)이 최상이고, 감제군(監諸軍)이 그 아래, 그리고 독제군(督諸軍)이 가장 아래다.

127 안남장군(安南將軍): 위진(魏晉) 때 고급 장군에는 정(征) · 진(鎮) · 안(安) · 평(平)의 칭호가 있고, 그 아래로는 각각 동(東) · 남(南) · 서(西) · 북(北)의 칭호를 더한다. 정(征) · 진(鎮)은 제2품이고, 안(安) · 평(平)은 제3품이다.

128 손회(孫恢): 오(吳)나라의 종실(宗室)이다.

129 남포(南浦): 양거현(羊渠縣)에 속한다.

130 안만호군(安蠻護軍): 무릉(武陵) 일대의 소수 민족을 통치하기 위해 특별히 설치한 군관이다.

나헌이 죽고 건위 태수(犍爲太守) 천수(天水) 사람 양흔(楊欣)[132]을 감군(監軍)
으로 삼았다. 양흔이 양주 자사(涼州刺史)로 옮겨지자 조정은 당빈(唐彬)이
나 양종으로 감군을 대임(代任)할 것을 논의했다. 진 무제(晉武帝)가 산기
상시(散騎常侍) 문립(文立)에게 "당빈과 양종 중 누가 쓸 만합니까?"라고 물
었다. 문립이 대답하여 이르기를, "당빈과 양종 모두 공을 세웠으니, 서
쪽에서는 빠뜨릴 수 없는 사람들입니다. 다만, 양종은 재능이 참으로 뛰
어난 반면 술을 좋아하고, 당빈 역시 그 사람됨이 천성적으로 재물 욕심
이 있습니다. 오직 폐하께서 결정하셔야 합니다."라고 했다. 무제가 이르
기를, "재물 욕심은 만족할 수 있으나, 술 좋아함은 고치기 어렵다."라고
했다. 마침내 당빈을 채용하여 감군으로 삼고 광무장군(廣武將軍)을 추가
했다.

오(吳)나라가 평정된 뒤에 양거(羊渠)를 없애고 남포(南浦)를 설치했
다.[133] 진(晉)나라 태강(太康) 초에 무현(武縣)과 북정현(北井縣)[134]을 건평
군(建平郡)으로 되돌려 놓으니, 단지 4개[135] 현만 남았다. 낙양으로부터

---

131 3개 현: 진(晉)나라 파동(巴東)에 근접해 있는 천릉[遷陵, 지금의 호남(湖南) 보정현(保靖縣)]·유
양[酉陽, 지금의 호남(湖南) 영순현(永順縣) 남쪽]·검양[黔陽, 지금의 호남(湖南) 완릉현(浣陵縣) 서북쪽]
등 3개 현을 말하며, 모두 오(吳)나라 무릉군(武陵郡)에 속한다.

132 양흔(楊欣):《화양국지》권8에는 위(魏)나라 함희(咸熙) 원년(264)에 금성 태수(金城太守) 천
수(天水) 사람 양흔(楊欣)을 건위 태수(犍爲太守)로 삼았다는 기록이 있다. 또《촉지(蜀志)》
〈등애전(鄧艾傳)〉에는 양흔이 진(晉)나라 태시(泰始) 8년(272)에 양주 자사(涼州刺史)가 되었
다는 기록이 있다. 이에 근거하여 원문의 '양유(楊攸)'를 '양흔(楊欣)'으로 고쳐 번역했다.

133 남포(南浦)를 설치했다: 남포를 현으로 설치했음을 말한다.

134 무현(武縣)과 북정현(北井縣): 두 현은 본래 촉한(蜀漢) 파동군(巴東郡)에 속했다. 유비(劉備)
가 장무(章武) 2년(222)에 오(吳)나라를 정벌하려다 크게 패하고 오나라에 빼앗겼고, 형
주(荊州) 의도군(宜都郡)에 속했다. 오나라 손휴(孫休)는 영안(永安) 3년(260)에 의도(宜都)를
분할하여 건평군(建平郡)을 세워 이 두 현이 속하게 되었으며, 군의 치소는 무현(巫縣)에
두었다. 진(晉) 태시(泰始) 4년(268)에 나헌(羅憲)이 습격하여 이곳을 차지했다.

2,500리 떨어져 있다. 동쪽으로는 건평(建平)에 접하고, 남쪽으로는 무릉(武陵)에 접하며, 서쪽으로는 파군(巴郡)에 접해 있고, 북쪽으로는 방릉(房陵)에 접하고 있다. 그 소속으로 노(奴)·양(獽)·이(夷)·단(蜑) 같은 만(蠻) 소수 민족이 있었다.

어복현(魚複縣).[136] 파동군(巴東郡)의 치소이다. 공손술(公孫述)이 백제(白帝)라고 이름을 고치고,[137] 장무(章武) 2년(222)에 영안(永安)으로 이름을 바꾸었다. 함희(咸熙, 264~265) 초에 〈옛 이름을〉 회복했다. 귤관(橘官)이 있고,[138] 또 택수신(澤水神)이 있어서 날이 가물 때 물가에서 북을 울리면 즉시 비가 왔다.

구인현(胸忍縣). 〈어복현〉 서쪽으로 290리이다. 물길로는 동양탄(東陽灘)[139]과 하구탄(下瞿灘)[140] 등이 있다. 산으로는 대석성산(大石城山)[141]과 소

---

135 4개: 아래에 기록되어 있는 현의 수가 4개이기 때문에, 원문의 '오(五)'는 '사(四)'의 오기로 보인다.

136 어복현(魚複縣): 본래 춘추 시대 때 용(庸)나라의 어읍(魚邑)이었다. 서한(西漢) 시기에 현(縣)이 되어, 파군(巴郡)에 속했으며, 강관도위(江關都尉)가 이곳을 다스렸다. 동한(東漢) 시기에도 계속 이를 따랐다. 유장(劉璋) 때 파동군(巴東郡)으로 고쳐졌으며, 이것이 촉(蜀)과 진(晉)나라 때까지 이어졌다.

137 공손술(公孫述)이 … 고치고: 성이 지금의 봉절(奉節) 동쪽 13리의 백제산(白帝山)에 있어서, 공손술(公孫述)이 이름을 '백제성(白帝城)'이라 고친 것이다.

138 귤관(橘官)이 있고:《한지(漢志)》에는 어복현(魚複縣)에 귤관(橘官)이 있다고 한다. 당대(唐代)에 이르러서는 기주(夔州) 감귤이 진상품이 되었다고 한다. 지금 봉절(奉節) 일대는 여전히 감귤의 주요 산지라고 한다.

139 동양탄(東陽灘):《수경주(水經注)》〈강수(江水)〉에 의하면, 지금 운양현(雲陽縣) 성 동쪽, 탕계(湯溪) 하구에 위치한다고 한다.《운양현지(雲陽縣志)》에 현 동쪽 30리에 동양탄(東陽灘)이 있다고 했는데, 바로 이곳이다.

140 하구탄(下瞿灘):《수경주(水經注)》〈강수(江水)〉에 "강수는 또 동쪽으로 구무탄(瞿巫灘)을 지나는데, 즉 하구탄(下瞿灘)이며, 이것을 '박망탄(博望灘)'이라고도 부른다.[江水又東逕瞿巫灘, 卽下瞿灘, 又謂之博望灘.]"라고 기록되어 있다. 그런데《여지기승(輿地紀勝)》권182에는 "하구

석성산(小石城山)이 있다. 영수목(靈壽木)¹⁴²·귤포(橘圃)¹⁴³·염정(鹽井)¹⁴⁴·영귀(靈龜)¹⁴⁵ 등이 있다.

함희(咸熙) 2년(265)¹⁴⁶에 구인현(朐忍縣)은 영귀(靈龜)를 승상부(丞相府)에 바쳤다. 대성(大姓)에는 부씨(扶氏), 선씨(先氏), 서씨(徐氏)가 있다. 한(漢)나라 때 부서(扶徐)는 형주(荊州)에서 이름이 알려졌다. 《초기(楚記)》¹⁴⁷에 강두백호복이(弜頭白虎復夷)가 나온다.¹⁴⁸

탄은 운안현(雲安縣) 동쪽 5리에 위치하며 '구촌(瞿村)'이라 이름 지었다.[下瞿灘在雲安縣東五里, 以瞿村爲名.]'라고 하며, 또 "박망탄은 현 서쪽 3리에 있다.[博望灘在縣西三里.]'라고 기록했다. 이에 하구탄과 박망탄은 다른 곳임이 분명하다.

141 대석성산(大石城山): 《사천통지(四川通志)》 권14에는 "석성산은 운양 동쪽 2리에 있는 대석성산이다.[石城山在雲陽東二里, 卽大石城山.]'라고 기록하고 있다. 《기요(紀要)》 권69에는 "천성산은 만현 서쪽 5리에 있고, 사면이 우뚝 솟은 담장 같고, 오직 서북쪽 1경만 오를 수 있었다. 다른 이름은 천생성이다.[天城山在萬縣西五里, 四面峭立如堵, 惟西北一徑可登, 又名天生城.]'라고 기록하고 있다. 옛날 파군(巴郡)·한중(漢中) 일대에서는 형세가 험준한 산을 '세(勢)'라고 칭했다. 이에 원문의 '세'를 산의 의미로 풀이했다.

142 영수목(靈壽木): 《수경주(水經注)》에 의하면 지금의 운양(雲陽) 용동계곡(龍硐溪谷)에서 산출된다고 한다.

143 귤포(橘圃): 《수경주(水經注)》에 근거하여 '귤포(橘圃)' 두 글자를 추가한 유림(劉琳)의 교주를 따라 번역했다. 《한지(漢志)》에도 구인현(朐忍縣)에 귤관(橘官)이 있다고 기록하고 있으며, 지금 만현(萬縣) 일대가 중국 감귤 생산의 주요 지역이다.

144 염정(鹽井): 운양현(雲陽縣) 일대에서 예로부터 풍부한 소금이 생산되었다고 한다.

145 영귀(靈龜): 《수경주(水經注)》 〈강수(江水)〉에 의하면 구인현의 영귀는 만현(萬縣) 경내에 있는 개천인 장귀계(將龜溪)에서 나온다고 한다.

146 함희(咸熙) 2년: 원문에는 '함희원년(咸熙元年)'으로 되어 있으나 《위지(魏志)》 〈삼소제기(三少帝紀)〉와 《진서(晉書)》에 구인현(朐忍縣)이 영귀(靈龜)를 승상부(丞相府)에 바쳤던 때가 함희 2년으로 되어 있어 바로잡았다.

147 《초기(楚記)》: 임내강(任乃强)은 《형주기(荊州記)》의 별칭이라고 한다.

148 한(漢)나라 때 … 나온다: 이 부분에 대해 유림(劉琳)이 교감한 원문 '漢時有扶徐, 荊州著(石)[名]. 楚(訪)[記]有弜頭白虎復夷者也.'를 따라 번역했다. '강두백호복이(弜頭白虎復夷)'는 진(秦)나라와 한(漢)나라 때 중국 서남부에 거주하던 호랑이 사냥을 전문으로 했던 소수 민족을 가리키는 말이다.

한풍현(漢豐縣)은 건안(建安) 21년(217)에 설치했다. 어복현 서북쪽 팽계(彭溪) 평원에 있다.

남포현(南浦縣)은 어복현 남쪽 300리에 있다. 진(晉)나라 초에 설치했는데 이인(夷人)을 주관한다.

무릉군(武陵郡)은 초(楚)나라와 접해 있고, 사람들 중에 굳세고 날랜 자가 많으며, 문학을 하는 이는 적고 장수의 재목이 있다.

부릉군(涪陵郡)은 파군(巴郡)의 남쪽 변두리에 있다. 지현(枳縣) 남쪽으로부터 들어와 부수(涪水)로 거슬러 올라간다.[149] 본래 초(楚)나라 상어(商於)땅과 접해 있었는데, 진(秦)나라 때 사마착(司馬錯)이 이곳을 말미암아 초나라 상여를 취하여 검중군(黔中郡)으로 삼았다. 한(漢)나라 이후 항상 도위(都尉)가 이곳을 지켰다. 옛날 부릉군의 속현이 5개였다. 낙양과 5,170리 떨어져 있다. 동쪽으로 파동군(巴東郡), 남쪽으로는 무릉군, 서쪽으로 장가군(牂柯郡) 그리고 북쪽으로 파군(巴郡)과 접한다. 토지는 산이 험하고 물이 여울지다. 사람들 중에 우직하고 용맹한 자들이 많다. 양(獽)과 단(蜑) 민족이 많다. 현읍의 족당(族黨)들은 다툼이나 소송이 있으면 필사적으로 돕는다. 누에를 치지 않으며 문학하는 이가 적다. 오직 차·단사·옻[漆]·꿀·밀랍을 생산한다. 한나라 때 적갑군(赤甲軍)[150]은 항상 이곳 사람에서 취했다. 촉(蜀)나라 승상(丞相) 제갈량(諸葛亮) 또한 이곳의 정예군 3천 명을 뽑아 연노사(連弩士)[151]로 삼아 한중(漢中)으로 이주시켰다. 연희

---

149 부수(涪水)로 거슬러 올라간다: 원문에는 '절단부수(折丹涪水)'로 되어 있으나 《원화지(元和志)》 권30과 《여지기승(輿地紀勝)》 권174에 '소부수(泝涪水)'로 되어 있어 바로잡아 번역했다. 부수(涪水)는 지금의 오강(烏江)이다.

150 적갑군(赤甲軍): 동한과 삼국 시대에 만들어졌다. 붉은 갑옷[赤甲]을 입어 '적갑군(赤甲軍)'이라 칭했다.

151 연노사(連弩士): 연노(連弩)는 연발로 쏠 수 있는 쇠뇌이다.

(延熙) 11년(248)[152]에 대성(大姓) 서거(徐巨)가 모반하여 거기장군(車騎將軍) 등지(鄧芝)가 토벌하여 반란을 평정했다. 검은 원숭이가 산을 타는 것을 보았는데, 등지의 성격이 쇠뇌를 좋아하는지라 손으로 직접 원숭이를 쏘아 맞혔다. 원숭이의 새끼가 화살을 뽑고 나뭇잎을 말아 상처가 난 곳을 막았다. 등지가 탄식하며 말하기를, "아, 내가 동물의 천성을 해쳐서 곧 죽겠구나."라고 했다. 곧이어 호족 서씨(徐氏), 인씨(藺氏), 사씨(謝氏), 범씨(范氏) 5천 호를 촉(蜀)나라로 이주시켜 엽사관(獵射官)으로 삼고, 늙고 허약한 사람들은 독장(督將)[153]인 한(韓)과 장(蔣) 등에게 분배하여 이름을 '조군군(助郡軍)'이라 했다. 그리하여 한과 장 등이 대대로 군대[部曲]를 주관하여 대성이 되었다. 진(晉)나라 초에 연노사를 풍익군(馮翊郡) 연작현(蓮勺縣)으로 이주시켰다. 이들의 성격은 질박하고 직솔하여 비록 다른 곳으로 이주했어도 풍속은 변하지 않았다. 그러므로 지금까지 촉(蜀)·한(漢)·관중(關中)·부릉(涪陵) 그리고 군인이 되어 남방에 있는 자들은 아직까지도 풍속을 보존하고 있다. 산에는 큰 거북이 있다. 그 껍질로 점을 칠 수 있으며, 귀갑의 언저리로 비녀를 만들 수 있는데, 세상 사람들은 이를 '영채(靈釵)'라 부른다.[154]

부릉현(涪陵縣)은 부릉군의 치소이다.

---

152 11년(248): 원문에는 '십삼년(十三年)'으로 되어 있으나 《촉지(蜀志)》〈후주전(後主傳)〉과 《촉지(蜀志)》〈등지전(鄧芝傳)〉에 나오는 연희 11년에 부릉(涪陵) 속국(屬國)의 호족이 도위(都尉)를 살해하고 반란하여 등지가 토벌하여 평정했다는 내용에 의거하여 바로잡았다.

153 독장(督將): 군사를 이끌고 국경의 요새를 지키는 군관이다.

154 산에는 … '영채(靈釵)'라 부른다: 좌사(左思)〈촉도부(蜀都賦)〉유규(劉逵)의 주(注)에 초주 (譙周)의 《이물지(異物志)》를 인용하여 "부릉에는 큰 거북이 많다. 그 껍질로 점을 칠 수 있으며, 귀갑의 언저리로 비녀를 만들 수 있는데 독모(瓊瑁)와 비슷하여 사람들은 이를 '영채(靈釵)'라 부른다.[涪陵多大龜, 其甲可以卜, 其緣中叉, 似瓊瑁, 俗名曰靈叉.]"라고 했다.

단흥현(丹興縣)은 촉(蜀)나라 때 폐지되었다. 산에는 이름난 단사(丹砂)가 나온다.[155]

한평현(漢平縣)은 연희(延熙) 13년(277)에 설치했다.

만녕현(萬寧縣)은 효령제(孝靈帝) 때 설치했는데, 본래 이름은 영녕(永寧)[156]이다.

한발현(漢髮縣)에는 염정(鹽井)이 있다.[157] 현 북쪽에 양(獽)과 단(蜑) 사람들이 있고, 또 섬이(蟾夷) 사람들이 있다.

파서군(巴西郡)은 속현이 일곱[158]이다. 낙양과 2,815리 떨어져 있다. 동쪽으로 파군(巴郡), 남쪽으로 광한(廣漢), 서쪽으로 재동(梓潼), 북쪽으로 한중(漢中) 및 서성(西城)과 접해 있다. 토지는 산과 벌에 평지가 많다. 소와 말 그리고 누에가 있다. 사람들은 선한(先漢) 이래로 크고 씩씩하며 기개가 있고, 뛰어남이 삼파(三巴)에서 으뜸이다. 파군(巴郡)이 분할된 뒤 숙포(叔布), 영시(榮始), 주군(周羣) 부자, 정공홍(程公弘) 등[159]이 어떤 이는 배움에 삼재(三才)[160]를 겸하고, 어떤 이는 정량(精良)하고 뛰어나며 기특하다. 그

---

155 산에는 … 나온다: 좌사(左思) 〈촉도부(蜀都賦)〉 유규(劉逵)의 주(注)에 "부릉과 단흥 두 현에 단사가 산출된다.[涪陵丹興二縣出丹砂.]"라고 했다.

156 영녕(永寧): 《태평환우기(太平寰宇記)》 권120에 의하면 유비(劉備)가 '만녕(萬寧)'으로 이름을 고쳤다고 한다.

157 염정(鹽井)이 있다: 지금의 팽수현(彭水縣) 동쪽 90리에 있는 욱산진(郁山鎭)에 소금이 생산된다.

158 속현이 일곱: 일곱 현은 낭중(閬中)·안한(女漢)·시충국(西充國)·남충국(南充國)·탕거(宕渠)·한창(漢昌)·선한(宣漢) 등 촉한(蜀漢) 때 파서군(巴西郡) 4개 현과 파서군에서 분리되어 나온 탕거군(宕渠郡) 3개 현을 이른다.

159 숙포(叔布) … 정공홍(程公弘) 등: 숙포(叔布)는 촉한(蜀漢) 때 낭중(閬中) 사람 주서(周舒)의 자이다. 영시(榮始)는 서충국(西充國) 사람 초병(譙幷)의 자이다. 주군(周羣) 부자는 주군과 그의 아들 주거(周巨)이다. 공홍(公弘)은 낭중 사람 정기(程祁)의 자이다.

160 삼재(三才): 중국의 고대 사상에서 우주의 3가지 근원을 뜻하는 말로, 천(天)·지(地)·인

다음으로는 마성형(馬盛衡)과 승백(承伯)이 있는데, 문채가 청아하고 기묘하다. 공덕서(龔德緒) 형제는 뛰어난 기상이 성하다.[161] 황공형(黃公衡)은 권변(權變)에 통달했다.[162] 마덕신(馬德信), 왕자균(王子均), 구효흥(勾孝興), 장백기(張伯岐) 등[163]은 공을 세우고 업(業)을 일으켜, 유비(劉備)와 유선(劉禪)의 시대에 이들을 칭송함이 형초(荊楚)에 자자했다. 선한(先漢) 이래로 풍거기(馮車騎)와 범진남(范鎭南)[164]은 모두 이 고장에서 살았기에 "파에는 장군이 있고 촉에는 재상이 있다.[巴有將, 蜀有相.]"라고 일컫는다. 진(晉)나라 때 초후(譙侯)[165]가 앞에서 전장제도(典章制度)[文]를 만들었고, 진군(陳君)[166]이 뒤에서 빛을 발하여 사마천(司馬遷)·반고(班固)와 쌍벽을 이루니[167] 출중하

(人) 즉 천도(天道), 지리(地理), 인사(人事)를 이르는 말이다.

161 마성형(馬盛衡)과 … 성하다: 성형(盛衡)은 삼국 시대 사람인 마훈(馬勳)의 자이며 승백(承伯)은 마제(馬齊)이다. 이 두 사람 모두 낭중 사람이다. 공덕서(龔德緒)는 안한(安漢) 사람 공록(龔祿)이다. 이 세 사람은 《보신찬주(輔臣贊注)》에 보인다. 공록의 아우는 공교(龔驤)로 자는 덕광(德光)이다. 《화양국지》 권12 〈사녀목록(士女目錄)〉에 나온다.

162 황공형(黃公衡)은 … 통달했다: 황공형은 낭중 사람 황권(黃權)이다. 황권은 유비(劉備)를 따라 오(吳)나라를 정벌하러 갔다가 이도[夷道, 지금의 호북성(湖北省) 의도시(宜都市)]에서 패하여 위(魏)나라에 항복했다. 상거(常璩)는 위나라의 입장에서 황공형이 '권변에 통달했다'고 평한 것이다.

163 마덕신(馬德信) … 장백기(張伯岐) 등: 마덕신은 낭중 사람 마충(馬忠), 왕자균은 탕거 사람 왕평(王平), 구효흥은 한창 사람 구부(勾扶), 장백기는 남충국 사람 장의(張嶷)이다. 이들은 《촉지(蜀志)》에 전(傳)이 있다.

164 풍거기(馮車騎)와 범진남(范鎭南): 풍거기는 동한 때 탕거 사람 풍곤(馮緄)으로 벼슬이 거기장군(車騎將軍)에까지 이르렀다. 《화양국지》 권12 〈사녀목록(士女目錄)〉 참조. 범진남은 '황진남(黃鎭南)'의 오기로 보인다.

165 초후(譙侯): 촉한 때 서충국 사람 초주(譙周, 201~270)이다. 후에 위나라에 항복하여 양성정후(陽城亭侯)에 봉해졌다.

166 진군(陳君): 안한 사람 진수(陳壽, 233~297)다.

167 초후(譙侯)가 … 쌍벽을 이루니: 초주는 《고사고(古史考)》를 지었고 진수는 《삼국지(三國志)》를 지었다.

게 빼어나 전기(傳記)에 기록되었다. 벼슬을 지낸 사람은 여기에 이루 다 기재할 수 없다.

낭중현(閬中縣)은 파서군(巴西郡)의 치소이다. 팽지대택(彭池大澤)[168]이 있고 명산으로는 영대산(靈臺山)이 있으니 참위서에 기재되었다.[169] 대성(大姓)에는 세 갈래의 호씨(狐氏)와 다섯 갈래의 마씨(馬氏) 그리고 포씨(蒲氏), 조씨(趙氏), 임씨(任氏), 황씨(黃氏), 엄씨(嚴氏)가 있다.

남충국현(南充國縣)은 화제(和帝) 때 설치되었다. 염정(鹽井)이 있고,[170] 대성(大姓)은 후씨(侯氏)와 초씨(譙氏)이다.

안한현(安漢縣)은 인사(人士)라 불릴 만한 사람들을 배출했다. 대성(大姓)은 진씨(陳氏), 범씨(范氏), 염씨(閻氏), 조씨(趙氏)이다.

평주현(平州縣).[171]

그 가운데 두 개 현(탕거현(宕渠縣)과 한창현(漢昌縣))이 〈탕거(宕渠)〉군(郡)이 되었다.

탕거군(宕渠郡)은 연희(延熙, 238~257) 연간에 설치했다.[172] 광한(廣漢)의

---

168 팽지대택(彭池大澤):《한지(漢志)》에 "팽도장지(彭道將池)가 남쪽에 있고 팽도어지(彭道魚池)가 서남쪽에 있다.[彭道將池在南, 彭道魚池在西南.]"라고 했는데 여기서 말하는 팽지대택이다.

169 명산으로는 … 기재되었다:《태평어람(太平御覽)》권44에《십도기(十道記)》를 인용하여 "영대산은 〈낭중(閬中)〉현 북쪽에 있다. 일명 '천주산'이라고 한다. 높이가 4백 장인데 한나라 장도릉이 승진(升真)한 곳이다.[靈臺山, 在縣北, 一名天柱山, 高四百丈, 即漢張道陵升真之所.]"라고 했다.

170 염정(鹽井)이 있고: 좌사(左思)〈촉도부(蜀都賦)〉유규(劉逵)의 주(注)에 "파서군 충국현에는 염정 수십 곳이 있다.[巴西充國縣有鹽井數十.]"라고 했다.

171 평주현(平州縣):《심지(沈志)》에 따르면, 평주현은 진 무제(晉武帝) 태강(太康) 원년(280)에 설치했다.

172 탕거군(宕渠郡)은 … 설치했다:《태평환우기(太平寰宇記)》권136에 "건안 21년(216)에 선주(先主)가 고릉군(固陵郡)을 설치했다. 또한 파서군(巴西郡)이 관할하던 선한(宣漢)과 탕거(宕渠) 두 현에 탕거군(宕渠郡)을 설치하고 심(尋)은 폐지했다. 후주(後主) 연희 연간에 또 설치했고 심을 다시 폐지했다.[建安二十一年, 先主置固陵郡. 又以巴西郡所管宣漢宕渠二縣置宕渠縣, 尋省. 後主延熙中又置, 尋又省.]"고 했다. 이에 따르면 탕거군은 선주인 유비가 처음 설치했고 후주

왕사(王士)를 태수(太守)로 삼았다.[173] 군을 세운 지 9년 뒤에 폐지했다. 영흥(永興) 원년(304)에 이웅(李雄)이 다시 설치하여 지금까지 군을 유지되고 있다. 장로(長老)가 이르기를, "탕거군은 아마도 옛 종국(賨國)이었을 것이다. 〈그래서〉 지금 종성(賨城)과 노성(盧城)이 남아 있다."[174]라고 했다. 진 시황(秦始皇) 때 25장(丈)이나 되는 키 큰 사람이 탕거군에 나타났다.[175] 진나라 사관 호물경(胡毋敬)이 말하기를, "이후 500년에 필시 기이한 사람이 나타나 대인(大人)[176]이 될 것이다."라고 했다. 이웅이 왕이 되었을 때 그의 조상이 탕거군에서 나왔으므로[177] 식견이 있는 이들은 모두 호물경의 말이 응험(應驗)한 것으로 여겼다.

　선한(先漢) 이래로 이곳의 남녀가 어질고 곧았다. 현민(縣民)인 거기장군(車騎將軍) 풍곤(馮緄), 대사농(大司農) 현하(玄賀), 대홍려(大鴻臚) 방웅(龐雄), 계양 태수(桂陽太守) 이온(李溫) 등은 모두 공을 세우고 업을 일으켜 세상에 보탬이 된 바가 있다.[178] 풍곤과 이온은 각기 자신들의 고향에서 장사 지

유선이 연희 연간에 다시 설치한 것임을 알 수 있다.

173 광한(廣漢)의 … 태수(太守)로 삼았다:《계한보신찬주(季漢輔臣贊注)》에 따르면 광한의 왕사는 탕거 태수가 되었고 후에 건위 태수(犍為太守)로 자리를 옮겼으며 후주(後主) 건흥(建興) 3년(315) 제갈량(諸葛亮)이 남정(南征)할 때 익주 태수(益州太守)가 되었다.《화양국지》권10에서도 이러한 사실을 언급하고 있다.

174 탕거군은 … 남아 있다:《여지기승(輿地紀勝)》권162에《원화지(元和志)》를 인용하여 "옛 종성(賨城)은 유강현[流江縣, 지금의 거현(渠縣)] 동북쪽 70리에 있다.[故賨城在流江縣東北七十里.]"고 했다. 노성(盧城)에 관한 자세한 내용을 알 수 없다.

175 진 시황(秦始皇) 때 … 나타났다:《사기(史記)》〈진시황본기(秦始皇本紀)〉진 시황 18년《집해(集解)》에서 서광(徐廣)의 말을 인용하여 "파군에 큰사람[大人]이 출현했는데 키가 25장 6척이다.[巴郡出大人, 長二十五丈六尺.]"라고 했다.

176 대인(大人): 덕이나 지위가 높은 사람을 이르는 말이다.

177 이웅이 … 나왔으므로: 이웅의 조상이 탕거군에서 나왔다는 내용은《화양국지》권9와《진서(晉書)》〈이특재기(李特載記)〉에 자세히 기록되어 있다.

178 현민(縣民)인 … 되는 바가 있다: 풍곤(馮緄), 현하(玄賀), 방웅(龐雄), 이온(李溫) 등은 모

냈다. 항상 3월이면 이 두 사람의 영혼이 고향 마을로 돌아오는데 이때 강물이 넘쳐 군현의 관리와 백성들이 물 위에서 그들에게 제를 올리지 않은 이가 없다. 이곳 열녀들의 절의(節儀)에 관해서는 〈선현지(先賢志)〉[179]에 실려 있다.

탕거현(宕渠縣)은 탕거군(宕渠郡)의 치소이다. 철관(鐵官)[180]이 있다. 석청(石淸)[石蜜]은 산도(山圖)[181]가 채취한 것이다.[182]

한창현(漢昌縣)[183]은 화제(和帝) 때 설치했다. 대성(大姓)은 구씨(勾氏)이다.

선한현(宣漢縣)[184]은 지금은 폐지되었다.

위의 파(巴)나라는 모두 5개 군(郡), 23개 현(縣)으로 나눠졌다.

사관이 논한다.[185]

"파나라는 먼 시대로는 황제(黃帝)와 염제(炎帝)가 봉한 나라이며, 주(周)

두 동한 때 인물들이다. 이들에 관해서는 《화양국지》 권12 〈사녀목록(士女目錄)〉 주(注) 참조.

179 〈선현지(先賢志)〉: 《화양국지》 권10 〈선현사녀찬론(先賢士女贊論)〉이다.

180 철관(鐵官): 진한(秦漢) 시기 철의 제련과 주조를 관리하던 기구이다. 《속한지(續漢志)》에 "탕거현에 철이 있다.[宕渠縣有鐵.]"라고 했다.

181 산도(山圖): 한(漢)나라 때 유향(劉向)이 쓴 《열선전(列仙傳)》에 나오는 신선이다.

182 석청(石淸)[石蜜]은 … 것이다: 좌사(左思)가 쓴 〈촉도부(蜀都賦)〉에 산도가 석청을 채취하고 득도했다는 내용이 나온다.

183 한창현(漢昌縣): 《속한지(續漢志)》에 "한창현은 〈화제〉 영원 연간에 설치했다.[漢昌縣, 永元中置.]"라고 했다. 유소(劉昭)의 주에 "《파기(巴記)》에 이르기를, '탕거의 북쪽을 나눠 한창현을 설치했다.'라고 했다.[巴記曰, 分宕渠之北而置之.]"

184 선한현(宣漢縣): 《속한지(續漢志)》 유소(劉昭)의 주에 《파한기(巴漢記)》를 인용하여 "화제가 탕거의 동쪽을 나누어 설치했다.[和帝分宕渠之東置.]"라고 했다. 대체로 한창현(漢昌縣)과 같은 시기에 설치했는데 촉(蜀)나라가 이를 따랐으며 진(晉)나라 초에 폐지되었다.

185 사관이 논한다: 원문은 '찬왈(讚曰)'이다. 《화양국지》는 사마천(司馬遷) 《사기(史記)》의 경우처럼 각 권이 끝날 때마다 사관 상거의 논술을 적어 두었다. 이를 '사관이 논한다.'로

나라 때는 종희(宗姬)의 친척이었다. 그러므로 《춘추(春秋)》에서 진(秦)나라·초(楚)나라와 반열(班列)이 같아 전복(甸服)과 위복(衛服)[186]의 등급이다. 〈사람들이〉 만자(蔓子)처럼 충렬(忠烈)하고 범목(范目)[187]처럼 과감하고 강인하다면 풍속이 순후(淳厚)해지고 대대로 명장(名將)이 나올 것이다. 이것이 곧 강한(江漢)의 영기(靈氣)이며 산악(山岳)의 정화(精華)로다! 이곳의 풍속을 살펴보면 이곳 사람들이 돈후함을 족히 알 수 있을 것이다. 예전에 사록산(沙麓山)[188]이 무너졌을 때 복언(卜偃)[189]이 말하기를, '이후에 반드시 성녀(聖女)가 출현할 것이다.'라고 했다. 원성(元城) 사람 견공(建公)[190]은 왕옹유(王翁孺)[191]가 때마침 그때를 만났기에 정군(政君)[192]이 있는 것이라 여겼다. 이웅(李雄)은 탕거군(宕渠郡)에서 군역(軍役)에 종사하는 사람이

번역했다.

186 전복(甸服)과 위복(衛服): 《주례(周禮)》〈하관(夏官) 직방씨(職方氏)〉에 "사방 천 리를 왕기(王畿)라 하고, 그 바깥 사방 오백 리를 후복(侯服)이라 하고, 또 그 바깥 사방 오백 리를 전복(甸服)이라 하고, 또 그 바깥 사방 오백 리를 남복(男服)이라 하고, 또 그 바깥 사방 오백 리를 채복(采服)이라 하고, 또 그 바깥 사방 오백 리를 위복(衛服)이라 하고, 또 그 바깥 사방 오백 리를 만복(蠻服)이라 하고, 또 그 바깥 사방 오백 리를 이복(夷服)이라 하고, 또 그 바깥 사방 오백 리를 진복(鎮服)이라 하고, 또 그 바깥 사방 오백 리를 번복(藩服)이라 한다."라고 했다.

187 범목(范目): 진한(秦漢) 교체기 때 낭중(閬中) 일대 파족(巴族)의 부족장이다.

188 사록산(沙麓山): 춘추 시대 진(晉)나라 경내에 있던 산 이름이다. 서한(西漢) 때 원성현[元城縣, 지금의 하북성(河北省) 대명현(大名縣) 남쪽] 지경에 있었다. 사록산이 붕괴되었다는 내용이 《춘추(春秋)》 노(魯)나라 희공(僖公) 14년에 나온다.

189 복언(卜偃): 춘추 시대 진(晉)나라에서 점복을 담당했던 관리다.

190 견공(建公): 원문에는 '곽공(郭公)'으로 되어 있으나 《한서(漢書)》〈원후전(元後傳)〉 "王翁孺徙居元城, 元城建公日"에 의거하여 '견공(建公)'으로 바로잡았다.

191 왕옹유(王翁孺): 한 원제(漢元帝) 왕황후(王皇後)의 조부이다.

192 정군(政君): 왕옹유의 손녀로 원제의 황후가 된 왕황후이다. 진나라 복언이 예언한 성녀가 바로 정군이다.

며 약양현(略陽縣)¹⁹³의 평민일 뿐으로 유민(流民)의 신분으로 자수성가하여 백성을 다스리는 군주가 되었으니 큰사람의 기백을 지녔음은 실로 이유가 있다."

---

¹⁹³ 약양현(略陽縣): 지금의 감숙성(甘肅省) 진안현(秦安縣) 동북쪽에 있다. 이웅(李雄)의 조상들이 탕거군(宕渠郡)에서 이곳 약양(略陽)으로 이주했다. 《화양국지》 권9에 상세한 내용이 나온다.

卷一
巴志

昔在唐堯, 洪水滔天. 鯀功無成, 聖禹嗣興, 導江疏河, 百川蠲修; 封殖天下, 因古九圍以置九州. 仰稟參伐, 俯壤華陽, 黑水江漢爲梁州. 厥土青黎, 厥田惟下上, 厥賦惟下中, 厥貢璆鐵銀鏤砮磬熊羆狐狸織皮. 於是四隩既宅, 九州(迫)[攸]同, 六府孔修, 庶土交正, 底愼財賦, 成貢中國. 蓋時雍之化, 東被西漸矣.

歷夏殷周, 九州牧伯率職. 周文爲伯, 西有九國. 及武王克商, 并徐合青, 省梁合雍, 而職方氏猶掌其地, 辨其土壤, 甄其寶[貫]利, (起)[迄]於秦帝. 漢興, 高祖藉之成業, 乃改雍曰凉, 革梁曰益. 故巴漢庸蜀屬益州. 至魏咸熙元年平蜀, 始分益州巴漢七郡置梁州, 治漢中, 以相國參軍中山耿黼爲刺史. 元康六年, 廣漢益州, 更割雍州之武都陰平, 荊州之新城上庸魏興以屬焉. 凡統郡一十一, 縣五十八.

《洛書》曰:"人皇始出, 繼地皇之後, 兄弟九人, 分理九州, 爲九圍. 人皇居中州, 制八輔."華陽之壤, 梁岷之域, 是其一圍; 圍中之國, 則巴蜀矣. 其分野輿鬼東井, 其君上世未聞. 五帝以來, 黃帝高陽之支庶, 世爲侯伯. 及禹治水命州, 巴蜀以屬梁州. 禹娶於塗山, 辛壬癸甲而去, 生子啟, 呱呱啼, 不及視, 三過其門而不入室, 務在救時. 今江州塗山是也, 帝禹之廟銘存焉. 會諸侯於會稽, 執玉帛者萬國, 巴蜀往焉. 周武王伐紂, 實得巴蜀之師, 著乎《尚書》.
巴師勇銳, 歌舞以淩殷人, [殷人]倒戈, 故世稱之曰, 武王伐紂, 前歌後舞也.
武王既克殷, 以其宗姬於巴, 爵之以子. 古者, 遠國雖大, 爵不過子, 故吳楚及
巴皆曰子.

其地東至魚復, 西至僰道, 北接漢中, 南極黔涪. 土植五穀, 牲具六畜. 桑蠶
麻苧魚鹽銅鐵丹漆茶蜜靈龜巨犀山雞白雉黃潤鮮粉, 皆納貢之. 其果實之珍
者, 樹有荔支, 蔓有辛蒟, 園有芳蒻香茗, 給客橙(蔆)[葵]. 其藥物之異者, 有
巴戟天椒. 竹木之貴者, 有桃支靈壽. 其名山有塗籍靈臺石書刓山. 其民質直
好義, 土風敦厚, 有先民之流. 故其詩曰: "川(厓)[崖]惟平, 其稼多黍. 旨酒
嘉穀, 可以養父. 野惟阜丘, 彼稷多有. 嘉穀旨酒, 可以養母." 其祭祀之詩曰:
"惟月孟春, 獺祭彼崖. 永言孝思, 享祀孔嘉. 彼黍既潔, 彼(儀)[犧]惟澤. 蒸命
良辰, 祖考來格." 其好古樂道之詩曰: "日月明明, 亦惟其名. 誰能長生, 不朽
難獲." 又曰: "惟德實寶, 富貴何常. 我思古人, 令問令望." 而其失, 在於重遲
魯鈍. 俗素樸, 無造次辨麗之氣. 其屬有濮賨苴共奴獽夷蜑之蠻.

周之仲世, 雖奉王職, 與秦楚鄧爲比. 《春秋》魯桓公九年, 巴子使韓服告
楚, 請與鄧爲好. 楚子使道朔將巴客聘鄧, 鄧南鄙攻而奪其幣. 巴子怒, 伐鄧,
敗之. 其後巴師楚師伐申. 楚子驚巴師. 魯莊公十八年, 巴伐楚, 克之. 魯文
公十六年, 巴與秦楚共滅庸. 哀公十八年, 巴人伐楚, 敗於鄾. 是後, 楚主夏
盟, 秦擅西土, 巴國分遠, 故於盟會希. 戰國時, 嘗與楚婚. 及七國稱土, 巴亦
稱王.

周之季世, 巴國有亂. 將軍蔓子請師於楚, 許以三城. 楚王救巴. 巴國既寧,
楚使請城. 蔓子曰: "藉楚之靈, 克弭禍難. 誠許楚王城, 將吾頭往謝之, 城不

可得也."乃自刎, 以頭授楚使. 王歎曰:"使吾得臣若巴蔓子, 用城何爲."乃以上卿禮葬其頭. 巴國葬其身, 亦以上卿禮.

周顯王時, (楚)[巴]國衰弱. 秦惠文王與巴蜀爲好. 蜀王弟苴侯私親於巴. 巴蜀世戰爭. 周慎王五年, 蜀王伐苴(侯). 苴侯奔巴. 巴爲求救於秦. 秦惠文王遣張儀司馬錯救苴巴. 遂伐蜀, 滅之. 儀貪巴道之富, 因取巴, 執王以歸. 置巴蜀及漢中郡, 分其地爲[四十]一縣. 儀城江州. 司馬錯自巴涪水, 取楚商於地爲黔中郡.

秦昭襄王時, 白虎爲害, 自(秦)[黔]蜀巴漢患之. 秦王乃重募國中:"有能煞虎者邑萬家, 金帛稱之."於是夷胸忍廖仲藥何射虎秦精等乃作白竹弩於高樓上, 射虎, 中頭三節. 白虎常從羣虎, 瞋恚, 盡搏煞羣虎, 大吼而死. 秦王嘉之曰:"虎歷四郡, 害千二百人. 一朝患除, 功莫大焉."欲如(要)[約], 王嫌□其夷人, 乃刻石爲盟要: 復夷人頃田不租, 十妻不算; 傷人者, 論; 煞人雇死, 倓錢. 盟曰:"秦犯夷, 輸黃龍一雙. 夷犯秦, 輸清酒一鐘."夷人安之. 漢興, 亦從高祖定秦, 有功. 高祖因復之, 專以射虎爲事. 戶歲出賨錢口四十. 故世號白虎復夷. 一曰板楯蠻, 今所謂"弜頭虎子"者也.

漢高帝滅秦, 爲漢王, 王巴蜀. 閬中人范目, 有恩信方略, 知帝必定天下, 說帝, 爲募發賨民, 要與共定秦. 秦地既定, 封目爲長安建章鄉侯. 帝將討關東, 賨民皆思歸; 帝嘉其功而難傷其意, 遂聽還巴. 謂目曰:"富貴不歸故鄉, 如衣繡夜行耳."徙封閬中慈鄉侯, 目固辭, 乃封渡沔(縣)侯. 故世謂"三秦亡, 范三侯"也. 目復[請]除民羅朴昝鄂度夕龔七姓不供租賦. 閬中有渝水, 賨民多居水左右, 天性勁勇; 初爲漢前鋒, 陷陣, 銳氣喜(式)[舞]. 帝善之, 曰:"此武王伐紂之歌也."乃令樂人習學之. 今所謂巴渝舞也.

天下既定, 高帝乃分巴[蜀], 置廣漢郡. 孝武帝又兩割置犍爲郡. 故世曰"分巴割蜀, 以成犍廣"也.

自時厥後, 五教雍和, 秀茂挺逸. 英偉既多, 而風謠旁作, 故朝廷有忠貞盡節之臣, 鄉黨有主文歌詠之音. 巴郡譙君黃, 仕成哀之世, 爲諫議大夫, 數進忠言. 後違避王莽, 又不事公孫述, 述怒, 遣使賷藥酒以懼之. 君黃笑曰: "吾不省藥乎?" 其子瑛納錢八百萬, 得免. 國人作詩曰: "肅肅清節士, 執德寔固貞. 違惡以授命, 沒世遺令聲." 巴郡陳紀山, 爲漢司隸校尉, 嚴明正直. 西虜獻眩, 王庭試之, 分公卿以爲嬉, 紀山獨不視. 京師稱之. 巴人歌曰: "築室載直梁, 國人以貞真. 邪娛不揚目, 枉行不動身. 奸軌僻乎遠, 理義協乎民." 巴郡嚴王思, 爲揚州刺史, 惠愛在民. 每當遷官, 吏民塞路攀轅, 詔遂留之. 居官十八年卒, 百姓若喪考妣. 義送者賷錢百萬, 欲以贍王思家, 其子徐州刺史[羽]不受. 送吏義崇不忍持還, 乃散以爲食, 食行客. 巴郡太守汝南應季先善而美之, 乃作詩曰: "乘彼西漢, 潭潭其淵. 君子愷悌, 作民二親. 沒世遺愛, 式鏡後人."

漢安帝時, 巴郡太守連失道, 國人風之曰: "明明上天, 下土是觀. 帝選元後, 求定民安. 孰可不念, 禍福由人. 願君奉詔, 惟德日親." 永初中, 廣漢漢中羌反, 虐及巴郡. 有馬妙祈妻義王元憒妻姬趙蔓君妻華夙喪夫, 執(恭)[共]姜之節, 守一醮之禮, 號曰"三貞". 遭亂兵迫匿, 懼見拘辱, 三人同時自沉於西漢水而沒, 死, 有黃鳥鳴其亡處, 徘徊焉. 國人傷之, 乃作詩曰: "關關黃鳥, 爰集於樹. 窈窕淑女, 是繡是黼. 惟彼繡黼, 其心匪石. 嗟爾臨川, 邈不可獲." 永建中, 泰山吳資元約爲郡守, 屢獲豐年. 民歌之曰: "習習晨風動, 澍雨潤我苗. 我後恤時務, 我民以優饒." 及資遷去, 民人思慕, 又曰: "望遠忽不見, 惆悵嘗(佅)[徘]徊. 恩澤實難忘, 悠悠心永懷."

孝桓帝時, 河南李盛仲和爲郡守, 貪財重賦. 國人刺之曰:"狗吠何喧喧, 有吏來在門. 披衣出門應, 府記欲得錢. 語窮乞請期, 吏怒反見尤. 旋[步]顧家中, 家中無可與. 思往從鄰貸, 鄰(步)人以言(遺)[匱]. 錢錢何難得, 令我獨憔悴!"漢末政衰, 牧守自擅, 民人思治, 作詩曰:"混混濁沼魚, 習習激清流. 溫溫亂國民, 業業仰前修."其德操仁義文學政幹, 若洛下閎任文公馮鴻卿龐宣孟玄文和趙溫柔龔(升)[叔]侯楊文義等, 播名立事, 言行表世者, 不勝次載者也.

孝安帝(元)[永]初三年, 涼州羌反, 入漢中, 殺太守董炳, 擾動巴中. 中郎將尹就討之, 不克. 益州諸郡皆起兵禦之. 三府舉廣漢王堂爲巴郡太守, 撥亂致治, 進賢達士. 貢孝子嚴永隱士黃錯名儒陳髦俊士張璊, 皆至大位. 益州刺史張喬, 表其尤異, 徙右扶風, 民爲立祠.

孝桓帝以幷州刺史泰山但望伯闔爲巴郡太守, 勤恤民隱. 郡文學掾宕渠趙芬, 掾弘農馮尤, 墊江龔榮王祈李溫, 臨江嚴就胡良文愷, 安漢陳禧, 閬中黃闓, 江州毋成陽譽喬就張紹牟存平直等, 詣望自訟曰:"郡境廣遠, 千里給吏, 兼將人從, 冬往夏還, 夏單冬複. 惟踰時之役, 懷怨曠之思. 其憂喪吉凶, 不得相見. 解緩補綻, 下至薪菜之物, 無不躬買於市. 富者財得自供, 貧者無以自久. 是以清儉, 枉夭不聞. 加以水陸艱難, 山有猛禽, 思迫期會, 隕身江河, 投死虎口. 咨嗟之歎, 歷世所苦. 天之應感, 乃遭明府, 欲爲更新. 童兒匹婦, 懽喜相賀, 將去遠就近, 釋危蒙安. 縣無數十, 人無遠邇, 恩加未生, 澤及來世. 巍巍之功, 勒於金石. 乞以文書付計掾史. 人鬼同符, 必獲嘉報. 芬等幸甚."望深納之. 郡戶曹史枳白望曰:"芬等前後百餘人, 歷政訟訴, 未蒙感寤. 明府運機布政, 稽當皇極. 爲民庶請命救患, 德合天地, 澤潤河海. 開闢以來, 今遇慈父. 經曰:'奕奕梁山, 惟禹甸之. 有倬其道, 韓侯受命.'比隆等盛, 於斯爲美."

永興二年三月甲午，望上疏曰："謹按巴郡圖經境界，南北四千，東西五千，周萬餘里. 屬縣十四，鹽鐵五官，各有丞史. 戶四十六萬四千七百八十，口百八十七萬五千五百三十五. 遠縣去郡千二百至千五百里，鄉亭去縣或三四百，或及千里. 土界邈遠，令尉不能窮詰姦凶. 時有賊發，督郵追案，十日乃到，賊已遠逃，蹤跡絕滅. 罪錄逮捕，證驗文書，詰訊，即從春至冬，不能究訖. 繩憲未加，或遇德令. 是以賊盜公行，姦宄不絕. 榮等及隴西太守馮含上谷太守陳弘說：往者，至有劫閬中令楊殷終津侯姜昊，傷尉蘇鴻彭亭侯孫魯雍亭侯陳巳殷侯樂普. 又有女服賊千有餘人，布散千里，不即發覺，謀成乃誅. 其水陸覆害，煞郡掾枳謝盛蹇威張禦，魚複令尹尋主簿胡直，若此非一. 給吏休謁，往還數千. 閉(困)[囚]須報，或有彈劾，動便歷年. 吏坐踰科，恐失冬節，侵疑先死. 如當移傳，不能待報，輒自刑戮. 或長吏忿怒，冤枉弱民，欲赴訴郡官，每憚還往. 太守行桑農，不到四縣. 刺史行部，不到十縣. 郡治江州，時有溫風. 遙縣客吏，多有疾病. 地勢剛險，皆重屋累居，數有火害，又不相容. 結舫水居五百餘家. 承三江之會，夏水漲盛，壞散顛溺，死者無數. 而江州以東，濱江山險，其人半楚，姿態敦重. 墊江以西，土地平敞，精敏輕疾. 上下殊俗，情性不同. 敢欲分爲二郡，一治臨江，一治安漢. 各有桑麻丹漆，布帛漁池，鹽鐵足相供給，兩近京師. 榮等自欲義出財帛，造立府寺，不費縣官，得百姓懽心. 孝武以來，亦分吳蜀諸郡. 聖德廣被，民物滋繁. 增置郡土，釋民之勞，誠聖主之盛業也. 臣雖貪大郡以自優暇，不忍小民顒顒蔽隔，謹具以聞." 朝議未許. 遂不分郡. 分郡之議，始於是矣哉.

順桓之世，板楯數反. 太守蜀郡趙溫，恩信降服. 於是宕渠出九穗之禾，胊忍有連理之木.

光和二年, 板楯復叛, 攻害三蜀漢中, 州郡連年苦之. 天子欲大出軍. 時征役疲弊, 問益州計曹, 考以計略. 益州計曹掾程包對曰: "板楯七姓, 以射虎爲業, 立功先漢, 本爲義民. 復除徭役, 但出賨錢, 口歲四十. 其人勇敢能戰. 昔羌數入漢中, 郡縣破壞, 不絕若線. 後得板楯, 來虜彌盡, 號爲神兵. 羌人畏忌, 傳語種輩, 勿復南行. 後建寧二年, 羌復入漢, 牧守遑遑, 復賴板楯破之. 若微板楯, 則蜀漢之民爲左袵矣. 前車騎將軍馮緄南征, 雖授丹(楊)[陽]精兵, 亦倚板楯. 近益州之亂, 朱龜以幷涼勁卒討之, 無功; 太守李顒以板楯平之. 忠功如此, 本無惡心. 長吏鄉亭, 更賦至重; 僕役過於奴婢, 棰楚隆於囚虜; 至乃嫁妻賣子, 或自剄割. 陳寃州郡, 牧守不理; 去闕庭遙遠, 不能自聞. 含怨呼天, 叩心窮穀, 愁於賦役, 困於刑酷, 邑域相聚, 以致叛戾. 非有深謀至計, 僭號不軌. 但選明能牧守, 益其資穀, 安便賞募, 從其利隙, 自然安集, 不煩征伐也. 昔中郎將尹就伐羌, 擾動益部. 百姓諺云: '虜來尚可, 尹將殺我!' 就徵還後, 羌自破退. 如臣愚見權之, 遣軍不如任之州郡." 天子從之, 遣太守曹謙宣詔降赦, 一朝淸戢.

獻帝初平(元)[六]年, 征東中郎將安漢趙穎建議分巴爲二郡. 穎欲得巴舊名, 故白益州牧劉璋, 以墊江以上爲巴郡, (江)[河]南龐羲爲太守, 治安漢. 以江州至臨江爲永寧郡, 朐忍至魚復爲固陵郡, 巴遂分矣.

建安六年, 魚復蹇胤白璋, 爭巴名. 璋乃改永寧爲巴郡, 以固陵爲巴東, 徙羲爲巴西太守. 是爲三巴. 於是涪陵謝本白璋, 求以丹興漢發二縣爲郡. 初以爲巴東屬國, 後遂爲涪陵郡. 分後屬縣七, 戶二萬, 去洛三千七百八十五里. 東接朐忍, 西接(蔣)[符]縣, 南接涪陵, 北接安漢德陽.

巴子時雖都江州, 或治墊江, 或治平都. 後治閬中. 其先王陵墓多在枳. 其畜牧在沮, 今東突硤下畜沮是也. 又立市於龜亭北岸, 今新市里是也. 其郡東枳, 有明月硤廣德嶼. 故巴亦有三硤. 巴楚數相攻伐, 故置扞關陽關及沔關.

漢世, 郡治江州巴水北, 有甘橘宮, 今北府城是也. 今乃還南城. 劉先主初以江夏費瓘爲太守, 領江州都督. 後都護李嚴更城大城, 周迴十六里, 欲穿城後山, 自汶江通水入巴江, 使城爲州. 求以五(都)[郡]置巴州. 丞相諸葛亮不許. 亮將北征, 召嚴漢中, 故穿山不逮. 然造蒼龍白虎門. 別郡縣倉皆有城. 嚴子(農)[豐]代爲都督. (農)[豐]解後, 梓(漢)[潼]李福爲都督. 延熙中, 車騎將軍鄧(艾)[芝]爲都督, 治陽關. 十七年, 省平都樂城常安.

咸熙元年, 但四縣. 以鎭西參軍隴西怡思和爲太守, [領]二部守軍.

江州縣　郡治. 塗山有禹王祠及塗後祠. 北水有銘書, (祠)[詞]云: "漢初, 犍爲張君爲太守, 忽得仙道, 從此升度." 今民曰"張府君祠". 縣下有淸水穴. 巴人以此水爲粉, 則膏暉鮮芳; 貢粉京師, 因名粉水. 故世謂"江州墮(休)[林]粉"也. 有荔支園, 至熟, 二千石常設廚膳, 命士大夫共會樹下食之. 縣北有稻田, 出御米; 陂池出蒲蒻藺席. 其冠族有波鈆毋謝然懌楊白上官程常, 世有大官也.

枳縣　郡東四百里, 治涪陵水會. 土地确瘠. 時多人士. 有章常連黎牟陽, 郡冠首也.

臨江縣　枳東(西)[四]百里. 接胸忿. 有鹽官, 在監塗二谿, 一郡所仰. 其豪門亦家有鹽井. (又)嚴甘文楊杜爲大姓. 晉初, 文立實作常伯, 納言左右. 楊宗符稱武(隆)[陵]人. 在吳爲孫氏虎臣也.

平都縣　蜀延熙時省. 大姓殷呂蔡氏.

墊江縣　　郡西北(中)[內]水四百里．有桑蠶牛馬．漢時，龔榮以俊才爲荊州刺史．後有龔揚趙敏，令德爲巴郡太守．淳于長雅有美貌．黎夏杜皆大姓也．

樂城縣　　在西州江三百里．延熙十七年省．

常安縣　　亦省．

巴東郡，先主入益州，改爲江關都尉．建安二十一年，以胸忍魚復[漢豐]羊渠，宜都[之]巫北井六縣爲固陵郡，武陵康立爲太守．章武元年，胸忍徐慮魚復襄機以失巴名，上表自訟．先主聽復爲巴東，南郡輔匡爲太守．先主征吳，於夷道還，薨斯郡．以尚書令李嚴爲都督，造設圍戍．嚴還江州，征西將軍汝南陳到爲都督．到卒官，以征北大將軍南陽宗預爲都督．預還，內領軍襄陽羅獻爲代．蜀平，獻仍其任，拜淩江將軍，領武陵太守．

泰始二年，吳大將步闡唐咨攻獻，獻保城．咨西侵至胸忍．故蜀尚書郎巴郡楊宗告急於洛，未還，獻出擊闡，大破之，闡咨退．獻遷監軍假節安南將軍，封西鄂侯．入朝，加錫御蓋朝服．吳武陵太守孫恢寇南浦，安蠻護軍楊宗討之，退走．因表以宗爲武陵太守，住南浦；誘恤武陵蠻夷，得三縣初附民．獻卒，以犍爲太守天水楊攸爲監軍．攸遷涼州刺史，朝議以唐彬及宗爲代．晉武帝問散騎常侍文立曰：“彬宗孰可用？”立對曰：“彬宗俱立事績，在西不可失者．然宗才誠佳，有酒嗜；彬亦其人，性在財欲．惟陛下裁之．”帝曰：“財欲可足，酒嗜難改．”遂用彬爲監軍，加廣武將軍．

迄吳平(巴東)後，省羊渠，置南浦．晉太康初，將巫北井還建平，但五縣．去洛二千五百里．東接建平，南接武陵，[西接]巴郡，北接房陵．[有]奴獽夷蜑之蠻民．

魚復縣　　郡治．公孫述更名白帝．章武二年，改曰永安．咸熙初復．有橘官，又有澤水神, 天旱, 鳴鼓於傍即雨也.

胸忍縣　西二百九十里. 水道有東陽下瞿數灘. 山有大小石城勢. 靈壽木鹽井靈龜. 咸熙元年, 獻靈龜於相府. 大姓扶先徐氏. 漢時有扶徐荊州, 着石楚訪. 有弜頭白虎復夷者也.

漢豐縣　建安二十一年置. 在郡西北彭溪源.

南浦縣　郡南三百里. 晉初置, 主夷.

郡與楚接, 人多勁勇, 少文學, 有將帥材.

涪陵郡, 巴之南鄙. 從枳南入, 折丹涪水, 本與楚商於之地接. 秦時司馬錯由之取楚商於地爲黔中郡也. 漢後恒有都尉守之. 舊屬縣五. 去洛五千一百七十里. 東接巴東, 南接武陵, 西接牂柯, 北接巴郡. 土地山險水灘, 人多戆勇, 多獽蜑之民. 縣邑阿黨, 鬪訟必死. 無蠶桑, 少文學. 惟出茶丹漆蜜蠟. 漢時, 赤甲軍常取其民. 蜀丞相亮亦發其勁卒三千人爲連弩士, 遂移家漢中. 延熙十三年, 大姓徐巨反. 車騎將軍鄧芝討平之. 見玄猿緣其山, 芝性好弩, 手自射猨, 中之. 猨子拔其箭, 卷木葉塞其創. 芝歎曰: "嘻! 吾傷物之性, 其將死矣." 乃移其豪徐藺謝范五千家於蜀, 爲獵射官. 分羸弱配督將韓蔣[等], 名爲助郡軍; 遂世掌部曲, 爲大姓. 晉初, 移弩士於馮翊蓮勺. 其人性質直, 雖徙他所, 風俗不變. 故迄今有蜀漢關中涪陵, 其爲軍在南方者猶存. 山有大龜, 其甲可卜, 其緣可作乂, 世號靈乂.

涪陵縣　郡治.

丹興[縣]　蜀時省. 山出名丹.

漢平縣　延熙十三年置.

萬寧縣　孝靈帝時[置], 本名永寧.

漢髮縣　有鹽井.(諸)縣北有獽蜑, 又有蟾夷也.

巴西郡, 屬縣七. 去洛二千八百一十五里. 東接巴郡, 南接[廣漢], [西接]梓潼, 北接(凉)[漢中]西城. 土地山原多平, 有牛馬桑蠶. 人自先漢以來, 傀偉俶儻, 冠冕三巴. 及郡分後, 叔布榮始周羣父子程公弘等, 或學兼三才, 或精秀奇逸. 其次, 馬盛衡承伯, 才藻清妙; 龔德緒兄弟, 英氣曄然; 黃公衡應權通變; 馬德信王子均勾孝興張伯岐建功立事; 劉二主之世, 稱美荊楚. 乃先漢以來, 馮車騎范鎮南, 皆植斯鄉, 故曰"巴有將, 蜀有相"也. 及晉, 譙侯修文於前, 陳君煥炳於後, 並遷雙固, 倬羣穎世. 甄在傳記, 縉紳之徒, 不勝次載焉.

閬中縣　郡治. 有彭池大澤, 名山靈臺, 見文緯書讖. 大姓有三狐五馬蒲趙任黃嚴也.

南充國縣　和帝時置. 有鹽井. 大姓侯譙氏.

安漢縣　號出人士. 大姓陳范閻趙.

平州縣

其二縣爲郡.

宕渠郡, 延熙中置. 以廣漢王士爲太守. 郡建九年省. 永興元年, 李雄復置, 今遂爲郡. 長老言: "宕渠蓋爲故賨國. 今有賨城盧城." 秦始皇時, 有長人二十五丈見宕渠. 秦史胡毋敬曰: "是後五百年外, 必有異人爲大人者." 及雄之王, 祖世出自宕渠, 有識者皆以爲應之. 先漢以來, 士女賢貞. 縣民車騎將軍馮緄大司農玄賀大鴻臚龐雄桂陽太守李溫等, 皆建功立事, 有補於世. 緄溫各葬所在. 常以三月, 二子之靈還鄉里, 水暴漲, 郡縣吏民莫不於水上祭之. 其列女節義在先賢志.

宕渠縣　郡治. 有鐵官. 石蜜, 山圖所采也.

漢昌縣　和帝時置. 大姓勾氏.

宣漢縣　今省.

右巴國, 凡分爲五郡, 二十三縣.

譔曰: 巴國, 遠世則黃炎帝之支封, 在周則宗姬之戚親, 故於春秋, 班侔秦楚, 示甸衛也. 若蔓子之忠烈, 范目之果毅; 風淳俗厚, 世挺名將; 斯乃江漢之含靈, 山岳之精爽乎. 觀其[俗], 足以知其敦壹矣. 昔沙麓崩, 卜偃言: "其後當有聖女興." 元城郭公謂王翁孺屬當其時, 故有政君. 李雄, 宕渠之廝伍, 略陽之黔首耳. 起自流隷, 君獲士民, 其長人之魄, 良有以也.

화양국지
(華陽國志)
—
권2
한중지(漢中志)

한중군(漢中郡)은 본래 부용국(附庸國)[1]으로 촉(蜀)나라에 속했다. 주 난왕(周赧王) 3년[2](기원전 312)에 진 혜문왕(秦惠文王)이 군을 설치했다. 물 이름에서 비롯되었다.[3]

　한수(漢水)에는 두 곳의 발원지가 있다. 동쪽 발원지는 무도(武都) 저도(氐道)[4]의 양산(漾山)에서 나와서 이름을 '양하(漾河)'라고 한다. 《상서(尚書)》〈우공(禹貢)〉에서 "양수(漾水)가 흘러 한수(漢水)가 된다."[5]라고 한 것이 바로 이것이다. 서쪽 발원지는 농서(隴西) 서현(西縣) 파총산(嶓冢山)[6]에서 나와 백수(白水)와 만나고 가맹(葭萌)[7]을 지나 한수(漢水)로 든다. 처음 발원지

1　부용국(附庸國): 제후국에 속한 작은 나라를 뜻한다.

2　주 난왕(周赧王) 3년: 원문에는 주 난왕 2년으로 되어 있으나 《사기(史記)》〈진본기(秦本紀)〉 진 혜문왕(秦惠文王) 13년(기원전 312)에 진(秦)나라가 "초(楚)나라의 한중(漢中)을 공격하여 땅 6백 리를 취하고 한중군(漢中郡)을 설치했다.[攻楚漢中, 取地六百里, 置漢中郡.]"에 의거하여 바로잡았다.

3　물 이름에서 비롯되었다: 한중의 경내에 있는 한수(漢水)에서 이름을 따 왔다.

4　저도(氐道): 저도는 서한 때 설치한 저족(氐族) 거주 지역으로, 농서부[隴西部, 지금의 감숙성 임조(臨洮)]에 속한 도(道)이다. 도는 중국 옛 행정구역 명칭이다. 현(縣)과 동급이다. 진(秦)나라(기원전 221~기원전 207) 때 출현하기 시작했는데, 진한(秦漢) 시기에 소수 민족 거주 지역에 전문적으로 사용된 명칭이다.

5　양수(漾水)가 … 된다: 《수경주(水經注)》〈양수(漾水)〉에 "양수를 이끌어 동쪽으로 흐르게 하니 한수가 되었다.[導漾東流為漢.]"라고 했다. 양수(漾水)는 지금의 감숙성 양당(兩當)과 휘현(徽縣) 사이에 있는 영녕하(永寧河)이다.

6　서현(西縣) 파총산(嶓冢山): 서현은 지금의 감숙성 천수시 서남쪽 100여 리 떨어진 곳에 있다. 파총산은 천수시 남쪽에 있다.

7　가맹(葭萌): 현 이름이다. 지금의 사천성 광원(廣元) 소화(昭化)이다.

[始源]를 '면(沔)'이라 하기에 '한면(漢沔)'이라 일컫는다. 《시경(詩經)》에 이르기를, "도도히 흐르는 장강(長江)과 한수(漢水)는 남쪽 나라의 벼리라네.[滔滔江漢, 南國之紀.]"라고 했다.[8] 한수가 위와 상응하여 하늘에 밝게 빛난다. 《시경》에 또 이르기를, "하늘에 은하수가 있으니[惟天有漢]"라고 했다.[9] 그 분야(分野)는 파·촉과 함께 같은 별자리를 점한다. 그 땅은 동쪽으로 남군(南郡), 남쪽으로는 광한(廣漢), 서쪽으로는 농서(隴西)·음평(陰平), 북쪽으로 진천(秦川)과 접해 있다. 이 땅은 비옥하여 부공(賦貢)의 산출이 대체로 삼촉(三蜀)과 같다. 육국(六國) 때 초(楚)나라가 강성하여 그 땅을 다스렸는데[10] 후에 진(秦)나라 땅이 되니[11] 항상 다툼이 있는 땅이 되었다.[12]

한 고제(漢高帝 유방(劉邦))가 진(秦)나라를 이기고 자영(子嬰)을 붙잡았다. 항우(項羽)가 유방을 한왕(漢王)에 봉하여[13] 파·촉(巴蜀) 31개 현을 다스리게 했다. 유방이 기뻐하지 않았다. 승상 소하(蕭何)가 계책을 말하기를, "비록 한중(漢中)을 다스리는 것이 싫으시겠지만 죽는 것보다는 낫지 않겠습니

---

8 도도히 … 했다: 《시경》〈소아(小雅) 사월(四月)〉에 나온다.

9 하늘에 … 했다: 《시경》〈소아 대동(大東)〉에 나온다.

10 육국(六國) 때 … 다스렸는데: 한중군(漢中郡)을 둘로 나누면 동쪽 절반은 대략 지금의 섬서성 안강(安康)과 호북성 운양(鄖陽) 지역을 포함하며, 서쪽 절반은 지금의 섬서성 한중(漢中) 지역에 해당한다. 동쪽 지역은 서주(西周)와 춘추 시대 때 용(庸)나라와 균(麋)나라 같은 약소국과 소수 민족의 땅이었는데 춘추 중기에 초나라가 정복하여 이 땅을 차지했다.

11 후에 진(秦)나라 땅이 되니: 춘추 말 전국 초에 진나라가 이 땅을 빼앗았다.

12 항상 다툼이 있는 땅이 되었다: 《사기(史記)》〈육국년표(六國年表)〉와 〈진본기(秦本紀)〉에 따르면, 기원전 387년에 촉이 진(秦)에게서 남정(南鄭)을 취했다. 기원전 316년에는 진이 촉을 멸하여 이 땅이 다시 진에게로 돌아갔다. 기원전 312년에 진나라가 초나라 땅인 한중을 탈취했다. 기원전 304년에는 진나라가 한중군 동부의 상용현(上庸縣)을 초나라에 반환했다. 기원전 280년에는 초나라가 다시 상용현을 진나라에게 주었다.

13 한 고제가 … 봉하여: 《사기(史記)》〈고조본기(高祖本紀)〉에 나온다.

까? 또한 사람들이 '은하수[天漢]'라 부르니 그 호칭이 매우 아름답습니다. 무릇 한 사람의 아래에 몸을 굽혀 만승(萬乘)의 위에서 뜻을 펼칠 수 있었던 자는 탕왕(湯王)과 무왕(武王)이었습니다. 원컨대 대왕께서는 한중을 다스려 그 백성들을 안무(安撫)하여 어진 이들이 이르게 하시고, 파·촉을 거두어 쓰시고, 삼진(三秦)을 안정시키면 천하를 도모하실 수 있습니다."라고 했다. 고제가 그의 말을 따랐다. 남정(南鄭)에 도읍했다. 〈항적(項籍)이 초나라 의제(義帝)를 시해하여〉 고제가 동정(東征)했을 때 소하가 한중을 지키고 있었는데, 양식과 병졸이 충족했다. 고제가 삼진을 평정하고 소하가 관중을 지키며 그 무리들에게 물자를 제공하여 마침내 천하를 평정했다. 전숙(田叔)을 한중의 태수로 삼으니[14] 속현이 12개[15]이다. 〈낙양과 1,091리 떨어져 있다.〉 전숙이 군량을 조달하고, 이름난 목재를 들여와 궁실(宮室)을 지었다. 고제가 이를 기뻐했다. 전숙은 후에 노상(魯相)이 되었다.[16] 그러나 제업(帝業)이 일어난 곳이므로 번왕(藩王)을 봉하지 않았다.

전숙(田叔) 이후 역대로 문치와 교화로 다스려 고아한 선비와 남다른 재능을 지닌 인재들이 배출되었다. 등공(鄧公)은 효경제(孝景帝)의 조정에서 항언하여 충성스럽고 억울한 사정을 밝혔다.[17] 장건(張騫)은 특히 험하고

---

14 전숙(田叔)을 … 삼으니: 한 고조(漢高祖) 9년(기원전 198) 때 일이다.

15 12개: 원문은 '십일(十一)'로 되어 있으나 바로잡았다. 12개 현은 서성(西城)·순양(旬陽)·난정(南鄭)·포중(襃中)·방릉(房陵)·안양(安陽)·성고(成固)·면양(沔陽)·석(錫)·무릉(武陵)·상용(上庸)·장리(長利) 등이다.

16 전숙은 … 되었다: 전숙은 한 경제(漢景帝) 때 노상에 임명되었다.

17 등공(鄧公)은 … 밝혔다: 등공은 한중 성고(成固) 사람이다. 그에 관해서는 이 책 권10하에 자세하다. 한나라 경제(景帝) 때 오초(吳楚) 7국이 반란을 일으켰는데, 경제가 원앙(袁盎)의 모함을 그대로 믿고 제후들의 권력 축소를 강력하게 주장한 조조(晁錯)를 살해했다. 등공은 당시 교위(校尉)였는데, 경제에게 조조가 충성스럽고 억울하게 살해되었음을 밝혔다.

먼 것을 무릅쓰고 효무제(孝武帝)를 위해 변방의 땅을 개척하여 사월(沙越)의 나라[18]들이 빈복(賓服)하도록 하고, 대완(大宛)의 말[19]이 이르게 하고, 남해(南海)의 코끼리를 들여왔으며, 대왕조개[車渠]·마노(瑪瑙)·산호(珊瑚)·임벽(琳碧)·계보(罽寶)·명주(明珠)·대모(玳瑁)·호박[虎魄]·수정(水精)·유리(琉璃)·화완포(火浣布)·포도주(蒲桃酒)·공죽(筇竹)·구장(蒟醬)[20] 그리고 다른 나라들에서 온 진기한 완물(玩物) 등이 조정과 저자에 가득했다. 위령(威靈)을 떨쳐 일으켜 선양하여 멀고 외진 땅에까지 영향을 미쳤다. 〈장건은〉 마침내 9경의 반열에 오르고, 모절(旄節)을 지니고 수놓은 옷을 입었으며,[21] 부절(符節)을 쪼개어 박망후(博望侯)에 봉해졌다. 곡구(谷口)의 자진(子眞)[22]은 기산(箕山)과 영수(潁水)의 절조[23]를 가지고 담연히 우뚝 섰으니 영리를 구하지 않고 덕망이 아주 훌륭했다. 양왕손(楊王孫)[24]은 성인[至시]의

---

18 사월(沙越)의 나라: '사월(沙越)'은 사막을 넘는다는 뜻으로, 서역 지역을 가리킨다.

19 대완(大宛)의 말: 명마(名馬)의 산지이다. 지금의 중앙아시아 우즈베키스탄 동부 페르가나이다.

20 마노(瑪瑙) … 구장(蒟醬): 마노(瑪瑙)는 석영이 섞인 보석이다. 원석의 모양이 말의 뇌수를 닮았다고 하여 '마노'라는 이름이 붙여졌다. 임벽(琳碧)은 옥석(玉石)이다. 계보(罽寶)는 진귀한 모직물이다. 대모(玳瑁)는 열대와 아열대 지역에서 서식하는 바다거북이다. 화완포(火浣布)는 불에도 타지 않는 광물질로 만든 석면(石綿)이다. 공죽(筇竹)은 사천성 공도현(筇都縣)에서 나는 대나무로 주로 지팡이를 만드는 데 쓰였다고 한다. 구장(蒟醬)은 후추과에 속하는 이란이 원산지인 필발(華茇)로 만든 장이다.

21 모절(旄節)을 … 입었으며: 흠차대신(欽差大臣)이 되었음을 가리킨다. 한나라 때 사신은 모절(旄節)을 항상 지니고 있었는데, 황제가 그에게 권한을 부여했음을 표시했다. 수놓은 옷을 입는 것은 존귀함을 나타내는 것이다.

22 곡구(谷口)의 자진(子眞): 서한 말 때 은사(隱士)인 정자진(鄭子眞)이다. 그가 포곡구(褒谷口)에 은거했다 하여 세상 사람들은 그를 '곡구 자진(谷口子眞)'이라 불렀다.

23 기산(箕山)과 영수(潁水)의 절조: 고사(高士)인 허유(許由)가 기산(箕山) 아래 영수(潁水) 가에 은거했다. 요 임금이 그에게 임금의 자리를 물려주려 한다는 말을 듣고 귀를 더럽혔다고 여겨 영수에서 귀를 씻었다고 한다.

절조(節操)를 지녔다.

건무(建武, 25~56) 연간 이후 많은 유생들이 학업을 닦았다. 도위(圖緯)가 흥기하고 한(漢)나라의 재상들이 서남 지역[25]에서 나왔다. 이에 사도(司徒) 이공(李公)[26]이 누차 재상[七政][27]에 올랐으며, 태부(太傅)인 아들 견(堅)[28]은 누세토록 삼공(三公)[論道][29]이 되었다. 규장(珪璋)과 호련(瑚璉)을 지닌 이[30]는 진백대(陳伯臺)와 이계자(李季子) 그리고 진신백(陳申伯) 등의 무리로 모두 문사(文辭)가 아름답다. 주목(州牧)과 군수(郡守) 등 관리를 지낸 사람들[31]은 끊이지 않았는데, 서주(西州)가 가장 성하여 대체로 이곳에 인재들이 많다.

---

24 양왕손(楊王孫): 서한 때 사람으로 도교를 신봉했다.

25 서남 지역: 원문은 '곤향(坤鄕)'이다. 팔괘(八卦)를 방위에 대입하면 곤(坤)은 서남쪽에 해당한다.

26 사도(司徒) 이공(李公): 동한 중반 때 사도(司徒)와 사공(司空)을 지낸 한중(漢中) 사람 이합(李郃)을 가리킨다.

27 재상: 원문 '칠정(七政)'은 일월(日月)과 오성(五星)을 가리키는 말인데, 재상이 황제를 보좌하여 정치를 잘하면 일월과 오성이 정상적으로 운행하는 것과 같다고 하여, 칠정은 재상을 가리킨다.

28 아들 견(堅): 이고(李固)를 가리킨다. 태위(太尉)를 지냈다. 이고는 태부(太傅)를 지낸 적이 없다. '태위(太尉)'의 오기로 보인다.

29 삼공(三公):《주례(周禮)》〈동관(冬官) 고공기(考工記)〉에 "앉아서 도를 논하는 것을 일러 '삼공'이라 한다.[坐而論道, 謂之三公.]"라고 했다. 이고는 충제(沖帝), 질제(質帝), 환제(桓帝) 3조(朝)에 걸쳐 태위를 지냈다.

30 규장(珪璋)과 호련(瑚璉)을 지닌 이: 규장(珪璋)은 고대에 조빙(朝聘)과 제사에 예기(禮器)로 쓰인 옥기로,《시경(詩經) 대아(大雅) 권아(卷阿)》에 "온화하고 의기 높아 옥같이 순결하고[顒顒邛邛, 如圭如璋.]"라고 했다. 호련(瑚璉)은 종묘에서 기장[黍稷]을 담는 예기(禮器)이다. 치국(治國)의 재능을 비유한다.《논어(論語) 공야장(公冶長)》에 "자공이 물었다. '저는 어떤 사람입니까?' 공자가 말하기를, '너는 그릇이다.' 자공이 말했다. '어떤 그릇입니까?' 공자가 말하기를, '호련이다.'[子貢問曰: 賜也何如? 子曰: 女器也. 曰: 何器也? 曰: 瑚璉也.]"라고 했다. 모두 뛰어난 인재를 비유한다.

31 관리를 지낸 사람들: 원문 '관개(冠蓋)'는 관모(冠帽)와 수레를 뜻하는데, 관리를 비유하는 말로 쓰인다.

왕망(王莽)의 시대에 공손술(公孫述)이 촉(蜀)에 웅거(雄據)하고 아울러 한중(漢中) 일부를 점거했다. 이곳은 진농(秦隴)[32]을 오가는 길목이라 매번 그 해를 입었다. 안제(安帝) 영초(永初) 2년(108)에 음평(陰平)과 무도(武都)의 강족(羌族)들이 반란하여 한중으로 들어와 태수인 동병(董炳)을 살해하고 백성들과 관리들을 노략질했다. 영초 4년(110)에 강족이 다시 왔다. 태수 정근(鄭厪)이 포중(襃中)에서 진을 치고 강족과 싸우려 했다. 주부(主簿) 단숭(段崇)이 간하기를, "한중은 굳게 지킬 수 있습니다. 그러나 처들어오는 오랑캐가 승세를 탔으니 그들의 칼날을 당해 낼 수는 없습니다."라고 했다. 정근은 따르지 않았다. 싸웠으나 패했다. 단숭이 문하사(門下史) 왕종(王宗), 원전(原展) 그리고 단숭의 아들인 단발(段勃)과 형의 아들인 단백생(段伯生) 등과 힘써 싸워 정근을 보호하는 데 목숨을 바쳤다. 공조(功曹) 정신(程信)은 본래 본성에서 성을 지키고 있었는데, 병란이 있는 곳으로 달려와 난리를 무릅쓰고 정근의 시신을 염했다. 오랑캐들이 마침내 크게 성하게 되었다. 천자는 이에 파군(巴郡)의 진선(陳禪)을 한중 태수로 임명했다. 오랑캐는 평소 그를 두려워하여 그들 서로 간의 연결을 더욱 강화했다. 진선은 공수(攻守) 모두 아직은 곧바로 실행할 수 없음을 깨닫고, 게다가 흉년이 들어 백성들이 곤궁한지라 조서를 고쳐 그들을 사면했다. 대소가 모두 복종했다. 이윽고 반란을 일으킨 우두머리를 주살했는데 천자가 이를 칭찬하여 진선을 좌풍익태수(左馮翊太守)로 옮겼다. 정신이 원한과 부끄러움을 느껴[33] 교제해 왔던 이속(吏屬)과 고관의 자제인 엄자(嚴

---

32 진농(秦隴): 진령(秦嶺)과 농산(隴山)을 줄인 말로 지금의 섬서(陝西)와 감숙(甘肅) 지역을 가리킨다.

33 원한과 부끄러움을 느껴: 정신이 강족을 미워하고 진선이 강족을 처리한 방법을 치욕스럽게 여겼음을 말한다.

莘), 이용(李容), 강제(姜濟), 진이(陳巳), 조렴(曹廉), 구구(勾矩), 유정(劉旌) 등 25인과 더불어 강족에게 보복할 것을 결심했다. 각자 장사(壯士)들을 모집하여 미리 생사를 같이할 맹세를 하고 적이 오기를 기다렸다. 태수 등성(鄧成)은 정신을 오관연(五官掾^{주군(州郡)의 속관(屬官)})에 임명했고, 엄자 등은 그의 속하관리가 되었다. 원초(元初) 2년(115)에 강족이 다시 오자 파군의 판순족(板楯族)이 그들을 구했다. 정신 등이 병사들을 이끌고 힘써 싸워 강족을 크게 무찔렀다. 정신은 여덟 군데 상처를 입었으며 그 외 25명은 전사했다. 이후로 강족이 감히 남쪽을 향해 오지 못했다. 원초 5년(118)에 천자가 조서를 내려 정신과 단숭 등에게 공을 치하하여 그들의 집에 각각 곡식 1,000곡(斛), 왕종, 원전, 엄자 등의 집에는 각각 곡식 500곡을 하사하고 그들의 화상(畫像)을 동관(東觀)³⁴에 걸었다. 새로운 태수가 부임할 때마다 반드시 먼저 그들의 집에 문안을 드렸다. 강족이 진선을 두려워하여 복종했기에 그의 아들 진징(陳澄)을 한중 태수로 임명했다.

한(漢)나라 말 때 패(沛)나라의 장릉(張陵)이 촉나라 땅 학명산(鶴鳴山)³⁵에서 도를 배워 도서(道書^{도가(道家) 혹은 불가(佛家) 서적})를 짓고 스스로 '태청현원(太淸玄元)'이라 칭하여 백성들을 미혹시켰다. 장릉이 죽고 그의 아들 장형(張衡)이 그 업(業)을 전했다. 장형이 죽고 그의 아들 장로(張魯)가 그 업을 전했다. 장로의 자는 공기(公棋)이며 귀도(鬼道^{사문(邪門) 법술(法術)})³⁶로 익주 목(益州牧)인 유언(劉焉)의

---

34 동관(東觀): 동한(東漢) 때 낙양(洛陽) 남궁(南宮)에 있던 장시루(藏書樓)이다. 학자들이 책을 편찬하고 서적을 보관하던 곳이다. 동관의 벽에는 항상 공신(功臣) 열사(烈士)들의 화상을 걸어두어 그들의 공을 표창(表彰)했다. 후에는 궁중에 책을 편찬하고 서적을 보관하는 곳을 널리 '동관'이라 일컬었다. 지방의 학관(學官) 또한 '동관'이라 일컬었는데, 여기서는 한중의 학관을 가리킨다.

35 학명산(鶴鳴山): '곡명산(鵠鳴山)'이라고도 칭하며 지금의 사천성 대읍현(大邑縣)에서 서북쪽으로 30리 떨어진 곳에 있다.

신임을 얻었다. 장로의 어미는 동안(童顏)이었는데[37] 유언의 집을 왕래했다. 초평(初平) 연간(190~193)에 유언은 장로를 독의사마(督義司馬)[38]로 삼아 한중(漢中)에 살게 하여 곡도(谷道)[39]를 끊게 했다. 장로가 한중에 이르러 관용(寬容)과 자혜(慈惠)를 베풀고 귀도(鬼道)로 백성들을 가르쳤다. 의사(義舍)를 세우고 그 안에 의미(義米)와 의육(義肉)을 두었다.[40] 길 가는 사람이 그것을 취했는데, 먹는 양을 헤아릴 따름이다. 먹는 양을 넘지 못했는데, 과다하면 귀신이 그를 괴롭힌다고 한다. 저자 가게의 가격이 고른 것 또한 그러했다. 범죄를 저지른 자는 세 번 용서한 뒤에 형을 집행했다. 도를 배웠으나 아직 믿지 않는 자는 '귀졸(鬼卒)'이라 칭하고 후에 좨주(祭酒)로 삼았다. 파나라 땅과 한중의 이민(夷民) 대부분이 이를 편리하게 여겼다. 입교할 때 바치는 것을 모두 오두미(五斗米)를 내놓게 하여 세상 사람들이 이를 일러 '미도(米道)'라 했다. 부풍(扶風) 사람 소고(蘇固)가

---

36 귀도(鬼道): 사문(邪門)의 법술(法術)을 이른다. 《위지(魏志)》〈장로전(張魯傳)〉에 "장로가 드디어 한중에 웅거하여 귀도로 백성들을 가르쳤는데 스스로 '사군(師君)'이라 칭했다.[魯遂據漢中, 以鬼道教民, 自號師君.]"라고 했다.

37 장로의 어미는 동안(童顏)이었는데: 장로의 어미는 양생술(養生術)을 터득하여 늙었어도 동안을 유지할 수 있었다고 한다. 당시 유언 집의 부녀(婦女)들이 천사도(天師道)를 신봉하여 장로의 어미를 맞이하여 스승으로 삼아 가르침을 받았기에 장로의 어미가 수시로 유언의 집을 왕래했다.

38 독의사마(督義司馬): 유언이 설립한 군관(軍官) 관직이다.

39 곡도(谷道): 곡도는 여러 의미가 있다. 하나는 방사(方士)들이 장생불로(長生不老)를 구했던 방술(方術)을 뜻하고, 또 하나는 중원(中原)과 촉나라 땅을 연결하는 험난한 산길을 뜻한다. 여기서는 문맥상 후자의 뜻을 취한다.

40 의사(義舍)를 … 두었다: 의사(義舍)와 의미(義米), 의육(義肉)은 행인에게 무상으로 제공되는 숙박시설과 쌀 그리고 고기를 뜻한다. 《위지(魏志)》〈장로전(張魯傳)〉에 "좨주에게 모두 의사를 짓게 했는데, 지금의 정전(亭傳)과 같다. 또한 의미와 의육을 두어, 의사에 걸어 놓고 길을 가는 사람이 먹는 양을 가늠하여 충족하게 취하도록 했다.[諸祭酒皆作義舍, 如今之亭傳. 又置義米肉, 縣於義舍, 行路者量腹取足.]"라고 했다.

한중 태수가 되었다. 장로가 그 무리인 장수(張脩)를 보내 소고를 공격했다. 성고(成固) 사람 진조(陳調)는 본디 유협(游俠)으로 병법을 배웠는데, 소고가 그를 문하연(門下掾)으로 삼았다. 진조가 소고에게 적을 막는 전술을 말했으나 소고는 그의 전술을 받아들이지 않았다. 〈장수가 이르렀을 때 소고는〉 담을 넘어 달아나 남정(南鄭) 사람 조숭(趙嵩)에게 의탁했다. 조숭이 그와 함께 달아나니 적의 기세가 창성(昌盛)해졌다. 소고가 조숭을 보내 숨을 곳을 찾아보게 했는데, 조숭이 돌아오기도 전에 소고는 다시 부하들을 보내 적을 정탐하게 했다. 적이 부하들을 붙잡아 마침내 소고를 죽일 수 있었다. 조숭이 통분(痛憤)하여 검을 잡고 장수의 진영으로 곧장 들어갔다. 진조 또한 그의 빈객 백여 명을 모아 장수를 공격했으나 전사했다. 장로가 마침내 한중을 차지하고 수차례 한나라 사절을 해쳤다. 유언이 상서를 올려 말하기를, "미적(米賊)이 길을 끊었습니다."라고 했다.

유언(劉焉)의 아들 유장(劉璋)이 〈익주(益州)〉 목(牧)이 되었을 때 장로(張魯)는 더욱 교만하고 방자해졌다. 유장이 노하여 건안(建安) 5년(200)에 장로의 어미와 동생을 죽였다. 장로는 파(巴)나라 땅의 이인(夷人)인 두호(杜濩)·박호(朴胡)·원약(袁約) 등을 이끌고 반란하여 적이 되었다. 장로는 수시로 한나라 조정에 사신을 파견했는데, 이 사신들 또한 거만했다. 한나라 황실이 난리로 인해 정벌할 수 없어 〈장로를〉 중랑장(中郎將), 한녕 태수(漢寧太守)에 임명했다. 〈장로가 관할하는 지역은〉 장리(長吏)[41]를 두지 않아 모두 좨주(祭酒)가 백성들을 다스렸다. 유상은 수차례 방회(龐羲)·이사(李思) 등을 보내 그들을 토벌하게 했는데 이기지 못했다. 파나라 땅의 이(夷) 소수 민족이 나날이 반란하여 방희를 파서 태수(巴西太守)로 삼았

---

41 장리(長吏): 한나라 때 6백 석 이상의 작록(爵祿)을 받는 관리를 '장리(長吏)'라 칭했다.

다. 또한 양회(楊懷)와 고패(高沛)를 보내 관두(關頭백수관(白水關))를 지키게 하고, 유선주(劉先主)를 청하여 장로를 토벌하게 했다. 유 선주는 오히려 유장을 습격하여 취했다.

건안(建安) 20년(215)에 위 무제(魏武帝조조(曹操))가 서쪽으로 장로를 토벌하자 장로는 파(巴)나라 땅으로 도망했다. 유 선주(劉先主)가 장로를 맞이하려 했으나 장로의 공조(功曹)인 파서(巴西) 사람 염포(閻圃)가 장로에게 북쪽으로 항복하여 위 무제에게 귀순할 것을 권유하며 말하기를, "대사(大事)를 도와 의탁하셔야 합니다. 그렇지 않으면 서쪽으로 유비와 결탁하여 그에게 귀순해야 합니다."라고 하니 장로가 벌컥 성을 내며 말하기를, "차라리 조공(曹公위 무제(魏武)조조(曹操))의 노예가 될지언정 유비의 상객(上客)은 되지 않겠다."라고 하고는 마침내 위 무제에게 예물을 보냈다.[42] 위 무제가 장로를 진남장군(鎭南將軍)에 임명하고 양평후(襄平侯)에 봉했다. 또한 그의 다섯 아들들을 모두 열후(列侯)에 봉했다. 당시 유 선주는 동쪽으로 강주(江州)를 함락하니 파나라 땅과 한중(漢中)의 백성들이 머리를 조아리고 복종했다. 위 무제가 파나라 땅의 이인(夷人) 왕인 두호·박호·원약을 삼파(三巴) 태수로 삼고, 정서장군(征西將軍) 하후연(夏侯淵)과 장합(張郃), 익주 자사(益州刺史) 조옹(趙顒) 등을 남겨 한중을 지키게 하고, 그 백성들을 관농(關隴)으로 옮겼다.

건안 24년(219) 봄에 유 선주(劉先主)는 진군하여 한중(漢中)을 공격했다. 정군산(定軍山)에 이르러 하후연, 장합, 조옹이 와서 맞서 싸웠는데, 유 선주에게 대패했다. 장군 황충(黃忠)이 하후연과 조옹의 목을 베었다. 위 무

---

42 예물을 보냈다: 원문은 '위질(委質)'이다. 신하가 군주에게 예물을 바치는 것으로, 여기서는 장로가 위 무제에게 귀복(歸服)함을 의미한다.

제가 다시 서쪽으로 유 선주를 정벌했다. 유 선주가 말하기를, "맹덕(孟德 조조의자)이 온다고 하더라도 어이할 수 없을 것이다. 나는 반드시 한천(漢川)을 차지할 것이다."라고 했다. 유 선주가 마침내 한중(漢中)의 왕이 되었다. 성도(成都)로 돌아가려고 할 때 듬직한 장군으로 하여금 한중을 지키게 해야 했다. 무리들이 모두 장비(張飛)가 이 일을 맡아야 된다고 했다. 장비 또한 마음속으로 자신이 그 일을 맡아야 된다고 생각했다. 유 선주는 아문장군(牙門將軍) 의양(義陽) 사람 위연(魏延)을 진원장군(鎭遠將軍), 한중 태수(漢中太守)로 삼았다. 유 선주가 군신들을 모두 모아놓고 위연에게 묻기를, "지금 그대에게 한중을 맡기려는데 그대는 여기에 있으면서 어떻게 할 생각인가?"라고 하니 위연이 대답하기를, "만약 조조가〈위나라〉전체의 병사들을 모두 이끌고 온다면 제가 대왕을 위해 이들을 막겠습니다. 만약 편장(偏將대장 아래 부하 장수)이 10만 군사를 이끌고 온다면 대왕을 위해 물리치겠습니다." 무리들이 그 말을 장하게 여겼다. 당초 위 무제가 하후연과 장합을 한중에 남겨 둔 것은 한중이 그에게 계륵(鷄肋)과 같음을 다른 사람들에게 보여 주기 위한 것임을 사람들은 살피지 못했는데 오직 주부(主簿) 양수(楊脩)만이 그것을 알아채고 말하기를, "무릇 계륵이란 버리자니 아깝고 먹자니 먹을 것이 없으니, 이는 한중을 비유한 것입니다."라고 했다. 이후로 한중은 촉(蜀)나라와 위(魏)나라의 경계에 처하여 굳게 지키는 요충지가 되었다. 그리하여 승상〈제갈량(諸葛亮)〉, 대사마(大司馬)〈장완(蔣琬)〉, 대장군(大將軍)〈비위(費褘)〉 등이 모두 한중을 진수(鎭守)했다.

〈진(晉)나라가〉 촉한(蜀漢)을 평정한 뒤 양주(梁州)의 치소는 면양(沔陽)이었다. 태강(太康) 연간(280~289)에 진 무제(晉武帝)의 손자 한왕(漢王) 사마적(司馬迪)이 봉작을 받아〈한중의 명칭이〉한국(漢國)으로 고쳐졌다. 군은 6개 현밖에 없었다.

남정현(南鄭縣). 한중(漢中)의 치소이다. 주 정왕(周貞王) 18년(기원전 451)에 진 여공(秦厲公)이 이곳에 성을 쌓았다. 지수하(池水河)가 있는데, 한산(旱山)에서 발원하여 면양(沔陽)으로 흘러든다. 대성(大姓)은 이씨(李氏)·정씨(鄭氏)·조씨(趙氏)이다.

면양현(沔陽縣). 주(州)의 치소이다. 철관(鐵官)이 있다. 또한 도수(度水)가 있다. 이 강에는 두 곳의 발원지가 있는데, 하나는 청검(清檢)이고 또 하나는 탁검(濁檢)으로 모두 어혈(魚穴)이 있다.[43] 청검에는 연어가 자라며, 탁검에는 붕어가 자라는데, 항상 2월과 8월에 잡는다. 촉나라 승상 제갈량(諸葛亮)이 정군산(定軍山)에 묻혔다.

포중현(襃中縣). 효소제(孝昭帝) 원봉(元鳳) 6년(기원전 75)에 설치했다. 본래 도위(都尉)의 치소였다. 산은 부목(扶木)으로 이름이 났다. 당공방(唐公房)[44]의 사당이 있다.

성고현(城固縣) 촉나라 때 면양현(沔陽縣)에 한성(漢城)을 쌓고, 성고현에 낙성(樂城)을 쌓았다.

포지현(蒲池縣).

서향현(西鄕縣).

위흥군(魏興郡)은 본래 한중(漢中)의 서성현(西城縣)이었다. 애제(哀帝, 재위 기원전 7~기원전 1)와 평제(平帝, 재위 기원전 1~6) 연간에 현민(縣民)이던 석광(錫光)은 자가 장충(長沖)으로 교주 자사(交州刺史)가 되었다가 교지(交阯)

---

43 어혈(魚穴)이 있다: 좌사(左思) 〈촉도부(蜀道賦)〉에 "맛있는 물고기는 병혈(丙穴)에서 나온다.[嘉魚出於丙穴.]"라고 했다. 이선(李善)의 주에 의하면, 병혈은 한중(漢中) 면양현(沔陽縣) 북쪽에 있다. 여기서 말하는 어혈(魚穴)은 병혈을 가리키는 것으로 보인다.

44 당공방(唐公房): 전설에 따르면 서한 말 때 한중 성고(成固) 사람으로 신선이 되어 닭과 개와 함께 승천했다고 한다.

태수로 옮겼다. 왕망(王莽)이 찬위하자 군(郡)이 항거하여 왕망에게 귀부하지 않았다. 왕망은 나라 안[海內]에 일이 있어 의중에 두지 않았다. 얼마 후 그가 있는 교지에 병란이 일어나 석광은 자신의 지역을 지켰다. 경시제(更始帝, 재위 23~25)가 즉위하고 그의 본래 관직에 임명했다. 세조(世祖^{광무제(光武帝)})는 그의 충절을 가상하게 여겨 대장군(大將軍) 조후좨주(朝侯祭酒)에 징배(徵拜^{예를 갖추어 불러 벼슬을 줌})하고 염수후(鹽水侯)에 봉했다. 후한(漢) 때 수차례 도적들이 난을 일으켰는데 이 현은 홀로 보전되었다. 한나라 말에 별도로 군이 되었다. 건안(建安) 24년(219)에 유 선주가 의도(宜都) 태수 맹달(孟達)에게 명하여 자귀(秭歸)로부터 북쪽으로 방릉(房陵)과 상용(上庸)을 쳤다. 한중에서 또 부군중랑장(副軍中郎將) 유봉(劉封)을 보내 면수(沔水)를 따라 맹달과 상용에서 만나도록 했다. 신탐(申耽)의 동생 신의(申儀)를 건신장군(建信將軍), 서성(西城) 태수로 삼았다. 맹달과 신탐은 위(魏)나라에 항복했다. 황초(黃初) 2년(222)에 위 문제(魏文帝)는 신의를 위흥(魏興) 태수로 전임시키고 운향후(鄖鄉侯)에 봉했다. 촉(蜀)나라가 평정되자 서성(西城)을 다스렸다. 속현은 6개이고 1만 호이다. 낙양으로부터 1,700리 떨어져 있다. 땅이 험하고 협소하며, 거주민 절반이 초(楚)나라 사람이다. 풍속은 대체로 형주(荊州), 면중군(沔中郡)과 같다.

서성현(西城縣). 군의 치소이다. 원강(元康) 원년(292)에 월기교위(越騎校尉)인 촉군(蜀郡) 사람 하반(何攀)의 공국(公國^{영지(領地)})으로 봉했다.

석현(錫縣).

안강현(安康縣).

흥진현(興晉縣). 진(晉)나라 때 설치했다.

운향현(鄖鄉縣). 본명은 장리현(長利縣)이다. 현에 운향관(鄖鄉關)이 있다.

순양현(洵陽縣). 순수(洵水)가 나오는 곳이다.

상용군(上庸郡). 옛 용(庸)나라로 초(楚)나라와 파(巴)나라, 진(秦)나라가 함께 멸한 나라이다. 진나라 때 촉(蜀)나라에 속했다가 후에 한중에 속하게 되었다. 한(漢)나라 말에 상용군이 되었다. 건안(建安) 24년(219)에 맹달(孟達)과 유봉(劉封)이 상용을 정벌했다. 상용 태수인 신탐(申耽)은 머리를 조아리고 항복하고, 자제와 종족을 성도로 보냈다. 유 선주(劉先主)는 신탐을 정북장군(征北將軍)으로 임명하고 운향후(鄖鄕侯)에 봉했으며 예전처럼 계속 상용군을 다스리도록 했다. 황초 연간에 위(魏)나라에 항복했다. 위 문제(魏文帝)는 신탐을 회집장군(懷集將軍)에 임명하고 남양(南陽)으로 옮겨 거처하도록 했다. 상용군을 없애고 신성군(新城郡)에 합병했다. 맹달이 주살된 이후에 다시 군(郡)이 되었다. 속현이 5개이고 7천 호이며 낙양으로부터 1,700리 떨어져 있다.

상용현(上庸縣). 군의 치소이다.

북무현(北巫縣).

안락현(安樂縣). 함희(咸熙) 원년(264)에 공국(公國)이 되었으며, 유 후주(劉後主)를 봉했다.

무릉현(武陵縣).

안부현(安富縣).

미양현(微陽縣).

신성군(新城郡)은 본래 한중의 방릉현(房陵縣)이었다. 진 시황(秦始皇)이 여불위(呂不韋)의 측근들과 문객 만여 호를 방릉으로 옮겼는데, 그 땅의 지세가 험하고 좁기 때문이다. 한(漢)나라 때 종족과 대신들이 죄를 지으면 이 현으로 많이 옮겼다. 한나라 말에 방릉군이 되었다. 건안 24년(219)에 맹달(孟達)이 방릉을 정벌하여, 태수 괴기(蒯祺)를 죽이고 진격하여 3개 군을 평정했다. 맹달은 유봉(劉封)과 불화(不和)했는데, 유봉이 팽달의 악대(樂隊)를 탈취했다. 관우(關羽)가 번성(樊城)에서 포위되었을 때[45] 유봉과 맹달에게 도움을 청했다. 유봉과 맹달은 이제 막 편벽한 군에 들어왔기 때문에 소란스럽게 움직일 수 없다는 것을 이유로 삼아 거절했다. 관우는 오(吳)나라에 의해 격파되어 피살되었다. 맹달은 이미 유봉에게 원한을 품고 있었고 또한 선주의 견책이 두려워 마침내 선주에게 편지를 올려 반역을 고하고는 위(魏)나라에 투항했다. 위 문제(魏文帝)는 맹달의 자질과 용모가 훌륭하다고 여겨 산기상시(散騎常侍), 건무장군(建武將軍)으로 삼아 유봉을 습격하도록 했다. 유봉이 패주하자 맹달은 방릉군을 점거했다. 위 문제는 3개 군을 합쳐 '신성군'이라 하고 맹달을 태수로 삼았다. 이후에 촉나라 승상 제갈량이 북벌을 하려 할 때 맹달을 불러들여 바깥의 원군으로 삼고자 하여 편지를 보내 이르기를, "오호, 맹자도(孟子度^{맹달의})여! 근래에 유봉이 그대를 침릉(侵凌)하여 선제가 선비를 예우하는 원망(願望)을 상하게 했으니 개연히 오랫동안 탄식하네. 항상 그대가 평소에 지닌 뜻을 생각해 보노라면 어찌 헛되이 그 명성이 있겠는가?[46]"라고 했다.[47] 도호(都護) 이엄(李嚴) 역시 편지를 보내 이르기를, "나는 공명과 더불어 선제(先帝)의 유조(遺詔)를 받았는데, 좋은 동반자를 얻기를 생각하네."라고 했다. 오나라 왕 손권(孫權) 역시 맹달을 부르니 맹달이 마침내 위나라를 배신하고 오나라, 촉나라와 교통했다. 맹달은 표(表)를 올려 위 문제

---

45 관우(關羽)가 … 포위되었을 때: 관우가 번성에서 조조의 장수 조인(曹仁)과 우금(于禁)을 포위하자 조조가 서황(徐晃)을 보내 그들을 구출하게 했다. 이에 관우가 물러났는데, 손권이 이 기회를 틈타 강릉(江陵)을 습격하여 취했고, 관우는 싸움에서 패하여 전사했다.

46 어찌 헛되이 그 명성이 있겠는가?: 원문은 '기허탁명재책자재(豈虛託名載策者哉)'이다. 유림(劉琳)의 교주(校注)에 의하면, '재(載)'는 후인이 임의로 첨가했으며, '책(策)'은 '영(榮)'의 오기이다.

47 오호 … 했다: 이 편지는 《촉지(蜀志)》〈비시전(費詩傳)〉에 나온다.

에게 말과 쇠뇌를 청했는데, 무군장군(撫軍將軍) 사마 선왕(司馬宣王^{사마의})은 허락할 수 없다고 여겼다. 위 문제가 말하기를, "나는 천하의 주인이니 마땅히 먼저 다른 사람을 저버려서는 아니 된다. 오나라와 촉나라로 하여금 나의 마음을 알게 해야겠다."라고 하고 그에게 많은 양을 주어 그가 요구한 것을 초과했다.

위 명제(魏明帝) 태화(太和, 227~233) 초에 맹달이 위나라를 저버리고 촉(蜀)나라로 귀부(歸附)했다. 당시 사마 선왕은 완(宛)에 주둔하고 있었는데, 그 정황을 알고는 맹달에게 편지를 써서 이르기를, "장군께서는 예전에 유비를 버리고 우리나라에 몸을 맡기셨습니다. 우리나라는 장군에게 변방의 임무를 맡기고, 장군에게 촉나라를 도모하는 일을 맡겼으니 가히 '마음이 하얀 해를 꿰뚫었다[心貫白日]'라고 할 만합니다.[48] 촉나라 사람들은 어리석든 지혜롭든 가릴 것 없이 모두 장군에게 이를 갈고 있습니다. 제갈량은 그대를 없애려 했지만 오직 길이 없음을 염려했습니다. 곽모(郭模)가 말한 것은 작은 일이 아닙니다.[49] 제갈량이 어찌 이를 가벼이 여기고 폭로했겠습니까? 이는 어렵지 않게 알 수 있습니다."라고 하자 맹달이 제갈량에게 편지를 써서 이르기를, "완(宛)은 낙양에서 800리 떨어져 있고, 이곳과는 1,200리 떨어져 있습니다. 제가 거사(擧事)했다는 말을

---

48 우리나라는 … 할 만합니다:《진서(晉書)》〈선제기(宣帝紀)〉에 나온다. '마음이 하얀 해를 꿰뚫었다[心貫白日]'라고 한 것은 마음이 하얀 해처럼 밝게 빛난다는 뜻으로 솔직하고 성실함을 비유하는 말이다.

49 곽모(郭模)가 … 아닙니다:《진서(晉書)》〈선제기(宣帝紀)〉에 의하면, 제갈량은 맹달이 촉나라를 배신한 것을 괘씸하게 여겼고 그가 우환이 될 것을 염려했다. 때마침 맹달이 위흥(魏興) 태수 신의(申儀)와 사이가 좋지 않았는데, 제갈량은 이 두 사람이 서로 싸우게 할 요량으로 곽모를 보내 거짓으로 위나라에 투항하게 했다. 곽모는 신의의 거처를 지나면서 고의로 맹달이 몰래 오나라, 촉나라와 내통한 사실을 누설했다.

듣는다면 사마의는 천자에게 표(表)를 올려 알릴 겁니다. 이렇게 한 번 오가는 데 한 달이 걸립니다. 그러면 제 성은 견고해지고 병사들은 족히 준비를 갖추게 됩니다. 제가 있는 곳은 깊고 험하여 사마공은 필시 직접 군대를 이끌고 오지 않을 겁니다. 다른 장군들은 온다 해도 저는 걱정할 게 없습니다."라고 했다. 군대가 당도하자 맹달은 또 제갈량에게 고해 말하기를, "제가 거사한 지 8일이 되었는데, 군대가 성 아래에 이르렀습니다. 어떻게 이렇게 신속(神速)할 수 있습니까?"라고 하자 제갈량은 그가 여러 차례 번복하기에 구원하지 않아 마침내 사마 선왕에 의해 주멸되었다. 사마 선왕은 신성(新城)을 3개 군으로 나누었다. 신성군의 속현은 4개이며 2만 호이다. 낙양에서 1,600리 떨어져 있다.

방릉현(房陵縣). 군의 치소이다. 유산(維山)이 있는데, 유수(維水)가 나오는 곳으로, 동쪽으로 면수(沔水)로 흘러든다.

시향현(泭鄕縣).

창위현(昌魏縣).

수양현(綏陽縣).

위의 3개 군(위흥군(魏興郡), 상용군(上庸郡), 신성군(新城郡))은 한중(漢中)에서 나눠진 것이다. 한중의 동쪽에 있기 때문에 촉(蜀)과 한중 사람들은 '동삼군(東三郡)'이라 불렀다. 촉나라 때 위(魏)나라 땅이었고 형주(荊州)에 속했다. 진(晉)나라 원강(元康) 6년(296)에 비로소 양주(梁州)의 관할로 돌아갔다. 산수가 험난하여 황금곡(黃金谷), 자오곡(子午谷), 마총(馬聰), 건고(建鼓)와 같은 험준한 곳이 있다. 노한 작도(作道)[50]가 있는데, 구군(九君)이 흙을 뭉쳐 사람을 만들었던 곳이다.[51] 그런데 이 지역의 지방지(地方志)와 《한중기(漢中記)》에는 기재되어

---

50 작도(作道): 지금의 섬서성 평리현(平利縣) 동쪽이다.

있지 않다. 또한 이웅(李雄)에 의해 점령되지도 않았다. 나 상거(常璩)는 그 대략을 알고 있을 뿐 세세한 곡절에 대해서는 상세하게 알지 못한다.

제동군(梓潼郡)은 본래 광한군(廣漢郡)의 속현이었다. 건안(建安) 18년 (213)에 유 선주(留先主)가 가맹(葭萌)에서 남쪽으로 익주 목(益州牧) 유장(劉璋)을 공격했는데, 중랑장(中郞將) 남군(南郡) 사람 곽준(霍峻)을 남겨 두어 가맹성(葭萌城)을 지키게 했다. 장로(張魯)가 장군 양백(楊帛)을 보내어 곽준을 유인하여 함께 성을 지킬 것을 요구했다. 곽준이 말하기를, "소인의 머리는 가져갈 수 있지만 성을 줄 수가 없습니다."라고 했다. 양백이 물러났다. 유장의 장군 향존(向存)·부금(扶禁)이 파(巴)나라 땅의 낭수(閬水)로부터 곽준을 공격했으나 1년여 동안 이길 수가 없었다. 곽준의 무리는 겨우 8백 명 정도였고, 향존의 무리는 1만 명에 달했으나 도리어 곽준에게 패배하여 퇴주했다. 성도(成都)가 평정되자 선주는 곽준의 공을 칭찬하여 건안 22년(217)에 광한군을 나누어 제동군을 설치하고 곽준을 태수로 삼았다. 속현은 6개이며 1만 호이다. 낙양에서 2,838리 떨어져 있다. 동쪽으로 파서(巴西)와 접하고, 남쪽으로는 광한(廣漢)과 접하며, 서쪽으로 음평(陰平), 북쪽으로 한중(漢中)과 접해 있다. 이 땅에서 금(金)·은(銀)·단사·옻·약재·꿀이 생산된다. 역대로 걸출한 선비들이 있어, 인재가 파촉(巴蜀)과 맞먹는다.

재동현(梓潼縣). 군의 치소이다. 오부산(五婦山)이 있는데, 옛 촉의 다섯 명의 장사들이 뱀을 끌어 산을 무너뜨린 곳이다.[52] 선판사(善板祠)가 있는

---

51 구군(九君)이 … 곳이다:《동신팔제묘정경(洞神八帝妙精經)》'구황도(九皇圖)'에 천(天)·지(地)·인(人) 삼황(三皇)을 다시 초(初)·중(中)·후(後)로 나누어 '구황군(九皇君)'이라 했는데, 여기서 말하는 '구군(九君)'이다. 이 가운데 여와(女媧)가 '후지황(後地皇)'인데, 여와가 흙을 빚어 사람을 만들었다는 신화가 전한다.

데, '악자사(惡子寺)'라고도 한다.[53] 백성들은 새해가 되면 뇌저(雷杵)[54] 10매를 올린다. 한 해가 다할 때 다시 보이지 않으면 뇌신이 가져간 것이라고 말한다. 4개 대성(大姓)은 문씨(文氏)·경씨(景氏)·옹씨(雍氏)·등씨(鄧氏)이다.

부현(涪縣)은 성도(成都)로부터 350리 떨어져 있다. 부강(涪江)의 물이 파(巴)나라 땅으로 통한다. 촉(蜀)나라 땅 동북쪽 요지이다. 〈삼국 시대〉 촉나라 때 대장군이 이곳을 진수(鎭守)했다. 언덕 위 밭[55]과 평지 위 논밭이 있다. 잔수(孱水)는 잔산(孱山)에서 나오는데, 그 발원지에는 금광과 은광이 있다. 물로 헹구어 채취한 광석을 불에 녹이면 금과 은이 된다. 양천(陽泉)에는 석단(石丹(丹砂))이 난다. 대사마(大司馬) 장완(蔣琬)이 이곳에 묻혔다. 대성(大姓)은 양씨(楊氏)·두씨(杜氏)·이씨(李氏)이다. 인사들이 《기구전(耆舊傳(진수(陳壽)의 《익부기구전(益部耆舊傳)》))》에 많이 보인다.

진수현(晉壽縣)은 본래 가맹성(葭萌城)이었다. 〈촉(蜀)나라〉 유씨(劉氏) 때 '한수(漢壽)'라 개명했다. 물이 파서(巴西)로 통하여 다시 한천(漢川)으로 흘러든다. 금광과 은광이 있다. 백성들은 현재 해마다 이곳에서 물로 헹구어 광석을 채취한다. 촉나라 때 역시 대장군이 이곳을 진수했다. 옻과 약재 그리고 꿀이 산출되는 곳이다. 대장군 비위(費禕)가 북산(北山)에 묻혔다. 대성(大姓) 가운데 이곳에 묻힌 이들이 많다.

백수현(白水縣)에는 관문을 지키는 무관이 있는데, 익주 목(益州牧) 유장

---

52 옛 촉의 … 무너뜨린 곳이다: 《화양국지》 권3에 자세한 이야기가 나온다.

53 선판사(善板祠)가 … 한다: 선판(善板)과 악자(惡子)는 뇌신(雷神)의 이름이다.

54 뇌저(雷杵): 전설에 따르면 뇌신이 벼락을 만들 때 쓰는 도구이다. 모양이 북[梭]처럼 생겼다고 한다.

55 언덕 위 밭: 원문 '탕전(宕田)'은 '산원전(山原田)'을 잘못 쓴 것이다. 산원전은 평지와 구릉 사이에 있는 밭을 가리킨다.

(劉璋)의 장수 양회(楊懷)와 고패(高沛)가 이곳을 지켰다.

광한현(廣漢縣).

덕양현(德陽縣)에는 검각(劍閣)의 잔도(棧道) 30리가 있는데, 지극히 험난하다. 검각을 지키는 무관이 있어 뽕나무 아래 군민(軍民)[56]들을 통솔했다.

무도군(武都郡)은 본래 광한서부도위부(廣漢西部都尉府)의 치소였다. 원정(元鼎) 6년(기원전 111)에 따로 군(郡)이 되었다. 속현(屬縣)은 9개이며, 1만 호이다. 낙양에서 1,878리 떨어져 있다. 동쪽으로 한중(漢中), 남쪽으로 재동(梓潼), 서쪽으로 천수(天水), 북쪽으로 시평(始平)과 접해 있다. 땅은 험준하다. 마전저수(麻田氐叟)가 있으며 강융(羌戎) 민족이 많다.[57] 이곳 사람들의 반은 진(秦)나라 사람들로, 용감하고 우직한 자들이 많다. 명마(名馬)·소·양·옻·꿀이 난다. 구퇴백경(瞿堆百頃)[58]이 있는데, 험준한 지세로 저족(氐族)들이 항상 이곳에 의지하여 반란을 일으켰다. 한(漢)나라

---

56 뽕나무 아래 군민(軍民): 원문은 '상하병민(桑下兵民)'이다. 촉한 때 검문(劍門)을 지키던 군민들을 가리킨다. 관문을 지키는 한편으로 뽕나무를 심어 누에를 길렀기에 '상하병민'이라 이른 것이다.

57 마전저수(麻田氐叟)가 … 민족이 많다: 원문 '유마전저수(有麻田氐叟)'에 대한 해석이 여러 가지다. 하나는 '마전(麻田)'을 '삼을 재배하는 밭'으로 보는 것인데, 이 견해를 따라 번역하자면 '삼을 재배하는 저족(氐族)이 있다.'가 된다. 또 하나는 마(麻)·전(田)·저(氐)·수(叟)를 각각 4개 민족으로 보는 견해이다. 마지막으로 '마전저수(麻田氐叟)'를 민족 호칭으로 보는 것이다. '유(有)'는 뒤에 나오는 원문 '다강융지민(多羌戎之民)'의 '다(多)'와 대칭을 이루어, 이 지역에는 '마전저수' 종족이기는 하지만 '강융' 민족이 대다수를 이룬다는 맥락에서 '유(有)'를 해석할 수 있다. 역자는 세 번째 견해를 따라 번역했다. '수(叟)'는 '인(人)'을 뜻하는데, 티베트버마어족[藏緬語族] 계통의 민족들이 스스로를 칭할 때 쓰는 용어이다. 저족(氐族) 또한 티베트버마어족에 속하여 '저수(氐叟)'라 자칭했다.

58 구퇴백경(瞿堆百頃): 구지산(仇池山)이다. 일명 '구퇴산(瞿堆山)'이며 '백경산(百頃山)'이라고도 한다.

때 수차례 이들을 정벌했다. 이 지역의 강족(羌族)들을 나누어 이주시켰는데, 멀리는 주천(酒泉)과 돈황(敦煌)에까지 이르렀다.[59] 군내에 공격하여 싸우기 위한 보루와 병영이 있는 곳이 또한 많다. 건안(建安) 22년(217)에 유 선주(留先主)는 장군 뇌동(雷同)과 오란(吳蘭)을 보내 이들을 평정하게 했는데, 위(魏)나라 장군 조홍(曹洪)에 의해 격파되어 살해되었다.[60] 위나라 익주 자사(益州刺史) 천수(天水) 사람 양부(楊阜)가 이 군을 다스렸다. 양부는 이곳이 촉(蜀)나라 국경과 잇닿아 있다는 이유로 이 지역의 저족을 견현(汧縣), 옹주(雍州) 그리고 천수(天水)와 약양(略陽)으로 이주시켰다. 건흥(建興) 7년(229)에 승상 제갈량(諸葛亮)이 호군(護軍) 진계(陳戒)를 보내어 이들을 토벌하게 했는데, 마침내 무도(武都)와 음평(陰平) 두 군을 평정하여 다시 익주(益州)에 속하게 했다. 위나라 장군 하후연(夏侯淵), 장합(張郃), 서황(徐晃)이 정벌할 때 항상 이 군을 경유했고, 촉나라 승상 제갈량(諸葛亮)과 위연(魏延), 강유(姜維) 등 많은 사람들이 이곳으로부터 진천(秦川 지금의 섬서성과 감숙성의 진령(秦嶺) 이북 평원 지대)으로 나갔는데, 마침내 황폐하여 남은 백성들이 없었다. 이 군의 저족인 양복(楊濮)이 위나라에 귀복하니 위나라는 멀리 이곳에 군을 두었지만 〈세력권은〉 촉나라에 속했다. 촉나라가 평정된 뒤 옹주(雍州)에 속했는데, 원강(元康) 6년(296)[61]에 양주(梁州)로 환원되었다. 원강 8년(298)에 저족 제만년(齊萬年)이 반란했다. 군이 그 난리에 휩싸여 진나

---

59 멀리는 … 이르렀다:《한서(漢書)》〈무제기(武帝紀)〉에 "원봉(元封) 3년(기원전 78) 가을 7월에 무도(武都)의 저족들이 반란하여 주천군(酒泉郡)에 나누어 이주시켰다.[元封三年秋七月, 武都氏人反, 分徙酒泉郡.]"라고 했다.

60 건안(建安) 22년(217)에 … 살해되었다:《위지(魏志)》〈무제기(武帝紀)〉와 《촉지(蜀志)》〈선주전(先主傳)〉에는 건안 23년(218)에 일어난 것으로 되어 있다.

61 원강(元康) 6년(296): 원문은 '태강(太康)'이나 '원강(元康)'이 되어야 옳다. 원강 6년에 무도(武都)와 음평(陰平)을 양주에 귀속시킨 이야기가 《화양국지》 권1에 나온다.

라 백성들이 촉나라 땅과 양주(梁州^{양주 자사가})로 흘러 들어갔다.

영가(永嘉, 307~313) 초에 천수군(天水郡)의 저족 사람 양무수(楊茂搜)가 종족들을 이끌고 도적이 되었는데, 천수군을 보호하고 점거한 뒤 장안(長安)[62]에 바쳤다. 진 민제(晉愍帝)는 오랑캐 도적들[胡寇]이 바야흐로 세력이 왕성해지자 융적(戎翟) 소수 민족들을 초무(招撫)하기 위해 양무수를 표기장군(驃騎將軍)과 좌현왕(左賢王)에 임명했다.[63] 유요(劉曜)[64]가 장안을 격파하고, 승상 평창공(平昌公)이 농산(隴山)에 올라 천수를 점거했다.[65] 양무수가 수차례 예물을 보냈다. 평창공은 양무수의 큰아들인 양난적(楊難敵)을 정남장군(征南將軍)에, 작은아들인 양견두(楊堅頭)를 용양장군(龍驤將軍)에 임명했다. 〈유요의 군대가〉 무리가 많고 강성하여 동쪽으로 양주를 격파하고, 남쪽으로 이웅(李雄)과 연결하니 강융(羌戎) 소수 민족이 위복(威服)했다. 그때 평창공이 유요에게 격파되자 진안(陳安)이 반역했다.[66] 이때 〈유요는〉 저족을 합쳐 하나의 국가처럼 만들었다. 양무수가 죽자 그의

---

62 장안(長安): 영가 7년(313) 4월에 진 민제(晉愍帝) 사마업(司馬鄴)이 즉위하고 장안에 도읍했다. 그래서 장안은 진 민제의 서진(西晉) 조정을 뜻한다.

63 양무수를 … 임명했다: 진 민제가 양무수를 표기장군과 좌현왕에 임명한 사실은 《송서(宋書)》〈저호전(氐胡傳)〉에 보인다. '좌현왕(左賢王)'은 선우(單于) 다음 가는 흉노의 봉호이다. 위진남북조 시기에 북방의 많은 소수 민족들이 이러한 흉노의 봉호를 사용했다.

64 유요(劉曜): 영가(永嘉) 2년(308)에 칭제(稱帝)하고 국호를 '한(漢)'이라고 한 흉노 사람 유연(劉淵)의 족자(族子)이다. 유연의 아들 유총(劉聰)이 왕위를 계승하고 유요를 대사마(大司馬)로 임명했다. 건흥(建興) 4년(316)에 장안을 함락하고 진 민제를 사로잡았다. 후에 유요 또한 칭제하고 국호를 '조(趙)'라 했다.

65 승상 평창공(平昌公)이 … 점거했다: 승상 평창공은 진나라 남양왕(南陽王) 사마보(司馬保)이다. 《진서(晉書)》 권37〈종실열전(宗室列傳)〉에 영가 연간에 사마보가 동강도위(東羌都尉)가 되어 천수를 진수했다고 한다. 진 민제가 즉위하고 사마보를 우승상(右丞相)에 임명했다.

66 진안(陳安)이 반역했다: 진안은 본래 사마모(司馬模)의 장수였는데 사마모가 죽자 평창공 사마보에게 귀속했다.

두 아들 양난적과 양견두가 대신하여 군주가 되었다. 여러 해가 지나 유요가 몸소 무도(武都)를 공격하자 양난적과 양견두는 남쪽으로 이웅에게 투항했다. 진수현(晉壽縣)에 이르러 그들의 아들들을 보내 인질로 삼았으며, 또한 이웅의 형인 진수현의 수장(守將) 이치(李稚)에게 후한 뇌물을 바쳤다. 유요는 양난적과 양견두를 잡지 못하자 무리를 이끌고 돌아갔고, 〈양난적과 양견두는〉 무도로 〈돌아왔다〉. 그들은 험준한 지세를 믿고 교만하여 이웅의 음평(陰平) 태수 나연(羅演)을 공격하여 도망가게 했다. 나연은 이치의 외숙이다. 이치가 분개하여 형인 이함(李含)과 동생 이웅에게 말하여 그들을 정벌할 것을 요청했다. 이웅이 이함과 이치로 하여금 수천 명을 이끌고 그들을 공격하게 했다. 그때 양난적의 처가 죽어 음평에 묻었다. 이함과 이치가 직접 하변현(下辨縣)에 이르러 무가성(武街城)으로 들어갔다. 너무 깊숙이 들어온 데다 후속 부대가 없었기에 모두 저족에 의해 격파되어 살해되었다. 양난적과 양견두가 죽고 그들의 아들인 양반(楊磐)과 양의(楊毅)가 다시 그들을 대신하여 왕이 되었다. 함강(咸康) 4년(338)에 양난적과 양견두의 종제인 양초(楊初)가 양반과 양의 형제를 죽이고 대신하여 군주가 되어 지금에 이르렀다. 양무수 부자가 〈무도군(武都郡)을〉 점거하고부터 진나라와 통했는데, 이웅·유요·석륵(石勒)·석호(石虎)·장준(張駿)에 이르기까지 모두 신하를 칭하고 조공을 바쳤으며 진나라 조정의 관호를 받았다. 그들이 향하는 곳에서는 진나라 조정의 관직과 연호를 사용했다.

하변현(下辨縣). 무도군(武都郡)의 치소이다. '무가(武街)'라고도 한다.

무도현(武都縣). 한수(漢水)가 나오는 곳이다. 천지택(天池澤)이 있다.

상록현(上祿縣).

고도현(故道縣).

하지현(河池縣). 천가수(泉街水)가 저현(沮縣)으로 흘러들어 한수(漢水)와 합한다.

저현(沮縣). 저수(沮水)가 나오는 동랑곡(東狼谷)이다.[67]

평낙현(平樂縣).

수성현(脩城縣).

가릉현(嘉陵縣).

음평군(陰平郡)은 본래 광한북부도위(廣漢北部都尉)의 치소였다. 영평(永平, 58~75) 연간 이후 강족(羌族)이 수차례 반란하여 마침내 군(郡)을 설치했다. 속현이 4개이고 1만 호이다. 낙양과 2,344리 떨어져 있다. 동쪽으로 한중(漢中), 남쪽으로 재동(梓潼), 서쪽으로 농서(隴西), 북쪽으로 주천(酒泉)과 접해 있다. 땅은 산세가 험하다. 백성들은 강용(剛勇)하다. 저족이 많은데, 흑수강(黑水羌)과 백수강(白水羌), 자강(紫羌) 등의 소수 민족들이 있다. 풍속과 산물은 대체로 무도군(武都郡)과 같다.

한 안제(漢安帝) 영초(永初) 2년(109)에 강족(羌族)이 반란하여 군성(郡城)[68]을 불태웠다. 군민들이 백수(白水)로 물러나 지냈다. 한양(漢陽)의 여러 강족들이 반란하여 한중으로 물밀듯이 들어와 태수를 살해했다. 한양 사람 두기(杜琦)가 스스로 장군이라 칭하고 광한군(廣漢郡)에서 반란하여 가맹(葭萌)에 주둔했다. 한(漢)나라는 어사대부(御史大夫) 당희(唐喜)로 하여금 두기를 토벌하게 했는데, 더하여 강족을 토벌하게 했다. 여러 해가 지나도

---

67 저수(沮水)가 나오는 동랑곡(東狼谷)이다:《한지(漢志)》에 "저수는 동랑곡에서 나온다.[沮水出東狼谷.]"라고 했다.

68 군성(郡城): 영초 2년에 이곳에 광한속국도위(廣漢屬國都尉)를 두었는데, 군은 아직 설치하지 않았다. 그러므로 '군성(郡城)'은 성립될 수 없다. 속국도위성(屬國都尉城), 즉 음평현성(陰平縣城)이 되어야 마땅하다.

함락하지 못하자 조서를 내려 자진하게 했다. 다시 중랑장(中郎將) 윤취(尹就)를 보내 강족을 토벌하게 했는데 역시 성공하지 못했다. 여러 군의 태수들이 모두 부성(涪城)에 주둔했다. 원초(元初) 5년(118) 파군(巴郡) 판순(板楯)의 군대가 한중을 구하여 강족을 대파하니 강족이 물러났다. 음평군(陰平郡)을 다시 다스리게 되었고 조군도위(助郡都尉)를 두었다.

유 선주(留先主)가 한중(漢中)으로 가서 두 개 군을 빼앗고자 했으나 얻지 못했다. 건흥(建興) 7년(229)에 제갈량(諸葛亮)이 비로소 진계(陳戒)에 명해 이들을 평정했다. 위(魏)나라 또한 멀리 군을 두어 옹주(雍州)에 귀속시켰다. 경곡(景谷)에서부터 보도(步道)가 있는데, 강유(江油)의 좌담(左儋)을 경유하여 부(涪) 지역으로 나간다.[69] 등애(鄧艾)가 이곳으로부터 촉(蜀)나라를 정벌했다. 원강(元康) 6년(296)에 양주(梁州)에 환속했다. 영가(永嘉) 연간 말에 〈음평〉 태수 왕감(王鑒)이 조폭(粗暴)하여 군민 모심(毛深)과 좌등(左騰) 등이 그를 축출하고 잇달아 이웅에게 투항했다. 진(晉)나라 백성들 모두 촉나라 땅을 떠나니 저족과 강족의 땅은 양무수가 점유하게 되었다.

음평현(陰平縣). 군의 치소이다. 한(漢)나라 때 '음평도(陰平道)'라 불렀다.

전저현(甸氐縣). 백수(白水)가 변방의 경계 밖으로 나와 한수(漢水)로 든다.

무평현(武平縣). 관위(關尉)가 있다. 경곡(景谷)으로부터 보도(步道)가 있는데, 강유(江油)의 좌담(左儋)을 경유하여 부(涪) 지역으로 나간다. 등애(鄧艾)가 촉나라를 정벌한 길이다. 유 선주(留先主) 때 의수(義守)를 두었는데, '관위(關尉)'라 불렀다.

---

69 경곡(景谷)에서부터 … 나간다: 뒤에 나오는 무평현에서 언급된 내용과 중첩된다. 연문(衍文)이다.

강저현(剛氐縣). 부수(涪水)가 나오는 곳이다. 금광과 은광이 있다.

이상은 양주(梁州)에 관한 기록이다.

사관이 논한다.

한수(漢水)와 면수(沔水)가 광채를 발하니, 신령한 빛이 위를 비춘다. 하늘에서는 비치어 운한(雲漢)이 되고, 땅에서는 획을 그어 양주(梁州)가 된다. 유씨(劉氏)의 황업(皇業)이 이에 응하니 드넓은 복조(福祚)가 장구하다네. 소공(蕭公(蕭何)_{소하})의 말이 또한 올바르지 아니한가?

卷二
漢中志

漢中郡, 本附庸國, 屬[蜀]. 周赧王二年秦惠文王置郡. 因水名也.

漢有二源: 東源出武都氐道漾山, 因名漾. 《禹貢》"流漾爲漢"是也. 西源出隴西[西縣]嶓塚山, 會白水, 經葭萌, 入漢. 始源曰沔, 故曰"漢沔". 在《詩》曰: "滔滔江漢, 南國之紀." 其應上昭於天. 又曰: "惟天有漢." 其分野, 與巴蜀同占. 其地東接南郡, 南接廣漢, 西接隴西陰平, 北接秦川. 厥壤沃美, 賦貢所出, 略侔三蜀. 六國時, 楚强盛, 略有其地. 後爲秦. 恒成爭地.

漢高帝既克秦, 獲子嬰. 項羽封高帝爲漢王, 王巴蜀三十一縣. 帝不悅. 丞相蕭何謀曰: "雖王漢[中]之惡, 不猶愈於死乎? 且語曰'天漢', 其稱甚美. 夫能屈於一人之下, 則伸於萬乘之上者, 湯武是也. 願大王王漢中, 撫其民以致賢人. 收用巴蜀, 還定三秦, 天下可圖也." 帝從之. 都南鄭. 及(項籍弑義帝)高帝東伐, 蕭何常居守漢中, 足食足兵. 既定三秦, 蕭何鎮關中, 資其衆, 卒平天下. 以田叔爲漢中守. 屬縣十一. (去洛一千九十一里.) 叔既饋以軍饟, 又致名材立宮室. 帝嘉之. 後爲魯相. 然以帝業所興, 不封藩王.

自叔之後, 世修文教, 有俶儻之士, 異人並挺. 鄧公抗言於孝景之朝, 以明忠枉之情. 張騫特以蒙險遠, 爲孝武帝開緣邊之地, 賓沙越之國, 致大宛之馬, 入南海之象, 而車渠瑪瑙珊瑚琳碧罔寶明珠玳瑁虎魄水精琉璃火浣之布蒲桃之酒節竹蒟醬，殊方奇玩，盈於市朝．振揚威靈，被於幽裔．遂登九列，杖節繡衣，剖符博望．谷口子眞，秉箕潁之操，湛然岳立，不營不求，德望邁流．楊王孫應至人之概．

自建武以後，羣儒修業．開按圖緯，漢之宰相，當出坤鄉．於是司徒李公屢登七政，太傅子堅弈世論道．其珪璋瑚璉之器，則陳伯臺李季子[陳]申伯之徒，文秀暐曄．其州牧郡守，冠蓋相繼，於西州為盛，蓋濟濟焉．

莽時，公孫述據蜀，跨有漢中．當秦隴之徑，每罹於其害．安帝永初二年，陰平武都羌反，入漢中，殺太守董炳，沒略吏民．四年，羌復來．太守鄭廑出屯褒中，欲與羌戰．主簿段崇陳(禪)[諫]，以為："但可堅守．來虜乘勝，其鋒不可當．"廑不從．戰，敗績．崇與門下史王宗原展及崇子勃兄子伯生，力戰捍廑，幷命．功曹程信素居守，馳來赴難，冒寇殯殮廑．虜遂大盛．天子乃拜巴郡陳禪為漢中太守．虜素憚禪，更來盤結．禪知攻守未可卒下，而年荒民困，乃矯詔赦之．大小咸服．既誅其亂首，天子善之，徙禪左馮翊太守．程信怨恥，乃結故吏冠蓋子弟嚴犖李容姜濟陳已曹廉勾矩劉旌等二十五人，誓志報羌；各募壯士，豫結同死以待寇．太守鄧成，命信為五官[掾]，犖等門下官屬．元(和)[初]二年，羌復來．巴郡板楯救之．信等將其士卒，力奮討．大破之．信被八創，二十五人戰死．自是後，羌不敢南向．五年，天子下詔，褒歎信崇等，賜其家穀各千斛，宗展犖等家穀各五百斛．列畫東觀．每新太守到，必先存問其家．以羌畏服陳禪，拜禪子澄漢中太守．

漢末，沛國張陵學道於蜀鶴鳴山，造作道書，自稱"太清玄元"，以惑百姓．陵死，子衡傳其業．衡死，子魯傳其業．魯字公祺，以鬼道見信於益州牧劉焉．魯母有少容，往來焉家．初平中，以魯為督義司馬，住漢中，斷谷道．魯既至，行

寬惠, 以鬼道教. 立義舍, 置義米義肉其中; 行老[70]取之, 量腹而已, 不得過,
過多, 云鬼病之. 其市肆賈平亦然. 犯法者, 三原而後行刑. 學道未信者, 謂之
鬼卒. 後乃為祭酒. 巴漢夷民多便之. 其供, 通限出五斗米. 故世謂之"米道".
扶風蘇固為漢中太守. 魯遣其黨張脩攻固. 成固人陳調, 素遊俠, 學兵法, 固
以為門下掾, 說固守扞禦寇之術. 固不能用. 踰牆走, 投南鄭趙嵩. 嵩將俱逃.
賊盛. 固遣嵩求隱避處. 嵩未還, 固又令(鈴)[鈐]下偵賊. 賊得鈐下, 遂得煞
固. 嵩痛憤, 杖劍直入. 調亦聚其賓客百餘人攻脩, 戰死. 魯遂有漢中, 數害漢
使. 焉上書言:"米賊斷道."

至劉焉子璋為牧時, 魯益驕恣. 璋怒, 建安五年殺魯母弟. 魯率巴夷杜濩朴
胡袁約等叛, 為讎敵. 魯時使使漢朝, 亦慢憍. 帝室以亂, 不能征, 就拜中郎將
漢寧太守. 不置長吏, 皆以祭酒(為)治民. 璋數遣龐羲李思等討之, 不能克, 而
巴夷日叛, 乃以羲為巴西太守. 又遣楊懷高沛守關頭, 請劉先主討魯. 先主更
襲取璋.

[建安]二十年, 魏武帝西征魯. 魯走巴中. 先主將迎之. 而魯功曹巴西閻圃
說魯北降, 歸魏武:"贊以大事, 宜附託. 不然, 西結劉備以歸之." 魯勃然曰:
"寧為曹公作奴, 不為劉備上客." 遂委質魏武. 武帝拜魯鎮南將軍, 封襄平侯.
又封其五子, 皆列侯. 時先主東下江(安)[州], 巴漢稽服. 魏武以巴夷王杜濩朴
胡袁約為三巴太守, 留征西將軍夏侯淵及張郃益州刺史趙顒等守漢中, 遷其民
於關隴.

二十四年春, 先主進軍攻漢中. 至定軍, 淵郃顒來戰, 大為先主所破, 將軍

---

70 老: '자(者)' 자가 되어야 옳다.

黃忠斬淵顛首. 魏武帝復西征先主. 先主曰: "孟德雖來, 無能為也. 我必有漢川矣." 先主遂為漢中王. 將還成都, 當得重將鎮漢中. 衆皆以必張飛, 張飛心(以)亦自許. 先主乃以牙門義陽魏延為鎮遠將軍漢中太守. 先主大會羣臣, 問延曰: "今委卿以漢中, 卿居之若何?" 對曰: "若曹操擧天下而來, 請為大王拒之. 若偏將十萬而來, 請為大王吞之." 衆壯其言. 初, 魏武之留淵郃也, 以雞肋示外, 外人莫察, 惟主簿楊脩知之, 故曰: "夫雞肋, 棄之如可惜, 食之無所得, 以比漢中也." 是後, 處蜀魏界, 固險重守. 自丞相大司馬大將軍, 皆鎮漢中.

蜀平, 梁州治沔陽. 太康中, 晉武帝(子)[孫]漢王迪受封, 更曰漢國. 郡但六縣.

南鄭縣　郡治. 周貞王十(六)[八]年, 秦厲公城之. 有池水, 從旱山來入沔. 大姓李(程)[鄭]趙公.

沔陽縣　州治. 有鐵官. 又有度水, 水有二源: 一曰清檢, 二曰濁檢. 有魚穴, 清水出鱣, 濁水出鮒, 常以二月八月取. 蜀丞相諸葛亮葬定軍山.

襃中縣　孝昭帝元鳳六年置. 本都尉治也. 山名扶木. 有唐公房祠也.

城固縣　蜀時以沔陽為漢城, 城固為樂城.

蒲池縣

西鄉縣

魏興郡, 本漢中西城縣. 哀平之世, 縣民錫光, 字長沖, 為交州刺史, 徙交阯太守. 王莽篡位, 拒郡不附. 莽方有事海內, 未以為意. 尋值所在兵起, 遂自守. 更始即(祚)[位], 正其本官. 世祖嘉其忠節, 徵拜為大將軍朝侯祭酒, 封鹽水侯. 後漢中數寇亂, 縣土獨存. 漢季世別為郡. 建安二十四年, 劉先主命宜都太守孟達從秭歸北伐房陵上庸. 自漢中, 又遣副軍中郎將劉[封]乘沔水會達上庸. 以申耽弟儀為建信將軍西城太守. 達耽降魏. 黃初二年, 文帝轉儀為魏興太守, 封鄖鄉侯. 蜀平, 遂治西城. 屬縣六, 戶萬. 去洛一千七百里. 土地險隘, 其人半楚, 風俗略與荊州沔中郡同.

西城縣　郡治. 元康元年, 封越騎校尉蜀郡何攀為公國也.

錫縣

安康縣

興晉縣　晉置.

員[鄖]鄉縣　本名長利縣. 縣有(員)[鄖]鄉.

洵陽縣　洵水所出.

上庸郡, 故庸國, 楚與巴秦所共滅者也. 秦時屬蜀. 後屬漢中. 漢末為上庸郡. 建安二十四年, 孟達劉封征上庸. 上庸太守申耽稽服, 遣子弟及宗族詣成都. 先主拜耽征北將軍, 封鄖鄉侯, 仍郡如故. 黃初中, 降魏, 魏文[帝]拜耽懷集將軍, 徙居南陽. 帝省上庸, 并新城. 孟達誅後, 復為郡. 屬縣五, 戶七千. 去洛一千七百里.

上庸縣　郡治.

北巫縣

安樂縣 咸熙元年為公國, 封劉後主也.

武陵縣

安富縣

微陽縣

新城郡, 本漢中房陵縣也. 秦始皇徙呂不韋舍人萬家於房陵, 以其隘地也.

漢時宗族大臣有罪, 亦多徙此縣. 漢末以為房陵郡. 建安二十四年, 孟達征房陵, 殺太守蒯祺, 進平三郡. 與劉封不和, 封奪達鼓吹. 關羽圍樊城, 求助於封達, 封達以新據山郡未可擾動為辭. 羽為吳所破殺. 達既忿封, 又懼先主見責, 遂拜書先主告叛, 降魏. 魏文帝善達姿才容觀, 以為散騎常侍建武將軍, [使]襲劉封. 封敗走, 達據房陵. 文帝合三郡為新城, 以達為太守. (後)蜀丞相諸葛亮將北伐, 招達為外援, 故貽書曰:"嗟乎, 孟子度! 邇者, 劉封侵凌足下, 以傷先帝待士之望, 慨然永嘆! 每存足下平素之志, 豈虛託名載策者哉!"都護李嚴亦與書曰:"吾與孔明並受遺詔, 思得良伴."吳王孫權亦招之. 達遂背魏, 通吳蜀. 表請馬弩於文帝, 撫軍司馬宣王以為不可許, 帝曰:"吾為天下主, 義不先負人. 當使吳蜀知吾心."乃多與之, 過其所求.

明帝太和初, 達叛魏歸蜀. 時宣王屯宛, 知其情, 乃以書喻之曰:"將軍昔棄劉備, 託身國家. 委將軍以疆場之任, 任將軍以圖蜀之事, 可謂心貫白日. 蜀人愚智莫不切齒於將軍. 諸葛亮欲相破, 惟恐無路耳. 模之所言, 非小事也, 亮豈輕之而令宣露, 此逆易知耳."達乃以書與亮曰:"宛去洛八百, 去此千二百里, 聞吾舉事, 當表上天子. 比相反覆, 一月間也; 則吾城已固, 諸軍足辨. 則吾所在深險, 司馬公必不自來. 諸將來, 吾無患矣."及兵到, 達又告亮曰:"吾起事八日, 而兵至城下, 何其神速也!"亮以其數反覆, 亦不救. 遂為宣王所誅滅. 宣王分為三郡. 新城屬縣四, 戶二萬. 去洛一千六百里.

房陵縣 有維山, 維水所出, 東入瀘.

沶鄉縣

昌魏縣

綏陽縣

右三郡, 漢中所分也. 在漢之東, 故蜀漢謂之"東三郡". 蜀時為魏, 屬荊州. 晉元康六年, 始還梁州. 山水艱阻, 有黃金子午馬聰建鼓之阻. 又有作道, 九君搏土作人處. 而其記及,《漢中記》不載. 又不為李雄所據. 璩識其大梗概, 未能詳其小委曲也.

梓潼郡, 本廣漢屬縣也. 建安十八年, 劉先主自葭萌南攻州牧劉璋, 留中郎將南郡霍峻守葭萌城. 張魯遣將楊帛誘峻, 求共城守. 峻曰: "小人頭可得, 城不可得也." 帛退. 劉璋將向存扶禁由巴閬水攻峻, 歲餘不能克. 峻衆纔八百人. 存衆萬計, 更為峻所破敗, 退走. 成都既定, 先主嘉峻功. 二十二年, 分廣漢置梓潼郡, 以峻為太守. 屬縣六, 戶萬, 去洛二千八百三十八里. 東接巴西, 南接廣漢, 西接陰平, 北接漢中. 土地出金銀丹漆藥蜜也. 世有雋彥, 人侔於巴蜀.

梓潼縣　郡治. 有五婦山, 故蜀五丁士所拽蛇崩山處也. 有善板祠, 一曰惡子. 民歲上雷杵十(牧)[枚], 歲盡, 不復見, 云雷取去. 四姓, 文景雍鄧者也.

涪縣　去成都三百五十里, 水通於巴. 於蜀東北之要, 蜀時大將軍鎮之. 有宕田平稻田. 屏水出屏山, 其源有金銀礦, 洗取, 火融合之, 為金銀. 陽泉出石丹, 大司馬蔣琬葬此. 大姓楊杜李, 人士多見《耆舊[傳]》也.

晉壽縣　本葭萌城. 劉氏更曰漢壽. 水通於巴西, 又入漢川. 有金銀礦, 民今歲歲取洗之. 蜀亦大將軍鎮之. 漆藥蜜所出也. 大將軍費禕葬(此)[北]山. 大姓葬此者多.

白水縣　有關尉, 故州牧劉璋將楊懷高沛守也.

廣漢縣

德陽縣　有劍閣道三十里，至險．有閣尉，[領]桑下兵民也．

武都郡，本廣漢西部都尉治也．元鼎六年，別為郡．屬縣九，戶萬，去洛一千八百七十八里．東接[漢中]，[南接]梓潼，西接天水，北接始平．土地險阻．有麻田氐傁，多羌戎之民．其人半秦，多勇戇．出名馬牛羊漆蜜．有瞿堆百頃險勢，氐傁常依之為叛．漢世數征討之．分徙其羌，遠至酒泉敦煌．其攻戰壘戍處所亦多．建安二十(四)[二]年，先主遣將軍雷同吳蘭平之．為魏將曹洪所破殺．魏益州刺史天水楊阜治此郡．阜以濱蜀境，移其氐傁於汧雍及天水略陽．建興七年，丞相諸葛亮遣護軍陳戒伐之，遂平武都陰平二郡．還屬益州．魏將夏侯淵張郃徐晃征伐常由此郡，而蜀丞相亮及魏延姜維等多從此出秦川，遂荒無(晉)[留]民．其氐傁楊濮屬魏，魏遙置其郡．屬蜀．蜀平，屬雍州，太康六年還梁州．八年，氐傁齊萬年反．郡罹其寇，晉民流徙入蜀及梁州．

永嘉初，天水氐傁楊茂搜率種人為寇，保據其郡，貢獻長安．愍帝以胡寇方盛，欲懷來戎翟，拜驃騎將軍左賢王．劉曜破長安，丞相平昌公上隴，據天水．茂搜數饋．平昌公拜茂搜長子難敵征南將軍，少子堅頭龍驤將軍．種衆(彊)[彊]盛，東破梁州，南連李雄，威服羌戎．時平昌公為劉曜所破，陳安作賊．於時，幷氐傁如一國．茂搜死，敵堅代為主．數歲，[劉]曜自攻武都．敵堅南奔雄，至晉壽，遣子為質，又厚賂雄兄晉壽守將稚．曜不獲敵堅，引還武都．恃險驕慢，攻走雄陰平太守羅演．演，稚舅也．稚忿患，白兄含與雄，求征之．雄使含稚[將]數千人攻之．時敵(堅)妻死，葬於陰平．含稚徑至下辨，入武街城．以深入無繼，盡為氐傁所破殺．敵堅死，子磐毅復代為王．咸康四年，敵(堅)從弟初殺磐毅兄弟，代為主，迄今．自茂搜父子之結據也，通晉家，及李雄劉曜石勒石虎張駿，皆稱臣奉貢，受其官號，所向用其官及其年號．

下辨縣　郡治. 一曰武街.

武都縣　(東)漢水所出. 有天池澤.

上祿[縣]

故道縣

河池縣　泉街(縣)水, 入沮, 合漢也.

沮縣　(河池)[沮]水所出東狼谷也.

平樂縣

脩城縣

嘉陵縣

陰平郡, 本廣漢北部都尉. 永平後, 羌虜數反, 遂置為郡. 屬縣四, 戶萬, 去洛二千三百四十四里. 東接漢中, 南接梓潼, 西接隴西, 北接酒泉. 土地山險, 人民剛勇. 多氐傁, 有黑白水羌紫羌胡虜. 風俗所出與武都略同.

漢安帝永初二年, 羌反, 燒郡城. 郡人退住白水. 會漢陽諸羌反, 溢入漢, 殺太守. 漢陽杜琦自稱將軍, 叛亂廣漢郡, 屯葭萌. 漢使御史大夫唐喜討琦, 進討羌. 經年不下, 詔賜死. 更遣中郎將尹就討羌, 亦無功. 諸郡太守皆屯涪. 元初五年, 巴郡板楯軍救漢中, 大破羌, 羌乃退. 郡復治, 置助郡都尉.

劉先主之入漢中也, 爭二郡不得. 建興七年, 諸葛亮始命陳戒平之. 魏亦遙置其郡, 屬雍州. 自景谷有步道, 逕江油左儋行出涪. 鄧艾從之伐蜀. 元康六年, 還屬梁州. 永嘉末, 太守王鑒粗暴, 郡民毛深左騰等逐出之, 相率降李雄. 皆民盡出蜀, 氐羌為楊茂搜所占有.

陰平縣　郡治. 漢曰陰平道也.

甸氐縣　有白水出徼外, 入漢.

武平縣　有關尉. 自景谷有步道, 徑江由左儋出涪, 鄧艾伐蜀道也. 劉主時置義守, 號關尉.

剛氐縣　涪水所出. 有金銀礦.

右梁州.

譔曰: 漢沔彪炳, 靈光上照. 在天鑒為雲漢, 於地畫為梁州. 而皇劉應之, 洪祚悠長. 蕭公之云, 不亦宜乎.

화양국지
(華陽國志)
—
권3
촉지(蜀志)

촉(蜀)이 나라가 된 것은 인황(人皇)[1]에서 시작되었으며 파(巴)와 같은 구역이다. 황제(黃帝)의 시대에 이르러 그의 아들 창의(昌意)를 위해 촉산씨(蜀山氏)의 딸을 아내로 맞아 아들 고양(高陽)을 낳았는데, 그가 제곡(帝嚳)이다. 그의 후손들을 촉나라에 봉하여, 대대로 후백(侯伯)이 되었다. 하(夏)나라·상(商)나라·주(周)나라의 시대를 거쳤다. 무왕(武王)이 주왕(紂王)을 정벌할 때 촉나라가 여기에 참여했다. 촉나라 땅은 동쪽으로 파나라와 접하고, 남쪽으로 월(越)나라와 접하며, 북쪽으로 진(秦)나라와 경계를 나누며, 서쪽으로 아미산(峨眉山)과 파총산(嶓冢山)을 포괄한다. 천부(天府)의 땅이라 일컬어지며, 원래는 '화양(華陽)'이라 했다. 이 땅의 정령(精靈)은 정수(井宿)가 빛을 드리우고,[2] 장강(長江)과 한수(漢水)가 이곳을 흐른다. 《하도괄지상(河圖括地象)》에 이르기를, "민산(岷山) 아래가 정수(井宿)가 되는데,[3] 제왕은 이를 통해 창성하고, 신령은 이를 통해 복을 내린다."라고 했다. 《하서(夏書〈서경(書經)〉〈하서(夏書) 우공(禹貢)〉)》에 이르기를, "민강(岷江)은 민산에서 발원하여 동쪽으로 흘러 따로 떨어져 타강(沱江)이 된다."라고 했다. 샘의 근원이 깊어 사독(四瀆) 가운데 으뜸이며, 나누어 흘러 많은 지류가 되었다. 이곳에서 나는 보물로는 벽옥(璧玉)·금(金)·은(銀)·진주·벽(碧)·구리[銅]·철(鐵)·납[鉛]·주석[錫]·붉은 흙[赭]·백토[堊]·비단[錦繡]·모직물[罽氂]·무소

---

1 인황(人皇): 권1 파지(巴志)의 주10 참조.
2 이 땅의 … 드리우고: 촉나라 땅의 분야(分野)가 정수(井宿)라는 뜻이다.
3 민산(岷山) … 되는데: 민산의 분야가 정수라는 뜻이다.

[犀]·코끼리[象]·삭모[旄]·단사[丹]·자황[黃]·공청(空青)·뽕나무[桑]·옻[漆]·삼베[麻]·모시[紵] 등 풍요로운 물산과 전(滇)·요(獠)·종(賨)·북(僰) 소수 민족들⁴에게는 동(僮)·복(僕)·육백(六百) 등 풍부한 노예가 있다.⁵

　괘로 보면 촉나라는 곤괘(坤卦)에 속하므로 찬란한 무늬가 많다.⁶ 지지(地支)로 보면 촉나라는 미(未)에 속하므로 자미(滋味)를 숭상한다.⁷ 덕은 소호(少昊)에 있으므로 매운맛을 좋아한다.⁸ 별자리는 여귀(輿鬼 귀수(鬼宿))가 촉나라에 대응하므로 촉나라의 군자는 영리하고 민첩하며[精敏], 소인은 간사하고 교활하다[鬼黠]. 촉나라는 진(秦)나라와 분야(分野)가 같기에 사납고 용맹스러움이 많다. 《시경(詩經)》에 문왕(文王)의 교화가 강수(江水)와 한수(漢水) 유역에 미쳤다고 했는데,⁹ 진풍(秦風)과 빈풍(豳風)이 노래가 같

---

4 전(滇)·요(獠)·종(賨)·북(僰) 소수 민족들: 전(滇)은 고대에 운남성(雲南省) 전지(滇池) 일대에 살던 소수 민족이다. 요(獠)는 진한(秦漢) 시대에 귀주(貴州) 고원 지대에 대규모로 유입된 소수 민족이다. 종(賨)은 파나라 땅의 토착 민족이다. 북(僰)은 북도(僰道, 지금의 사천성 의빈宜賓) 일대에 거주했던 소수 민족이다.

5 동(僮)·복(僕)·육백(六百) 등 풍부한 노예가 있다: 임내강(任乃强)에 의하면 동(僮)·복(僕)·육백(六百) 등은 노예 시장에 거래되는 노예들의 등급을 뜻한다. 전(滇)·요(獠)·종(賨)·북(僰) 등 소수 민족들이 노예로 거래되었다.

6 촉나라는 … 무늬가 많다: 서남쪽은 곤괘의 자리이다. 촉나라가 서남쪽에 위치하여 곤괘에 속한다. 《주역(周易)》〈설괘(說卦)〉에 "곤은 땅이 되고, 어머니가 되고, 널리 펴고, 가마솥이 되고, 인색함이 되고, 고른 것이 되고, 새끼 딸린 소가 되고, 큰 수레가 되고, 무늬가 되고, 무리가 되고, 그릇의 손잡이가 된다.[坤爲地, 爲母, 爲布, 爲釜, 爲吝嗇, 爲均, 爲子母牛, 爲大輿, 爲文, 爲衆, 爲柄.]"라고 했다.

7 촉나라는 … 자미(滋味)를 숭상한다: 《사기(史記)》〈율서(律書)〉에 "미(未)는 만물이 모두 성장하여 자미(滋味)가 있음을 말하는 것이다.[未者, 言萬物皆成, 有滋味也.]"라고 했기에 자미를 숭상한다는 것이다.

8 덕은 … 매운맛을 좋아한다: 《예기(禮記)》〈월령(月令)〉에 "계추의 달에 … 그 날은 경신(庚辛)에 해당하고, 그 제(帝)는 소호(少昊)이며 … 그 맛은 맵다.[季秋之月 … 其日庚辛, 其帝少昊 … 其味辛.]"라고 했다.

9 《시경(詩經)》에 … 미쳤다고 했는데: 《시경(詩經)》〈주남(周南) 한광(漢廣)〉 '모시서(毛詩序)'

지만 하(夏)나라의 소리가 있다.[10] 이곳의 산림과 택어(澤漁), 동산의 과일, 사계절이 교체하고 익는 것 등 갖추어지지 않은 것이 없다.

주(周)나라 때 촉나라는 진(秦)나라와 파(巴)나라와만 교류했기에 비록 왕직(王職)을 받들었지만[11] 춘추 제후들과 맹회(盟會)할 수 없었고, 군장(君長)은 문서와 수레 좌우 바퀴 간의 거리를 같이하지 않았다.[12] 주나라의 기강[13]이 무너졌을 때 촉나라가 먼저 왕을 칭했다. 촉후(蜀侯)인 잠총(蠶叢)[14]은 눈이 세로로 세워져 있는데, 처음으로 왕을 칭했다. 그가 죽은 뒤

에 〈한광〉은 덕이 널리 미침을 노래한 것이다. 문왕의 도가 남쪽 나라에 미치어 아름다운 교화가 강수(江水)와 한수(漢水)에 행하여졌다.[漢廣, 德廣所及也. 文王之道被于南國, 美化行乎江漢之域.]"라고 했다.

10 진풍(秦風)과 … 소리가 있다:《시경》에 나오는 진풍과 빈풍은 모두 진(秦)나라 땅의 노래이다.《춘추좌씨전(春秋左氏傳)》양공(襄公) 29년에 오(吳)나라 공자(公子) 계찰(季札)이 노(魯)나라를 내빙(來聘)하여 음악을 구경했다. "〈빈풍(豳風)〉을 노래해 주었더니 말했다. '아름답군요, 넓고 큽니다! 즐거우면서도 넘치지 않으니 주공(周公)이 동정을 했을 때일 것입니다!' 〈진풍(秦風)〉을 노래해 주었더니 말했다. '이를 하나라의 소리라고 합니다.'[爲之歌豳, 曰: '美哉, 蕩乎! 樂而不淫, 其周公之東乎.' 爲之歌秦, 曰: '此之謂夏聲.']"라고 했다. '하나라의 소리'는 화하족(華夏族)의 음악을 가리킨다. 촉나라 땅 또한 진나라 땅과 마찬가지로 문왕(文王)의 교화를 받았기에 화하의 풍속에 익숙하다는 것이다.

11 왕직(王職)을 받들었지만: 주나라 무왕(武王)이 목야(牧野)에서 여러 제후들과 연합하여 은나라 주왕(紂王)을 무찌른 일을 가리킨다.

12 문서와 … 같이하지 않았다: 촉나라의 문자와 제도가 중국 내지와 같지 않았음을 가리킨다.《중용(中庸)》제28장에 "지금 천하는 수레는 좌우 바퀴 간의 거리를 같이하고, 문서는 글씨체를 같이하고, 행위는 윤리 기준을 같이하고 있다.[今天下, 車同軌, 書同文, 行同倫.]"라고 했다.

13 주나라의 기강. 여기서 기강은 문물제도를 가리킨다.《춘추좌씨전(春秋左氏傳)》애공(哀公) 6년에 "이제 그 행실을 잃어, 그 기강을 어지럽혀 이에 멸망했도다.[今失其行, 亂其紀綱, 乃滅而亡.]"라고 했다.

14 잠총(蠶叢): 촉나라 왕들의 선조로 백성들에게 양잠하는 방법을 가르쳤다고 전해진다.《패문운부(珮文韻府)》권1에 양웅(揚雄)의《촉왕본기(蜀王本記)》를 인용하여 "촉왕의 선조는 이름이 잠총이다.[蜀王之先名蠶叢.]"라고 했다.

에 석관과 석곽을 만들었는데 도성에 사는 사람들[國人]이 이를 따랐기에 민간에서는 석관과 석곽을 눈을 세로로 세운 사람의 무덤이라 여겼다. 그다음 왕은 '백관(柏灌)'이라 하며, 또 다음 왕은 '어부(魚鳧)'라고 한다. 어부왕은 전산(湔山)에서 사냥을 하다가 홀연히 신선이 되는 방법을 알게 되어 〈신선이 되어 하늘로 올라갔는데〉 촉나라 사람들이 그를 그리워하여 사당을 세웠다.

후에 두우(杜宇)라는 왕이 있었는데, 백성들을 농사에 힘쓰도록 가르쳤으며, 그를 두주(杜主)라고도 불렀다. 당시에 주제현(朱提縣)에 양씨(梁氏) 집안의 딸인 리(利)가 강원(江源)을 노닐었는데 두우가 그녀를 좋아하여 받아들여 아내로 삼았다. 비읍(郫邑)으로 천도했고, 또 구상(瞿上)에 도읍했다. 파(巴)나라가 왕을 칭할 때 두우는 제(帝)를 칭하여 망제(望帝)라 했고 이름을 '포비(蒲卑)'로 고쳤다. 스스로 공덕이 여러 왕들보다 높다고 여겼다. 그리하여 포사(褒斜)를 앞문, 웅이(熊耳)와 영관(靈關)을 뒷문, 옥루산(玉壘山)과 아미산(蛾眉山)을 성곽, 민강(岷江)과 잠수(潛水), 면수(綿水), 낙수(洛水)를 지택(池澤), 문산(汶山)을 축목(畜牧)할 장소, 남중(南中)을 나라 동산으로 삼았다. 때마침 수재(水災)를 만났는데, 촉(蜀)나라 재상 개명(開明)이 옥루산(玉壘山)을 뚫어 수해를 없앴다. 촉제(蜀帝) 두우가 이에 그에게 정사를 맡겼는데, 요순(堯舜)이 선양한 뜻을 본받아 개명에게 제위를 선양했다. 촉제는 서산(西山)에 올라가 그곳에서 은거했다. 때마침 2월이었는데 자견조(子鵑鳥)가 울었기에 촉나라 사람들은 자견조의 울음소리를 듣고 슬퍼했다. 파나라 역시 촉나라에 교화되어 농사에 힘썼다. 지금까지 파나라와 촉나라의 백성들은 농번기 때마다 먼저 두주군(杜主君)에게 제를 올렸다.

개명은 즉위하여 총제(叢帝)라 했다. 총제는 노제(盧帝)를 낳았다. 노제는 진(秦)나라를 공격하여 옹현(雍縣)에 이르러 보자제(保子帝)를 낳았다. 보자제가 청의현(靑衣縣)을 공격하여 요인(獠人)과 북인(僰人)에게 웅(雄)을 칭했다.[15] 개명씨(開明氏) 9대손에 개명제(開明帝)가 있었는데, 처음으로 종묘를 세웠으며, 술을 '예(醴)'라 했고 음악을 '형(荊)'이라 했다. 사람들은 붉은색[赤]을 숭상했다. 제(帝)를 '왕(王)'이라 칭했다. 당시 촉나라에는 5명의 역사(力士)가 있었는데, 산을 옮기고 1만 균(鈞)을 들 수 있었다. 왕이 서거할 때마다 큰 돌을 세웠는데, 길이는 3장(丈)이고 무게는 1천 균으로, 무덤의 지석(誌石)으로 삼았는데, 지금의 석순(石笋)이 바로 이것으로 '순리(笋里)'라 부른다. 시호(諡號)의 배열이 아직 있지 않아서 오색으로 신주(神主)를 삼았다. 그리하여 촉나라 왕들의 묘당은 '청제묘(靑帝廟)'·'적제묘(赤帝廟)'·'흑제묘(黑帝廟)'·'황제묘(黃帝廟)'·'백제묘(白帝廟)'라 칭했다. 개명왕은 꿈에 성곽이 옮겨지는 것을 보고 성도(成都)로 도읍을 옮겼다.

주 현왕(周顯王, 재위 기원전 368~기원전 321)의 시대에 촉왕(蜀王)은 포중(褒中)과 한중(漢中)의 땅을 소유했다. 촉왕이 계곡에서 사냥을 하다가 진혜왕(秦惠王, 재위 기원전 337~기원전 311)과 마주쳤다. 진 혜왕은 촉왕에게 황금 한 상자를 주었다. 촉왕은 진귀한 노리개를 예물로 보답했는데, 예물이 흙으로 변했다. 진 혜왕이 노했다. 여러 신하들이 축하하여 이르기를, "하늘이 우리에게 주는 것입니다. 왕은 장차 촉나라 땅을 얻으실 겁니다."라고 했다. 진 혜왕이 기뻐하여 5마리의 석우(石牛)를 만들었는데, 아침에 석우의 엉덩이에서 황금이 배설되니 "소가 황금을 똥으로 쌌다.[牛便金]"라고 했다. 석우를 기르는 병사들이 100명이나 되었다. 촉나라

---

15 웅(雄)을 칭했다: 원문 '웅장(雄張)'은 '칭웅(稱雄)'을 뜻한다. '웅을 칭했다'는 것은 무력이나 특정한 세력에 의지하여 한 지역을 다스림을 의미한다.

사람들이 이 이야기를 듣고 기뻐하여 사신을 보내 석우를 요청하니 진혜왕이 이를 허락했다. 그리하여 촉왕은 5명의 장정을 보내 석우를 맞이하게 했다. 석우가 황금을 똥으로 싸지 않자 노하여 석우를 돌려보내고 진나라 사람들을 조롱하여 말하기를, "동방의 목동들"이라 했다. 진나라 사람들이 웃으며 말하기를, "우리가 비록 소를 치고 있지만 언젠가는 촉나라를 차지할 것이다."라고 했다.

무도현(武都縣)에 한 사내가 변하여 여자가 되었는데, 아름답고 고우니 아마도 산의 정령일 것이다. 촉왕이 받아들여 아내로 삼았다. 물과 풍토가 익숙하지 않아 떠나려 하자 왕이 기어코 그녀를 만류하려고 하여 〈동평(東平)〉의 노래를 지어 그녀를 즐겁게 했다. 얼마 지나지 않아 그녀가 죽었다. 촉왕이 이를 슬퍼하여 5명의 장정을 무도로 보내 흙을 짊어지고 오게 하여 아내를 위해 무덤을 만들게 했는데, 무덤이 차지한 땅이 여러 묘(畝)가 되며 높이는 7장(丈)이고 위에는 석경(石鏡)이 있었다. 지금의 성도(成都) 북쪽 모퉁이에 있는 무담산(武擔山)이 바로 이곳이다. 후에 왕이 그녀를 애도하여 〈유사가(臾邪歌)〉와 〈농귀지곡(隴歸之曲)〉을 지었다. 그는 직접 무덤을 만든 사람들을 매장하고 네모난 돌을 세워 그 무덤의 지석으로 삼았다. 성도현 안에는 네모나게 잘린 돌이 있는데, 둘레가 6척(尺)이고 길이가 3장 남짓하다. 성에서 북쪽으로 60리 떨어진 곳에 있는 비교(毗橋)라는 다리에도 잘린 돌 하나가 있는데, 이 돌 또한 이와 같다. 장로(長老)가 전하는 말에 의하면, 이것은 5명의 장사가 흙을 짊어졌을 때 쓰던 짐인데, 공손술(公孫述) 때 무담산의 돌이 잘라졌다고 한다. 그래서 치중 종사(治中從事)였던 임문공(任文公)이 탄식하며 말하기를, "아! 서방의 지사(智士)가 죽었다. 나는 그에 응하려 한다."라고 했는데, 그해에 죽었다.

주 현왕(周顯王) 22년(기원전 347)에 촉후(蜀侯)가 사신을 보내 진(秦)나라에 알현했다. 진 혜왕(秦惠王)이 수차례 미녀를 선사하여 촉왕이 이를 감사하게 여겼기에 진나라에 알현한 것이다. 진 혜왕은 촉왕이 호색함을 알고 촉나라에 5명의 여자를 시집보내는 것을 허락했는데, 촉나라는 5명의 장정을 보내어 이들을 맞이했다. 재동현(梓潼縣)에 돌아왔을 때 큰 뱀 한 마리가 구멍 안으로 들어가는 것을 보았다. 한 사람이 뱀의 꼬리를 잡고 당겼는데 꿈적도 하지 않았다. 5명이 힘을 보태 큰소리로 외치며 뱀을 끌어당겼다. 산이 무너져 5명의 장정과 진나라의 5명 여자들이 압사했는데 이때 수행하던 이들도 함께 짓눌러 파묻혔다. 그리고 산은 나누어져 5개의 봉우리가 되었는데, 산꼭대기에는 평편한 돌이 있었다. 촉왕이 몹시 슬퍼 그곳에 올라 이름을 '오부총산(五婦塚山)'이라 했다. 평편한 돌 위에는 5명의 여자들을 바라보는 돈대를 만들고, 사처대(思妻臺)를 지었다. 지금 이 산을 '오정총(五丁塚)'이라고도 한다.

촉왕은 따로 아우 가맹(葭萌)을 한중(漢中)에 봉하고 '저후(苴侯)'라 불렀다. 그의 봉읍(封邑)을 '가맹'이라 했다. 저후는 파(巴)나라 왕과 사이가 좋았다. 파나라는 촉(蜀)나라와 원수지간이어서 촉왕이 노하여 저후를 공격했다. 저후는 파나라로 달아나 진(秦)나라에 구원을 청했다. 진 혜왕(秦惠王)은 마침 초(楚)나라를 도모하려던 터여서 여러 신하들과 의논하여 이르기를, "무릇 촉나라는 서쪽의 궁벽한 나라로 융적(戎狄)과 이웃하고 있으니 초나라를 공격하는 것만 못하다."라고 했다. 사마착(司馬錯 진나라 명장)과 중위(中尉 진나라의 경성(京城)의 치안을 책임지는 관리) 전진황(田眞黃)이 말하기를, "촉나라는 걸주(桀紂)[16]의 혼란함이 있습니다. 이 나라는 풍요로워 그들의 포백(布帛)과 금은(金

---

16 걸주(桀紂): 하(夏)나라 걸왕(桀王)과 상(商)나라 주왕(紂王)을 이른다. 무도(無道)한 폭군으로, 각각 상나라 탕왕(湯王)과 주(周)나라 무왕(武王)에 의해 멸망했다.

銀)을 얻으면 군용으로 쓰기에 족합니다. 촉나라의 강물은 초나라와 통하며, 파나라의 정예군이 있으니 큰 배를 띄워 동쪽으로 초나라로 향한다면 초나라 땅을 얻을 수 있습니다. 촉나라를 얻으면 곧 초나라를 얻게 됩니다. 초나라가 망하면 천하가 통일될 것입니다."라고 하니 진 혜왕이 "좋다!"라고 했다.

주 신왕(周愼王) 5년(기원전 316) 가을 진(秦)나라 대부 장의(張儀), 사마착(司馬錯), 도위묵(都尉墨) 등은 석우도(石牛道)로부터 촉(蜀)나라를 공격했다. 촉왕은 몸소 가맹(葭萌)에서 이들을 막았으나 패했다. 왕은 도망하여 무양(武陽)에 이르러 진나라 군대에 의해 살해되었다. 촉나라의 부(傅)와 상(相)[17] 그리고 태자는 후퇴하여 봉향(逢鄕)에 이르렀는데, 백녹산(白鹿山)에서 죽었다. 개명씨(開明氏)가 드디어 멸망했다. 촉나라에서 12세(世) 동안 왕 노릇을 했다.

주 난왕(周赧王) 원년(기원전 314)에 진 혜왕(秦惠王)은 아들 통국(通國)을 촉후(蜀侯)에 봉하고, 진장(陳壯)을 재상으로 삼았다. 파군(巴郡)을 설치하고, 장약(張若)을 촉군(蜀郡) 태수로 삼았다. 융백(戎伯)[18]이 아직 강대하여 진나라 백성 1만 호를 이주시켜 촉(蜀)나라 땅을 충실하게 했다. 주 난왕 3년(기원전 312)에 파군과 촉군을 분할하여 한중군(漢中郡)을 두었다. 주 난왕 6년(기원전 309)에 진장이 반란하여 촉후 통국을 죽였다. 진나라는 서장(庶長진나라 착위의 하나) 감무(甘茂), 장의, 사마착이 다시 촉나라 땅을 공격하여 진장을 주살했다. 주 난왕 7년(기원전 308)에 아들 운(惲)을 촉후에 봉했다. 사마착이 파군과 촉군의 무리 10만을 이끌고 큰 배 만 척에 쌀 6백만

---

17 부(傅)와 상(相): 태부(太傅), 재상(宰相)과 유사한 제후국의 관직이다.

18 융백(戎伯): 촉나라 서부와 북부에 거주하는 저족(氐族)과 강족(羌族)의 수령을 가리킨다.

곡(斛[10말])을 싣고 강을 따라 초(楚)나라를 공격하여 상어(商於)의 땅을 취하여 검중군(黔中郡)으로 삼았다.

주 난왕 5년(기원전 310) 진 혜왕 27년에 장의는 장약과 함께 성도(成都)에 성을 쌓았는데, 둘레가 12리이고 높이는 7장(丈)이다. 비성(郫城)은 둘레가 7리이며 높이가 6장이다. 임공성(臨邛城)은 둘레가 6리이며 높이가 5장이다. 곳집을 지었는데, 위에는 모두 지붕이 있으며, 멀리 바라볼 수 있는 성루(城樓)와 활터[射蘭][19]를 두었다. 성도 현부(縣府)는 본래 적리가(赤里街)에 있었는데, 장약이 소성(少城)으로 옮겼다. 성내에 현부의 가옥을 짓고 염관(鹽官)·철관(鐵官)·시관(市官)[20]의 정부(正副) 장관을 두었다. 시민들의 거주지[里]와 시장의 문[闤]을 수리했다. 시장에는 가게를 열었는데, 함양(咸陽)과 제도를 같게 했다. 성을 쌓는 데 필요한 흙은 성에서 10리 떨어진 곳에서 가져왔다. 〈흙을 파서 생긴 구덩이에〉 물고기를 길렀는데, 지금의 만세지(萬歲池)가 바로 이곳이다. 이 해는 진 혜왕 27년(기원전 311)이다. 성 북쪽에는 또 용파지(龍埧池)가 있고, 성 동쪽에는 천추지(千秋池)가, 성 서쪽에는 유지(柳池)가 있는데, 겨울에서 여름까지 마르지 않는다. 동산[園囿]이 이곳에 잇닿아 있다. 평양산(平陽山)에도 지택(池澤)이 있는데, 촉왕이 낚시와 사냥을 하는 땅이다.

주 난왕 14년(기원전 301)에 촉후(蜀侯) 운(惲)이 산천에 제를 올리고 제사 음식을 진 소양왕(秦昭襄王)에게 바쳤다. 운의 후모(後母[아버지의 후실(後室)])가 그의

---

19 활터: 원문은 '사란(射蘭)'이다. 활터에 난간[欄]이 있어 '사란'이라 했다. '란(蘭)'은 '란(欄)'과 통용된다.

20 염관(鹽官)·철관(鐵官)·시관(市官): 염관과 철관은 소금과 철에 대한 세금을 거두고, 소금과 철의 생산과 유통 등 관련 업무를 관장했던 기구이다. 시관은 시장의 관리와 상업세의 수납을 책임진다.

총애를 시기하여 독을 타 왕에게 바쳤다. 왕이 맛을 보려고 하자 후모가 말하기를, "음식이 2천 리 떨어진 곳에서 온 것이니 시험해 봐야 합니다."라고 했다. 왕이 근신(近臣^{임금을 가까이 모시는 신하})에게 주니 근신이 즉사했다. 진왕이 크게 노하여 사마착(司馬錯)을 보내 운에게 검을 주고 자결하게 했다. 운이 두려워 부부가 자살했다. 진왕이 운의 신하인 낭중(郎中) 영앵(令嬰) 등 27명을 주살했다. 촉(蜀)나라 사람들이 운을 성곽 밖에 묻었다. 주 난왕 15년(기원전 300)에 〈진왕은〉 그의 아들 관(綰)을 촉후에 봉했다. 주 난왕 17년(기원전 298)에 〈진왕은〉 운이 죄 없이 억울하게 죽었다는 이야기를 듣고 사신으로 하여금 영구(靈柩)를 맞이하게 하여[21] 성곽 안에 묻도록 했다. 처음에는 염한(炎旱^{더운 여름에 드는 가뭄})이 세 달, 후에는 또 장마가 일곱 달 동안 계속되는 바람에 마차가 진흙에 빠져 갈 수가 없었다. 영구를 실은 마차가 성 북문에 이르러 갑자기 땅속으로 빠져들었다. 촉나라 사람들이 이로 인해 북문을 '함양문(咸陽門)'이라 했다. 촉나라 사람들은 촉후 운을 위해 사당을 세웠다. 그의 신령이 영기(靈氣)가 있어 구름을 일으키고 비를 오게 할 수 있어 장마와 가뭄이 들면 사람들은 그에게 기도했다. 주 난왕 30년(기원전 285)에 〈진왕이〉 촉후 관(綰)이 반란할 것으로 의심하고 그를 주살했다. 촉나라 땅에는 다만 촉군 태수(蜀郡太守)만 두었다. 장약(張若)이 이로 인해 작인(筰人)과 강남의 땅[22]을 취했다.

---

21 영구(靈柩)를 맞이하게 하여: 원문 '영상(迎喪)'은 타향에서 객사한 사람의 영구 또는 유골이 고향으로 돌아오는 것을 맞이하는 것을 말한다.

22 작인(筰人)과 강남의 땅: 작인의 땅은 지금의 사천성 양산(凉山) 지구와 한원현(漢源縣) 일대이다. 원문 '강(江)'은 고대에 민강(岷江)과 장강(長江)을 가리켰는데, 작인은 '강남(江南)'의 땅을 점유하지 않았다. 《사기(史記)》 〈진본기(秦本紀)〉에 "〈진 소양왕(秦昭襄王)〉 30년(기원전 277)에 촉군 태수 장약(張若)이 초(楚)나라를 공격하여 무군(巫郡)과 강남(江南)을 취하여 검중군(黔中郡)으로 삼았다.[三十年蜀守若伐楚, 取巫郡及江南爲黔中郡]"라고 했는데, 이에

주나라가 멸망한 후 진 효문왕(秦孝文王)은 이빙(李冰)을 촉수(蜀守)로 삼았다. 이빙은 천문과 지리를 알았는데, 문산(汶山)을 '천팽문(天彭門)'이라 칭했다. 전저현(湔氐縣)에 이르러 두 산이 마주 보고 있는 모습이 궐(闕)과 같다고 하여 '천팽궐(天彭闕)'이라 불렀다. 마치 신을 본 듯하여 강에 사당 세 곳을 세웠다. 제사에는 세 가지 희생[三牲소ᆢ돼지ᆢ]을 썼으며, 규벽(珪璧)을 파도가 용솟는 곳에 가라앉혔다.[23] 한(漢)나라가 흥하고 수차례 사신을 파견하여 제사 지내게 했다.[24]

　이빙은 강을 막아 보를 만들었다. 비강(郫江)과 검강(撿江)이 〈성도를〉 관통하게 했으며[25] 그 지류를 나누어 촉군(蜀郡) 아래로 지나게 하니 배들이 다닐 수 있게 되었다. 민산(岷山)에는 가래나무와 측백나무 그리고 큰 대나무가 많은데, 쓰러뜨려 강물에 떠서 흐르게 하니 앉아서 목재를 얻게 되어 공을 덜 들이고 쓰임은 넉넉하다. 또한 3개 군[26]을 관개(灌漑)하여 많은 논을 일구었다. 그리하여 촉군의 비옥한 들판이 천 리에 펼쳐지니

의거하여 여기서 말하는 '강남'은 초나라 강남인 것으로 보인다.

23　규벽(珪璧)을 … 가라앉혔다: 규벽은 고대에 조빙과 제사에 쓰던 옥이다. 제사를 지낼 때 규벽을 강물에 가라앉힌다. 《사기(史記)》〈봉선서(封禪書)〉의 《색은(索隱)》에서 《한구의(漢舊儀)》를 인용하여 "사독(四瀆)에 제를 올릴 때 세 가지 희생을 쓰고, 규를 물에 가라앉힌다.[祭四瀆用三正牲, 沉圭.]"라고 했다.

24　한(漢)나라가 … 제사 지내게 했다: 진(秦)나라 때 촉 땅에서 강신(江神)에 제를 올렸는데, 한나라 초에 이를 인습했다.

25　비강(郫江)과 … 관통하게 했으며: 《사기(史記)》〈하거서(河渠書)〉에 "촉 군수 이빙이 이대(離碓)를 개착(開鑿)하여 밀수(沫水)의 수해에서 벗어나게 했으며, 두 강을 성도(成都)에 뚫었다. 이렇게 뚫은 개천에는 모두 배들이 통행할 수 있었고, 여유가 있으면 관개(灌漑)로 쓰였기 때문에 백성들은 그 이익을 향유했다.[蜀守冰鑿離碓, 辟沫水之害, 穿二江成都之中. 此渠皆可行舟, 有餘則用漑浸, 百姓饗其利.]"라고 했는데, 여기서 말하는 '두 강'은 바로 비강(郫江)과 검강(撿江)이다.

26　3개 군: 촉군(蜀郡), 광한군(廣漢郡), 건위군(犍爲郡)을 가리킨다.

'육해(陸海)'[27]라 불렀다. 가뭄이 들면 물을 끌어들여 땅을 적시고, 비가 오면 수문을 닫았다. 그러므로 기록하여 이르기를, "수해와 가뭄이 사람에 말미암으니 기근을 알지 못한다."라고 했다. 당시는 흉년이 없었기에 천하가 이를 일러 '천부(天府)'라 했다. 〈이빙은〉 외강(外江)에 돌로 다섯 마리 무소[石犀]를 만들어 강의 정령을 진압(鎭壓)했다. 석서거(石犀渠)는 남강(南江)을 관통하기에 이 지역을 '서우리(犀牛里)'라 불렀다. 후에 두 마리 무소를 옮겼다. 한 마리는 부시(府市)의 시교문(市橋門)에 있는데, 지금의 이른바 '석우문(石牛門)'이 바로 이것이다. 나머지 한 마리는 못[28] 안에 있다.[29] 전언(湔堰)에서 양강(羊江)과 마강(摩江)으로 나뉘어 민강(岷江) 서쪽[江西]을 관개한다. 옥녀방(玉女房) 아래 백사우(白沙郵)에 3개의 석인(石人)을 만들어 수중에 세웠다. 강신(江神)과 약조하기를, 물이 마를 땐 발에 차지 않으며 물이 불어날 땐 어깨를 잠기지 않기로 했다. 당시 청의현(靑衣縣)에는 말수(沫水)가 있었는데, 몽산(蒙山) 아래에서 발원하여 땅속으로 잠복하여 흘러 남안현(南安縣)에서 합수한다. 강물이 혼애(溷崖)[30]의 산허리에 부

---

27 '육해(陸海)':《한서(漢書)》〈동방삭전(東方朔傳)〉에 관중(關中)을 일컬어 "이곳은 이른바 천부(天府) 육해(陸海)의 땅이다.[此所謂天府陸海之地.]"라고 했는데, 안사고(顏師古)는 "높고 평탄한 것을 '육(陸)'이라 하는데, 관중(關中)은 땅이 높아 그렇게 칭했을 따름이다. 바다는 만물이 나오는 곳으로, 관중의 산천 물산이 풍부하여 이곳을 일러 '육해'라고 한 것이다.[高平曰陸, 關中地高, 故稱耳. 海者, 萬物所出, 言關中山川物産饒富, 是以謂之陸海也.]"라고 주를 달았다.

28 못: 시교(市橋) 아래의 비강(郫江)을 가리킨다.

29 〈이빙은〉 … 안에 있다:《북당서초(北堂書鈔)》권39와《예문유취(藝文類聚)》권95에서 인용한《촉왕본기(蜀王本紀)》에 "강물이 해가 되어 촉 군수 이빙이 돌로 무소 5마리를 만들었는데, 2마리는 부(府)에 있고, 한 마리는 시교(市橋) 아래에, 두 마리는 물속에 두어 강의 정령을 진압했다. 그래서 '석서리'라고 한다.[江水爲害, 蜀守李氷作石犀五枚. 二枚在府中, 一枚在市橋下, 二枚在水中, 以壓水精, 因曰石犀里.]"라고 했다.

30 혼애(溷崖): 지금의 사천성 낙산(樂山) 대불암(大佛岩)을 가리킨다.

딮혀 물줄기가 급하게 흘러 선박을 깨부수니 역대로 이것이 우환이 되었다. 이빙이 병사들을 보내 혼애를 뚫어 물길을 소통시켰다. 혹자가 이르기를, 이빙이 벼랑을 뚫을 때 수신(水神)이 노했는데, 이빙이 칼을 잡고 물속으로 들어가 수신과 싸웠다.[31] 지금까지 복을 입고 있다고 한다. 북도현(僰道縣)에는 옛 촉왕이 설치한 금지(禁地)[32]가 있다. 신이 큰 여울의 강물 속에 있다. 북도현에 있는 벼랑은 가팔라서 뚫을 수 없어서 〈이빙은〉섶을 쌓아 벼랑을 불살랐다. 그러므로 그곳에 있는 낭떠러지[懸崖]에는 붉은색과 흰색 등 오색이 있다. 이빙은 또 대 새끼로 임시 다리[笮道]를 만들어 문정강(汶井江)을 소통시켜 임공(臨邛)을 지났다. 문정강은 몽계(蒙谿)에서 갈라진 강[分水]인 백목강(白木江)과 합하여[33] 무양(武陽) 천사산(天社山) 아래에 이르러 민강(岷江)과 합한다. 〈이빙은〉 또한 낙통산(洛通山)의 낙수(洛水)를 이끌어, 〈한 지류가〉 폭구(瀑口)에서 나와 십방(什邡), 낙현(雒縣)을 거쳐 신도(新都)의 대도정(大渡亭)에서 합한다. 또 면수(綿水)가 있는데, 자암산(紫巖山)에서 발원하여 면죽(綿竹)을 거쳐 낙수(洛水)로 흘러든다. 동쪽으로 흘러 자중(資中)을 지나 강양현(江陽縣)에서 민강(岷江)으로 흘러든다. 모두 논밭에 관개하여 농작물을 적신다. 그러므로 촉군 사람들은 비현(郫縣)과 번현(繁縣)을 '기름지다[膏腴]'라고 하고, 면현(綿縣)과 낙현(洛縣)을

---

31 이빙이 … 싸웠다: 이빙이 수신과 싸운 이야기는 《수경주(水經注)》에서 인용한 응소(應劭)의 《풍속통(風俗通)》에 나온다.

32 금지(禁地): 원문은 '병란(兵闌)'이나. 《사기색은(史記索隱)》에 "천자의 문에는 병란이 있는데 '사마문'이라고 한다.[天子門有兵闌, 曰司馬門也.]"라고 했다. 왕선겸(王先謙)의 《합교수경주(合校水經注)》에 "병란은 천자의 문에 통행을 통제하는 것이다.[兵闌, 天子之門禁也.]"라고 했다.

33 문정강은 … 합하여: 상거(常璩)는 백목강(白木江)이 몽계(蒙谿)에서 갈라진 강으로 본 것 같다.

'비옥하다[浸沃]'라고 일컫는다. 이빙은 또 수맥을 잘 알아[34] 광도현(廣都縣)의 염정(鹽井)을 뚫었다. 물이 괸 땅에[35] 〈물고기를 길러〉 촉군이 그리하여 양생의 풍요로움이 많게 되었다.

한 고조(漢高祖)는 한중(漢中)에서부터 삼진(三秦)을 나와 초(楚)나라를 공격했다. 소하(蕭何)는 쌀을 실은 1만 척의 배를 촉한(蜀漢)에 보내어 군량을 공급하고, 정예군을 뽑아 다치고 병들어 모자란 인원을 보충했다. 비록 왕이 파촉(巴蜀)의 땅을 차지했지만 남중(南中)은 복종하지 않았다. 한 고조 6년(기원전 201)에 비로소 파촉을 분할하여 광한군(廣漢郡)을 두었다. 고후(高后) 6년(기원전 182)에 북도(僰道)에 성을 쌓고 청의현(青衣縣)을 개설했다.

효문제(孝文帝) 말년에 여강(廬江)의 문옹(文翁)을 촉군(蜀郡)의 군수로 삼았다.[36] 〈문옹은〉 전강(湔江) 어귀를 뚫어 번현(繁縣)의 밭 1,700경(頃)을 관개했다. 이때 세상이 태평하고 나라가 다스려져,[37] 백성들의 재물이 풍성했다. 진(秦)나라를 이은 뒤로 학교[文學][38]가 쇠락하여[39] 민간에서는 문채

---

34 수맥을 잘 알아: 원문은 '식제수맥(識齊水脈)'이다. 《수경주(水經注)》〈강수(江水)〉에서는 이 문장을 '식찰수맥(識察水脈)'이라 했다. '제(齊)'는 '찰(察)'의 오기로 보아, '수맥을 알다'로 번역한다. 임내강(任乃强)은 달리 해석한다. 그는 '제(齊)'가 염수(鹽水)를 뜻하는 것으로 보았다. 진한(秦漢) 시대에 염수를 끓여 소금을 만드는 사람들이 소금물을 '제(齊)'라고 했다. 그래서 임내강은 원문 '제수맥(齊水脈)'을 '소금물이 있는 수맥'으로 해석했다. 그의 해석을 따르자면 이 문장은 '소금물이 있는 수맥을 알다'로 번역할 수 있다.

35 물이 괸 땅에: 이빙은 염정에서 소금물을 퍼서 못을 만들었는데, 그 물을 끓여 소금을 만들었다. 당나라 말에 염정이 고갈된 후 못에 물고기를 길렀다고 한다.

36 효문제(孝文帝) 말년에 … 촉군의 군수로 삼았다: 문옹(文翁)은 여강군(廬江郡) 서현(舒縣) 사람이다. 《한서(漢書)》〈순리열전(循吏列傳) 문옹전(文翁傳)〉에 "경제(景帝) 말에 촉군의 군수가 되었다.[景帝末爲蜀郡守.]"라고 했다.

37 나라가 다스려져: 원문 '도치(道治)'는 도가(道家)의 가르침으로 나라를 다스림을 뜻한다.

38 학교: 원문 '문학(文學)'은 국가가 경영하는 학교를 뜻한다.

(文彩)를 아로새기는 것[40]을 좋아했다. 문옹은 이에 학교를 세우고 관리의 자제들을 선발하여 취학(就學)하게 했다. 준사(雋士) 장숙(張叔) 등 18명의 사람을 보내어 동쪽으로 박사(博士)에게 가서 칠경(七經)[41]을 배우고 돌아와 가르치게 했다.[42] 학도들이 많아져 촉군의 학문이 제노(齊魯)에 비견하게 되었다. 파군(巴郡)과 광한군(廣漢郡) 또한 문학(文學)을 세웠다. 효경제(孝景帝)가 이를 칭찬하여 천하의 군국(郡國)에 모두 문학을 세우게 했다. 문옹이 가르침을 제창하여 촉군이 학교 교육의 시초가 되었다.[43] 효무제(孝武帝)가 장숙을 불러들여 박사로 삼았다. 장숙은 천문(天文)과 재이(災異)에 밝았고, 《춘추장구(春秋章句)》를 지었으며, 벼슬은 시중(侍中)과 양주자사(揚州刺史)에 이르렀다.

원광(元光) 4년(기원전 131)에 촉군서부도위(蜀郡西部都尉)를 두었다. 원정(元鼎) 2년(기원전 115)에 성도(成都)에 성곽과 18개 문을 세워[44] 군현에 성벽과 성루(城樓)가 많아지게 되었다.

---

39 진(秦)나라를 … 쇠락하여: 진나라 때는 개인이 학교를 세우는 것을 금지하고, 백성들에게 관리를 스승으로 삼게 했다. 그래서 학교가 쇠락했다고 한 것이다.

40 문채(文彩)를 아로새기는 것: 내용보다 형식적인 아름다움을 추구하는 것을 가리킨다.

41 칠경(七經): 《시경(詩經)》·《서경(書經)》·《역경(易經)》·《예기(禮記)》·《춘추(春秋)》·《논어(論語)》·《효경(孝經)》을 가리키는데, 실제로는 '칠경(七經)'이란 명칭이 한(漢)나라 때 출현하지는 않았다.

42 준사(雋士) … 가르치게 했다: 《한서(漢書)》〈문옹전(文翁傳)〉에 의하면 문옹은 장숙 등을 경사(京師)로 보내어 박사에게 수업을 받게 했다. 여기서 말하는 동쪽은 경사(京師)인 장안(長安)이다.

43 효경제(孝景帝)가 … 시초가 되었다: 《한서(漢書)》〈분옹전(文翁傳)〉에는 효무제(孝武帝)인 한 무제(漢武帝) 때의 일로 기록되어 있다.

44 성도(成都)에 성곽과 18개 문을 세워: 원문은 '입성도십팔곽(立成都十八郭)'이나 《속한지(續漢志)》 유소(劉昭)의 주(注)와 《후한서(後漢書)》〈장궁전(臧宮傳)〉 이현(李賢) 주에서 인용한 〈촉도부(蜀道賦)〉 주에 "입성도곽십팔문(立成都郭十八文)"으로 되어 있어 이를 따라 번역했다.

건원(建元) 6년(기원전 135)에 광한군(廣漢郡)을 나누어 건위군(犍爲郡)을 두었다. 원봉(元封) 원년(기원전 110)에 건위군을 나누어 장가군(牂柯郡)을 두었다. 원봉 2년(기원전 109)에 장가군을 나누어 익주군(益州郡)을 두었다. 원정 6년(기원전 111)에 광한군 서부의 〈백마(白馬)를 무도군(武都郡)으로 삼고〉, 촉군 남부의 〈공도(邛都)를〉 월수군(越嶲郡)으로 삼고,[45] 북부의 염(冉)과 방(駹) 부락을 문산군(汶山郡)으로 삼고, 〈서부의〉 작도(筰都)[46] 부족의 땅을 심려군(沉黎郡)으로 삼으니 합하여 20여 개 현을 두었다. 천한(天漢) 4년(기원전 97)에 심려군을 폐지하고 2개 부(部)의 도위(都尉)를 두었다. 한 도위의 치소는 모우현(旄牛縣)에 있는데 외부의 강족(羌族)을 주관하고, 다른 하나의 치소는 청의현에 있는데 한인(漢人)을 주관했다.

효선제(孝宣帝) 지절(地節) 3년(기원전 66)에 문산군을 폐지하고 북부도위(北部都尉)를 두었다. 당시에는 또 임공군(臨邛郡)과 포강현(浦江縣)의 염정(鹽井) 20곳을 뚫었으며, 염철관(鹽鐵官)을 증설했다.

촉군(蜀郡)은 한나라가 일어난 때부터 애제(哀帝)와 평제(平帝)에 이르기까지 황덕(皇德)이 흥성하고 목수(牧守)가 인애하고 밝게 살폈다. 덕을 선양하고 가르침을 세웠으며, 풍아(風雅 고상하고 멋이 있음)하고 영위(英偉 영걸스럽고 위대함)한 선비들이 당대에 이름을 드러내어 나온 것은[47] 황제의 은덕에 감격한 결과이

---

45 원정 6년(기원전 111)에 … 월수군(越嶲郡)으로 삼고: 결문(缺文)이 있어 유림(劉琳)의 교주(校注)를 참조하여 번역했다.

46 작도(筰都): 원문은 '공작(邛筰)'이나 유림(劉琳)의 교주에 의거하여 '작도(筰都)'의 오기로 보고 번역했다.

47 풍아(風雅)하고 … 나온 것은: 촉군 성도(成都) 사람인 사마상여(司馬相如, 대략 기원전 179~기원전 118)와 양웅(揚雄, 기원전 53~기원전 18)이 처음에는 조정에 이름이 알려지지 않았다가 이들이 지은 부(賦)를 한 무제와 성제가 감상하고 탄복하게 되면서 이름이 드러나게 된 것을 가리킨다.

다. 이에 황제의 조서(詔書)[璽書]가 사곡(斜谷)의 남쪽을 오고갔고, 옥백(玉帛)이 양주(梁州)와 익주(益州)의 땅에 쌓였다.[48] 촉군의 빼어난 선비들[西秀]이 훌륭하고 많은데, 어떤 사람은 뜻을 얻어 출세하여[49] 재상의 지위에 오르고,[50] 어떤 이는 은거하여 벼슬에 나아가지 않고[51] 깨끗한 품성을 수양한다. 그러므로 사마상여(司馬相如)는 문장으로 경성(京城)을 빛냈으며, 양자운(揚子雲양웅(揚雄))은 성품이 공정하고 지혜가 탁월하며 도량이 너그럽고 사려 깊으며[52] 재능이 높고 준걸하며, 이중원(李仲元)은 맑게 우뚝 섰으며, 임옹유(林翁孺)는 훈계하는 글[訓誥]이 심원하며, 하군공(何君公)은 모략(謀略)에 뛰어나며 보좌함이 뜻에 맞으며, 왕연세(王延世)는 하평(河平, 기원전 28~기원전 25) 연간에 탁월한 공훈을 세웠다. 그다음으로 양장(楊壯)과 하현(何顯) 그리고 양득의(楊得意) 등은 온화하고 공경스럽다. 이들은 대체로

---

48 쌓였다: 원문은 '천(踐)'이나 유림(劉琳)은 《주역(周易)》에 나오는 "언덕과 동산을 아름답게 꾸미니 묶어 놓은 비단이 쌓였구나.[賁于丘園, 束帛戔戔.]"에 의거하여 '쌓다'는 뜻의 '전전(戔戔)'이 되어야 옳다고 보았다. 《화양국지》권10 상에도 같은 원문이 '踐'이 아닌 '戔戔'으로 나와 있다.

49 뜻을 얻어 출세하여: 원문은 '용비자달(龍飛紫闥)'이다. '용이 자줏빛 문으로 날아가다'는 뜻이다. 《주역(周易)》〈건(乾)〉에 "나는 용이 하늘에 있다.[飛龍在天.]"라고 했는데, 이후 용이 하늘을 나는 것은 황제가 등극하거나 선비가 뜻을 얻어 출세함을 비유한다. 자달(紫闥)은 궁궐 또는 조정을 뜻한다.

50 재상의 지위에 오르고: 원문 '선기(璿璣)'는 원래 천문을 관측하는 옥으로 장식한 혼천의(渾天儀)이다. 《서경(書經)》〈순전(舜典)〉에 "선기옥형으로 살피서서 칠정을 가지런히 하시다.[在璇璣玉衡, 以齊七政.]"라고 했다. 이후로 선기(璿璣)는 재상이 보정(輔政)함을 비유하는 것으로 쓰인다.

51 은거하여 벼슬에 나아가지 않고: 원문은 '반환이거(盤桓利居)'이다. 《주역(周易)》〈둔(屯)〉에 "배회하니, 곧고 바르게 있어야 이롭다.[盤桓, 利居貞.]"라고 했다. 배회한다는 뜻의 '반환(盤桓)'은 벼슬을 하지 않음을 가리킨다.

52 성품이 공정하고 … 사려 깊으며: 원문은 '제성광연(齊聖廣淵)'으로 《춘추좌씨전(春秋左氏傳)》문공(文公) 18년에 나온다.

화산(華山)과 민산(岷山)의 영표(靈標^{신령함이 밝게}^{드러난 것})이며, 장강(長江)과 한수(漢水)의 정화(精華)이다. 그러므로 익주 자사(益州刺史) 왕양(王襄)이 이를 기뻐하여 왕포(王襃)에게 명하여 〈중화송(中和頌)〉을 짓게 하고, 국자학생(國子學生)들로 하여금 〈녹명(鹿鳴)〉의 곡조에 맞춰 노래 부르게 하여 효선제(孝宣帝)에게 바쳤다. 효선제가 말하기를, "이것은 크고 훌륭한 덕을 베푸는 일이라 짐이 어떻게 감당할 것인가?"라고 하고 〈〈중화송〉을 노래한 가동(歌童)인 하무(何武)를〉 낭관(郞官)으로 임명했다.⁵³ 건무(建武, 25~56) 이후에 이르러 영제(靈帝, 재위 168~189)와 헌제(獻帝, 재위 189~220)까지 문치 교화[文化]가 더욱 순수해지고, 도덕이 더욱 성해져, 조지백(趙志伯^{지백(志伯)은}^{조계(趙戒)의 자})이 3차례나 재상의 자리⁵⁴에 올랐으며, 자유(子柔) 형제⁵⁵는 연이어 재상이 되었다. 사공(司空) 장공(張公^{장호}^(張皓))은 제왕이 천하를 다스리는 준칙[皇極]을 더욱 빛나고 성대하게 했고, 태상(太常) 중경(仲經)은 천하의 영재가 되었으며, 광릉 태수(廣陵太守) 장문기(張文紀^{장강}^(張綱))는 '천하를 가지런히 바로잡는다[天下整理]'라고 일컬어졌고, 무릉 태수(武陵太守) 두백지(杜伯持)는 천하에 의심스럽고 판단하기 어려운 것을 결단할 수 있었다. 왕치자(王稚子^{왕환}^(王渙))는 화하(華夏)에 이름을 떨쳤으며, 상무니(常茂尼^{상흡}^(常洽))는 경윤(京尹)⁵⁶에서 이름을 후세에 남겼다.⁵⁷ 그다음으로 장준(張俊)⁵⁸과 진밀(秦宓)은 언변이 좋고 박학통달

---

53 익주 자사(益州刺史) 왕양(王襄)이 … 임명했다: 《한서(漢書)》〈왕포전(王襃傳)〉에 관련 이야기가 나온다.

54 재상의 자리: 원문은 '태형(台衡)'이다. 태(台)는 삼태성(三台星)이며, 형(衡)은 옥형(玉衡)이다. 모두 자미궁(紫微宮)의 제좌(帝座) 앞에 위치한 별자리이다. 왕을 보좌하는 재상을 비유한다.

55 자유(子柔) 형제: 조계(趙戒)의 손자인 조온(趙溫)과 형인 조겸(趙謙)이다.

56 경윤(京尹): '경조윤(京兆尹)'의 준말이다. 한나라 때 경기(京畿)의 행정 구역이다. 좌풍익(左馮翊)·우부풍(右扶風)과 함께 삼부(三輔)의 하나이다. 섬서성 서안(西安) 동쪽에서 화현(華縣) 사이에 있는 12현이 그 지역이다. 뒤에는 서울을 이르는 말로도 쓰였다.

하고, 동부(董扶)와 양후(楊厚)는 천문에 정통하며, 임정조(任定祖^{임안(任安)})는 제
자들을 가르쳐 공자의 학풍이 있다.⁵⁹ 이 지역에는 부모에 효도하고 형제
간에 우애로운 자들이 있으니, 강시(姜詩)는 만물에 혼령이 있음을 깨달
았고, 금견(禽堅)은 유속(流俗)과 다르며, 외통(隗通)을 위해 바위가 강 한가
운데에서 가로놓였고,⁶⁰ 오순(吳順)은 붉은 새가 둥지로 왔다. 이 지역의
충정(忠貞)한 이로는 왕호(王皓)는 죽어서도 기울지 않았고, 주준(朱遵)은
말을 묶어 놓고 죽기를 각오하고 싸웠으며,⁶¹ 왕루(王累)는 익주(益州)의 성
문에 목을 매달았고,⁶² 장임(張任)은 옛 주인에 대한 절개를 지켰다.⁶³ 이

---

57 이름을 후세에 남겼다: 원문 '유방(流芳)'은 원래 향기가 가득하다는 뜻인데, 이름을 후
세에 남기는 것을 비유하는 말로 쓰였다.

58 장준(張俊): 촉군(蜀郡) 사람이다. 한나라 안제(安帝) 때 상서랑(尙書郞)을 지냈다.

59 공자의 학풍이 있다: 원문은 '수사(洙泗)'이다. 공자가 수수(洙水)와 사수(泗水)에서 제자들
을 모아 강학했다고 한다. 이후로 '수사'는 공자와 유가를 대칭하는 말로 쓰였다.

60 외통(隗通)을 … 가로놓였고: 외통은 효성이 지극했는데, 그의 어머니가 강가의 물은 더
럽다고 마시지 않고 강 한가운데에 있는 물만 마셨다. 그래서 외통이 항상 작은 배를
저어 강 한가운데로 가서 물을 길어 왔는데 물살이 급하여 물 길어 오기가 쉽지 않았
다. 하루는 강 한가운데에서 갑자기 바위가 튀어나와 외통이 바위에 배를 대고 어렵지
않게 물을 길을 수 있게 되었다고 한다.

61 주준(朱遵)은 … 각오하고 싸웠으며: 공손술(公孫述)이 할거하여 칭제(稱帝)했을 때 주준은
건위군(犍爲郡) 공조(功曹)로 군대를 이끌고 육수문(六水門)에서 항전했다. 중과부적하여
수레바퀴를 땅에 묻고 말을 묶어 놓고 죽기를 결심하고 싸웠는데 결국 공손술에 의해
피살되었다. 《태평광기(太平廣記)》 권191에 주준전(朱遵傳)이 있다.

62 왕루(王累)는 … 목을 매달았고: 왕루는 광한(廣漢) 사람이다. 익주 목(益州牧)인 유장(劉璋)
의 부하로 익주 종사(益州從事)를 지냈다. 유장에게 촉나라로 들어오는 유비(劉備)를 맞이
하지 말라고 간하기 위해 성문에 목을 매달았다. 왕루에 관한 이야기는 《삼국연의(三國
演義)》 60회에 실려 있다.

63 장임(張任)은 옛 주인에 대한 절개를 지켰다: 장임은 익주(益州) 촉군(蜀郡) 사람으로 익주
목(益州牧)인 유장의 수하로 익주 종사(益州從事)를 지냈다. 건안(建安) 18년인 213년에 유
비가 유장을 공격하자 장임이 군대를 이끌고 유비와 싸웠는데 전쟁에서 패하여 피살
되었다. 그에 관한 이야기가 《삼국연의》 60~64회에 나온다.

지역의 정숙한 여인들로는 원상(元常), 기상(紀常), 정결(程玦), 오궤(吳几), 선락(先絡), 비현(郫縣)의 이요(二姚), 은씨(殷氏) 이녀(二女) 그리고 조공부인(趙公夫人)이 있다.[64] 이후로 인재들이 모여들어[65] 사대부들[搢紳] 가운데 품행이 훌륭하고 지위가 존귀한 무리들이 어깨를 나란히 하고 들어오니 대대로 그들의 아름다운 행적을 기록했다. 이로 인해 사방에서 찬술하여, 뜻이 있는 자는[66] 그들의 높은 인격을 앙모하지 않는 이가 없어 그들이 남긴 준칙을 본받아 팔방에 이름을 드날려 세인의 사표(師表)가 되었다. 이 지역의 충신과 효자, 열사(烈士)와 정녀(貞女)는 노래하여 전술하기에 너무 많아서 다 헤아릴 수 없다. 비록 노(魯)나라가 '수사지풍(洙泗之風)'을 노래하고, 제(齊)나라가 직하(稷下)의 학자들을 예우했지만 숭상할 만하지 않다. 그러므로 "한나라 때 8명의 선비를 초빙했다면 그들 가운데 4명이 촉군 출신이다.[漢徵八士, 蜀有四焉.]"라 했다.

  그러나 진 혜문왕(秦惠文王, 재위 기원전 337~기원전 311)과 진 시황(秦始皇, 재위 기원전 247~기원전 210)이 육국(六國)을 평정하고부터 내지의 부호와 호걸들이 촉(蜀)나라 땅으로 이주했다. 하늘이 우리에게 풍요로운 땅

---

64 원상(元常) … 조공부인(趙公夫人)이 있다: 기상(紀常)은 '미상(靡常)'이 되어야 옳다. 《화양국지》 권10상 〈촉군사녀(蜀郡士女)〉에 "원상(元常)과 미상(靡常)은 강원(江原) 사람이다.[元常靡常江原人也.]"라고 했다. 정결은 우비(牛鞞) 사람이다. 《화양국지》 〈사녀찬(士女讚)〉에 관련 내용이 실려 있다. 선락은 강양군(江陽郡) 부현(符縣) 사람이다. 관련 내용이 《수경주(水經注)》 권33에 보인다. 비현의 이요는 요비(姚妣)와 요요(姚饒)이다. 《화양국지》 〈선현지(先賢志)〉와 〈목록(目錄)〉에 의하면 은씨 이녀 가운데 한 사람은 광한(廣漢) 사람 기비(紀配)이다.

65 인재들이 모여들어: 원문은 '용이 모여드니 비늘이 있고, 봉황이 모여드니 날개가 있다'는 뜻을 지닌 '龍宗有鱗, 鳳集有翼'이다. 인재가 모여드는 것을 비유하는 말로 쓰였다.

66 이로 인해 … 뜻이 있는 자는: 저본에는 원문이 '是以四方述作有志者'로 되어 있으나 문맥에 맞게 뒤 문장과 연결하여 '是以四方述作 有志者莫不仰其高風'으로 구두점을 찍어 번역했다.

을 주시고, 집집마다 소금과 구리의 이익이 있고, 집집마다 산천의 재료들이 가득하니, 백성들의 살 곳이 넉넉하고 사람이 충족하여 사람들은 부유함으로 서로 숭상한다. 그러므로 공상업자들은 4필의 말이 끄는 마차에 말을 탄 시종들이 줄을 이어 그 뒤를 따르고, 부호들은 왕과 제후들이나 입는 좋은 옷을 입고, 장가가는 사람은 소와 양 그리고 돼지를 잡아 잔치를 베풀고, 시집가는 여자에게는 100량의 수행하는 수레가 따른다.[67] 죽은 이를 장사 지내어 보낼 때는 반드시 높은 봉분에 기와로 만든 관을 쓴다. 제사를 지낼 때는 전날 저녁에 양과 돼지를 희생으로 전시했다. 신랑 집에서 신부 집에 예물과 옷을 함께 보낸다.[68] 예가 지나치게 상가(喪家)에 부의(賻儀)를 보내는 것이 이 지역 사람들이 저지르는 잘못이다. 그 원인을 거슬러 찾아보니 진(秦)나라의 영향을 받았기 때문이었다. 탁왕손(卓王孫)[69] 같은 이는 집안에 부리는 노복이 천 명에 달하고, 정정(程鄭) 또한 노복이 8백 명이다.[70] 극공(郤公)이 사냥할[從禽] 때는 거리에 행인이 없다.[71] 피리를 부르고 북을 두드리고 노래 부르고, 시렁에 매달린 종을 친다. 부유함이 왕후(王侯)와 어깨를 겨루며, 호탕함은 전문(田文)을 능

---

67 말을 탄 시종들이 … 수레가 따른다: 좌사(左思)의 〈촉도부(蜀都賦)〉에 "바깥으로 나갈 때는 말을 탄 시종들이 줄을 잇고 돌아올 때는 100량의 수레가 따른다.[出則連騎, 歸從百兩.]"라고 했다.

68 신랑 집에서 … 함께 보낸다: 신랑 집에서 신부 집에 옷을 보내는 것을 '수(襚)'라고 한다.

69 탁왕손(卓王孫): 서한 때 임공(臨邛)의 대상(大商)이다. 그의 선조가 철을 제련하는 것으로 부를 쌓았다.

70 정정(程鄭) 또한 노복이 8백 명이다: 《사기(史記)》와 《한서(漢書)》에 의하면 정정은 한 사람이다. 원문의 '각(各)'은 '역(亦)'이 되어야 옳다.

71 탁왕손(卓王孫) … 행인이 없다: 좌사(左思)의 〈촉도부(蜀都賦)〉에 "만약 탁왕손의 족속과 극공의 무리들이 교외(郊外)에서 사냥을 하면 거리에는 사람이 없어집니다.[若夫王孫之屬, 郤公之倫, 從禽于外, 巷無居人.]"라고 했다.

가한다.[72] 한나라의 경제에서 촉군이 으뜸을 칭했다. 대체로 땅이 비옥하고 풍요롭고, 사치함이 뜻밖에 이르렀다.

촉군(蜀郡)은 익주(益州)의 치소이다. 속현이 5개이다. 한나라 때는 27만 호였으며, 진(晉)나라 때는 6만 5천 호였다. 낙양에서 3,120리 떨어져 있다. 동쪽으로 광한(廣漢)과 접하고, 북쪽으로는 문산(汶山), 서쪽으로는 한가(漢嘉), 〈남쪽으로는〉 건위(犍爲)와 접해 있다.

주부(州府)는 대성(大城)에 있고, 군부(郡府)는 소성(少城)에 있다. 서남쪽 〈비강(郫江)과 검강(撿江)〉 두 강에는 7개 다리가 있다. 직서문(直西門)의 비강에 있는 다리는 충리교(沖里橋)이다. 서남의 석우문(石牛門)에 있는 것은 시교(市橋)이다. 다리 아래는 석서(石犀)가 가라앉은 곳이다. 대성의 남쪽에 있는 다리는 강교(江橋)이다. 남쪽으로 강을 건너면 만리교(萬里橋)이다. 서쪽으로 올라가면 이리교(夷里橋)이다. 다시 위로 올라가면 착교(笮橋)이다. 충리교에서 서쪽으로 나가 다시 꺾어져 올라가면 장승교(長昇橋)이다. 비강에서 서쪽으로 영평교(永平橋)가 있다. 장로들이 전하는 말에 "이빙(李冰)이 7개 다리를 만들었는데 위로 〈북두(北斗)〉칠성(七星)과 상응한다."고 했다. 그러므로 세조(世祖 한 광무제(漢光武帝))가 오한(吳漢)에게 이르기를, "군대를 칠성교(七星橋) 사이에 배치해야 한다."라고 했다. 〈성도(成都)〉성 북쪽으로 10리 떨어진 곳에 승선교(昇仙橋)가 있는데, 여기에 손님을 배웅하는 누관(樓觀)이 있다. 사마상여(司馬相如)가 처음으로 장안(長安)에 들어갔을 때 이곳의 시문(市門)에 제하기를, "4필의 말이 끄는 붉은 수레[73]를 타지 않으면 이곳을 지나가지 않으리라."라고 했다. 당시에는 강 위에 다리

---

72 호탕함은 전문(田文)을 능가한다: 전문은 전국 시대 제나라의 맹상군(孟嘗君)을 가리킨다. 《사기(史記)》〈맹상군열전(孟嘗君列傳)〉에 "식객이 3천 명이다.[食客三千人.]"라고 했다.

73 붉은 수레: 원문은 '적차(赤車)'이다. 붉은 수레는 현귀(顯貴)한 자들이 타는 수레이다.

를 많이 놓았기에 촉군(蜀郡)이 마을을 세우면 대부분 다리 이름으로 마을 이름을 지었다. 이 지역의 큰 강은 전언(湔堰)에서부터 아래로 흘러 건위(犍為)에 이르기까지 다섯 곳의 나루터가 있다. 첫 번째가 백화진(白華津), 두 번째가 이진(里津), 세 번째가 강수진(江首津), 네 번째가 섭두진(涉頭津)인데, 유장(劉璋) 때 동주(東州) 사람들을 소집하여 이곳에 거주하게 했기에 이름을 '동주두(東州頭)'라 고쳐 불렀다. 다섯째는 강남진(江南津)이다. 건위군(犍為郡)으로 들어오면 한안교(漢安橋), 옥진(玉津), 동저진(東沮津)이 있는데, 나루터 또한 일곱 곳이다.

처음에 문옹(文翁)이 학교를 세웠을 때 강당을 석실로 지었다. '옥실(玉室)'이라고도 하는데 성도성(成都城) 남쪽에 있다. 영초(永初, 107~113) 이후 학당에 화재가 나서 태수 진유(陳留) 고순(高眹)이 다시 짓고 또한 2개 석실을 더 지었다. 익주(益州)가 촉군(蜀郡)의 학교를 빼앗아 주가 경영하는 학교로 삼자 촉군은 다시 이리교(夷里橋) 남쪽 언덕 길 동쪽에 학교를 세웠는데 성가퀴가 있다. 길 서쪽은 옛 금관(錦官^{비단을 관리하는 관청})이다. 금강(錦江)의 강물에 비단을 씻으면 빛깔이 선명해진다. 다른 강은 좋지 않다. 그래서 이 마을 이름을 '금리(錦里)'라고 한다. 서쪽에는 또 차관성(車官城^{수레 제작을 감독하는 관청})이 있다. 성도성의 동서남북에는 모두 군대가 쌓은 보루가 있다. 촉군은 사방으로 큰길이 나 있고, 길에서 20리 떨어진 곳에 네거리가 있다. 오늘날 '18리'라고 말하는 것은 옛날 촉왕의 딸이 미처 시집가기도 전인 나이 20세에 죽었기에 왕이 애도하여 차마 20을 말할 수 없어 '18'이라 말한 것이다. 왕의 딸의 무덤은 성 북쪽에 있는데 지금의 왕녀맥(王女陌)이 바로 이곳이다.

촉군 태수(蜀郡太守) 가운데 공덕이 탁월하고 업적이 후세에 전해진 자를 전한(前漢) 이전에는 들어보지 못했다. 건무(建武, 25~56) 이래 제오륜(第五倫)과 염범 숙도(廉范叔度)[74]가 특히 백성들에게 은혜와 사랑을 베풀었다. 백성들이 그를 노래하며 말하기를, "염숙도는 어이하여 늦게 오셨나요? 오실 때 우리는 홑옷이었는데 가실 때는 두터운 다섯 벌의 바지를 입게 되었네요."라고 했다. 그 후에 한중(漢中)의 조요(趙瑤)가 부풍(扶風) 태수에서 촉군으로 부임하여 왔는데[75] 사공(司空) 장온(張溫)이 그에게 말하기를, "제오백어(第五伯魚 백어는 제오륜의 자)가 촉군 태수에서 사공이 되었습니다. 지금 저의 집을 청소하고 족하를 기다렸습니다."라고 했다. 후에 조요는 광한(廣漢) 태수로 교체되었다. 진유(陳留) 고순(高眹) 또한 문교(文敎)를 전파했다. 태위(太尉) 조공(趙公 조렬(趙廉))이 처음으로 구경(九卿)이 되었는데, 적자(嫡子)인 조녕(趙甯)이 촉군으로 돌아와서 고순이 그를 문학연(文學掾)으로 임명했으며, 《향속기(鄕俗記)》를 찬술했다. 고순 또한 이처럼 선비에게 허리를 굽힐 줄 알았다. 광한(廣漢)의 왕상(王商)과 건위(犍爲)의 양홍(楊洪)이 모두 칭송을 받았다.[76] 진(晉)나라가 서이부(西夷府)를 세웠는데, 촉군 태수 대부분이 서이 교위(西夷校尉)로 임명되었고 때로는 익주 자사(益州刺史)로 임명되었다.

성도현(成都縣). 촉군의 치소이다. 12개 향(鄕)과 5개 부위(部尉)가 있다. 한나라 때 7만 호, 진(晉)나라 때는 3만 7천 호였다. 다스리기 어려운 곳

---

74 제오륜(第五倫)과 염범 숙도(廉范叔度): 제오륜은 경조(京兆) 사람이다. 제오(第五)가 성이고 륜(倫)은 이름이다. 한 명제(漢明帝) 영평(永平) 12년(69)에 촉군 태수에 임명되었다. 《후한서(後漢書)》에 그의 전기가 있다. 염범은 경조 사람으로 숙도는 그의 자이다. 장제(章帝) 건초(建初) 연간에 촉군 태수가 되었다. 《후한서》에 그의 전기가 있다.

75 한중(漢中)의 조요(趙瑤)가 … 부임하여 왔는데: 조요는 남정(南鄭) 사람으로 영제(靈帝) 때 촉군 태수로 부임했다.

76 광한(廣漢)의 … 칭송을 받았다: 왕상은 유장(劉璋) 때 촉군 태수를 지냈다. 양홍은 촉한 때 촉군 태수를 지냈다.

으로 유명하다. 한나라 때 광한(廣漢) 사람 풍호(馮顥)가 성도 현령이 되었다. 태수인 경조(京兆) 사람 유선(劉宣)이 법령을 준수하지 않아 파면되었는데, 풍호가 황상에게 이를 주청한 것이다. 풍호가 학교를 세우니 배우는 무리가 8백 명이었다. 인구를 조사해 보니 1만 8천 호이다. 벼를 심는 논밭을 100경이나 일구었다. 치적(治績)이 매우 뛰어나다. 후에 광한의 유방(劉龐)이 현령이 되었다. 이 지역의 대성(大姓)들은 방종했는데, 여러 조씨(趙氏)들이 조공(趙公)의 권세를 믿고[77] 법에 저촉되는 일을 많이 저질렀다. 복양(濮陽) 태수 조자진(趙子真)은 부자가 모두 횡포했는데, 유방이 그들의 죄를 다스리니 두려움에 떨고 몸을 삼가지 않는 이가 없었다. 비현(郫縣) 사람 양백후(楊伯侯)가 사치가 심하여 대규모로 무덤을 만들었다. 당시 유방이 비현의 현령이었기에 양백후는 호구를 성도로 옮겼다. 유방이 다시 성도 현령이 되어 〈양백후를 징계했기에〉 호족들이 모두 경복(敬服)했다. 촉후사(蜀侯祠)가 있다. 대성(大姓)으로 유씨(柳氏), 두씨(杜氏), 장씨(張氏), 조씨(趙氏), 곽씨(郭氏), 양씨(楊氏)가 있다. 세력 있는 부자로는 앞으로는 정정(程鄭)과 극공(郄公)이 있고 뒤로는 곽자평(郭子平)이 있다. 사치가 심한 사람으로는 양백후 형제가 있다.

비현(郫縣). 성도현 서북쪽으로 60리이다. 으뜸에 있는 대성(大姓)은 하씨(何氏), 나씨(羅氏), 곽씨(郭氏)이다.

번현(繁縣). 성도현 북쪽으로 90리이다. 온천수와 벼를 심는 논밭이 있다. 장씨(張氏) 3족(族)이 세가대족(世家大族)이다.

강원현(江原縣). 성도현 서쪽이다. 큰 강이 가로질러 흐른다. 문정강(文

---

77 여러 조씨들이 … 권세를 믿고: 조계(趙戒)는 사공(司空)이 되었고, 조겸(趙謙)은 태위(太尉), 조온(趙溫)은 사도(司徒)가 되어 조손(祖孫) 3대가 삼공(三公)에 이르렀기에 족인들이 그 권세를 믿고 현에서 방자했다.

井江)이 맞닿아 있다. 촉군(蜀郡)에서 120리 떨어져 있다. 청성산(青城山)이 있다. 산 위에 수신(水神)에 제를 올리는 사당이 있다.[78] 안한향(安漢鄉), 상주읍(上朱邑), 하주읍(下朱邑)에는 좋은 마(麻)와 황윤세포(黃潤細布)[79]가 산출된다. 황윤세포는 말아서 죽통[羌筒]에 넣을 수 있다.[80] 소정향(小亭鄉)에는 좋은 벼를 심는 논밭이 있다. 〈소정향의〉 동방리(東方里)에는 상씨(常氏)가 대성(大姓)이다. 문정강에는 상제(常堤)가 30리 펼쳐졌는데 그 위에 천마사(天馬祠)가 있다.

임공현(臨邛縣). 성도(成都) 서남쪽으로 200리이다. 본래 공인(邛人)이 있었는데, 진 시황이 상군(上郡)의 백성들을 이주시켜 이곳의 인구를 채웠다. 포복수(布濮水)가 있는데, 포복에서 흘러와서 화정강(火井江)과 합류한다. 천연가스가 나오는 우물[火井][81]이 있는데, 밤이 되면 불빛이 위로 밝게 빛난다. 백성들이 그 불을 취하고자 먼저 집에 있는 숯불을 우물 안으로 던지면 잠시 후 우레와 같은 소리와 함께 화염이 뿜어져 나와 수십 리를 밝게 비춘다. 죽통에 그 빛을 담아 감추는데, 끌고 다녀도 종일토

---

78 산 위에 … 사당이 있다: 원문은 '칭강사(稱江祠)'이다. 의미가 분명하지 않다. 탈문(脫文)이 있을 것으로 추측할 따름이다.

79 황윤세포(黃潤細布): 결이 고운 비단이다. 한나라와 진나라 때 촉중(蜀中) 특산이다. '촉포(蜀布)'라고도 칭해지는 일종의 세마포(細麻布)이다. 전국적으로 유명하며 국외로 수출되었다. 사마상여(司馬相如)의 〈범장편(凡將篇)〉에 "결 고운 황윤은 홑옷 만들기 좋아[黃潤纖美 宜制襌]"라고 했다.

80 황윤세포는 … 넣을 수 있다: '강통(羌筒)'은 죽통이다. 민강(岷江) 상류의 강중(羌中)에서 나서 이름을 그렇게 지었다. 양웅(左思)의 〈촉도부(蜀都賦)〉에 "성도의 강물에다 색깔 밝게 씻었네요, 결 고운 황윤 두루마리 즐비한데.[濯色江波 黃潤比筒.]"라고 했다.

81 천연가스가 나오는 우물[火井]: 횃불을 우물 속에 던져 넣으면 우레 같은 소리를 내며 불길이 하늘로 치솟는다고 한다. 좌사(左思)의 〈촉도부(蜀都賦)〉에 "천연가스가 나오는 우물은 깊은 우물에 작은 불씨를 간직하다가, 불길을 솟구쳐 올려 하늘 위까지 날게 합니다.[火井沈熒於幽泉, 高爛飛煽於天垂.]"라고 했다.

록 꺼지지 않는다. 〈천연가스가 나오는〉 우물 옆에는 두 곳의 우물이 있는데, 천연가스가 나오는 우물에서 불을 취하여 물을 끓이면 한 곡(斛)의 물로 다섯 말[斗]의 소금을 얻는다. 집에 있는 숯불로 끓이면 소금이 얼마 나오지 않는다. 고석산(古石山)이 있는데, 돌을 캐내는 광산이 있다. 광석의 크기가 마늘만 하며, 불로 녹여서 '유지철(流支鐵)'[82]을 만드는데, 매우 단단하다. 이로 인해 철관(鐵官)을 두었다. 철조묘사(鐵祖廟祠)가 있다. 한 문제(漢文帝) 때 철과 구리를 시랑(侍郎) 등통(鄧通)에게 하사했다.[83] 등통은 탁왕손(卓王孫)에게 빌려주어 해마다 1천 필의 포백(布帛)을 취했다. 그러므로 탁왕손은 재화가 억만금이나 쌓였다. 등통이 주조한 돈 또한 천하에 두루 퍼졌다. 탁왕손의 딸 탁문군(卓文君)은 금(琴)을 잘 연주했다. 당시 사마장경(司馬長卿)^{사마상여}(司馬相如)이란 자가 있었는데, 임공현(臨邛縣)의 현령인 왕길(王吉)이 그와 함께 탁왕손의 집으로 놀러 갔다. 탁문군이 이로 말미암아 사마장경과 달아났다. 한나라 때 현민 진립(陳立)은 파군(巴郡) 태수, 장가(牂柯) 태수, 천수(天水) 태수를 지냈는데 뛰어난 다스림을 펼쳤다. 진씨(陳氏)와 유씨(劉氏)가 대성(大姓) 가운데 으뜸이다.

광도현(廣都縣). 성도(成都) 서쪽으로 30리이다. 원삭(元朔) 2년(기원전 127)에 설치했다. 염정(鹽井)과 양어장[漁田][84]의 풍요로움이 있다. 대성(大姓) 호족(豪族)인 풍씨(馮氏)는 염정과 양어장[魚池]을 갖고 있다. 현에는 모두 작은 우물 십여 곳이 있다. 강에는 어량(魚梁)[85]이 있다. 산에는 철광이

---

82 '유지철(流支鐵)': 의미가 분명하지 않다.

83 한 문제(漢文帝) 때 … 하사했다: 등통은 촉군 남안(南安) 사람으로 한 문제의 총신(寵臣)이다. 한 문제가 촉군의 엄도동산(嚴道銅山)을 그에게 하사하여 돈을 주조하게 했다.

84 양어장[漁田]: '어전(漁田)'은 뒤에 나오는 '어지(魚池)'와 함께 양어장을 뜻하는 말로 보인다.

85 어량(魚梁): 원문은 '어조량(魚漕梁)'이다. 물고기를 잡는 장치로, 물살을 가로막고 물길을

있다. 강의 서쪽에는 좋은 벼를 심는 논밭[86]이 있는데, 절벽을 뚫어 20리 강물을 통과하게 하여 논밭에 물을 대었다. 한(漢)나라 때 현민 주진(朱辰) 은 자가 원연(元燕)이며 파군(巴郡) 태수가 되었는데, 백성들에게 은택을 베푼 것으로 꽤 이름이 났다. 주진이 재임 중에 죽자 군에 거주하는 양 (獽) 소수 민족은 북쪽으로 장지까지 호송했다. 양단인(獽蜑人)은 칼로 가 슴을 치고 발을 동동 구르며 춤을 추니 행인들이 감동했다. 그리하여 장 지의 초목들이 잠시 후 모두 이를 흉내 내어 흐느적거렸다. 지금까지도 촉나라 사람들은 주진의 덕행을 찬탄하지 않은 이가 없어 그에게 감동했 다. 지금의 주씨(朱氏)는 이 지역에서 으뜸가는 가문이다.

성도(成都)에는 시관(市官)[87]이 있다. 본래 시관장(市官長)이 있었는데 건 무(建武) 18년(42)에 폐지했다.

촉군(蜀郡)은 태강(太康, 280~289) 초에 성도왕국(成都王國)에 속했다. 〈당 시는 촉군 태수를〉 '성도내사(成都內史)'라 고쳐 불렀다.[88] 성도왕이 다시

한 군데로만 터놓은 다음에 거기에 통발이나 살을 놓는다.

86 좋은 벼를 심는 논밭: 원문은 '안도전(安稻田)'이다. 안(安) 자를 호(好) 자의 오자로 보고 번역했다.

87 시관(市官): 시장의 관리와 상업세의 수납을 책임지는 관리이다. 성도에 상업이 발달하 여 진(秦)나라가 촉을 멸한 뒤 시관을 두었는데, 한나라 때도 이를 인습했다.

88 태강(太康, 280~289) 초에 … 고쳐 불렀다:《화양국지》권8〈대동지(大同志)〉에 "태강 8년 (287)에 진 무제(晉武帝)의 아들이자 성도왕인 사마영(司馬穎)이 봉작을 받아 촉군(蜀郡), 광한(廣漢), 건위(犍為), 문산(汶山)의 십만 호를 왕국으로 삼고 촉군 태수를 '성도내사(成都 內史)'라 고쳐 불렀다.[太康八年, 武帝子成都王穎受封, 以蜀郡廣漢犍為汶山十萬戶為王國, 易蜀郡太守號為成 都內史.]"라고 했다. 태강의 기간이 10년이기에 원문의 '초(初)'는 '말(末)' 또는 '중(中)'의 오 기로 보인다. 서한 때 제후왕국에 내사를 두어 치민(治民)을 관장하게 했는데, 군의 태 수와 같다. 성제(成帝) 때 폐지했다. 진(晉)나라 때 이 제도를 인습했다.《진서(晉書)》〈직 관지(職官志)〉에 "여러 왕국이 내사로 태수의 책무를 관장했다.[諸王國以內史掌太守之任.]"라 고 했다.

봉작을 받고서 옛 명칭으로 회복했다.

광한군(廣漢郡)은 고제(高帝) 6년(기원전 201)에 설치했다. 속현이 8개이다. 한(漢)나라 때 17만 호, 진(晉)나라 때 4만 호였다. 낙양에서 3천 리 떨어져 있다. 남쪽으로 성도와 120리 떨어져 있다. 서쪽으로 문산(汶山)과 접해 있고, 북쪽으로 재동(梓潼), 동쪽으로 파군(巴郡)과 접해 있다. 본래 군부(郡府)는 승향(繩鄉)에 있었는데 동한 안제(安帝) 영초(永初, 107~113) 연간에 음평군(陰平郡)과 한중군(漢中郡)의 강족(羌族)이 반란하여 원초(元初) 2년(115)에 부현(涪縣)으로 옮겼다. 후에 낙성(雒城)을 군부로 했다. 왕망(王莽)이 '신도(新都)'라 고쳐 불렀다. 공손술(公孫述)이 이름을 '자동군(子同郡)'이라 했다.

익주(益州)는 촉군(蜀郡), 광한(廣漢), 건위(犍為)를 '삼촉(三蜀)'이라 했다. 땅이 비옥하고 인사(人士)가 준일(俊逸)하여 익주 전체에서 명망이 높았다. 한나라 때 촉군과 광한 태수를 뽑을 때마다 덕행이 고상하고 지혜가 출중한 사람을 중시했다. 그러므로 앞에는 조호(趙護)와 제오백어(第五伯魚)가 있고 뒤로는 채무(蔡茂)와 진총(陳寵)이 있어 조정으로부터 표창(表彰)과 상을 하사받아 다른 군들과는 달랐다. 이 지역 태수들 가운데 공덕이 두드러진 자들로는 유감(劉感), 손보(孫寶), 채무(蔡茂), 진총(陳寵), 백어(伯魚)가 있다. 채무는 광한 태수에서 곧바로 사도(司徒)로 승천했으며, 진총 또한 삼공(三公)에 이르렀다. 대풍(祋諷), 윤목(尹睦), 선우정(鮮于定), 조요(趙瑤) 등은 모두 삼공을 지낸 명망이 있다. 설홍(薛鴻) 같은 무리는 임금을 보좌하는 집정대신(執政大臣)이었고, 허정(許靖) 또한 상공(上公)이 되었다. 그리고 하지(何祗)와 상합(常闔)은 모두 등용되었다. 광한군이 익주의 한가운데 위치하여 익주는 항상 이 군에 주부(州府)를 두었다.

초평(初平, 190~193) 연간에 익주 목(益州牧) 유언(劉焉)이 면죽(綿竹)에서

부터 낙현성(雒縣城)으로 옮겨와, 궐문(闕門)을 짓고, 이 땅이 왕 노릇 하기에 적합하지 않다고 말하고, 손자인 유순(劉循)을 남겨 두어 이곳에서 웅거하게 했다. 건안(建安) 18년(213)에 유 선주(劉先主)가 부현(涪縣)에서부터 낙현(雒縣)을 공격하여 1년이 지났다. 군사(軍師)인 방통(龐統)이 난데없이 날아온 화살에 맞아 죽었다. 유 선주가 비통하여 그에 관한 말만 꺼내도 눈물을 흘렸다. 광한(廣漢) 태수 남양(南陽) 사람 장존(張存)이 말하기를, "방통이 죽은 것은 애석하지만 대아(大雅)의 체통에 어긋납니다."[89]라고 했다. 유 선주가 노하여 말하기를, "방통은 살신성인(殺身成仁)했으니 어진 사람이 아닌가?"라고 하고 장존을 파면했다. 건안 19년(214)에 낙성(雒城)을 함락했다. 양양(襄陽)의 마량(馬良)이 제갈량(諸葛亮)에게 편지를 보내 말하기를, "낙성이 이미 함락되었다고 들었습니다. 존형의 덕업이 나라를 빛내는 일[90]에 맞아 징조가 나타난 것입니다."라고 했다. 당시 익주의 주부(州府)가 성도(成都)에 있었는데, 다시 낙현으로 옮겼다. 촉 땅에서 물산이 풍부한 곳[91]이다.

낙현(雒縣)은 광한군(廣漢郡)의 치소이다. 심향(沈鄉)에 효자 강시(姜詩)의 논밭과 주택이 있다. 대성(大姓)에는 담씨(鐔氏), 이씨(李氏), 곽씨(郭氏), 적

---

89 대아(大雅)의 체통에 어긋납니다: 《시경(詩經)》 〈대아(大雅) 증민(烝民)〉에 "밝고도 슬기롭게 그의 몸 보전하여[旣明且哲, 以保其身.]"라고 했다. 반고(班固)의 〈사마천전찬(司馬遷傳讚)〉에 "무릇 대아만이 밝고도 슬기롭게 그 몸을 보전할 수 있으니 어렵구나![夫惟大雅, 旣明且哲, 能保其身, 難矣哉.]"라고 했다. 장존은 방통이 '명철보신(明哲保身)'하지 못했음을 말한 것이다.

90 나라를 빛내는 일: 원문은 '광국(光國)'이다. 《주역(周易)》 〈관(觀)〉에 "육사는 나라의 성대한 모습을 보는 것이니 임금에게 빈객 노릇하는 것이 유리하다.[六四, 觀國之光, 利用賓于王.]"라고 한 데서 나온 말이다.

91 물산이 풍부한 곳: 원문은 '연부(淵府)'이다. 물이 쌓이는 것을 '연(淵)'이라 하고 물건을 감추는 것을 '부(府)'라고 한다. 광한군의 물산이 풍요로움을 말한 것이다.

씨(翟氏)가 있다.

면죽현(綿竹縣)은 익주 목(益州牧) 유언(劉焉)이 처음으로 주부(州府)를 두었던 곳이다. 면죽현과 낙현은 모두 벼를 수확한다. 한 무(畝)에 30곡(斛)이 수확되는데 50곡에 이르기도 한다. 한나라 때 임정조(任定祖)가 유학을 가르쳐서 '수사(洙泗)'와 같다고 불렸다. 선비들이 많으며 진씨(秦氏)와 두씨(杜氏)가 으뜸가는 가문이다.

십방현(什邡縣)은 산에 좋은 차가 생산된다. 양씨(楊氏)가 대성(大姓)이다. 토지가 비옥하고 염정(鹽井)이 있다.

신도현(新都縣). 촉군(蜀郡)은 성도(成都), 광도(廣都), 신도(新都)를 '삼도(三都)'라 하고 '명성(名城)'이라 칭했다. 금당산(金堂山)이 있다. 타강(沱江)이 파군(巴郡)으로 통한다. 한나라 때 다섯 곳의 곡창이 있었는데 가장 큰 곳이 만안창(萬安倉)이다. 대추가 생산되고 어량(魚梁)이 있다. 이름난 선비들이 많으며, 양후(楊厚)와 동부(董扶)가 있다. 마씨(馬氏), 사씨(史氏), 여씨(汝氏), 정씨(鄭氏) 등 사성(四姓)이 있다.

오성현(五城縣)은 낙현(雒縣)의 동남쪽이다. 강수(江水)가 파군(巴郡)과 통한다. 한(漢)나라 때 다섯 곳의 곡창을 두었는데, 5개 현의 백성들을 파견하여 〈곡창을 짓게 했는데〉, 광한 부위(廣漢部尉)가 이를 감독했다. 후에 이곳을 오성현(五城縣)으로 삼았다. 〈현무산(玄武山)을 일명 '삼우산(三隅山)'이라고 하는데, 산에서〉[92] 용골(龍骨)이 나온다. 사람들 말이 용이 이 산에서 하늘로 올라갈 때 하늘의 문이 닫혀 있어서 이르지 못하고 이곳에 떨어져 죽었는데 후에 땅속에 묻혀서 땅을 파서 용골을 얻을 수 있었다고 한다.

---

92 현무산(玄武山)을 … 산에서: 원문은 '玄武山一名三隅山, 山'이다. 유림(劉琳)의 교주본에 의거, 탈문으로 보고 보충 번역했다.

처현(郪縣)에는 산원전(山原田평지와구릉사이에있는밭)이 있다. 부국염정(富國鹽井)이 있다. 복(濮)에는 좋은 대추가 난다. 의군산(宜君山)에는 큰 사슴[麋]이 나는데, 꼬리가 특히 좋아 공물로 바친다. 대성(大姓)은 왕씨(王氏)와 이씨(李氏)이다. 또한 고씨(高氏)와 마씨(馬氏) 가문이 있는데, 대대로 개인 군대의 무장[部曲]93을 관장했다. 촉(蜀)나라 때 고승(高勝)과 마진(馬秦)이 모두 반란했는데, 항복하고 참수되었다.94

광한현(廣漢縣)에는 산원전이 있다. 촉(蜀)나라 때 팽양(彭羕)이 뛰어난 재주가 있었다. 진(晉)나라 때 〈단용(段容)이〉 아름다운 덕으로 일컬어졌다. 그러므로 이 두 개 성(姓)이 으뜸가는 집안[甲族]이 되었다.

덕양현(德陽縣)에는 청석사(靑石祠)가 있다. 산 위 평지가 비옥하고 물고기 잡이의 이로움이 있다. 선비는 효성스럽고 여자는 정숙하다. 산을 멀리 바라보고 물을 좋아한다. 땅이 생활하기에 편리하다. 거기장군(車騎將軍) 등지(鄧芝)가 본디부터 여기에서 늙어 죽을 생각95을 갖고 있었기에 후에 마침내 이곳 산에서 장사 지냈다. 태수 하후모(夏侯慕) 때 고복(古濮)이 공조(功曹)가 되었다. 강씨(康氏), 고씨(古氏), 원씨(袁氏)가 사성(四姓)인데,96 대족(大族)들 가운데 으뜸이다.

---

93 개인 군대의 무장: 원문 '부곡(部曲)'은 원래 군대의 편제를 뜻하나 후에 점차 세력 있는 지주가 사사로이 무장을 갖추는 것을 가리키는 말로 쓰였다.

94 촉나라 때 … 참수되었다: 《촉지(蜀志)》〈이엄전(李嚴傳)〉에 "건안 23년(218)에 도적 마진과 고승 등이 처현에서 군사를 일으켰다.[二十三年, 盜賊馬秦高勝等起事于郪.]"라고 했다.

95 늙어 죽을 생각: 원문 '종언지사(終焉之思)'는 지금 처해 있는 생활환경이나 방식에 만족하여 지금 살고 있는 곳에서 생을 마감할 생각을 한다는 뜻이다. 《국어(國語)》〈진어(晉語)〉에 나오는 말이다.

96 강씨(康氏) … 사성(四姓)인데: 하나의 성(姓)이 빠진 것으로 볼 수 있다. 달리 생각해 보면, 동한(東漢)과 위진 남북조 때 '대성(大姓)'을 '사성(四姓)'이라 칭했기에 사성이 반드시 성이 4개이어야 하는 것은 아니다.

유씨(劉氏촉한(蜀漢) 후주(後主)유선(劉禪))의 연희(延熙, 238~257) 연간에 광한(廣漢)의 4개 현을 나누어 동광한군(東廣漢郡)을 설치했다. 함희(咸熙, 264~265) 연간 초에 폐지했다. 태시(泰始, 265~274) 말에 또 광한군을 분할하여 신도군(新都郡)을 설치했다. 태강(太康, 280~289) 연간에 폐지했다. 태강 말에 또 신도왕국(新都王國)을 설치했다. 촉군(蜀郡)의 상건(常騫)이 성도내사(成都內史)가 되었다. 영가(永嘉, 307~312) 연간 말에 폐지했다.

건위군(犍為郡)은 효무제(孝武帝) 건원(建元) 6년(기원전 135)에 설치했다. 당시 군부(郡府)는 폐현(鱉縣)에 있었다. 현은 12개이며 한(漢)나라 때 10만 호였다. 폐현은 옛 건위 땅이다. 폐현에는 건산(犍山)이 있는데, 〈보건도(保乾圖)〉에 보인다. 한 무제(漢武帝) 초에 남중(南中)을 개발하고자 촉군(蜀郡)에 명하여 북도(僰道)와 청의도(青衣道)를 개통하게 했다. 건원(建元, 기원전 140~기원전 135) 연간에 북도 현령이 북도를 소통하려 했으나 힘만 들이고 성공하지 못했다. 백성들이 괴로워하고 원망했다. 사마상여(司馬相如)가 이를 풍자했다. 사자(使者)인 당몽(唐蒙)이 남방으로 들어가려 했으나 길이 막혀 영패를 손에 쥐고 북도 현령의 목을 치려 하자 현령이 한탄하며 말하기를, "익주 땅에서 관리로 지내는 게 부끄럽다. 성도시를 보지 못하는 것이 한스럽다."라고 했다. 당몽은 즉시 명을 내려 그를 성도로 보내어 죽이게 했다. 당몽은 곧이어 바위를 뚫어 잔도(棧道)를 개통했다. 그래서 세상에 전해지는 속담에 이르기를, "당몽[97]을 생각하면, 현령의 목을 베었다네."라고 했다. 후에 당몽이 도위(都尉)가 되어 남이도(南夷道)에 주새하여 근무했다. 원광(元光) 5년(기원전 130)에 건위군의 군부(郡府)

---

97 당몽: 원문은 '도우(都郵)'이다. '역참을 감독하다'는 뜻인데, 역로(驛路)를 개통하기 위해 군민(軍民)을 감독한 당우를 가리킨다.

가 남광현(南廣縣)으로 옮겼다. 태초(太初) 4년(기원전 110)에 익주 자사(益州刺史) 임안(任安)이 무양(武陽)에 성을 쌓았다. 효소(孝昭) 원년(기원전 86)에 건위군의 군부를 북도(僰道)로 옮겼다. 후에 다시 무양으로 옮겼다. 진(晉)나라 때에 이르러 속현이 5개이고, 2만 호였다. 낙양에서 3,270리 떨어져 있다. 동쪽으로 강양군(江陽郡)과 접하고, 남쪽으로는 주제군(朱提郡), 북쪽으로 촉군(蜀郡), 서쪽으로 광한군(廣漢郡)과 접한다. 왕교(王喬)가 이곳 북산(北山)에서 하늘로 올라갔으며, 팽조(彭祖)의 집이 이곳 팽몽성(彭蒙城)에 있다. 광덕현(廣德縣)의 백호(白虎)는 인자하며,[98] 모래톱에서 보정(寶鼎)이 나왔다. 수화(綏和) 원년(기원전 8)에 건위군이 또 보경(寶磬) 16매를 바쳤다. 유향(劉向)이 아름다운 교화가 내려 준 것이라 여겨 벽옹(辟雍)에 세웠다. 선비들 가운데 인자하고 효성스러운 사람이 많고 여성들은 정숙함에 전일했다. 왕망(王莽)이 군의 이름을 '서순(西順)'이라 고치니 군민들이 귀복하여 모여 들지 않았다. 경시제(更始帝) 유현(劉玄)이 남양(南陽)에 도읍하여 건위군 사람들은 멀리서 공물을 바치고 신복(臣服)했다. 공손술(公孫述)이 촉(蜀) 땅을 점거할 때 건위군 사람들은 저항하며 지켰는데 공손술이 이를 토벌했다. 건위군 공조(功曹) 주준(朱樽)이 나가서 맞서 싸웠는데 중과부적하여 주준은 말을 묶어 놓고 죽기를 각오하고 싸웠고 결국 공손술에 의해 병탄(并吞)되었다. 임군업(任君業)이 문을 닫고 〈출사(出仕)하지 않았고〉 비이(費貽)는 은둔의 길을 모색했다.[99] 광무제(光武帝)가 이들을 칭

---

98 백호(白虎)는 인자하며: 백호가 사람을 해치지 않는다는 뜻이다. 《오지(吳志)》 〈오주전(吳主傳)〉의 배송지(裴松之) 주(注)에 인용된 《서응도(瑞應圖)》에 "백호가 인자하다는 것은 왕자(王者)가 포학하지 않으면 백호가 사람을 해치지 않는다는 것이다.[白虎仁者, 王者不暴虐, 則白虎不害也.]"라고 했다.

99 은둔의 길을 모색했다: 원문은 '소은(素隱)'이다. '소(素)'는 '색(索)'과 통한다.

찬하여 말하기를, "사대부가 배출되는 군이다."라고 했다.

건위군은 성도(成都)에서 150리 떨어져 있다. 큰 강이 가로질러 흐른다. 옛사람들이 큰 다리를 만들었는데, '한안교(漢安橋)'라고 했다. 너비는 1리 반이다. 매년 가을과 여름에 물이 불어날 때마다 다리가 끊어졌다. 해마다 수리하니 백성들이 고통스러워했다. 건안(建安) 21년(216)에 태수 남양(南陽) 사람 이엄(李嚴)이 천사산(天社山)을 뚫어 강을 따라 차도(車道)와 통하게 하고, 부교(浮橋)를 놓아 3개 나루[100]를 건너니 백성들이 이를 기뻐했다. 이엄은 또한 군부(郡府)의 관사를 다시 지으니 성루(城樓)가 웅장하고 아름다워 한 주(州)의 승경(勝景)을 이루는 건축물이 되었다. 건안 24년(219)에 황룡(黃龍)이 무양(武陽)의 적수(赤水)에 9일 동안 나타났는데[101] 촉 땅 사람들은 유씨(劉氏)의 서응(瑞應)이라 여겼다. 이곳 태수 중에는 한나라가 일어난 이래 현혁한 자가 드물다.

무양현(武陽縣)은 건위군(犍爲郡)의 치소이다. 왕교(王喬)와 팽조(彭祖)의 사당이 있다. 강에 의지하여 큰 제방을 만들고[102] 6개 수문을 열어 군내에 관개했다. 주준(朱樽)의 사당이 있다. 산에 철과 백옥이 난다. 특히 대성(大姓)이 많아, 양씨(楊氏) 7족과 이씨(李氏) 5족 그리고 기타 성이 12족이 있다.

남안현(南安縣)은 무양현 동쪽으로 400리이다. 현성(縣城)은 청의강(青衣

---

100 3개 나루: 《신진현지(新津縣志)》에 남하(南河), 서하(西河), 금마하(金馬河)라고 한다.

101 황룡(黃龍)이 … 나타났는데: 유림(劉琳)의 교주본에 의거하여 저본의 원문 '黃龍見武陽, 赤水九日'과는 달리 '黃龍見武陽赤水九日'로 구두점을 찍어 번역했다.

102 강에 … 만들고: 원문은 '포강대언(蒲江大堰)'이다. 포강(蒲江)은 임공현(臨邛縣)의 경계에 있어 무양현에 속해 있지 않다. 그래서 '포(蒲)'를 '차(藉)'로 보고 번역했다. 《수경주(水經注)》〈강수(江水)〉에 "이 현은 강에 의지하여 큰 제방을 만들고 6개 수문을 열어 군내에 관개했다.[此縣藉江爲大堰, 開六水門, 用灌郡下.]"라고 했다.

江)이 합하는 곳에 있다. 현개읍(縣漑邑)에 이름난 여울이 있는데, 하나는 뇌원(雷垣)이고 다른 하나는 염개(鹽漑)인데, 이빙(李冰)이 뚫은 것이다.[103] 감귤관사(柑橘官社)가 있다.[104] 한(漢)나라 때 염정(鹽井)이 있었다. 남안현과 무양현 모두 명차(名茶)가 나온다. 못[陂池]이 많다. 서쪽에 웅이협(熊耳峽)이 있고, 남쪽에 아미산(峨眉山)이 있는데, 산이 현에서 80리 떨어져 있다. 《공자지도(孔子地圖)》에서 이르기를, 선약(仙藥)이 있다고 한다. 한 무제(漢武帝)가 사자를 보내 이곳에서 제사를 지내게 하여 선약을 얻고자 했으나 얻을 수 없었다. 사성(四姓)이 있는데, 능씨(能氏), 선씨(宣氏), 사씨(謝氏), 심씨(審氏)이다. 양씨(楊氏)와 비씨(費氏)에 5개 대족(大族)이 있다. 신의가 있는 선비로 여맹(呂孟), 행실이 착한 이로는 정기(貞紀)가 있다.

북도현(僰道縣)은 남안현 동쪽으로 400리다. 무양현에서 100리 떨어져 있다. 서한 고후(高后) 6년(기원전 182)에 이곳에 성을 쌓았다. 현성(縣城)은 마호강(馬湖江)이 합하는 곳에 있다. 강물이 월전군(越巂郡)을 관통한다. 본래 북인(僰人)이 거주했다. 그러므로 《진기(秦紀)》에 이르기를, 북인 노복이 많다고 했다. 한인(漢人)이 많아져서 북인이 점차 배척되어 다른 곳으로 이주했다. 여지(荔枝)와 생강과 구장[蒟]이 있다. 강가에는 금지(禁地)[兵欄]가 있다. 이빙(李冰)이 불 지른 벼랑에 오색이 있는데, 붉은색과 흰색이 물에 비쳐 현황색을 띠었다. 물고기가 초나라 땅에서부터 와서 이곳에 이르러 멈추는데, 벼랑이 물에 비춰지는 모습을 무서워해서이다. 한원소

---

103 이빙(李冰)이 뚫은 것이다: 앞 문장과 의미가 맞지 않다. 잘못 들어간 문장으로 보인다.

104 감귤관사(柑橘官社)가 있다: 좌사(左思)의 〈촉도부(蜀都賦)〉에 "집집마다 소금이 샘솟는 우물이 있고, 감귤과 유자 정원이 있습니다.[家有鹽泉之井, 户有橘柚之園.]"라고 했다. 유규(劉逵)의 주에 "건위군 남안현에는 황감귤이 난다.[犍為南安出黃甘橘.]"라고 했다. 동한 혹은 촉한 때 귤관(橘官)을 두었으며, 게다가 풍요로운 수확을 기원하기 위해 사사(祠社)를 두었을 것이다.

(韓原素)의 사당이 있다. 또한 효자 외통(隗通)이 있는데, 어머니를 위해 강에서 물을 길어 오니 하늘이 그를 위해 평평한 바위를 강 한가운데에 생기게 했다. 지금 그 바위가 마호강에 있다. 효자 오순(吳順)이 어머니를 봉양하니 붉은 까마귀가 그의 문에다 둥지를 지었다. 붕용강(崩容江)에 좋은 마석(磨石)이 난다. 붕용강에는 물고기 피해가 많다.[105] 백성들의 허물이 무속을 구하는 데 있으니, 귀신과 요괴를 좋아한다. 대성(大姓)은 오씨(吳氏)와 외씨(隗氏)이다. 또한 초씨(楚氏), 석씨(石氏), 설씨(薛氏), 상씨(相氏)가 있다.

우비현(牛鞞縣). 신도강(新都江)을 받아들여 이곳을 지나 흐른다. 무양현에서 300리 떨어져 있다. 원정(元鼎) 2년(기원전 115)에 설치했다. 양명염정(陽明鹽井)이 있다. 정씨(程氏)와 한씨(韓氏)가 으뜸가는 가문이다.

자중현(資中縣). 우비강(牛鞞江)[106]을 받아들여 이곳을 지나 흐른다.

강양군(江陽郡). 앞에는 왕연세(王延世)가 하평(河平, 기원전 28~기원전 25) 연간에 공훈을 드러냈으며, 뒤로는 동균(董鈞)이 한나라를 위해 예법을 제정했다. 왕씨(王氏), 동씨(董氏), 장씨(張氏), 조씨(趙氏)가 사족(四族)이다. 〈우비현과 자중현〉 두 개 현이 타강(沱江) 가에 있다. 산전(山田)이 많고 벼를 심을 수 있는 논밭이 적다.[107] 강양군(江陽郡)은 본래 건위(犍為) 지강도위(枝江都尉)이다.[108] 건안(建安) 18년(213)에 강양군을 설치했다. 한안(漢安)

---

105 붕용강에는 물고기 피해가 많다: 여름과 가을에 물이 불어나 논밭으로 들어오는데, 물고기가 물을 따라 들어와 벼를 먹는 바람에 농작물의 피해가 많다는 것이다.

106 우비강(牛鞞江): 우비현에서부터 흘러오는 타강(沱江)이다.

107 앞에는 … 논밭이 적다: 원문 '先有王延世著勳河平, … 少稻種之地.'는 강양현이 아니라 자중현에 속하는 내용이다. 원문 '江陽郡'은 '本犍為枝江都尉' 앞에 와야 한다.

108 건위(犍為) 지강도위(枝江都尉)이다: 서한 때 건위도위(犍為都尉)가 한양(漢陽)을 다스렸다. 동한 때 한양이 건위에 속했는데, 아마도 이때 건위도위를 강양현(江陽縣)으로 옮겼을

의 정징(程徵)과 석겸(石謙)이 익주 목(益州牧) 유장(劉璋)에게 고하여 강양군을 세울 것을 청했다. 유장이 건의를 받아들여 도위(都尉) 광한(廣漢) 사람 성존(成存)을 태수로 삼았다. 속현이 4개이고, 5천 호이며, 낙양에서 4,080리 떨어져 있다. 동쪽으로 파군(巴郡)과 접하고, 남쪽으로는 장가군(牂柯郡), 서쪽으로는 건위군(犍為郡), 북쪽으로 광한군(廣漢郡)과 접해 있다. 여지(荔枝), 파두(巴豆), 도지(桃枝), 구장[蒟], 급등(給橙)이 난다. 세속에는 아름다운 글을 아로새기는 것을 좋아하며, 유학을 공부하는 사람이 적고, 순박하고 촌스러운[樸野] 사람이 많으니 대체로 천성이 이와 같다.

강양현(江陽縣)은 강양군의 치소이다. 강수(江水)와 낙수(雒水)가 합치는 곳이다. 방산(方山)과 난사(蘭祠)가 있다. 강 한가운데 대궐(大闕)과 소궐(小闕)이 있다. 늦은 봄[季春]에 황룡퇴가 물에 잠기면 궐이 평편해진다.[109] 옛날에 이르기를, 세조(世祖, 한 광무제(漢光武帝))가 미천했을 때 강양현을 지나면서 아들 하나를 낳았다. 구름을 보고 길흉을 점치는 사람이 말하기를, "강양현에 귀한 아들의 기운이 있다."라고 했다. 왕망(王莽)이 사람을 보내 찾게 하니 강양현 사람이 아이를 죽였다. 후에 세조가 아들을 위해 사당을 세우고, 강양현 사람을 귀양 보내 여러 세대 동안 벼슬을 하지 못하게 했다. 부의염정(福義鹽井)이 있다. 또 강양현 아래로 120리에는 백도어량(伯塗魚梁)이 있다. 백씨(伯氏)의 딸이 도씨(塗氏)의 아내가 되었는데, 이 어량을 만들었다. 사성(四姓)은 왕씨(王氏), 손씨(孫氏), 정씨(程氏), 정씨(鄭氏)이다. 팔족(八族)에는 또 위씨(魏氏), 조씨(趙氏), 선씨(先氏), 주씨(周氏)가 있다.

한안현(漢安縣)은 강양현 동쪽 500리이다. 토지는 비록 협소하나 산수

것이다. 강양현이 지강(枝江)을 바라보고 있기에 '지강도위'라 한 것이다.

109 강 한가운데 … 평편해진다:《환우기(寰宇記)》권88에서 인용한《군국지(郡國志)》에 나온다. 대궐과 소궐은 강 가운데 바위가 궐처럼 솟아 나와 있는 것을 이른다.

는 매우 아름답다. 양잠하기에 알맞으며, 염정(鹽井)이 있으며, 양어장[魚池]이 100개에 달해 집집마다 있다. 군에서 가장 풍요롭고 비옥하다. 사성(四姓)은 정씨(程氏), 석씨(石氏), 요씨(姚氏), 곽씨(郭氏)이다. 팔족(八族)은 장씨(張氏), 계씨(季氏), 이씨(李氏), 조씨(趙氏) 등의 무리이다. 정씨(程氏)와 석씨(石氏)가 뛰어나게 우뚝 솟았다. 군부(郡府)는 항상 그들의 건의와 백성들의 여론에 근거하여 정무를 가려서 처리했다.

부현(符縣)은 강양현 동쪽으로 200리이다. 원정(元鼎) 2년(기원전 115)에 설치했다. 현성(縣城)은 안락수(安樂水)가 합하는 곳이다. 동쪽으로 파군(巴郡)의 낙성현(樂城縣)과 접하고, 남쪽으로는 물이 평강(平羌), 폐현(鼈縣)과 통한다. 영건(永建) 원년(126) 12월에 현령 조지(趙祉)가 속리(屬吏) 선니화(先尼和)를 보내 파군 태수에게 격문을 전달하게 했는데 성서탄(成瑞灘)을 지나다 〈배가 뒤집혀〉 죽었다. 그의 아들 선현(先賢)이 장례를 치를 것을 청했는데 시신을 찾을 수 없었다. 그의 딸 선낙(先絡)은 나이 25세에 금은보화를 둘로 나누어 두 개의 비단 주머니에 넣어 〈두〉 아들의 머리 밑에 매달았다. 2년째 되는 해 2월 15일에 딸 선낙은 작은 배를 타고 아버지가 물에 빠진 곳에 이르러 슬피 통곡하여 스스로 물에 빠졌다. 꿈에서 선현에게 말하기를, "21일에 아버지의 시신과 함께 나타날 것이다."라고 했다. 그날이 되자 부녀의 시체가 함께 물에서 떠올랐다. 부현 현령이 이 일을 군부에 보고했다. 태수 소등(蕭登)이 이 일을 고상하게 여겨 상서(尚書)〈에게 아뢰어〉 호조연(戶曹掾호조의)을 보내 선낙을 위해 사당을 세우게 했다. 사람들이 말하기를, "부현에는 선낙이 있다. 북도현(僰道縣)에는 장백(張帛)이 〈물에 뛰어들어〉 지아비의 시신을 찾았다.[110] 천하에 이들과

---

110 장백(張帛)이 … 시신을 찾았다: 장백은 장정(張貞)의 처인 황백(黃帛)이다. 그의 남편이

비견될 사람이 없을 것이다."라고 했다.

신락현(新樂縣). 강양현에서 서쪽으로 280리이다. 원강(元康) 5년(295)에 설치했다. 서쪽으로 북도(僰道)와 접해 있다. 염정(鹽井)이 있다. 대성(大姓)은 위씨(魏氏)와 여씨(呂氏)이다.

문산군(汶山郡)은 본래 촉군(蜀郡) 북부염방도위(北部冉駹都尉)의 관할이었다. 효무제(孝武帝) 원봉(元封) 4년(기원전 107)에 설치했다. 옛 속현은 8개이며, 25만 호이다. 낙양에서 3,463리 떨어져 있다. 동쪽으로 촉군과 접하고, 남쪽으로는 한가(漢嘉), 서쪽은 양주(涼州) 주천(酒泉), 북쪽으로는 음평(陰平)과 접해 있다. 육이(六夷)·강(羌)·호(胡)·강로(羌虜)·백란(白蘭)·동(峒) 등의 소수 민족이 있다. 소·말·깃털 장식[旄]·모전(毛氈)·반계(班罽꽃문양이 있는 모직포)·청돈(青頓)·비탈(毦毲저인(氏人)이 짠 모직포)·양가죽[羊殺] 등이 있다. 특히 여러 가지 약재와 이름난 향이 많다. 토지는 딱딱한 염지라서 오곡을 심기에 적합하지 않다. 오직 보리만을 심는다. 빙한(冰寒)의 날씨가 많아 한여름에 얼음이 얼어 녹지 않는다. 그러므로 이인(夷人)들은 겨울이 되면 추위를 피해 촉군으로 들어가 품팔이로 생계를 꾸린다. 여름이 되면 더위를 피해 부락으로 돌아온다. 매년 이렇게 하는 게 일상이 되었다. 그러므로 촉군 사람들은 이들을 '작저(筰氐)', '백석자(白石子)'[111]라 일컫는다.

타고 가던 배가 뒤집혀 물에 빠져 죽었다. 황백이 시신을 찾을 수 없어 스스로 물에 뛰어들었는데, 후에 남편의 손을 잡고 물 위로 떠올랐다고 한다.

111 '작저(筰氐)', '백석자(白石子)': 원문 '작오백석자(筰五百石子)'는 '작저, 백석자(筰氐, 白石子)'를 잘못 쓴 것이다. 민강(岷江) 상류의 저인(氐人)과 강인(羌人)들이 대 새끼로 다리를 잘 만들어 그들을 '작저(筰氐)'라 불렀다. 지금의 무문(茂汶) 경내 강인들의 전설에 의하면, 아득한 옛날 그들의 조상들은 강대한 '과기(戈基)'인들과 싸웠을 때 신의 계시를 받아 단단한 백운석을 무기로 삼자 전쟁에서 승리했다고 한다. 강인들이 신의 은혜에 보답하고자 백운석을 최고의 하늘 신으로 받들었다. 촉중(蜀中)의 한인(漢人)들이 문산(汶山) 강인들이 백운석을 신으로 받드는 것을 보고 그들을 '백석자(白石子)'라 칭했다.

선제(宣帝) 지절(地節) 3년(기원전 67)에 무도현(武都縣)의 백마강(白馬羌)이 반란했다. 사자(使者) 낙무(駱武)가 반란을 평정했다. 그리하여 월수(越巂) 태수에 임명되었는데 그를 맞이하는 자가 구름 같이 몰려들었다. 후에 촉군(蜀郡)의 조온(趙溫) 역시 치적으로 두드러졌다. 그러므로 왕망(王莽)이 임귀(任貴)를 보내 진수대윤(鎭守大尹)으로 삼아 그곳을[112] 지키게 했다. 건무(建武, 25~56) 이후로 여러 차례 반란했다. 장무(章武) 3년(223)에 월수수(越巂叟) 대수(大帥) 고정원(高定元)이 왕을 칭했는데, 방자하고 포악했다. 도독(都督) 이승지(李承之)를 보내어 장군 재동(梓潼) 사람 초황(焦璜)을 살해하니 월수군이 전멸되었다. 승상 제갈량이 월수 태수 공록(龔祿)을 보내 안상현(安上縣)에 거주하면서 멀리서 태수의 직을 받게 했다. 안상현은 월수군에서 800리 떨어져 있으니 〈월수군은〉 이름만 있을 뿐이다. 건흥(建興) 3년(225)[113]에 촉나라 안남장군(安南將軍) 마충(馬忠)이 월수군의 이인(夷人)들을 토벌했는데, 월수군의 이인들이 억세고 사나워 모두 사납게 노려봤다[鴟視].[114] 마충은 월수 태수 장의(張嶷)가 거느린 군민들을 이끌고 소기(蘇祈), 읍군동봉(邑君冬逢)과 그의 아우 외거(隗渠) 등을 꾀어내어 죽이고, 종족 부락들을 회유하여 안정시키니 위엄과 신망이 환하게 드러났다. 여러 종족들이 점차 항복했다. 또한 사도기수(斯都耆帥) 이승지(李承之)의 목을 베고, 자기 손으로 초황(焦璜)과 공록(龔祿)을 죽었다. 또한 교외에 사는 반란 무리들을 토벌하고, 이인(夷人)을 항복시키고, 부락을 안정시키니

---

112 그곳을: 월수군(越巂郡)을 가리킨다.

113 건흥(建興) 3년(225): 연희(延熙) 3년(240)이 되어야 옳다. 《촉지(蜀志)》 〈후주전(後主傳)〉에 "연희 3년 봄에 월수 태수 장의로 하여금 월수군을 평정하게 했다.[延熙三年春, 使越巂太守張嶷平定越巂郡.]"라고 했다.

114 사납게 노려봤다: 원문 '치시(鴟視)'는 올빼미처럼 고개를 들고 노려보는 것을 말하는데, 사납게 노려보는 눈빛을 형용할 때 쓴다.

만이(蠻夷)가 항복했다. 장의는 월수군 성곽의 관사가 무너지자 작은 보루를 다시 지어 거주하게 했다.

구본(舊本)이 이 단락을 기록하면서 잘못한 것을 다시 쓸 수 없어 잠시 일의 본말을 살펴서 대략 정돈하여 새겼다.

연희(延熙) 2년(239)에 〈장의(張嶷)는〉 옛 군으로 돌아왔다. 다시 군성(郡城)을 쌓으니 이인(夷人) 남녀가 힘을 다하지 않은 이가 없었다. 7개 현을 수복했다. 장의가 관직을 옮긴 뒤로 월수군은 또다시 범행을 저지르는 사람이 많아졌다. 사부사아(四部斯兒)와 칠부영군(七部營軍)[115]이 있지만 군건하게 지키기에는 충분하지 않았다. 그래서 적갑(赤甲)과 북군(北軍) 두 개 아문(牙門)을 설치하고, 사아독군(斯兒督軍) 가운데 가장 굳센 부대와 함께 이인의 변계(邊界)를 지키게 했다.

공도현(邛都縣)은 월수군의 치소이다. 공읍(邛邑)에서 이름이 붙여졌다. 공인(邛人)은 처음에 7개 부락이 있었는데 뒤에 칠부영군(七部營軍)이 되었다. 또한 사부사아(四部斯兒)가 있다. 남산(南山)에 구리가 나오고, 온천 동굴이 있어 겨울과 여름에 항상 물이 뜨겁다. 그 온도가 닭과 돼지고기를 끓일 수 있을 정도로 뜨겁고, 하류의 물〈로 씻으면〉 병이 낫는다. 그 밖에 대부분의 물은 흉험한 물[惡水]인데, 수신이 이를 지키고 있어 더럽히거나 헝클어진 머리를 담글 수 없다. 얼굴을 비추면 악질에 걸린다. 군민들이 모두 그렇게 이야기한다.

대등현(臺登縣)에는 손수(孫水)가 있는데, 일명 '백사강(白沙江)'이라 한다. 마호수(馬湖水)로 흘러든다. 산에는 노석(磐石)[116]이 있다. 불사르면 철이

---

115 사부사아(四部斯兒)와 칠부영군(七部營軍): '사아(斯兒)'는 '사유(斯臾)'이다. 사부사유는 사유인(斯臾人)을 소집하여 조직한 4부의 군대이다. 원문 '칠영군(七營軍)'에서 '부(部)' 자가 **빠졌다.** 칠부영군은 공인(邛人)을 소집하여 조직한 7부의 군대이다.

되는데 단단하고 날카롭다. 〈우공(禹貢)〉에 "그 부(賦)는 돌화살촉이다."라고 했다.[117] 또한 옻이 난다. 한(漢)나라 말에 이인(夷人)이 이곳의 자원을 모두 갖고 있었는데, 장의가 이를 취했다.

난현(闌縣)은 옛 공인(邛人)의 도읍이다. 공도(邛都)는 영관(零關)[118]과 접해 있다. 지금은 폐지했다.

소시현(蘇示縣). 한(漢)나라 말에 이왕(夷王)과 아우 외거(隗渠)가 여러 차례 모반했다. 여러 종족들을 항복시키기 위해 장의(張嶷)는 먼저 이왕을 죽였다. 아우 외거가 또 반란하여 서쪽 변방의 경계로 숨어들고는 가까이 여겨 신임하는 두 사람을 장의에게 사신으로 보냈다. 장의는 그의 간계를 알아차리고 사신에게 많은 뇌물을 주어 외거를 죽이게 했다. 외거가 죽고 변방 경계 이인(夷人)의 우환이 없어졌다. 현은 진(晉)나라 때 폐지되었다.

회무현(會無縣). 길이 영주(寧州)와 통한다. 노수(瀘水)를 건너면 낭현(狼縣)에 이를 수 있다. 옛 복인(濮人)의 도읍이다. 지금은 복인의 무덤이 있는데, 무덤은 문이 닫혀[119] 있지 않다. 그 묘혈에는 벽주(璧珠 청록색의 주옥(珠玉))가 많이 있으나 사람들이 취할 수 없었다. 그것을 취하면 길하지 않다. 천마하(天馬河)가 있다. 말이 하루에 천 리를 가서 촉(蜀)나라에서 죽어 강 언덕 위 작은 정자에 묻었는데 지금의 천마총(天馬冢)이 바로 그것이다. 현에는

---

116 노석(砮石): 살촉으로 쓰는 돌이다. 여기에서는 철광석을 가리킨다.
117 〈우공(禹貢)〉에 … 했다:《서경(書經)》〈우공(禹貢)〉에 "그 공물은 옥경쇠와 무른 쇠, 은과 강한 쇠, 돌화살촉과 돌경쇠, 곰과 큰 곰, 여우와 삵, 직물과 가죽이다.[厥貢璆鐵銀鏤砮磬熊羆狐狸織皮.]"라고 했다.
118 영관(零關): 원문은 '한관(寒關)'이나 유림(劉琳)의 교주에 의거하여 '영관(零關)'으로 고쳤다.
119 닫혀: 원문은 '개(開)'로 되어 있으나 '폐(閉)'가 되어야 옳다.

천마사(天馬祠)가 있다. 처음에 민가에서 말을 산 아래에서 방목하여 준 마 새끼를 낳았는데 '천마자(天馬子)'라 했다. 지금은 천마가 지나간 유적이 여기에 보존되어 있다. 천마하 물속에는 동태(銅胎)가 있는데 지금은 양으로 제를 올린다. 취할 수 있으며 물속에 남아 있는 것이 목격된다.[120] 이 땅에는 코뿔소가 난다. 산색은 청벽(青碧)하다.

대작현(大笮縣)은 한(漢)나라 말에 폐지되었다.

정작현(定笮縣). 작(笮)은 작이(笮夷)이다. 문산(汶山)은 '이(夷)'라 하고, 남중(南中)은 '곤명(昆明)'이라 하고, 한가(漢嘉)와 월수(越嶲)는 '작(笮)'이라 하고, 촉(蜀)은 '공(邛)'이라 하는데, 모두 이인(夷人)의 종족에 속한다. 현은 월수군(越嶲郡) 서쪽에 있다. 노수(瀘水)를 건너 강요(剛徼)[121]에 근접하면 마사이(摩沙夷)다. 염지(鹽池)가 있고, 섶을 쌓았다. 소금물을 붓고 난 뒤 그것을 불사르면 소금이 만들어진다. 한(漢)나라 말에 이인이 모두 〈한나라가 관리를 두어 통치하려는 것을〉 가로막자 장의(張嶷)가 가서 다투었다. 이수랑잠(夷帥狼岑)과 반목왕구(槃木王舅)가 항복하려 하지 않아 장의가 사로잡아서 때려 죽였다. 후하게 상을 내려 나머지 종족들이 모두 안정되었다. 관부가 지금까지도 남아 있다. 북사하(北沙河)가 이곳이다.

삼봉현(三縫縣). '소회무(小會無)'라고도 한다. 음은 '삼파(三播)'이다.[122] 도로가 영주(寧州)로 통한다. 노수(瀘水)를 건너면 청령현(蜻蛉縣)에 이를 수 있다. 긴 골짜기인 석저평(石猪坪)[123]에는 돌로 된 돼지가 있는데 새끼와

---

120 천마하 … 목격된다: 동태(銅胎)는 무엇을 가리키는 것인지 알 수 없다.

121 강요(剛徼): 지금의 목리장족자치현(木里藏族自治縣)에서 운남(雲南) 중전(中甸)에 이르는 지역이다. 한(漢)나라와 진(晉)나라 때 월수(越嶲)의 서쪽 변방 경계이다. 서쪽의 기운이 '금강(金剛)'이기에 '강요(剛徼)'라 했다. 변방 경계를 뜻하는 '요(徼)'는 본래 목책(木柵)이나 바위 또는 하천으로 변계의 표지를 삼는 것을 말한다.

122 음은 '삼파(三播)'이다: 진(晉)나라 사람들은 삼봉(三縫)을 '삼파(三播)'라 발음했다.

어미 돼지가 수천 마리다. 장로가 말을 전하기를, 이인(夷人)이 여기서 돼지를 방목했는데, 하루아침에 돼지가 변화하여 돌이 되었다고 한다. 지금까지도 이인들은 감히 이곳에서 방목하지 않는다.[124]

비수현(卑水縣)은 공도현(邛都縣)에서 300리 떨어져 있다. 〈비수(卑水)의〉 물이 흘러 마호강(馬湖江)으로 통한다.

잠가현(潛街縣)은 한(漢)나라 말 때 설치하여 진(晉)나라 초에 폐지했다.

안상현(安上縣).

마호현(馬湖縣). 〈마호수(馬湖水)의〉 물이 북도(僰道)를 통과하여 〈민강(岷江)〉으로 흘러든다. 진(晉)나라 초에 폐지했다.

위는 익주(益州)이다. 한(漢)나라 초에 5개 군을 통령(統領)했다. 후에 점차 분리하여 군을 설치했는데, 촉군(蜀郡)과 파군(巴郡)에서 5개 군이 분리되어 나왔다. 〈유비(劉備)와 유선(劉禪) 때〉 광한(廣漢), 한중(漢中) 그리고 건위(犍爲)에서 6개 군이 분리되어 나왔으며, 〈무제(武帝) 때〉 또 익주 5개 군을 개설했으며, 〈명제(明帝)가 영창군(永昌郡)을 개설하고, 승상 제갈량이 건녕군(乾寧郡), 홍고군(興古郡), 운남군(雲南郡)을 설치하니〉 모두 25개 군이다. 영주(寧州)와 양주(梁州)가 세워졌을 때 다시 7개 군이 증가되었다. 촉 땅이 이에 4개 주(州), 12군(郡), 196개 현이 있게 되었다. 주가 분리된 뒤 익주는 모두 신구 군이 9개, 현이 48개이다. 이인(夷人)과 진인(晉人 한인(漢人))이 24만 호이다.

사관이 논한다.

---

123 석저평(石猪坪): 원문은 '석시평(石時坪)'이나 '석저평(石猪坪)'이 되어야 옳다.

124 긴 골짜기인 … 방목하지 않는다:《수경주(水經注)》〈약수(若水)〉에 나온다.

촉(蜀)이 방국(邦國)이 되니, 천문으로는 정수(井宿)가 그 위에서 빛을 발하며, 지리로는 민산(岷山)과 파총산(嶓冢山)이 이 지역을 진수(鎭守)한다. 오악(五岳) 가운데 화산(華山)이 그 북쪽에 있다. 사독(四瀆)은 문강(汶江)이 그 변계에서 나온다. 옛 상성(上聖)으로는 대우(大禹)가 이 고장에서 났다. 혼인은 황제(黃帝)가 이곳 여자와 혼인했다. 현족(顯族) 대현(大賢)으로는 팽조(彭祖)가 이곳 산에서 길러졌다. 열선(列仙)으로는 왕교(王喬)가 이곳 산 위에서 하늘로 올라갔다. 보정(寶鼎)이 강물의 흐름 속에서 빛을 발한다. 황룡(黃龍)[125]과 인호(仁虎)가 못과 언덕에서 도약한다. 나라가 열리고부터 한(漢)나라 때까지 나라와 백성이 부강(富强)했다. 곳간에 곡식과 포백이 썩고, 집집마다 저장한 것이 있다. 〈아(雅)〉와 〈송(頌)〉의 소리가 하늘[天衢]에 가득 차고, 〈익주 자사 왕포(王褒)가 바친〉 〈중화송(中和頌)〉이 《시경(詩經)》의 〈주남(周南)〉과 〈소남(召南)〉에 비견된다. 〈파촉문화가 남중(南中), 형주(荊州), 양주(梁州) 등〉 삼주(三州)에까지 퍼졌으며, 땅이 넓어 만 리에 펼쳐졌다. 구주(九州)와 비교하면 이곳이 가장 성하다. 그러므로 천지의 정수가 모여 있는 곳이며, 선왕이 다스린 곳이다.

---

125 황룡(黃龍): 원문은 '이룡(離龍)'이다. 이룡은 '이룡(螭龍)'을 가리키며, 곧 황룡이다.

卷三

蜀志

　　蜀之爲國, 肇於人皇, 與巴同囿. 至黃帝, 爲其子昌意娶蜀山氏之女, 生子高陽, 是爲帝嚳. 封其支庶於蜀, 世爲侯伯. 歷夏商周. 武王伐紂, 蜀與焉. 其地東接於巴, 南接於越, 北與秦分, 西奄峨嶓. 地稱天府, 原曰華陽. 故其精靈, 則井絡垂耀, 江漢遵流. 《河圖括地象》曰:"岷山之下爲井絡, 帝以會昌, 神以建福." 《夏書》曰:"岷山導江, 東別爲沱." 泉源深盛, 爲四瀆之首, 而分爲九江. 其寶則有璧玉金銀珠碧銅鐵鉛錫赭堊錦繡罽氂犀象氈(眊)[毦]丹黃空青桑漆麻紵之饒, 滇獠賨僰, 僮僕六百之富.

　　其卦値坤, 故多班綵文章. 其辰値未, 故尚滋味. 德在少昊, 故好辛香. 星應輿鬼, 故君子精敏, 小人鬼黠. 與秦同分, 故多悍勇. 在《詩》, 文王之化, 被乎江漢之域, 秦豳同詠, 故有夏聲也. 其山林澤漁, 園囿瓜果, 四節代熟, 靡不有焉.

　　有周之世, 限以秦巴, 雖奉王職, 不得與春秋盟會, 君長莫同書軌. 周失紀綱, 蜀先稱王. 有蜀侯蠶叢, 其目縱, 始稱王. 死, 作石棺石椁, 國人從之. 故俗以石棺椁爲縱目人冢也. 次王曰柏濩. 次王曰魚鳧. 魚鳧王田於湔山, 忽得仙道. 蜀人思之, 爲立祠.

　　後有王曰杜宇, 教民務農. 一號杜主. 時朱提有梁氏女利, 游江源. 宇悅之,納以爲妃. 移治郫邑, 或治瞿上. (七)[巴]國稱王, 杜宇稱帝. 號曰望帝, 更名蒲卑. 自以功德高諸王. 乃以褒斜爲前門, 熊耳靈關爲後戶, 玉壘峨眉爲城郭, 江潛綿洛爲池澤; 以汶山爲畜牧, 南中爲園苑. 會有(火)[水]災, 其相開明, 決玉壘山以除水害. 帝遂委以政事, 法堯舜禪授之義, (遂)禪位於開明. 帝升西山隱焉. 時適二月, 子鵑鳥鳴. 故蜀人悲子鵑鳥鳴也. 巴亦化其教而力農務. 迄今巴蜀民農時先祀杜主君.

開明位號曰叢帝. 叢帝生盧帝. 盧帝攻(奉)[秦], 至雍. 生保子帝. 帝攻青衣, 雄張獠僰. 九世有開明帝, 始立宗廟. 以酒曰醴, 樂曰荊. 人尚赤, 帝稱王. 時蜀有五丁力士, 能移山, 舉萬鈞. 每王薨, 輒立大石, 長三丈, 重千鈞, 爲墓志. 今石笋是也, 號曰笋里. 未有諡列, 但以五色爲主. 故其廟稱青赤黑黃白帝也. 開明王自夢廓移, 乃徙治成都.

周顯王之世, 蜀王有褒漢之地. 因獵谷中, 與秦惠王遇. 惠王以金一笥遺蜀王. 王報珍玩之物, 物化爲土. 惠王怒. 羣臣賀曰: "天奉我矣! 王將得蜀土地." 惠王喜, 乃作石牛五頭, 朝瀉金其後, 曰"牛便金". 有養卒百人. 蜀人悅之, 使使請石牛, 惠王許之. 乃遣五丁迎石牛. 既不便金, 怒, 遣還之. 乃嘲秦人曰: "東方牧犢兒." 秦人笑之, 曰: "吾雖牧犢, 當得蜀也."

武都有一丈夫, 化爲女子, 美而豔, 蓋山精也. 蜀王納爲妃. 不習水土, 欲去, 王必留之, 乃爲《東平》之歌以樂之. 無幾, 物故. 蜀王哀之. 乃遣五丁之武都擔土爲妃作冢, 蓋地數畝, 高七丈. 上有石鏡, 今成都北角武擔是也. 後, 王悲悼, 作《臾邪歌》《(龍)[隴]歸之曲》. 其親埋作冢者, 皆立方石以志其墓. 成都縣內有一方折石, 圍可六尺, 長三丈許. 去城北六十里曰毗橋, 亦有一折石, 亦如之. 長老傳言: [五]丁士擔土擔也. 公孫述時, 武擔石折. 故治中從事任文公歎曰：“噫！西方智士死．吾其應之．”歲中卒．

周顯王二十二年，蜀侯使朝秦．秦惠王數以美女進，蜀王感之，故朝焉．惠王知蜀王好色，許嫁五女於蜀，蜀遣五丁迎之．還到梓潼，見一大蛇入穴中．一人攬其尾，掣之，不禁．至五人相助，大呼拽蛇．山崩，時壓殺五人及秦五女，並將從；而山分爲五嶺，直頂上有平石．蜀王痛傷，乃登之．因命曰“五婦冢山”．川平石上爲望婦堠，作思妻臺．今其山，或名五丁冢．

蜀王別封弟葭萌於漢中，號苴侯．命其邑曰葭萌焉．苴侯與巴王爲好，巴與蜀讎，故蜀王怒，伐苴侯．苴侯奔巴，求救於秦．秦惠王方欲謀楚，[與]羣臣議曰：“夫蜀，西僻之國，戎狄爲鄰，不如伐楚．”司馬錯中尉田真黃曰：“蜀有桀紂之亂．其國富饒，得其布帛金銀，足給軍用．水通於楚．有巴之勁卒，浮大舶舩以東向楚，楚地可得．得蜀則得楚，楚亡，則天下并矣．”惠王曰：“善！”

周慎王五年秋，秦大夫張儀司馬錯都尉墨等從石牛道伐蜀．蜀王自於葭萌拒之，敗績．王遯走至武陽，爲秦軍所害．其傅相及太子退至逢鄉，死於白鹿山．開明氏遂亡．凡王蜀十二世．

周赧王元年，秦惠王封子通國爲蜀侯，以陳壯爲相．置巴郡，以張若爲蜀國守．戎伯尚强，乃移秦民萬家實之．三年，分巴蜀置漢中郡．六年，陳壯反，殺蜀侯通國．秦遣庶長甘茂張儀司馬錯復伐蜀，誅陳壯．七年，封子惲爲蜀侯．司馬錯率巴蜀衆十萬，大舶舩萬艘，米六百萬斛，浮江伐楚，取商於之地爲黔中郡．

五年，惠王二十七年，儀與若城成都，周迴十二里，高七丈．郫城，周迴七里，高六丈．臨邛城，周迴六里，高五丈．造作下倉，上皆有屋．而置觀樓射蘭．成都縣本治赤里街，若徙置少城．内城營廣府舍，置鹽鐵市官並長丞．修整里闠，市張列肆，與咸陽同制．其築城取土，去城十里，因以養魚，今萬歲池是也．惠王二十七年也．城北又有龍壩池，城東有千秋池，城西有柳池，冬夏不竭．其園囿因之．平陽山亦有池澤，蜀(之)[王]漁畋之地也．

根王十四年，蜀侯惲祭山川，獻饋於秦(孝文)[昭襄]王，惲後母害其寵，加毒以進王．王將嘗之，後母曰：“饋從二千里來，當試之．”王與近臣，近臣即斃．(文)王大怒，遣司馬錯賜惲劍，使自裁．惲懼，夫婦自殺．秦誅其臣郎中令嬰等二十七人．蜀人葬惲郭外．十五年，封其子綰爲蜀侯．十七年，聞惲無罪冤死，使使迎喪入葬(之)郭內．初則炎旱三月，後又霖雨七月，車溺不得行．喪車至城北門，忽陷入地中．蜀人因名北門曰咸陽門．爲蜀侯惲立祠．其神有靈，能興雲致雨，水旱禱之．三十年，疑蜀侯綰反，王復誅之．但置蜀守．張若因取筰及其江南地也．

周滅後，秦孝文王以李冰爲蜀守．冰能知天文地理，謂汶山爲天彭門；乃至湔(及)[氐]縣，見兩山對如闕，因號天彭闕；髣髴若見神．遂從水上立祀三所，祭用三牲，珪璧沈濆．漢興，數使使者祭之．

冰乃壅江作堋．穿郫江撿江，別支流，雙過郡下，以行舟船．岷山多梓柏大竹，頹隨水流，坐致材木，功省用饒．又溉灌三郡，開稻田．於是蜀沃野千里，號爲陸海．旱則引水浸潤，雨則杜塞水門，故記曰：“水旱從人，不知饑饉．”時無荒年，天下謂之“天府”也．外作石犀五頭以厭水精．穿石犀(谿)[渠]於(江)南[江]，命曰犀牛里．後轉爲耕牛二頭，一在府市市橋門，今所謂石牛門是也．一在淵中．乃自湔堰上分穿羊摩江灌江西，於玉女房下(自)[白](涉)[沙]郵作三石人，立(三)水中．與江神要水竭不至足，盛不没肩．時青衣有沫水，出蒙山下，伏行地中，會江南安，觸山脅溷崖，水脈漂疾，破害舟舩，歷代患之．冰發卒鑿平溷崖, 通正水道. 或曰: 冰鑿崖時, 水神怒, 冰乃操刀入水中, 與神鬪. 迄今蒙福. 僰道有故蜀王兵蘭, 亦有神作大灘江中. 其崖嶄峻不可鑿, 乃積薪燒之. 故其處懸崖有赤白五色. 冰又通笮(通)[道]汶井江, 徑臨邛, 與蒙谿分水白木江會, [至]武陽天社山下合江. 又導洛通山洛水, 出瀑口, 經什邡(邡)[雒]別江會新都大渡. 又有綿水出紫巖山, 經綿竹入洛. 東流過資中, 會江[江]陽. 皆溉灌稻田, 膏潤稼穡. 是以蜀川人稱郫繁曰膏腴, 綿洛爲浸沃也. 又識齊水脈, 穿廣都鹽井, 諸陂池. 蜀於是盛有養生之饒焉.

漢祖自漢中出三秦伐楚, 蕭何發蜀漢米萬舩, 而給助軍糧, 收其精銳, 以補傷疾. 雖王有巴蜀, 南中不賓也. 高祖六年, 始分置廣漢郡. 高后六年, 城僰道, 開青衣.

孝文帝末年, 以廬江文翁爲蜀守. 穿湔江口, 溉灌繁田千七百頃. 是時, 世平道治, 民物阜康; 承秦之後, 學校陵夷, 俗好文刻. 翁乃立學, 選吏子弟就學. 遣雋士張叔等十八人東詣博士, 受七經, 還以教授. 學徒鱗萃, 蜀學比於齊魯. 巴漢亦立文學. 孝景帝嘉之, 令天下郡國皆立文學. 因翁倡其教, 蜀爲之始也. 孝武帝皆徵入叔爲博士. 叔明天文灾異, 始作《春秋章句》, 官至侍中揚州刺史.

元光四年, 置蜀(四)[西]部都尉. 元鼎二年, 立成都十八郭, 於是郡縣多城觀矣.

六年, 分廣漢置犍爲郡. 元封元年, 分犍爲置牂柯郡. 二年, 分牂柯置益州郡. 六年, 以廣漢西部蜀南部爲越巂郡, 北部冉駹爲汶山郡, 邛笮爲沉黎郡, 合置二十餘縣. 天漢四年, 罷沉黎, 置兩部都尉, 一治旄牛, 主外羌; 一治青衣, 主漢民.

孝宣帝地節三年, 罷汶山郡, 置北部都尉. 時又穿臨邛蒲江鹽井二十所, 增置鹽鐵官.

蜀自漢興, 至乎哀平, 皇德隆熙, 牧守仁明. 宣德立教, 風雅英偉之士, 命世挺生, 感於帝思. 於是璽書交馳於斜谷之南, 玉帛踐乎梁益之鄉. 而西秀彦盛, 或龍飛紫闥, 允陟璿璣, 或盤桓利居, 經綸皓素. 故司馬相如耀文上京, 揚子雲齊聖廣淵, 才高名雋, 李仲元湛然岳立, 林翁孺訓誥玄遠, 何君公謨明弼諧, 王延世著勳河平. 其次, 楊壯何顯得意之徒, 恂恂焉. 斯蓋華岷之靈標, 江漢之精華也. 故益州刺史王襄悦之, 命王褒作《中和頌》, 令胄子作《鹿鳴》聲歌之, 以上孝宣帝. 帝曰: "此盛德之事, 朕何以堪之." 即拜爲郎. 降及建武以後, 爰迄靈獻, 文化彌純, 道德彌臻, 趙志伯三遷台衡, 子柔兄弟相繼元輔, 司空張公宣融皇極, 太常仲經爲天下材英, 廣陵太守張文紀, 號"天下整理", 武陵太守杜伯持, 能決天下所疑, 王稚子震名華夏, 常茂尼流芳京尹. 其次, 張俊秦宓英辯博通, 董扶楊厚究知天文, 任定祖訓徒, 同風洙泗. 其孝悌, 則有姜詩感物寤靈, 禽堅精動殊俗, 隗通石橫中流, 吳順赤烏來巢. 其忠貞, 則王皓隕身不傾, 朱遵絆馬必死, 王累懸頸州門, 張任守節故主. 其淑媛, 則有元常紀常程玦及吳几先絡郫之二姚殷氏兩女趙公夫人. 自時厥後, 龍宗有鱗, 鳳集有翼, 搢紳邵右之疇, 比肩而進, 世載其美. 是以四方述作有志者, 莫不仰其高風, 範其儀則, 擅名八區, 爲世師表矣. 其忠臣孝子, 烈士貞女, 不勝詠述. 雖魯之詠洙泗, 齊之禮稷下, 未足尚也. 故"漢徵八士, 蜀有四焉".

然秦惠文始皇克定六國, 輒徙其豪傑於蜀, 資我豐土, 家有鹽銅之利, 户專山川之材, 居給人足, 以富相尚. 故工商致結駟連騎, 豪族服王侯美衣, 娶嫁設太牢之厨膳, 歸女有百兩之徒車, 送葬必高墳瓦椁, 祭奠而羊豕夕牲, 贈襚兼加, (贈)[賵]賻過禮, 此其所失. 原其由來, 染秦化故也. 若卓王孫家僮千數, 程鄭各八百人; 而郗公從禽, 巷無行人; 簫鼓歌吹, 擊鐘肆懸; 富侔公室, 豪過田文; 漢家食貨, 以爲稱首. 蓋亦地沃土豐, 奢侈不期而至也.

州治大城, 郡治少城. 西南兩江有七橋: 直西門郫江中[曰]冲(治)[里]橋. 西南石牛門曰市橋. 下, 石犀所潛淵中也. 城南曰江橋. 南渡流曰萬里橋. 西上曰夷里橋, (上)[亦]曰笮橋. (橋)從冲(治)[里]橋西(出)[北]折曰長昇橋. 郫江上, 西有永平橋. 長老傳言: "李冰造七橋, 上應七星." 故世祖謂吳漢曰: "安軍置在七星[橋]間." 城北十里有昇仙橋, 有送客觀. 司馬相如初入長安, 題市門曰"不乘赤車駟馬, 不過汝下"也. 其郫西上有永平橋.[126] 於是江衆多作橋, 故蜀立里多以橋爲名. 其大江, 自湔堰下至犍爲有五津: 始曰白華津; 二曰里津; 三曰江首津; 四曰涉頭津, 劉璋時, 召東州民居此, 改曰東州頭; 五曰江南津. 入犍爲有漢安橋, 玉津, 東沮津, 津亦七.

始, 文翁立文學精舍, 講堂作石室, 一作玉室, 在城南. 永初後, 堂遇火, 太守陳留高眹更修立, 又增造二石室. 州奪郡文學爲州學, 郡更於夷里橋南岸道東邊起文學, 有女墻. 其道西城, 故錦官也. 錦江織錦濯其中則鮮明, 他江則不好. 故命曰錦里也. 西又有車官城. 其城東西南北皆有軍營壘城. 其郡四出大道, 道實二十里, 有衢. 今言十八里者, 昔蜀王女未嫁, 年二十亡, 王哀悼, 不忍言二十, 故言十八也. 王女墓在城北, 今王女陌是也.

其太守著德垂績者, 前漢莫聞. 建武以來, 有第五倫, 廉范叔度, 特垂惠愛. 百姓歌之曰: "廉叔度, 來何暮. 來時我單衣, 去時重五袴." 其後, 漢中趙瑤自

---

126 其郫西上有永平橋: 중복되어 나온 연문(衍文)이라 번역하지 않았다.

扶風太守來之郡，司空張温謂曰："第五伯魚從蜀郡爲司空，今掃吾第以待足下."瑶换廣漢，陳留高朕亦播文教．太尉趙公初爲九卿，適子甯還蜀，昳命爲文學，撰《鄉俗记》．亦能屈士如此．廣漢王商辇爲楊洪，皆見詠懷．及晉建西夷府，太守多遷爲西夷校尉，亦遷益州刺史．

成都縣　郡治．有十二鄉，五部尉．漢户七萬，晉三萬七千．名難治．時廣漢馮顥爲令，(而)太守京兆劉宣不奉法，免，顥奏之．立文學，學徒八百人．實户口萬八千．開稻田百顷，治(有)[續]尤異．後有廣漢劉(厖)[龐]爲令，大姓恣縱，諸趙倚公，故多犯法．濮陽太守趙子真，父子强横，(厖)[龐]治其罪，莫不震肅．郫民(陽)[楊]伯侯奢侈，大起冢營．因(厖)[龐]爲郫令，伯侯遂徙占成都．(厖)[龐]復爲成都，豪右敬服．有蜀侯祠．(四)[大]姓有柳杜張趙郭楊氏．[豪]富，先有程鄭郲公，後有郭子平．奢豪，楊伯侯兄弟．

郫縣　郡西北六十里．冠冕大姓：何羅郭氏．

繁縣　郡北九十里．有泉水，稻田．三張爲甲族．

江原縣　郡西，渡大江，濱文井江，去郡一百二十里．有青城山，稱江祠．安漢，上下朱邑出好麻，黄潤細布，有羌筒盛．小亭，有好稻田．東方，常氏爲大姓．文井上有(守捉)[常堤]三十里，(土)[上]有天馬祠．

臨邛縣　郡西南二百里．本有邛民，秦始皇(徙)上郡[民]實之．有布濮水，從布濮來合火井江．有火井，夜時光映上昭．民欲其火，先以家火投之，頃許，如雷聲，火焰出，通耀數十里．以竹筒盛其光藏之，可拽行終日不滅也．井有二水，取井火煮之，一斛水得五斗鹽．家火煮之，得無幾也．有古石山，有石礦，大如蒜子．火燒合之，成流支鐵，甚剛．因置鐵官．有鐵祖廟祠．漢文帝時，以鐵銅賜侍郎鄧通．通假民卓王孫，歲取千匹．故王孫貨累巨萬億，鄧通錢亦盡天下. 王孫女文君, 能鼓琴. 時有司馬長卿者, 臨邛令王吉與之游王孫家, 文君因奔長卿. 漢世, 縣民陳立, 歷巴郡牂柯天水太守, 有異政. 陳氏劉氏爲大姓冠蓋也.

廣都縣　郡西三十里. 元朔二年置. 有鹽井漁田之饒. 大豪馮氏, 有魚池鹽井. 縣凡有小井十數所及漁田之饒.**127** 江有(魯)[魚]漕梁. 山有鐵礦. 江西有安稻田, 穿山崖過水二十里. 漢時, 縣民朱辰, 字元燕, 爲巴郡太守, 甚著德惠. 辰卒官, 郡獠民北送及墓. 獠蜑鼓刀辟踊, 感動路人. 於是葬所草木頃許皆倣之曲折. 迄(人)[今]蜀人, 莫不歎辰之德靈, 爲之感應. 今朱氏爲首族也.

成都市官, 本有長, 建武十八年省.

蜀郡, 太康初屬王國, 改號曰成都內史. 王改封, 乃復舊.

廣漢郡, 高帝六年置. 屬縣八. 漢户十七萬, 晉四萬. 去洛三千里. 南去成都百二十里. 西接汶山, 北接梓潼, 東接巴郡. 本治繩鄉, 安帝永(和)[初]中陰平漢中羌反, 元初二年移涪. 後治雒城. 王莽改曰(就)[新]都. 公孫述名曰子同.

益州以蜀郡廣漢犍爲[爲]"三蜀". 土地沃美, 人士俊乂, 爲一州稱望. 然漢選蜀郡廣漢太守, 每重德高俊. 故前有趙護第五伯魚, 後有蔡陳, 表章禮物, 殊於諸郡. 其太守著功德者, 有劉感孫(賓)[寶]蔡[茂]陳寵伯魚. [茂]自郡徑遷司徒, 寵亦至三公. 而祋諷尹睦鮮于定趙瑤皆公望也. 薛鴻輩, 卿佐也, 而許靖亦爲上公, 及何祇常閎皆有稱. 以處州中, 益州恒治此郡.

初平中, 益州牧劉焉自綿竹移雒縣城, 築闕門, 云其地不干, 乃留孫脩**128**據之. 建安十八年, 劉先主自涪攻圍, 且一年, 軍師龐統中流矢死. 先主痛惜, 言

---

127 及漁田之饒.: 연문(衍文)으로 보아 번역하지 않았다.

128 脩: '순(循)'이 되어야 옳다.

則涕泣. 廣漢太守南陽張存曰:"統雖可惜, 違大雅之體." 先主怒曰:"統殺身成仁, 非仁者乎!" 即免存官. 十九年, 撥雒城(援). 襄陽馬良書詁諸葛亮曰: "承雒城已下, 尊兄配業(先)[光]國, 魄兆見矣." 時州或治成都, 時復治雒, 爲蜀淵府.

雒縣　郡治. (汎)[沈]鄉有孝子姜詩田(地)宅, 姓族有譚李郭翟氏.

綿竹縣　劉焉初所治. 綿與雒, 各出稻稼, 畝收三十斛, 有至五十斛. 漢時, 任(安)定祖以儒學教, 號侔洙泗. 有多士, 秦杜爲首族也.

什邡縣　山出好茶. 楊氏爲大姓. 美田, 有鹽井.

新都縣　蜀以成都廣都新都爲三都, 號名城. 有金堂山. 水通於巴. 漢時五倉, 名萬安倉. 有棗, 魚梁. 多名士, 有楊厚董扶. 又有四姓馬史汝鄭者也.

五城縣　郡東南. 有水通於巴. 漢時置五倉, 發五縣民, 尉部主之. 後因以爲縣. 出龍骨, 云龍升其山, 值天門閉, 不達, 墜死於此. 後没地, 故掘取得龍骨.

郪縣　有山原田, 富國鹽井, 濮出好棗. 宜君山出蘘, 尾特好, 入貢. 大姓王李氏. 又有高馬家, 世(常)[掌]部曲. 蜀時, 高勝馬(秦)皆叛, 伏誅.

廣漢縣　有山原田. 蜀時, 彭(義)[羕]有儁才. 晉世改號令德, 故二姓爲甲族也.

德陽縣　有青石祠. 山原肥沃, 有澤漁之利. 士女貞孝. 望山樂水, 土地易爲生事. 車騎將軍鄧芝雅有終焉之思, 後遂葬其山. 太守夏侯慕時, 古濮爲功曹. 康古袁氏爲四姓, 大族之甲者也.

劉氏延熙中, 分廣漢四縣置東廣漢郡. 咸熙初省. 泰始末, 又分置新都郡. 太康省. 末年, 又置(蜀)[新都]王國蜀郡常騫爲内史. 永嘉末省.

犍爲郡，孝武建元六年置．時治鄨[鄨]．縣十二，(漢)户十萬．鄨[鄨]，故犍爲地是也．鄨[鄨]有犍山，見《保乾圖》．武帝初，欲開南中，令蜀通僰青衣道．(是)[建]元年，僰道令通之，費功無成，百姓愁怨．司馬相如諷諭之．使者唐蒙將南入，以道不通，執令，將斬之，令歎曰："忝官益土，恨不見成都市！"蒙即令送成都市而殺之．蒙乃斬石通閣道．故世爲諺曰"思都郵，斬令頭"云．後蒙爲都尉，治南夷道．元光五年，郡移治南廣．四年，益州刺史任安城武陽．孝昭元年，郡治僰道，後遂徙武陽．至晉，屬縣五，户二萬．去洛三千二百七十里．東接江陽．南接朱提．北接蜀郡．西接廣漢．王喬升其北山，彭祖家其彭蒙，白虎仁於廣德．寶鼎見於江溉．綏和(五)[元]年，又上寶磬十六．劉向以爲美化所降，用立辟雍．而士多仁孝，女性貞專．王莽改曰西順，郡人不會．更始都南陽，遠奉貢職．及公孫述有蜀，郡拒守，述伐之．郡功曹朱遵逆戰，衆寡不敵，遵絆馬死戰，遂爲述所并．而任君業閉户，費貽素隱．光武帝嘉之曰："士大夫之郡也．"

郡去成都百五十里，渡大江．昔人作大橋，曰漢安橋，廣一里半．每秋夏水盛，斷絶，歲歲修理，百姓苦之．建安二十一年，太守南陽李嚴乃鑿天(柱)[社]山，尋江通車道，省橋梁，[渡]三津，吏民悅之．嚴因更造起府寺，觀[樓]壯麗，爲一州勝宇．二十四年，黃龍見武陽，赤水九日，蜀以劉氏瑞應．其太守，漢興以來鮮有顯者．

武陽縣　郡治．有王喬彭祖祠．蒲江大堰灌郡下．六門有朱遵祠．山出鐵及白玉．特多大姓，有七(陽)[楊]五李諸姓十二也．

南安縣　郡東四百里．治有青衣江會．縣溉，有名灘，一曰雷垣，二曰鹽溉，李冰所平也．有柑橘官社．漢有鹽井．南安武陽皆出名茶，多陂池．西有熊耳，南有峨眉山, 山去縣八十里,《孔子地圖》言有仙藥. 漢武帝遣使者祭之, 欲致其藥, 不能得. 有四姓: 能宣謝審. (五)大族: 楊費. 又有信士呂孟, 貞紀至行也.

僰道縣　在南安東四百里. 距郡百里. 高后六年城之, 治馬湖江會. 水通越嶲, 本有僰人, 故《秦紀》言僰童之富. 漢民多, 漸斥徙之. 有荔芰薑蒟. 濱江有兵欄, 李冰所燒之崖有五色, 赤白映水玄黃. 魚從楚來, 至此而止, 畏崖映水也. 有韓原素祠. 又有孝子隗通, 爲母汲江裔水, 天爲出平石生江中. 今石在馬湖江. 而孝子吳順養母, 赤烏巢其門. 崩容江, 出好磨石. 崩江多魚害. 民失在於徵巫, 好鬼妖. 大姓吳隗. 又有楚石薛相者.

牛鞞縣　受新都江. 去郡三百里. 元鼎二年置. (相)[有]陽明鹽井. 程韓氏爲冠蓋之族.

資中縣　受牛鞞江也.

江陽郡[129]先有王延世著勳河平. 後有董鈞爲漢定禮. 王董張趙爲四族. 二縣在中, 多山田, 少稻種之地. 本犍爲枝江都尉, 建安十八年置郡. 漢安程徵石謙白州牧劉璋求立郡. 璋聽之, 以都尉廣漢成存爲太守. 屬縣四. 戶五千. 去洛四千八十里. 東接巴郡, 南接牂柯, 西接(廣漢)犍爲, 北接廣漢. 有荔芰巴菽桃枝蒟給橙. 俗好文刻, 少儒學, 多樸野, 蓋天性也.

江陽縣　郡治. 江維會. 有方山蘭祠. 江中有大闕小闕. 季春, 黃龍堆没, 闕即平. 昔云世祖微時, 過江陽, 有一子, 望氣者曰:"江陽有貴兒氣." 王莽求之, 縣人殺之. 後世祖爲子立祠, 謫江陽民不使冠帶者數世. 有富義鹽井. 又郡下百二十里者, 曰伯塗魚梁, 六[130]伯氏女爲塗氏婦, 造此梁. 四姓: 王孫程

---

129 江陽郡: 뒤의 '本犍爲枝江都尉' 앞에 와야 옳다.

130 六: '운(云)'이 되어야 옳다.

鄭. 八族, 又有魏趙先周也.

漢安縣　郡東五百里. 土地雖迫, 山水特美好, 宜蠶桑, 有鹽井, 魚池以百數, 家家有焉. 一郡豐沃. 四姓, 程石姚郭. 八族, 張季李趙輩. 而程石傑立, 郡常秉議論選之.

(苻)[符]縣　郡東二百里. 元鼎二年置. 治安樂水會. 東接巴蜀樂城, 南水通平羌鱉縣. 永建元年十二月, 縣長趙祉遣吏先尼和拜檄巴蜀守, 過成瑞灘, 死. 子賢求喪, 不得. 女絡年二十五, 迺分金珠, 作二錦囊繫兒頭下. 至二年二月十五日, 女絡迺乘小船, 至父没所, 哀哭自沉. 見夢告賢曰:"至二十一日與父尸俱出."至日, 父子浮出. 縣言郡, 太守蕭登高上之, 尚書遣户曹掾爲之立碑. 人爲語曰:"符有先絡. 僰道張帛求其夫, 天下無有其偶者矣."

新(榮)[樂]縣　郡西二百八十里. 元康五年置. 西楚僰道. 有鹽井. 大姓魏呂氏.

汶山郡, 本蜀郡北部冉駹都尉, 孝武元封四年置. 舊屬縣八, 户二十五萬, 去洛三千四百六十三里. 東接蜀郡, 南接漢嘉, 西接(梁)[涼]州酒泉, 北接陰平. 有六夷羌胡虜白蘭峒九種之戎, 牛馬旄氈班罽青頓毞羱羝羖之屬. 特多雜藥名香. 土地剛鹵, 不宜五穀, 惟種麥. 而多冰寒, 盛夏凝凍不釋. 故夷人冬則避寒入蜀, 庸賃自食, 夏則避暑反落, 歲以爲常, 故蜀人謂之作五百石子也.

宣帝地節(元)[三]年, 武都白馬羌反, 使者駱武平之. 因拜越嶲太守, 迎者如雲. 後蜀郡趙溫亦著治績. 故王莽遣任貴爲鎭戍大尹守之　自建武後, 數叛. 章武三年, 越嶲叟大帥高定元稱王, 恣(睢)[睢], 遣都督李承之殺將軍梓潼焦璜, 破没郡土. 丞相亮遣越嶲太守龔禄住安上縣, 遙領太守. 安上去郡八百里, 有名而已. 建興三年, 蜀安南將軍馬忠(率)[討]越嶲郡夷, 郡夷剛狠, 皆鴟視.

忠率越雟太守張嶷將所領之郡, 誘殺蘇祈邑君冬逢及其弟隗渠等, 懷集種落, 威信允著, 諸種漸服. 又斬斯都耆帥李承之首, 乃手殺焦璜龔禄者也. 又討叛鄙, 降夷人, 安種落, 蠻夷率服. 嶷始以郡郛宇頹, 更築小隝居之.

舊本記此段, 訛舛不可重叙, 姑考事之本末, 略加整頓刻之.

延熙二年, 乃還舊郡. 更城郡城, 夷人男女莫不致力. 興復七縣. 嶷遷(復)後, [復]頗奸軌, 雖有四部斯兒及七營軍, 不足固守. 乃置赤甲北軍二牙門, 及斯兒督軍中堅, 衛夷徼.

邛都縣　郡治, 因邛邑名也. 邛之初有七部, 後爲七部營軍. 又有四部斯兒. 南山出銅, 有溫泉穴, 冬夏熱, 其溫可湯鷄豚, 下流治疾病. 餘多惡水, 水神護之, 不可污穢及沉亂髮, 照面則使人被惡疾, 一郡通云然.

臺登縣　有孫水, 一曰白沙江, 入馬湖水. 山有砮石, 火燒成鐵, 剛利. 《禹貢》"厥賦砮"是也. 又有漆, 漢末, 夷皆有之, 嶷取焉.

(闌)[闌]縣　故邛人邑, 邛都接寒關. 今省.

(漢)[蘇]示縣　漢末, 夷王及弟隗渠數俏叛. 以服諸種, 張嶷先殺王. 弟隗渠又叛, 遁入西徼, 遣親信二人使嶷. 嶷知奸計, 以重賂使, 使殺渠. 渠死, 夷徼肅清. 縣晉省.

會無縣　路通寧州. 渡瀘得住狼縣, 故濮人邑也. 今有濮人冢, 冢不開户, 其穴多有碧珠, 人不可取, 取之不祥. 有天馬河, 馬日千里, 後死於蜀, 葬江原小亭, 今天馬冢是也. 縣有天馬祠. 初, 民家馬牧山下, 或産駿駒, 云天馬子也. 今(其)[有]天馬逕, 厥跡存焉. 河中有銅胎, 今以羊祀之, 可取, 河中見存. 土地時産犀牛, 山色青碧.

大筰縣　漢末省也.

定筰縣 莋, 筰夷也. 汶山曰夷, 南中曰昆明, 漢嘉越巂曰莋, 蜀曰邛, 皆夷種也. 縣在郡西. 渡瀘水, 賓剛徼, (白)[曰]摩沙夷. 有鹽池, 積薪, 以齊水灌而後焚之, 成鹽. 漢末, 夷皆錮之, 張嶷往爭, 夷帥[狼]岑, 槃木(明)[王舅], 不肯服, 嶷禽, 撻殺之. 厚賞賜, 餘類皆安, 官迄有之. 北沙河是.

三縫縣 一曰小會無, 音三播, 音三播, 字疑誤. 通道寧州. 渡瀘, 得蜻蛉縣. 有長谷石時坪, 中有石猪, 子母數千頭. 長老傳言: 夷昔牧猪於此, 一朝猪化爲石, 迄今夷不敢牧於此.

卑水縣 去郡三百里. 水流通馬湖.

潛街縣 漢末置, 晉初省.

安上縣

馬湖縣 水通僰道入江. 晉初省.

右益州, 漢初統郡五. 後漸分建, 蜀郡及巴郡, 又分爲五郡. (合二十五郡). 廣漢漢中犍爲爲四郡. 又開益州五郡, 合二十五郡. 及寧州梁州建, 復增七郡. 蜀於是有州四, 十二郡, 一百九十六縣. 州分後, 益州凡新舊郡九, 縣四十八. 戶夷晉二十四萬.

譔曰: 蜀之爲邦, 天文, 井絡輝其上. 地理, 岷嶓鎭其域. 五岳, 華山表其陽. 四瀆, 則汶江出其徼. 故上聖, 則大禹生其鄉. 媾姻, 則黃帝婚其女. 顯族, 大賢, 彭祖育其山. 列仙, 王喬升其岡. 而寶鼎輝光於中流, 離龍仁虎躍乎淵陵. 開闢及漢, 國富民殷. 府腐穀帛, 家蘊畜積. 《雅》《頌》之聲, 充塞天衢, 中穆之詠, 侔乎二《南》. 蕃衍三州, 土廣萬里. 方之九區, 於斯爲盛. 固乾坤之靈囿, 先王之所經緯也.

화양국지
(華陽國志)

—

권4
남중지(南中志)

영주(寧州)는 진(晉)나라 태시(泰始) 6년(270)에 처음으로 설치했다. 촉(蜀) 땅 남중(南中)의 여러 군들을 〈관할한다〉. 내강(庲降)은 도독부(都督府)의 소재지이다. 남중은 옛날 이월(夷越) 소수 민족의 땅으로, 전(滇)·복(濮)·구정(句町)·야랑(夜郎)·엽유(葉楡)·동사(桐師)·수당(寓唐) 등 이후(夷侯) 왕국들은 10여 개 나라이다. 그들은 머리를 땋아 늘이고 오른쪽 섶을 왼쪽 섶 위로 여민다[左衽]. 가축들을 따라 옮겨 다니며, 〈부락이 모두 작아서〉 한 부락이 한 지역의 패권을 쥘[雄長] 수 없다. 주(周)나라 말에 초 위왕(楚威王)이 장군 장교(莊蹻)를 보내 원수(沅水)를 거슬러 올라가 차란(且蘭)을 나와 야랑(夜郎)을 정벌하게 했는데, 장가군(牂柯郡)에 이르렀을 때 이곳에서 배를 정박했다. 차란을 함락하고 야랑 또한 항복했을 때 진(秦)나라가 초(楚)나라의 검중(黔中) 땅을 빼앗았는데, 〈초나라 군대는〉 초나라로 돌아갈 길이 없어, 마침내 〈장교는〉 전지(滇池)에 머물러 왕 노릇을 했다. 장교는 초 장왕(楚莊王)의 후예이다. 장가군에 배를 정박하여 차란을 '장가국(牂柯國)'이라 칭했다. 봉후가 나눠지고 무리가 갈라져[分侯支黨] 수백 년을 전했다.[1] 진(秦)나라가 촉나라를 병합하면서 오척도(五尺道)[2]를 개

1　봉후가 … 수백 년을 전했다: 의미가 분명하지 않다. 임내강(任乃强)은 이 문장에 뭔가 잘못이 있다고 한다. 임내강은 또한 "봉후가 … 귀부(歸附)하지 않았다"가 뒤에 나오는 '야랑국(夜郎國)'에 속한 내용이라고 한다.

2　오척도(五尺道): 《사기(史記)》〈서남이열전(西南夷列傳)〉에 "진(秦)나라 때 상알(常頞)이 이 지역을 공략하여 오척도를 개통하고, 이곳의 여러 나라에 관리를 두었다. 10여 년 뒤에 진나라가 멸망했다.[秦時常頞略通五尺道, 諸此國頗置吏焉. 十餘歲, 秦滅.]"라고 했다. 진 시황(秦始

통하고 관리를 두어 이것을 주관하게 했다. 한(漢)나라가 흥기하자 드디어 귀부(歸附)하지 않았다.

죽왕(竹王)이라는 자가 있는데, 둔수(遯水)에서 발흥했다. 한 여자가 물가에서 빨래를 하고 있었는데, 3개 마디의 큰 대나무가 여자의 다리 사이로 흘러들었다. 여자가 손으로 대나무를 밀었으나 꿈적도 하지 않았다. 아이의 소리가 들려 대나무를 가지고 집으로 돌아가 쪼개어 보니 한 남자 아이가 나왔다. 자라서는 재능이 있고 용맹스러워 이적(夷狄) 소수 민족들의 우두머리가 되었다. 이 부족들은 죽(竹)을 자신들의 성씨로 삼았다. 여자는 쪼갠 대나무를 들판에 버렸는데, 그곳이 대나무 숲이 되었다. 지금의 죽왕사(竹王祠) 대나무 숲이 바로 이것이다. 죽왕은 그의 종복들과 함께 일찍이 큰 바위 위에 쉬었는데, 죽을 끓이라 명했다. 종복이 물이 없다고 하자 죽왕이 검으로 바위를 치니 물이 나왔다. 지금의 죽왕수(竹王水)[3]이다. 깨진 바위가 아직도 그곳에 있다. 죽왕은 점차 교만하고 방자해졌다.

한 무제(漢武帝)가 장건(張騫)을 대하국(大夏國^{아프간
니스탄})에 이르게 했는데, 장건이 그곳에서 공죽(邛竹)과 촉포(蜀布)가 있는 것을 보고 어디서 온 것이냐고 물으니 말하기를, "우리나라 상인들이 신독국(身毒國^{옛날 중국에서
인도를 일컫던 말})에서 얻어 온 것입니다."라고 했다. 신독국은 촉(蜀)의 서쪽에 있는 나라이다. 지금의 영창(永昌^{지금의
운남성 서남부}) 변계(邊界) 바깥이다. 장건이 이 사실을 무제에게 고했다. 동월족(東越族)이 남월족(南越族)을 공격했을 때[4] 대행령(大行令)

皇) 때 상알이 촉군(蜀郡) 군수(郡守)로 있으면서 산세가 험하여 잔도(棧道)를 뚫었는데, 그 폭이 5척이었기에 '오척도(五尺道)'라 칭했다.

3　죽왕수(竹王水): 《후한서(後漢書)》〈서남이전(西南夷傳)〉의 주와 《수경주(水經注)》에 의거하여 '죽(竹)' 자를 보충했다. 죽왕수는 야랑현(夜郎縣)에 있는 강이다.

인 왕회(王恢)가 그들을 구조하여, 왕회는 번양령(番陽令) 당몽(唐蒙)을 파견하여 남월족에게 깨닫도록 타이르게 했다. 남월족 사람들의 음식 가운데 구장(蒟醬)이 있는데, 당몽이 어디에서 온 것인지 물으니 말하기를, "장가(牂柯)에서 왔습니다."라고 했다. 당몽 또한 이 사실을 무제에게 고했는데, 상소를 올려 말하기를, "남월 땅은 동서로 1만 리이며, 명목상은 외신(外臣{번속藩屬})이며, 실제로는 한 주(州)의 주인입니다. 지금 장사(長沙)와 예장(豫章)에서 가면 물길이 끊어진 곳이 많아 가기가 어렵습니다. 제가 사사로이 들으니 야랑의 정예병이 10만에 이른다고 합니다. 만약 번우(番禺)에서 배를 띄워 장가를 지난다면 남의 생각이 미치지 않는 틈을 타는 것이어서 이는 월족을 제압하는 하나의 묘책입니다. 야랑으로 가는 길을 통하게 하려면 관리를 두어 그것을 주관하게 해야 합니다."라고 했다. 무제가 이에 당몽을 중랑장(中郎將)에 임명하여 파촉(巴蜀)의 병사 1천 명을 이끌고 폐백(幣帛)을 받들어 야랑국의 임금[雅量侯]을 알현하게 하여, 그에게 한(漢)나라의 위덕(威德)을 깨우쳐 주고 관리를 두었다. 야랑국 옆에 있는 작은 부락의 〈수령들이〉 모두 한나라의 비단을 탐냈는데 길이 멀다고 여겼으며, 한나라 또한 끝내 이 지역을 점령할 수 없었다. 그러므로 이들은 모두 〈한나라에〉 복종하려 했다. 사마상여(司馬相如) 또한 이르기를, "서융(西戎)인 공(邛)과 착(筰) 지역은 촉 땅의 후원(後園)으로 군(郡)을 설치할 만하다."[5]라 했다. 무제가 공죽(邛竹)에 감동하고 또한 구장(蒟醬)을 달

---

4 동월족(東越族)이 남월족(南越族)을 공격했을 때: 동월족은 지금의 절강과 복건 일대에 거주하던 월족이다. 한나라 초에 이곳 수령들을 동구왕(東甌王)과 민월왕(閩越王)으로 봉했다. 남월족은 지금의 광동 일대에 거주하던 월족이다. 한나라 초에 이곳 수령을 남월왕(南越王)에 봉했다. 건원(建元) 6년(기원전 135)에 민월(閩越)이 남월(南越)을 공격하여 한 무제가 대행령(大行令)인 왕회(王恢)와 대농령(大農令)인 한안국(韓安國)을 파견하여 남월을 구조하게 했다. 그들이 당도하기 전에 민월이 그 왕을 죽이고 투항했다.

게 여겨 사마상여를 중랑장에 임명하여 이곳에 가서 조정의 뜻을 전하게 하니 모두 복종했다. 후에 서남의 이인(夷人)이 여러 차례 반란하여 화물을 운송하고 병사들을 징발하는 데 비용이 매우 많이 들었는데, 사마상여는 이 일이 바꿀 수 없음을 알고 파촉의 논함을 빌려 무제를 풍간(諷諫)하고 또한 사신을 보낸 취지를 백성들에게 알렸다.[6] 병졸이 북문(僰門)을 열어 남중(南中)과 통하게 했다. 사마상여는 부절(符節)을 쥐고 월수(越巂)를 열었고, 안도후(按道侯) 한설(韓說)은 익주(益州)를 열었다. 무제는 당몽을 도위로 임명하여 장가(牂柯)를 열게 했는데, 후한 폐물로 여러 종족의 후왕(侯王)들에게 깨우쳐 고하게 하니 후왕들이 복종했다. 그리하여 죽왕(竹王)을 참수하고 장가군(牂柯郡)을 설치하여 오패(吳霸)를 태수로 삼았다. 그리고 월수(越巂)・주제(朱提)・익주(益州) 등과 함께 4개 군을 설치했다. 후에 이복(夷濮) 사람들이 〈장가〉성을 가로막았는데, 모두 죽왕이 사람의 혈기(血氣)로 태어난 것이 아님을 원망스럽게 하소연하고 후사(後嗣)를 세울 것을 요청하여 오패가 표(表)를 올려 죽왕의 세 아들들을 열후(列侯)로 봉할 것을 청했다. 그들이 죽고 아비의 사당에 배향했다. 지금의 죽왕삼

---

5 야랑국 옆에 … 설치할 만하다: 《사기(史記)》〈사마상여열전(司馬相如列傳)〉에 "이때 공(邛), 착(筰)의 군장(君長)들은 남이(南夷)가 한나라와 통하여 상을 받은 것이 많다는 소식을 듣고 대부분 한나라 신하가 되기를 원했다. 한나라의 관리를 두고 남이와 동등한 대우를 해 줄 것을 청했다. 천자가 상여에게 물으니, 상여가 말하기를, '공(邛), 착(筰), 염(冉), 방(駹)은 촉군(蜀郡)과 가깝고 길도 또한 통하기 쉽습니다.…'라고 했다.[是時邛筰之君長聞南夷與漢通, 得賞賜多, 多欲願爲內臣妾, 請吏, 比南夷. 天子問相如, 相如曰: 邛筰冉駹者近蜀, 道亦易通…]"라는 내용이 나온다.

6 파촉의 … 백성들에게 알렸다: 《사기(史記)》〈사마상여열전(司馬相如列傳)〉에 "이에 글을 지어 촉군의 부로(父老)의 말의 형식을 빌려 자기가 상대방을 힐난하는 것으로써 천자를 풍간했다. 또 이어 그 사신으로서의 취지를 말하고 백성들로 하여금 천자의 뜻을 알게 했다.[乃著書, 籍以蜀父老爲辭, 而己詰難之, 以風天子, 且因宣其使指, 令百姓知天子之意.]"라고 했다. 원문 '지사(指使)'는 '사지(使指)'로 도치함이 옳다.

랑신(竹王三郎神)이 바로 이것이다.

한 소제(漢昭帝) 시원(始元) 원년(기원전 86)에 익주(益州)의 염두(廉頭)와 고증(姑繒) 등 24개 현의 백성들이 반란했다. 수형도위(水衡都尉) 여파노(呂破奴)가 관민(官民)을 모집하고 건위(犍爲)와 촉군(蜀郡)의 병사들을 징발하여 명을 받들고 달려가 이들을 격파하게 했다. 이후 3년이 지나 고증이 다시 반란하여, 도위 여벽호(呂辟胡)[7]가 이들을 쳤으나 패했다. 이듬해에 대홍려(大鴻臚) 전광명(田廣明) 등을 보내 크게 격파하고 참수하고 포로로 잡은 것이 5만 명이며, 잡은 가축이 10만여 마리다. 부유함이 중국과 같다. 그곳 수령[渠帥]인 망파(亡波)를 구정왕(鉤町王)으로 삼았다. 반란한 자를 격파하는 것을 도왔기 때문이다. 조정은 전광명에게 작위와 봉읍을 하사했다.[8]

한 성제(漢成帝) 때 야랑왕(夜郎王) 흥(興), 구정왕(鉤町王) 우(禹), 누와후(漏臥侯) 유(愈)는 번갈아 가며 서로 공격했다. 〈성제는〉 태중대부(太中大夫) 장광(張匡)으로 하여금 부절을 쥐고 그들을 화해시키라고 명했다. 구정왕과 야랑왕은 불복하여 나무를 깎아 한(漢)나라 관리처럼 만들고 활로 쏘았다. 대장군 왕봉(王鳳)이 금성사마(金城司馬) 진립(陳立)을 장가 태수(牂柯太守)로, 하패(何霸)를 중랑장(中郎將)으로 삼을 것을 추천하여 익주(益州)에서 출병했다. 진립이 장가 태수로 부임한 뒤에 홀로 야랑에 이르러 흥을

---

7 여벽호(呂辟胡): 앞의 여파노와 동일 인물이다. 《한서(漢書)》〈소제기(昭帝紀)〉에는 '여파호(呂破胡)'로 표기했다.

8 그곳 … 하사했다: 《한서(漢書)》〈서남이전(西南夷傳)〉에 "구정후 망파는 그 마을의 군장과 백성을 이끌고 반역자를 토벌하여 참수하거나 노획에 공을 세웠기에 망파를 구정왕으로 삼고자 한다. 대홍려인 전광명에게 관내후의 작위를 내리고 식읍은 3백호로 한다.[鉤町侯亡波率其邑君長人民擊反者, 斬首捕虜有功, 其立亡波爲鉤町王. 大鴻臚廣明賜爵關內侯, 食邑三百戶.]"라고 했다.

소환했다. 홍은 부락 수령 수십[9] 명과 함께 와서 진립을 만났다.[10] 진립은 질책하고 홍의 목을 베니 부락의 수령들이 모두 기꺼이 복종했다. 홍의 장인 옹지(翁指)와 그의 아들은 부끄러워 다시 반란했다. 진립이 그들을 토벌하여 남쪽 변방에 위엄을 떨쳤다.

한 평제(漢平帝) 말에 재동(梓潼) 사람 문제(文齊)가 익주 태수(益州太守)가 되었다. 공손술(公孫述) 때 그는 전 군(郡)을 점거하고 불복했다. 광무(光武) 유수(劉秀)가 칭제(稱帝)하고 남중(南中) 사람들이 의롭다고 여겼다. 익주 서부 지역은 금은보화가 나는 땅이다. 그곳에서 관리를 지내는 사람은 모두 부가 10대에까지 이르렀다. 효명제(孝明帝) 초에 광한군(廣漢郡)의 정순(鄭純)은 홀로 청렴함을 숭상하여 조금도 법을 거스르지 않았다. 이인(夷人)과 한인(漢人)이 노래를 불러 칭송했으며 표를 올려 그를 추천하는 사람이 수를 헤아릴 수 없을 정도로 많았다. 위로는 삼사(三司)로부터 아래로는 경사(卿士)에 이르기까지 그를 칭찬하지 않은 이가 없었다. 명제가 그를 칭찬하여 영창군(永昌郡)의 태수로 임명했다. 장제(章帝) 때 촉군 사람 왕부(王阜)가 익주 태수가 되었는데, 문치교화(文治敎化)가 남달랐다. 4필의 신마(神馬)가 전지하(滇池河)에서 나왔고, 감로(甘露)가 내렸으며, 흰 까마귀가 출현하여 처음으로 문학이 흥기하니 점차 그 풍속이 달라져 갔다. 안제(安帝) 영초(永初) 연간에 한중(漢中), 음평(陰平), 광한(廣漢)의 강족(羌族)이 반란하여 출정하여 전쟁하기를 여러 해 계속했다. 원초(元初)

---

9 수십: 원문 '수천(數千)'은 '수십(數十)'이 되어야 옳다.

10 진립이 … 만났다: 《한서(漢書)》 〈서남이전(西南夷傳)〉에 "〈진립이〉 홍의 나라 저동정(且同亭)에 도착하여 홍을 소환했다. 홍은 무리 수천 명을 거느렸고 읍군(邑君) 수십 명을 데리고 저동정에 들어와 진립을 만났다.[至興國且同亭, 召興. 興將數千人往至亭, 從邑君數十人入見立.]"라고 했다.

4년(117)에 익주(益州), 영창(永昌), 월수(越嶲)의 여러 이인(夷人)들 가운데 봉리(封離) 등이 반란하여 무리가 10만여 명에 달했는데 대부분의 지역들이 이들에 의해 파괴되었다.[11] 익주 자사(益州刺史) 장교(張喬)가 종사(從事)인 촉군(蜀郡) 사람 양송(楊竦)을 보내 병사들을 이끌고 이들을 토벌하게 했다. 양송은 먼저 조서(詔書)로 효유(曉諭)했다. 효유에 따르지 않으면 방책을 써서 말끔히 토벌할 요량이었다.[12] 대체로 오랑캐 3만여 명을 죽이고, 사로잡은 포로가 1,500명이며, 재물이 40만여 전(錢)이고, 항복하여 사면한 이인이 36개 종족이며, 죄상을 열거하여 탄핵한 간신과 탐관이 90명이며 그 가운데 황색 인끈[黃綬]을 차고 다니는 관리가 60명이다.[13] 여러 군들이 모두 평정되었다. 양송은 다치고 죽은 〈사람이 많아〉 공이 기록되지 않았다. 이후로 50여 년 동안 비교적 안녕했다. 영제(靈帝) 희평(熹平, 172-177) 연간에 만이(蠻夷)가 다시 반란하여 익주 태주 옹척(雍陟)을 납치했다. 조정은 어사중승(御史中丞) 주귀(朱龜)를 보내 병주(幷州)와 양주(凉

---

11 원초(元初) 4년(117)에 … 파괴되었다: 《후한서(後漢書)》〈공도이전(邛都夷傳)〉에 "그때 군현에서 징수하는 각종 부렴이 번잡했는데, 〈원초(元初)〉 5년에 권현(卷縣)의 서남이인(西南夷人) 대우종(大牛種)의 봉리(封離) 등이 반기를 들고 수구(邃久) 현령을 살해했다. 다음 해에 영창군, 익주군 및 촉군의 서남이들이 모두 반기를 들어 호응하자 무리는 10만에 달했다. 20여 현의 성을 파괴하고 관리를 죽였으며, 성읍을 불사르고 백성을 노략질하니 해골이 겹겹이 쌓였고 천 리에 인적이 없었다.[時郡縣賦斂煩數. 五年, 卷夷大牛種封離等反畔, 殺邃久令. 明年, 永昌益州及蜀郡夷皆叛應之, 衆遂十餘萬. 破壞二十餘縣, 殺長吏, 燔燒郡邑, 剽掠百姓, 骸骨委積, 千里無人.]"라고 했다.

12 익주 자사 … 요량이었다: 《후한서(後漢書)》〈공도이전(邛都夷傳)〉에 "장교는 이에 종사이 양송을 보내 군사를 거느리고 접유현에 이르러 공격하게 했다. 적이 강성하여 진격하지 못했다. 그전에 조서로 3개 군에 고시하여 비밀히 무사를 모집하여 큰 상을 내걸었다. 이에 양송이 진군하며 봉리 등과 싸워 적을 대파했다.[喬乃遣從事楊竦將兵至楪楡, 擊之. 賊盛, 未敢進, 先以詔書告示三郡, 密徵求武士, 重其購賞. 乃進軍, 與封離等戰, 大破之.]"라고 했다.

13 죄상을 열거하여 … 60명이다: 원문 '장리(長吏)'는 현령 이상의 군현 장관(長官)이다. 한나라 제도에 연봉 200석에서 400석까지의 관리는 황색 인끈[黃綬]을 찬다.

州)의 정예군을 거느리고 토벌하게 했으나 이기지 못했다. 조정에서 논의하여 정벌할 수 없다 하여 주애군(朱厓郡)의 선례를 따라 이 지역을 버렸다. 태위연(太尉掾) 파군(巴郡) 사람 이옹(李顒)이 방책을 바쳤는데, 토벌할 수 있다고 여겼다. 영제가 이에 이옹을 익주 태수로 임명하여, 자사(刺史) 방지(龐芝)와 함께 토벌하게 하고, 주귀를 불러 조정으로 돌아오게 했다. 이옹은 파군의 판순족(板楯族) 군대를 이끌고 토벌하며 모두 무찔렀기에 옹척이 살아서 나올 수 있었다. 후에 다시 반란했다. 재동(梓潼) 사람 경의(景毅)가 익주 태수가 되었다. 동란(動亂)을 거치고 난 뒤 한인(漢人)과 이인(夷人)이 생활이 곤란하고 굶주렸다. 쌀 한 말에 1천 전(錢)이나 하니 모두 뿔뿔이 흩어졌다. 경의가 안정시키고 난 뒤 쌀 한 말에 8전했다.

건안(建安) 19년(214)에 유 선주(留先主)가 촉을 평정하고, 안원장군(安遠將軍) 남군(南郡) 사람 등방(鄧方)을 보내 주제 태수(朱提太守) 내강도독(庲降都督)으로 남창현(南昌縣)을 다스리게 했다. 등방은 재물을 가벼이 여기고 결단력이 있으며 굳세니 이인(夷人)과 한인(漢人)이 그의 위신(威信)을 존숭했다. 등방이 죽자 유 선주는 치중 종사(治中從事) 건녕(建寧) 사람 이회(李恢)에게 누가 그를 대신할 수 있을지에 대해 물었다. 대답하기를, "서영(西零)에서 전역(戰役)했을 때 조충국(趙充國)이 말하기를, '늙은 신하만 한 것이 없다.'라 했습니다." 선주가 드디어 이회를 등용하여 도독으로 삼았는데, 평이현(平夷縣)을 치소로 했다. 선주가 죽은 뒤 월수수수(越巂叟帥) 고정원(高定元)이 군(郡)을 지키는 장군[郡將]인 초황(焦璜)을 죽이고, 전 군(郡)을 들어 왕을 칭하고 반란했다. 익주(益州)의 대성(大姓)인 옹개(雍闓) 또한 태수 정앙(正昂)을 죽이고, 촉군(蜀郡)의 장예(張裔)를 태수로 추대했다. 옹개가 귀신의 지시[鬼教]를 가장하여 말하기를, "장예 부군(府君)[14]은 호로병처럼 생겨서 겉은 비록 윤기가 나지만 속은 거칩니다. 그를 죽이려 해도 죽일 수 없으니 포박하여 오(吳)나라에 주십시오."라고 했다. 그래서 장예를 잡아 오나라로 보냈다. 오왕 손권(孫權)은 옹개를 멀리서 등용하여[遙用] 영창 태수(永昌太守)로 삼았다. 고인이 된 유장(劉璋)의 아들 유천(劉闡)을 보내 익주 자사(益州刺史)로 삼고, 교주(交州)와 익주 사이에 주재하여 근무하게 했다. 장가군(牂柯郡)의 승(丞)인 주제(朱提) 사람 주포(朱褒)는 태수의 직을 받고 횡포했다. 승상 제갈량이 이제 막 국상을 당했기에[15] 곧바로 병력을 움직일 수 없어 월수 태수 파서(巴西) 사람 공록(龔祿)을 보내 안상현(安上縣)에 주재하면서 멀리서 군(郡)을 다스리게 했다. 종사(從事)인 촉군(蜀郡) 사람 상기(常頎)에게 속군(屬郡)을 순찰하여 남쪽으로 들어가게 했다. 도호(都護) 이엄(李嚴)에게 편지를 써 옹개를 효유(曉諭)하게 했다. 옹개가 답하기를, "제가 듣기로 하늘에는 두 개의 태양이 없고, 선비에게는 두 명의 주군이 있을 수 없습니다. 지금 천하가 갈라져 책력이 셋이라[16] 〈저희 같이〉 멀리 있는 사람은 어디로 귀부해야 할지 알지 못합니다."라고 했다. 그 오만함이 이와 같다. 상기는 장가(牂柯)에 이르러 군(郡)의 주부(主簿)를 잡아 〈태수가 저지른〉 악행에 관해 고신(拷訊)했다. 주포가 이에 〈상기를〉 죽이고 난을 일으켰다. 익주의 이인(夷人)들이 다시는 옹개를 따르지 않는데, 옹개는 건녕(建寧) 사람 맹획(孟獲)을 보내 이인들의 어른[夷帥]을 설득하여 말하기를, "관부(官府)는 검정개 300마리를 얻고자 하는데 가슴 앞쪽이 모두 검어야 하고, 진드기의 골수[蟎腦][17]는 3말이어

---

14 부군(府君): 한나라 때 태수(太守)의 존칭으로 쓰였다.

15 국상을 당했기에: 유비(劉備)가 죽은 것을 가리킨다.

16 책력이 셋이라: 옛날 중국에서 제왕이 새로 나라를 세우면 세수(歲首)를 고쳐 신력(新曆)을 천하에 반포하여 실시했다. '책력이 셋'이란 것은 새로이 세운 나라가 셋이란 뜻이다.

17 진드기의 골수[蟎腦]: 원문 '만뇌(蟎腦)'가 무엇을 뜻하는지 분명치 않다. 혹자는 이것이

야 하고, 길이 3장(丈)의 산유자나무[18]는 3천 뿌리여야 하는데 얻어 줄 수 있는지요?"라고 했다. 이인은 맹획의 말이 옳다고 여겨 모두 옹개를 따랐다. 산유자나무는 단단하며, 성질이 잘 휘어진다. 높이는 2장을 넘지 않아 맹획이 이것으로 이인을 속였다.

건흥(建興) 3년(225) 봄 제갈량(諸葛亮)이 남정(南征)했는데, 안상현(安上縣)에서 수로를 통해 월수(越嶲)로 들어갔다. 따로 마충(馬忠)을 보내 장가(牂柯)를 정벌하고, 이회(李恢)는 익주(益州)로 향하게 했으며, 건위 태수(犍爲太守) 광한(廣漢) 사람 왕사(王士)를 익주 태수(益州太守)로 삼았다. 고정원(高定元)은 모두(旄頭), 정작(定筰), 비수(卑水)에 보루를 많이 만들었다. 제갈량은 고정원의 군대가 집합하기를 기다렸다가 함께 공격할 요량으로 비수에 주둔했다. 고정원의 부하가 옹개와 백성들을 죽여서 맹획이 옹개를 대신하여 우두머리가 되었다. 제갈량이 고정원을 죽이고서 마충이 장가를 무너뜨렸고, 이회는 남중(南中)에서 패했다. 여름 5월에 제갈량이 노수(瀘水)를 건너 익주로 진격했다. 맹획을 사로잡아 군영에 두고 물었다. "나의 군대가 어떠하오?" 맹획이 대답했다. "서로 잘 알지 못한 것이 한스럽소. 그대는 쉽게 이길 수 있소."라고 했다. 제갈량은 나라의 중요한 일은 북쪽에 있다고 여겼는데, 남중이 반란을 좋아하여 마땅히 그들의 속임수를 중단시켜야 한다고 생각했다. 그래서 맹획을 풀어 주고 돌아가 군대를 집결하여 다시 싸우게 했다. 일곱 번 사로잡고 일곱 번 모두 풀어 줬다.

석영의 일종인 '마노(瑪瑙)'를 가리킨다고 한다. 조학전(曹學佺)의 《촉중광기(蜀中廣記)》 권59에서는 이것을 '별(鱉)'이라 했는데, 좌사(左思)의 〈촉도부(蜀都賦)〉에 나오는 '별이(鱉蛦)'이다. 유규(劉逵)의 주(注)에 "새 이름이다. 지금에 이르는 산꿩과 같다. 수컷은 색이 얼룩지고, 암컷은 검다.[鳥名也, 如今之所謂山鷄, 其雄色斑, 雌色黑.]"라고 했다.

18 산유자나무: 원문은 '착목(欘木)'인데, 유림(劉琳)의 교주(校注)를 따라 '작목(柞木)'으로 보고 번역했다.

맹획 등이 심복(心服)했으며, 이인(夷人)과 한인(漢人)들 또한 마음이 선한 것으로 돌아갔다. 제갈량이 다시 맹획에게 물었다. 맹획이 대답하기를, "명공(明公:높은 벼슬아치를 높여 부르는 말)이시여!〈그대의 군대는〉상제(上帝)의 위력이 있습니다. 변방 백성들이 나쁜 짓을 하지 않을 것입니다."라고 했다. 가을에 드디어 4개 군[19]이 평정되었다. 익주를 고쳐 '건녕(建寧)'이라 하고, 이회를 태수로 삼고 안한장군(安漢將軍)에 임명했으며 교주 자사(交州刺史)의 자리를 주었으며, 치소를 미현(味縣)으로 옮겼다. 건녕과 월수를 나누어 운남군(雲南郡)을 설치하고, 여개(呂凱)를 태수로 삼았다. 또 건녕과 장가를 나누어 홍고군(興古郡)을 설치하고, 마충(馬忠)을 장가 태수(牂柯太守)로 삼았다. 남중(南中)의 정예군과 청강(靑羌)의 1만여 호를 촉으로 옮기고, 5개 부대로 나누니 당해 낼 적이 없어 '비군(飛軍)'이라 불렀다. 허약한 백성들을 나누어 대성(大姓)인 초씨(焦氏)·옹씨(雍氏)·누씨(婁氏)·흔씨(爨氏)·맹씨(孟氏)·양씨(量氏)·모씨(毛氏)·이씨(李氏) 등에게 분배하여 군대[部曲]를 만들었다. 오부도위(五部都尉)를 두고 '오자(五子)'라 불렀다. 그러므로 남인(南人)들은 '사성오자(四姓五子)'를 말한다. 이인들 대부분이 굳세고 사나워 대성 부호들에게 복종하지 않자 〈조정은 대성들에게〉 금과 비단을 내놓도록 권하고, 꾀가 있고 나쁜 짓을 잘 저지르는 이인을 초빙하여 군대를 만들었다. 많은 사람을 징발하는 자는 대대로 관직을 세습하게 했다. 이에 이인이 재화를 탐하여 점차 한인에게 복속하여, 이인과 한인의 군대를 이루게 되었다. 제갈량은 건녕 사람 흔습(爨習), 주제(朱提) 사람 맹염(孟琰)과 맹획 같은 준길한 사람들을 거두어 관속(官屬)으로 삼았는데, 흔습은 관직이 영군(領軍)에 이르렀고, 맹염은 보한장군(輔漢將軍), 맹획은 어사중승

---

19 4개 군: 월수(越嶲)·익주(益州)·장가(牂柯)·주제(朱提)이다.

(御史中丞)을 맡았다. 그들은 그곳에서 나는 금은·단(丹)·옻[漆]·밭을 가는 소·전마(戰馬) 등을 바쳐 나라의 쓰임에 보태니, 도독은 항상 그곳 사람을 중용(重用)했다.

이회(李恢)가 죽은 뒤 촉군 태수(蜀郡太守) 건위(犍爲) 사람 장익(張翼)을 도독으로 삼았다. 장익은 법을 준수하는 것이 엄격하여 풍속이 다른 이들과 화합하지 못했다. 이인(夷人) 수령 유주(劉胄)가 반란하여 장익을 불러들이고 마충(馬忠)으로 하여금 장익을 대신하게 했다. 마충이 아직 이르지 않았는데 장익은 공전(攻戰)의 방략(方略)을 만들고 〈전쟁〉 물자를 마련해 두었다. 아래쪽 사람들이 두려워했다. 장익이 말하기를, "우리는 바야흐로 전쟁에 임하려 한다. 어찌 관직에서 파면되었다는 이유로 나라의 일을 그르칠 수 있겠는가?"라고 했다. 마충이 이르러 장익의 뒤를 이어 유주를 멸했다. 촉은 장익에게 관내후(關內侯)의 작위를 주었다. 마충이 남중(南中)에 있었을 때 먼 곳에 있는 백성들에게는 부드럽게 대하고 가까운 곳에 있는 백성들과는 화목하게 지내[柔遠能邇] 자못 혜애(惠愛 ^{은혜롭게})를 베풀었다. 관직이 진남대장군(鎭南大將軍)에 이르렀다. 죽은 뒤에 남인(南人)들이 그를 위해 사당을 세우고 수해나 가뭄이 나면 그곳에서 기도했다. 〈마충이 죽은 뒤에〉 촉군(蜀郡) 사람 장표(張表)로 하여금 그를 대신하게 하고, 안남장군(安南將軍)에 임명했다. 또 건위 사람 양희(楊義)를 참군(參軍)으로 삼아 그를 보좌하게 했다. 장표의 뒤에 남군(南郡) 사람 염우(閻宇)를 도독으로 삼고, 남군 사람 곽익(霍弋)을 참군으로 삼았다. 곽익은 자못 보좌[參毗]를 잘하여[20] 염우를 대신하여 감군(監軍), 안남장군(安南

---

20 보좌[參毗]를 잘하여: 곽익은 태자 선(璿)의 속관이었다. 《촉지(蜀志)》 〈곽익전(霍弋傳)〉에 "선은 말을 타고 활쏘기를 좋아하여 출입에 법도가 없었다. 곽익이 옛 뜻을 끌어당겨 규간했는데, 자못 절차(切磋)의 격식을 갖추었다.[璿好騎射, 出入無度. 弋援引古義, 盡言規諫, 甚得

將軍)이 되었다. 그는 이속(異俗)의 사람들을 위무(慰撫)하고 그들과 화목하게 지내어, 그들을 위해 법을 세우고 가르침을 베풀었으며, 〈처벌의〉 경중(輕重)이 이치에 맞으니 이인과 진인(晉人(漢人(한인)))이 모두 그의 다스림을 편안하게 여겼다. 진(晉)나라 때 이르러서도 계속해서 그 임무를 맡았다. 그때 교지국(交趾國)이 진나라에 귀부(歸附)하지 않자 곽익을 보내 교주 자사(交州刺史)에 부임하게 하여, 그곳 형편에 맞게 장리(長吏)를 뽑아 쓸 수 있게 했다. 지금의 관리는 이인들과 화해하거나 그들을 처벌할 때 모두 곽익의 고사에 의거하여 처리한다. 곽익이 죽고 그의 아들 곽재(霍在)는 그의 지위를 물려받아 그곳의 병사들을 통솔했는데, 여러 대성들과 화목하게 지냈다. 진나라는 파서 태수(巴西太守) 오정(吳靜)이 관직에 있은 지 여러 해가 되어 백성들을 진휼하는데 사이가 좋지 않게 되었다. 군사(軍司) 선우영(鮮于嬰)이 표를 올려 오정을 소환할 것을 요청했다. 선우영이 그로 인해 그를 대신하게 되었다.

태시(泰始) 6년(270)에 익주(益州)가 커서 남중(南中) 4개 군을 나누어 영주(寧州)로 만들고, 선우영을 자사(刺史)로 삼았다. 함녕(咸寧) 5년(279)에 상서령(尚書令) 위관(衛瓘)이 주군(州郡)을 겸병(兼幷)할 것을 상주(上奏)했다. 태강(太康) 5년[21](284)에 영주의 설치를 취소하고 남이부(南夷府)를 설치하고, 천수(天水) 사람 이의(李毅)를 교위(校尉)로 삼아 부절을 쥐고 병사들을 통솔하여 남중(南中)을 진수(鎭守)하고, 58개 부락의 이족(夷族)과 도감(都監)을 통솔하여 일을 처리하게 했다. 매양 이인(夷人)들이 남이부에 공물을 바칠 때마다 소·금·모직물[罽]·말 등이 들어오는데 걸핏하면 그 수가

切磋之體.」라고 했다. 원문 '예(禮)'는 '체(體)'가 되어야 옳다.

21 태강(太康) 5년: 원문은 '태강삼년(太康三年)'으로 되어 있다.

1만을 헤아렸는데, 모두 사전에 교위 관속들에게 선물을 보냈다. 그들이 군과 현에 공물을 바치는 것 또한 이와 같았다. 남인(南人)들은 이를 풍요롭다 여겼다. 사성(四姓)의 자제들이 출사할 때는 반드시 먼저 도감을 거쳤다.

이인(夷人) 가운데 큰 부족은 '곤(昆)'이라 하고, 작은 부족은 '수(叟)'라고 한다. 모두 두발을 굴곡지게 하고, 나무 귀걸이를 하고, 철사로 동여맨 목걸이를 한다. 두령[大侯王]이 없으니, 문산(汶山)과 한가(漢嘉)의 이인들과 같다. 이인들 가운데 걸출하고 영리하며 의론으로 동족을 굴복시키는 사람들은 '기로(耆老)'라 하여 우두머리가 되었다. 그들은 의론을 벌일 때 비유하기를 좋아했는데, 이를 《이경(夷經)》이라 일컬었다. 지금 남인(南人)들의 의론은 학자라 하더라도 태반은 《이경》을 인용한다. 이인과 통혼을 하는 것[22]을 '황야(遑耶)'라 하고, 동족과 혼인하는 것을 '자유야(自有耶)'라고 한다. 세상이 혼란하여 범죄를 저지르면 이러한 관계에 의거하여 숨을 곳을 제공한다. 혹자가 이르기를, 어떤 사람이 관아의 처벌을 받으면 이인은 그를 위해 복수한다고 한다. 이인과 관계가 돈독한 사람을 '백세황야(百世遑耶)'라고 하는데, 서로 간에 쌓은 정이 마치 골육의 관계와 같아 그들의 은신처가 되었다. 그러므로 남인(南人)들은 함부로 난리를 일으키는데, 이러한 관계를 믿기 때문이다. 이들의 풍속은 〈무슨 일이라도 생기면〉 무당을 찾으며, 맹세하기를 좋아하고, 돌을 던지거나 풀을 엮는다.[23] 관부(官府)는 항상 결맹(結盟)한 상황을 살펴서 그들을 초청한다. 제갈량(諸葛亮)은 이인들을 위해 도보(圖譜)를 만들었다. 먼저 천지(天地),

---

22 이인과 통혼하는 것: 원문 '성(姓)'은 '혼(婚)'이 되어야 옳다.
23 돌을 던지거나 풀을 엮는다: 이인들이 점을 치는 방법이다.

일월(日月), 군장(君長), 성부(城府)를 그리고, 다음으로 신룡(神龍)을 그렸는데, 용이 이인을 나게 했다. 그리고 소와 말 그리고 양을 그렸다. 그다음으로 주리(主吏중국 한나라 때 군현 지방관의 속관)를 그렸는데, 말을 타고 기치(旗幟)를 드높이고 일산(日傘)을 펼치고는 순행하며 백성들을 안무하는 모습이다. 또 소를 끌거나 술독을 등에 지고, 금은보화를 가져와서 주리에게 이르는 모습을 그렸다. 제갈량은 이 도보를 이인들에게 주었다. 이인들은 이 도보를 매우 소중하게 여겨, 돈을 주고 한인(漢人)들에게서 포로를 사는 것을 허락했다. 또한 그들에게 상서로운 비단[瑞錦]과 철로 만든 맹약서를 주었는데, 지금까지도 모두 보존되어 있다. 자사와 교위가 새로 부임할 때마다 가져와서 보여 줬다. 움직일 때도 이와 같았다.

이의(李毅) 뒤로 영창(永昌) 사람 여상(呂祥)이 교위(校尉)가 되었다. 여상 뒤로 여러 사람이 〈이곳의 교리가 되었는데,〉 광한(廣漢) 사람 이의가 운남(雲南)과 건위(犍爲) 군수(郡守)에서 교위가 되었다. 시간이 흘러 건녕 태수(建寧太守) 파서(巴西) 사람 두준(杜俊)과 주제 태수(朱提太守) 재동(梓潼) 사람 옹약(雍約)은 겁이 많고 우둔하여 치적(治績)이 없었으며, 정사(政事)는 뇌물로 성사되었다. 두준은 대성(大姓)인 철관령(鐵官令) 모선(毛詵)과 중랑(中郎) 이예(李叡)의 군대를 빼앗고, 모선의 아우인 모내(毛耐)의 죄를 다스렸다. 주제의 대성인 태중대부(太中大夫) 이맹(李猛)은 재간이 있고 그의 아우는 공조(功曹)가 되어 각각 마땅히 〈재능을〉 살펴 천거됐어야 했으나, 두준과 옹약은 도위 뇌봉(雷逢)의 뇌물을 받아 뇌봉의 아들인 뇌소(雷邵)를 효렴(孝廉)으로 추전하고, 이맹을 예로 대하지 않아 이맹 등은 이를 원망했다. 태안(太安) 원년(302) 가을에 모선과 이예는 두준을 몰아내고 반란했다. 이맹이 두 사람에게 편지를 보내 말하기를, "옛날 노나라 제후[24]가 무도(無道)하여 계손씨(季孫氏)가 그를 몰아냈습니다. 하늘이 백성들을 사랑하는 것이 임금과 스승이 다스리는 바입니다. 두 분이 옛사람을 추종하여, 어진 사람을 보면 본받으려 한다[25]는 것을 압니다. 두 분께서 〈탐관오리를〉 쓸어버리시니 우리 군은 무척 부끄럽습니다."라고 했다. 그 또한 옹약을 몰아내고 그들에 호응하여 반란하니 무리가 수만이었다. 이의가 그들을 공격하여 깨뜨리고 모선의 목을 베었다. 이예가 달아나 황야구채이(遑耶丘蔡夷)의 수령인 우릉승(于陵承)에게 의지했다. 이맹이 투항서(投降書)를 써서 말하기를, "우리들은 편벽한 황야에서 생장하여 예교(禮敎)에 통달하지 않아, 헛되이 이웅(李雄)[26]과 더불어 마음을 같이하여[和光][27] 세력을 한데 모았습니다. 비록 〈제갈량처럼〉 오장원(五丈原)[28]에 군대를 주둔하여 위수(渭水) 유역을 공략할 수는 없지만, 〈공손술(公孫述)처럼〉 북으로 포사도(襃斜道)를 끊고 동쪽으로 영안(永安)에 웅거하기를 희망합니다.[29] 물러나 하늘이 내려 준 상서로운 징조[靈符]를 살펴보니 진(晉)나라의 덕이 장구(長久)하니, 진실로 광부(狂夫)가 간여할 수 있는 바가 아닙니다. 문득 저는 겉모습을 바꾸어[革面][30] 관련 있는 관리에게 죄를 물

---

24 노나라 제후: 노 소공(魯昭公)을 가리킨다.

25 어진 사람을 보면 본받으려 한다: 《논어(論語)》 〈이인(里仁)〉에 나오는 말이다.

26 이웅(李雄): 이특(李特)이 되어야 옳다. 《자치통감(資治通鑑)》 권84에 "건녕 태수 대성 이예와 모선이 태수 허준을 몰아내고, 주제 대성 이맹이 태수 옹약을 몰아내어 이특에 응했다.[建寧大姓李叡毛詵逐太守許俊, 朱提大姓李孟逐太守雍約以應特.]"라고 했다.

27 마음을 같이하여[和光]: 원문 '화광(和光)'은 《노자(老子)》에 나오는 말이다.

28 오장원(五丈原): 중국 섬서성에 있는 옛 전쟁터이다. 234년에 제갈량이 사마의와 대진 중에 병사한 곳이다. 촉나라는 제갈량의 목상(木像)을 진두(陣頭)에 내걸었는데, 이를 본 사마의는 싸우지 않고 퇴진했다.

29 북으로 … 희망합니다: 《후한서(後漢書)》 〈공손술전(公孫述傳)〉에 "북으로는 한중군(漢中郡)이 웅거하고, 포사도(襃斜道)의 험준함이 막아 주며, 동쪽으로 파군(巴郡)을 수비하여 한관(汗關)의 입구를 막을 수 있으며, 땅이 사방 수천 리에 전사(戰士)가 100만이 넘습니다.[北據漢中, 杜襃斜之險. 東守巴郡, 拒扞關之口, 地方數千里, 戰士不下百萬.]"라고 했다.

어야 합니다."라고 했다. 이의는 그의 말을 싫어하여 그를 유인하여 죽였다.

영창군(永昌郡)을 통솔하는 종사(從事) 강양(江陽) 사람 손변(孫辨)은 남중(南中)의 형세에 관해 표를 올렸다. "7개 군[31]은 가파르고 험준하여, 진나라가 미치는 힘이 미약하고 이인(夷人)의 세력이 강합니다. 게다가 이곳 토착민들은 억눌리고 막혀 있습니다. 마땅히 영주(寧州)를 회복하여 그들을 진정시키고 위로해야 합니다."라고 했다. 겨울 11월 병술일에 조정은 조서를 내려 영주를 다시 설치하고, 장가(牂柯), 익주(益州), 주제(朱提)를 더하여 통솔하니 모두 7개 군이다.[32] 〈이의(李毅)를〉 자사로 삼고, 용양장군(龍驤將軍)의 직함을 더하고, 성도현후(成都縣侯)에 진봉(進封)되었다.

〈태안(太安)〉 2년(303)에 우릉승(于陵承)이 이의(李毅)를 알현하여 이예(李叡)의 죄를 용서해 달라고 청했는데, 이의가 이를 허락했다. 이예가 이르렀는데, 〈이의의〉 부하들이 모선(毛詵)과 이예가 주(州)의 땅을 깨뜨리고 어지럽혔다고 여겨 그를 죽이려 하자 이의는 할 수 없이 허락했다. 이예가 죽자 우릉승과 모선 그리고 맹황야(猛遑耶)는 노하여 모반을 선동했다. 그들은 건녕 태수(建寧太守) 파서(巴西) 사람 마의(馬義)[33]를 받들어 자사(刺史)로 삼고 군을 불태웠다.[34] 거짓이 드러나[35] 이의는 마침 병이 났는

---

30 겉모습을 바꾸어[革面]: 개과천선함을 뜻한다.

31 7개 군: 건녕(建寧)·운남(雲南)·홍고(興古)·영창(永昌)·장가(牂柯)·월수(越嶲)·주제(朱提) 등이다.

32 모두 7개 군이다: 원문 합자군(合剌郡) '지(剌)' 자는 '칠(七)' 자의 오기로 보아 번역했다.

33 마의(馬義): 원문은 '마회(馬恢)'이다. 《촉지(蜀志)》〈마충전(馬忠傳)〉 배송지(裴松之) 주(注)에 "마회(馬恢)의 아들 마의(馬義)는 진나라 건녕 태수이다.[恢子義, 晉建寧太守.]"라고 했다. 이 때는 마충이 죽은 지 50여 년이 지난 뒤라 원문 '회(恢)' 자를 '의(義)' 자의 오기로 보고 번역했다.

34 군을 불태웠다: 군성(郡城)에 진나라 백성들이 많았기 때문에 불을 놓아 그들을 위협했다.

데도 힘을 다해 출군(出軍)했다. 처음에는 마의를 구할 작정이었으나 실제 정황을 듣고는 마의를 죽였다. 이인(夷人)들이 갈수록 강성해져 군현을 파괴하고 관리와 백성들을 죽였다. 마침 이때 이의의 병이 심해지고 군대는 연거푸 불리해져, 진나라 백성들 가운데 일부는 〈도망하여〉 교주(交州)로 들어가거나 혹은 영창(永昌)과 장가(牂柯)로 들어갔으며, 나머지 반 또한 이인들의 포로가 되었다. 이인들은 이에 주성(州城)을 공격했다. 이의는 아픈 몸에도 있는 힘을 다해 고립된 성을 지켰다. 병세가 심해져서 이인들을 토벌할 수 없었다. 그때 이특(李特)과 이웅(李雄)이 익주(益州)에서 난을 일으켜, 그가 있는 그곳에서 뜻밖의 일이 생기더라도 구원병이 올 수 없었다. 이의는 상소를 올려 진사(陳謝 이유를 말하고)하기를, "약탈하고 포학스런 짓을 하는 사람을 막을[36] 수 없습니다. 병과 변고가 한꺼번에 닥쳐 오랑캐들을 유혼(遊魂)[37]처럼 떠돌게 했습니다. 병마(兵馬)와 곡식이 다하고 병기(兵器) 또한 다 닳아 버렸습니다. 구원을 청하는 것도 희망이 없으니 앉아서 죽는 날만을 기다릴 따름입니다. 하문(下問)하시거나 걱정하실 것이 없으시다면 대사(大使)를 보내 주실 것을 청합니다. 만약 신이 그때까지도 살아 있다면 중벌을 내려 주시옵소서. 만약 신이 이미 죽었으면 저의 시체를 벌리어 육시(戮尸)를 하시옵소서."라고 했다. 4년이 지난 광희(光熙) 원년(306) 봄 3월에 이의가 죽었다. 아들 이쇠(李釗)가 낙양(洛陽)에서 재임(在任)하고 있었는데, 돌아와 부상(赴喪)했다. 장가

---

35 거짓이 드러나: 마의(馬義)가 거짓으로 군정(軍情)을 보고한 것이 발각된 것을 가리킨다. 거짓으로 군정을 보고한 것은 이의의 군대를 유인하기 위함이었다.

36 약탈하고 … 사람을 막을:《시경(詩經)》〈대아(大雅) 민로(民勞)〉에 나오는 말이다.

37 유혼(遊魂):《주역(周易)》〈계사전(繫辭傳)〉에 "떠도는 혼은 변화한다.[遊魂爲變.]"라고 했다. 여기서는 남은 목숨을 겨우 부지해 나가는 것을 비유하는 말로 쓰였다.

(牂柯)에 이르렀을 때 길이 막혀 교주에 멈춰 머물렀다. 문무 관원들은 이의의 딸 이수(李秀)가 지혜롭고 사리에 밝으며, 아버지와 같은 재능을 지녔다 하여 그녀를 받들어 주(州)의 일을 맡게 했다. 이수는 처음에 한가 태수(漢嘉太守) 광한(廣漢) 사람 왕재(王載)에게 시집갔는데, 왕재는 피난하여 집이 남쪽에 있었기에 그녀와 함께 그를 추천하고, 왕재로 하여금 남이용양참군(南夷龍驤參軍)을 맡게 했다. 이수는 토벌한 공신들을 장려했는데, 식량이 이미 다 떨어져 사람들은 풀뿌리를 태우고 쥐를 구워 연명했다. 이수는 이인들이 태만하고 느슨해질 때를 엿보다가 출군(出軍)하여 엄습하여 격파했다. 처음부터 끝까지 3년이 지나서야 이쇠는 돌아올 수 있었다. 상중(喪中)에 문무 관원들이 다시 이쇠에게 주부(州府)의 일을 맡을 것을 재촉했다. 이의의 옛 관원이던 모맹(毛孟) 등이 낙양으로 가서 구원을 청하고, 심지어 자살하려 하니, 회제(懷帝)가 교주에 명을 내려 남중을 구조하게 했다. 이쇠를 평구장군(平寇將軍)으로 삼고, 남이호군(南夷護軍)의 지위를 주었다. 어사(御史) 조도(趙濤)를 보내 이의에게 소부(少府)의 관직을 하사하고 시호를 '위후(武侯)'라 했다. 교주 자사(交州刺史) 오언(吾彦)이 아들인 위원장군(威遠將軍) 오자(吾咨)를 보내 구원하게 했다.

조정은 광한 태수(廣漢太守) 위흥(魏興) 사람 왕손(王遜)을 남이교위(南夷校尉), 영주 자사(寧州刺史)로 삼아 이의를 대신하게 했다. 영가(永嘉) 원년(307)에 제수 받고 4년 뒤에야 부임했다. 그는 멀리서 건녕(建寧) 사람 동민(董敏)을 수재(秀才)로 천거했다. 군(郡)은 오랫동안 태수가 없었기에 공조(功曹)인 주열(周悅)이 군의 일을 수행했는데, 동민을 업신여겨 임명장[38]을 하달하지 않았다. 왕손이 부임한 뒤 노하여 주열을 죽었다. 주열의 아

---

38 임명장: 원문은 '판(板)'이다. 임명장을 목판에 썼기 때문에 '판'이라 했다.

우 진장 현령(秦臧縣令) 주병(周喁)은 이인(夷人)과 모의하여, 조도(趙濤)의 아버지 조혼(趙混)이 예전에 건녕 태수를 지내면서 백성들에게 은택을 베풀었기에 왕손을 죽이고 조도를 세우고자 했다. 왕손이 〈이 사실을 알고〉 주병과 조도를 죽였다. 이인과 진인(晉人)이 모두 두려워하지 않은 이가 없었다. 왕손은 이쇠를 주제 태수(朱提太守)로 삼아 남광(南廣)에 치소를 두고 이웅(李雄)을 막자는 표를 올렸다. 이때는 병란이 지난 뒤라 창고에는 한 말의 조[39]도 없고, 무리에는 1여(旅, 군사 500명을 한 단위로 하는 군대 편제)의 군대도 없으며, 관부와 민가는 텅 비어서 나라의 법기(法紀)가 느슨해지고 황폐해졌다. 왕손은 나쁜 옷을 입고 푸성귀를 먹으며 이인과 백성들을 소집했다. 이인들도 전란을 원하지 않아 점차로 또한 선한 것으로 돌아왔다. 오는 사람을 맞아 수고를 위로함을 게을리하지 않아 수년이 지나 본디의 형편으로 되돌아갔다. 오차이(五茶夷)가 예전에 반란의 수뇌였기에 그를 토벌하려 했으나 죄를 다스리지는 못했다. 마침 이인이 야랑장왕(夜郞莊王)의 무덤을 발굴하여 왕손이 이로 인해 그들을 토벌하여 멸했다. 나쁜 짓을 하는 요인(獠人)과 억센 이인 수천 부락을 토벌하여 남방에 위력을 떨쳤다. 왕손은 벼슬이 평서장군(平西將軍)과 안남장군(安南將軍)에 이르렀고, 익주 자사(益州刺史)를 겸했으며, 산기상시(散騎常侍)의 직위를 받았으며, 포중백(襃中伯)에 봉해졌다. 그러나 엄하고 사나움이 너무 지나쳤고 죽여 없앤 사람이 많았다. 건위 태수(犍爲太守) 주제(朱提) 사람 뇌소(雷炤)와 유민(流民) 음공(陰貢), 평락 태수(平樂太守) 동패(董覇)가 장가(牂柯), 평이(平夷), 남광(南廣)을 격파하고 북쪽으로 이웅에게 투항했다. 건녕 사람 흔양(釁量)과 익주 태수(益州太守) 이역(李易), 양수 태수(梁水太守) 동근(董憧) 등이 흥고군(興

---

39 한 말의 조: 원문 '두속(斗粟)'은 양식(糧食)이 거의 남아 있지 않음을 비유하는 말로 쓰였다.

古郡)과 반강(槃江) 이남의 땅을 점유하고 반란했다. 이웅은 숙부인 이양(李驤)을 보내 월수(越巂)를 격파하고 영주(寧州)를 토벌했다. 왕손은 독호(督護) 운남(雲南) 사람 요악(姚岳)으로 하여금 당랑현(堂螂縣)에서 이양에게 저항하게 했는데, 요악은 비록 크게 격파했지만 왕손이 지시하여 가르쳐 준 것을 따르지 않아 이양을 사로잡지는 못했다.

태흥(太興) 4년(321)에 왕손은 병이 나서 죽었다. 주(州) 사람들이 왕손의 둘째 아들 왕견(王堅)을 추천하여 주의 일을 맡게 했다.

영창(永昌) 원년(322)에 진(晉)나라 조정은 다시 영릉 태수(零陵太守) 남양(南陽) 사람 윤봉(尹奉)을 영주 자사(寧州刺史), 남이교위(南夷校尉)로 삼고 겸하여 안서장군(安西將軍)의 지위를 주었다. 윤봉은 엄준해야 할 형벌에 느슨하고 굼떴으며, 정무를 잘 처리하지 않았다. 함화(咸和) 8년(333)에 드디어 이웅(李雄)의 아우 이수(李壽)에 의해 패하여 붙잡혀 남중(南中)은 모두 이웅의 소유가 되었다. 오직 장가(牂柯)의 사서(謝恕)만이 이수에게 귀순하지 않아 군을 지켜 진나라에 귀속하게 되었다. 벼슬이 무이중랑장(撫夷中郎將), 영주 자사, 관군장군(冠軍將軍)에 이르렀다. 이해는 함화 8년이다.

장가군(牂柯郡)은 한 무제(漢武帝) 원정(元鼎) 2년(기원전 111)에 설치했다. 속현은 한(漢)나라 때 17개였으며, 6만 호이다. 진(晉)나라 때는 현이 4개, 5천 호였다. 낙양에서 5,610리 떨어졌다. 군은 위로 천정(天井)[40]과 상응하므로 큰비가 많이 내린다. 풍속은 귀신과 무술(巫術)을 좋아하고, 금기가 많다. 산을 불살라 밭을 일군다. 누에를 치거나 뽕나무를 심지 않는다.

---

40 천정(天井): 이십팔수(二十八宿)의 하나인 동정(東井)이다. 《사기(史記)》〈천관서(天官書)〉에 "동정은 물에 관한 일을 주관한다.[東井主水事.]"라고 했다. 그러므로 큰비가 많이 내린다고 한 것이다.

자못 책을 읽고 배우는 것을 좋아하며, 위의(威儀)로운 사람이 적고 마음이 여리고 겁이 많은 사람이 많다. 가축을 키우는 사람이 드물며, 노복을 거느린 사람은 있지만 다른 군들과 비교하면 가난한 군에 속한다. 왕망(王莽)이 이름을 고쳐 장가(牂柯)를 '동정(同亭)'이라 했는데, 군은 따르지 않았다. 마침 공손술(公孫述)이 삼촉(三蜀)을 점거하고 있을 때 대성(大姓)인 용씨(龍氏), 부씨(傅氏), 윤씨(尹氏), 동씨(董氏) 등은 공조(功曹)인 사섭(謝暹)과 더불어 군을 지켰다. 한 세조(漢世祖광무제(光武帝))가 하북(河北)에 있다는 말을 듣고 멀리 사신을 보내 번우강(番禺江)에서 출발하여 한나라 조정에 공물을 바쳤다. 세조가 이를 갸륵하게 여겨 그들을 '의랑(義郞)'이라 불렀다. 명제(明帝)와 장제(章帝) 때 무렵(毋斂) 사람 윤진(尹珍)은 자가 도진(道眞)으로 먼 변방에서 태어난 까닭에 학교[庠序][41] 교육을 받지 못하고 멀리 여남(汝南)에서 허숙중(許叔重허신(許愼))에게서 오경(五經)을 공부하고, 또 응세숙(應世叔응봉(應奉))을 스승으로 섬겨 참위를 배워 삼재(三材천지인(天地人))에 통달했다. 〈장가로〉 돌아와 교수(敎授)했다. 그리하여 남쪽 지역에 비로소 학교가 생겨나게 되었다. 윤진은 경술(經術)로 임용되어 상서승(尙書丞), 낭(郞), 형주 자사(荊州刺史)를 역임했다. 한편 응세숙은 사예교위(司隸校尉)가 되어, 스승과 제자가 모두 현달했다. 평이(平夷) 사람 부보(傅寶), 야랑(夜郞) 사람 윤공(尹貢) 또한 명망(名望)과 덕행(德行)이 있으며 상서랑(尙書郞), 장안 령(長安令), 파군 태수(巴郡太守), 팽성상(彭城相)을 역임하여 '남주인사(南州人士)'라 불렸다. 군은 특히 막히고 험난한 곳이 많은데, 연강(延江), 무적(霧赤), 전수(煎水) 등은 강이 만든 보호막[池衛]이 되어, 동란의 발생이 적으며 주포(朱褒)만이 주살되었다. 이곳 군수로 공명을 드리운 자로는 앞에는 오패(吳霸)와 진립(陳立)이

---

41 학교[庠序]: 학교를 상나라 때 상(庠)이라 하고, 주나라 때는 서(序)라 했다.

있고, 뒤에는 한중(漢中) 사람 장량칙(張亮則), 광한(廣漢) 사람 유총(劉寵), 건위(犍爲) 사람 비시(費詩), 파서(巴西) 사람 마충(馬忠)이 있는데, 모두 큰 공훈을 드러냈다. 진(晉)나라 원제(元帝) 때 태수(太守) 건녕(建寧) 사람 맹재(孟才)가 교만하고 포악하며 은혜롭지 못해 군민 왕청(王淸)과 범랑(范朗)이 그를 몰아냈다. 자사(刺史) 왕손(王遜)이 노하여 폐현(鱉縣)의 반을 나누어 평이군(平夷郡)으로 만들고, 야랑 이남을 야랑군(夜郎郡)으로 만들었다. 4개 현이다.

만수현(萬壽縣)은 군의 치소이다. 만수산(萬壽山)이 있다. 저(沮)에는 본래 염정(鹽井)이 있었는데, 한(漢)나라 말 때 이인(夷人)들이 모두 채굴하지 않기로 맹세했다. 지금까지 3개 군[42] 모두 소금을 생산하지 않는다.

저란현(且蘭縣). 음은 '저(沮)'이다. 한(漢)나라는 '고저란(故且蘭)'이라 불렀다. 주포관(柱蒲關)이 있다.

광담현(廣談縣).

무렴현(毋斂縣)에는 강수하(剛水河)가 있다.

평이군(平夷郡)은 진 민제(晉愍帝) 건흥(建興) 원년(313)[43]에 설치했다. 속현이 2개이며 1천 호이다.

평이현(平夷縣). 군의 치소이다. 교진(洮津)과 안락수(安樂水)가 있다. 산에 차와 꿀이 난다.

폐현(鱉縣). 옛 건위군성(犍爲郡城)이다. 불랑산(不狼山)에서 폐수(鱉水)가 나와 원수(沅水)로 흘러든다. 야생 맑은대쑥[薛]이 있는데, 먹을 수 있다.

---

42 3개 군: 장가(牂柯), 평이(平夷), 야랑(夜郎)이다.

43 진 민제(晉愍帝) 건흥(建興) 원년(313): 《수경주(水經注)》〈연강수(延江水)〉에 "진나라 건흥 원년에 평이군을 설치했다.[晉建興元年, 置平夷郡.]"라고 했다. '건흥(建興)'은 민제(愍帝)의 연호이다. 원문 '원제(元帝)'는 '민제(愍帝)'가 되어야 옳다.

대성(大姓)은 왕씨(王氏)이다.

야랑군(夜郞郡)은 야랑국(夜郞國)이다. 속현은 2개이며 1천 호이다.

야랑현(夜郞縣)은 군의 치소이다. 둔수(遯水)가 있는데, 울림(鬱林)으로 통한다. 죽왕삼랑사(竹王三郞祠)가 있는데, 꽤 영험이 있다.

담지현(談指縣).

진녕군(晉寧郡)은 본래 익주(益州)이다. 원정(元鼎) 초에 장가군(牂牁郡)와 월수군(越巂郡)에 속했다. 한 무제(漢武帝) 원봉(元封) 2년(기원전 115)에 이인(夷人)이 반란하여 장군 곽창(郭昌)을 보내 토벌하게 했다. 군으로 개척했기에 전지(滇池)에 치소를 두고 '익주'라 했다. 한(漢)나라 때 속현이 24개이며 20만 호였다. 진(晉)나라 때는 현이 7개이며 1만 호였다. 낙양에서 5,600리 떨어져 있다. 사마상여(司馬相如)와 한설(韓說)이 처음 왔을 때 소, 말, 양 등속을 30만 마리 얻었다. 한나라는 이에 사람을 모집하고 사형수와 불한당들을 옮겨 인구를 채웠다. 군의 토지는 매우 평탄하여 들판은 밭이며, 소나무가 자라는 언덕이 많다. 앵무새, 공작, 염지(鹽池), 밭, 고기잡이 등의 풍요로움과 금과 은, 축산의 부유함이 있다. 풍속은 사치스럽고 호화로우며, 〈백성들을〉 위무하고 통제하기가 쉽지 않다. 오직 문제(文齊), 왕부(王阜), 경의(景毅), 이옹(李顒) 그리고 남군(南郡)의 동화(董和) 등이 이곳을 위해 방비하고 단속하여 후에 드디어 좋게 되었다. 촉나라 건흥(建興) 3년(225)에 승상 제갈량이 남정하여 군민 이회(李恢)가 태수가 되어 이름을 바꾸어 '건녕(建寧)'이라 하고, 치소는 미현(味縣)이었다. 영주(寧州)를 따로 설치하고[44] 익주군(益州郡)을 만들었다. 후에 태수 이적(李遐)은 이회의

---

44 영주(寧州)를 따로 설치하고: 《진서(晉書)》〈지리지(地理志)〉에 "태안 2년에 혜제는 다시 영주를 설치하고, 또 건녕 이서의 7개 현을 나누어 따로 익주군을 세웠다.[太安二年惠帝復置寧州, 又分建寧以西七縣別立爲益州郡.]"라고 했다.

손자로 이전 태수 동근(董惲)과 건녕(建寧)의 흔량(釁量)과 함께 반란했다. 영주 자사(寧州刺史) 왕손(王遜)이 익주를 고쳐 '진녕군(晉寧郡)'으로 하자는 표를 올렸다.

전지현(滇池縣)은 군의 치소이다. 옛 전국(滇國)이다. 늪이 있는데, 주위가 200리이다. 늪의 물이 발원하는 곳이 깊고 넓으며, 하류는 얕고 좁은데 물이 거꾸로 흐르는 것 같아 '전지(滇池)'라고 한다. 장로(長老)가 말을 전하기를, 못 안에는 신마(神馬)가 있는데, 혹 다른 말과 교배하면 준마를 낳는다. 이 말을 속칭 '전지구(滇池駒)'라고 하는데, 하루에 500리를 달린다고 한다. 〈흑수(黑水)의〉 수신에게 제사 지내는 사당이 있다.[45] 또 온천이 있는데, 월수(越嶲)에 있는 온천수 같다. 또 백위산(白蝟山)이 있는데, 산에는 돌이 없고 고슴도치만 있다.

동로현(同勞縣).

동안현(同安縣).

연연현(連然縣)에는 염천(鹽泉)이 있는데, 남중(南中) 전체가 이것에 의존한다.

건령현(建伶縣).

무단현(毋單縣).

진장현(秦臧縣).

건녕군(建寧郡)의 치소는 옛 내강도독(庲降都督)이 주둔하던 곳이다. 남인(南人)들은 이곳을 '둔하(屯下)'라고 한다. 속현은 〈17개이며〉,[46] 진(晉)나

---

45 〈흑수(黑水)의〉 … 사당이 있다: 유림(劉琳)의 교주를 참조하여 '유흑(有黑)' 두 자를 원문에 더하여 번역했다.

46 〈17개이며〉: 원문에는 누락되어 있으나, 《진서(晉書)》〈지리지(地理志)〉 "건녕군은 속현이 17개이다.[建寧郡屬縣十七.]"에 의거하여 보완, 번역했다.

라 태안(太安) 2년(303)에 나누어 익주(益州)와 평락(平樂) 두 군으로 만들었다.[47] 나누어진 후 속현이 13개이며[48] 1만 호이다. 낙양에서 5,639리 떨어져 있다. 오부도위(五部都尉)와 4개 대성(大姓)과 곽가(霍家)의 부곡(部曲)이 있다.

미현(味縣)은 군의 치소이다. 명월사(明月社)가 있으며, 이인(夷人)과 진인(晉人) 모두 관가(官家)를 받들지 않고 관부(官府)는 이 사당에서 백성들과 함께 결맹한다.

승마현(升麻縣)은 산에 좋은 승마(升麻)가 난다. 도수(塗水)가 있다.

동락현(同樂縣)의 대성(大姓)은 흔씨(釁氏)이다.

곡창현(穀昌縣). 한 무제(漢武帝) 때 장군 곽창(郭昌)이 이인(夷人)을 토벌하여 평정했는데, 이름을 '곽창'이라 한 것은 이인들에게 위력을 과시하기 위함이다. 효장제(孝章帝) 때 이름을 고쳐 '곡창(穀昌)'이라 했다.

동뢰현(同瀨縣).

쌍백현(雙柏縣).

존마현(存駎縣). 옹개(雍闓)가 반란하여 이 현에 있는 산에 진을 쳤는데, 말을 맨 버드나무 기둥에서 수풀이 생겼다. 지금 이인(夷人)들이 말하기를, '옹무량림(雍無梁林)'이라 하는데, 〈무량(無梁)은〉 이인들 말로 말[馬]이다.[49]

---

47 진(晉)나라 … 만들었다: 익주군은 혜제(惠帝) 태안 원년(302)에 나누어 설치했고, 평락군은 민제(愍帝) 건흥(建興) 원년(223)에 나누어 설치했다. 여기서 말하는 '태안 2년에 나누어 두 개 군을 만들었다'는 것은 잘못된 것이다.

48 나누어진 후 속현이 13개이며: 유림(劉琳)의 교주(校注)에 의거하여, 원문의 '합(合)'을 '분후속(分後屬)'으로 보고 번역했다.

49 지금 이인(夷人)들이 … 말[馬]이다:《수경주(水經注)》〈존수(存水)〉에 "익주(益州)의 대성(大姓)인 옹개(雍闓)가 반란하여 산에 진을 쳤다. 말을 버드나무 기둥에 매었는데, 기둥이 자라 수풀을 이루었다. 지금 이인(夷人)들은 이름하기를, '옹무량림(雍無梁林)'이라 한다. '양(梁)'은 이인들 말로 말[馬]이다.[益州大姓雍闓反, 結壘于山, 繫馬柳柱, 柱生成林, 今夷人名曰雍無梁林,

곤택현(昆澤縣).

누강현(漏江縣). 90리 〈누강(漏江)이〉 빈구(蠙口)에서 〈현을〉 나온다.

담고현(談槁縣). 복인(濮人)과 요인(獠人)이 있다.

영구현(伶丘縣). 요인(獠人)들이 위주이다.

수운현(脩雲縣).

신정현(新定縣).

평락군(平樂郡). 민제(愍帝)[50] 건흥(建興) 6년(223)에 자사(刺史) 왕손(王遜)이 건녕(建寧)의 신정(新定)과 흥천(興遷) 두 현을 나누고 새로이 평락(平樂)과 삼저(三沮) 두 현을 설립하여, 이 4개 현을 합하여 하나의 군으로 만들었다. 후에 태수(太守) 건녕 사람 동패(董覇)가 반란하여 이웅(李雄)에게 투항하니, 군과 현이 마침내 폐지되었다. 영주(寧州)가 북쪽으로 귀속된 뒤에 이웅이 다시 군을 회복하고 주제(朱提) 사람 이장(李壯)을 태수로 삼았다.

주제군(朱提郡)은 본래 건위(犍爲)의 남부(南部)였다. 효무제(孝武帝) 원봉(元封) 2년(기원전 109)에 설치했다. 속현은 4개이다. 건무(建武, 25~56) 이후 폐지하여 건위의 속국(屬國)이 되었다. 건안(建安) 20년(215)에 등방(鄧方)이 도위(都尉)가 되었는데, 선주(先主) 유비(劉備)가 관직의 이름을 태수로 바꾸었다. 속현이 5개이며 8천 호이다. 낙양에서 5,300리 떨어져 있다. 앞에 재동(梓潼) 사람 문제(文齊)가 처음으로 속국(屬國) 〈도위(都尉)〉가 되었는데,[51] 용지(龍池)를 뚫어 논에 물을 대어 백성들의 이익을 도모하니 백성들이 그를 위해 사당을 세웠다. 대성(大姓)은 주씨(朱氏)·노씨(魯氏)·뇌씨(雷氏)·홍씨(興氏)·구씨(仇氏)·체씨(遞氏)·고씨(高氏)·이씨(李氏) 등인데, 모두 부곡(部曲)을 소유하고 있다. 이곳 백성들은 배움을 좋아한다. 건위(犍爲)와 이웃하며, 인사(人士)가 많다고 일컬어지니 영주(寧州)의 으뜸이다.

주제현(朱齊縣)은 군의 치소이다.

당랑현(堂螂縣)은 당랑산(堂螂山)에서 이름을 땄다. 은과 아연, 백동 그리고 여러 가지 약재가 난다. 당랑부자(堂螂附子)라는 약재가 있다.

남진현(南秦縣)은 북도(僰道), 남광(南廣)에서 〈진입할 수 있다〉. 팔정(八亭)이 있는데, 여기서 평이(平夷)로 통한다.

한양현(漢陽縣)에는 한수(漢水)가 있는데, 연강(延江)으로 흘러든다.

남창현(南昌縣)은 옛 도독(都督)의 치소이다. 〈등방(鄧方)이 쌓은〉 등안원성(鄧安遠城)이 있다.

남광군(南廣郡)은 촉(蜀)나라 연희(延熙, 238~257) 연간에 설치했는데, 촉군(蜀郡) 사람 상축(常竺)을 태수(太守)로 삼았다. 촉나라 조정이 상축을 소환했는데, 조정으로 들어와 시중(侍中)이 되어 파서(巴西) 사람 영호충(令狐衷)이 그를 대신했다. 군을 설치하고 9년이 지나 폐지했다.[52] 진 원제(晉元帝, 재위 317-322) 때 자사(刺史) 왕손(王遜)이 주제군(朱提郡)을 남광에 설치했다. 태수(太守) 이쇠(李釗)가 여러 차례 이웅(李雄)을 격파하고, 역적 대장(大將) 낙초(樂初)를 죽였다. 후에 자사(刺史) 윤봉(尹奉)이 군을 원래 치소로 옮겼다. 이웅이 영주(寧州)를 평정했을 때 다시 군을 설치하고 흥고 태

역했다.

52 군을 설치하고 … 폐지했다: 원문은 '건무구년성(建武九年省)'이나 촉나라는 건무(建武)를 연호로 쓰지 않았다. 유림(劉琳)의 교주(校注)를 따라 번역했다.

수(興古太守) 주제(朱提) 사람 이파(李播)를 태수로 삼았다. 속현은 4개이며 1천 호이다. 북도(僰道)에서 출발하여 주제(朱提)에 이르는데 수로와 육로가 있다. 수로로는 흑수(黑水)와 양관수(羊官水)를 경유하는 두 개 노선이 있는데, 지극히 험하여 가기 어렵다. 육로로는 세 개의 나루[53]를 건너야 하는데, 이 또한 험난하다. 그래서 행인들이 말하기를, "유계(猶溪)와 적목(赤木)은 몸을 서린 뱀처럼 구불구불하고, 반양(盤羊)과 오롱(烏櫳)은 기세가 하늘과 통한다.[54] 사람들이 땀을 비 오듯 흘리는 것을 보라. 지팡이를 짚고 동료를 부른다.[55] 내강(庲降) 상인들이 왼쪽 어깨에 짐을 짊어지고 7리 길을 간다."라고 했다. 또 소의 머리가 땅바닥에 닿고, 말의 〈이마가〉 언덕을 두드린다. 그 험준함이 이와 같다. 토지에는 논과 양잠을 할 뽕나무가 없으며, 뱀과 거머리와 호랑이와 이리가 많다. 풍속은 무술(巫術)을 믿으며, 금기에 미혹되며, 사당이 많다.

남광현(南廣縣)은 군의 치소이다. 한 무제(漢武帝) 태초(太初) 원년(기원전 104)에 설치했다. 염관(鹽官)이 있다.

임리현(臨利縣).

상천현(常遷縣).

신흥현(新興縣).

영창군(永昌郡)은 옛 애뇌국(哀牢國)이다. 애뇌(哀牢)는 산 이름이다. 옛날 한 부인이 있었는데, 이름이 사호(沙壺)[56]라 하고 애뇌산 아래에서 살며

---

53 세 개의 나루: 균연히(筠連河), 횡강(橫江), 쇄어하(灑魚河)를 가리킨다.

54 유계(猶溪)와 적목(赤木)은 … 하늘과 통한다: 유계(猶溪)와 적목(赤木)은 하천의 이름이고, 반양(盤羊)과 오롱(烏櫳)은 산의 이름이다.

55 동료를 부른다: 원문은 '호윤(呼尹)'이다. '윤(尹)'을 '이(伊)'로 본 왕선겸(王先謙)의 견해를 따라 번역했다.

56 사호(沙壺):《후한서(後漢書)》〈남만서남이열전(南蠻西南夷列傳)〉에는 '사일(沙壹)'로 되어 있다.

고기잡이로 생계를 삼았다. 홀연히 물속에서 물에 가라앉은 나무를 만졌는데 감응이 있어 잉태되었다. 10달이 지나 사내아이 10명이 태어났다. 후에 물에 가라앉은 나무는 화하여 용이 되었는데, 물에서 떠올라 사호에게 말하기를, "그대가 나를 위해 아들을 낳았는데 지금 어디에 있느냐?"라고 하자 아홉 아들이 놀라 달아났다. 오직 한 작은아들만이 갈 수가 없어 용과 함께 앉았다. 용이 다가가서 그 아이를 핥아 주었다. 사호가 함께 이야기하고 용과 함께 앉아 있었기에 이름을 '원융(元隆)'이라 했는데,[57] 한어(漢語)로 '함께 앉다[陪坐]'와 같다. 사호는 원융을 용산(龍山) 아래에 살게 했다. 원융이 성장하여 무예에 재능이 있었다. 후에 아홉 형들이 말하기를, "원융은 용과 말을 할 수 있고, 영리하여 지혜로우니 하늘이 그를 귀하게 여긴다."라고 했다. 모두 그를 왕으로 천거했다. 그때 애뇌산 아래에 또 한 남편과 한 아내가 있었는데, 10명의 딸을 낳아 원융 형제가 아내로 맞았다. 여기에서 비로소 사람들이 탄생하게 되었는데, 모두 서로 닮았다. 옷 뒤에 꼬리가 달렸으며, 팔과 정강이에 문신을 했다.[58] 원융이 죽고 대대로 계승했으며, 〈여러 형제들에게〉 나누어 소왕(小王)을 두었다. 때때로 읍락에 거주하거나 계곡에 흩어져 살았다. 매우 멀리 떨어진 변방 바깥[荒外][59]이나 산천이 험하고 깊은 곳이다. 인류가 탄생

---

57 이름을 '원융(元隆)'이라 했는데: 《후한서(後漢書)》〈남만서남이열전(南蠻西南夷列傳)〉에는 "어미는 새들의 말로 말했는데, 등진 것[背]을 '구(九)'라 하고, 앉는 것[坐]을 '융(隆)'이라 하여 아들의 이름을 '구융(九隆)'이라 했다. [其母鳥語, 謂背爲九, 謂坐爲隆, 因名子曰九隆.]"라고 하여 '함께 앉다[陪坐]'에서 이름을 딴 '원융(元隆)'과 풀이가 다르다.

58 옷 뒤에 … 문신을 했다: 《후한서(後漢書)》〈남만서남이열전(南蠻西南夷列傳)〉에 "종족들은 모두 문신을 했는데 모양이 용 문양이었으며, 옷은 모두 꼬리 〈모양의 장식이〉 달렸다.[種人皆刻畫其身, 象龍文, 衣皆着尾.]"라고 했다. 원문 '착십미(着十尾)'에서 '십(十)'은 연문(衍文)으로 보인다.

59 변방 바깥[荒外]: 원문 '황외(荒外)'는 팔황(八荒)의 바깥으로, 매우 외진 곳을 비유하는 말

한 이래로 중국과 통한 적이 없었다. 남중(南中)과 곤명(昆明)이 이들을 조상으로 여겨서 제갈량이 이 나라들을 위해 도보(圖譜)를 만들었다.[60] 한나라 효무제(孝武帝) 때 박남산(博南山)을 관통하고, 난창수(蘭滄水)와 기계(渚谿)를 건넜으며, 수당(雟唐)과 불위(不韋) 두 개 현을 두었다. 남월(南越)의 재상[相]인 여가(呂嘉)의 자손과 종족을 이주시켜 인구를 채웠기에 이름을 '불위(不韋)'라 하여 그 선조가 저지른 악행을 밝혀 들춰내었다. 행인이 이를 노래하여 말하기를, "한나라의 덕은 넓어서 복종하지 않는 자를 깨우친다네. 박남산을 건너고 난진(蘭津)을 넘는다네. 난창(蘭滄)을 건너면 남이 된다네."라고 했다. 난창수를 건너 애뇌의 땅을 탈취했다. 애뇌가 점차 쇠퇴해졌다. 세조(世祖〔후한 광무제〕) 건무(建武) 23년(47)에 애뇌왕 호율(扈栗)이 군사를 보내 뗏목을 타고 남쪽으로 녹다(鹿茤)를 공격하게 했다. 녹다 백성들은 약소(弱小)하여 바야흐로 그들에게 사로잡힐 것 같았다. 때마침 하늘에서 크게 우레가 울리고, 질풍에 폭우가 내리며, 물이 역류하여 뗏목이 물에 가라앉아 익사한 사람이 수천 명이었다. 후에 왕 호율은 다시 육왕(六王)을 보내 녹다를 공격하게 했다. 녹다왕은 맞아 싸워 애뇌군을 대파하고 육왕을 죽였다. 애뇌 사람들이 육왕을 묻어 주었는데, 밤에 호랑이가 땅을 파서 그 시신을 먹었다. 애뇌 사람들은 놀라고 두려워 물러났다. 왕 호율이 두려워 여러 노인들에게 말하기를, "애뇌의 변경 공략이 예부터 지금까지 이와 같은 적이 없었습니다. 지금 녹다를 공격하자

로 쓰인다.

60 남중(南中)과 … 도보(圖譜)를 만들었다:《화양국지》권3에 "제갈량은 이인들을 위해 도보(圖譜)를 만들었다.[諸葛亮乃為夷作圖譜.]"라고 했다. 원문 '고제갈위기국보야(故諸葛爲其國譜也)'에서 '국(國)'을 '도(圖)'의 오기(誤記)로 보거나 '기국(其國)' 뒤에 '작(作)'이 빠져 있는 것으로 볼 수 있다.

마자 하늘로부터 견책을 받았습니다. 중국에 명을 받은 왕이 있는 겁니까? 어떻게 하늘이 보우하심이 이렇게 분명한지요? 한(漢)나라의 위의(威儀)가 매우 신통합니다."라 했다. 즉시 사신을 보내 월수 태수(越巂太守)를 알현하여 종족들을 이끌고 〈한나라 조정에〉 귀부(歸附)하여 공물을 바치고 싶다는 의사를 표했다. 세조가 이들을 받아들여 〈익주(益州)〉 서부의 속국으로 삼았다.[61] 그 땅은 동서로 3,000리, 남북으로 4,600리이다. 천흉(穿胸), 담이종(儋耳種), 민(閩), 월복(越濮), 구료(鳩獠) 등 〈소수 민족들이〉 있다. 그들의 우두머리는 모두 왕이라 칭했다. 효명제(孝明帝) 영평(永平) 12년(69)에 애뇌의 억랑(抑狼)[62]이 아들을 보내 공물을 바쳤다. 명제(明帝)가 이에 군(郡영창군(永昌郡))을 설치하고, 촉군(蜀郡) 사람 정순(鄭純)을 태수로 삼았다. 속현은 8개이며 6만 호이다. 낙양에서 6,900리 떨어져 있으며, 영주(寧州)의 최서남단이다. 민복(閩濮), 구료, 표월(僄越), 나복(躶濮), 신독(身毒) 등의 민족들이 있다. 토지는 비옥하고, 황금·광주(光珠)[63]·호백(虎魄호박(琥珀))·비취·공작·코뿔소·코끼리·누에·뽕나무·면(綿)·견(絹)·채백(彩帛)·문수(文繡) 등의 산물이 난다. 또한 맥수(貊獸)가 있는데, 쇠를 먹는다. 성성수(猩猩獸)가 있는데, 말을 할 줄 알며 그 피는 붉은 모직물을 염색할 수 있다. 큰 대나무가 있는데, 이름을 '복죽(濮竹)'이라 한다. 마디 사이 길이가 1장(丈)이며, 〈용기로 만들면〉 1곡(斛) 정도를 담을 수 있다. 오동나무

---

61 즉시 사신을 … 속국으로 삼았다:《후한서(後漢書)》〈애뇌이전(哀牢夷傳)〉에 "건무 27년에 현율(賢栗) 등은 종족 2,770호, 인구 1만 7659명을 거느리고 월수 태수 정홍(鄭鴻)을 찾아가 귀속하기를 청했다. 광무제는 현율 등을 군장(君長)으로 삼았다. 이로부터 해마다 입조하여 공물을 바쳤다.[建武二十七年, 賢栗等率種人戶二千七百七十, 口萬七千六百五十九, 詣越巂太守鄭鴻降, 求內屬. 光武封賢栗等爲君長. 自是歲來朝貢.]"라고 했다.

62 억랑(抑狼):《후한서(後漢書)》〈애뇌이전(哀牢夷傳)〉에는 '유모(柳貌)'로 되어 있다.

63 광주(光珠): '강주(江珠)'라고도 한다.

가 있는데, 그 꽃은 실처럼 부드러워 백성들이 이것으로 베를 짠다. 그 너비가 5척쯤 되며, 새하얀 것이 때가 잘 묻지 않는다. 세간에는 '동화포(桐華布)'라 하는데, 이것으로 망인(亡人)을 덮었다가 옷을 만들어 입거나 다른 사람에게 팔았다. 난간세포(蘭干細布)가 있는데, 난간(蘭干)은 요인(獠人)들 말로 '모시[紵]'이다. 베를 짜면 무늬가 마치 능라금수(綾羅錦繡) 같다. 또 모직물[罽旄]·백첩포[帛疊]·수정[水精]·유리(瑠璃)·바닷조개[軻蟲]·방주(蚌珠) 등이 있다. 오곡이 자라기에 알맞고, 구리와 주석이 난다. 태수들 가운데 치적이 현저한 자로는 정순(鄭純)을 비롯하여 촉군 사람 장화(張化)와 상원(常員), 파군(巴郡) 사람 심추(沈椎), 여표(黎彫) 등인데, 명성이 현저한 사람은 오히려 많지 않다. 장무(章武) 초에 〈영창〉군에는 태수가 없었다. 여러 군이 반란했을 때[64] 공조(功曹)인 여개(呂凱)와 군승(郡丞)인 촉군(蜀郡) 사람 왕항(王伉)이 경계를 지킨 것이 6년이다. 승상 제갈량이 남정하여 그들의 절의(節義)를 높이 사 표(表)에 이르기를, "영창군(永昌郡)의 풍속이 이러할 줄은 생각하지 못했습니다."라고 했다. 여개를 운남 태수(雲南太守)로 삼고, 왕항을 영창 태수(永昌太守)로 삼고 두 사람 모두 정후(亭侯)에 봉했다. 이회(李恢)가 복이(濮夷) 백성 수천을 운남(雲南)과 건녕(建寧) 경계로 이주시켜 두 군의 인구를 채웠다. 여개의 아들 여상(呂祥)이 태강(太康) 연간에 광주(光珠) 500근을 바쳤다. 본 군으로 돌아왔을 때 남이교위(南夷校尉)로 벼슬이 바뀌었다. 여상의 아들은 원강(元康, 291~299) 말에 영창 태수가 되었다. 마침 남이(南夷)가 난을 일으키고, 민복(閩濮)이 반란하여 남쪽으로 영수(永壽)로 옮겼는데 옛 군에서 1천 리 떨어져 결국 주(州)

---

64 여러 군이 반란했을 때: 익주(益州) 옹개(雍闓), 월수(越嶲) 고정(高定), 장가(牂柯) 주포(朱褒) 등이 반란한 것을 가리킨다.

와 단절되었다. 여씨(呂氏)는 대대로 관리로 있으면서 군을 통솔했는데 지금까지 3대에 이른다. 대성(大姓)은 진씨(陳氏), 조씨(趙氏), 사씨(謝氏), 양씨(楊氏)이다.

불위현(不韋縣)은 옛 군의 치소이다.

비소현(比蘇縣).

애뢰현(哀牢縣).

영수현(永壽縣)은 지금 군의 치소이다.

수당현(嶲唐縣)에는 주수(周水)가 있는데, 현 경계 바깥에서 흘러온다.

옹향현(雍鄕縣).

남리현(南里縣)에는 비취와 공작이 있다.

박남현(博南縣) 산의 높이가 40리이다. 산을 넘으면 난창수(蘭滄水)에 이르게 된다. 금사(金沙)가 있는데, 불로 녹여 황금을 만든다. 광주(光珠) 동굴이 있는데, 광주가 난다. 호박(琥珀)이 있는데, 티끌을 빨아들일 수 있다. 또 산호가 있다.

운남군(雲南郡)은 촉나라 건흥(建興) 3년(225)에 설치했다. 속현은 7개이며 1만 호이다. 낙양에서 6,343리 떨어져 있다. 본래 운천(雲川) 땅이다. 웅창산(熊倉山)이 있는데, 산 위에 신록(神鹿)이 있다. 몸은 하나인데 머리는 두 개다. 독초를 먹는다. 상방이(上方夷)와 하방이(下方夷)가 있다. 이곳 또한 동화포(桐花布)가 산출된다. 공작은 항상 2월에 날아오는데, 한 달여 있다가 날아간다. 토지로는 논이 있으며, 가축을 기르지만 양잠은 하지 않는다.

운남현(雲南縣)은 군의 치소이다.

엽유현(葉楡縣)에는 하주(河洲^{강 가운데 있는 섬})가 있다.

수구현(邃久縣)에는 승수(繩水)가 있다.

농동현(弄棟縣)에는 무혈수(無血水)가 있다.

청령현(蜻蛉縣)에는 염관(鹽官)이 있다. 복수(濮水)가 우동산(禺同山)에서 발원한다.[65] 〈산 위에는〉 벽계(碧雞)와 금마(金馬)[66]가 있는데, 광채가 번득여서 백성들 가운데 많은 사람들이 그것을 보았다. 산신(山神)이 있다. 한 선제(漢宣帝)는 간의대부(諫議大夫) 촉군(蜀郡) 사람 왕포(王褒)를 보내 제사를 지내게 하여 닭과 말을 얻고자 했다. 왕포가 가는 도중에 병으로 죽었기에 제문(祭文)을 선독(宣讀)하지 못했다.

현 두 개를 따로 군으로 만들었다.

하양군(河陽郡)은 자사(刺史) 왕손(王遜)이 운남에서 나누어 설치했다. 속현은 4개이며 1천 호이다.

하양현(河陽縣)은 군의 치소이다. 호수 가운데에 있는 섬[67]에 위치한다.

양수군(梁水郡)은 자사 왕손이 나누어 설치했다. 흥고(興古)의 반강(盤江) 이남에 있다.

양수현(梁水縣)은 군의 치소이다. 진산(振山)이 있는데, 구리가 난다.

분고현(賁古縣)은 산에 은, 아연, 구리, 철이 난다.

서수현(西隨縣).

---

65 복수(濮水)가 … 발원한다: 원문은 '복수동출산(濮水同出山)'이나 유림(劉琳)의 교주(校注)에 의거하여 '복수출우동산(濮水出禺同山)'으로 보고 번역했다.

66 벽계(碧雞)와 금마(金馬): 벽계(碧雞)는 닭 모양의 푸른 옥돌 벽(碧)이고, 금마(金馬)는 말 모양의 금이다. 《한서(漢書)》〈왕포전(王褒傳)〉에 "어떤 방사가 익주(益州)에 금마와 벽계라는 보물이 있는데 제사를 지내면 얻을 수 있다고 했다. 선제(宣帝)는 왕포를 시켜 익주에 가서 제사를 지내게 했다. 그러나 왕포는 제사하러 가는 도중에 병으로 죽었고 선제는 이를 안타깝게 여겼다.[方士言益州有金馬碧雞之寶, 可祭祀致也. 宣帝使褒往祀焉. 褒于道病死, 上閔惜之.]"라고 했다.

67 호수 가운데에 있는 섬: 원문은 '하중원주(河中源洲)'이다. 유림(劉琳)의 교주(校注)에 의하면, 남중(南中) 사람들은 호수를 '하(河)'라 했다. '중(中)'은 연문(衍文)이다.

홍고군(興古郡)은 건흥(建興) 3년(315)에 설치했다. 속현은 11개이며 4만 호이다. 낙양에서 5,890리 떨어져 있다. 구인(鳩人), 요인(獠人), 복인(濮人)이 많다. 특이하게 장기(瘴氣풍토병. 습하고 더운땅에서 생기는 독기)가 있다. 양수(梁水), 홍고(興古), 서평(西平) 등 3개 군에는 곡식이 적으며, 광랑목(桃榔木)이 있는데, 면(麵)을 만들 수 있으며, 요구르트와 같이 먹는데, 백성들이 이것을 양식(糧食)으로 삼는다. 이 나무를 취하려면 먼저 제사를 지내야 한다.

완온현(宛溫縣)은 군의 치소이다. 원정(元鼎) 2년(기원전 111)에 설치했다.

율고현(律高縣)은 서쪽에 석공산(石空山)이 있는데, 주석이 난다. 동남쪽에 반정산(盤町山)이 있는데, 주석이 난다.

심봉현(鐔封縣)에는 온수(溫水)가 있다.

구정현(句町縣)은 옛 구정왕국(句町王國)이다. 복왕(濮王) 때부터 설치했는데, 복왕은 성이 무씨(毋氏)이며, 한(漢)나라 때 봉작을 받아 지금에 이른다.

한흥현(漢興縣).

승휴현(勝休縣)에는 하수(河水)가 있다.

당도현(唐都縣)의 옛 이름은 운몽현(雲夢縣)이다.

서평군(西平郡). 자사(刺史) 왕손(王遜) 때 흔량(釁量)이 반강(盤江) 이남의 땅을 지키고 있어 왕손이 출병하여 공격했으나 이길 수 없었다.[68] 왕손이 죽은 뒤에 주(州)에 들어와 약탈하여 관리와 백성들이 이를 걱정했다. 자사 윤봉(尹奉)이 거듭 경계 바깥의 이인(夷人)들을 소집하여 흔량을 찔러 죽이게 하고 이적(李遐)에게 투항을 권했다. 반강 이남이 평정되고 윤봉

---

68 자사(刺史) 왕손(王遜) 때 … 없었다:《화양국지》권4 앞부분에 "건녕 사람 흔량(釁量)과 익주 태수(益州太守) 이역(李易), 양수 태수(梁水太守) 동근(董懂) 등이 홍고군(興古郡)과 반강(槃江) 이남의 땅을 점유하고 반란했다."는 말이 나온다.

은 공로를 인정받아 안서장군(安西將軍)에 오르고, 천릉백(遷陵伯)에 봉해졌다. 이에 흥고(興古)와 운남(雲南)의 반강(盤江)과 내여(來如), 남영(南零) 3개 현을 떼 내어 군을 만들었다.

위의 영주(寧州)는 14개 군과 68개 현을 통괄했다.

함희(咸熙) 원년(264)에 오(吳)나라 교지군(交趾郡)의 관원인 여흥(呂興)이 태수(太守) 손정(孫靖)을 죽이고 안에서 위(魏)나라에 귀부(歸附)했다. 위나라는 그를 흥안남장군(興安南將軍)에 임명했다. 그때 남중(南中)의 감군(監軍)인 곽익(霍弋)이 건녕(建寧) 사람 혼곡(爨谷)을 보내 교지 태수(交址太守)로 삼고, 아문장군(牙門將軍) 건녕 사람 동원(董元), 모경(毛炅), 맹간(孟幹), 맹통(孟通), 혼웅(爨熊), 이송(李松), 왕소(王素) 등을 거느리고 그들의 부곡(部曲)을 통솔하여 토벌하자는 표를 올렸다. 혼곡이 채 이르기도 전에 여흥은 이미 공조(功曹) 이통(李統)에 의해 살해되었다. 태시(泰始) 원년(265)에 혼곡 등이 곧장 군에 이르러 백성들을 안무(按撫)하고 그들과 화목하게 지내니 비로소 귀부했다. 얼마 지나지 않아 혼곡이 죽었다. 진(晉)나라는 다시 마충(馬忠)의 아들 마융(馬融)을 등용하여 혼곡을 대신하게 했다. 마융이 죽자 건위(犍爲) 사람 양직(楊稷)을 보내 그를 대신하게 하고, 추가로 수원장군(綏遠將軍)에 임명했다. 또 여러 아문(牙門)의 〈장령(將領)들을〉 발탁하여 모두 잡호장군(雜號將軍)으로 삼고 오후(吳侯)에 봉했다. 교주 자사(交州刺史) 유준(劉峻)과 대도독(大都督) 수칙(脩則)이 군대를 통솔하여 3차례 양직을 공격했으나 모두 양직에게 패했다. 울림군(鬱林郡)과 구진군(九眞郡)이 모두 양직에게 귀부했다. 양직은 장군 모경과 동원 등을 보내 합포(合浦)를 공격하자는 표를 올렸다. 고성(古城)에서 전쟁하여 오나라 군대를 대파하고 유준과 수칙을 죽였다. 양직은 이에 모경을 울림 태수로 삼고, 동원을 구진 태수로 삼자는 표를 올렸다. 동원이 병으로 죽자 다시 익주(益州) 사람 왕소(王素)로 하여금 그를 대신하게 했다. 그들은 수차례 교주(交州)의 여러 군을 공격했다. 태시(泰始) 7년 봄에 오나라 왕 손호(孫皓)가 대도독 설후(薛珝)와 교주 자사 도황(陶璜)을 보내 군대[69]를 이끌고, 부엄(扶嚴)에서 나쁜 짓을 하는 이인(夷人)들을 징발하여 합하여 10만이 교지를 토벌했다. 양직은 모경과 장군 건녕(建寧) 사람 맹악(孟岳) 등을 보내 그들을 막게 했다. 봉계(封谿)에서 싸웠다. 중과부적(衆寡不敵)하여 모경 등은 패전하여 겨우 자기 한 몸만 빠져나와 교지로 돌아와서 성을 굳게 지켰다. 패전한 뒤에 무리는 겨우 1천이며, 새로이 귀부한 사람은 4천이며, 〈성안에 있는〉 남녀는 1만여 명이다. 도황이 교지를 포위하고, 지름길을 봉쇄하여 구원병이 이르지 않았다. 비록 양식(糧食)을 나누고 먹을 것을 아껴도 공급이 부족했다. 가을 7월에 성안에 식량이 다 떨어지고, 병들고 굶주려 죽은 자가 태반이었다. 교지 사람 광야장군(廣野將軍) 왕약(王約)이 배반하고 도황에 응하여, 사다리로 바깥을 도왔다. 오나라 사람들이 마침내 성안으로 들어올 수 있었다. 양직 등을 붙잡고 모두 옥에 가두었다. 곧이어 양직의 장사(長史) 장등(張登), 장군 맹통과 모경 그리고 교지 사람 소휘(邵暉) 등 2천여 명을 참수했다. 양직을 말릉(秣陵)으로 옮기라는 손호의 조서를 받았다. 그래서 양직, 맹간, 흔웅, 이송 등 4명을 오나라로 압송했다. 이 소식을 사방 멀리까지 알렸다. 양직이 합포에 이르러 발병하여 피를 토하고 죽었다. 그의 머리를 말릉으로 옮기고 그의 시신을 바다에 버렸다. 맹간, 이송, 흔웅이 오나라에 이르러 장차 참형(斬刑)을 가하려 했다. 어떤 이가 손호에게 말하기를, "너그럽게 맹간 등을

---

69 군대: 원문은 '수(이십만)군[帥(二十萬)軍]'이나 《화양국지》 권11에 '손호(孫皓)가 설후와 도황 10만을 보내 양직을 공격하게 했다'는 기록이 있고, 뒤에 '합십만(合十萬)'이 있으므로 '20만'은 연문(衍文)으로 보고 번역했다.

사면하시면 번방 장수들을 권면(勸勉)할 수 있습니다."라고 했다. 손호가 그들을 사면하여 임해군(臨海郡)에 귀양 보내려 했다. 처음에 양직 등이 사사로이 맹세하기를, "절개를 위해 죽지 못하고 오랑캐의 손에 곤욕을 당한다면, 만약 아직 죽지 않았다면 반드시 방법을 강구하여 북쪽 〈진나라〉로 돌아갈 것이다."라고 했다. 양직이 길에서 죽고 맹간 등은 북으로 가는 길이 먼 것이 염려되어 오나라 사람들이 촉(蜀)나라의 측죽궁노(側竹弓弩)를 좋아한다고 하여 그것을 만들 수 있다고 말했다. 손호는 부서에 그들을 맡겨 조궁장이가 되게 했다. 〈태시(泰始)〉 9년(273)에 맹간은 오나라로부터 도망쳐 낙양으로 돌아왔다. 이송과 흔웅은 손호에 의해 살해됐다. 처음에 진 무제(晉武帝)가 양직을 교주 자사로 삼고 후하게 대했다. 중도에 양직의 성이 함락되었다. 어떤 이는 그가 투항했다고 전하여 〈그의 공명(功名)을〉 기록하지 않았다. 맹간이 이르러 표를 올려 상황을 설명하니 〈양직에게〉 교주 자사를 추증(追贈)했다. 이송과 흔웅의 후사(後嗣)를 후작(侯爵)으로 책봉했다.

　고성(古城)의 전투에서 모경(毛炅)이 수칙(脩則)을 직접 죽었다. 수칙의 아들 수윤(脩允)이 도황(陶璜)을 따랐다. 도황은 모경이 장렬(壯烈)하고 용감하다고 여겨 그를 사면하려 했다. 그러나 수윤은 반드시 모경을 죽일 것을 요구하려 했으나 모경 또한 도황에 굴복하지 않았다. 도황이 노하여 그의 옷을 벗기고, 그의 머리를 묶고, 손을 등 뒤로 결박하고는 헐뜯기를, "진나라 병사는 도적이다!"라 했다. 모경 또한 목소리를 높여 헐뜯기를, "오나라 개! 무엇이 도적인지 아느냐?"라 했다. 오(吳)나라 사람은 산 채로 그의 배를 갈랐다. 수윤은 그의 간을 가르고 욕하며 말하기를, "오랑캐의 배이다."라고 했다. 모경의 욕은 끊어지지 않았다. 말하기를, "나는 아직도 너희들의 손호를 죽이려 한다. 너의 애비는 어떻게 개가 되어 죽었느냐!"라 했다. 오나라 사람이 그를 죽였다. 무제가 듣고 불쌍히 여겨 슬퍼했는데, 곧이어 조서를 내려 모경의 아들이 그의 작위를 잇게 하고, 그의 세 아들을 관내후(關內侯)에 봉했다. 구진 태수(九眞太守) 왕소(王素)는 교지(交趾)에서 패하여 동원(董元), 아문(牙門) 왕승(王承) 등과 함께 남중(南中)으로 돌아가려 했으나 도황의 별장(別將)인 위복(衛濮)에게 붙잡혔다. 공조(功曹) 이조(李祚)가 교지의 백성들이 잔혹하게 해를 입는 것을 목격하고 돌아와 관리와 백성들을 이끌고 진나라를 위해 군을 지켰다. 이조의 외숙인 여황(黎晃)은 오나라 장수가 되어 이조를 공격했는데, 함락하지 못하고 여러 차례 사람을 보내 투항하도록 설득했다. 이조가 답하기를, "외숙은 오나라 장수이시고, 저 이조는 진나라 신하이니 오직 누가 힘이 센지 보겠습니다."라 했다. 소휘(邵暉)의 아들 소윤(邵胤)은 앞서 아비를 위해 사신으로 낙양에 이르러 봉차도위(奉車都尉)에 임명되었다. 돌아갈 때가 되었을 때 소휘가 패했다. 소윤은 이조에 의지하여 성을 굳게 지켰다. 남중에 구원을 청하니 남중이 멀리에서 구원했다. 〈남중의〉 여러 대성(大姓)들이 대대로 부곡(部曲)을 소유했다. 곽익(霍弋)이 그들을 보내 남정(南征)했는데, 공(功)이 있었기에 대대로 계승한 것이다.

사관이 논한다.

남중(南中) 지역은 공(邛), 작(笮), 오이(五夷_{오차이})의 바깥에 위치한다. 불모지인 민이(閩夷)와 복이(濮夷)의 고장이다. 이곳은 본래 구복(九服)의 바깥이다. 하지만 땅을 개척하여 군(郡)을 벌이고 주(州)를 세웠으며, 박남(博南)을 지나고 난창(蘭滄)을 넘었으며, 멀리 서쪽 변방을 위무(慰撫)했으니 한 무제(漢武帝)의 업적이 가히 대업을 이루었다고 칭할 만하다. 그러나 요황(要荒)[70]의 풍속이 중원(中原)[華]과 같지 않아 변원(邊遠)을 안무(按撫)

하기 위해서는 인재를 얻는 데 힘써야 한다. 그러므로 한 고조(漢高祖)는 용사(勇士)를 생각하며 노래를 지었으며,[71] 효문제(孝文帝)가 염파(廉頗)와 이목(李牧)을 생각하며 한탄했다.[72] 이처럼 〈난을〉 평정하고 〈외모(外侮)를〉 막아 주는 장수는 진실로 왕자(王者)가 두루 마음을 쓰고 기뻐하는 자들이다. 마충(馬忠), 곽익(霍弋), 왕손(王遜), 윤봉(尹奉) 등이 성공하고 실패할 때 살펴볼 만하다. 교지(交趾)는 비록 이역의 주군(州郡)이지만 일이 남중(南中)과 연관되었기에 함께 여기에 기록했다.

---

70 요황(要荒): '요복(要服)' 또는 '황복(荒服)'이라고도 하며, 왕기(王畿) 밖의 매우 멀리 떨어진 지역을 뜻한다. 《국어(國語)》〈주어 상(周語上)〉에 "무릇 선왕의 제도는 나라 안은 '전복(甸服)'이라 하고, 나라 밖 지역은 '후복(侯服)'이라 했으며, 후기(侯圻)로부터 위기(衛圻)까지를 '빈복(賓服)', 만이(蠻夷)를 '요복(要服)', 융적(戎狄)을 '황복(荒服)'이라 했습니다.[夫先王之制, 邦內甸服, 邦外侯服, 侯衛賓服, 蠻夷要服, 戎狄荒服.]"라고 했다.

71 한 고조(漢高祖)는 … 노래를 지었으며: 《사기(史記)》〈고조본기(高祖本紀)〉에 "술이 거나해지자 고조는 축(筑)을 타며 노래를 지어서 불렀다. '큰 바람 이니 구름이 날아오르고, 위엄을 해내(海內)에 떨치며 고향에 돌아왔도다. 어이하면 용사(勇士)를 얻어 사방을 지킬 수 있을까?'[酒酣, 高祖擊筑, 自爲歌詩曰: 大風起兮雲飛揚, 威加海內兮歸故鄉, 安得猛士兮守四方.]"라고 했다.

72 효문제(孝文帝)가 … 한탄했다: 《사기(史記)》〈풍당열전(馮唐列傳)〉에 "아, 나는 홀로 염파와 이목을 그때 나의 장수로 얻지 못했다. 그렇지 않으면 내가 흉노를 두려워하겠는 가?[嗟乎! 吾獨不得廉頗李牧時爲吾將, 吾豈憂匈奴哉]"라고 했다.

卷四

南中志

寧州, 晉泰始六年初置, 蜀之南中諸郡, 庲降都督治也. 南中在昔, 夷越(越)之地, 滇濮句町夜郎葉楡桐師嶲唐侯王國以十數, 編髮左袵, 隨畜遷徙, 莫能相雄長. 周之季世, 楚威王遣將軍莊蹻泝沅水, 出且蘭, 以伐夜郎, 植牂柯, 繫船於是. 且蘭既剋, 夜郎又降, 而秦奪楚黔中地, 無路得反, 遂留王滇池. 蹻, 楚莊王苗裔也. 以牂柯繫船, 因名且蘭為牂柯國. 分侯支黨, 傳數百年. 秦并蜀, 通五尺道, 置吏主之. 漢興, 遂不賓.

有竹王者, 興於遯水. 有一女子浣於水濱, 有三節大竹流入女子足間, 推之不肯去. 聞有兒聲, 取持歸, 破之, 得一男兒. 長(養)有才武, 遂雄夷狄. 氏以竹為姓. 捐所破竹於野, 成竹林, 今竹王祠竹林是也. 王與從人嘗止大石上, 命作羹. 從者曰無水, 王以劍擊石, 水出, 今王水是也, 破石存焉. 後漸驕恣.

武帝使張騫至大夏國, 見邛竹蜀布, 問所從來, 曰:"吾賈人從身毒國得之." 身毒國, 蜀之西國, 今永昌[徼外]是也, 騫以白帝. 東越攻南越, 大行王恢救之. 恢使番陽令唐蒙曉喻南越. 南越人食有蒟醬, 蒙問所從, 曰:"牂柯來." 蒙亦以白帝, 因上書曰:"南越地東西萬里, 名為外臣, 實一州主. 今以長沙豫章往, 水道多絕, 難行. 竊聞夜郎精兵可得十萬, 若從番禺浮舡牂柯, 出其不意, 此制越之一奇也. 可通夜郎道, 為置吏主之." 帝乃拜蒙中郎將, 發巴蜀兵千人, 奉幣帛, 見夜郎侯, 喻以威德, 為置吏. 旁小邑皆貪漢繒帛, 以為道遠, 漢終不能有也, 故皆且聽命. 司馬相如亦言: 西戎邛笮, 蜀之後園, 可置為郡. 帝既感邛竹, 又甘蒟醬, 乃拜為中郎將, 往喻意, 皆聽命. 後西南夷數反, 發運興役, 費甚多, 相如知其不易也, 乃假巴蜀之論以諷帝, 且以宣指使於百姓. 卒開僰門通南中, 相如持節開越嶲, 按道侯韓說開益州. 武帝轉拜唐蒙為都尉, 開牂柯, 以重幣喻告諸種侯王, 侯王服從. 因斬竹王, 置牂柯郡, 以吳霸為太守. 及置越嶲朱提益州四郡. 後夷濮阻城, 咸怨訴竹王非血氣所生, 求立後嗣, 霸表封其三子列侯. 死, 配食父祠, 今竹王三郎神是也.

昭帝始元元年, 益州廉頭姑繒等二十四縣民反, 水衡都尉呂破奴募吏民及發犍為蜀郡奔命擊破之. 後三歲, 姑繒復反, 都尉呂辟胡擊之, 敗績. 明年, 遣大鴻臚田廣明等大破之, 斬首捕虜五萬人, 獲畜產十餘萬頭. 富埒中國. 封其渠帥亡波為鉤町王, 以助擊反者故也. 廣明賜爵邑.

成帝時, 夜郎王與與鉤町王禹漏臥侯愈, 更相攻擊. 命使太中大夫張匡持節和解之. 鉤町夜郎王不服, 乃刻木作漢使, 射之. 大將軍王鳳薦金城司馬蜀郡陳立為牂柯太守, 何霸為中郎將, 出益州. 立既到郡, 單至夜郎召興. 興與邑君數千人來見立, 立責數, 斬興, 邑君皆悅服. 興妻父翁指與興子恥, 復反, 立討之, 威震南裔.

平帝末, 梓潼文齊為益州太守, 公孫述時, 拒郡不服. 光武稱帝, 以南中有義. 益州西部, 金銀寶貨之地, 居其官者, 皆富及十世. 孝明初, 廣漢鄭純獨尚清廉, 毫毛不犯. 夷漢歌詠, 表薦無數. 上自三司, 下及卿士, 莫不歎賞. 明帝嘉之, 因以為永昌郡, 拜純太守. 章帝時, 蜀郡王阜為益州太守, 治化尤異, 神馬四匹出滇池河中, 甘露降, 白烏見, 始興文學, 漸遷其俗. 安帝永初中, 漢中陰平廣漢羌反, 征戰連年. 元初四年, 益州永昌越巂諸夷封離等反, 衆十餘萬, 多所殘破. 益州刺史張喬遣從事蜀郡楊竦將兵討之. 竦先以詔書告諭, 告諭不從, 方略滌討. 凡殺虜三萬餘人, 獲生口千五百人, 財物四十餘萬, 降赦夷三十六種, 舉劾姦貪長吏九十人, 黃綬六十人. 諸郡皆平. 竦以傷死, 故功不錄. 自是後, 少寧五十餘年. 迄靈帝熹平中, 蠻夷復反, 擁沒益州太守雍陟. 遣御史中丞朱龜, 將并凉勁兵討之, 不克. 朝議不能征, 欲依朱厓故事棄之. 太尉掾巴郡李顒獻陳方策, 以為可討. 帝乃拜顒益州太守, 與刺史龐芝伐之, 徵龜還. 顒將巴郡板楯軍討之, 皆破, 陟得生出. 後復(更)叛. 梓潼景毅為益州太守. 承喪亂後, 民夷困餓, 米一斗千錢, 皆離散. 毅至安集後, 米一斗八錢.

建安十九年, 劉先主定蜀, 遣安遠將軍南郡鄧方, 以朱提太守庲降都督治南昌縣. 輕財果毅, 夷漢敬其威信. 方(爲)[亡], 先主問代於治中從事建寧李恢, 對曰:"西零之役, 趙充國有言:'莫若老臣.'"先主遂用恢為都督, 治平夷縣. 先主薨後, 越巂叟帥高定元殺郡將(軍)焦璜, 舉郡稱王以叛. 益州大姓雍闓亦殺太守正昂, 更以蜀郡張裔為太守. 闓假鬼教曰:"張府君如瓠壺, 外雖澤而內實粗, 殺之不可, 縛與吳." 於是執送裔於吳. 吳王孫權遙用闓為永昌太守; 遣故劉璋子闡為益州刺史, 處交益州(除)[際]. 牂柯郡丞朱提朱褒領太守, 恣睢. 丞相諸葛亮以初遭大喪, 未便加兵, 遣越巂太守巴西龔祿住安上縣, 遙領郡; 從事蜀郡常頎行部南入; 以都護李嚴書曉喻闓. 闓答曰:"愚聞天無二日, 土無二王. 今天下派分, 正朔有三, 遠人惶惑, 不知所歸." 其傲慢如此. 頎至牂柯, 收郡主簿考訊姦. 褒因殺. 頎為亂.[73] 益州夷復不從闓, 闓使建寧孟獲說

---

73 褒因殺. 頎為亂: '褒因殺頎為亂'으로 되어야 옳다.

夷叟曰:"官欲得烏狗三百頭, 膺前盡黑, 蟎腦三斗, 斵木[構]三丈者三千枚, 汝能得不?"夷以為然, 皆從閬. 斵木堅剛, 性委曲, 高不至二丈, 故獲以欺夷.

建興三年春, 亮南征, 自安上由水路入越巂. 別遣馬忠伐牂柯, 李恢向益州, 以犍為太守廣漢王士為益州太守. 高定元自旄頭定笮卑水多為壘守. 亮欲俟定元軍衆集合, 并討之, 軍卑水. 定元部曲殺雍闓及士庶等, 孟獲代闓為主. 亮既斬定元, 而馬忠破牂柯, 李恢敗於南中. 夏五月, 亮渡瀘, 進征益州. 生虜孟獲, 置軍中, 問曰:"我軍如何?"獲對曰:"恨不相知, 公易勝耳."亮以方務在北, 而南中好叛亂, 宜窮其詐, 乃赦獲, 使還合軍, 更戰. 凡七虜七赦. 獲等心服, 夷漢亦思反善. 亮復問獲, 獲對曰:"明公, 天威也! 邊民長不為惡矣."秋, 遂平四郡. 改益州為建寧, 以李恢為太守, 加安漢將軍, 領交州刺史, 移治味縣. 分建寧越巂置雲南郡, 以呂凱為太守. 又分建寧牂柯置興古郡, 以馬忠為牂柯太守. 移南中勁卒青羌萬餘家於蜀, 為五部, (無)[所]當無前, (軍)號飛[軍]. 分其羸弱配大姓焦雍婁爨孟量毛李為部曲, 置五部都尉, 號五子. 故南人言四姓五子也. 以夷多剛恨, 不賓大姓富豪, 乃勸令出金帛, 聘策惡夷為家部曲, 得多者奕世襲官. 於是夷人貪貨物, 以漸服屬於漢, 成夷漢部曲. 亮收其俊傑建寧爨習朱提孟琰及獲為官屬, 習官至領軍, 琰輔漢將軍, 獲御史中丞. 出其金銀丹漆耕牛戰馬, 給軍國之用, 都督常重用其人.

李恢卒後, 以蜀郡太守犍為張翼為都督. 翼持法嚴, 不得殊俗和. 夷帥劉冑反, 徵翼, 以馬忠為代. 忠未至, 翼修攻戰方略膏儲. 羣下懼. 翼曰:"吾方臨戰場, 豈可以絀退之故廢公家之務乎?"忠至, 承以滅冑. 蜀賜翼爵關內侯. 忠在南, 柔遠能邇, 甚垂惠愛, 官至鎮南大將軍. 卒後, 南人為之立祠, 水旱禱之. 以蜀郡張表為代, 加安南將軍. 又以犍為楊(義)[羲]為參軍, 副貳之. 表後, 以南郡閻宇為都督, 南郡霍弋為參軍. 弋甚善參毗之禮, 遂代宇為監軍安南將軍. 撫和異俗, 為之立法施教, 輕重允當, 夷晉安之. 及晉世, 因仍其任. 時交阯不附, 假弋節遙領交州刺史, 得以便宜選用長史. 今官和解夷人及適罰之, 皆依弋故事. 弋卒, 子在(襲)[襲]領其兵, 和諸姓. 晉以巴西太守吳靜, 在官數年, 撫恤失和. 軍司鮮于嬰表徵靜還, 嬰因代之.

泰始六年, 以益州大, 分南中四郡為寧州, 嬰為刺史. 咸寧五年, 尚書令衛瓘奏兼并州郡. 太康三年, 罷寧州, 置南夷[府], 以天水李毅為校尉, 持節統兵, 鎮南中, 統五十八部夷族都監行事. 每夷供貢南夷府, 入牛金旃馬, 動以萬計; 皆預作怂恚致校尉官屬. 其供郡縣亦然. 南人以為饒. 自四姓子弟仕進, 必先經都監.

夷人大種曰昆, 小種曰叟, 皆曲頭, 木耳環, 鐵裹結. 無大侯王, 如汶山漢嘉夷也. 夷中有桀黠能言議屈服種人者, 謂之"耆老", 便為主. 論議好譬喻物, 謂之《夷經》. 今南人言論, 雖學者, 亦半引《夷經》. 與夷為姓曰"遑耶", 諸姓為"自有耶". 世亂犯法, 輒依之藏匿. 或曰: 有為官所法, 夷或為報仇. 與夷至厚者, 謂"百世遑耶", 恩若骨肉, 為其逋逃之藪. 故南人輕為禍變, 恃此也. 其俗徵巫鬼, 好詛盟, 投石結草, 官常以盟詛要之. 諸葛亮乃為夷作圖譜: 先畫天地日月, 君長, 城府; 次畫神龍, 龍生夷及牛馬羊; 後畫部主吏, 乘馬幡蓋, 巡行安卹; 又畫牽牛負酒齎金寶詣之之象, 以賜夷. 夷甚重之, 許致生口直. 又與瑞錦鐵券, 今皆存. 每刺史校尉至, 齎以呈詣, 動亦如之.

毅後, 永昌呂祥為校尉. 祥後數人, 李廣漢從雲南犍為郡守為校尉. 久之, 建寧太守巴西杜俊朱提太守梓潼雍約, 懦鈍無治, 政以賄成. 俊奪大姓鐵官令毛詵中郎李叡部曲, 致詵弟耐罪. 朱提大姓太中大夫李猛有才幹, 弟為功曹, 分當察舉, 而俊約受都尉雷逢賂, 舉逢子炤孝廉, 不禮猛. 猛等怨之. 太安元年秋, 訛叡(猛)逐俊以叛. 猛貽之書曰:"昔魯侯失道, 季氏出之. 天之愛民, 君師所治. 知足下追蹤古人, 見賢思齊. 足下箕帚, 枉慚吾郡." 亦逐約, 應之作亂, 眾數萬. 毅討破之, 斬訛首. 叡走依遑耶丘蔡夷帥于陵承. 猛箋降曰:"生長遐荒, 不達禮教, 徒與李雄和光合勢. 雖不能營師五丈, 略地渭濱, 冀北斷褒斜, 東據永安. 退考靈符, 晉德長久, 誠非狂夫所能干. 輒表革面, 歸罪有司." 毅惡其言, 遂誘殺之.

部永昌從事江陽孫辨, 上南中形勢:"七郡斗絕, 晉弱夷強. 加其土人屈塞. 應復寧州, 以相鎮慰." 冬十一月丙戌, 詔書復置寧州, 增統牂柯益州朱提合刺[74]郡, 為刺史, 加龍驤將軍, 進封成都縣侯.

二年, 于陵承詣毅, 請恕叡罪, 毅許之. 叡至, 羣下以為訛叡破亂州土, 必殺之, 毅不得已, 許諾. 及叡死, 于陵承及訛猛遑耶怒, 扇動謀反, 奉建寧太守巴西馬恢為刺史, 燒郡. 偽發, 毅方疾作, 力出軍. 初以救恢, 及聞其情, 乃殺恢. 夷愈強盛, 破壞郡縣, 沒吏民. 會毅疾甚, 軍連不利, 晉民或入交州, 或入永昌牂柯, 半亦為夷所困虜. 夷因攻圍州城. 毅但疾力固孤城, 病篤不能戰討. 時李特李雄作亂益州, 而所在有事, 救援莫至. 毅上疏陳謝:"不能式遏寇虐, 疾與事遇, 使虜游魂. 兵穀既單, 器械窮盡, 而救援無望, 坐待殄斃. 若必不垂矜憂, 乞請大使, 及臣尚存, 加以重罪. 若臣已死, 必陳屍為戮." 積四年, 光熙元年春三月, 毅薨. 子釧任洛, 還赴, 到牂柯, 路塞, 停住交州. 文武以毅女秀明達有父才, 遂奉領州事. 秀初適漢嘉太守廣漢王載, 載將家避地在南, 故共推

---

74 刺: '칠(七)'의 오기이다.

之, 又以載領南夷龍驤參軍. 秀獎勵戰討, 食糧已盡, 人但焦草灸鼠為命. 秀伺夷怠緩, 輒出軍掩破. 首尾三年, 釗乃得達. 丁喪, 文武復逼釗領州府事. 毅故吏毛孟等詣洛求救, 至欲自刿, 懷帝乃下交州, 使救助之. 以釗為平寇將軍, 領南夷護軍. 遣御史趙濤, 贈毅少府, 謚曰武[75]侯. 交州刺史吾彥, 遣子威遠將軍咨以援之.

朝廷以廣漢太守魏興王遜為南夷校尉寧州刺史, 代毅. 自永嘉元年受除, 四年乃至. 遙舉建寧董敏為秀才. 郡久無太守, 功曹周悅行郡事, 輕敏, 不下其板. 遜至, 怒, 殺悅. 悅弟秦臧長周胥, 合夷叟謀, 以趙濤父混昔為建寧, 有德惠, 欲殺遜樹濤. 遜誅之, 并殺濤. 夷晉莫不惶懼. 表釗為朱提太守, 治南廣, 禦雄. 時荒亂後, 倉無斗粟, 眾無一旅, 官民虛竭, 繩紀弛廢. 遜惡衣菜食, 招集夷民. 夷徼厭亂, 漸亦返善. 勞來不怠, 數年克復. 以五茶夷昔為亂首, 圖討之, 未有致罪. 會夷發夜郎莊王墓, 遜因此遂討滅之. 及討惡獠剛夷數千落, 威震南方. 官至平西安南將軍, 又兼益州刺史, 加散騎常侍, 封褒中伯. 而嚴猛太過, 多所誅鋤. 犍為太守朱提雷炤流民陰貢平樂太守董霸, 破牂柯平夷南廣, 北降李雄. 建寧爨量與益州太守李易梁水太守董憕, 保興古槃南以叛. 雄遣叔父驤破越嶲, 伐寧州. 遜使使督護雲南姚岳拒驤於堂螂縣. 違遜指授, 雖大破之, 驤不獲.

太興四年, 遜發病薨. 州人推中子堅領州事.

永昌元年, 晉朝更用零陵太守南陽尹奉為寧州刺史南夷校尉, 加安西將軍. 奉威刑緩鈍, 政治不理. 咸和八年, 遂為雄弟壽所破獲, 南中盡為雄所有. 惟

75 武: '위(威)'의 오기이다.

牂柯謝恕不為壽所用，遂保郡(獨)為晉．官至撫夷中郎將寧州刺史冠軍．是歲，咸和八年也．

牂柯郡，漢武帝元鼎二年開．屬縣，漢十七，戶六萬．及晉，縣四，戶五千．去洛五千六百一十里．郡上值天井，故多雨潦．俗好鬼巫，多禁忌．(畲)[畬]山為田．無蠶桑．頗尚學書，少威儀多懦怯．寡畜產，雖有僮僕，方諸郡為貧．王莽更名牂柯曰同亭，郡不服．會公孫述(時)[據]三蜀，大姓龍傅尹董氏與功曹謝暹保郡，聞漢世祖在河北，乃遠使使由番禺江出，奉貢漢朝．世祖嘉之，號為義郎．明章之世，毌斂人尹珍，字道眞，以生遐裔，未漸庠序，乃遠從汝南許叔重受五經．又師事應世叔學圖緯，通三材．還以教授．於是南域始有學焉．珍以經術選用，歷尚書丞郎，荊州刺史．而世叔為司隸校尉，師生并顯．平夷傅寶夜郎尹貢，亦有名德，歷尚書郎長安令，巴郡太守彭城相，號南州人士．郡特多阻險，有延江霧赤煎水為池衛．少有亂，惟朱褒見誅．其郡守垂功名者，前有吳霸陳立，後有漢中張亮則廣漢劉寵犍為費詩巴西馬忠，皆著勳烈．晉元帝世，太守建寧孟才以驕暴無恩，郡民王清范朗逐出之．刺史王遜怒，分嬖半為平夷郡，夜郎以南為夜郎郡，四縣．

萬壽縣　郡治．有萬壽山．沮，本有鹽井，漢末時，夷民共詛盟不開．今三郡皆無鹽．

且蘭縣　音沮．漢曰故且蘭．有柱(蘭)[蒲]關也．

廣談縣

毌斂縣　有剛(火)[水]也．

平夷郡，晉元帝建興元年置．屬縣二，戶千．

平夷縣　郡治．有硃津，安樂水．山出茶蜜．

鱉縣　故犍為郡城也．不狼山出鱉水，入沅水．有野生薛，可食．大姓王氏．

夜郎郡，夜郎國也．屬縣二，戶千．

夜郎縣　郡治．有遯水，通廣鬱林．有竹王三郎祠，甚有靈響也．

談指縣

晉寧郡，本益州也．元鼎初屬牂柯越嶲．漢武帝元封二年，叟反，遣將軍郭昌討平之．因開為郡，治滇池上，號曰益州．漢屬縣二十四，戶二十萬．晉縣七，戶萬．去洛五千六百里．司馬相如韓說初開，得牛馬羊屬三十萬．漢乃募徙死罪及奸豪實之．郡土大平敞，原田，多長松皐．有鸚鵡孔雀，鹽池田漁之饒，金銀畜產之富．俗奢豪，難撫御，惟文齊王阜景毅李顒及南郡董和為之防檢，後遂為善．蜀建興三年，丞相亮之南征，以郡民李恢為太守，改曰建寧，治味縣．寧州別建，為益州郡．後太守李邈，恢孫也，與前太守董憕建寧爨量共叛．寧州刺史王遜表改益州為晉寧郡．

滇池縣　郡治，故滇國也．有澤水，周圍二百里．所出深廣，下流淺狹，如倒流，故曰滇池．長老傳言：池中有神馬，或交焉，即生駿駒，俗稱之曰“滇池駒”，日行五百里．水神祠祀．亦有溫泉，如越嶲溫水．又有白蝟山，山無石，惟有蝟也．

同勞縣

同安縣

連然縣　有鹽泉，南中共仰之．

建伶縣

毋單縣

秦臧縣

建寧郡治，故庲降都督屯也，南人謂之"屯下。"屬縣晉太安二年分為益州平樂二郡，合縣十三，戶萬．去洛五千六百三十九里．有五部都尉，四姓及霍家部曲．

味縣　郡治．有明月社，夷晉不奉官，則官與共盟於此社也．

升麻縣　山出好升麻．有塗水．

同樂縣　大姓爨氏．

穀昌縣　漢武帝將軍郭昌討夷，平之，因名郭昌，以威夷．孝章時改為穀昌也．

同瀨縣

雙柏縣

存䮡縣　雍闓反，結壘於縣山，繫馬(柳)柱生成林；今夷言"無雍梁"，夷言馬也．

昆澤縣

漏江縣　九十里出蟆口．

談(豪)[槀]縣　有濮獠．

伶丘縣　主獠．

脩雲縣

新定縣

平樂郡，元帝建興六年，刺史[王遜]割建寧[之]新定興遷二縣，新立平樂三沮二縣，合四縣為一郡．後太守建寧董霸叛，降李雄，郡縣遂省．寧州北屬，雄復為郡，以朱提李壯為太守．

朱提郡，本犍為南部，孝武帝元封二年置，屬縣四．建武後，省為犍為屬國．

至建安二十年, 鄧方為都尉, 先主因易名太守. 屬縣五, 戶八千, 去洛五千三百里. 先有梓潼文齊, 初為屬國, 穿龍池, 溉稻田, 為民興利, 亦為立祠. 大姓朱魯雷興仇遞高李, 亦有部曲. 其民好學, 濱犍為, 號多士人, 為寧州冠冕.

朱提縣　郡治.

堂螂縣　因山名也. 出銀鉛白銅雜藥, 有堂螂附子.

南秦縣　自僰道南廣, 有八亭, 道通平夷.

漢陽縣　有漢水, 入延江.

南昌縣　故都督治. 有鄧安遠城也.

南廣郡, 蜀延熙中置, 以蜀郡常竺為太守. 蜀朝召竺, 入為侍中, 巴西令狐衷代之. 建武九年省. 元帝世, 刺史王遜移朱提[郡]治(郡)南廣. 太守李釗數破雄, 殺賊大將樂初. 後刺史尹奉却郡還舊治. 及雄定寧州, 復置郡, 以興古太守朱提李播為太守. 屬縣四, 戶千. 自僰道至朱提, 有水步道. 水道有黑水及羊官水, 至險難行. 步道渡三津, 亦艱阻. 故行人為語曰:"猶溪赤木, 盤蛇七曲. 盤羊烏櫳, 氣與天通. 看都濛泚, 住柱呼尹. 庲降賈子, 左儋七里."又有牛叩頭, 馬搏坂. 其險如此. 土地無稻田蠶桑, 多蚘虎狼. 俗妖巫, 惑禁忌, 多神祠.

南廣縣　郡治. 漢武帝太初元年置. 有鹽官.

臨利縣

常遷縣

新興縣

永昌郡, 古哀牢國. 哀牢, 山名也. 其先有一婦人, 名曰沙壺, 依哀牢山下居, 以捕魚自給. 忽於水中觸一沈木, 遂感而有娠. 度十月, 產子男十人. 後沈木化爲龍, 出謂沙壼曰:"君爲我生子, 今在乎?"而九子驚走. 惟一小子不能去, 陪龍坐, 龍就而舐之. 沙壼與言語, 以龍與陪坐, 因名曰元隆, 猶漢言陪坐也. 沙壼將元隆居龍山下. 元隆長大, 才武. 後九兄曰:"元隆能與龍言, 而點有智, 天所貴也." 共推以爲王. 時哀牢山下, 復有一夫一婦, 產十女, 元隆兄弟妻之. 由是始有人民. 皆象之, 衣後着十尾, 臂脛刻文. 元隆死, 世世相繼, 分置小王, 往往邑居, 散在溪谷. 絕域荒外, 山川阻深, 生民以來, 未嘗通中國也. 南中昆明祖之, 故諸葛亮爲其國譜也. 孝武時, 通博南山, 度蘭滄水谿, 置嶲唐不韋二縣. 徙南越相呂嘉子孫宗族實之, 因名不韋, 以彰其先人惡. 行人歌之曰:"漢德廣, 開不賓. 渡博南, 越蘭津. 渡蘭滄, 爲他人." 渡蘭滄水以取哀牢地. 哀牢轉衰. 至世祖建武二十三年, 王扈栗遣兵乘箄船南攻鹿茤. 鹿茤民弱小, 將爲所擒. 會天大震雷, 疾風暴雨, 水爲逆流, 箄船沈沒, 溺死者數千人. 後扈栗復遣六王攻鹿茤. 鹿茤王迎戰, 大破哀牢軍, 殺其六王. 哀牢人埋六王, 夜, 虎掘而食之. 哀牢人驚怖, 引去. 扈栗懼, 謂諸耆老曰:"哀牢略徼, 自古以來, 初不如此. 今攻鹿茤, 輒被天誅, 中國有受命之王乎? 是何天祐之明也! 漢威甚神." 即遣使詣越嶲太守, 願帥種人歸義奉貢. 世祖納之, 以爲西部屬國. 其地東西三千里, 南北四千六百里; 有穿胸儋耳種, 閩越濮鳩獠. 其渠帥皆曰王. 孝明帝永平十二年, 哀牢抑狼遣子奉獻. 明帝乃置郡, 以蜀郡鄭純爲太守. 屬縣八, 戶六萬. 去洛六千九百里, 寧州之極西南也. 有閩濮鳩獠僄越躶濮身毒之民. 土地沃腴, 黃金光珠虎魄翡翠孔雀犀象蠶桑綿絹采帛文繡. 又有貊獸, 食鐵; 猩猩獸, 能言, 其血可以染朱罽. 有大竹, 名濮竹, 節相去一丈, 受一斛許. (其)[有]梧桐木, 其華柔如絲, 民績以爲布, 幅廣五尺以還, 潔白不受污, 俗名曰"桐華布", 以覆亡人, 然後服之, 及賣與人. 有蘭干細布.

蘭干獠言紵也，績成，文如綾錦．又有闌旄帛疊水精瑠璃軻蟲蚌珠．宜五穀，出銅錫．太守著名績者，曰鄭純後，有蜀郡張化常員，巴郡沈稚黎彪，然顯者猶鮮．章武初，郡無太守．值諸郡叛亂，功曹呂凱奉郡丞蜀郡王伉保境，六年，丞相亮南征，高其義，表曰："不意永昌風俗乃爾．"以凱為雲南太守，伉為永昌太守，皆封亭侯．李恢遷濮民數千落於雲南建寧界，以實二郡．凱子祥太康中獻光珠五百斤，還臨本郡，遷爲南夷校尉．祥子元康末爲永昌太守．值南夷作亂，闔濮反，乃南移永壽，去故郡千里，遂與州隔絕．呂氏世官領郡，於今三世矣．大姓陳趙謝楊氏．

不韋縣　故郡治．

比蘇縣

哀牢縣

永壽縣　今郡治．

巂唐縣　有周水，從徼外來．

雍鄉縣

南里縣　有翡翠孔雀．

博南縣　山高四十里，越之，得蘭滄水．有金沙，以火融之，為黃金．有光珠穴，出光珠．有虎魄，能吸芥．又有珊瑚．

雲南郡，蜀建興三年置，屬縣七，戶萬．去洛六千三百四十三里．本雲川地．有熊倉山，上有神鹿，一身兩頭，食毒草．有上方下方夷．亦出花布．孔雀常以二月來翔，月餘而去．土地有稻田畜牧，但不蠶桑．

雲南縣　郡治．

葉榆縣　有河洲．

遂久縣　有繩水也.

弄棟縣　有無血水.

蜻蛉縣　有鹽官, 僕水. 同出山, 有碧雞金馬, 光彩倏忽, 民多見之; 有山神. 漢宣帝遣諫義大夫蜀郡王褒祭之, 欲致雞馬. 褒道病卒, 故不宣著.

其縣二別為郡.

河陽郡, 刺史王遜分雲南置. 屬縣四, 戶千.

河陽縣　郡治. 在河中源洲上也.

梁水郡, 刺史王遜分置. 在興古之盤南.

梁水縣　郡治. 有振山, 出銅.

賁古縣　山出銀鉛銅鐵.

西隨縣

興古郡, 建興三年置. 屬縣十一, 戶四萬, 去洛五千八百九十里. 多鳩獠濮. 特有瘴氣. 自梁水興古西平三郡少穀, 有桄榔木, 可以作麵, 以牛酥酪食之, 人民資以為糧. 欲取其木, 先當祠祀.

[宛]溫縣　郡治. 元鼎二年置.

律高縣　西有石空山, 出錫. 東南有(盤)[監]町山, 出錫.

鐔封縣　有溫水.

句町縣　故句町王國名也. 其置自濮王, 姓毋, 漢時受封迄今.

漢興縣

勝休縣　有河水也.

唐都縣　故名雲夢縣.

西平郡, 刺史王遜時, 爨量保盤南, 遜出軍攻討, 不能克. 及遜薨後, 寇掠州下，吏民患之．刺史尹奉重募徼外夷，刺殺量，而誘降李遐，盤南平，奉以功進安西將軍，封遷陵伯；乃割興古雲南之盤江來如南零三縣爲郡．

右寧州．統郡十四，縣六十八．

咸熙元年，吳交趾郡吏呂興殺太守孫靖，內附魏．魏拜興安南將軍．時南中監軍霍弋，表遣建寧爨谷爲交趾太守，率牙門將軍建寧董元毛炅孟幹孟通爨熊李松王素等，領部曲以討之．谷未至，興已爲功曹李統所殺．泰始元年，谷等徑至郡，撫和初附．無幾，谷卒，晉更用馬忠子融代谷．融卒，遣犍爲楊稷代之，加綏遠將軍．又進諸牙門 皆雜號將軍，封吳侯．交州刺史劉峻大都督脩則領軍，三攻稷，皆爲稷所敗．鬱林九眞皆附稷．稷表遣將軍毛炅董元等攻合浦，戰於古城，大破吳軍，殺峻則．稷因表炅爲鬱林太守，元爲九眞太守．元病亡，更以益州王素代之．數攻交州諸郡．泰始七年春，吳王孫皓遣大都督薛珝交州刺史陶璜帥(二十萬)軍，興扶嚴惡夷，合十萬，伐交趾．稷遣炅及將軍建寧孟岳等禦之，戰於封谿．衆寡不敵，炅等敗績，僅以身免．還交趾，固城自守．破敗之後，衆裁千人，并新附可有四千，男女萬餘口．陶璜圍之，杜塞蹊徑，救援不至，雖班糧約食，猶不供繼．至秋七月，城中食盡，病餓死者大半．交趾人廣野將軍王約，反應陶璜，以梯援外．吳人遂得入城．得稷等，皆囚之．即斬稷長史張登將軍孟通及炅，并交趾人邵暉等二千餘人．受皓詔，傳稷秣陵．故梧稷及孟幹爨熊李松四人於吳．通四遠消息．稷至合浦，發病歐血死．傳首秣陵，棄其屍喪於海．幹松熊至吳，將加斬刑；或說皓："宥免幹等，可以勸邊將."皓原之，欲徙付臨海郡．初，稷等私誓：不能死節，因辱虜手，若蒙未死，必當思求北歸．稷既路死，幹等恐北路轉遠，以吳人愛蜀側竹弓弩，言能作之．皓轉付部，爲弓工．九年，幹自吳逃返洛陽．松熊爲皓所殺．初，晉武帝以稷爲交州刺史, 大封. 半道, 稷城陷; 或傳降, 故不錄. 幹至, 表狀, 乃追贈交州刺史, 封松熊後嗣侯焉.

古城之戰, 毛炅手殺脩則. 則子允隨陶璜. 璜以炅壯勇, 欲赦之. 而允必欲求殺炅, 炅亦不屈於璜. 璜怒, 乃裸身因結面縛, 呵曰:"晉兵賊!"炅亦烈聲呵曰:"吳狗! 何等為賊?"吳人生割其腹, 允割其肝, 罵曰:"虜腹." 炅罵不斷, 曰:"尚欲斬汝孫皓, 汝父何死狗也!"吳人斬之. 武帝聞而矜哀, 即詔炅子襲爵, 封諸子三人關內侯. 九眞太守王素, 以交趾敗, 與董元牙門王承等欲還南中, 為陶璜別將儦濮所獲. 功曹李祚見交趾民殘害, 還, 遂率吏民保郡為晉. 祚舅黎晃為吳將, 攻伐祚, 不下, 數遣人解喻, 降之. 祚答曰:"舅自吳將, 祚自晉臣, 惟力是視矣."邵暉子胤, 先為父使詣洛, 拜奉車都尉. 比還, 暉敗亡, 胤依祚固守. 求救南中, 南中遙為之援. 諸姓得世有部曲. 弋遣之南征, 因以功相承也.

譔曰: 南域處邛笮五夷之表, 不毛閩濮之鄉, 固九服之外也; 而能開土列郡, 爰建方州, 踰博南, 越蘭滄, 遠撫西垂, 漢武之迹可謂大業. 然要荒之俗, 不與華同, 安邊撫遠, 務在得才. 故高祖思猛士作歌, 孝文想頗牧咨嗟. 斯靜禦之將, 信王者所詳擇也. 馬霍王尹得失之際, 足以觀矣. 交趾雖異州部, 事連南中, 故并誌焉.

화양국지
(華陽國志)
—
권5
공손술유이목지
(公孫述劉二牧志)

선왕(先王)이 태사(太史)에게 명을 내려 전범(典範)을 세우고 법칙(法則)을 건립하여[遠則]¹ 인륜(人倫)을 관리하게 하니, 삼재(三材)가 밝게 빛나고 사물의 종류가 분명하게 드러났다. 그러나 뜻이 있는 선비들은 향교(鄕校)에서 논의가 분분했고, 꼴을 베고 나무하는 사람들은 숲과 들판에서 노래하고 암송하며 의견을 덧붙였다. 그렇기 때문에 좁은 식견[管闚]²이나 이치에 맞지 않는 어리석은 말[瞽言]일지라도 군자는 마땅히 그것을 읊어야[詠]³ 한다. 그래서 여러 선행을 자세히 밝혀 아름다운 기풍을 널리 비추어야 한다. 공손술(公孫述)과 익주 목(益州牧) 유언(劉焉)·유장(劉璋)[劉牧], 유비(劉備)·유선(劉禪)[二主]의 흥망과 존폐는《한서(漢書)》⁴와《삼국지(三國志)》에 아주 상세하게 기록되어 있다. 그러나 그들이 통치한 지역이 익주자사부(益州刺史部)이므로 인물들의 사적을 조리 있게 관통하기 위해서는 이 편에서 반드시 설명을 덧붙여야 한다. 이전의 법식을 살펴보

---

1 법칙(法則)을 건립하여[遠則]: 원문에는 '원칙(遠則)'으로 되어 있으나 '건칙(建則)'이 되어야 옳다.

2 좁은 식견[管闚]: '관규(管窺)'라고도 하며, 대롱으로 하늘을 보듯이 소견이 좁음을 말하며, 사물의 일부분밖에 보지 못함을 비유한다.

3 읊어야[詠]: 유림본(劉琳本)에는 '채택해야[採]'로 되어 있다.

4 《한서(漢書)》: 여기에서 말하는 《한서(漢書)》는 동한(東漢) 때 반고(班固)가 쓴 책이 아니라, 반고로부터 시작하여 진종(陳宗)·윤민(尹敏)·맹이(孟異)·유진(劉珍)·이우(李尤)·유도도(劉騊駼) 등의 손을 거쳐 완성된 《한기(漢記)》로 '《동관한기(東觀漢記)》'라고도 부르는데, 동한의 역사를 기록한 기전체(紀傳體) 역사서이다.

면, 《춘추좌씨전(春秋左氏傳)》은 소신(素臣)⁵ 좌구명(左丘明)의 저작으로 왕후(王侯)의 사적을 기록했고, 이어서 여덟 나라의 역사를 기록한 《국어(國語)》⁶[八國之語]가 지어졌다. 오전(五傳)⁷은 그 대의가 심오하고 성인의 은미한 뜻이 풍부하다. 이어서 《팔람(八覽)》⁸의 글인 《여씨춘추(呂氏春秋)》가 출현했다. 때문에 진실로 시의(時宜)에 부합한다면 비록 같은 도리가 세상에 나오고 같은 일이 다시 드러난다고[一事身見]⁹ 하여도 다만 정신을 도야하고 심지(心志)를 넓힐 수 있으니, 중복됨을 꺼려 하지 않는다.

한(漢)나라 12대 효평황제(孝平皇帝, 재위 기원전 1~5)는 재위 기간이 짧

---

5 소신(素臣): 공자(孔子)가 《춘추(春秋)》를 지었는데, 한(漢)나라 때 유학자들이 그를 높여 '소왕(素王)'이라 불렀다. 그 후 좌구명(左丘明)이 《춘추》의 전통을 계승하여 《춘추좌씨전(春秋左氏傳)》을 짓자, 후세 사람들이 그를 공자인 소왕의 신하라는 의미로 '소신(素臣)'이라 불렀다.

6 《국어(國語)》: 춘추(春秋)시대 주(周)·노(魯)·제(齊)·진(晉)·정(鄭)·초(楚)·오(吳)·월(越), 여덟 나라의 역사가 기록되어 있으며, 내용은 대부분 좌구명(左丘明)이 쓴 《춘추좌씨전(春秋左氏傳)》과 동일하다. 그래서 후인들은 《좌전》을 '《춘추내전(春秋內傳)》', 《국어》를 '《춘추외전(春秋外傳)》'이라 불렀다.

7 오전(五傳): 《춘추(春秋)》를 해석한 《춘추좌씨전(春秋左氏傳)》·《춘추공양전(春秋公羊傳)》·《춘추곡량전(春秋穀梁傳)》·《춘추추씨전(春秋鄒氏傳)》·《춘추협씨전(春秋夾氏傳)》을 가리키는데, 모두 전국 시대의 기록이다. 《춘추추씨전》과 《춘추협씨전》은 기록만 있을 뿐, 한(漢)나라 때부터 이미 책이 전하여지지 않았다.

8 《팔람(八覽)》: 여불위(呂不韋)가 문객들을 모아 편찬한 《여씨춘추(呂氏春秋)》를 가리키는데, 그 안에 〈유시(有始)〉·〈효행(孝行)〉·〈신대(慎大)〉·선식(先識)〉·〈심분(審分)〉·〈심응(審應)〉·〈잡속(雜俗)〉·〈시군(恃君)〉 등 팔람(八覽)이 있다. 때문에 '《여람(呂覽)》'이라고도 부른다. 그런데 《여씨춘추》가 실제로는 《춘추(春秋)》를 해석한 책이 아니라 《춘추》의 이름만 빌렸다.

9 같은 일이…드러난다고[一事身見]: 공손술(公孫述)·유언(劉焉)·유장(劉璋)·유비(劉備)·유선(劉禪)에 관한 기록이 《한서(漢書)》·《삼국지(三國志)》에 보이는데도 다시 《화양국지》에 나오기 때문에 이렇게 말한 것이다. 그러므로 원문의 '신(身)' 자는 '재(再)' 자로 해석해야 의미가 통한다고 하겠다.

고 후사가 없었으므로, 나라의 혈통이 세 번째로 끊어졌다.[10] 효원후(孝元后)의 조카인 안한공(安漢公)·신도후(新都侯)인 위군(魏郡) 사람 왕망(王莽)이 황제의 자리를 훔쳐 빼앗아 '천자(天子)'라 칭하고, 천하의 군수(郡守)를 바꾸어 '졸정(卒正)'[11]이라 하며, 또 촉군(蜀郡)을 바꾸어 '도강(導江)'[12]이라 했다. 왕망은 옛 중산대부(中散大夫)인 무릉(茂陵) 사람 자양(子陽 공손술(公孫述)의 자(字))[공손술(公孫述)의] 공손술(公孫述)을 옮겨 도강졸정으로 삼고, 치소를 임공(臨邛)에 두었다. 유벽(劉辟)이 광한(廣漢)에서 군사를 일으키고, 경시장군(更始將軍)[13] 유성공(劉聖公 유현(劉玄))은 남양(南陽)에 있었는데, 촉(蜀) 땅이 그들에게 호응하려고 했다.[14] 마침 종성(宗成)과 원부(垣副), 왕잠(王岑) 등이 난리를 일으키자, 공손술이 관리와 백성들을 이끌고 그들을 막아 냈다. 공손술은 가는 곳마다 그들을 토벌하여 물리치고, 주변을 막아 달아나는 것을 저지하여 목을 벤 자가 1만 명을 헤아렸다. 마침내 공손술이 성도(成都)를 점거하니, 그의 위엄이 파(巴)·한(漢)에 진동했다. 그는 정치가 엄하고 각박하여 백성들이 잘못을 저지르지 못했다. 경시장군은 왕망을 주살하고 관중(關

---

10 나라의 혈통이⋯끊어졌다: 서한(西漢)은 성제(成帝)와 애제(哀帝) 그리고 평제(平帝)가 모두 후사(後嗣)가 없었으므로 나라의 혈통이 세 번이나 끊어졌다고 했다.

11 졸정(卒正): 왕망은 신(新)나라를 건국하고 나서 유가(儒家)의 경전에 근거하여 관명과 지명을 대대적으로 변경하여 군수(郡守)를 '졸정(卒正)' 혹은 '연솔(連率)', 혹은 '대윤(大尹)'으로 고쳤다. 졸정이란 명칭은 《예기(禮記)》〈왕제(王制)〉에 보인다.

12 도강(導江): 《상서(尙書)》〈하서(夏書) 우공(禹貢)〉에 이르기를, "민산(岷山)에서 장강(長江)을 인도하여 동쪽에 별도로 타수(沱水)를 이루게 했다.[岷山導江, 東別沱水.]"라고 한 데서 촉군(蜀郡)을 '도강'이라 불렀다.

13 경시장군(更始將軍): 유현(劉玄)은 귀족 출신으로 왕망의 집권 말기에 녹림군(綠林軍)에 섞여 들어가 '경시장군(更始將軍)'으로 불렸다. 신(新)나라 지황(地皇) 4년(23)에 남양(南陽)에서 황제를 칭하고, 연호를 '경시(更始)'라고 했다.

14 유벽(劉辟)이⋯했다: 유벽이 광한에서 군사를 일으키고 유성공이 남양에서 황제를 칭하자, 촉 땅의 공손술이 그들에게 호응하려고 한 것이다.

中)에 도읍을 세웠지만 나중에 적미군(赤眉軍)에게 패했다. 건무(建武) 원년(25), 세조 광무황제(世祖光武皇帝)가 하북(河北)에서 즉위했다. 공손술은 어떤 사람이 자신에게 "공(公)의 자손[公子系]은 12년이 기한이다."[15]라고 말하는 꿈을 꾸고 나서 그 사실을 아내에게 말하자, 그의 아내가 말하기를, "'아침에 도를 들으면 저녁에 죽어도 좋다.[朝聞道, 夕死尙可.]'[16]라고 했는데, 하물며 12년이겠습니까?'라고 했다. 마침 여름 4월에 관부(官府)의 대전(大殿) 앞에서 용이 출현하자 이를 상스러운 징조라고 여기고, 마침내 공손술이 황제를 칭하고, 국호를 '대성(大成)'[17]이라 불렀으며, 연호를 바꾸어 '용홍(龍興)'이라 했다. 그는 왕망이 황색(黃色)을 숭상했기 때문에 마침내 복색은 흰색을 숭상했고, 자신이 서쪽에서 일어났기 때문에 금행(金行)에 속한다[18]고 여겼다. 그는 공조(功曹) 이웅(李熊)을 대사도(大司徒)로 삼고, 파군(巴郡) 사람 임만(任滿)을 대사공(大司公)으로 삼았으며, 자신의 동생 공손회(公孫恢)를 태위(太尉)로 삼고, 백관을 갖추어 설치

---

15 공(公)의 자손은…기한이다: 이 구절은 《후한서(後漢書)》에 이르기를, "팔사자계는 12년이 기한이다.[八厶子系, 十二爲限.]"라고 되어 있는데, 고광기(顧廣圻)의 견해에 따르면 '사(厶)'자는 '사(私)'의 옛 글자로서 '팔(八)'과 '사(厶)'를 합치면 '공(公)' 자가 되고, '자(子)'와 '계(系)'를 합치면 '손(孫)' 자가 된다. 공손술(公孫述)은 이 구절을 가지고 자신이 황제를 칭하는 근거로 삼았다.

16 아침에…죽어도 좋다.[朝聞道, 夕死尙可.]: 이는 《논어(論語)》〈이인(里仁)〉의 글이다.

17 대성(大成): 공손술이 성도(成都)에서 군사를 일으켰기 때문에 국호를 '대성(大成)'이라 부른 것이다.

18 왕망이…금행(金行)에 속한다: 한(漢)나라 때 오행가(五行家)와 유가(儒家)들은 한나라가 화덕(火德)을 얻었다고 했다. 오행이 순환하는 상생(相生)의 관계에서 살펴보면 토(土)는 마땅히 화(火)를 대신하는 까닭에 왕망은 토덕(土德)을 얻었다고 주장했고, 토행(土行)과 어울리는 황색을 숭상했다. 반면에 공손술은 자신이 왕망을 대신하여 서방에서 일어났는데, 서방은 금행(金行)에 해당한다고 여겨 금행과 어울리는 흰색을 숭상했고, 스스로 '백제(白帝)'라 칭했다.

했다. 10층으로 된 적루(赤樓) 난간에 비단을 장식한 배를 건조했다.[19] 익주(益州)를 바꾸어 '사례(司隷)'라 하고, 촉군을 '성도윤(成都尹)'이라 했다.[20] 당시 세조가 하북을 막 평정했는데 형감(荊邯)과 연아(延牙^{연아})가 모두 공손술에게 귀의했기 때문에 공손술이 익주를 다스렸다. 철전관(鐵錢官)을 설치하여 동전(銅錢)을 폐지하니, 백성들의 매매가 행하여지지 못했다. 촉 땅 동요(童謠)에 "누런 소가 흰 배를 되찾으니, 오수전은 마땅히 회복되리라.[黃牛白腹, 五銖當復.]"고 했는데, 왕망이 누런 소[黃牛]이고, 공손술이 흰 배[白腹]임을 말한 것이다. 오수전(五銖錢)은 한나라 때 동전으로 한나라가 마땅히 회복됨을 말한 것이다. 그런 까닭에 옛 주부(主簿) 이륭(李隆)과 상소(常少)가 공손술에게 제위를 버리고 돌아가 신하로 칭할 것을 여러 차례 간언했으나, 공손술이 그들의 말을 받아들이지 않았다. 천수(天水) 사람 외효(隗囂)도 농서(隴西)를 할거하고 공손술과 연합하고 있었다. 촉 땅이 평정된 뒤에 공손술은 중원(中原)을 향하여 격문을 보내 참위설을 끌어들여 무리들을 미혹했다. 세조가 회답하여 말하기를, "《서수획린참(西狩獲麟讖)》에서 말하는 '을자묘금(乙子卯金)'은 을미년에 제위를 유씨(劉氏)에게 준다는 뜻이지, 서방의 태수를 가리키는 것이 아니다.[21] '광

---

19 10층으로…건조했다: 《후한서(後漢書)》에는 "10층 적루에 비단으로 난간을 장식한 배를 건조했다.[造十層赤樓帛蘭船]"라고 했고, 《자치통감(資治通鑑)》에는 '10층 누선(十層樓船)'이라고 했다.

20 익주(益州)를…성도윤(成都尹)이라 했다: 서한(西漢) 때는 경도(京都)인 장안(長安)이 소재한 주(州)를 '사례교위부(司隷校尉部)', 장안이 소재한 군(郡)을 '경조윤(京兆尹)'이라고 했는데, 공손술이 그것을 모방했다.

21 《서수획린참(西狩獲麟讖)》에서…아니다: 《후한서(後漢書)》〈공손술전(公孫述傳)〉에 따르면 공손술은 일찍이 《효경수신계(孝經授神契)》를 인용하여 '서태수 을묘금(西太守乙卯金)'이라 했는데, 해석하면 서방 태수가 유씨(劉氏)를 알형(軋刑) 즉 죄인의 골절(骨節)을 수레로 가는 형벌에 처한다는 내용이다. 여기서 서방 태수는 공손술을 가리키고, '을(乙)'은 '알

폐창제, 입자공손(光廢昌帝, 立子公孫)'[22]은 곽광(霍光)이 창읍왕(昌邑王)을 폐위하고, 효선제(孝宣帝)를 세운다는 뜻이다. 황제(黃帝)는 성이 공손(公孫)이라, 토덕(土德)에 해당한다[23]는 사실을 그대도 알고 있다. '한나라 황실이 920년이 지나 어리석은 후손에 이르러 멸망하여 제위를 승상에게 넘겨주는데 그 이름이 당도고(當塗高)[24]이다.'고 했는데, 당도고가 어찌 그대란 말인가? 나는 선조의 대업을 계승하여 일어난 것이지, 다시 천명을 받은 것이 아니다.[25] 한나라의 기운이 끊어짐이 왕망보다 지나치지 않

(軝)'과 통하며, 유씨의 '유(劉)' 자를 파자(破字)하면 '묘금도(卯金刀)'가 된다. 그런 까닭에 세조(世祖) 유수(劉秀)가 《서수획린참》을 인용하여 공손술의 《효경수신계》를 반박한 것이다.

22 광폐창제, 입자공손(光廢昌帝, 立子公孫): 공손술은 일찍이 《하도녹운법(河圖錄運法)》을 인용하여 '폐창제, 입공손(廢昌帝, 立公孫)'이라 했는데, '창제(昌帝)'는 한(漢)나라 황제를 가리키고, '공손(公孫)'은 공손술 자신을 의미한다. 즉 한나라 황제를 폐위하고, 자신을 황제로 세운다는 뜻이다. 그런 까닭에 세조 유수가 '창제'는 '창읍왕(昌邑王)'을 가리키고, '공손'은 효선제(孝宣帝)를 가리킨다고 반박한 것이다. 창읍왕 유하(劉賀)는 한 무제(漢武帝)의 증손(曾孫)으로, 한 소제(漢昭帝)가 후사(後嗣) 없이 죽자, 집정대신 곽광에 의하여 황제로 세워졌다. 그러나 오래지 않아 음란해지자, 곽광이 그를 폐위하고 한 무제의 증손인 유순(劉詢)을 황제로 세우니, 그가 바로 효선제이다.

23 황제(黃帝)는…토덕(土德)에 해당한다: 공손술은 《하도괄지상(河圖括地像)》을 인용하여 이르기를, "황제(黃帝) 헌원(軒轅)에게서 명을 받으니, 공손씨가 차지한다.[帝軒轅受命, 公孫氏握.]"라고 했는데, 여기서 공손씨(公孫氏)는 바로 공손술 자신을 가리킨다. 그래서 유수가 '공손은 황제의 성(姓)으로 황제는 토덕(土德)이니, 공손술을 가리키는 것이 아니다'라고 반박한 것이다.

24 당도고(當塗高): 《춘추참(春秋讖)》에서 한(漢)나라를 대신할 사람으로 지목된 이름으로, 이 세 글자에 대한 구체적인 해석은 불분명하다. 다만 여기에서 유수는 당도고가 공손술을 가리키는 것이 아님을 반박했다. 나중에 원술(袁術)과 조비(曹丕) 등도 이 구절을 인용하여 자신들이 당도고라고 주장하기도 했다.

25 나는 선조의…받은 것이 아니다: 공손술이 참서(讖書)의 기록을 인용하여 한(漢)나라의 운수가 이미 다하여 "한 성씨가 다시 천명을 받지 못할 것이다.[一姓不得再受命.]"라고 하자, 유수는 자신이 선조의 대업을 계승하여 일어난 것이지, 천명을 다시 받은 것이 아

기를 바란다.[26] 근래 장만(張滿)이 악행을 저지르자, 병사들이 그를 포위하여 사로잡으니 장만이 탄식하며 말하기를, '참위서의 글이 나를 그르치게 했구나.'"라고 했다. 다시 공손술의 옛 친구인 마원(馬援)을 시켜 공손술에게 가서 깨우쳐 주게 했으나, 공손술이 따르지 않았다. 형감이 공손술을 설득하여 말하기를, "옛날 은 탕왕(殷湯王)이 70리 땅을 가지고 천하에서 왕 노릇 했고, 주 문왕(周文王)은 사방 100리 땅을 가지고 제후들을 신하로 삼았습니다. 다음으로 한 고조(漢高祖)는 패배했다가 다시 출정하고, 상처가 아물면 다시 싸웠기 때문에 비로소 진왕(秦王자영(子嬰))을 사로잡고 초(楚)나라[27]를 멸망시킬 수 있었으니, 이는 약한 것을 강한 것으로 만든 것입니다. 하물며 지금 땅이 사방으로 수천 리이고, 창을 쥐고 있는 병사들이 1백만 명이며, 천하의 인심도 아직 한곳으로 돌아서지 않았습니다. 동쪽으로 형문(荊門)을 나오고 북쪽으로 관중(關中)과 농서(隴西)를 공격하여 그들과 진퇴를 겨루지 않는다면 왕업은 보전되지 못하고, 자손들도 오랫동안 평안하지 못할 것입니다."라고 했다. 공손술이 그 말을 듣고 기뻐했다. 마침내 군대를 이끌고 형문과 진창(陳倉)을 나와 진(秦)과 초(楚) 지역을 공격하고자 했다. 공손술은 여러 차례나 군현(郡縣)을 바꾸고, 자제들에게 분봉(分封)했으며, 음란하고 방종함이 도를 넘어섰다. 그러나 나라가 부강하고 백성들이 부유했으며, 인구가 1백만여 호(戶)였다. 세조는 병력을 추가하는 데 서둘지 않았고, 공손술과 외효에

니라고 반박한 것이다.

26 한나라의…지나치지 않기를 바란다: 왕망은 일찍이 대량으로 참위서를 만들어 한(漢)나라의 기운이 이미 끊어졌으며, 자신이 그것을 대신하여 취했다고 주장했는데, 유수는 그것을 실례로 들어 공손술이 왕망을 본받지 말라고 충고한 것이다.

27 초(楚)나라: 여기서는 초패왕(楚霸王) 항우(項羽)를 가리킨다.

게 편지를 보낼 때면 번번이 공손술을 '공손황제(公孫皇帝)'라고 표기했다. 건무 7년(31), 외효가 한(漢)나라를 배반하고 공손술에게 항복하자, 공손술이 그를 왕으로 봉하고[28] 자금을 넉넉하게 주었다. 건무 10년(34), 세조가 대사마(大司馬) 오한(吳漢)과 대사도(大司徒) 등우(鄧禹)에게 외효를 토벌하고, 농우(隴右)를 평정하라고 명했다.[29] 공손술이 그 말을 듣고 언짢아했다. 성도성(成都城) 동쪽에는 원래 진(秦)나라 때의 빈 창고가 있었는데, 공손술이 이름을 바꾸어 '백제창(白帝倉)'이라 하고, 사람을 보내 백제창에서 대량의 쌀을 찾아냈다고 말하게 했다. 공경(公卿) 이하 및 도성에 사는 사람들이 가 보았지만 쌀은 없었다. 공손술이 말하기를, "백제창이 여기에서 수 리밖에 떨어지지 않았는데도 요언(謠言)의 허망함이 이와 같다. 외효왕(隗囂王)은 수천 리 바깥에서 패배했다고 전해지니, 진실로 그렇지 않을 것이다."라고 했다. 건무 11년(35), 세조가 정남대장군(征南大將軍) 잠팽(岑彭)에게 명하여 형문에서 강을 거슬러 올라가 공손술을 정벌하게 했다. 또 중랑장(中郎將) 내흡(來歙) 및 공손술의 옛 친구인 마원(馬援)에게 조서를 받들고 가서 공손술을 효유하게 했다. 이릉(李隆)과 상소

---

28 공손술이…왕으로 봉하고: 《후한서(後漢書)》 권1 〈광무제기 하(光武帝紀下)〉에 이르기를, "건무(建武) 7년(31) 3월, 공손술이 외효를 세워 영삭왕(寧朔王)으로 삼았다.[建武七年三月, 公孫述立隗囂爲寧朔王.]"라고 했다.

29 세조가…평정하라고 명했다: 《후한서(後漢書)》 권1 〈광무제기 하(光武帝紀下)〉에 이르기를, "건무(建武) 9년(33) 정월에 이미 외효(隗囂)가 병으로 죽고, 그의 부하가 다시 외효의 아들 외순(隗純)을 왕으로 삼았다.[建武九年正月隗囂已病死, 其部下復立其子隗純爲王.]"라고 했고, 《자치통감(資治通鑑)》 한기(漢紀) 권42 〈광무제기(光武帝紀)〉에 이르기를, "외효가 병이 난 데다 굶주리다가 콩과 쌀가루로 만든 마른 음식을 먹다가 화가 나고 분해하다가 죽었다.[隗囂患病, 又趕上饑荒, 只能吃到黃豆干飯, 憤恨而死.]"라고 했으니, 건무 10년(34)에는 이미 외효가 죽은 상태이다. 또한 유수(劉秀)가 "건무 10년에 내흡(來歙)과 풍이(馮異) 등을 보내 외순을 토벌하니, 외순이 패하여 항복했다.[十年, 劉秀派來歙來馮異等討純, 純敗降.]"라고 했는데, 오한(吳漢)과 등우(鄧禹)는 이 싸움에 참가하지 않았으니, 기록에 착오가 있는 듯하다.

(常少)가 명에 따를 것을 간언했다. 그러자 공손술이 분노하여 말하기를, "예로부터 항복한 천자가 있었단 말이냐?"라고 했다. 상서(尚書) 해문경(解文卿)과 대부(大夫) 정문백(鄭文伯) 역시 처음에 공손술에게 간언했는데, 공손술이 그들을 묶어 6년이나 폭실(暴室)[30]에 가두었고, 두 사람은 그곳에서 유폐된 채 죽었다. 이때부터 더 이상 간언하는 자가 없었다.

잠팽(岑彭)이 공손술(公孫述)의 형문관(荊門關)과 면관(沔關)을 격파하고, 곧바로 팽망현(彭亡縣)[31]에 이르렀다. 공손술이 자객을 시켜 잠팽을 찔러 죽였다. 이때부터 팽망현을 고쳐 '평무현(平無縣)'이라고 불렀으니, 이는 도적이 없음을 말한 것이다. 또 자객을 시켜 무도(武都)에서 내흡(來歙)을 찔러 죽였다. 세조(世祖)는 오한(吳漢)과 유상(劉尚)을 보내 다시 공손술을 정벌하고, 또 장궁(臧宮)을 보내 내수(內水)로부터 진입하게 했다.[32] 공손술이 누이의 남편 연아(延岑)를 시켜 장궁을 막게 하고, 대사도 사풍(謝豐)을

---

30 폭실(暴室): 한(漢)나라 때 염을 하던 관청으로 궁중 안의 여자들이 전담했고, 궁중 여인들 가운데 병이 들거나 황후 및 귀인(貴人)들이 죄를 지으면 이곳에 유폐시켰다고 한다.

31 팽망현(彭亡縣): 잠팽이 최후를 맞이한 곳으로, 공교롭게도 '팽망(彭亡)'이라는 지명이 '잠팽이 망한' 곳이라는 뜻이다.

32 장궁(臧宮)을…진입하게 했다: 《후한서(後漢書)》 권18 〈장궁전(臧宮傳)〉에 이르기를, "건무(建武) 11년(35), 장궁이 잠팽(岑彭)을 따라 형문(荊門)을 깨뜨리고 파군(巴郡)으로 들어갔다. 잠팽이 장궁을 보내 병사를 이끌고 평곡(平曲)을 깨뜨렸다. 8월, 공손술(公孫述)의 장수 연잠(延岑)을 심수(沈水)에서 크게 물리치니, 연잠이 성도(成都)로 달아났다. 장궁이 이긴 기세를 타고 평양향(平陽鄉)까지 추격하고, 계속 진격하여 면죽(綿竹)을 공략했다. 12년 9월, 부성(涪城)을 격파하고, 다시 번현(繁縣)·비현(郫縣)을 공격하여 함락시키고, 성도로 진군했다.[建武十一年, 宮隨岑彭破荊門, 入巴郡. 彭遣宮率兵下平曲. 八月, 大破公孫述將延岑于沈水, 延岑奔成都. 宮乘勝追至平陽鄉, 進拔綿竹. 十二年九月, 破涪城, 轉而攻下繁縣郫縣, 進軍成都.]"라고 했다. 그런데 원문에는 '사곡도(斜谷道)'로 되어 있어 역사적 사실과 부합하지 않는다. 그래서 임내강(任乃强)은 '사곡도'는 '부수(涪水)'로 수정되어야 하며, 원굉(袁宏)의 《후한기(後漢紀)》와 사마광(司馬光)의 《자치통감(資治通鑑)》에도 '부수'로 나오며, 부수는 바로 '내수(內水)'라고 했다. 따라서 원문의 '사곡도'를 '내수'로 수정하여 번역했다.

시켜 오한을 막게 했으나 잇따라 싸워 번번이 패했다. 오한이 성도성 아래에 이르러 군대를 강교(江橋)와 소성(少城)에 주둔시켰다. 사풍은 광도(廣都)에 주둔하고, 연아는 군사를 이끌고 성도로 돌아갔다. 공손술이 연아에게 일러 말하기를, "일은 마땅히 어떻게 해야겠느냐?"라고 했다. 그러자 연아는 "사내는 마땅히 죽음 가운데서 살 길을 찾고, 실패한 가운데서 성공을 찾는 것을 귀하게 여깁니다. 재물을 아낄 일이 아닙니다."라고 하자, 마침내 공손술이 황금과 비단을 대대적으로 내어 성문을 열고 병사를 모집하여 5천여 명을 얻어 연아에게 배속시켰다. 연아가 오한을 향해 선전포고를 하고, 거짓으로 북과 고각을 불며 기치를 든 자들을 보내 시교(市橋)를 건너게 하니, 오한의 병사들이 그 광경을 다투어 바라보았다. 그때 연아가 기병을 보내 오한을 습격하여 크게 무찔렀다. 오한은 물에 빠졌다가 말꼬리를 잡고 앙저(盎底)에 이르러서야 나올 수 있었다. 나중에 장궁의 병사들이 북문에 이르니, 공손술이 다시 성을 지켰다. 점서(占書)에 이르기를, "포로가 성 아래서 죽는다.[虜死城下.]"라고 했는데, 공손술은 오한 등을 포로라고 여기고, 마침내 자신이 직접 나와 싸웠다. 공손술이 오한을 대적하고, 연아가 장궁을 대적하여 크게 싸웠다. 연아가 장궁의 병사 수백 명을 죽이고, 세 차례 겨루어 세 차례 다 승리하니, 병사들이 교만해졌다. 오한은 더욱 북을 치며 진격했다. 공손술의 군사들은 아침부터 정오에 이르기까지 굶주려도 음식을 먹지 못하고, 피곤해도 쉬지 못했다. 해가 기울자, 공손술의 병사들이 패했다. 오한의 기병 고평(高平)[33]이 창으로 공손술을 찔러 머리를 적중시키자, 공손술은 곧바로 말에

---

33 고평(高平): 《후한서(後漢書)》 권18 〈오한전(吳漢傳)〉에 이르기를, "오한(吳漢)이 호군(護軍) 고오(高午)·당감(唐邯)으로 하여금 수만의 정예 병졸을 이끌고 그를 추격하게 했다. 공손술의 병사들이 패하여 달아나자, 고오(高午)가 달려가 공손술을 찔러 죽였다.[漢使護軍

서 떨어졌고 자신의 가슴을 수십 번이나 치며 한탄했다. 사람들은 모두 그가 공손술임을 알고 다투어 앞으로 나아가 그의 목을 취했다. 연아 등이 초라한 모습으로 성으로 돌아왔다. 관리와 백성들은 급한 나머지 한밤중에 성문을 열고 나와 항복했다. 오한이 공손씨(公孫氏) 및 연아 등 여러 장수들 20여 명을 다 죽이고, 병사들을 풀어 대대적으로 약탈하고 백성들을 잔혹하게 살해했다. 그해가 공손술이 칭제한 지 12년째이었다.

한(漢)나라가 은거한 선비들을 찾아 모으고, 충성스럽고 의로운 지사들을 밝혀 표창했다. 공손술(公孫述)의 신하였던 상소(常少)와 이륭(李隆)은 충간을 하다가 분노하여 병이 들어 죽었는데, 다시 무덤을 옮겨 표창하고 한나라 구경(九卿)의 벼슬을 추증했다. 촉군(蜀郡) 사람 왕호(王皓)와 왕가(王嘉), 광한(廣漢) 사람 이업(李業)은 목을 베어 자결하여 한나라에 대한 절의를 지켰으므로 그들의 집안을 표창했다. 건위(犍爲) 사람 주준(朱遵)은 말에 자신을 묶어 싸우다가 죽었으므로 장군으로 추증하고, 그를 위하여 사당을 세웠다. 비이(費貽)와 임영(任永) 군업(君業),[34] 풍신(馮信) 등은 문을 닫고 은거했는데, 세조가 공거(公車)를 보내 특별히 그들을 초빙했다. 문제(文齊)는 익주(益州)에서 절의를 지켜 열후(列侯)에 봉했다. 동균(董鈞)은 예를 익히고 경전에 밝아 천거하여 박사(博士)로 삼았다. 정오(程烏)

高午唐邯將數萬銳卒擊之. 述兵敗走, 高午奔陳刺述, 殺之.]"라고 하여, '고평(高平)'을 '고오'라고 했고, 요인본(廖寅本)에도 '고오'라고 했다. 그러나 나머지 다른 판본에서는 모두 '고평'으로 되어 있다.

34 군업(君業): 임영(任永)의 자로서, 문장 앞뒤를 살펴보면 왕호(王皓)·왕가(王嘉)·이업(李業)·주준(朱遵)·비이(費貽)·풍신(馮信) 등 모두가 이름만 등장하는데, 유독 임영만은 자와 함께 기록되어 있으니, 앞뒤 문장의 예(例)에 맞지 않는다. 따라서 유림(劉琳)은 '군업' 두 글자는 후인이 '임영'의 옆에 주(注)를 달아놓은 것이 본문에 잘못 편입되었을 것으로 판단했다.

와 이육(李育)은 본래 재간이 있어 발탁하여 등용했다. 그래서 서쪽 지역의 인심이 마음으로 복종하고 귀부하여 즐거워하지 않는 사람이 없었다. 건무 18년(42), 자사(刺史)와 군수(郡守)가 위로하고 구휼하는 데 있어서 백성들과 사이가 틀어지자, 촉군의 사흠(史歆)은 오한(吳漢)이 촉 땅을 잔혹하게 약탈한 것을 원망하여 촉군을 점거하고 스스로 지켰다. 세조는 천하가 막 평정되어 아직 백성들이 전쟁의 고통을 잊지 못하고 있는데 사흠이 독립을 외치니, 이 일은 반드시 제압해야만 했다. 그래서 다시 오한을 보내 촉 땅을 평정하게 하자, 오한이 대대적으로 주륙(誅戮)을 행했다. 세조가 오한을 질책하자, 오한은 깊이 사죄했다. 이때부터 촉군에서는 봉국(封國)을 지키고 맡은 직무를 행했는데, 건무(25~56)에서 중평(中平, 184~189)에 이르는 2백 년 동안 관부에는 서남 지역에서 보내온 재물로 가득 찼고, 조정에는 화산(華山)과 민산(岷山)에서 온 선비들이 많았다.

한(漢)나라 22대 효령황제(孝靈皇帝)에 이르러 정치가 쇠퇴하고 왕실에 변고가 많았다. 태상(太常)이었던 경릉(竟陵) 사람 군랑(君郎 유언(劉焉)의 자(字)) 유언(劉焉)이 조정에 건의하여 말하기를, "자사와 태수는 재물을 뇌물로 주어 관리가 되어 백성들을 가혹하게 착취했기 때문에 민심이 이반합니다. 청렴하고 명망 있는 중신(重臣)을 선발하여 목백(牧伯)[35]으로 삼아 방하(方夏 중국(中國))를 진정시켜 안정되게 해야 합니다."라고 했다. 유언은 마음속으로 주목(州牧)이 되어 난세를 피하려고 했던 것이다. 시중(侍中) 광한(廣漢) 사람 동부(董扶)가 사사로이 유언에게 말하기를, "경성(京城)은 장차 혼란해질 것

---

35 목백(牧伯): 주목(州牧)을 의미하는데, 주목은 옛 방백(方伯)에 해당하므로 '목백(牧伯)'이라고 불렸다. 한 무제(漢武帝) 때 처음으로 주(州)에 자사(刺史)를 설치하고, 성제(成帝) 때 바꾸어 '목(牧)'이라 했으며, 광무제(光武帝) 건무(建武) 18년(42)에 다시 자사로 바꾸었다가, 유언(劉焉)의 건의로 주목을 설치했다.

입니다. 익주(益州) 분야(分野)에 천자(天子)의 기운이 있습니다."라고 했다. 유언이 그 말에 미혹되어 익주를 마음에 두었다. 마침 익주 자사(益州刺史) 하남(河南) 사람 극검(郄儉)이 부세(賦稅)를 거둬들이는 것이 난잡하고 어지러워 그 소문이 먼 곳까지 들려왔다. 그리고 병주(幷州)에서는 자사 장일(張壹)이 살해되고, 양주(涼州)에서는 자사 경비(耿鄙)가 살해되었기 때문에 유언의 건의가 실현되었다. 한나라 황제가 극검을 정벌하고 치죄할 때 유언을 감군사(監軍使)로 삼았다가 익주 목(益州牧)을 더하여 주어 다스리게 했다. 동부 역시 촉군 서부도위(蜀郡西部都尉)가 되기를 바랐다. 태창령(太倉令) 파군(巴郡) 사람 조위(趙韙)도 벼슬을 버리고 유언을 따라 서쪽으로 갔다. 중평(中平) 5년(188), 익주[36] 출신의 황건적(黃巾賊) 마상(馬相)과 조지(趙祗) 등이 면죽(綿竹)에서 무리를 모아 현령(縣令) 이승(李升)을 죽이고 노역에 지친 백성들을 모았는데, 하루 이틀 만에 수천 명을 얻었다. 그들은 또한 왕요(王饒)와 조파(趙播) 등을 보내 낙성(雒城)으로 진격하여 자사 극검을 죽이고, 아울러 촉군과 건위(犍爲)를 향해 남하했다. 한 달 사이에 세 군을 격파했다. 마상이 스스로 천자를 칭하니, 무리가 수만 명이었다. 또한 따로 파군을 깨뜨리고 태수 조부(趙部)[37]를 죽였다. 익주 종사(益

---

36 중평(中平) 5년 익주(益州): 원문에는 '중평(中平) 원년 양주(涼州)'로 되어 있으나,《자치통감(資治通鑑)》권59〈한기(漢紀) 효령제(孝靈帝)〉중평(中平) 5년의 기사에 이르기를, "익주(益州) 출신 도적인 마상(馬相)과 조지(趙祗) 등이 면죽(綿竹)에서 군사를 일으키고 스스로 '황건(黃巾)'이라고 부르며, 자사(刺史) 극검(郄儉)을 살해하고 나아가 파군(巴郡)과 건위(犍爲)를 공격하여 한 달 사이에 세 군을 깨뜨리고 무너뜨려서 수만 명의 무리를 가지게 되자 스스로 '천자'라고 불렀다.[益州賊馬相趙祗等起兵綿竹, 自號黃巾, 殺刺史郄儉, 進擊巴郡犍爲, 旬月之間, 破壞三郡, 有衆數萬, 自稱天子.]"라고 했다. 따라서 번역문에서는 '중평 원년'을 '중평 5년'으로 수정하고, '양주' 역시 '익주'로 수정했다.

37 조부(趙部): 원문에는 '조위부(趙韙部)'라고 되어 있으나,《후한서(後漢書)》권65〈유언전(劉焉傳)〉에 따르면, "군사를 보내 파군(巴郡)을 깨뜨리고, 태수 조부(趙部)를 살해했다.[遣兵

州從事) 가룡(賈龍)이 평소 가병(家兵)을 거느리고 건위에 머물고 있다가 청의강(青衣江)으로 가서 관리와 백성들을 거느리고 마상을 공격하여 무찔러 없앴다. 익주가 평온해지자, 가룡이 관리와 군졸을 선발하여 유언을 맞이했다. 유언은 익주에 도착하자 치소를 면죽으로 옮기고, 반란을 일으키고 떠났던 사람들을 어루만지고 받아들이며 작은 은혜를 베푸는 데 힘썼다. 당시 남양(南陽)과 삼보(三輔)의 백성 수만 가구가 난리를 피해 촉 땅으로 들어오자, 유언은 자기 마음대로 그들을 넉넉하게 대우하며 끌어들여 당여(黨與)로 여기고, 그들을 '동주사(東州土)'라고 불렀다. 그는 장로(張魯)를 보내 북쪽 길을[北道]를 끊어 버렸다. 그리고 익주의 호족인 파군 태수 왕함(王咸)과 이권(李權) 등 10여 명을 무고하게 주살하여 위엄과 형벌을 수립했다. 전·후·좌·우부사마(前後左右部司馬)를 설치하여 한나라의 사군(四軍)을 모방하고, 그들로 하여금 군사들을 통솔하게 했는데 직위는 모두 이천석(二千石)이었다.

한 헌제(漢獻帝) 초평(初平) 2년(191), 건위 태수(犍爲太守) 임기(任岐)와 가룡(賈龍)은 유언(劉焉)의 은밀한 도모와 기이한 계책을 싫어하여 군사를 일으켜 유언을 공격하고, 성도읍(成都邑성도성(成都城))을 불태웠다. 유언이 그들을 막자, 동주(東州) 사람들이 있는 힘을 다하여 마침내 임기와 가룡을 물리쳤다. 유언은 천자(天子)가 되고자 하는 뜻이 점점 왕성해져, 마침내 승여(乘興)와 거복(車服) 1천여 대를 만들어 참람하게도 천자를 흉내 냈다. 유언의 첫째 아들 유범(劉範)이 좌중랑장(左中郎將), 둘째 아들 유탄(劉誕)이 치서어사(治書御史), 넷째 아들 유장(劉璋)이 봉거도위(奉車都尉)로 있었는데,

破巴郡, 殺郡守趙部.]"라고 했다. 이 기록에 따르면 파군 태수는 '조부'로 되어 있는데, 바로 위의 문장에 나오는 파군 태창령(太倉令) '조위(趙韙)'와 혼동하여 '위(韙)' 자를 덧붙인 듯하다.

모두 헌제(獻帝)를 모시고 장안(長安)에 있었다[都長安].[38] 오직 셋째 아들 별부사마(別部司馬) 유모(劉瑁)만이 유언을 따랐다. 유언은 관상가에게서 진류(陳留) 사람 오의(吳懿)의 누이동생이 크게 귀하게 될 관상이라는 말을 듣고 유모를 위하여 그녀에게 혼인을 청했다. 형주 목(荊州牧) 산양(山陽) 사람 유표(劉表)가 헌제에게 글을 올려 유언이 "자하(子夏)는 서하(西河)에서 성인 공자(孔子)와 견주어진다."라고 논했다고 했다. 헌제가 유장을 보내 유언을 효유하게 했으나, 유언이 유장을 머물게 하고 돌려보내지 않았다. 초평 4년(193), 정서장군(征西將軍) 마등(馬騰)은 미현(郿縣)에서 유언·유범과 내통하여 장안을 습격할 것을 모의했다. 치중 종사(治中從事) 광한(廣漢) 사람 왕상(王商)이 유언에게 자주 간언했으나 따르지 않았다. 모의가 누설되자 유범과 유탄은 주살되었다. 의랑(議郎) 하남(河南) 사람 방희(龐羲)는 유언과 대대로 교제가 있었으므로 유범과 유탄의 여러 자식들을 촉으로 보냈다. 천화(天火적절로 난
화재)가 유언의 승여를 태워 모조리 없애버리고, 그 불길이 민가에까지 번졌다. 흥평(興平) 원년(194), 유언이 관부를 성도(成都)로 옮겼다. 두 아들의 죽음을 애통해 하고, 또 천재지변으로 상심하다가 등창이 나서 죽었다. 익주의 장하사마(帳下司馬)[39] 조위(趙韙)와 치중 종사 왕상 등은 유장의 성품이 온화하고 인자함을 탐내, 유장으로 하여금 그의 아버지를 대신하게 하도록 건의하는 표문을 함께 올렸다. 당시 경사(京師)가 크게 혼란하여 더 이상 관리를 보낼 수 없었기 때문에

---

38 장안(長安)에 있었다[都長安]: '도(都)' 자는 의미가 불분명하다. 《삼국지(三國志)》 〈촉서(蜀書) 유언전(劉焉傳)〉에는 '재(在)' 자로 되어 있어 '있었다'로 번역했다.

39 장하사마(帳下司馬): 한(漢)나라 이래로 고위 군관(軍官)에게는 사마(司馬)와 천석(千石) 등이 배속되어 군사에 관한 일을 주관했는데, 장하(帳下)의 일을 관장하는 자를 '장하사마(帳下司馬)'라고 불렀다.

천자는 유장을 감군사자(監軍使者)에 제수하여 익주 목(益州牧)을 겸하게 하고, 조위를 정동중랑장(征東中郎將)으로 삼아 군사를 이끌고 유표를 정벌하게 했다.

유장(劉璋)은 자가 계옥(季玉)으로 유언(劉焉)의 지위를 계승했는데 나약하고 결단력이 부족했다. 장로(張魯)가 한중(漢中)에서 점점 교만해지자 파군(巴郡)의 이민족 두호(杜濩)와 박호(朴胡) 그리고 원약(袁約) 등이 그를 배반하고 장로에게로 갔다. 유장이 화가 나서 장로의 어머니와 동생을 죽이고, 화덕중랑장(和德中郎將) 방희(龐羲)를 보내 장로를 토벌하게 했으나 이기지 못했다. 파군 사람들이 자주 반란을 일으키자, 마침내 방희를 파군 태수로 삼아 낭중(閬中)에 주둔하여 장로를 막게 했다. 방희는 마땅히 파군을 지킬 병사가 필요하다고 여겨 곧바로 한창현(漢昌縣)의 종인(賨人)들을 모집하여 병사로 삼았다. 어떤 사람이 유장에게 방희를 모함하니, 유장과 방희 사이의 좋은 감정에 틈이 벌어졌다. 조위(趙韙)가 나아가 여러 차례 간했지만 따르지 않자, 그 역시 유장에게 원망을 품게 되었다.

건안(建安) 5년(200)에 조위가 군사 수만 명을 일으켜 유장을 공격하려고 했는데, 유장이 오히려 그를 역습했다. 이듬해 조위가 패했다. 방희가 이를 두려워하여 속리(屬吏) 정욱(程郁)을 보내 정욱의 아버지 한창령(漢昌令) 정기(程畿)에게 뜻을 전하고 종인(賨人) 병사를 보태 줄 것을 요청했다. 정기가 말하기를, "파군(巴郡) 사람들이 부곡(部曲^{장로(張魯)의
군대를 가리킴})과 합한 일은 본래 난을 일으키려는 것이 아니다. 설령 참소하고 아첨하는 일이 있어도 중요한 것은 정성을 다하는 데 있으니, 마침내 네가 다른 뜻을 품는다면 나는 듣지 않을 것이다."라고 했다. 방희가 정욱에게 다시 가도록 했다. 그러자 정기가 말하기를, "나는 주목(州牧)의 은혜를 받았으니 충절을 다해야 하며, 너는 군(郡)의 관리이니 스스로 힘을 다해야 한다. 그러나 의롭지 않은 일은 두 마음을 품어서는 안 된다."라고 했다. 방희가 그에게 원한을 품고 사람을 시켜 알리기를, "태수의 말을 따르지 않으면 장차 집안에까지 화가 미칠 것이다."라고 했다. 정기가 말하기를, "예전에 악양(樂羊)이 자식을 먹었던 일[40]은 부자간에 은혜가 없었기 때문이 아니라, 대의로 그렇게 한 것이다. 지금 비록 내 자식을 삶는다고 하더라도 나 정기는 그 국을 마실 것이다."라고 했다. 방희가 마침내 유장에게 후하게 사례했다. 유장은 정기를 좋게 여기고, 자리를 옮겨 강양 태수(江陽太守)로 삼았다. 건안 10년(205), 유장은 조조(曹操)가 장차 형주(荊州)를 정벌하려고 한다는 말을 듣고, 중랑장 하내(河內) 사람 음부(陰溥)를 보내 경의를 표했다. 조조는 표문을 올려 유장을 진위장군(振威將軍), 그의 형 유모(劉瑁)에게는 평구장군(平寇將軍)을 더하여 주었다. 건안 12년(207), 유장이 다시 별가종사(別駕從事) 촉군(蜀郡) 사람 장숙(張肅)을 보내 수병(叟兵)[41] 3백 명과 여러 가지 방어 물품을 조조에게 보냈다. 조조는 장숙을 벽소(辟召)[42]하여 연리(掾吏)로 삼고 광한 태수(廣漢太守)의 벼슬을 내렸다. 건안 13년(208), 유장은 또 장숙의 아우 장송(張松)을 별가로 삼아 조조에게 보냈다. 조조는 당시 이미 형주를 평정하고 유비(劉備)를 추격하고 있었으므로 장

---

40 악양(樂羊)이…먹었던 일: 악양(樂羊)은 전국 시대 위(魏)나라의 장수로, 《사기(史記)》 권80 〈악의열전(樂毅列傳)〉에 따르면, 위 문후(魏文侯)가 중산(中山)을 치려고 할 때 그 아들이 중산에 있었는데, 중산의 임금이 그 아들을 삶아 국을 끓여 악양에게 보내자, 악양이 그것을 먹었다고 한다.

41 수병(叟兵): 동한(東漢)·삼국(三國) 때 수인(叟人)을 모집하여 병사로 삼았는데, 싸울 때면 언제나 영특하고 용감했다. 이들을 '수병(叟兵)'이라 불렀다.

42 벽소(辟召): 초야(草野)에 있는 사람을 예를 갖추어 불러서 벼슬을 시키는 것을 가리키는데, '징소(徵召)'는 황제가 인재를 불러 기용하는 일이고, '벽소(辟召)'는 지방관리가 인재를 불러 기용하는 일을 말한다. '벽제(辟除)'라고도 부른다.

송을 예로써 대우하려는 마음이 없었다. 게다가 외모나 명망이 장숙보다 부족하여 다만 월수군(越巂郡) 비소령(比蘇令)[43]에 제수했다. 장송은 그 때문에 조조를 원망했다. 마침 조조의 군대가 불리한데다 역병마저 유행하자, 유비가 형주를 공격하여 차지했다. 장송이 돌아와 조조의 험담을 늘어놓으며 유장에게 조조와 절교할 것을 권했다. 그래서 유장에게 유세하기를, "유 예주(劉豫州유비)는 사군(使君)[44]의 친척[肺腑]이니, 그와 왕래할 수 있습니다."라고 했다. 당시 부풍(扶風) 사람 법정(法正)은 자가 효직(孝直)으로 객지인 촉군에 머물면서 유장에게 예우 받지 못해 원한을 품고 있었다. 장송 역시 걸출한 재주를 품고 있었지만 유장이 함께 일을 도모하기에는 부족함을 알고 항상 법정과 은밀히 탄식했다. 장송은 법정을 천거하여 사신으로 보내 유비와 좋은 교분을 맺도록 했다. 유장은 장송의 말을 좇아 법정에게 명을 받들고 사신으로 가게 했다. 법정은 오히려 거짓으로 어쩔 수 없이 가는 것처럼 행동했다. 또 법정과 같은 군(郡) 사람인 맹달(孟達)에게 군사를 이끌고 가서 유비가 수비하는 데 돕도록 하고, 잇달아 유비에게 재물을 수없이 보냈다.

건안(建安) 16년(211), 유장(劉璋)은 조조(曹操)가 장차 사례교위(司隷校尉) 종요(鍾繇)를 보내 장로(張魯)를 공격하려고 한다는 소식을 듣고 두려운 마음이 들었다. 장송(張松)이 나아가 말하기를, "조조는 병력이 강하여 천하에 적수가 없습니다. 만약 장로의 자원을 가지고 촉(蜀) 땅으로 향한다

---

43 월수군(越巂郡) 비소령(比蘇令): 유림(劉琳)은 당시 월수군(越巂郡)에는 소시현(蘇示縣)만 있었고, 비소현(比蘇縣)은 영창군(永昌郡)에 속하여 있었으므로 마땅히 '소시령(蘇示令)'으로 고쳐야 한다고 했다.

44 사군(使君): 황제의 명령을 받들고 나라 밖이나 지방에 온 지방관의 경칭(敬稱)으로 한(漢)나라 때 자사(刺史)를 가리키는 말인데, 본문에서는 당시 익주 목(益州牧)이었던 유장(劉璋)을 가리킨다.

면, 누가 그를 막을 자가 있겠습니까?"라고 했다. 유장이 말하기를, "나도 참으로 그것이 염려되지만, 계책이 없다."라고 했다. 장송이 대답하여 말하기를, "유 예주(劉豫州)는 사군의 종실(宗室)이자, 조조의 깊은 원수입니다. 그는 용병에 능하니, 그로 하여금 장로를 치게 하면 장로는 반드시 패할 것입니다. 장로를 무찌르면 익주(益州)가 강해지니, 비록 조조가 온다고 하더라도 할 수 있는 일이 없을 것입니다. 또한 익주 내부의 방희(龐羲)와 이이(李異) 등 여러 장수 등은 모두 자신의 공로만 믿고 오만하여 외부의 적과 결탁하려는 마음을 품고 있습니다. 유 예주를 얻지 못한다면, 적은 외부를 공격하고 백성들은 내부에서 반란을 일으킬 것이니, 이는 반드시 패하는 길입니다."라고 했다. 유장은 그럴 것이라고 여겨, 다시 법정을 보내 유비(劉備)를 맞이하게 했다. 유장의 주부(主簿) 파서(巴西) 사람 황권(黃權)이 간하기를, "좌장군(左將軍유비(劉備))[45]은 용맹하다는 명성이 있는데 지금 오라고 청하여 부곡으로 대우하려고 한다면 그의 마음을 만족시키지 못할 것입니다. 만약에 빈객의 예로 그를 대우한다면 한 나라에 두 명의 주군을 용납할 수 없게 됩니다. 빈객에게 태산(泰山)과 같은 안정감이 있게 되면, 주인에게는 누란(累卵)의 위태로움이 있게 됩니다."라고 했다. 그러나 유장은 그의 말을 듣지 않았다. 종사(從事) 광한(廣漢) 사람 왕루(王累)는 익주의 성문에 거꾸로 매달려 죽음으로써 유장에게 간언했지만, 유장은 하나도 받아들이지 않았다. 법정(法正)이 이미 명을 전하고 나서 은밀하게 계책을 바치며 말하기를, "밝으신 장군의 영명한 재주로 유목(劉牧유장(劉璋))의 나약함을 이용하십시오. 장송은 고굉(股肱)이니 안에서 호

---

45 좌장군(左將軍): 좌장군은 유비(劉備)를 가리키는데, 그가 이전에 좌장군의 벼슬을 받았기 때문에 그렇게 부른 것이다.

응할 것입니다. 그런 다음에 익주의 부유함을 바탕으로 삼고, 하늘이 설치한 험난한 지세에 의지하면 제왕의 업적을 이루는 일이 마치 손바닥을 뒤집는 것과 같을 것입니다."라고 했다. 유비가 크게 기뻐하며, 마침내 군사 중랑장(軍師中郎將) 제갈량(諸葛亮)과 장군 관우(關羽)·장비(張飛)를 남게 하여 형주(荊州)를 지키게 하고, 자신은 1만 명을 인솔하여 강을 따라 서쪽으로 올라갔다. 처음에 유장이 명을 내려 유비가 가는 곳마다 물품을 제공하니, 유비가 경계 안으로 들어가는 것이 마치 집으로 돌아오는 것 같았다. 유비가 파군(巴郡)에 도착하자, 파군의 엄안(嚴顔)이 가슴을 치면서 탄식하며 말하기를, "이것이 이른바 홀로 깊은 산속에 앉아서 호랑이를 풀어놓고 스스로를 지킨다는 것이구나."라고 했다. 유비가 파수(巴水)를 거쳐 부성(涪城)에 도착하니, 유장이 가서 그를 만났다. 장송이 다시 법정을 시켜 유비에게 말하기를, "지금 이 만남에서 곧바로 유장을 붙잡을 수 있습니다. 그렇게 되면 장군은 병사들의 수고로움을 사용하지 않고, 앉아서 하나의 주(州)를 평정하게 됩니다."라고 했다. 군사 중랑장 양양(襄陽) 사람 방통(龐統) 역시 그렇게 말했다. 유비가 말하기를, "이는 중대한 일이다. 처음 다른 나라에 들어와 은혜와 신의가 아직 드러나지 않았으니, 갑작스럽게 일을 행할 수는 없다."라고 하고, 1백여 일 동안 즐겁게 술을 마셨다. 유장이 유비를 대사마(大司馬)·사례교위(司隸校尉)로 추천했다. 유비도 유장을 진서대장군(鎭西大將軍)으로 추천하고 예전과 같이 익주 목을 맡게 했다. 유장이 유비에게 병력을 더하여 주어 장로를 공격하게 했다. 또 백수군(白水軍)[46]을 통솔하게 하니, 도합 3만의 군사의 병거

---

46 백수군(白水軍): 유장(劉璋)의 장수인 양회(楊懷)와 고패(高沛)가 백수관(白水關)을 지키고 있던 군대를 의미한다.

(兵車)와 갑옷이 정교하고 견고해졌다. 유비가 유장과 헤어져 익주로 돌아왔다. 유비가 가맹(葭萌)에 도착하여 은혜와 덕망을 두텁게 쌓아서 뭇 사람들의 마음을 모았다.

건안(建安) 17년(212), 조조(曹操)가 오(吳)나라를 정벌하려고 하자, 오나라 군주 손권(孫權)이 유비(劉備)를 불러 자신을 구해 달라고 했다. 유비가 유장(劉璋)에게 편지를 써서 이르기를, "손씨(孫氏손권(孫權))와 저는 원래 입술과 치아와 같은 관계입니다. 지금 악진(樂進)이 청니(淸泥)[47]에서 관우(關羽)와 서로 대적하고 있습니다. 지금 달려가서 관우를 구원하지 않는다면 악진이 틀림없이 크게 승리할 것이고, 방향을 바꾸어 익주(益州)의 경계를 침략한다면 그 근심은 장로(張魯)보다 더 심할 것입니다. 장로는 자신의 땅만 지키고 있는 적이니, 염려할 것이 못됩니다."라고 하고, 군사 1만 명과 물자를 보태 줄 것을 요청했다. 그러나 유장은 단지 군사 4천 명만 허락하고, 다른 물자는 절반만 지급했다. 장송(張松)이 편지를 써서 유비와 법정(法正)에게 이르기를, "지금 큰일이 이루어지려고 하는데, 어찌하여 익주를 버리고 떠나려고 하십니까?"라고 했다. 장송의 형 광한 태수(廣漢太守) 장숙(張肅)은 화(禍)가 자신에게 미칠까 두려워 유장에게 말하여 장송의 음모를 폭로하니, 유장이 장송을 죽였다. 유비가 탄식하며 말하기를, "그대가 나의 내신(內臣)을 황제의 명령이라고 속여 죽였구나."라고 했다. 서로 꺼리고 싫어하여 벌어진 틈이 처음으로 생기게 되었다. 유장이 여러 관문을 지키는 장수들에게 칙서를 보내 유비를 안으로 들이지 못하게

---

47 청니(淸泥): 《삼국지(三國志)》〈촉서(蜀書) 선주전(先主傳)〉에는 '청니(靑泥)'로 되어 있다. 《방여기요(方輿紀要)》권79에 이르기를, "청니하(靑泥河)는 양양부(襄陽府) 서북쪽 30리에 있다.[靑泥河在襄陽府西北三十里.]"라고 했다. 《태평환우기(太平寰宇記)》에는 '청니지(靑泥池)'로 되어 있다.

했다. 방통이 유세하여 말하기를, "은밀하게 정예병을 선발하여 밤낮으로 행군하여 지름길로 성도(成都)를 습격해야 합니다. 유장은 군대 일에 정통하지 못하고, 또 평소 대비가 되어 있지 않아 일거에 평정할 수 있으니, 이것이 상책입니다. 양회(楊懷)와 고패(高沛) 등 유장의 명장들은 각각 강한 병사를 가지고 있고, 백수관(白水關)을 점거하여 지키면서 여러 차례 서신을 보내 유장에게 장군을 돌려보내라고 간언했습니다. 장군께서는 사람을 보내 그들이 듣도록 마땅히 동쪽으로 돌아가겠다고 말하면서 속히 행장을 꾸리도록 하십시오. 그러면 두 사람은 이미 장군의 명성에 감복한데다, 또 장군이 돌아가는 것을 기뻐하여 반드시 기회를 보아 경무장한 기병[輕騎兵]을 데리고 와서 만나려고 할 것입니다. 장군께서는 그 기회를 이용하여 그들을 붙잡고, 나아가 그들의 병사들을 취하여 곧바로 성도로 향하십시오. 이것이 중책입니다. 물러나 백제성(白帝城)으로 돌아갔다가 형주(荊州)의 군대를 끌어들여 천천히 돌아와 다시 이곳을 도모한다면, 이것은 하책입니다."라고 했다. 유비는 중책이 그럴듯하다고 여겼다. 즉시 양회 등의 목을 베고[48] 황충(黃忠)과 탁응(卓膺), 위연(魏延) 등에게 병사를 통솔하여 앞으로 나아가게 했다. 재동령(梓潼令) 남양(南陽) 사람 왕련(王連)이 성을 굳게 지키자, 유비가 그를 의롭다고 여기고 공격을 다그치지 않았다. 나아가 부성(涪城)을 점거하고, 크게 연회를 베풀고 술을 마시며 즐거워했다. 방통에게 일러 말하기를, "오늘 모임은 정말 즐겁다고 말할 수 있다."라고 하자, 방통이 대답하여 말하기를, "다른 사람의 나라를 정벌하고 즐겁다고 여기는 것은 어진 사람이 할 일이

---

48 양회 등의 목을 베고: 《삼국지(三國志)》〈촉서(蜀書) 방통전(龐統傳)〉에는 "양회와 고패를 베었다.[斬楊懷高沛.]"라고 했다.

아닙니다."라고 했다. 유비가 말하기를, "무왕(武王)이 주(紂)를 정벌하면서 앞에서는 노래를 부르고 뒤에서는 춤을 추었는데, 어찌 어질지 않은 것인가?"라고 하자, 방통이 물러났다. 유비가 그를 찾아 돌아오기를 청하면서 일러 말하기를, "방금 전에 한 대화는 누가 잘못한 것인가?"라고 하자, 방통이 말하기를, "군주와 신하가 다 같이 잘못한 일입니다."라고 했다.

건안(建安) 18년(213)에 유장(劉璋)이 장수 유괴(劉璝)·냉포(冷苞)·장임(張任)·등현(鄧賢)·오의(吳懿) 등을 부성(涪城)으로 보내 유비(劉備)를 막게 했으나 모두 패하고 돌아와 면죽(綿竹)을 지켰다. 면죽 현령(縣令) 오의가 군영에 찾아와 항복하자, 유비가 토역장군(討逆將軍)을 제수했다. 처음에 유비가 남쪽을 정벌할 때 광한(廣漢) 사람 정도(鄭度)가 유장을 설득하여 말하기를, "좌장군(左將軍)이 현군(懸軍)[49]을 이끌고 우리를 습격한다고 하더라도 저들 무리는 1만 명도 차지 않고, 백성들이 귀부하지 않았으며, 들판에 있는 곡식을 밑천으로 삼고 있습니다. 계책으로는 파서(巴西)와 재동(梓潼)의 백성들을 몰아 부수(涪水, 지금의 부강(涪江)) 이남(以南)[50]으로 들이고, 그곳의 양식 창고와 들판의 곡식을 모조리 다 불에 태워 없애며, 높은 보루를 설치하고 깊은 해자를 파서 조용히 그들을 기다리는 것 만한 것이 없습니다. 저들이 싸움을 걸어와도 받아들이지 아니하여 오래 지나면 밑천을 삼을 것이 없어, 1백 일을 넘지 않아 반드시 유비를 사로잡을 수 있습니다."라고 했다. 유비가 그 말을 듣고 몹시 두려워했다. 법정이 말하

---

49 현군(懸軍): 본진에서 멀리 떨어져 있어 보급로가 마치 거미줄처럼 가늘고 길게 이어져 있어, 보급이 완벽하지 않은 상황에서 적의 지역으로 깊숙이 들어가 있는 군대를 말한다.

50 이남(以南): 《삼국지(三國志)》〈촉서(蜀書) 법정전(法正傳)〉에는 '이서(以西)'로 되어 있다.

기를, "유장은 끝내 그 계책을 사용하지 않을 것이니, 염려할 바가 아닙니다."라고 했다. 유장이 과연 부하들에게 일러 말하기를, "나는 적을 막아 백성을 안전하게 한다는 말은 들었지만, 백성을 움직여 적을 피한다는 말은 들어보지 못했다."라고 하고, 정도를 쫓아내고 등용하지 않았다. 그런 까닭에 유비가 이르는 곳마다 물자가 있었고, 면죽으로 나아가 공격했다. 유장이 다시 호군(護軍) 남양(南陽) 사람 이엄(李嚴)과 강하(江夏) 사람 비관(費觀) 등을 보내 면죽의 군대를 감독하게 했다. 이엄과 비관이 무리를 이끌고 투항하자, 두 사람을 균일하게 비장군(裨將軍)에 제수했다. 유비가 진군하여 낙성(雒城)에서 유장의 아들 유순(劉循)을 포위했다.

건안 19년(214)에 관우(關羽)가 형주(荊州)의 일을 통괄했다. 제갈량(諸葛亮)과 장비(張飛), 조운(趙雲) 등이 강을 거슬러 올라가 파동(巴東)을 항복시키고 파군(巴郡)으로 들어섰다. 파군 태수 파서(巴西) 사람 조작(趙筰)이 막으며 지키고 있었는데, 장비가 공격하여 그를 물리치고 장군 엄안(嚴顔)을 사로잡았다. 장비가 그에게 일러 말하기를, "대군이 이르렀는데, 어찌하여 항복하지 않고 감히 맞서 싸운 것이냐?"라고 하자, 엄안이 대답하여 말하기를, "경(卿) 등이 아무런 이유도 없이 우리 주(州)를 침략하여 빼앗았다. 우리 주에는 단지 목이 잘리는 장군은 있어도, 항복하는 장군은 없다."라고 했다. 장비가 화가 나서 말하기를, "끌고 가서 목을 베라!"고 하자, 엄안이 정색하고 말하기를, "목을 벨 것이면 즉시 벨 것이지, 어찌하여 화를 내는 것이냐!"라고 했다. 장비가 그를 의롭다고 여기고 끌어들여 빈객으로 삼았다. 조운이 강주(江州)로부터 군사를 나누어 강양(江陽)과 건위(犍爲)를 평정하고, 장비는 파서를 공격하였으며, 제갈량은 덕양(德陽)을 평정했다. 파서공조(巴西功曹) 공심(龔諶)[51]이 장비를 맞이했다. 유장의 장하사마(帳下司馬) 촉군 사람 장예(張裔)가 제갈량에게 대항했지만, 맥하(陌下)[52]에서 패했다. 장예가 퇴각하여 성도(成都)로 돌아갔다. 여름, 유비가 낙성(雒城)을 함락시키고, 장비 등과 합세하여 성도를 포위했다. 편장군(偏將軍) 부풍(扶風) 사람 마초(馬超)가 무리를 이끌고 한중(漢中)으로부터 와서 항복을 청했다. 유비가 건녕독우(建寧督郵)[53] 이회(李恢)를 보내 마초를 맞이했다. 마초가 지름길로 성도성에 도착하자, 유장이 놀라며 두려워했다. 촉군 태수(蜀郡太守)에 임명된 여남(汝南) 사람 허정(許靖)이 성을 넘어 투항하려고 했는데, 유장이 그 사실을 알았지만 감히 죽이지 못했다. 포위된 지 수십 일이 되었지만, 성 안에는 정예병 3만 명이 있고, 곡식도 1년을 버틸 수 있으며, 백성들도 다 같이 힘써 싸우고자 했다. 유장이 말하기를, "우리 부자가 익주에 있은 지 20여 년 동안 백성들에게 은덕을 베푼 것이 없고, 3년이나 공격하여 싸우는 바람에 살가죽과 살점이 풀이 무성한 들판에 널려 있으니, 이것은 나 유장 때문이다. 그러니 어찌 마음이 편안할 수 있겠는가?"라고 하고, 마침내 장예를 보내 명을 받들고 사신으로 가서 유비를 만나게 했다. 유비는 장예에게 유장을 예로써 대

---

51 공심(龔諶): 원문에는 '공기(龔諆)'로 되어 있으나, 《화양국지》 권12 〈목록(目錄)〉에 근거하여 '공심(龔諶)'으로 수정했다.

52 맥하(陌下): 원문에는 '백하(柏下)'로 되어 있으나, 덕양현(德陽縣)에는 '백하'라는 지명은 없고, '맥하(陌下)'라는 지명만 있다. 덕양현은 동한(東漢) 때 재동(梓潼)을 나누어 설치했으며, 원래는 재동현 북쪽 경계에 위치해 있었다. 《삼국지(三國志)》 〈촉서(蜀書) 장예전(張裔傳)〉에서도 이르기를, "장비(張飛)가 형주(荊州)로부터 점강현(墊江縣)을 지나 촉군(蜀郡)으로 들어갔을 때, 유장(劉璋)이 장예(張裔)에게 병사를 주어 덕양현의 맥하(陌下)에서 막도록 했는데 군대는 패하여 성도(成都)로 돌아왔다.[張飛自荊州由墊江入, 璋授裔兵, 拒張飛于德陽陌下, 軍敗, 還成都.]"라고 했으므로, 이에 근거하여 번역문에서는 '맥하'로 수정했다. 맥하는 지금의 수녕현(遂寧縣) 동남쪽 18리 되는 곳에 있다.

53 독우(督郵): 원문에서는 '우(郵)' 자가 빠져 있으나, 번역문에서 이를 보충했다.

우하고, 그 백성들을 편안하게 할 것을 허락했다. 유비는 또 종사중랑(從事中郞) 탁군(涿郡) 사람 간옹(簡雍)을 보내 유장을 설득했다. 유장은 평소 늘 간옹을 존경했으므로 마침내 그와 함께 수레를 타고 나와 항복하니, 관리와 백성들 가운데 눈물을 흘리며 울지 않는 자가 없었다. 유비는 유장이 차고 있던 진위장군(振威將軍)의 인수(印綬)와 그의 재물을 돌려주고, 그를 남군(南郡)의 공안현(公安縣)[54]으로 옮겼다. 오(吳)나라 군주 손권(孫權)이 형주를 차지하고, 유장을 익주 자사(益州刺史)로 삼았다. 유비가 동쪽을 정벌하게 되자, 유장이 오나라에서 죽었다.

사관이 논한다.

공손술(公孫述)은 도강(導江)의 자원에 의지하고, 왕망(王莽)의 포학함을 만나 백성들이 조정을 지원하지 않자 파·촉(巴蜀)을 얻어 점거할 수 있었고, 하늘을 속이고 사람을 기만하여 스스로 멸망을 가져왔다. 그러나 요망한 꿈[55]이라도 종말을 고하는 법이고 정해진 햇수도 다함이 있으니, 명을 받들고 조정에 귀순했다면 오히려 죽음을 면할 수 있었을 것이다. 그러나 우매함을 고집하여 오직 외곬로 잘못을 저질렀으니, 아 얼마나 완고한가? 유언(劉焉)은 영웅호걸의 기량이 아니었지만 요행심이 있었다. 유장(劉璋)은 걸출한 재능이 없었고, 난세 중에 한 지역을 차지했다가 빼앗겼으나 진자(陳子ᴬᵁᴴᴷ)는 그가 불행하다고 여기지는 않았다.[56] 옛날에 제 경공(齊頃公)이 진(晉)나라와 노(魯)나라

---

54 공안현(公安縣): 원문에는 '강안(江安)'으로 되어 있으나,《삼국지(三國志)》〈촉서(蜀書) 유장전(劉璋傳)〉에 근거하여 '공안(公安)'으로 수정했다.

55 요망한 꿈: "공(公)의 자손은 12년이 기한이다.[公孫系, 十二爲期.]"라고 한 꿈을 말한다.

56 진자(陳子)는…여기지는 않았다: 진자는 진수(陳壽)를 가리킨다. 진수는 《삼국지(三國志)》

의 사신 극극(郤克)을 비웃었다가, 곧바로 수레를 바꿔 타는 곤욕을 당했다.[57] 위 혜왕(魏惠王)은 공숙좌(公叔座)의 가신인 상앙(商鞅)을 무시했다가 역시 땅을 할양하는 치욕을 받았다.[58] 재주를 헤아려 등용하고 멀리 있는 인재를 품는 일은 진실로 군자가 우선적으로 해야 할 책략이다. 유장과 조조(曹操)가 법정(法正)과 장송(張松)에게 모욕을 주고 거만하게 행동하여 두 사람이 서운함을 품어 유비(劉備)에게 징소된 이후 같은 원한으로 말미암아 서로 유비를 도와 나라가 깨지고 집안이 망하는 일을 이끌어 천하를 삼분(三分)하게 만들었음을 보면, 옛사람이 한 끼 밥을 먹다가도 열

〈촉서(蜀書) 유이목전(劉二牧傳)〉에서 평하기를, "유장의 재능은 영웅에 미치지 못하지만 땅을 차지하고 세상을 혼란스럽게 만들었다. 소인이 군자의 지위를 빼앗아 도둑이 되는 것은 자연스러운 이치이다. 그가 익주 목의 지위를 탈취당한 것은 결코 불행한 일은 아니다.[璋材非人雄, 而據土亂世, 負乘致寇, 自然之理, 其見奪取, 非不幸也.]"라고 했다.

57 제 경공(齊頃公)이…곤욕을 당했다: 춘추 시대 노(魯)나라 선공(宣公) 17년 봄, 진(晉)나라 임금이 곱사등이 극극(郤克)을 제(齊)나라에 사신으로 보내어 회맹을 맺게 했는데, 제 경공(齊頃公)이 자신의 부인으로 하여금 장막 뒤에 숨어서 극극을 엿보게 했다. 극극이 계단을 오를 때 부인이 방에서 소리를 내어 웃으니, 모욕을 당했다고 생각한 극극이 노하여 이르기를, "이 치욕을 갚지 않으면 다시는 황하(黃河)를 건너오지 않을 것이다."라고 했고, 그로 인하여 진나라와 제나라는 원수지간이 되었다. 그 뒤 노나라 성공(成公) 2년에 제나라 군대와 진나라 군대가 싸우게 되었을 때, 제나라에서는 임금이 출전하고 진나라에서는 극극이 출전했는데, 극극이 부상을 무릅쓰고 독전하매 제나라 군대가 패하여 도망쳤다. 《춘추좌씨전(春秋左氏傳)》 선공(宣公) 17년 및 성공(成公) 2년 기사 참조.

58 위 혜왕(魏惠王)은…치욕을 받았다: 공숙좌(公叔座)는 위 혜왕(魏惠王), 즉 양 혜왕(梁惠王) 때 인물이다. 공숙좌가 병들어 몸져눕게 되자 혜왕이 직접 찾아와 그의 후임자를 물었다. 공숙좌는 자신의 후임자로 공손앙(公孫鞅), 즉 상앙(商鞅)을 추천하면서 그를 쓰지 않을 경우에는 반드시 죽여야 할 것이라고 진언했는데, 혜왕은 공손앙을 쓰지도 죽이지도 않았다. 나중에 진(秦)나라로 들어간 공손앙은 진나라가 중국을 통일할 수 있는 토대를 마련하고는 군사를 이끌고 위나라를 공격하여 크게 무찔렀고, 결국 위나라는 사신을 보내 황하 서쪽의 땅을 할양하여 진나라에 바치고 강화했다. 《사기(史記)》 권68 〈상군열전(商君列傳)〉 참조.

차례나 자리에서 일어났고[一饋十起], 머리를 감다가도 그치고 씻다가도 떨치는[輟沐揮洗]59 일은 진실로 이유가 있었다.

<hr />

59 한 끼 밥을…떨치는: 주공(周公)이 천하의 좋은 인재를 놓칠 것을 두려워하여 손님이 오면 한 끼의 식사에 세 번을 뱉어내면서 나아가 선비를 맞이하고, 머리를 감다가도 머리카락을 세 번이나 움켜쥐었음을 말한다. 그러나 원문은 《사기》의 내용과는 약간 차이가 있다. 《사기(史記)》 권33 〈노주공세가(魯周公世家)〉 참조.

卷五

公孫述劉二牧志

先王命史，立典遠則，經紀人倫，三材炳煥，品物章矣．然而，有志之士猶敢議論於鄉校之下，蒭蕘之人加之謠誦於林野之中，管闚譬言，君子有詠．所以綜核羣善，休風惟照也．公孫述劉牧二主之廢興存亡，漢書國志固以詳矣．統之州部，物有條貫，必申斯篇者．格之前憲：左氏，素臣之功，王侯之載籍也，而八國之語作焉；五傳，淵邃大義，洋洋聖人之微言也，而八覽之書興焉．苟在宜稱，雖道同世出，一事身見，遊精博志，無嫌其繁矣．

漢十二世孝平皇帝，帝祚短促，國統三絕．孝元后兄子安漢公新都侯，魏郡王莽篡盜稱天子，改天下郡守為卒正，又改蜀郡為導江，遷故中散大夫茂陵公孫述字子陽為導江卒正，治臨邛．而劉辟起兵廣漢，更始劉聖公在南陽，蜀欲應之．會宗成垣副王岑等作亂，述率吏民拒禦之．所在討破，作圍守防遏逸越，斬首萬計，遂據成都，威有巴漢．政治嚴刻，民不為非．更始誅王莽，都關中，為赤眉賊所敗．建武元年，世祖光武皇帝即位河北．述夢人謂己曰："公子系，十二為期."述以語婦．婦曰："朝聞道，夕死尚可，何況十二乎?"會夏四月，龍出府殿前，以為瑞應，述遂稱皇帝，號大成，建元龍興．以莽尚黃，乃服色尚白；自以興西方，為金行也．以功曹李熊為大司徒，巴郡任滿為大司空，弟恢為太尉．具置百官．造十層赤樓，(帛)[射]蘭．改益州為司隸，蜀郡為成都尹．時世祖方平河北, 而荊邯延牙並歸述, 盡有益州. 置鐵錢官, 廢銅錢, 百姓貨賣不行. 蜀中童謠曰: "黃牛白腹, 五銖當復." 謂莽黃牛, 述為白腹. 五銖, 漢錢, 言漢當復也. 故主簿李隆常少數諫述歸帝稱藩, 述不納. 天水隗囂亦據隴, 連述. 蜀土清晏. 述乃移檄中國, 稱引圖緯以惑衆. 世祖報曰: 《西狩獲麟讖》曰: '乙子卯金', 即乙未歲授劉氏, 非西方之守也. '光廢昌帝, 立子公孫', 即霍光廢昌邑王, 立孝宣帝也. 黃帝姓公孫, 自以土德, 君所知也. '漢家九百二十歲, 以蒙孫亡, 受以相承, 其名當塗高'. 高豈君身耶. 吾自繼祖而興, 不稱受命. 求漢之斷, 莫過王莽. 近張滿作惡, 兵圍得之, 歎曰: 為天文所誤也." (人)[又] 使述舊交馬援喻述. 述不從. 荊邯說述曰: "昔湯以七十里王天下, 文王方百里臣諸侯. 以次, 漢祖敗而復征, 傷瘉復戰, 故能禽秦亡楚, 以弱為強. 況今地方數千, 杖戟百萬, 天下之心, 未有所歸. 不東出荊門, 北陵關隴, 與之進取, 則王業不全, 子孫不久安也." 述悅之. 乃出軍荊門陳倉, 欲震盪秦楚. 多改易郡縣, 分封子弟, 淫恣過度. 然國富民殷, 戶百餘萬. 世祖未遑加兵, 與述及隗囂書, 輒署公孫皇帝. 七年, 囂背漢降述, 述封為王, 厚資給之. 十年, 世祖命大司馬吳漢與大司徒鄧禹討囂, 平隴右. 述聞而惡之. 城東素有秦時空倉, 述更名白帝倉, 使人宣言: (日)[白]帝倉暴出米巨萬. 公卿以下及國人就視之, 無米. 述曰: "倉去此數里, 虛妄如此. 隗王在數千里外, 言破壞, 真不然矣." 十一年, 世祖命征南大將軍岑彭自荊門泝江征述. 又遣中郎將來歙及述舊交馬援奉詔喻述. 隆少諫, 令服從. 述怒曰: "自古來有降天子乎?" 尚書解文卿大夫鄭文伯初亦諫, 述繫之暴室六年, 二子幽死. 自是莫有言者.

　彭破述荊門關及沔[陽]關, 逕至彭亡. 述使刺客刺殺彭. 由是改彭亡日平無, 言無賊也. 又使刺客刺殺歙於武都. 世祖重遣吳漢與劉尚征述. 又遣臧宮從斜谷道入. 述使妹婿延牙距宮, 大司徒謝豐距漢, 連戰輒北. 漢到城下, 軍其江橋及其少城. 豐在廣都, 牙引還成都, 述謂曰: "事當奈何?" 牙對曰: "男兒貴死中求生, 敗中求成. 無愛財物也." 述乃大發金帛, 開門募兵, 得五千餘人, 以配牙. 牙告漢戰, 因偽遣鼓角麾幟渡市橋, 漢兵爭觀. 牙因放奇兵擊漢, 大破之. 漢溺水, 緣馬尾至盎底, 得出. 後宮兵已至北門, 述復城守. 占書曰: "虜死城下." 述以爲漢等是虜, 乃自出戰. 述當漢, 牙當宮, 大戰. 牙殺宮兵數百, 三合三勝, 士卒氣驕. 漢益鼓之. 自旦至日中, 飢不得食. 日昃後, 述兵敗. 漢騎士高平以戟刺述, 中頭, 即墜馬, 叩心者數十. 人都知是述, 前取其首. 牙等悵然還城. 吏民窮急, 即夜開門出降. 漢盡誅公孫氏及牙等諸將帥二十餘人, 放兵大掠, 多所殘害. 是歲, 十二年也.

漢搜求隱逸, 旌表忠義, 以述臣常少李隆忠諫, 發憤病死, 表更遷葬, 贈以漢卿官; 蜀郡王皓王嘉, 廣漢李業, 刎首死節, 表其門閭; 犍爲朱遵, 絆馬死戰, 贈以將軍, 爲之立祠; 費貽任永君業馮信等閉門(索)[素]隱, 公車特徵; 文齊守義益州, 封爲列侯; 董鈞習禮明經, 貢爲博士; 程烏李育本有才幹, 擢而用之. 於是西土宅心, 莫不憂藻. 建武十八年, 刺史郡守, 撫恤失和, 蜀郡史歆怨吳漢之殘掠蜀也, 擁郡自保. 世祖以天下始平, 民未忘兵, 而歆唱之, 事宜必克, 復遣漢平蜀, 多行誅戮. 世祖誚讓於漢, 漢深陳謝. 自是, 守藩供職, 自建武至乎中平, 垂二百載, 府盈西南之貨, 朝多華岷之士矣.

漢二十二世孝靈皇帝, 政治衰缺, 王室多故. 太常竟陵劉焉字君建議言: "刺史太守, 貨賂爲官, 割剝百姓, 以致離叛. 可選淸名重臣, 以爲牧伯, 鎮安方夏." 焉內求州牧, 以避世難. 侍中廣漢董扶私於焉曰: "京都將亂. 益州分野有天子氣" 焉惑之, 意在益州. 會刺史河南郄儉賦歛繁擾, 流言遠聞. 而并州殺刺史張壹[懿], 涼州殺刺史耿鄙, 焉議得行. 漢帝將徵儉加刑, 以焉為監軍使, 尋領益州牧. 董扶亦求為蜀西部都尉. 太倉令巴郡趙韙, 去官從焉來西. 中平元年, 涼州黃巾逆賊馬相趙祗等聚衆綿竹, 殺縣令李升, 募疲役之民, 一二日中得數千人; 遣王饒趙播等進攻雒城, 殺刺史儉, 并下蜀郡犍為. 旬月之間, 破壞三郡. 相自稱天子, 衆以萬數. 又別破巴郡, 殺太守趙韙部. 州從事賈龍, 素領家兵在犍為. 乃之青衣, 率吏民攻相, 破滅之. 州界清淨, 龍乃選吏卒迎焉. 焉既到州, 移治綿竹, 撫納離叛, 務行小惠. 時南陽三輔民數萬家避地入蜀, 焉恣饒之, 引為黨與, 號"東州士". 遣張魯斷北道. 枉誅大姓巴郡太守王咸李權等十餘人, 以立威刑. 前後左右部司馬, 擬四軍, 統兵, 位皆二千石.

漢獻帝初平二年, 犍為太守任岐, 與賈龍惡焉之陰圖異計也, 舉兵攻焉, 燒成都邑下. 焉禦之, 東州人多為致力, 遂克岐龍. 焉意盛, 乃造乘輿車服千餘, 僭擬至尊. 焉長子範為左中郎將, 仲子誕治書御史, 季子璋奉車都尉, 皆從獻帝都長安, 惟叔子別部司馬瑁隨焉. 焉聞相者相陳留吳懿妹當大貴, 為瑁聘之. 荊州牧山陽劉表, 上焉有"子夏在西河疑聖人"論. 帝遣璋曉諭焉, 焉留璋不遣反. 四年, 征西將軍馬騰, 自郿與焉範通謀襲長安, 治中從事廣漢王商亟諫, 不從. 謀泄, 範誕受誅. 議郎河南龐羲以通家將範誕諸子入蜀. 而天燒焉車乘蕩盡, 延及民家. 興平元年, 焉徙治成都. 既痛二子, 又感祅災, 疽發背卒. 州帳下司馬趙韙治中從事王商等貪璋溫仁, 共表代父. 京師大亂, 不能更遣, 天子除璋監軍使者, 領益州牧. 以韙為征東中郎將, 率衆征劉表.

璋字季玉, 既襲位, 懦弱少斷. 張魯稍驕於漢中, 巴夷杜濩朴胡袁約等叛詣魯. 璋怒, 殺魯母弟, 遣和德中郎將龐羲討魯. 不克. 巴人日叛. 乃以羲為巴郡太守, 屯閬中禦魯. 羲以宜須兵衛, 輒召漢昌賨民為兵. 或構羲於璋, 璋與之情好攜隙. 趙韙數進諫, 不從, 亦恚恨也.

建安五年, 趙韙起兵數萬, 將以攻璋, 璋逆擊之. 明年, 韙[破]敗. 羲懼, 遣吏程郁宣旨於郁父漢昌令畿, 索益實兵. 畿曰: "郡合部曲, 本不為亂. 縱有讒諛, 要在盡誠. 遂懷異志, 非所聞也." 羲令郁重往. 畿曰: "我受牧恩, 當為盡節. 汝自郡吏, 宜念效力. 不義之事, 莫有二意." 羲恨之, 使人告曰: "不從太守, 家將及禍." 畿曰: "昔樂羊食子, 非無父子之恩, 大義然也. 今雖羹子, 畿飲之矣." 羲乃厚謝於璋. 璋善畿, 遷為江陽太守. 十年, 璋聞曹公將征荊州, 遣中郎將河內陰溥致敬. 公表加璋振威將軍, 兄瑁平寇將軍. 十二年, 璋復遣別駕從事蜀郡張肅, 送叟兵三百人并雜御物. 公辟肅為掾, 拜廣漢太守. 十三年, 仍遣肅弟松為別駕, 詣公. 公時已定荊州, 追劉主, 不存禮松; 加表望不足, 但拜越嶲比蘇令. 松以是怨公. 會公軍不利, 兼以疫病, 而劉主尋取荊州. 松還, 疵毀曹公, 勸璋自絕, 因說璋曰: "劉豫州, 使君之肺腑, 更可與通." 時扶風法正字孝直, 留客在蜀, 不見禮, 恨望. 松亦以身抱利器, 忖璋不足與有為, 常與正竊歎息. 松舉正可使交好劉主. 璋從之, 使正將命. 正佯為不得已, 行. 又遣正同郡孟達將兵助劉主守禦. 前後賂遺無限.

十六年, 璋聞曹公將遣司隸校尉鍾繇伐張魯, 有懼心. 松進曰: "曹公兵彊, 無敵天下, 若因張魯之資以向蜀土, 誰能禦之者乎?" 璋曰: "吾固憂之, 而未有計." 松對曰: "劉豫州, 使君之宗室, 而曹公之深讎也. 善用兵, 使之伐魯, 魯必破. 破魯, 則益州彊, 曹公雖來, 無[能]. 且州中諸將龐羲李異等, 皆恃功驕豪, 欲有外意. 不得豫州, 則敵攻其外, 民叛於內, 必敗之道也." 璋然之, 復遣法正迎劉先主. 主簿巴西黃權諫曰: "左將軍有驍名, 今請到, 欲以部曲遇之, 則不滿其心; 欲以賓客待之, 則一國不容二君. 客有泰山之安, 則主有累卵之

危."璋不聽. 從事廣漢王累, 倒懸於州門, 以死諫璋. 璋一無所納. 正既宣旨,
陰獻策曰: "以明將軍之英才, 乘劉牧之懦弱, 張松之股肱以響應於內, 然後資
益州之富, 憑天設之險, 以此成帝業, 猶反手也." 劉主大悅, 乃留軍師中郎將
諸葛亮將軍關羽張飛鎮荊州, 率萬人泝江西上. 璋初敕所在供奉, 入境如歸.
劉主至巴郡, 巴郡嚴顏捫心歎曰: "此所謂獨坐窮山, 放虎自衛者也." 劉主由
巴水達涪, 璋往見之. 松復令正白劉主曰: "今因此會, 便可執璋. 則將軍無用
兵之勞, 坐定一州也." 軍師中郎將襄陽龐統亦言之. 劉主曰: "此大事也. 初入
他國, 恩信未著, 不可倉卒." 歡飲百餘日. 璋推劉主行大司馬司隷校尉. 劉主
推璋行鎮西大將軍, 領牧如故. 益劉主兵, 使伐張魯. 又令督白水軍, 併三萬
軍, 車甲精實. 而別璋還州. 劉主次葭萌, 厚樹恩德, 以收衆心.

　十七年, 曹公征吳. 吳主孫權呼劉主自救. 劉主貽璋書曰: "孫氏與孤, 本為
唇齒. 今樂進在清泥, 與關羽相拒. 不往赴救, 進必大克, 轉侵州界, 其憂有甚
於魯. 魯自守之賊, 不足慮也." 求益萬兵及資實. 璋但許四千, 他物半給. 張
松書與劉主及法正曰: "今大事垂可立, 如何釋此去乎?" 松兄廣漢太守肅, 懼
禍及己, 白璋, 露松謀, 璋殺松. 劉主歎曰: "君矯殺吾內主乎!" 嫌隙始構. 璋
敕諸關守不內劉主. 龐統說曰: "陰選精兵, 晝夜兼行, 徑襲成都. 璋既不武,
又無素豫, 一舉而定. 此上計也. 楊懷高沛, 璋之名將, 各仗強兵, 據守關頭,
數有牋諫璋遣將軍還. 將軍遣與相聞, 說當東歸, 並使束裝. 二子既服將軍名,
又嘉將軍去, 必乘輕騎來見, 將軍因此執之, 進取其兵, 乃向成都. 此中計也.
退還白帝, 連引荊州, 徐還圖之. 此下計也." 劉主然其中計. 即斬懷等, 遣將
黃忠卓膺魏延等勒兵前行. 梓潼令南陽王連固城堅守, 劉主義之, 不逼攻也.
進據涪城, 置酒作樂. 謂龐統曰: "今日之會, 可謂樂矣." 統對曰: "伐人之國

而以爲歡, 非仁者也." 劉主曰:"武王伐紂, 前歌後舞, 豈非仁乎?" 統退出. 劉
主尋請還, 謂曰:"向者之談, 阿誰爲失?" 統曰:"君臣俱失."

十八年, 璋遣將劉璝冷苞張任鄧賢吳懿等拒劉主於涪, 皆破敗, 還保綿竹.
縣令懿詣軍降, 拜討逆將軍. 初, 劉主之南伐也, 廣漢鄭度說璋曰:"左將軍懸
軍襲我, 衆不滿萬, 百姓未附, 野穀是資. 計莫若驅巴西梓潼民, 內涪水以南,
其倉廩野穀, 一皆燒除, 高壘深溝, 靜以待之. 彼請戰不許, 久無所資, 不過百
日必禽矣." 先主聞而惡之. 法正曰:"璋終不能用, 無所憂也." 璋果謂羣下曰:
"吾聞拒敵以安民, 未聞動民以避敵." 絀度不用. 故劉主所至有資, 進攻綿竹.
璋復遣護軍南陽李嚴江夏費觀等督綿竹軍. 嚴觀率衆降, 同拜裨將軍. 進圍璋
子循於雒城.

十九年, 關羽統荊州事. 諸葛亮張飛趙雲等泝江降下巴東, 入巴郡. 巴郡
太守巴西趙筰拒守, 飛攻破之. 獲將軍嚴顏, 謂曰:"大軍至, 何以不降, 敢逆
戰?" 顏對曰:"卿等無狀, 侵奪我州. 我州但有斷頭將軍, 無降將軍也!" 飛怒
曰:"牽去斫頭." 顏正色曰:"斫頭便斫頭, 何爲怒也!" 飛義之, 引爲賓客. 趙
雲自江州分定江陽犍爲. 飛攻巴西, 亮定德陽. 巴西功曹龔諶迎飛. 璋帳下司
馬蜀郡張裔距亮, 敗於柏下. 裔退還. 夏, 劉主克雒城, 與飛等合圍成都. 而偏
將軍扶風馬超率衆自漢中請降, 劉主遣建寧督李恢迎超. 超逕至, 璋震恐. 所
署蜀郡太守汝南許靖踰城出降, 璋知, 不敢誅. 被圍數十日. 城中有精兵三萬,
穀支一年, 衆咸欲力戰. 璋曰:"父子在州二十餘年, 無恩德以加百姓, 攻戰三
年, 肌膏草野, 以璋故也, 何以能安!" 遂遣張裔奉使詣劉主. 劉主許裔禮其君
而安其民. 劉主又遣從事中郎涿郡簡雍說璋. 璋素雅敬雍, 遂與同輿而出, 降,
吏民莫不歔欷流涕. 劉主復其所佩振威將軍印綬, 還其財物. 遷璋於南郡之江

安. 吳主孫權之取荊州也, 以璋為益州刺史. 劉主東征, 璋還吳卒也.

　譔曰: 公孫述藉導江之資, 值王莽之虐, 民莫援者, 得跨巴蜀; 而欺天罔物, 自取滅亡者也. 然妖夢告終, 期數有極, 奉身歸順, 猶可以免. 矜愚遂非, 何其頑哉. 劉焉器非英傑, 圖射僥倖. 璋才非人雄, 據土亂世, 其見奪取, 陳子以為非不幸也. 昔齊侯噬晉魯之使, 旋蒙易乘之困; 魏君賤公叔之侍人, 亦受割地之辱. 量才懷遠, 誠君子之先略也. 觀劉璋曹公之(悔)[侮]慢法正張松, 二憾既徵, 同怨相濟, 或家國覆亡, 或參分天下, 古人一饋十起, (輒)[輟]沐揮洗, 良有以也.

화양국지
(華陽國志)

—

권6
유선주지
(劉先主志)

선주(先主)는 휘(諱)가 비(備)이고, 자는 현덕(玄德)이며, 탁군(涿郡) 탁현(涿縣) 사람으로, 한 경제(漢景帝)의 아들 중산정왕(中山靖王) 유승(劉勝)의 후손이다. 유승의 아들 유정(劉貞)은 원수(元狩) 6년(기원전 117)에 탁현 육성정후(陸城亭侯)에 봉해졌기 때문에 그곳에서 터전을 잡게 되었다. 할아버지 유웅(劉雄)은 효렴(孝廉)에 천거되어 동군(東郡) 범현령(范縣令)이 되었다. 아버지 유홍(劉弘)은 일찍 세상을 떠났다. 선주는 어려서 아버지를 잃고, 어머니와 함께 짚신을 팔고 돗자리를 짜면서 생업을 유지했다. 집의 동남쪽 모퉁이 울타리에 뽕나무가 자라고 있었는데, 높이가 5장(丈)쯤 되어 멀리서 바라보면 무성하기가 마치 수레 덮개처럼 보였으므로 사람들이 모두 그것을 이상하게 여겼다. 어떤 사람은 틀림없이 이곳에서 귀인이 나올 것이라고 말했다. 선주는 어린 시절, 종중(宗中)의 여러 아이들과 뽕나무 아래에서 놀면서 말하기를, "나는 반드시 이 나무처럼 새 깃털로 덮개를 장식한 천자의 수레를 탈 것이다."라고 했는데, 숙부 유자경(劉子敬)이 일러 말하기를, "너는 그런 허튼소리 하지 말거라. 우리 가문을 멸족시키겠구나."라고 했다. 나이가 열다섯이 되자, 그의 어머니가 그를 떠나 보내 공부하게 하여, 먼 친척인 유덕연(劉德然) 및 요서(遼西) 사람 공손찬(公孫瓚)과 함께 전(前) 구강 태수(九江太守)인 같은 군(郡) 출신 자간(子幹노식(盧植)의자(字))에게서 글을 배우게 했다. 유덕연의 아버지 유원기(劉元起)는 늘 선주에게 재물을 공급해 주었는데, 아들 유덕연과 동등하게 대했다. 유원기의 처가 말하기를, "각자 일가(一家)를 이루었는데, 어떻게 항상 이와 같이 하십니까?"라고 하자, 유원기[起][1]가 말하기를, "종중의 이 아이는 범상치 않은 인물입니다."라고 말했다. 공손찬은 선주와 매우 친하게 지냈다. 공손찬이 나이가 많았으므로 선주가 그를 형으로 섬겼다. 선주는 개와 말, 음악, 아름다운 의복을 좋아했다. 키는 일곱 자[尺] 다섯 치[寸]로 팔을 내리면 무릎까지 내려오고, 고개를 돌리면 자신의 귀가 보였다. 또한 다른 사람에게 자신을 낮추었고, 기쁨이나 노여움을 얼굴에 드러내지 않았다. 다른 사람과 사귀기를 좋아했으므로 호협(豪俠)이나 젊은이들이 다투어 그를 가까이했다. 중산(中山)의 큰 상인인 장세평(張世平)과 소쌍(蘇雙) 등이 그를 보고 기이하게 여겨 많은 자금을 대주었고, 선주는 그 돈을 가지고 무리를 모을 수 있었다. 하동(河東)의 관운장(關雲長관우(關羽)), 같은 군(郡)의 장익덕(張益德장비(張飛))은 나란히 신체가 건장하고 의기가 충렬하여 선주를 호위했다. 선주는 두 사람과 잠을 잘 때면 잠자리를 같이했고, 밥을 먹을 때도 같은 그릇을 사용하여 친애함이 형제 같았다. 그러나 여럿이 모이는 자리에서는 하루 종일 곁에서 모시고 서 있을 뿐이었다.

중평(中平) 원년(184)에 유비(劉備)가 교위(校尉) 추정(鄒靖)을 따라 황건적(黃巾賊)을 토벌하는 데 공이 있어 안희위(安喜尉)에 제수되었다. 독우(督郵)에게 만나 줄 것을 구했으나 받아들여지지 않자, 마침내 안으로 들어가 그를 붙잡아 결박하여 곤장 2백 대를 때리고, 인끈을 독우의 목에 걸어 말뚝에 묶어 놓고는 관직을 버리고 도망쳤다. 얼마 후, 대장군 하진(何進)의 모병에 응했고, 공을 세워 하밀승(下密丞)에 제수되었다. 다시[復][2] 고

---

1 원기[起]: 원문에는 '기(起)'로만 되어 있는데, '원기(元起)'는 자(字)이므로, '기(起)' 단독으로는 쓸 수 없다. 따라서 '원(元)' 자를 보충하여 '원기'로 수정했다.
2 다시[復]: 《삼국지(三國志)》〈촉서(蜀書) 선주전(先主傳)〉에는 '다시[復]'가 '나중에[後]'로 되어 있다. 유림(劉琳)은 '다시[復]'를 '나중에[後]'로 고쳐야 한다고 했다.

당위(高唐尉)가 되었다가, 옮겨 고당 현령이 되었다. 공손찬은 중랑장이 되자, 표문을 올려 선주를 별부사마(別部司馬)로 삼았다. 선주(先主)는 기주 목(冀州牧) 원소(袁紹)를 막아 여러 차례 공을 세우고 수³ 평원 령(守平原令)이 되었고, 다시 평원 상(平原相)을 겸했다. 평원군의 백성 유평(劉平)은 선주의 통치 아래 있는 것을 수치로 여겨 자객을 보내 선주를 찌르게 했다. 그러나 자객이 선주의 덕에 감복하여 선주에게 고하고 떠났다. 북해 상(北海相)인 노국(魯國) 출신 공융(孔融)은 황건적에 포위되어 태사자(太史慈)로 하여금 선주에게 구원을 청하게 했다. 선주가 말하기를, "공문거(孔文擧^{공융}(孔融))가 천하에 유비(劉備)가 있음을 들었는가?"라고 하고, 군사를 보내 그를 구원했다. 광릉 태수(廣陵太守) 하비(下邳) 사람 원룡(元龍^{진등(陳登)의 자(字)}) 진등(陳登)은 태위(太尉) 진구(陳球)의 손자로 뛰어난 재주를 가져 천하의 선비들을 모두 경시했지만, 공조(功曹) 진교(陳矯)에게 일러 말하기를, "나는 가정이 화목하고 덕행이 있는 행동을 하는 점에서 진원방(陳元方^{진기(陳紀)}) 부자(父子)⁴를 존경하고, 얼음처럼 맑고 옥처럼 깨끗하여 도리에 맞는 말을 하는 점에서 화자어(華子魚^{화흠(華歆)})를 존경하며, 견문이 넓고 의지가 강하며 기이하고 재기가 뛰어난 점에서 공문거를 존경하고, 늠름한 기상이 걸출하고 왕도(王道)와 패도(覇道)의 지략이 있는 점에서 유현덕(劉玄德^{유비(劉備)})을 존경한다. 뛰어난 인물은 이들이 다일 것이다."라고 했다. 서주 목(徐州牧) 도겸(陶謙)이 표문을 올려 선주를 예주 자사(豫州刺史)로 삼았다.

---

3 수(守): 한(漢)나라 때 제도로 관리가 처음 부임하게 되면 먼저 시험 삼아 일정 기간을 써 보는데, 그것을 '시수(試守)' 혹은 '수(守)'라고 불렀다.

4 진원방(陳元方) 부자(父子): '진원방(陳元方) 부자(父子)'는 진식(陳寔)과 그의 아들 진기(陳紀)·진심(陳諶)을 가리키는데, 다들 한(漢)나라 말의 명사(名士)로, 당시 '삼군(三君)'으로 불렸다.

서주 목(徐州牧) 도겸(陶謙)은 병이 심해지자, 별가(別駕) 동해(東海) 사람 미축(麋竺)에게 말하기를, "유비(劉備)가 아니면 서주(徐州)를 안정시킬 수 없다."라고 했다. 도겸이 죽자, 미축은 서주의 백성들을 이끌고 선주(先主)를 맞이하려고 했지만, 선주가 허락하지 않았다. 광릉 태수(廣陵太守) 하비(下邳) 사람 진등(陳登)이 나아가 말하기를, "지금 한(漢)나라 황실은 쇠퇴했고, 천하가 기울고 엎어지는 위험에 처했으니, 공업을 세우는 것은 바로 오늘 일에 달려 있습니다. 서주[鄙州]⁵는 번성하고 부유하며 호구(戶口)도 백만이나 되는데, 사군(使君)께 굴복하고자 하니 오셔서 서주의 일을 돌보아 주십시오."라고 했다. 선주가 말하기를, "원공로(袁公路원술(袁術))가 가까이 수춘(壽春)에 있습니다. 그는 4대를 거치며 다섯 명의 공경(公卿)을 배출한⁶ 집안 출신으로 천하의 인심이 그에게로 돌아가니, 그에게 서주를 맡기면 됩니다."라고 말했다. 그러자 진등이 말하기를, "공로는 교만하고 난폭하여 난세를 다스릴 주인이 아닙니다. 지금 사군을 위하여 보병과 기병 10만 명을 규합하려고 하니, 위로는 천자를 돕고 백성들을 구제하여 춘추오패(春秋五覇)⁷의 위업을 이루고, 아래로는 땅을 할거하고 국경을 지켜 대나무와 비단에 그 공적을 기록할 수 있습니다. 만약 사군께서 제 말을 듣고 허락하지 않으신다면, 저 진등 역시 감히 사군을 따르지

---

5   서주[鄙州]: 진등(陳登)은 하비(下邳) 사람인데, 하비가 서주(徐州)에 속했으므로 '비주(鄙州)'라고 칭한 것이다.

6   4대를 … 공경(公卿)을 배출한: 원술(袁術)의 고조(高祖)인 원안(袁安), 그의 아들인 원창(袁敞), 손자인 원탕(袁湯), 원탕의 아들이자 원술의 아버지인 원봉(袁逢), 원봉의 동생인 원외(袁隗)가 모두 삼공(三公)이 되었다.

7   춘추오패(春秋五覇): 중국 춘추 시대 5명의 패자(覇者)를 일컫는 말로, 《순자(荀子)》에 따르면 오패는 제 환공(齊桓公), 진 문공(晉文公), 초 장왕(楚莊王), 오왕(吳王) 합려(闔閭), 월왕(越王) 구천(勾踐)을 가리킨다. 한편으로는 진 목공(秦穆公), 송 양공(宋襄公)이나 오왕 부차(夫差) 등을 꼽는 경우도 있다.

않을 것입니다."라고 했다. 북해 상(北海相) 공융이 선주에게 일러 말하기를, "원술이 어찌 나라를 걱정하고, 자신의 집안일을 잊는 자이겠습니까! 그는 무덤 속에 있는 마른 뼈다귀 같으니, 어찌 마음에 두겠습니까? 오늘의 일은 백성들이 유능한 인물을 선택한 것입니다. 하늘이 주는데도 취하지 않으면, 후회하더라도 미치지 못할 것입니다."라고 했다. 선주가 마침내 서주 목을 겸했다.

건안(建安) 원년(196)에 조조(曹操)는 표문을 올려 선주(先主)를 진동장군(鎭東將軍)으로 삼고, 의성정후(宜城亭侯)에 봉했다. 선주가 원술(袁術)과 대치하고 있었는데, 하비(下邳)를 지키던 장수 조표(曹豹)가 배반했다. 때문에 여포(呂布)에게 패하여[爲呂布所敗][8] 선주는 처자식을 잃고 군대를 돌려 해서현(海西縣)으로 갔다. 미축(麋竺)은 자신의 누이동생을 바쳐 선주의 부인으로 삼게 하고, 노비와 소작농 2천 명 및 금은보화를 더하여 주었다.[9] 선주는 그로 인하여 다시 떨쳐 일어날 수 있었다. 선주가 여포에게 화의를 구하자, 여포는 선주의 처자식을 돌려보냈다. 선주는 무리 1만여 명을 이끌고 군대를 소패(小沛)[10]로 옮겼다. 여포가 그를 꺼려 하여 직접 선주를 공격했다. 선주가 조조에게 귀의하자, 조조는 선주를 예주 목(豫州牧)으로 삼고 군대를 더하여 주어 여포를 토벌하게 했다. 그러나 선주가

---

8 여포(呂布)에게 패하여[敗]: 유림(劉琳)은 《삼국지(三國志)》〈촉서(蜀書) 선주전(先主傳)〉과 〈여포전(呂布傳)〉에 따르면, 유비(劉備)가 일찍이 여포(呂布)와 싸운 적이 없으므로 '여포에게 패했다.[爲呂布所敗]'고 할 수 없으니, '패(敗)' 자를 '취(取)' 자로 바꾸어 '하비를 여포에게 빼앗겼다[爲呂布所取]'고 수정하여야 한다고 했다. 또한 〈여포전〉에서도 "여포가 습격하여 하비를 빼앗았다.[布襲取下邳]"라고 기록되어 있다고 했다.

9 미축(麋竺)은 … 더하여 주었다: 《삼국지(三國志)》〈촉서(蜀書) 미축전(麋竺傳)〉에 따르면, 미축의 집에는 '노복 1만 명[僮客萬人]'이 있었다고 한다.

10 소패(小沛): 예주(豫州) 패국(沛國)의 패현(沛縣)으로, 패국과 구별하기 위하여 '소패(小沛)'라고 불렀다.

패배했고, 여포의 장수 고순(高順)이 다시 선주의 처자식을 사로잡아 여포에게 보냈다. 조조는 하후돈(夏侯惇)에게 선주를 돕게 했으나 이기지 못했다. 건안 3년(198), 조조는 스스로 여포를 정벌하고, 그를 산채로 사로잡았다. 여포가 말하기를, "만약 나 여포가 명공(明公조조(曹操)를 가리킴)을 위해 기병을 통솔하게 된다면, 천하는 족히 평정할 만한 것도 못됩니다."라고 하자, 조조가 망설이는 기색을 내보였다. 선주가 말하기를, "공께서는 여포가 정건양(丁建陽정원(丁原))이나 동태사(董太史동탁(董卓))를 대우한 것처럼 그를 대우하고자 하십니까?"[11]라고 하자, 조조가 그 말에 머리를 끄덕였다. 여포가 선주를 노려보며 말하기를, "큰 귀를 가진 놈이 가장 믿을 수 없는 자이로구나."라고 했다. 조조가 마침내 여포를 죽였다. 선주는 처자식을 되찾았고, 조조를 따라 허현(許縣)으로 돌아와 좌장군(左將軍)이 되었다. 조조는 선주를 매우 정중한 예(禮)로 대하여 밖으로 나갈 때면 함께 수레를 탔고[出則同輿] 따를 때도 자리를 같이했다.[從則同席][12] 또한 관우와 장비에게 모두 중랑장(中郎將)을 제수했다. 조조의 모신(謀臣) 정욱(程昱)과 곽가(郭嘉)는 선주를 죽이자고 권했으나, 조조는 영웅호걸이라는 자신의 명망을 잃을까 염려하여 허락하지 않았다.

원술(袁術)은 회남(淮南)에서 서주(徐州)를 거쳐 북쪽으로 원소(袁紹)에게

11　공께서는 … 하십니까?: 건양(建陽)은 정원(丁原)의 자이고, 동태사는 동탁(董卓)의 관직이 태사에까지 이르렀기 때문에 그렇게 부른 것이다. 정원이 병주 자사(幷州刺史)로 있을 때 여포(呂布)를 주부(主簿)로 삼고 크게 신임했다. 정원이 집금오(執金吾)로 자리를 옮기자 동탁이 그의 무리를 겸병하고자 여포를 유인하여 정원을 살해하게 했다. 동탁은 그로 인하여 여포를 신임했고, 양아들로 삼았다. 그러나 나중에 여포가 다시 사도(司徒) 왕윤(王允)에게 매수되어 동탁을 찔러 죽였다. 여기서는 여포가 정원과 동탁을 죽였던 일을 의미한다.

12　따를 때도 … 같이했다[從則同席]: 《삼국지(三國志)》〈촉서(蜀書) 선주전(先主傳)〉에서는 "앉을 때도 자리를 같이했다.[坐則同席]"라고 했다.

가려고 했다. 헌제(獻帝)의 장인인 거기장군(車騎將軍) 동승(董承)은 의복의 허리띠에 조조(曹操)를 살해하라고 쓴 밀조(密詔)를 받았다. 동승은 먼저 선주(先主) 및 장수교위(長水校尉) 종집(種輯), 장군 오자란(吳子蘭)과 왕자복(王子服) 등과 함께 모의했는데, 선주가 장차 출행하려고 했지만 아직 출발하지는 않은 때였다. 조조가 선주에게 조용하게 일러 말하기를, "천하의 영웅은 사군(使君유비(劉備)를 가리킴)과 나 조조뿐입니다. 본초(本初원소(袁紹)) 같은 무리는 헤아릴 가치도 없습니다."라고 했다. 선주가 마침 밥을 먹고 있었는데, 놀라서 수저를 떨어뜨렸다. 마침 하늘에서 천둥이 치자 선주가 말하기를, "성인은 갑자스런 천둥과 격렬한 바람을 만나면 반드시 얼굴빛을 바꾸셨다[13]고 했는데, 진실로 그 말대로입니다. 천둥이 위력이 이 정도일 줄이야."라고 하자, 조조 역시 자신이 실언했음을 후회했다. 선주가 해현(解縣)[14]으로 돌아가자 조조는 사람을 시켜 그를 엿보게 했는데, 선주가 하인에게 밭에서 풀을 베고 파를 세우라고 시켰다가 단정하지 못하자 몽둥이를 들고 하인을 때리는 광경을 그 사람이 보게 되었다. 조조가 말하기를, "큰 귀를 가진 자가 아직 깨닫지 못하는구나."라고 했다. 그날 밤, 선주는 급하게 동쪽으로 갔다. 정욱과 곽가가 다시 선주를 죽이라고 말하자, 조조는 말을 달려 선주를 추격하게 했으나 미치지 못했다. 마침내 선주는 서주 자사(徐州刺史) 차주(車冑)를 죽이고 모반을 일으키고 관우(關

---

13 성인은 … 바꾸셨다: 《논어(論語)》〈향당(鄕黨)〉에 나오는 말로 공자(孔子)의 생활 습관을 기록했는데, 공자는 갑작스런 천둥과 격렬한 바람을 만나면 반드시 얼굴빛을 바꾸었다고 한다. 여기서는 유비가 조조에게 거짓으로 하늘의 벌을 두려워하는 듯한 모습을 보여 위기를 모면한 것을 가리킨다.

14 해현(解縣): 원문에는 '선주환패해(先主還沛解)'로 되어 있는데, 유림(劉琳)은 당시 유비는 허(許)에 있었지, 패(沛)에 있지 않았으므로 '패(沛)' 자를 빼야 한다고 했다. '해(解)'는 지금의 '해(觧)' 자이다.

羽)를 남겨 하비 태수의 일을 행하게 했으며, 자신은 소패(小沛)로 돌아갔다. 동승 등은 모의가 누설되어 주살되었다. 선주의 무리가 수만 명에 이르렀고, 종사(從事) 북해(北海) 사람 손건(孫乾)을 보내 원소와 화친을 맺었다. 조조는 장군 유대(劉岱)와 왕충(王忠)을 보내 선주를 공격했지만 이기지 못했다. 건안(建安) 5년(200), 조조는 동쪽으로 선주를 정벌하러 나섰는데, 선주가 대패하고 그의 처자식과 관우가 사로잡혔다. 선주가 청주(靑州)로 달아나자, 자사 원담(袁譚)이 길에서 그를 맞이했다. 그리고 말을 달려 아버지 원소(袁紹)에게 고하니, 원소는 업현(鄴縣)[15]에서 200리나 떨어진 곳까지 직접 나와 선주와 만났다.

조조(曹操)는 관우(關羽)의 용맹하고 날랜 모습을 보고 그를 편장군(偏將軍)에 제수했다. 처음에 관우가 선주(先主)를 좇아 조조의 명에 따라 복양(濮陽)에서 여포(呂布)를 포위했다. 그때 진의록(秦宜祿)이 여포를 위해 장양(張陽)에게 구원을 청했다. 관우가 조조에게 아뢰기를, "제 처에게는 자식이 없습니다. 성을 함락시키면 진의록의 처를 저에게 주시기를 청합니다."라고 했고, 조조가 그것을 허락했다. 성문에 이르러 관우는 다시 그 일을 말했다. 조조는 진의록의 처가 미색을 갖추었다고 생각하여 자신이 그녀를 차지했다. 나중에 선주가 조조와 사냥을 하게 되었을 때, 관우는 사냥 중에 조조를 죽이려고 했다. 그러나 선주는 그를 죽이면 천하가 애석하게 생각할 것이라고 여겨 관우의 말을 들어주지 않았다. 그런 까닭에 관우는 늘 우려스런 마음을 품고 있었다. 조조는 관우가 마음이 불편해 함을 알고 장군 장료(張遼)를 보내 인정(人情)에 기대어 물어보게 했다.

---

15 업현(鄴縣): 기주(冀州) 위군(魏郡)에 속하며, 지금의 하남성 임장현(臨漳縣) 서쪽에 있다. 한나라 말에는 기주 자사가 이곳을 다스렸다. 원소(袁紹)가 기주 목(冀州牧)으로 있었기 때문에 당시 업현(鄴縣)에 있었던 것이다.

그러자 관우가 탄식하며 말하기를, "나는 조공(曹公曹操)이 나를 대우함이 두터움을 잘 알고 있습니다. 그러나 나는 유 장군(劉將軍劉備)의 은혜를 받아 함께 죽을 것을 맹세했으니, 그를 배반할 수 없습니다. 마땅히 공을 세워 조공에게 보답하고자 합니다."라고 말했다. 조조는 그 말을 듣고 관우를 의롭게 여겼다. 그해, 원소(袁紹)는 관도(官渡)를 정벌하면서 맹장 안량(顏良)을 보내 백마(白馬)에서 동군 태수(東郡太守) 유연(劉延)을 공격했다. 조조는 장료와 관우를 보내 선봉으로 삼았다. 관우는 멀리서 안량의 정기(旌旗)와 거개(車蓋)를 바라보고는 말에 채찍질을 하며 달려 1만 명의 무리 속에서 안량을 찌르고 그의 목을 베어 돌아오는데 원소의 장수들이 그에게 대적하지 못하니, 마침내 유연의 포위가 풀렸다. 조조가 즉시 표문을 올려 관우를 한수정후(漢壽亭侯)에 봉하고, 거듭 상사(賞賜)를 더하여 주었다. 관우는 그 재물들을 전부 봉인하고, 편지로 사의를 표하여 작별을 고하고 선주에게 돌아갔다. 조조의 측근들이 관우를 추격하고자 했으나, 조조가 말하기를, "저마다 각자의 주인이 있기 마련이다."라고 했다. 선주는 원소를 설득하여 남쪽으로 형주 목(荊州牧) 유표(劉表)와 연합하게 했다. 원소는 선주를 보내 본진의 병사[本兵][16]를 이끌고 여남(汝南)으로 향하게 했다. 조조는 장수 채양(蔡楊)을 시켜 선주를 공격하게 했다. 선주가 일러 말하기를, "우리 군세가 비록 편치 않지만, 그대들이 백만 병력을 끌고 왔다고 하여도 나를 어찌하지 못할 것이다. 조맹덕(曹孟德曹操)이 단기필마(單騎匹馬)로 온다면 나는 스스로 물러나겠다."라고 했다. 채양 등이 싸웠지만, 선주에게 죽임을 당했다.

---

16 본진의 병사[本兵]: 원문에는 '졸병(卒兵)'으로 되어 있으나, 《삼국지(三國志)》〈촉서(蜀書) 선주전(先主傳)〉에 근거하여 '본진의 병사[本兵]'로 수정하여 번역했다.

조조(曹操)가 원소(袁紹)를 격파하고 남쪽으로 여남(汝南) 정벌에 나섰다. 선주(先主)가 미축(麋竺)과 손건(孫乾)을 유표(劉表)에게 보내 예방하게 하자, 유표는 교외까지 나가서 선주를 맞이하여 상등(上等)의 빈객으로 대우하고 신야(新野)에 주둔하게 했다. 영천(潁川)의 서원직(徐元直^{서서(徐庶)})이 낭야(琅邪) 사람 제갈량(諸葛亮)을 추천하여 말하기를, "제갈공명(諸葛孔明^{제갈량(諸葛亮)})은 와룡(臥龍)입니다. 장군은 그를 만나고 싶습니까?"라고 하자, 선주가 말하기를, "그대가 데리고 함께 오십시오."라고 했다. 그러자 서서(徐庶)가 말하기를, "그 사람은 가서 만날 수는 있지만, 억지로 오게 할 수는 없습니다."라고 했다. 마침내 선주가 제갈량을 예방했는데, 세 번을 찾아갔다. 선주가 사람들을 물리고 말하기를, "한나라 황실은 기울어 무너지고, 간신이 천명(天命)을 훔쳤으며, 황제는 몽진(蒙塵)을 했습니다. 나는 자신의 덕행과 역량을 헤아리지 못한 채 천하에 대의를 펼치고자 했습니다. 그러나 지혜와 술책이 얕고 짧아 마침내 실패하여 좌절했습니다. 그리하여 오늘에 이르렀으나, 뜻은 아직 버리지 않았습니다. 그대는 장차 어떤 계책을 일러 주시겠습니까?"라고 했다. 제갈량이 대답하여 말하기를, "동탁(董卓) 이래로 호걸들이 다투어 일어나 주(州)를 차지하고 군(郡)을 연합한 자들이 헤아릴 수 없을 정도입니다. 조조는 원소에 비하여 명성이 미약하고 무리 또한 적었으나, 마침내 원소를 무찔러 약자에서 강자가 된 것이 비록 천시(天時)의 이로움 때문이라고 말하지만 사람의 모략 때문이기도 합니다. 지금 조조는 백만의 무리를 끌어안고 천자를 끼고 제후들에게 호령하고 있으니, 이는 진실로 그와 다툴 수 없습니다. 손권(孫權)은 강동(江東)을 점거하고 이미 3대를 거쳐¹⁷ 내려왔으며, 나라의 지세

---

17 3대를 거쳐: 손권(孫權)의 아버지 손견(孫堅)이 황건적(黃巾賊)을 진압하고 동탁(董卓)을 토

가 험준하고 백성들이 의지하며 어질고 유능한 자들이 그를 위해 쓰이고 있습니다. 이는 우리가 도움으로 삼을 수는 있어도, 그를 도모할 수는 없습니다. 형주(荊州)는 북쪽으로 한수(漢水)와 면수(沔水)를 의지하고 있고, 남쪽으로는 남해군(南海郡)까지 이익을 다 얻을 수 있으며, 동쪽으로는 오군(吳郡)과 회계군(會稽郡)에 이어지고, 서쪽으로는 파군(巴郡)과 촉군(蜀郡)으로 통하고 있어서 군사를 쓸 만한 나라이지만, 그곳 주인은 지킬 능력이 없으니 이는 아마도 하늘이 장군에게 밑천으로 주는 것입니다. 익주(益州)는 험준한 요새와 비옥한 들판을 가진[18] 천혜의 땅으로 고조(高祖)께서 이곳을 기초로 제업(帝業)을 이루었습니다. 유장(劉璋)은 어리석고 나약하여 장로(張魯)가 북쪽에서 그를 위협하고 있고, 나라가 부유하고 인구는 많으나 백성들의 마음을 체휼할 줄 모르니, 어질고 유능한 선비들은 현명한 군주를 얻을 생각만 하고 있습니다. 장군은 황실의 후예인 데다 신의가 사해에 드러나고, 영웅들을 널리 불러 받아들이며, 어진 자를 사모하여 목이 마른 듯이 찾고 계십니다. 만약 형주와 익주를 점거하여 그 험준한 곳을 지켜 서쪽으로 여러 융족(戎族)과 화합하고, 남쪽으로 이족(夷族)과 월족(越族)을 어루만지며 손권과 우호관계를 맺으며, 안으로는 정치의 도리를 닦다가 천하에 변화가 생기게 되면 상장군(上將軍) 한 명에게 명하여 형주의 군사를 이끌고 완현(宛縣)과 낙양(洛陽)으로 향하게 하고, 장군께서는 몸소 익주의 군사를 이끌고 진천(秦川)으로 출병한다면

벌하여 쓰러져 가는 집안을 다시 일으켰으며, 손권의 형 손책(孫策)이 강동(江東)을 점거하고, 손권에 이르렀음을 말한다.

18 익주는 … 들판을 가진: 《삼국지(三國志)》〈촉서(蜀書) 제갈량전(諸葛亮傳)〉에는 이 구절을 "익주(益州)는 요새가 험준하고 비옥한 들판이 천 리에 걸쳐 있다.[益州險塞, 沃野千里.]"라고 했는데, 《화양국지》에는 '천리(千里)' 두 글자가 빠져 있다.

천하의 누가 소쿠리에 밥을 담고 병에 간장을 담아 찾아와서 장군을 맞이하지 않겠습니까? 그렇게 되면 패업은 성취되고, 한나라 황실은 부흥할 것입니다."라고 했다. 선주가 말하기를, "좋습니다."라고 했다. 이때부터 선주는 제갈량과의 정이 나날이 깊어졌고, 스스로 물고기가 물을 만난 것과 같다고 여겼다.

건안(建安) 13년(208)에 유표(劉表)가 죽고 막내아들 유종(劉琮)이 그의 지위를 계승했다. 조조(曹操)가 남쪽 정벌을 나서자, 유종은 사자를 보내 항복을 청했다. 선주(先主)는 번성(樊城)에 주둔하고 있었는데, 조조의 군사가 이르는 것을 알지 못했다. 완성(宛城)에 이르러서야 선주가 그 사실을 알고, 마침내 무리를 이끌고 철수했다. 당양(當陽)에 이르자 무리가 10만여 명, 수레가 1천 량(輛)에 달하여 하루에 10여 리밖에 행군하지 못했다. 따로 관우(關羽)를 보내 배를 타고 강릉(江陵)에서 만나기로 했다. 어떤 사람이 선주에게 일러 말하기를, "빠르게 행군해야 합니다. 비록 많은 무리를 데리고 있지만, 갑옷을 입은 자는 적습니다. 조조의 군대가 이르게 되면 어떻게 그를 막을 수 있겠습니까?"라고 했다. 선주가 말하기를, "무릇 큰일을 이루는 것은 사람을 근본으로 삼는다. 지금 사람들이 나에게 귀의하여 의지하고 있는데, 어찌 차마 그들을 버리겠는가?"라고 했다. 조조는 강릉에 무기와 양식이 풍부하다고 생각하고, 선주가 그곳을 점령할 것을 두려워하여 마침내 치중(輜重)을 버리고 경무장한 기병 5천 명으로 선주를 추격하여 밤낮으로 3백여 리를 가서 당양의 장판파(長坂坡)에 도착했다. 선주는 처자식을 버리고, 제갈량(諸葛亮)과 장비(張飛) 등 수십 명의 기병과 함께 달아났다. 조조는 선주를 따르던 백성들을 모조리 사로잡았고, 급히 선주를 추격했다. 장비는 강가를 점거하고 다리를 끊은 후 말을 비껴 타고 창을 잡아당기며 말하기를, "내가 장익덕(張益德)이다. 다가오는 자는 죽기를 각오해야 할 것이다."라고 하자, 조조의 군사들이 마침내 추격을 멈추었다. 선주는 지름길로 한진(漢津)에 이르러 마침내 관우의 배와 만날 수 있었다. 조운(趙雲)은 직접 선주의 어린 아들인 후주(後主)를 품고, 또 선주의 감 부인(甘夫人)을 끌어안고 강을 건넜다[濟江].[19] 제갈량이 말하기를, "일이 급박합니다. 명을 받들고 손(孫) 장군에게 구원을 청하겠습니다."라고 했다. 당시 손권(孫權)의 군대는 시상(柴桑)에 주둔하고 있었으나, 이미 선주의 큰 명성에 감복하고, 또한 제갈량의 뛰어남과 고아함을 즐거워하여 즉시 주유(周瑜)와 정보(程普)의 수군(水軍) 3만 명을 보내 선주를 도와 조조를 막도록 하여 적벽(赤壁)에서 조조의 군대를 크게 무찌르고 그들의 배를 불태웠다. 조조는 군사를 이끌고 북쪽으로 돌아갔다. 선주는 유표의 맏아들인 강하 태수(江夏太守) 유기(劉琦)를 형주 자사로 삼았다. 선주는 남쪽으로 4군을 평정하여 무릉 태수(武陵太守) 금선(金旋), 장사 태수(長沙太守) 한현(韓玄), 계양 태수(桂陽太守) 조범(趙範), 영릉 태수(零陵太守) 유도(劉度)가 모두 항복했다. 여강군(廬江郡)의 뇌서(雷緖)는 수만 명의 부곡(部曲)을 이끌고 이마를 조아렸다. 유기가 병으로 죽자, 선주가 형주 목을 겸하고 공안현(公安縣)에 치소를 두었다. 손권이 누이동생을 시집보내 은혜와 우의를 친밀하게 했다. 제갈량을 군사중랑장(軍師中郞將)[20]으로 삼아 남쪽 세 군(郡)[21]의 일을 관장하게 했다. 관우를 탕구장

---

19 강을 건넜다[濟江]: 유림(劉琳)은 《삼국지(三國志)》〈촉서(蜀書) 선주전(先主傳)〉에 이르기를, "선주(先主)가 한진(漢津)으로 달려갔는데, 마침 관우(關羽)의 배와 만나 면하(沔河)를 건넜다. 그곳에서 유표(劉表)의 장남인 강하 태수(江夏太守) 유기(劉琦)의 무리 수만 명을 만나서 함께 하구(夏口)에 이르렀다.[先主斜趨, 適與羽船會, 得濟沔, 遇表長子江夏太守琦衆數萬人, 與俱到夏口.]"라고 했으니, '강(江)'은 '면하(沔河)'로 수정되어야 마땅하다고 했다.

20 군사중랑장(軍師中郞將): 유비가 군사적 필요성에 따라 임시로 설치한 관직명으로, 제갈량이 하산 후 처음으로 맡은 관직이다. 군사작전을 계획함과 동시에 병권(兵權)도 가졌

군(盪寇將軍)으로 삼아 양양 태수(襄陽太守)를 겸하게 하고 강북(江北)에 주둔시켰다. 장비를 정로장군(征虜將軍)·의도 태수(宜都太守)로 삼았다. 처음에 선주는 패하여 동쪽으로 달아나 지름길로 악현(鄂縣)에 이르렀는데, 그의 땅이 없었다. 관우가 그를 책망하며 말하기를, "예전에 제가 사냥 중에 했던 말²²을 따랐더라면 오늘 같은 일은 없었을 겁니다."라고 하자, 선주가 말하기를, "어찌 이 일이 복이 아닐지 알 수 있겠느냐?"라고 했다. 형주를 얻게 되자, 다시 사람들이 많이 모이게 되었다.

손권(孫權)이 사자를 보내 함께 촉(蜀)을 토벌하자고 청했다. 또 말하기를, "나는 우리 둘이 일가(一家)가 되기를 몹시도 바랐습니다. 제갈공명(諸葛孔明)의 어머니와 형님이 오(吳)나라 땅에 있으니²³ 서로 합치게 할 수 있습니다."라고 했다. 주부(主簿) 은관(殷觀)이 말하기를, "만약 우리가 오나라의 선봉이 되면 큰일은 이루기 어렵습니다. 지금은 다만 그에게 찬성만 하시고, 새로 여러 군(郡)을 얻어 움직일 수 없다고 말하십시오. 그렇게 되면 그는 틀림없이 우리를 넘어 촉 땅을 차지하지는 못할 것입니다."라고 했다. 선주(先主)가 마침내 회답하기를, "익주(益州)의 유장(劉璋)이 현명하지 못하여 좌우에 있는 자들에게 죄를 얻었습니다. 바라건대 장군의 높은 대의(大義)로 위로는 한(漢)나라 왕조를 바로잡고, 아래로는 종실을

다. 조조도 군사좨주(軍師祭酒)를 설치했는데, 군사좨주는 군사작전을 계획하는 데만 참여했으나, 군사중랑장은 병권을 가지고 있었다.

21 남쪽 세 군(郡): 영릉군(零陵郡)과 계양군(桂陽郡) 그리고 장사군(長沙郡)을 가리킨다.

22 사냥 중에 했던 말: 건안(建安) 5년(200)에 선주가 조조와 사냥을 하게 되었을 때, 관우는 사냥 중에 조조를 죽이려고 했다. 그러나 선주는 천하가 그를 안타깝게 생각한다고 하여 관우의 말을 들어주지 않았는데, 그때 관우가 조조를 죽이자고 한 말을 가리킨다.

23 어머니와 형님이 … 땅에 있으니: 제갈량에게는 계모(繼母)가 있었는데, 당시 형인 제갈근(諸葛瑾)을 따라 오나라에 있었다.

보좌하여 주시기를 바랍니다. 만약 반드시 전쟁을 하려고 하신다면, 저 유비(劉備)는 머리를 풀어헤치고 산속에 들어가 감히 장군의 명을 듣지 않을 것입니다."라고 하자, 손권이 과연 계책을 멈추었다. 은관을 별가 (別駕)로 옮기게 했다. 건안 16년(211), 익주 목(益州牧) 유장은 법정(法正)을 보내 선주를 맞이하니, 마침내 선주가 서쪽을 향하여 익주에 들어갔다.

건안(建安) 19년(214)에 선주(先主)가 촉(蜀) 땅을 함락했다. 촉중(蜀中)은 풍요롭고 부유한 땅이었으므로 음악을 울리며 주연을 크게 열고 삼군(三軍)을 대접하여 먹였다. 또한 촉성(蜀城) 안에 있는 백성들의 금은(金銀)을 취하여 장군과 병사들에게 나누어 주고, 성 안의 곡식과 비단은 백성들에게 돌려주었다. 제갈량(諸葛亮)과 법정(法正), 관우(關羽)와 장비(張飛)에게 금 5백 근, 은 1천 근, 동전 5천만, 비단 1만 필을 하사했다. 그 나머지 사람들도 각자 차등을 두어 하사했다. 제갈량을 군사장군(軍師將軍)으로 삼고 좌장군부(左將軍府)의 일을 대행하게 하고, 법정을 양무장군(揚武將軍)·촉군 태수(蜀郡太守)로 삼았으며, 관우에게는 형주(荊州)의 일을 관장하게 하고, 장비를 파서 태수(巴西太守), 마초(馬超)를 평서장군(平西將軍)으로 삼았다. 그러나 허정(許靖)은 등용하지 않았다. 법정이 설득하여 말하기를, "허정은 헛된 명예만 있지 실질이 없는 자이기는 하지만, 그 허명이 천하에 널리 퍼져 있어 사람들은 장차 공이 선비를 가벼이 여긴다고 말할 것입니다."라고 하니, 마침내 허정을 장사(長史)[24]로 삼았다. 방희(龐羲)를 사마(司馬)로 삼고, 이엄(李嚴)을 건위 태수(犍爲太守)로 삼으며, 비관(費觀)을 파군 태수(巴郡太守)로 삼고, 익주 태수(益州太守) 남군(南郡) 사람 동화(董和)

---

24 장사(長史): 관직명으로 동한(東漢) 삼국 시대 삼공(三公) 및 고위직 장군 등의 수하에 설치한 속관이다. 각 조(曹)의 사무를 총괄하고 삼공 및 장군을 보좌했는데, 여기에서는 허정이 좌장군(左將軍) 유비의 장사가 되었음을 의미한다.

를 장군중랑장(掌軍中郎將)으로 삼으며, 파군 태수 한가(漢嘉) 사람 왕모(王謀)를 익주 별가(益州別駕)로 삼고, 광한(廣漢) 사람 팽양(彭羕)을 치중(治中)으로 삼으며, 영릉(零陵) 사람 유파(劉巴)를 벽소[辟]하여 서조연(西曹掾)으로 삼고, 광한현장(廣漢縣長) 황권(黃權)을 편장군(偏將軍)으로 삼았다. 제갈량을 고굉지신(股肱之臣)으로 삼고, 법정을 모주(謀主)로 삼으며, 관우와 장비, 마초를 조아(爪牙)[25]로 삼고, 허정과 방희 및 미축(麋竺)·간옹(簡雍)·손건(孫乾) 그리고 산양(山陽) 사람 이적(伊籍)을 빈객이나 친구처럼 대했다. 동화와 이엄, 황권은 유장(劉璋)이 임용한 자들이고, 오의(吳懿)와 비관은 유장의 인척이며, 팽양은 유장에게 배척당한 자이고, 유파는 선주가 오랜 원한을 가진[26] 자였으나 그들 모두를 귀하고 높은 지위에 세우고 그 기량을 다 발휘하게 하니, 뜻이 있는 선비들 가운데 힘쓰기를 다투지 않는 자가 없었다. 신하들은 선주에게 유모(劉瑁)의 아내를 취하도록 권했으나, 선주는 그와 동족(同族)임을 꺼려 했다. 법정이 말하기를, "친소(親疎) 관계를 가지고 논한다면, 진 문공(晉文公)과 자어(子圉)의 관계는 어떻습니까?"[27]

---

25 조아(爪牙): 맹수의 발톱과 어금니라는 뜻으로, 훌륭한 장수나 무사 등을 뜻한다. 《시경(詩經)》 〈소아(小雅)〉 기보(祈父)에 이르기를, "기보(祈父)여, 나는 왕의 조아(爪牙)이다.[祈父, 予王之爪牙.]"라고 했는데, 정현(鄭玄)의 전(箋)에 이르기를, "이는 용력(勇力)을 지닌 인사이다.[此勇力之士.]"라고 했다.

26 유파는 … 원한을 가진: 조조가 형주(荊州)를 정벌할 때, 형주의 사대부 대다수가 유비를 따라 남쪽으로 달아났는데, 유파는 오히려 북쪽으로 가서 조조에게 귀의했다. 유파는 나중에 유장에게 투항했다가 다시 유장에게 유비를 막도록 권유했다. 때문에 유비가 유파에게 원한을 가지게 되었다.

27 진 문공(晉文公) … 어떻습니까: 자어는 진 회공(晉懷公)으로, 진 문공 중이(重耳)의 형인 진 혜공(晉惠公)의 아들이다. 자어는 태자이던 시절, 진(秦)나라에 인질로 있었는데, 진(秦)나라에서 회영(懷嬴)을 그에게 시집보냈다. 나중에 자어가 귀국하여 군주가 되어 진(秦)나라를 배신했다. 중이가 진(秦)나라에 이르자, 진(秦)나라에서 또 회영을 중이에게 시집보냈다. 여기에서 법정의 생각은 진 문공이 자어의 숙부가 되는데도 오히려 그의 처

라고 하자, 선주가 그의 말을 따랐다. 법정은 촉군에 부임하여 눈을 흘기는 원한이나 한 끼 밥을 먹는 은혜에 대해서도 보복을 하거나 은혜를 갚지 않음이 없었다. 어떤 사람이 제갈량에게 일러 말하기를, "법정이 촉군에서[28] 지나칠 정도로 멋대로 행하고 있으니, 장군께서 마땅히 주공(主公 유비(劉備)를 가리킴)께 아뢰어야 합니다."라고 했다. 그러자 제갈량이 말하기를, "주공이 공안현(公安縣)에 있을 때 북쪽으로는 조조의 강성함을 두려워하고, 동쪽으로는 손권의 압박을 꺼렸으며, 안으로는 손 부인(孫夫人)이 주액(肘腋)에서 변고를 일으키지 않을까 두려워했습니다.[29] 효직(孝直 법정(法正))이 주공을 보필하였기에 주공께서 마음껏 하늘을 높이 날아서 다시는 남에게 구속을 받지 않을 수 있었습니다. 그러니 어찌 법정에게 행동을 삼가도록 하여 그가 뜻을 펼치지 못하게 할 수 있겠습니까?"라고 했다. 손 부인은 재기(才氣)가 민첩하고 성품이 강인하고 용감하여 여러 오라비들의 풍모를 지니고 있었다. 시비(侍婢) 백여 명이 모두 칼을 잡고 그녀를 모시며 서 있었으므로 선주가 수레에서 내릴 때마다 마음속으로 항상 두려워했다. 법정이 선주에게 권하여 손 부인을 오(吳)나라로 돌려보냈다.

건안(建安) 20년(215)에 손권(孫權)은 선주(先主)에게 사자를 보내 형주(荊州)를 돌려받고자 한다[30]고 알렸다. 선주가 알려 말하기를, "저는 양주(凉

를 취했으니, 비록 유비와 유모가 먼 종실 사이지만 그의 처를 취하는 일이 어찌 불가능하겠느냐는 뜻이다.

28 촉군에서: 《삼국지(三國志)》〈촉서(蜀書) 법정전(法正傳)〉에 따르면 원문 '촉군(蜀郡)' 앞에 '우(于)' 자가 있어서 번역문에서는 이를 반영하여 번역했다.

29 주액(肘腋)에서 … 두려워했습니다: 주액(肘腋)은 팔꿈치나 겨드랑이를 가리키는 말로 지극히 가까운 곳을 의미한다. 손 부인은 손권의 누이동생으로 오빠인 손권을 위해서 유비를 해칠 수 있음을 의미한다.

30 형주(荊州)를 돌려받고자 한다: 동한(東漢) 때 형주에는 일곱 군(郡)이 속하여 있었으나, 적벽대전(赤壁大戰) 이후에 조조(曹操)가 남양군(南陽郡)을 점거하고, 손권(孫權)이 남군(南

州)를 도모하고자 합니다. 양주가 평정되면 형주를 돌려드리겠습니다."
라고 하자, 손권이 화가 나서 여몽(呂蒙)을 보내 장사(長沙)와 영릉(零陵),
계양(桂陽) 세 군(郡)을 습격하여 빼앗았다. 선주는 공안현(公安縣)으로 내
려와 관우(關羽)에게 명하여 익양(益陽)으로 들어가게 했다. 마침 조조(曹
操)가 한중(漢中)으로 들어가고, 장로(張魯)는 파서(巴西)로 달아났다.[31] 황권
(黃權)이 나아가 말하기를, "만약 한중을 잃게 되면 파동(巴東)과 파서, 파
군(巴郡)에서 세력을 떨치지 못하게 되니, 이는 촉(蜀) 사람의 넓적다리와
팔을 베어 내는 꼴이 됩니다."라고 했다. 이에 선주는 오(吳)나라와 강화
를 맺고 형주를 나누었다. 그래서 강하(江夏)와 장사, 계양은 동쪽 오나라
에 속하고, 남군(南郡)과 영릉, 무릉(武陵)은 서쪽 촉에 속하게 한 뒤에 선
주가 군사를 이끌고 강주(江州)로 돌아왔다.[32] 황권을 호군(護軍)으로 삼아
서 장로를 맞이하게 했으나 장로는 이미 북쪽으로 향하여 조조에게 항복
했다. 황권은 조조가 삼파(三巴)의 태수로 임명한 두호(杜濩)와 박호(朴胡),
원약(袁約) 등을 깨뜨렸다. 조조는 정서장군(征西將軍) 하후연(夏侯淵)과 익
주 자사(益州刺史) 조옹(趙顒), 그리고 장합(張郃)을 남겨 한중을 지키게 했

郡)과 강하군(江夏郡)을 점거했으며, 유비(劉備)는 장사군(長沙郡)·계양군(桂陽郡)·무릉군(武
陵郡)·영릉군(零陵郡)의 네 군 및 남군에서 분리되어 나온 의도군(宜都郡)을 점거하고 있
었다. 장사군 등 네 군은 본래 유비가 빼앗아 차지한 군이지만, 그 과정에서 손권의 도
움을 받아 조조를 물리치고 차지했기 때문에 오(吳)나라 사람들은 형주를 유비에게 빌
려준 땅이라고 여겼다. 유비는 세력이 약해지자, 오나라와 우호적인 관계를 맺고자 했
고, 손권 역시 동의했다. 때문에 당시 손권이 사자를 보내 형주를 돌려 달라고 한 것
이다.

31 장로(張魯)는 … 달아났다: 원문에는 '정(定)'으로 되어 있으나 《삼국지(三國志)》〈촉서(蜀
書) 선주전(先主傳)〉에 근거하여 '달아나다[走]'로 수정하여 번역했다.

32 선주가 … 강주(江州)로 돌아왔다: 원문에는 '강하(江夏)'로 되어 있으나 《삼국지(三國志)》
〈촉서(蜀書) 선주전(先主傳)〉에는 '강주(江州)'로 되어 있다. 또한 강하는 오(吳)나라에 넘겨
주었으므로 문맥상 '강하'는 타당하지 않으므로 '강주'로 수정하여 번역했다.

다. 조조는 동쪽으로 돌아갔고, 장합은 여러 차례 파군(巴郡) 경계를 침범하여 약탈했다. 선주는 장비(張飛) 등에게 명을 내려[令]³³ 탕거(宕渠)의 몽두(蒙頭)로 진군하여 장합을 막게 했는데, 50여 일 동안이나 서로 대치했다. 장비는 다른 길을 따라 장합을 공격하여 양석(陽石)에서 싸워 마침내 장합의 군사를 크게 물리쳤다. 장합은 말을 잃고 산으로 올라가 홀로 휘하의 10여 명과 샛길을 따라 남정(南鄭)으로 돌아갔다.³⁴ 건안 21년(216), 선주가 성도(成都)로 돌아왔다.

건안(建安) 22년(217)에 촉군 태수(蜀郡太守) 법정(法正)이 나아가 말하기를, "조조(曹操)가 한 번에 장로(張魯)를 항복시켜 한중(漢中)을 평정했지만, 이 기세를 타고 파·촉(巴蜀)을 도모하지 않고 하후연(夏侯淵)과 장합(張郃)을 남겨둔 채 자신은 급히 북쪽으로 돌아갔습니다. 이는 조조의 지모가 미치지 못하거나 힘이 부족해서 그런 것이 아니라 장차 내부적으로 우환거리가 있어 돌아가도록 핍박한 것이 틀림없습니다. 지금 하후연과 장합의 재주와 책략을 헤아려 보면 우리 장수들을 이기지 못하니, 무리를 이끌고 나아가 토벌하면 반드시 그들을 사로잡을 수 있습니다. 이것은 하늘이 우리에게 준 기회이니, 때를 놓쳐서는 안 됩니다."라고 하니, 선주가 그 말을 따랐다. 유림교위(儒林校尉)³⁵ 파서(巴西) 사람 주군(周羣)에게 묻자, 주군이 대답하여 말하기를, "마땅히 그 땅을 얻기는 하겠지만, 그곳 백성

---

33 명을 내려[令]: 원문에는 '선주가 장비 등을 이끌고[先主率張飛等]'라고 되어 있다. 그러나 당시 유비(劉備)는 강주(江州)에 있어서 직접 군대를 이끌고 탕거(宕渠)로 진군할 수 없었으므로 '이끌다[率]'라는 표현은 쓸 수가 없다. 따라서 《삼국지(三國志)》〈촉서(蜀書) 선주전(先主傳)〉에 근거하여 '명을 내려[令]'라고 수정했다.

34 남정(南鄭)으로 돌아갔다: 원문에는 '남쪽으로 돌아갔다[還南也.]'라고 되어 있으나, 《삼국지(三國志)》〈촉서(蜀書) 장비전(張飛傳)〉에 근거하여 '남정으로 돌아갔다[還南鄭也.]'라고 수정했다.

들을 얻지는 못할 것입니다. 만약[若出] 편군(偏軍주력 이외의)을 출전시킨다면 반드시 순조롭지는 않을 것입니다."라고 했다. 선주가 마침내 공격에 나섰다. 제갈량(諸葛亮)은 성에 남아 지키면서 식량과 병사를 보충했다.

건안(建安) 23년(218)에 선주는 급히 서신을 써서 출병을 요구했다.[36] 군사(軍師) 제갈량이 건위(犍爲) 사람 종사(從事) 양홍(楊洪)에게 물으니, 양홍이 대답하여 말하기를, "한중은 촉의 목구멍과 같은 곳으로 존망(存亡)이 달려 있으니, 만약 한중이 없다면 곧 촉도 없을 것입니다. 이는 문 앞에 닥친 재앙이니, 남자는 싸우고 여자는 물자를 운반해야 합니다. 병사를 징발하는 일에 무슨 의문이 있겠습니까?"라고 했다. 제갈량은 법정에게 선주를 따라가게 하고, 선주에게 표문을 올려 양홍에게 촉군 태수를 대신하도록 했는데, 나중에 정식으로 취임했다. 처음에 양홍은 건위 태수 이엄(李嚴)의 공조(功曹)가 되었다가 군(郡)을 떠난 지 수년 만에 촉군 태수가 되었으나, 이엄은 여전히 예전 직책에 그대로 있었다. 또한 촉군의 하지(何祗)가 양홍의 문하서좌(門下書佐)[37]가 되었다가 군을 떠난 지 수년 만에 광한 태수(廣漢太守)가 되었으나, 양홍은 예전 관직에 그대로 있었다. 그런 까닭에 서토(西土) 사람들은 제갈량이 우수한 인재를 발탁하는 능력이 있다고 감복했다. 나중에 양홍과 하지가 제갈량의 문하에서 만나게 되자, 양홍이 하지에게 일러 말하기를, "그대의 말은 어찌하여 빨리 달리는가?"라고 하자, 하지가 대답하여 말하기를, "제 말이 빨리 달리는 것

---

35 유림교위(儒林校尉): 유비(劉備)가 새로 설치한 관직으로, 좌장군(左將軍) 군부(軍府) 내에서 유학(儒學)에 관한 일을 맡아 처리했다.

36 만약 … 요구했다: 원문에는 '만약 출정한다면[若出]' 이후의 문장이 누락되어 있다. 그래서 유림본(劉琳本)을 근거로 보충하여 번역했다.

37 문하서좌(門下書佐): 태수(太守)의 속관으로 하급 관리인데, 문서에 관한 일을 주관했다.

이 아니라, 명부(明府)[38]의 말이 앞으로 나아가지 않을 따름입니다."라고
했다.

건안(建安) 24년(219)에 선주(先主)는 한중(漢中)을 평정하고, 하후연(夏侯
淵)을 베어 죽였다. 장합(張郃)이 한중의 관리와 백성들을 이끌고 내지로
옮겨갔다. 선주가 오란(吳蘭)과 뇌동(雷同)을 보내 무도(武都)로 진격하게
했으나 모두 전멸했다.[39] 주군(周羣)을 천거하여 무재(茂才)[40]로 삼았다. 당
시 익주(益州)의 후부사마(後部司馬) 장유(張裕) 역시 점술을 알았는데 말이
누설되었다. 선주가 촉(蜀)을 얻게 되지만 임인년(壬寅年)과 계묘년(癸卯年)
사이에 잃고, 한나라 황실에 재앙이 드는 해는 경자년(庚子年)이라고 했
다[41]가 주살되었다. 조조(曹操)는 위왕(魏王)이 되어[42] 서쪽으로 정벌을 나
섰지만,[43] 법정(法正)의 책략을 듣고서는 말하기를, "나는 진실로 현덕(玄

---

38 명부(明府): 원래는 군수(郡守)나 현령(縣令)에 대한 존칭이다. 여기서는 양홍(楊洪)을 가리
킨다.

39 선주가 … 모두 전멸했다: 《삼국지(三國志)》〈위서(魏書) 무제기(武帝紀)〉 및 〈촉서(蜀書) 선
주전(先主傳)〉에 따르면, 건안 22년(217) 말에 유비가 장비와 오란 등을 보내 무도를 공
격했고, 건안 23년(218)에 위(魏)나라 군대에 패하여 오란 등이 죽었다.

40 무재(茂才): 관리 등용 시험 과목의 하나이다. 중국 한(漢)나라 때부터 수재(秀才)가 과거
의 과목으로 실시되어 여기에 응시하는 사람들을 '수재'라 했는데, 광무제 때 와서 그
의 이름이 '수(秀)'였으므로 이를 피하여 고쳤다.

41 선주가 … 경자년(庚子年)이라고 했다: 《삼국지(三國志)》〈촉서(蜀書) 주군전(周羣傳)〉에 이
르기를, "장유(張裕)는 또 사사로이 다른 사람에게 말하기를, '경자년(庚子年)에 천하의 조
대(朝代)가 바뀌고 유씨(劉氏)의 제위는 이미 다할 것이다. 주공이 익주(益州)를 얻은 때부
터 9년 뒤인 인년(寅年)과 묘년(卯年) 사이에 그것을 잃을 것이다.'고 했다.[裕又私語人曰: 歲
在庚子, 劉氏祚盡矣. 主公得益州九年之後, 寅卯之間當失之.]"라고 했다. 경자년(220)에 조비(曹丕)가
칭제하여 한(漢)나라가 망하고, 임인년(222)과 계묘년(223)에 유비가 패하여 죽었다.

42 조조(曹操)가 … 위왕(魏王)이 되어: 원문에는 이 일이 건안 24년(219)에 발생한 것으로 기
록되어 있으나, 조조가 위공(魏公)에서 위왕(魏王)이 된 것은 건안 21년(216)이다.

43 서쪽으로 … 나섰지만: 건안(建安) 24년(219) 봄에 조조(曹操)가 친히 한중(漢中) 정벌에 나

德)이 이러한 책략을 쓰지 못할 것을 알았다."[44]라고 하고, 또 말하기를, "나는 간웅(奸雄)들을 다 거두었지만, 다만 법정만은 얻지 못했다."라고 했다. 신하들이 표문을 올려 선주를 한중왕(漢中王)·대사마(大司馬)로 옹립했다. 허정(許靖)을 태부(太傅)로, 법정을 상서령(尙書令)으로, 영릉(零陵) 사람 뇌공(賴恭)을 태상(太常)으로, 남양(南陽) 사람 황주(黃柱)[45]를 광록훈(光祿勳)으로, 왕모(王謀)를 소부(少府)로, 무릉(武陵) 사람 요립(廖立)[46]을 시중(侍中)으로, 관우(關羽)를 전장군(前將軍)으로, 장비(張飛)를 우장군(右將軍)으로, 마초를 좌장군(左將軍)으로 삼고 모두에게 절월(節鉞)을 내주었다. 또 황충(黃忠)을 후장군(後將軍), 조운(趙雲)을 익군장군(翊軍將軍)으로 삼았다. 그 나머지에게도 각자 관호(官號)를 올려 주었다. 군사(軍師) 제갈량(諸葛亮)이 말하기를, "황충의 명성과 인망은 본래 관우와 장비, 마초에 비할 수 없습니다. 현재 장비와 마초는 황충 곁에 있어서 그의 공로를 직접 보았으니 그 뜻을 분명히 알고 있습니다. 그러나 관우는 멀리 있어 그 소식을 들으면 아마도 틀림없이 기뻐하지 않을 것입니다."라고 했다. 선주가 말하기를, "내가 직접 그에게 해명하겠습니다."라고 했다. 당시 관우는 강릉(江陵)에서 출발하여 번성(樊城)에서 조인(曹仁)을 포위하고 있었다. 선주가 전부사마(前部司馬) 건위(犍爲) 사람 비시(費詩)를 보내 가절(假節)을 제

선 일을 말한다.

44 나는 진실로 … 알았다: 유비(劉備)가 법정(法正)의 계책을 사용하여 하후연(夏侯淵)을 베었으므로, 조조(曹操)가 이렇게 유비를 폄하하여 말한 것이다.

45 황주(黃柱): 원문에는 '황권(黃權)'으로 되어 있으나, 《삼국지(三國志)》〈촉서(蜀書) 황권전(黃權傳)〉에 따르면, 황권은 파서군(巴西郡) 낭중현(閬中縣) 사람으로 남양(南陽) 사람이 아니며, 광록훈(光祿勳)에 임명된 적도 없었다. 《삼국지》〈촉서 양희전(楊戲傳)〉에 이르기를, "남양 사람 황주(黃柱)를 광록훈으로 삼았다.[南陽黃柱爲光祿勳.]"라고 한 것으로 보아, 여기서는 '황주'를 '황권'으로 착각한 듯하다.

46 요립(廖立): 원문에는 '요구(廖丘)'로 되어 있으나 '요립(廖立)'으로 수정하여 번역했다.

수하자, 관우가 화를 내며 말하기를, "대장부는 죽어도 늙은 장수와는 같은 반열에 있을 수 없다!"라고 하고, 가절을 받으려고 하지 않았다. 비시가 일러 말하기를, "옛날 소하(蕭何)와 조참(曹參)은 고조(高祖)와 어린 시절 친구였고, 진평(陳平)과 한신(韓信)은 망명하여 나중에 귀의했지만 그 관작을 논할 때 한신이 가장 높은 자리를 차지하게 되었습니다. 그러나 소하와 조참이 그로 인해 원망했다는 말은 들어보지 못했습니다. 지금 왕께서는 일시의 공로로 한승(漢升^{황충})을 존숭하고 있으나, 그 마음속의 경중(輕重)을 따진다면 어찌 군후(君侯)[47]와 나란하겠습니까? 왕과 군후는 비유하자면 한 몸과 같아서 화복(禍福)을 함께하고 있습니다. 저는 군후께서 관호의 높고 낮음과 작위의 많고 적음을 계산하지 말아야 한다고 생각합니다."라고 하자, 관우가 즉시 절월을 받았다. 처음에 관우는 마초가 투항하여 왔다는 소식을 듣고 평소 예전부터 알던 자가 아니었으므로 제갈량에게 서신을 보내 그의 인품과 재능을 물었다. 제갈량은 관우가 다른 사람이 자신보다 앞서는 것을 꺼린다는 사실을 알고 대답하여 말하기를, "맹기(孟起^{마초})는 경포(黥布^{영포})나 팽월(彭越)와 같은 부류로 일세의 호걸이지만 익덕(益德^{장비})과 더불어 나란히 선두를 다툴 수는 있지만, 염공(髥公^{관우(關羽)를 가리킴})의 걸출함에는 미치지 못합니다."라고 했다. 관우는 서신을 읽고 기뻐하며 빈객들에게 보여 주었다. 관우는 수염이 아름다웠던 까닭에 제갈량이 관우를 '염공(髥公)'이라 불렀다. 일찍이 관우가 팔에 독화살을 맞아 날이 흐리면 통증이 심했다. 의원은 화살촉 끝에 독이 있으니 팔을 찢고 독을 제거해야만 통증이 사라질 것이라고 말했다. 관우가 즉시 팔을

---

47 군후(君侯): 일찍이 조조(曹操)가 표문을 올려 관우(關羽)를 한수정후(漢壽亭侯)에 봉했기 때문에 비시(費詩)가 '군후(君侯)'라고 부른 것이다.

내밀어 치료를 받았다. 그때 마침 빈객과 만나고 있었는데, 팔에서 흘러 떨어진 피가 그릇에 가득했지만 관우는 술을 마시고 구운 고기를 자르며 태연하게 웃고 말했다. 위왕(魏王曹操)은 좌장군 우금(于禁)을 보내 칠군(七軍) 3만 명을 통솔하여 번성을 구원하게 했으나 한수(漢水)가 갑자기 흘러 넘쳐 모두 관우의 포로가 되었다. 또한 위(魏)나라 장수 방덕(龐德)을 죽여 관우의 위세가 중원을 진동했다. 위왕이 허도(許都)로 옮겨 관우의 예봉을 피할 방법을 논의했다. 손권이 강릉을 습격하자, 장군 부사인(傅士仁)[48]과 남군 태수(南郡太守) 미방(麋芳)이 오(吳)나라에 항복했다. 관우는 오랫동안 번성을 함락시키지 못했고, 위나라 우장군 서황(徐晃)이 번성을 구원했다. 관우는 퇴각하여 돌아가다가 마침내 손권에게 죽임을 당했다. 오나라는 형주를 다 차지하고, 유장(劉璋)을 익주 목(益州牧)으로 삼아 자귀(秭歸)에 머물게 했다. 그해 상서령(尚書令) 법정이 죽어[49] 시호를 '익후(益侯)'라고 했다. 상서(尚書) 유파(劉巴)가 상서령이 되었다.

건안(建安) 25년(220) 봄 정월에 위 무왕(魏武王曹操)이 세상을 떠나자, 왕위를 이어 조비(曹丕)가 즉위하고, 연호를 '연강(延康)'으로 바꾸었다. 촉(蜀)나라에서는 한(漢)나라 황제가 살해당했다는 소식을 듣고 선주(先主)가 마침내 국상(國喪)을 발표하고 상복을 입었으며, 시호를 '효민황제(孝愍皇帝)'라 추증했다. 선주(先主)가 가는 곳마다 상서로운 기운이 있다고 사람들이 말했다. 그런 까닭에 의랑(議郎) 양천정후(陽泉亭侯)[50] 유표(劉豹), 청

---

48 부사인(傅士仁): 양희(楊戲)의 《계한보신찬(季漢輔臣贊)》 및 진수(陳壽)의 《삼국지(三國志)》 〈오서(吳書) 손권전(孫權傳)〉·〈오서 여몽전(呂蒙傳)〉에서는 모두 '사인(士仁)'으로 기록되어 있으나, 《자치통감(資治通鑑)》 및 《삼국지》 〈촉서(蜀書) 관우전(關羽傳)〉 그리고 《삼국연의(三國演義)》에는 '부사인(傅士仁)'으로 기록되어 있다.

49 그해 상서령(尚書令) 법정이 죽어: 《삼국지(三國志)》 〈촉서(蜀書) 법정전(法正傳)〉에는 법정(法正)이 건안 25년(220)에 죽은 것으로 기록되어 있다.

의후(靑衣侯) 상거(向擧), 편장군(偏將軍) 장예(張裔)·황권(黃權), 대사마속(大司馬屬)[51] 은순(殷純), 별가 조작(趙莋), 치중(治中) 양홍(楊洪), 종사좨주(從事祭酒) 하종(何宗), 의조종사(議曹從事) 두경(杜瓊), 권학종사(勸學從事) 장상(張爽)·윤묵(尹默)·초주(譙周) 등이 글을 올려 이르기를, "'《하도(河圖)》[52]와 《낙서(洛書)》의 부험(符驗)은 모두 공자(孔子)가 명백하게 밝혔습니다. 적색(赤色)이 사흘간 나타나 덕행이 9세(世)를 창성하여, 유비를 만나니 제왕의 때가 되었다.'라고 했고, 또 《낙서》〈보호명(寶號命)〉에 이르기를, '하늘이 제왕의 도를 헤아리니, 유비가 황(皇)을 칭한다.'라고 했습니다." 또 이르기를, "신 주군(周羣)의 아비는 살아 있을 때 여러 차례 이르기를 서남쪽에 황색 기운이 출현하여 수십 장(丈)이나 높이 솟구쳤으며, 상서로운 구름과 바람이 있어 선기(璇璣)로부터 아래로 내려와 황색 기운과 호응한다고 했습니다. 《하도》와 《낙서》에는 천자가 반드시 출현한다고 했습니다. 바야흐로 지금 대왕께서는 시운에 순응하고 신령과 부합하니 속히 대업을 성취하고, 천하를 평안하게 하여 주시기를 바랍니다."라고 했다. 그러나 선주가 허락하지 않았다. 겨울에 위왕 조비가 즉위하여 황제가 되고, 연호를 바꾸어 '황초(黃初)'라고 했다. 한 헌제(漢獻帝)가 양위하고, '산양공(山陽公)'이라 했다.

장무(章武) 원년(221)은 위(魏)나라 황초(黃初) 2년이다. 봄, 태부(太傅) 허

50 양천정후(陽泉亭侯):《삼국지(三國志)》〈촉서(蜀書) 선주전(先主傳)〉에는 '정(亭)' 자가 없다. 양천후(陽泉侯)와 청의후(靑衣侯)는 한나라 말에 봉해졌고, 촉한(蜀漢)에는 양천현(陽泉縣)이 있는데 지금의 면죽현(綿竹縣) 북쪽이다. 그곳에는 양천정(陽泉亭)이 세워져 있다.

51 대사마속(大司馬屬): 원문에는 '사마속(司馬屬)'으로 되어 있으나,《삼국지(三國志)》〈촉서(蜀書) 선주전(先主傳)〉에 근거하여 '대사마속(大司馬屬)'으로 수정했다. 여기서 '대사마(大司馬)'는 유비(劉備)를 가리킨다.

52 《하도(河圖)》: 복희(伏羲) 때에 황하(黃河)에서 나온 용마(龍馬)의 등에 있었다는 그림이다.

정(許靖), 안한장군(安漢將軍) 미축(麋竺), 군사장군(軍師將軍) 제갈량(諸葛亮), 태상(太常) 뇌공(賴恭), 광록훈(光祿勳) 황권(黃權), 소부(少府) 왕모(王謀) 등이 마침내 선주(先主)에게 한(漢)나라의 끊어진 통치를 계승하여 황제를 칭하도록 권했으나, 선주가 허락하지 않았다. 제갈량(諸葛亮)이 나아가 말하기를, "옛날 오한(吳漢)과 경엄(耿弇) 등이 세조(世祖)에게 제위에 오르도록[卽帝位][53] 권했으나, 세조는 사양했습니다. 그러자 경순(耿純)이 나아가 말하기를, '천하의 영웅들이 공을 우러러 바라보는 것은 각기 바라는 바를 손에 넣고자 기대하고 있기 때문입니다. 만약 논의를 따르지 않는다면 사대부는 각자 돌아가 다른 주인을 찾을 것이니, 공을 따르는 자는 없을 것입니다.'라고 하니, 세조가 그의 말에 감동했습니다. 지금 조씨(曹氏)가 한나라 황실을 찬탈하여 천하에는 주인이 없습니다. 대왕께서는 한나라 황실을 계승하여 일어났으니 가장 적합합니다. 사대부들이 대왕을 따르며 오랜 기간 일을 하느라 힘들이고 애쓴 것은 경순의 말처럼 얼마 안 되는 공로를 바랐기 때문입니다."라고 하니, 선주가 마침내 그의 말을 따랐다. 제갈량은 박사(博士) 허자(許慈), 의랑(議郞) 맹광(孟光)과 더불어 의례를 정하고, 길일(吉日)을 선택했다. 비시(費詩)가 상소하여 말하기를, "전하께서는 조조 부자가 황제를 핍박하고 제위를 찬탈했기 때문에 고향을 떠나 만 리나 떨어진 객지를 떠돌아다니면서 병사들을 규합하고 장차 도적을 토벌하고자 하십니다. 지금 강대한 적에게 이기지 못하고 있는데, 먼저 스스로 제위에 오른다면 사람들이 의혹을 품지 않을까 걱정이 됩니다. 옛날 고조께서는 초(楚)나라와 더불어 먼저 진(秦)나라를 깨뜨리는 자

---

53 제위에 오르도록[卽帝位]: 원문에는 '제위에 오르도록[卽帝位]'이라는 말이 없어 앞뒤 문장의 의미가 분명하지 않다. 《삼국지(三國志)》〈촉서(蜀書) 제갈량전(諸葛亮傳)〉에 근거하여 '권세조(勸世祖)' 다음에 '즉제위(卽帝位)' 세 글자를 보충하여 수정했다.

가 왕이 되자고 약속했지만, 함양(咸陽)을 도륙하고 자영(子嬰)을 붙잡았어도 오히려 물리치고 양보했습니다. 하물며 전하께서는 문을 나서지도 않았는데 스스로 제위에 오르려고 하십니다. 어리석은 신은 진실로 전하를 위하여 그 일을 받아들일 수 없습니다."라고 했다. 이 일로 조정에서는 비시를 부영창종사(部永昌從事)로 좌천시켰다. 여름 4월 병오(丙午)에 선주가 황제의 자리에 올라 대사면을 실시하고, 연호를 바꾸어 '장무(章武)'라고 했다. 제갈량을 승상(丞相)으로 삼아 부절(符節)을 수여하고, 녹상서사(錄尙書事)[54]를 맡겼다. 허정을 우사도(右司徒)[55]로 삼고, 장비(張飛)를 거기장군(車騎將軍)·영 사례교위(領司隸校尉)로 삼고 작위를 높여 서향후(西鄕侯)에 봉했다. 마초를 표기장군(驃騎將軍)·영 양주 자사(領凉州刺史)로 삼고 태향후(斄鄕侯)에 봉하여 북쪽으로 향하여 임저(臨沮)를 감독하게 했다.[56] 편장군(偏將軍) 오의(吳懿)를 관중도독(關中都督)으로 삼았다. 위연(魏延)을 진북장군(鎭北將軍), 이엄(李嚴)을 보한장군(輔漢將軍), 양양(襄陽) 사람 마량(馬良)을 시중(侍中), 양의(楊儀)를 상서(尙書), 촉군(蜀郡) 사람 하종(何宗)을 홍려(鴻

---

54 녹상서사(錄尙書事): 원문에는 '녹상서(錄尙書)'로 되어 있으나, 《삼국지(三國志)》〈촉서(蜀書) 제갈량전(諸葛亮傳)〉에 근거하여 '녹상서사(錄尙書事)'로 수정했다. 진(秦)나라 이래 '상서(尙書)'라는 관직이 있었는데, 처음에는 다만 문서나 장주(章奏)에 관한 일만 관여하여 그 권한이 약했다. 동한(東漢) 때에 이르러 상서대(尙書臺)의 권력이 확대되어 중앙 행정을 총괄하는 기구가 되고, 태부(太傅) 등 중신들이 그 일을 총괄하여 '녹상서사(祿尙書事)'라고 불렀다.

55 우사도(右司徒):《삼국지(三國志)》〈촉서(蜀書) 선주전(先主傳)〉과 〈촉서 허정전(許靖傳)〉에는 '우사도(右司徒)'가 아니라, '사도(司徒)'로 기록되어 있다.

56 임저(臨沮)를 … 했다: 임저(臨沮)는 지금의 호북성 당양현(當陽縣) 서북쪽에 있으며, 남군(南郡)에 속했다. 《삼국지(三國志)》〈촉서(蜀書) 마초전(馬超傳)〉에 따르면 마초가 임저를 맡은 것은 처음 유비(劉備)에게 귀의했을 때이다. 건안(建安) 24년(219) 관우(關羽)가 형주(荊州)를 잃자, 임저현(臨沮縣)은 오(吳)나라에 속하게 되었으니, 마초에게 임저를 감독하게 한 것은 착오가 있는 듯하다.

膱)로 높여 주었다. 종묘를 세우고, 고황제(高皇帝)와 세조 광무황제(世祖光武皇帝)를 합동으로 제사 지냈다. 5월 신사(辛巳)에 오씨(吳氏)를 황후로 세웠는데, 오의의 누이동생으로 유장(劉璋)의 형인 유모(劉瑁)의 아내였다. 아들 유선(劉禪)을 황태자로 삼았다. 6월에 아들 유영(劉永)을 세워 노왕(魯王)으로 삼고, 유리(劉理)를 양왕(梁王)으로 삼았다.

선주(先主)가 장차 동쪽을 정벌하여 관우(關羽)의 치욕을 갚고자 했다. 그래서 장비(張飛)에게 파서(巴西)의 병력 1만 명을 이끌고 강주(江州)에서 만나자고 명했다. 그러나 장비 휘하의 장수 장달(張達)과 범강(范彊)이 장비를 살해하고, 그의 수급(首級)을 가지고 오(吳)나라로 달아났다. 처음에 장비와 관우는 용맹함이 삼국에서 으뜸이어서 만인(萬人)의 적으로 불렸다. 관우는 지위가 낮은 병졸을 잘 대우했으나 사대부에게는 오만했고, 장비는 군자를 아끼고 존경하지만 병졸을 불쌍하게 여기지 않았으니, 그런 까닭에 둘 다 실패하게 되었다. 선주는 늘 장비에게 경계하여 말하기를, "경은 형벌과 도륙이 지나치고, 건장한 병사를 매질하면서도 그들을 곁에 두고 있으니, 이것이야 말로 화를 부르는 도리이다."라고 했으나, 장비가 깨닫지 못한 까닭에 실패하게 된 것이다. 선주는 장비의 영군도독(營軍都督)[57]이 올린 표문이 있다는 말을 듣고 말하기를, "아, 장비가 죽었구나!"라고 했다. 승상 제갈량(諸葛亮)에게 사례교위(司隷校尉)를 겸하도록 명했다. 가을 7월에 선주가 동쪽으로 정벌에 나서자, 신하들 대부분이 간언했으나 받아들이지 않았다. 광한(廣漢) 사람 진복(秦宓)이 천시(天時)가 필시 이롭지 않다고 자세하게 설명했으나 선주는 화가 나서 진복을 감옥

---

57 영군도독(營軍都督): 장군의 부장(部將)으로, 군영(軍營)의 사무를 감독한다. 《삼국지(三國志)》 〈촉서(蜀書) 장비전(張飛傳)〉에는 '군(軍)' 자가 없이, '영도독(營都督)'으로 기록되어 있다.

에 구금했다. 손권(孫權)은 서신을 보내 강화를 청했으나, 선주가 듣지 않았다. 오나라의 장수 육의(陸議)·이이(李異)·유아(劉阿) 등의 군대가 자귀(秭歸)에 이르렀다. 좌·우영군(左右領軍)인 남군(南郡) 사람 풍습(馮習)과 진류(陳留) 사람 오반(吳班)이 건평(建平)[58]으로부터 이이 등을 공격하여 깨뜨리고, 군대를 자귀에 주둔시켰다. 무릉군(茂陵郡) 오계(五谿)[59] 일대의 만족(蠻族)과 이족(夷族)이 선주에게 사자를 보내 출병하여 줄 것을 청했다.

장무(章武) 2년(222) 봄 정월에 선주(先主)의 군대가 자귀(秭歸)에 주둔했다. 오반(吳班)과 진계(陳戒) 등의 수군(水軍)이 이릉현(夷陵縣)에 주둔하여 장강(長江)을 끼고 동·서쪽 언덕에 진을 쳤다. 2월에 선주가 장차 출병하려고 하자, 황권(黃權)이 간언하여 말하기를, "오(吳)나라 사람들은 용맹하여 전투에 능하며, 우리 수군은 물길을 따라 내려와서 전진하기는 쉬우나 퇴각하기는 어렵습니다. 신이 선봉이 되어 적을 시험해 보기를 청합니다. 폐하께서는 마땅히 후방을 지키십시오."라고 했으나 선주가 따르지 않고, 황권을 진북장군(鎭北將軍)으로 삼아 강북(江北)의 군대를 통솔하게 했다. 선주는 잇달아 군영을 이끌고 조금씩 앞으로 나아가 이도현(夷道縣) 효정(猇亭)에 주둔하고, 시중(侍中) 마량(馬良)을 보내 한산(佷山)을 지나 오계(五谿) 일대의 만족(蠻族)과 이족(夷族)을 위로하게 했다. 여름 6월에 자귀에서 10여 리 떨어진 곳에 황색의 기운이 나타났는데, 그 넓이가

---

58 건평(建平): 군(郡) 이름으로, 오(吳)나라 손휴(孫休) 영안(永安) 3년(260)에 의도군(宜都郡) 서쪽을 나누어 설치하고, 지금의 사천성(四川省) 무산(巫山)에서부터 호북성(湖北省) 흥산(興山)과 자귀(秭歸) 사이를 관할했다. 그러나 당시는 아직 건평군(建平郡)이 설치되지 않은 때이다.

59 오계(五谿): 웅계(雄溪)·만계(橫溪)·무계(無溪)·유계(酉溪)·진계(辰溪)로 상강(湘江) 서쪽 원강(沅江)의 다섯 지류이다. 오계 일대에는 소수 민족들이 거주하고 있어, 옛날에는 그들을 '오계만(五谿蠻)'이라고 불렀다. 지금의 묘족(苗族)과 요족(瑤族) 등의 선조들 가운데 일부이다. 그 땅은 오(吳)나라 무릉군(武陵郡)에 속했다.

10여 장(丈)이나 되었다. 열흘쯤 지나 오나라 사람들과 싸워 선주가 크게 패하고, 장군 풍습(馮習)과 장남(張南) 등이 모두 죽었다. 선주가 탄식하며 말하기를, "내가 패배한 것은 천명이다."라고 하고, 배를 버리고 육로를 통하여 어복(魚復)으로 돌아왔다. 장군 의양(義陽) 사람 부동(傅彤)[60]이 군대의 후미에서 적을 막았는데, 병사들이 다 죽었어도 부동의 기백은 더욱 맹렬했다. 오나라 장수가 타이르며 투항하라고 하자, 부동이 욕을 하면서 말하기를, "오나라의 개 같은 놈들아! 어찌 한(漢)나라의 장군 가운데 항복하는 자가 있겠느냐?"라고 하고, 마침내 전사했다. 종사좨주(從事祭酒) 정기(程畿)가 단독으로 장강을 거슬러 올라가면서 후퇴했는데, 무리들이 말하기를, "뒤에서 추격하는 병사들이 곧 도착할 것이니, 마땅히 방선(舫船)을 풀어 가볍게 하고 가야 합니다."라고 했다. 그러자 정기가 말하기를, "나는 군에 있으면서 적 때문에 도망치는 법을 아직까지 배우지 못했다. 하물며 천자를 따르는 때이랴?"라고 하고, 역시 죽임을 당했다. 황권의 군대가 적지 깊숙이 들어와 고립되고 퇴로가 끊겨 마침내 북쪽의 위나라에 투항했다. 오나라의 이이(李異)와 유아(劉阿) 등이 선주를 뒤쫓아 남산(南山)에 주둔했다. 선주는 어복(魚復)을 바꾸어 '영안(永安)'이라 했다. 승상 제갈량이 그 소식을 듣고 탄식하여 말하기를, "만약 법효직(法孝直[법정(法正)])이 살아 있다면 주군을 제지하여 동쪽으로 정벌을 나서지 않게 하고, 설령 동쪽으로 정벌에 나섰다고 하더라도 틀림없이 기울어지고 위태로워지게 하지는 않았을 것이다."라고 했다. 8월, 사도(司徒) 허정이 죽었다. 그해, 표기장군 마초 역시 죽었는데, 죽음에 임박하여 상주하여 이르기를, "신(臣)의 가문 2백여 명은 맹덕(孟德)에게 다 주살되었습니다. 오직

---

60 부동(傅彤):《삼국지(三國志)》〈오서(吳書) 육손전(陸遜傳)〉에는 '부융(傅肜)'으로 기록되어 있다.

사촌 동생 마대(馬岱)가 쇠락한 가문을 위하여 제사를 이을 자이니, 폐하께 간절히 부탁드립니다."라고 했다. 마대의 벼슬이 평북장군(平北將軍)에 이르렀다. 또한 부동의 아들 부첨(傅僉)을 좌중랑장(左中郎將)으로 삼았다. 겨울 10월, 승상 제갈량에게 조서를 내려 성도(成都)에 하늘과 땅에 제사 지내는 제단[南北郊][61]을 만들게 했다.

손권(孫權)은 선주(先主)가 백제성(白帝城)에 있다는 소식을 듣고 몹시 두려워하여 사자를 보내 강화를 청했다.[62] 선주는 태중대부(太中大夫) 남양 (南陽) 사람 종위(宗瑋)를 시켜 복명(復命)하게 했다. 11월에 선주가 병이 들어 앓아누웠다. 12월에 한가 태수(漢嘉太守) 황원(黃元)은 평소 제갈량(諸葛亮)이 마음에 들어 하지 않았는데, 선주가 병으로 누웠다는 말을 듣고 후환을 염려하여 한가군(漢嘉郡)을 막고 지키며 반란을 일으켰다.

장무(章武) 3년(223) 봄 정월에 승상(丞相) 제갈량(諸葛亮)을 성도(成都)로 부터 불러 영안(永安)에서 선주(先主)의 병세를 살피게 했다. 황원(黃元)이 임공성(臨邛城)에 불을 질렀다. 치중 종사(治中從事) 양홍(楊洪)이 태자에게 아뢰어 장군 진홀(陳曶)과 정작(鄭綽)을 보내 청의수(青衣水)를 거쳐 황원을 토벌하게 하여 그를 격파했다. 2월에 제갈량이 영안에 이르자, 선주가 일러 말하기를, "그대의 재능은 조비(曹丕)의 열 배나 되니, 반드시 나라를 안정시켜 끝내 큰일을 이룰 것이다. 만약 후사(後嗣)가 보좌할 만한 인물이라면 보좌하고, 만약 그에게 재능이 없다면 그대가 스스로 그를 대

---

61 하늘과 땅에 제사 지내는 제단[南北郊]: 고대의 제왕들은 동지(冬至) 때 환구(圜丘)에서 하늘에 제사를 지냈는데 수도의 남쪽 교외에 위치하여 '남교(南郊)'라 했고, 하지(夏至) 때 방택 (方澤)에서 땅에 제사를 지냈는데 수도의 북쪽 교외에 위치하여 '북교(北郊)'라고 불렀다.

62 손권(孫權)은 … 강화를 청했다: 당시는 아직 조비(曹丕)가 오(吳)나라를 공격하려고 출병 하지 않았는데, 손권은 조비와 유비, 양쪽에서 공격을 받을까 두려워하여 촉(蜀)나라에 강화를 요청한 것이다.

신하시오."라고 했다. 제갈량이 눈물을 흘리며 대답하여 말하기를, "신이 감히 고굉(股肱)의 힘을 다하고, 충성과 정절 다하지 않으면 뒤를 이어 죽을 것입니다."라고 했다. 선주는 또 조서를 내려 태자에게 말하기를, "너는 승상과 함께 일을 해 나가되, 그를 아버지처럼 섬겨라."라고 훈계했다. 제갈량과 상서령(尙書令) 이엄(李嚴)이 함께 선주의 기탁(寄託)을 받았다. 여름 4월에 선주는 영안궁에서 세상을 떠났는데, 그때 나이 63세였다. 제갈량이 후주(後主[劉禪])에게 표문을 올려 말하기를, "대행황제(大行皇帝)[63]께서는 인(仁)을 행하고 덕(德)을 세웠으며, 백성들을 어루만지고 보살핌이 끝이 없었습니다. 그러나 하늘은 이를 불쌍히 여기지 않아 이번 달 24일에 갑자기 승하(升遐)하게 했습니다. 신하와 비빈(妃嬪)들이 소리 내어 우는 것이 부모를 잃은 듯했습니다. 마침내 유언을 돌아보면 상사(喪事)는 오직 태종(太宗)의 예[64]를 따라서 문무백관은 발상하고 3일이 지나면 상복을 벗으며, 매장할 때 다시 상복을 입게 했습니다. 군국(郡國)의 태수·국상(國相)·현령(縣令)·현장(縣長)·승(丞)·위(尉)는 3일이 지나면 상복을 벗게 했습니다."라고 했다. 5월에 재궁(梓宮)이 성도에 도착하자, 시호를 '소열황제(昭烈皇帝)'라 했다. 가을 8월에 혜릉(惠陵)에 매장했다.

사관이 논한다.
한나라 말에 세상이 크게 어지러워지자 영웅호걸들이 나란히 일어섰

---

63 대행황제(大行皇帝): 옛날에 제왕이 막 죽어 아직 시호(諡號)가 없을 때에는 '대행(代行)'이라고 칭했다.

64 태종(太宗)의 예: 한 문제(漢文帝)의 묘호(廟號)로, 《한서(漢書)》 권4 〈문제기(文帝紀)〉에 따르면 문제는 유조(遺詔)에 이르기를, "천하의 관리와 백성들은 발상하고 3일이 지나면 모두 상복을 벗어라.[其令天下吏民, 令到出臨, 三日皆釋服.]"라고 했다.

다. 동탁(董卓)·여포(呂布)·원소(袁紹)·원술(袁術)·한수(韓遂)·마등(馬騰)·장양(張楊)·유표(劉表) 같은 무리가 주·군(州郡)을 겸병하고, 그들을 따르는 자들이 수만 명을 헤아릴 정도였다. 그들은 큰소리로 호령할 때면 모두가 자신이 한 고조(漢高祖)를 계승하고, 제 환공(齊桓公)과 진 문공(晉文公)의 패업을 능가할 수 있다고 말했다. 그러나 위 무왕(魏武王)이 뛰어난 무용과 지략을 가지고 그들을 평정하고 무찔러 다 깨끗이 씻어 냈다. 당시 선주(先主)의 명성이 미미하여 알아보는 사람들이 드물었지만, 용과 봉황이 날아오르는 기세로 예주 목(豫州牧)·서주 목(徐州牧)이 되고, 형·초(荊楚)의 땅을 빌려 날개로 삼아 양주(梁州)와 익주(益州)의 땅을 날아올라 한(漢)나라의 황통을 계승하고 오(吳)나라·위(魏)나라와 더불어 삼국이 정립(鼎立)하여 대립하는 국면을 이루었다. 만약 뛰어난 재능을 가진 자가 아니라면, 누가 이와 같이 할 수 있었겠는가? 그러나 천명(天命)이 반드시 조씨(曹氏)를 통하여 한나라를 대신하게 한 것이라면, 마땅히 하늘과 사람이 돕는 자를 보살피고 자신은 지극히 공평하여 조금도 사사로움이 없음을 밝혀야 했다.[65] 그런데도 명호(名號)를 돌려준 것[66]은 의로운 선비들의 비난거리가 되었다. 선주는 객지에서 죽음에 임박하여 제갈량(諸葛亮)에게 아들을 부탁하면서도 마음에 의심을 품지 않았다. 진수(陳壽)는 그것이 임금과 신하의 지극히 공평한 마음이며, 고금(古今)을 통하여 가장 홀륭한 모범이라고 여겼다.

---

65 자신은 … 밝혀야 했다: 이 구절은 유비(劉備)가 마땅히 하늘과 사람이 돕는 자를 보살펴 자신은 지극히 공평하여 조금도 사사로움이 없음을 밝히고, 스스로 황제를 칭하지 말아야 한다는 것을 의미한다.

66 명호(名號)를 돌려준 것: 유비(劉備)가 한중왕(漢中王) 때 역참(驛站)을 지나면서 한 헌제(漢獻帝)가 봉한 좌장군(左將軍)과 의성정후(宜城亭侯)의 인수(印綬)를 돌려준 일을 말한다.

卷六

劉先主志

先主諱備, 字玄德, 涿郡涿縣人, 漢景帝[子]中山靖王勝後也. 勝子貞, 元狩六年封涿縣陸城亭侯, 因家焉. 祖父雄, 察孝廉, 為東郡范令. 父弘, 早亡. 先主幼孤, 其母販履織蓆自業. 舍東南角籬上有桑樹生, 高五丈餘, 遙望童童如車蓋, 人皆異之, 或謂當出貴人. 先主少時, 與宗中諸兒戲於樹下, 言: "吾必乘此羽葆蓋車." 叔父子敬謂曰: "汝勿妄言. 滅吾門也." 年十五, 母遣行學, 與宗人劉德然遼西公孫瓚俱事故九江太守同郡盧子幹. 德然父元起常資給先主, 與德然等. 元起妻曰: "各自一家, 何能常爾?" 起曰: "宗中有此兒, 非常人也." 而瓚深與先主善. 瓚年長, 先主兄事之. 喜狗馬音樂美衣服. 長七尺五寸, 垂臂下膝, 顧自見耳. 能下人, 喜怒不形於色. 善交結, 豪俠年少爭附之. 中山大商張世平蘇雙等見而奇之, 多與之金, 先主由是得合徒衆. 河東關羽雲長, 同郡張飛益德, 並以壯烈, 為之禦侮. 先主與二子寢則同牀, 食則共器, 恩若弟兄. 然於稠人廣衆中, 侍立終日.

中平元年, 從校尉鄒靖討黃巾賊, 有功, 除安喜尉. 求謁督郵, 不得, 乃入縛執之, 杖二百, 以綬繫督郵頭頸, 着著馬柳柱, 委官亡命. 頃之, 應大將軍何進募, 有功, 除下密丞. 復為高唐尉, 遷為令. 瓚為中郎將, 表先主為別部司馬. 拒冀州牧袁紹, 數有戰功, 守平原令. 進領平原相. 郡民劉平恥為之下, 使客刺之,客服其德, 告之而去. 北海相魯國孔融為黃巾賊所圍, 使太史慈求救於先主. 先主曰: "孔文舉聞天下有劉備乎?" 以兵救之. 廣陵太守下邳陳登元龍, 太尉球孫也, 有雋才, 輕天下士, 謂功曹陳矯曰: "閨門雍穆, 有德有行, 吾敬陳元方父子; 冰清玉潔, 有德有言, 吾敬華子魚; 博聞強志, 奇偉卓犖, 吾敬孔文舉; 雄姿傑出, 有王霸之略, 吾敬劉玄德. 名器盡此." 徐州牧陶謙, 表先主為豫州刺史.

徐州牧陶謙病篤, 謂別駕東海麋竺曰: "非劉備不能安此州也." 謙卒, 竺率州迎先主. 先主未許. 廣陵太守下邳陳登進曰: "今漢室陵遲, 海內傾覆, 立功立事在今日. 鄙州殷富, 戶口百萬, 欲屈使君, 撫臨州事." 先主曰: "袁公路近在壽春. 此君四世五公, 海內所歸, 可以州與之." 登曰: "公路驕豪, 非治亂之主. 今欲為使君合步騎十萬, 上可以匡主濟民, 成五霸之業; 下可以割地守境, 書功於竹帛. 若使君不見聽許, 登亦未敢聽使君也." 北海相孔融謂先主曰: "袁術豈憂國忘家者耶! 冢中枯骨, 何足介意. 今日之事, 百姓與能. 天與不取, 悔不可追." 先主遂領徐州牧.

建安元年, 曹公表為鎮東將軍, 封宜城亭侯. 先主與袁術相拒, 而下邳守將曹豹叛. 為呂布所敗, 先主失妻子, 轉軍海西. 麋竺進妹為夫人, 及客奴二千, 金銀寶貨資之. 先主因而復振. 連和於布, 布還其妻子. 先主眾萬餘, 移軍小沛. 布惡之, 自攻先主. 先主歸曹公. 公以為豫州牧, 益其軍, 使伐布. 失利, 布將高順復虜先主妻子送布. 公使夏侯惇助先主, 不能克. 三年, 公自征布, 生禽之. 布曰: "使布為明公將騎, 天下不足定也." 公有疑色. 先主曰: "公待布能如丁建陽董太師乎?" 公頷之. 布目先主曰: "大耳兒最叵信者也." 遂殺布. 先主還得妻子, 從公還許, 為左將軍. 公禮之甚重, 出則同輿, 從則同席. 又拜關羽張飛, 皆中郎將. 公謀臣程昱郭嘉勸公殺先主. 公慮失英豪望, 不許.

袁術自淮南欲經徐州北就袁紹．獻帝舅車騎將軍董承，受命衣帶中密詔，當殺曹公．承先與先主及長水校尉種輯將軍吳子蘭王子服等同謀，以將行，未發．公從容謂先主曰：“天下英雄，惟使君與操．本初之徒，不足數也．”先主方食，失匕箸．會天震雷，先主曰：“聖人言，迅雷風烈必變，良有以也．一震之威，乃至於此也．”公亦悔失言．先主還沛解，公使覘之，見其方披葱，使廝人為之，不端正，舉杖擊之．公曰：“大耳翁未之覺也．”其夜，先主急東行．昱嘉復言之．公馳使追之，不及．先主遂殺徐州刺史車冑以叛，留關羽行下邳太守事，身還小沛．而承等謀洩受誅．先主衆數萬，遣從事北海孫乾，自結於袁紹．公遣將軍劉岱王忠擊之，不克．五年，公東征先主，先主敗績，妻子及關羽見獲．先主奔青州，刺史袁譚奉迎道路．馳以白父紹，紹身出鄴二百里，與先主相見．

公壯羽勇銳，拜偏將軍．初，羽隨先主從公圍呂布於濮陽，時秦宜祿為布求救於張楊，羽啟公：“妻無子，下城，乞納宜祿妻．”公許之．及至城門，復白．公疑其有色，自納之．後先主與公獵，羽欲於獵中殺公．先主為天下惜，不聽．故羽常懷懼．公察其神不安，使將軍張遼以情問之．羽歎曰：“吾極知曹公待我厚．然吾受劉將軍恩，誓以共死，不可背之．要當立功以報曹公．”公聞而義之．是歲，紹征官渡，遣梟將顏良，攻東郡太守劉延於白馬．公使遼羽為先鋒．羽望見良麾蓋，策馬刺良於萬衆中，斬其首還，紹將莫敵，遂解延圍．公即表封羽漢壽亭侯，重加賞賜．盡封其物，拜書告辭而歸先主．左右欲追之．公曰：“彼各有主．”先主說紹南連荊州牧劉表．紹遣將其卒兵至汝南．公使將蔡楊擊之．先主謂曰：“吾勢雖不便，汝等百萬來，未如吾何．曹孟德單車來，吾自去．”楊等必戰，為先主所殺．

公既破紹, 自南征汝南. 先主遣麋竺孫乾詣劉表, 表郊迎之, 待以上賓, 使屯新野. 穎川徐元直致琅琊諸葛亮曰: "孔明, 臥龍也. 將軍願見之乎?" 先主曰: "君與俱來." 庶曰: "此人可就見, 不可屈致也." 先主遂造亮. 凡三. 因屏人曰: "漢室傾頹, 奸臣竊命, 主上蒙塵. 孤不度德量力, 欲信大義於天下. 而智術淺短, 遂用猖蹶. 至於今日, 志猶未已. 君謂計將安出?" 亮對曰: "自董卓以來, 豪傑並起, 跨州連郡, 不可勝數. 曹操比於袁紹, 則名微而衆寡, 然遂能克紹, 以弱為强, 雖云天時, 抑人謀也. 今操已擁百萬之衆, 挾天子而令諸侯, 此誠不可與爭鋒也. 孫權據有江東, 已歷三世, 國險而民附, 賢能為之用, 此可與為援, 而不可圖也. 荊州北據漢沔, 利盡南海, 東連吳會, 西通巴蜀, 此用武之國, 而其主不能, 殆天所以資將軍也. 益州險塞沃野, 天府之土, 高祖因之以成帝業. 劉璋闇弱, 張魯在北, 國富民殷而不知卹, 賢能之士, 思得明君. 將軍既帝室之胄, 信義著於四海, 總攬英雄, 思賢如渴; 若跨有荊益, 保其險阻, 西和諸戎, 南撫夷越, 結好孫權, 內修政理; 天下有變, 命一上將將荊州之軍以向宛洛, 將軍身率益州之衆出於秦川, 天下孰不簞食壺漿以迎將軍者乎. 如此, 則霸業可成, 漢室可興矣." 先主曰: "善." 與亮情好日密, 自以為猶魚得水也.

十三年, 表卒, 少子琮襲位. 曹公南征, 琮遣使請降. 先主屯樊, 不知曹公卒至, 至宛, 先主乃知, 遂將其衆去. 比到當陽, 衆十餘萬人, 車數千兩, 日行十餘里. 別遣關羽乘船會江陵. 或謂先主曰: "宜速行. 雖擁大衆, 被甲者少. 曹公軍至, 何以禦之?" 先主曰: "夫濟大事, 以人為本. 今人歸吾, 何忍棄之." 公以江陵有軍實, 恐先主據之, 乃釋輜重, 以輕騎五千追先主, 一日一夜行三百里, 及於當陽之長坂. 先主棄妻子, 與諸葛亮張飛等數十騎走. 公盡獲其民衆, 急追先主. 張飛據水斷橋, 橫馬按矛曰: "我張益德也. 可來決死." 公徒乃止.

先主斜趣漢津, 適與羽船會. 而趙雲身抱先主弱子後主, 及擁先主甘夫人相及
濟江. 亮曰: "事急矣! 請奉命求救於孫將軍." 時權軍柴桑, 既服先主大名, 又
悅亮奇雅, 即遣周瑜程普水軍三萬助先主拒曹公, 大破公軍於赤壁, 焚其舫舟.
公引軍北歸. 先主以劉表長子江夏太守琦為荊州刺史. 先主南平四郡, 武陵太
守金旋長沙太守韓玄桂陽太守趙範零陵太守劉度皆降. 廬江雷緒率部曲數萬
口稽顙. 琦病死, 先主領荊州牧, 治公安. 孫權進妹, 恩好綢繆. 以亮為軍師中
郎將, 督南三郡事. 以關羽為盪寇將軍, 領襄陽太守, 住江北. 張飛為征虜將
軍宜都太守. 初, 先主之敗東走也, 徑往鄂, 無土地. 關羽責之曰: "早從獵中
言, 無今日." 先主曰: "安知此不為福也." 及得荊州, 復有人衆.

孫權遣使求共伐蜀. 又曰: "雅顧以隆, 成[為一家]. 諸葛孔明母兄在吳, 可
令相并." 主簿殷觀曰: "若為吳先驅, 大事去矣. 今但可贊之, 言新據諸郡, 未
可以動. 彼必不越我而有蜀也." 先主乃報曰: "益州不明, 得罪左右. 庶幾將軍
高義, 上匡漢朝, 下輔宗室. 若必尋干戈, 備將放髮於山林, 不敢聞命." 權果
輟計. 遷觀別駕. 十六年, 益州牧劉璋遣法正迎, 遂西入益州.

建安十九年, 先主克蜀. 蜀中豐富盛樂, 置酒大會, 饗食三軍. 取蜀城中民
金銀頒賜將士, 還其穀帛. 賜諸葛亮法正關羽張飛金五百斤, 銀千斤, 錢五千
萬, 錦萬匹. 其餘各有差. 以亮為軍師將軍, 署左將軍府事; 正揚武將軍, 蜀郡
太守; 關羽督荊州事; 張飛為巴西太守; 馬超平西將軍. 不用許靖. 法正說曰:
"有獲虛譽而無實者, 靖也. 然其浮名稱播海內, 人將謂公輕士." 乃以為長史.
龐羲為司馬, 李嚴為犍為太守, 費觀為巴郡太守, 益州太守南郡董和掌軍中郎,
太守漢嘉王謀為別駕, 廣漢彭羕為治中, 辟零陵劉巴為西曹掾, 廣漢長黃權為
偏將軍. 於是, 亮為股肱, 正為謀主, 羽飛超為爪牙, 靖義及麋竺簡雍孫乾, 山

陽伊籍為賓友. 和嚴權本劉璋所授用也; 吳懿費觀, 璋之婚親也; 彭羕, 璋所排
擯也; 劉巴, 己所宿恨也, 皆處之顯位, 盡其器能. 有志之士, 無不競勸. 群下
勸先主納劉瑁妻, 先主嫌其同族, 法正曰: "論其親疏, 何與晉文之於子圉乎?"
從之. 正既臨郡, 睚眦之怨. 一餐之惠, 無不報復. 或謂諸葛亮曰: "法正, 蜀
郡太縱橫, 將軍宜啟主公." 亮曰: "公之在公安也, 北畏曹操之强, 東憚孫權之
逼, 內慮孫夫人興變於肘腋之下. 孝直為輔翼, 遂翻飛翱翔, 不可復制. 如何
禁法 使不得行其志也?" 孫夫人才捷剛猛, 有諸兄風. 侍婢百人, 皆仗劍侍立,
先主每下車, 心常凜凜. 正勸先主還之.

二十年, 孫權使使報先主, 欲得荊州. 先主報曰: "吾方圖涼州. 涼州定, 以
荊州相與." 孫權怒, 遣呂蒙襲奪長沙零陵桂陽三郡. 先主下公安, 令關羽入益
陽. 會曹公入漢中, 張魯定[走]巴西. 黃權進曰: "若失漢中, 則三巴不振, 此割
蜀人股臂也." 於是先主與吳連和, 分荊州. 江夏長沙桂陽東屬, 南郡零陵武陵
西屬, 引軍還江(夏)[州]. 以權為護軍, 迎魯. 魯已北降曹公. 權破公所署三巴
太守杜濩朴胡袁約等. 公留征西將軍夏侯淵益州刺史趙顒及張郃守漢中. 公東
還, 郃數犯掠巴界. 先主率張飛等進軍宕渠之蒙頭, 拒郃. 相持五十餘日. 飛
從他道邀郃, 戰於陽石, 遂大破郃軍. 郃失馬, 緣山, 獨與麾下十餘人從間道還
南也[鄭]. 二十一年, 先主還成都.

二十二年, 蜀郡太守法正進曰: "曹操一舉降張魯, 定漢中, 不因此勢以圖巴
蜀, 而留淵郃, 身遽北還, 非智不逮力不足, 將內有憂逼耳. 今籌淵郃才略不勝
我將率, 舉衆往討, 則必可擒. 天以與我, 時不可失也." 先主從之. 以問儒林
校尉[巴]西周羣. 羣對曰: "當得其地, 不得其民. 若出偏軍, 必不利." 先主遂
行. 諸葛亮居守, 足食足兵也.

二十三年, 先主急書發兵. 軍師[67]亮以問從事犍為楊洪, 洪對曰: "漢中, 蜀之咽喉, 存亡之機, 若無漢中, 則無蜀矣. 此家門之禍, 男子當戰, 女子當運. 發兵何疑?" 亮以法正從行, 白[表]先主, 以洪領蜀郡太守. 後遂即真. 初, 洪為犍為太守李嚴功曹, 去郡數年, 已為蜀郡, 嚴故在職. 而蜀郡何祗為洪門下書佐, 去郡數年, 已為廣漢太守, 洪故在官. 是以西土咸服亮能(擾)[攬]拔英秀也. 後洪祗俱會亮門下, 洪謂祗曰: "君馬何駛." 祗對曰: "故吏馬不為駛, 明府馬不進耳."

二十四年, 先主定漢中, 斬夏侯淵. 張郃率吏民內徙. 先主遣將吳蘭雷同入武都, 皆沒. 乃舉犎茂才. 時州後部司馬張裕, 亦知占術, 坐漏言, 言先主得蜀, 寅卯之間當失. 漢凶年在庚子, 誅. 曹公為魏王, (王)西征, 聞法正策, 曰: "固知玄德不辨此." 又曰: "吾收奸雄略盡, 獨不得正邪!" 犎下上先主為漢中王大司馬. 以許靖為太傅, 法正為尚書令, 零陵賴恭為太常, 南陽黃權為光祿勳, 王謀為少府, 武陵廖丘[立]為侍中, 關羽為前將軍, 張飛為右將軍, 馬超為左將軍, 皆假節鉞. 又以黃忠為後將軍, 趙雲翊軍將軍. 其餘各進官號. 軍師諸葛亮曰: "黃忠名望, 本非關張馬超之倫也. 今張馬在近, 親見其功, 猶可喻指. 關遙聞之, 恐必不悅." 先主曰: "吾自解之." 時關羽自江陵圍曹仁於樊城. 遣前部司馬犎為費詩拜假節. 羽怒曰: "大丈夫終不與老兵同列!" 不肯受拜. 詩謂曰: "昔蕭曹與高祖幼舊, 陳韓亡命後至, 論其班爵, 韓最居上. 未聞蕭曹以此為怨. 今王以一時之功隆崇於漢升, 黃忠字也. 意之輕重, 寧當與君侯齊乎? 王與君侯, 譬猶一體, 禍福同之. 愚謂君侯不宜計官號之高下爵位之多少

---

67 若出 … 軍師: 저본에는 '若出'과 '軍師' 사이에 탈문(脫文)이 있어 유림(劉琳)의 교주본에 의거하여 보충하였다.

也."羽即受拜. 初, 羽聞馬超來降, 素非知故, 書與諸葛亮, 問其人材. 亮知羽忌前, 答曰:"孟起, 黥彭之徒, 一世之桀[傑], 當與益德並驅爭先, 猶不如髥之絕倫也."羽省書忻悅, 以示賓客. 羽美鬚髯, 故亮稱云"髥"也. 羽臂嘗中毒矢, 每天陰疼痛, 醫言矢鋒有毒, 須破臂刮毒, 患乃可除. 羽即伸臂使治. 時適會客, 臂血流離, 盈於盤器, 而羽引酒割炙, 言笑自若. 魏王遣左將軍于禁督七軍三萬人救樊, 漢水暴長, 皆為羽所獲. 又殺魏將龐德, 威震華夏. 魏王議徙許都, 以避其銳. 而孫權襲江陵, 將軍傅士仁南郡太守麋芳降吳. 羽久不拔城, 魏右將軍徐晃救樊. 羽退還, 遂為孫權所殺. 吳盡取荊州, 以劉璋為益州牧, 住秭歸. 是歲, 尚書令法正卒, 謚曰翼侯. 以尚書劉巴為尚書令.

二十五年春正月, 魏武王薨, 嗣王丕即位, 改元延康. 蜀傳聞漢帝見害, 先主乃發喪, 制服, 追謚曰孝愍皇帝. 所在並言衆瑞. 故議郎陽泉亭侯劉豹, 青衣侯向舉, 偏將軍張裔黃權, 司馬屬殷純, 別駕趙莋, 治中楊洪, 從事祭酒何宗, 議曹從事杜瓊, 勸學從事張爽尹(勳)[默]譙周等上[言]:"河洛符驗, 孔子所甄. 赤三(日), 德昌九世, 會備合, 為帝際《洛(寶)書·[寶]號命》曰:'天度帝道, 備稱皇.'"又言:"周羣父未亡時, 數言西南有黃氣, 立數十丈, 而景雲祥風從璇璣下來應之. 如《圖》《書》, 必有天子出. 方今大王應際而生, 與神合契. 願速即洪業, 以寧海內."先主未許. 冬, 魏王丕即皇帝位, 改元黃初. 漢獻帝遜位, 為山陽公.

章武元年, 魏黃初二年也. 春, 太傅許靖安漢將軍麋竺軍師將軍諸葛亮太常賴恭光祿勳黃權少府王謀等乃勸先主紹漢絕統, 即帝號. 先主不許. 亮進曰:"昔吳漢耿弇等勸世祖, 世祖辭讓. 耿純進曰:'天下英雄喁喁, 冀有所望. 若不從議者, 士大夫各歸求主, 無從公也.'世祖感之. 今曹氏篡漢, 天下無主,大王紹世而起, 乃其宜也. 士大夫隨大王久勤苦者, 亦欲望尺寸之功, 如純言耳."先主乃從之. 亮與博士許慈議郎孟光建立禮儀, 擇令辰, 費詩上疏日:"殿下以曹操父子逼主篡位, 故乃羈旅萬里, 糾合士眾, 將以討賊. 今大敵未克而先自立, 恐人疑惑. 昔高祖與楚約, 先破秦者王, 及屠咸陽, 獲子嬰, 猶推讓. 況今殿下未出門, 便欲自立, 愚臣誠不為殿下取也."朝廷左遷詩部永昌從事. 夏四月丙午, 先主即帝位, 大赦, 改元章武. 以諸葛亮為丞相, 假節, 錄尚書; 許靖為右司徒; 張飛車騎將軍, 領司隸校尉, 進封西鄉侯; 馬超驃騎將軍, 領涼州刺史, 封斄鄉侯, 北督臨沮; 偏將軍吳懿為關中都督. 進魏延鎮北將軍, 李嚴輔漢將軍, 襄陽馬良為侍中, 楊儀為尚書, 蜀郡何宗為鴻臚. 立宗廟, 祫祭高皇帝世祖光武皇帝. 五月辛巳, 立皇后吳氏, 吳懿妹(劉璋兄瑁妻)也. 子禪為皇太子. 六月, 立子永為魯王, 理為梁王.

　先主將東征, 以復關羽之恥. 命張飛率巴西萬兵, 將會江州. 飛帳下將張達范彊殺飛, 持其首奔吳. 初, 飛羽勇冠三國, 俱稱萬人之敵. 羽善待小人而驕士大夫, 飛愛敬君子而不卹小人, 是以皆敗. 先主常戒之曰:"卿刑殺過差, 鞭撻健兒, 令在左右, 此取禍之道."飛不悟, 故敗. 先主聞飛營軍都督之有表也, 曰:"噫! 飛死矣!"命丞相亮領司隸校尉. 秋七月, 先主東伐, 羣臣多諫, 不納. 廣漢秦宓上陳天時必無其利, 先主怒, 繫之於理. 孫權送書請和, 先主不聽. 吳將陸議李異劉阿等軍至秭歸. 左右領軍南郡馮習陳留吳班自建平攻破異等, 軍次秭歸. 武陵五溪蠻夷遣使請兵.

　二年春正月, 先主軍秭歸. 吳班陳戒等水軍屯夷陵, 夾江東西岸. 二月, 將進. 黃權諫曰:"吳人悍戰, 而水軍泝流, 進易退難. 臣請為先驅以嘗寇. 陛下宜為後鎮."先主不從, 以權為鎮北將軍, 督江北軍. 先主連營稍前, 軍於夷道猇亭, 遣侍中馬良經佷山, 安慰五溪蠻夷. 夏六月, 黃氣見自秭歸十餘里中, 廣十餘丈. 後十數日, 與吳人戰, 先主敗績. 馮習及將張南皆死. 先主歎曰:"吾之敗, 天也!"委舟舫由步道還魚復. 將軍義陽傅彤為後殿, 兵衆死盡, 彤氣益烈, 吳將喻令降, 彤罵曰:"吳狗! 何有漢將軍降者."遂戰死. 從事祭酒程畿獨泝江退. 衆曰:"後追以至, 宜解舫輕行."畿曰:"吾在軍, 未習為敵之走, 況從天子乎?"亦見殺. 黃權偏軍孤絕, 遂北降魏. 李異劉阿等踵躡先主, 屯南山, 先主改魚復曰永安. 丞相亮聞而歎曰:"法孝直若在, 則能制主上, 使不東行. 歸復東行, 必不傾危矣."八月, 司徒靖卒. 是歲, 驃騎將軍馬超亦卒, 臨沒上疏曰: 臣宗門二百餘口, 為孟德所誅略盡. 惟從弟岱, 當為微宗血食之係. 深託陛下. 岱官至平北將軍. 拜彤子僉左(右)[中]郎將. 冬十月, 詔丞相亮營南北郊於成都.

孫權聞先主在白帝, 甚懼, 遣使請和. 先主使太中大夫南陽宗瑋報命. 十有一月, 先主寢疾. 十有二月, 漢嘉太守黃元, 素亮所不善, 聞先主疾病, 慮有後患, 舉郡拒守.

三年春正月, 召丞相亮於成都. 詔亮省疾於永安. 元燒臨邛城. 治中從事楊洪啟太子, 遣將軍陳曶鄭綽由青衣水伐元, 滅之. 二月, 亮至永安, 先主謂曰:"君才十倍曹丕, 必能安國, 終定大事. 若嗣子可輔, 輔之. 如其不才, 君可自取."亮涕泣對曰:"臣敢竭股肱之力, 效忠貞之節, 繼之以死."先主又為詔敕太子曰:"汝與丞相從事, 事之如父."亮與尚書令李嚴並受寄託. 夏四月, 先主殂於永安宮, 時年六十三. 亮表後主曰:"大行皇帝邁仁樹德, 覆育無疆. 昊天不弔, 今月二十四日, 奄忽升遐. 臣妾號咷, 如喪考妣. 乃顧遺詔, 事惟太宗, 百寮發哀, 三日除服. 到葬復服. 其郡國守相令長丞尉, 三日除服."五月, 梓宮至成都, 諡曰昭烈皇帝. 秋八月, 葬惠陵.

　撰曰: 漢末大亂, 雄桀並起. 若董卓呂布二袁韓馬張楊劉表之徒, 兼州連郡, 眾踰萬計, 叱吒之間, 皆自謂漢祖可踵, 桓文易邁; 而魏武神武幹略, 戡屠盪盡. 於時先主名微人鮮, 而能龍興鳳舉, 伯豫君徐, 假翼荊楚, 翻飛梁益之地, 克胤漢祚, 而吳魏與之鼎峙. 非英才命世, 孰克如之. 然必以曹氏替漢, 宜扶信順, 以明至公. 還乎名號, 為義士所非. 及其寄死, 託孤於諸葛亮而心神無貳. 陳子以為君臣之至公, 古今之盛軌也.

화양국지
(華陽國志)
—
권7
유후주지
(劉後主志)

후주(後主)는 휘(諱)가 선(禪)이고, 자는 공사(公嗣)이며, 선주(先主)의 태자로 감 부인(甘夫人)이 낳았다. 제위를 계승한 때가 나이 17세였다.

건흥(建興) 원년(223) 여름 5월에 후주(後主)가 즉위했다. 황후(皇后) 오씨(吳氏)를 높여 '황태후(皇太后)'로 불렀다. 대사면을 실시하고 연호를 바꾸었다. 위(魏)나라 황초(黃初) 4년, 오(吳)나라 황무(黃武) 2년이다.

장씨(張氏)를 황후로 세웠는데, 거기장군(車騎將軍) 장비(張飛)의 딸이다. 승상(丞相) 제갈량(諸葛亮)을 무향후(武鄕侯)에 봉했다. 중호군(中護軍)[1] 이엄(李嚴)에게 부절(符節)을 수여하고, 광록훈(光祿勳)을 더했으며, 도향후(都鄕侯)에 봉하여 영안(永安)의 일을 감독하게 했다. 중군사(中軍師)·위위(衛尉)인 노국(魯國)의 유염(劉琰) 역시 도향후에 봉했다. 중호군 조운(趙雲), 강주도독(江州都督) 비관(費觀), 둔기교위(屯騎校尉)·승상장사(丞相長史) 왕련(王連), 중부독(中部督) 양양(襄陽) 사람 상총(向寵) 및 위연(魏延)·오의(吳懿)를 모두 도정후(都亭侯)에 봉했다. 양홍(楊洪)·왕모(王謀) 등을 관내후(關內侯)[2]에 봉

---

1   중호군(中護軍): 《삼국지(三國志)》 〈촉서(蜀書) 이엄전(李嚴傳)〉에 이르기를, "이엄(李嚴)을 중도호(中都護)로 삼고 안팎의 군사를 통솔하며 영안(永安)에 주둔하게 했다.[以嚴爲中都護, 統內外軍事, 留鎭永安.]"라고 했다. 중도호는 위(魏)나라와 오(吳)나라의 대도독(大都督)에 해당한다. 유림(劉琳)은 당시 조운(趙雲)이 중호군(中護軍)이었으므로, 이엄을 중호군으로 삼았다는 것은 잘못이라고 주장했다.

2   관내후(關內侯): 한(漢)나라는 진(秦)나라 때의 제도를 계승하여 작위를 20등급으로 나누었다. 관내후는 열후(列侯)의 작위에 비해 한 등급 낮은 제19등급이다. 나라를 세우거나 백성을 다스릴 권한이 없고 세습도 할 수 없었으며, 군공(軍功)에 의해 작위를 획득한 경우이다. 관내후는 일반적으로 식읍이 없기 때문에 후(侯)의 이름도 없었다. 관중

했다. 남중(南中)의 여러 군(郡)에서 함께 반란을 일으켰으나, 제갈량은 막 대상(大喪)을 치렀으므로 병력을 더하여 토벌하지는 않았다. 상서(尚書) 남양(南陽) 사람 등지(鄧芝)를 오(吳)나라에 보내 우호관계를 굳게 했다. 오 왕(吳王) 손권(孫權)이 말하기를, "나는 진실로 촉(蜀)나라와 서로 친하게 지내기를 원하지만, 군주가 어리고 나라가 약소하여 스스로 보존이나 할 수 있을지 염려스럽다."라고 했다. 등지가 대답하여 말하기를, "오와 촉 두 나라의 땅을 살펴보면 오나라는 세 강[三江]³의 험준함이 있고, 촉나라 는 산세가 겹쳐 험준한 견고함이 있습니다. 대왕께서는 당세의 영웅이 시고, 제갈량도 한 시대의 호걸입니다. 이 둘의 장점을 합쳐 함께 입술과 이의 관계가 된다면 나아가서는 천하를 겸병할 수 있고, 물러나서는 삼 국이 정립하여 대치할 수 있을 것입니다. 대왕께서 만약 위나라에 신하 로서 복종한다면 위나라는 반드시 위로는 대왕께서 입조(入朝)하기를 바 랄 것이고, 그다음에는 태자가 입시(入侍)할 것을 요구할 것입니다. 만약 에 그것을 따르지 않으면 즉시 구실을 삼아 반란을 토벌한다고 할 것입 니다. 촉나라도 틀림없이 강물의 흐름을 따라 가능한지를 보고 나아갈 것입니다. 그렇게 되면 강남(江南) 땅은 더 이상 대왕의 소유가 되지 못할 것입니다."라고 했다. 오나라 왕이 크게 기뻐하며 촉나라와 화친하겠다 고 알리고, 사신을 보내 해마다 왕래하게 했다. 그 후 등지가 여러 차례 오나라에 갔다. 손권이 말하기를, "만약 위나라를 멸망시킨 다음에 두 군 주가 나누어서 다스리면 또한 좋지 않겠는가?"라고 하자, 등지가 대답하

(關中) 땅에서 겨우 얼마간의 조세를 거두어 기식(寄食)했기 때문에 '관내후'라고 불렀다. 그러나 요역(徭役) 면제와 감형(減刑) 등의 특권이 있었다.

3 세 강[三江]: 역대로 '세 강'에 대한 논의는 분분하지만, 여기에서 등지(鄧芝)가 말한 것은 대체로 장강(長江)과 한수(漢水) 그리고 회수(淮水)를 가리키는 듯하다.

여 말하기를, "위나라를 멸망시킨 다음에 대왕께서 천명을 깊이 알지 못하신다면 바야흐로 전쟁이 시작될 따름입니다."라고 했다. 손권이 말하기를, "그대의 성실함과 간절함이 마침내 여기까지 이르렀구나."라고 하고, 제갈량에게 서신을 보내 이르기를, "정굉(丁宏)은 말이 화려하고 과장되며,[4] 음화(陰化)는 말의 뜻을 다 드러내지 못했습니다. 두 나라를 화합하게 할 수 있는 자는 오직 등지뿐입니다."라고 했다.

  건흥(建興) 2년(224)에 승상(丞相) 제갈량(諸葛亮)이 승상부를 설치하고 익주 목(益州牧)을 겸하니, 크고 작은 일에 관계없이 모두 제갈량에 의해 결정되었다. 마침내 제갈량이 백성들을 어루만지고, 법도를 분명하게 보이며, 관직을 줄이고, 권제(權制)에 순응했다. 충성을 다하고 시세에 도움이 되는 자는 비록 원수라고 하더라도 반드시 상을 주었고, 법을 범하고 태만한 자는 비록 친척이라고 하더라도 반드시 벌을 주었다. 죄를 인정하고 복종하여 진심을 드러내는 자는 비록 무거운 죄라고 하더라도 반드시 석방했고, 유세하면서 말을 교묘하게 꾸미는 자는 비록 친척이라고 하더라도 반드시 죽였다. 선행이 미미하다고 하여 상을 주지 않음이 없고, 악행이 작다고 하여 폄적하지 않음이 없었다. 각종 사무에 정통했고, 사물은 근본을 궁구했다. 명칭에 따라 그 실질을 살펴 허위적인 사람은 뽑아 쓰지 않았다. 마침내 촉나라 안에서 사람들이 그를 경외하고 소중하게 받들었다. 비록 형법과 정령(政令)이 준엄하여도 원망하는 자가 없는 것은 그 마음 씀이 공정하고 상벌이 분명했기 때문이다.[5] 상서랑(尙書郞)

---

4 정굉(丁宏)은 … 화려하고 과장되며: 원문에는 '정염굉장(丁掞宏張)'이라고 되어 있으나 그 다음에 나오는 '음화부실(陰化不實)'과 문장 구조가 맞지 않다. 그래서 '정굉(丁宏)은 말이 화려하고 과장되며[丁宏掞張]'로 수정하여 번역했다.

5 제갈량이 백성들을 … 분명했기 때문이다: 이상의 문장은 《삼국지(三國志)》〈촉서(蜀書

장완(蔣琬) 및 광한(廣漢) 사람 이소(李邵), 파서(巴西) 사람 마훈(馬勳)을 연리(掾吏)로 삼고, 남양 사람 종예(宗豫)를 주부(主簿)로 삼았는데, 모두 덕행으로 천거되었다. 진복(秦宓)을 별가(別駕), 건위(犍爲) 사람 오량(五梁)을 공조(功曹), 재동(梓潼) 사람 두미(杜微)를 주부로 삼았는데, 모두 익주(益州)의 준걸들이었다. 강하(江夏) 사람 비의(費禕), 남군(南郡) 사람 동윤(董允), 곽유지(郭攸之)가 처음으로 시랑(侍郎)이 되어 황제를 보좌했다. 오나라에서 중랑장 장온(張溫)을 보내 방문한다고 등지에게 알렸다. 장차 장온이 돌아가게 되자 등지는 백관들에게 그를 전별(餞別)하도록 명했다. 오직 진복만이 가지 않자, 제갈량이 여러 차례 그를 재촉했다. 장온이 묻기를, "저자는 어떤 사람입니까?"라고 하자, 제갈량이 말하기를, "익주의 학사(學士)입니다."라고 했다. 진복이 도착하자, 장온이 진복에게 묻기를, "그대는 학문을 배웠는가?"라고 하니, 진복이 대답하여 말하기를, "5척 동자도 다 배우는데, 하물며 소인이야?"라고 했다. 장온이 말하기를, "하늘에 머리가 있는가? 어느 쪽에 있는가?"라고 하자, 진복이 말하기를, "《시경(詩經)》에 이르기를, '상제가 서쪽을 돌아보고'[乃眷西顧]6라고 했으니, 서쪽에 있음을 알겠습니다."라고 했다. 또 말하기를, "하늘에 귀가 있는가?"라고 묻자, 진복이 대답하기를, "《시경》에 '학이 구고(九皐)에서 우니, 그 소리가 하늘에까지 들리네.'[鶴鳴九皐, 聲聞於天.]7라고 했습니다. 만약 귀가 없다면 그 소리를 어떻게 듣겠습니까?"라고 했다. 또 말하기를, "하늘에는 발이 있는가?"라고 하자, 진복이 말하기를, "《시경》에 '하늘의 발걸음은 힘겹고 어려워만 가는데, 그분은 도모하지 않는구나.'[天步艱難, 之子不猶.]8라

제갈량전(諸葛亮傳)〉에 실린 진수(陳壽)의 평(評)이다.

6 상제가 서쪽을 돌아보고: 《시경(詩經)》〈대아(大雅) 황의(皇矣)〉의 글이다.

7 학이 … 들리네: 《시경(詩經)》〈소아(小雅) 학명(鶴鳴)〉의 글이다.

고 했으니, 만약 그 발이 없다면 어떻게 걸을 수가 있겠습니까?"라고 했다. 또 말하기를, "하늘은 성씨(姓氏)가 있는가?"라고 하자, 대답하기를, "유씨(劉氏)입니다."라고 했다. "어떻게 그것을 아는가?"라고 묻자, 대답하기를, "하늘의 아들이 유씨입니다."라고 했다. 또 말하기를, "해는 동쪽에서 뜨는가?"라고 하자, 대답하기를, "비록 동쪽에서 뜨지만, 결국 서쪽으로 집니다."라고 했다. 물음에 대답하는 것이 메아리가 서로 호응하는 것 같으니, 장온이 그를 깊이 존경하며 감복했다. 진복은 오래지 않아 우중랑장(右中郎將)[9] · 장수교위(長水校尉) · 대사농(大司農)으로 벼슬이 올랐다.

건흥(建興) 3년(225) 봄에 장수교위(長水校尉) 요립(廖立)이 조정을 비방한 죄를 범하여 폐위되어[廢][10] 문산(汶山)으로 옮겨졌다. 요립이 형주(荊州)에서 방통(龐統)과 함께 선주(先主)의 눈에 들었으나 성격이 거만하고 남을 무시했다. 나중에 직책이 없는 관리가 되었다가 쫓겨나는 지경에 이르렀다. 3월에 제갈량(諸葛亮)이 남쪽의 4군(四郡)[11]을 정벌하려고 홍농 태수(弘農太守) 양의(楊儀)를 참군(參軍)으로 삼아 종군하게 했다. 보병교위(步兵校尉) 양양(襄陽) 사람 상랑(向郎)을 장사(長史)로 삼아 유부(留府)[12]의 일을 통솔하게 했다. 가을, 남중(南中)이 평정되었다. 그곳에서 군대에 필요한 물자가 나와서 나라가 부요해졌다. 겨울에 제갈량이 한양(漢陽)에 돌아와

---

8 하늘의 발걸음은 … 도모하지 않는구나: 《시경(詩經)》 〈소아(小雅) 백화(白華)〉의 글이다.

9 우중랑장(右中郎將): 《삼국지(三國志)》 〈촉서(蜀書) 진복전(秦宓傳)〉에는 '좌중랑장(左中郎將)'으로 되어 있다.

10 폐위되어[廢]: 원문에는 '개(改)' 자로 되어 있으나, 《삼국지(三國志)》 〈촉서(蜀書) 요립전(廖立傳)〉에 이르기를, "요립을 폐하여 서민이 되게 하고, 문산군으로 옮겼다.[廢立爲民, 徙汶山郡.]"라고 한 내용을 근거로 '폐(廢)' 자로 수정했다.

11 4군(四郡): 월수군(越嶲郡) · 장가군(牂柯郡) · 익주군(益州郡) · 영창군(永昌郡)을 가리킨다.

12 유부(留府): 고대에 제왕이 잠시 경사(京師)를 떠나게 될 때, 명을 받들어 경사를 지키던 기구이다.

위(魏)나라에서 투항한 이홍(李鴻)과 만났는데, 그가 신성 태수(新城太守) 맹달(孟達)이 제갈량에 대한 흠모가 그침이 없다고 말했다. 제갈량이 바야흐로 북쪽을 도모하면서 맹달을 불러 바깥의 지원군으로 삼고자 하여 참군 장완(蔣琬)과 종사(從事) 비시(費詩)에게 일러 말하기를, "돌아가면 마땅히 자도(子度$_{(孟達)}^{맹달}$)에게 서신을 보내 알려 주시오."라고 하자, 대답하기를, "맹달은 소인으로서 옛날에 진위장군(振威將軍) 유장(劉璋)을 섬기다가 불충했고, 나중에 선주(先主$_{(劉備)}^{유비}$)를 받들다가 배반했으니, 이랬다저랬다 자주 바꾸는 자에게 어떻게 서신을 써서 줄 수 있겠습니까?"라고 했다. 제갈량이 대답을 하지 않았다. 비시는 여러 차례 솔직한 뜻을 말했다가 세상에서 그의 권세가 점점 쇠퇴했다. 12월에 제갈량이 도착하자, 여러 관리들이 모두 길에서 그를 맞이했다. 제갈량은 시랑(侍郞) 비의(費禕)에게 명하여 수레에 함께 오르도록 했는데, 비의의 벼슬이 낮고 나이가 어렸지만 그를 괄목상대하지 않는 사람이 없었다.

건흥(建興) 4년(226)에 영안도호(永安都護)[13] 이엄(李嚴)이 돌아와 강주(江州)를 맡아 다스리면서 파군(巴郡)에 커다란 성을 쌓았다. 정서장군(征西將軍) 여남(汝南) 사람 진도(陳到)가 영안(永安)을 맡아 다스렸고, 정후(亭侯)에 봉해졌다. 그해 위 문제(魏文帝$_{(曹丕)}^{조비}$)가 세상을 떠나고, 명제(明帝$_{(曹叡)}^{조예}$)가 즉위했다.

건흥(建興) 5년(227)은 위(魏)나라 태화(太和) 원년이다. 봄에 승상(丞相) 제갈량(諸葛亮)이 장차 북벌을 하려고 상소하여 이르기를, "지금 천하는 셋으로 나누어지고, 익주(益州)는 피폐해졌습니다. 지금은 진실로 사느냐

---

13 영안도호(永安都護): 유림(劉琳)은 이엄(李嚴)이 중랑장(中郞將)으로 '영안도독(永安都督)'을 겸했으므로 동시에 영안도호(永安都護)의 직책을 가질 수 없으니, '호(護)' 자는 '독(督)' 자를 잘못 표기한 듯하다고 했다.

죽느냐 하는 위급한 때입니다. 그러나 시위하는 신하들이 안에서 게으르지 않고, 충성스런 뜻을 지닌 장수들이 바깥에서 자신의 몸을 잊는 것은 모두가 선제의 각별한 대우를 추념하여 그것을 폐하께 보답하고자 함입니다. 선제께서는 신이 삼가고 신중함을 아시므로 임종하실 때 신에게 큰일을 맡기셨습니다. 명을 받은 이후부터 밤낮으로 근심하고 탄식했기 때문에 5월에 노수(瀘水)를 건너 깊숙이 불모의 땅으로 들어갔습니다. 지금 남방이 평정되어 군사와 무기가 풍족하므로 마땅히 삼군(三軍)을 거느리고 북쪽으로 중원(中原)을 평정해야 합니다. 바라기는 어리석고 둔한 재주를 다하여 간사하고 흉악한 자들을 물리치고 제거하여 한(漢)나라 황실을 다시 일으켜 옛 도읍으로 돌아가는 것입니다. 이것이 신이 선제께 보답하고 폐하께 충성하는 일입니다. 원컨대 폐하께서는 신에게 적을 토벌하고 부흥하는 일을 맡게 하여 주십시오. 만일 효과가 없으면 즉시 신의 죄를 다스려 선제의 영령 앞에 고하십시오. 폐하께서도 역시 마땅히 스스로 도모하여 좋은 방도를 자문하시고 훌륭한 말을 살펴 받아들이시며, 그릇된 비유를 인용하여 마땅함을 잃지 마시고, 충성스럽게 간하는 길을 막아서는 안 됩니다."라고 했다. 또 이르기를, "현명한 신하를 가까이 하고 소인을 멀리한 것은 전한(前漢)이 흥하고 융성한 이유이고, 소인을 친하게 여기고 군자를 멀리한 것은 후한(後漢)이 기울고 무너진 이유입니다. 시중(侍中) 곽유지(郭攸之)·비의(費禕), 시랑(侍郎) 동윤(董允)은 선제께서 선발하여 폐하께 남겨 주셨으니, 손해와 이익을 잘 헤아려 나아가 충언을 다하는 것은 그들의 임무입니다. 궁중의 일은 다 그들에게 자문하면 반드시 모자라거나 빠진 것을 보충하여 널리 이익 되는 일이 있을 것입니다."[14]라고 했다. 상서(尚書) 남양(南陽) 사람 진진(陳震)을 중서령(中書令),[15] 치중(治中) 장예(張裔)를 유부장사(留府長史)로 삼고, 참군 장공염

(蔣公琰^{장완})과 함께 유부(留府)의 일을 맡아 주관하게 했다. 2월, 제갈량이 출병하여 한중(漢中)에 주둔하고, 면수(沔水) 북쪽 양평(陽平)·석마(石馬)[16]에 진을 쳤다. 진북장군(鎭北將軍) 위연(魏延)을 사마(司馬)로 삼았다.

건흥(建興) 6년(228) 봄에 승상(丞相) 제갈량(諸葛亮)은 야곡도(斜谷道)로 가서 미현(郿縣)을 빼앗겠다고 소문을 내고는 진동장군(鎭東將軍) 조운(趙雲)과 중감군(中監軍) 등지(鄧芝)를 시켜 기곡(箕谷)을 점거하고, 병사가 있는 것처럼 의심하게 만들었다. 위(魏)나라 대장군(大將軍) 조진(曹眞)이 무리를 이끌고 막았다. 제갈량은 자신이 직접 대군을 이끌고 기산(祁山)[17]을 공격했는데, 상벌이 준엄하고 호령이 분명했다. 천수(天水)·남안(南安)·안정(安定) 세 군(郡)이 위나라를 배반하고 제갈량에게 호응하니, 관중(關中)이 크게 진동했다. 위 명제(魏明帝)가 서쪽을 향하여 장안(長安)을 지키고, 장합(張郃)에게 명하여 제갈량을 막게 했다. 제갈량이 참군(參軍) 양양(襄陽)

---

14 지금 천하는 … 있을 것입니다: 이는 제갈량(諸葛亮)의 〈출사표(出師表)〉 일부로, 《삼국지(三國志)》 〈촉서(蜀書) 제갈량전(諸葛亮傳)〉의 글이다.

15 중서령(中書令): 《삼국지(三國志)》 〈촉서(蜀書) 진진전(陳震傳)〉에 따르면, 진진(陳震)은 촉(蜀)나라에서 여러 군(郡)의 태수(太守)를 역임하다가 건흥(建興) 3년(225)에 조정에 들어와 상서령(尙書令)에 임명되었다. 그런데 원문에서 '중서령(中書令)'이 되었다고 했는데, 이는 아마도 착오인 듯하다. 유림(劉琳)은 서한(西漢) 때 일찍이 중서령을 설치했지만, 동한(東漢) 때에는 중서령이라는 관직이 없었고, 그러다가 위(魏)나라 황초(黃初) 때에 비로소 설치하여 추밀(樞密)을 관장했으므로, 촉나라에는 중서령이라는 관직이 없었다고 했다.

16 석마(石馬): 《촉감(蜀鑑)》에 따르면 '석(石)' 자는 '백(白)' 자로 써야 하며, '백마(白馬)'는 바로 '백마산(白馬山)'을 가리킨다. 《자치통감(資治通鑑)》 호삼성(胡三省) 주(注)에 따르면, "백마산은 산에 있는 돌이 마치 말처럼 생겨, 그것을 바라보면 실물과 아주 비슷하다."[白馬山, 山石似馬, 望之逼眞.]라고 했다.

17 기산(祁山): 지금의 감숙성(甘肅省) 예현(禮縣) 동쪽에 있는 산으로, '기산보(祁山堡)'라고도 한다. 서쪽에는 한수(漢水)가 흘러 이 산 앞으로 지나간다. 산은 높지 않지만 지세가 험하고 중요하여 천수(天水)와 한중(漢中) 방면으로 통하는 요충지이다. 그래서 촉(蜀)나라와 위(魏)나라가 이곳에서 항상 전쟁을 벌였다.

사람 마속(馬謖), 비장군(裨將軍) 파서(巴西) 사람 왕평(王平) 및 장목(張沐)·이성(李盛)·황습(黃襲) 등에게 앞으로 나아가게 했으나 제갈량의 작전 지시를 어겨 장합에게 패했다. 왕평만 홀로 무리를 거두어 후방 부대를 지켰다. 조운과 등지 역시 불리했다.[18] 제갈량이 서현(西縣)에 있는 1천여 호(戶)를 이끌고 한중(漢中)으로 돌아와 마속을 비롯하여 장목과 이성 등을 죽여 병사들에게 사죄하고, 황습의 군사를 빼앗고 조운도 녹봉을 깎았다. 장사(長史) 상랑(向郞)은 제때 마속을 비판하지 않아[臧否] 면직되었다.[19] 왕평을 등급을 뛰어넘어 참군으로 삼고, 더하여 토구장군(討寇將軍)으로 삼았으며 정후(亭侯)에 봉하여 5부(部)의 군대를 통솔하게 했다.[20] 제갈량이 상소하여 이르기를, "신은 미약한 재주로 차지해서는 안 되는 직분을 탐내고 훔쳐 직접 부절(符節)과 정기(旌旗)를 잡고 삼군을 통솔했으나 전장(典章)을 가르치고 법도를 분명하게 하지 못하고, 일에 임하여 신중하지 못하여 가정(街亭)에서는 명령을 어기는 잘못을 범했으며, 기곡(箕谷)에서는 제대로 경계하지 못한 실책을 범하는 데까지 이르렀으니, 그 허물

---

18 조운과 등지 … 불리했다: 이 상황을 《삼국지(三國志)》〈촉서(蜀書) 조운전(趙雲傳)〉에서는 "조운(趙雲)과 등지(鄧芝)가 병력은 약하고 적군은 강하므로 기곡(箕谷)에서 패했지만, 군대를 모아 굳게 지켰으므로 참패에 이르지는 않았다.[雲芝兵弱敵强, 失利于箕谷, 然斂衆固守, 不至大敗.]"라고 했다.

19 상랑(向郞)은 … 면직되었다: 《삼국지(三國志)》〈촉서(蜀書) 상랑전(向朗傳)〉에 이르기를, "상랑(向朗)은 평소 마속(馬謖)과 사이좋게 지냈으므로 마속이 도망칠 때 그 상황을 알면서도 붙잡지 않았다. 제갈량(諸葛亮)은 이 점이 원망스러워 관직을 빼앗고 성도(成都)로 돌아가게 했다.[朗素與馬謖善, 謖逃亡, 朗知情不擧, 亮恨之, 免官還成都.]"라고 했다.

20 5부(部)의 … 통솔하게 했다: 원문에는 '통군오년(統軍五年)'으로 되어 있으나, 고관광(顧觀光)은 '통군오부(統軍五部)'가 되어야 한다고 주장했다. 즉 《삼국지(三國志)》〈촉서(蜀書) 왕평전(王平傳)〉에 이르기를, "왕평(王平)은 특별히 크게 표창을 받고 참군(參軍)을 더했다. 또 왕평에게 오부(五部)의 병사를 통솔하는 권한을 주고 군영의 일을 맡겼다.[平特見崇顯, 加拜參軍, 統五部, 兼當營事.]"라고 했다. 따라서 번역문에서도 '5년(年)'을 '5부(部)'로 수정했다.

은 다 신에게 있습니다. 신이 임무를 부여한 것이 이치에 맞지 않았습니다. 《춘추(春秋)》에 따르면 군수(軍帥)가 책임을 져야 하니[21] 직분으로 보면 신이 마땅합니다. 청컨대 스스로 직위를 3등급 낮추어[22] 그 허물을 살피게 하여 주십시오."라고 했다. 그래서 제갈량을 우장군으로 삼고, 승상의 일을 대행하도록 했다. 천수(天水) 사람 강유(姜維)를 불러 창조연(倉曹掾)으로 삼고, 봉의장군(奉義將軍)을 더하여 주었으며, 당양정후(當陽亭侯)에 봉했다. 제갈량이 장사(長史) 장예(張裔)와 참군 장완(蔣琬)에게 편지를 써서 강유를 칭찬하여 이르기를, "강백약(姜伯約강유(姜維))은 서주(西州)의 뛰어난 인재로 마계상(馬季常마량(馬良))과 이영남(李永南이소(李邵))도 그보다 못할 것입니다."라고 했다. 겨울에 제갈량이 다시 산관(散關)을 나와 진창(陳倉)을 포위했으나, 식량이 다 떨어져 돌아왔다. 위나라 장수 왕쌍(王雙)이 제갈량을 추격했으나 제갈량이 싸워 그를 베었다.

건흥(建興) 7년(229) 봄에 승상(丞相) 제갈량(諸葛亮)이 호군(護軍) 진식(陳式)[23]을 보내 무도(武都)·음평(陰平)을 공격했다. 위(魏)나라에서는 옹주 자사(雍州刺史) 곽회(郭淮)가 나와서 진식을 공격하려고 했다. 제갈량이 직접

---

21 《춘추(春秋)》에 … 책임을 져야 하니: 《춘추좌씨전(春秋左氏傳)》 선공(宣公) 12년 기사에 이르기를, "한 헌자(韓獻子)가 중환환자(中行桓子)에게 이르기를, '체자(彘子)가 소수의 군사들을 데리고 사로잡혀 버린다면 그대의 큰 책임입니다. 그대는 원수(元帥)인데 군사들이 명령을 따르지 않는다면 그것이 누구의 죄이겠습니까?[韓獻子謂桓子曰, 彘子以偏師陷, 子罪大矣. 子爲元帥, 師不用命, 誰之罪也.]'라고 했다.

22 직위를 3등급 낮추어: 한(漢)나라 말 및 위진(魏晉) 때 관제(官制)에 따르면, 승상(丞相)은 상공(上公)이 되고, 그 아래가 거기(車騎)·표기(驃騎) 등 장군이 되며, 그 아래가 전·후·좌·우장군이 되니, 승상에서 우장군으로 강등된 것은 3등급이 떨어진 것이다.

23 진식(陳式): 《삼국지(三國志)》〈촉서(蜀書) 제갈량전(諸葛亮傳)〉에 따르면, "제갈량은 진식(陳式)을 보내 무도군과 음평군을 치게 했다.[亮遣陳式攻成都陰平.]"라고 했고, 〈촉서 후주전(後主傳)〉에도 같은 기록이 있다. 이에 근거하여 원문의 '진계(陳戒)'를 '진식(陳式)'으로 수정했다.

건위(建威)에 도착하니, 곽회가 퇴각하여 마침내 두 군을 평정했다. 후주 (後主)가 제갈량에게 조책을 내려 이르기를, "가정(街亭)에서의 패배는 그 허물이 마속(馬謖)에게 있는데, 그대는 그 허물을 자신에게 돌려 스스로 심하게 억누르고 해쳤다. 짐도 그대의 뜻을 어기는 것을 삼가서 그대가 지키려는 바를 듣고 따랐다. 작년에 군대를 빛나게 하여 왕쌍(王雙)의 머리를 베었고, 올해도 곧바로 출정하여 곽회가 도망치게 했다. 저족(氐族) 과 강족(羌族)을 항복시켜 모으고, 다시 두 군(郡)을 회복시켰다. 그대의 위풍은 흉포한 자들을 떨게 했고, 공훈은 성대했다. 이제 그대에게 승상 의 직무를 회복시키니, 그대는 사양하지 말라."라고 했다. 여름 4월에 오 (吳)나라 군주 손권(孫權)이 황제를 칭하자, 촉(蜀)나라에서 위위(衛尉) 진진 (陳震)을 보내 축하하며 문후(問候)했다. 오나라는 촉나라와 천하를 나누 기로 약속했다.[24] 겨울에 한성(漢城)과 낙성(樂城)을 쌓았다.

건흥(建興) 8년(230) 봄에 승상(丞相) 제갈량(諸葛亮)이 참군(參軍) 양의(楊儀)를 장사(長史)로 삼고, 수원장군(綏遠將軍)을 더했다. 강유(姜維)를 올려 주어 호군(護軍)·정서장군(征西將軍)으로 삼았다. 가을에 위(魏)나라 대장 군(大將軍) 사마 선왕(司馬宣王, 사마의(司馬懿))에게 서성(西城)을 거치고, 정서거기장군 (征西車騎將軍) 장합(張郃)에게 자오(子午)를 거치며, 대사마(大司馬) 조진(曹眞) 에게 야곡(斜谷)을 거쳐 세 길로 한중(漢中)을 공격하게 했다. 승상 제갈량 은 성고(成固)[25]에 군대를 주둔시키고, 표문을 올려 강주도호(江州都護)[26] 이

---

24 오나라는 … 나누기로 약속했다:《삼국지(三國志)》〈오서(吳書) 손권전(孫權傳)〉 및 〈촉서 (蜀書) 진진전(陳震傳)〉에 따르면, 예주(豫州)·청주(靑州)·서주(徐州)·유주(幽州)는 오(吳)나 라에 속하고, 연주(兗州)·익주(益州)·병주(幷州)·양주(凉州)는 촉(蜀)나라에 속하며, 사주 (司州)의 땅은 함곡관(函谷關)을 경계로 하여 동쪽은 오나라에 속하고 서쪽은 촉나라에 속하기로 했다.

25 성고(成古): 지금의 섬서성 성고현(城固縣) 동쪽에 위치하고 있다.《삼국지(三國志)》〈촉서

엄(李嚴)을 표기장군(驃騎將軍)으로 삼아 군사 2만 명을 거느리고 한중(漢中)으로 가게 했다. 이엄이 처음에 다섯 군(郡)을 파주(巴州)로 삼도록 요구했는데, 제갈량에게 서신을 보내 위나라의 대신 진군(陳群)과 사마의(司馬懿)가 나란히 관부(官府)를 설치했다고 알렸다. 제갈량이 마침내 이엄에게 중도호(中都護)를 더하여 주고, 이엄의 아들 이풍(李豐)을 강주도독으로 삼았다. 큰비가 내려 도로가 끊겨 조진 등이 돌아갔다. 승상 제갈량이 먼저 북쪽을 정벌하려고 했기 때문에 이엄을 한중에 남겨 유부(留府)의 일을 관장하게 했다. 이엄이 이름을 '이평(李平)'으로 바꾸었다. 승상사마(丞相司馬)[27] 위연(魏延), 장군 오의(吳懿)가 서쪽으로 향하여 강중(羌中)에 들어가 양계(陽谿)에서 위나라 후장군(後將軍) 비요(費瑤)와 옹주 자사(雍州刺史) 곽회(郭淮)를 크게 무찔렀다. 위연을 전군사(前軍師)·진서장군(鎭西將軍)[28]으로 올려 남정후(南鄭侯)에 봉하고, 오의를 좌장군으로 삼아 고양향후(高陽鄕侯)에 봉했다. 노왕(魯王) 유영(劉永)을 감릉왕(甘陵王), 양왕(梁王) 유리(劉理)를 안평왕(安平王)으로 삼았는데, 이는 노국(魯國)과 양국(梁國)이 모두 오(吳)나라의 경계에 있었기 때문이다.

　건흥(建興) 9년(231) 봄에 승상(丞相) 제갈량(諸葛亮)이 다시 출병하여 기산(祁山)을 포위하고, 처음으로 목우(木牛)[29]를 가지고 군량을 운반했다. 참

　《蜀書》 후주전(後主傳)〉에 이르기를, "승상 제갈량이 성고(成固) 적판에서 기다렸다.[丞相亮待之于成固赤坂.]"라고 했는데, 이에 근거하여 원문의 '성고(城固)'를 '성고(成固)'로 수정했다.

26 강주도호(江州都護): 유림(劉琳)은 '강주도독(江州都督)'을 '강주도호(江州都護)'로 잘못 표기한 듯하다고 주장했다. 이엄(李嚴)은 건흥(建興) 4년(226)에 전장군(前將軍)이 되었다가, 이때에 표기장군(驃騎將軍)으로 옮겼다.

27 승상사마(丞相司馬): 한(漢)나라 때 관제에 따르면 승상(丞相)의 속관으로는 장사(長史)만 있지, 사마(司馬)는 없었다. 그러나 당시 병사를 부렸기 때문에 사마를 설치한 것이다.

28 진서장군(鎭西將軍): 유림(劉琳)은 《삼국지(三國志)》〈촉서(蜀書) 위연전(魏延傳)〉에 근거하여, '진서장군(鎭西將軍)'을 '정서대장군(征西大將軍)'으로 고쳐야 한다고 주장했다.

군(參軍) 왕평(王平)이 기산 남쪽 지역을 지키고 있었다. 사마 선왕(司馬宣王)이 제갈량을 막고, 장합(張郃)이 왕평을 막았다. 제갈량은 양식의 운반이 계속되지 않을까 우려하여 세 가지 계책을 세워 도호(都護) 이평(李平)에게 말하기를, "상책은 저들의 퇴로를 끊는 것이고, 중책은 저들과 대치하며 오랫동안 버티는 것이며, 하책은 황토(黃土)[30]로 돌아가는 것이다."라고 했다. 당시 사마 선왕 등은 양식이 다 떨어졌다. 한여름에 큰비가 내리자, 이평은 조운(漕運)으로 군량을 공급하지 못할까 두려워 제갈량에게 서신을 보내 마땅히 돌아가야 한다고 말했다. 여름 6월에 제갈량이 이평의 뜻을 받아들여 군사를 물렸다. 장합이 청봉(青封)에 이르러 교전했으나, 제갈량에게 죽임을 당했다. 가을 8월에 제갈량이 한중(漢中)으로 돌아왔다. 이평은 제갈량에게 양식을 운반하는 데 힘쓰지 않았다고 질책받을 것이 두려워 독운(督運)[31] 잠술(岑述)을 죽이려고 했고, 겉으로 놀라는 체 하면서 제갈량에게 왜 돌아왔냐고 물었다. 또 후주(後主)에게 표문을

---

29 목우(木牛): 유림(劉琳)은 《송사(宋史)》〈양윤공전(楊允恭傳)〉·고승(高承)의 《사물기원(事物紀原)》·진사도(陳師道)의 《진후산집(陳後山集)》·《비사유편(稗史類編)》 등의 기재에 의거하여 《삼국지(三國志)》〈촉서(蜀書) 제갈량전(諸葛亮傳)〉에서 언급하는 '목우(木牛)'와 '유마(劉馬)'를 바퀴가 하나 달린 수레인 '독륜차(獨輪車)'로 보았다. 《비사유편》에 "촉나라 승상 제갈량이 출정하여 비로소 목우와 유마를 만들어 군량을 날랐다. 아마도 파촉(巴蜀)의 도로가 험하여 산에 오르고 물을 건너기가 편리하기 때문일 것이다.[蜀相諸葛亮之出征, 始造木牛流馬以運餉. 蓋巴蜀道阻, 便於登陟故耳.]"라고 했다.

30 황토(黃土): 《수경주(水經注)》〈위수(渭水)〉에 이르기를, "위수(渭水)는 흑수협(黑水峽)으로부터 잠협(岑峽)에까지 이르는데, 남북의 11개 강물이 그곳으로 모인다.[渭水自黑水峽至岑峽, 南北十一水注之.]"라고 했는데, 그 가장 동쪽이 황토천수(黃土川水)이다. 황토천수는 남산(南山)에서 나와 북쪽으로 기현성(冀縣城) 동쪽을 거쳐 북쪽으로 흘러 위수로 모인다. '황토(黃土)'는 황토천수 가의 지명으로, 지금의 감숙성(甘肅省) 감곡현(甘谷縣) 동남쪽이다.

31 독운(督運): 원문에는 잠술(岑述)이 '독운령(督運領)'으로 되어 있으나, 《자치통감(資治通鑑)》 권72〈위기4(魏紀四)〉에는 '독운(督運) 잠술'로 기록되어 있어 '령(領)' 자가 없다. 독운은 군량미 등 군사물자를 운반하는 책임자이다.

올려 제갈량이 퇴각했다고 거짓으로 말했다. 제갈량이 노하여 표문을 올려 이평의 관직을 폐하여 서민으로 삼고, 재동(梓潼)으로 내쫓았다. 이평의 아들 이풍(李豐)의 병력을 빼앗아 종사중랑(從事中郞)으로 삼고, 장사(長史) 장완(蔣琬)과 더불어 공동으로 유부(留府)의 일을 처리하게 했다. 그때 비의(費禕)를 사마(司馬)로 삼았다.

건흥(建興) 10년(232) 봄에 승상(丞相) 제갈량(諸葛亮)이 병사들을 쉬게 하며 농사를 권장했다. 거기장군(車旗將軍) 유염(劉琰)이 군사(軍師) 위연(魏延)과 사이가 좋지 않아 성도(成都)로 돌아왔다. 가을, 가뭄이 들자, 제갈량이 병사를 훈련하고 무술을 익히게 했다.

건흥(建興) 11년(233)은 위(魏)나라 청룡(靑龍) 원년이다. 승상(丞相) 제갈량(諸葛亮)이 야곡각(斜谷閣)을 만들어 양식을 야곡 입구로 옮겼다.

건흥(建興) 12년(234) 봄에 승상(丞相) 제갈량(諸葛亮)이 유마(流馬)[32]로 양식을 운반하며 야곡도(斜谷道)에서 무공현(武功縣)으로 나와 오장원(五丈原)을 점거하고, 사마 선왕(司馬宣王)과 위수(渭水) 남쪽에서 서로 대치했다. 제갈량은 매번 양식이 계속 공급되지 않아 자신의 뜻을 펼치지 못할까 근심하여 병사를 나누어 둔전(屯田)하여 오랫동안 주둔할 터전을 만들었다. 농사를 짓는 자들은 위수 가에서 백성들과 섞여 지냈는데, 백성들은 편안하게 거처했고 군사들은 사사로움이 없었다. 가을 8월에 제갈량이 병이 들어 군중(軍中)에서 죽었는데, 당시 그의 나이 54세였다. 돌아가 한중(漢中) 정군산(定軍山)에 안장했다. 무덤은 관을 넣을 수 있을 정도로만 하고 염(殮)할 때에는 평소 입던 옷을 입혔다. 시호는 '충무후(忠武侯)'라 했다. 진서대장군(鎭西大將軍)[33] 위연(魏延)과 장사(長史) 양의(楊儀)는 평소 사

---

32 유마(流馬): 앞의 주29 참조.

이가 좋지 않았다. 제갈량은 위연의 용맹을 의지하고 또 양의의 재간을 아꼈지만, 한쪽으로 치우쳐 한쪽을 버릴 수 없어서 항상 그것을 한스럽게 여겨 〈감척론(甘戚論)〉을 지었다. 그러나 두 사람은 깨닫지 못했다. 위연은 항상 칼을 들어 양의를 죽이는 시늉을 했고, 양의는 눈물을 마구 흘렸다. 오직 호군(護軍) 비의(費禕)가 그들 사이를 화해시켜 제갈량이 죽을 때까지 각자의 재능을 다 발휘했다. 양의는 제갈량이 만든 지침[亮成規][34] 에 따라 장차 장례를 치르려고 퇴각하면서 위연에게 뒤에서 추격하는 적을 끊고, 강유(姜維)에게는 그 앞에 서게 했다. 그러자 위연이 화를 내며 군사를 이끌고 먼저 남정(南鄭)으로 돌아가 버렸다. 그러고는 각자 표문을 올려 서로가 모반했다고 했다. 유부장사(留府長史) 장완(蔣琬)과 시중(侍中) 동윤(董允)은 양의를 보호하며 위연을 의심했다. 위연이 양의를 역습하려고 했다. 양의는 평북장군(平北將軍) 마대(馬岱)를 보내 위연을 토벌하여 죽이고 삼족을 멸했다. 위연은 스스로 전술에 재간이 있다고 여겨 항상 수만 명의 군사를 구하여 다른 길로 나아가 동관(潼關)에서 만나 한신(韓信)의 고사[35]를 따르고자 했으나 제갈량이 허락하지 않자, 제갈량을 겁

---

33 진서대장군(鎭西大將軍): 유림(劉琳)은 《삼국지(三國志)》〈촉서(蜀書) 위연전(魏延傳)〉에 근거하여, '진서대장군(鎭西大將軍)'을 '정서대장군(征西大將軍)'으로 고쳐야 한다고 주장했다. 원문에서는 위연(魏延)을 '진서장군(鎭西將軍)'이라고도 했다.

34 제갈량이 만든 지침[亮成規]:《삼국지(三國志)》〈촉서(蜀書) 위연전(魏延傳)〉에 이르기를, "제갈량(諸葛亮)은 질병이 심해져서 위험한 지경에 이르자 비밀리에 장사(長史) 양의(楊儀), 사마(司馬) 비의(費禕), 호군(護軍) 강유(姜維) 등에게 자신이 죽은 뒤에 군사를 철수시키는 일에 관한 지침을 주었다. 위연(魏延)에게는 적이 뒤쫓아 오는 것을 막게 하고, 강유에게는 그 앞에 서게 했다. 만약 위연이 명령을 따르지 않을 경우에는 군대를 그대로 출발시키도록 했다.[亮病困, 密與長史楊儀司馬費禕護軍姜維等作身殁之後退軍節度. 魏延繼後, 姜維次之, 若延或不從命, 軍便自發.]"라고 했는데, 제갈량이 만든 지침이란 이것을 말한다.

35 한신(韓信)의 고사:《삼국지(三國志)》〈촉서(蜀書) 위연전(魏延傳)〉에 이르기를, "제갈량(諸葛亮)과는 다른 길로 나아가 동관(潼關)에서 만나다.[與亮異道會于潼關]"라고 했고, 《한서(漢書)》

쟁이라고 여겼다. 양의가 장차 퇴각할 때에 미쳐서 비의로 하여금 위연에게 가보게 했다. 그러자 위연이 말하기를, "비록 공이 죽었지만 나는 지금 건재하니, 마땅히 군사를 이끌고 적을 공격하겠습니다. 어찌 한 사람이 죽었다고 나라의 큰일을 폐하겠습니까?"라 하고, 비의로 하여금 가서 보고하게 했다. 양의가 불가하다고 했기 때문에 위연이 양의를 토벌하려고 했다. 양의가 여러 군대를 이끌고 성도(成都)로 돌아왔다. 후주(後主)가 대사면을 실시하고, 오의(吳懿)를 거기장군(車騎將軍)으로 삼아 부절을 내리고 한중의 일을 감독하게 했다. 처음에 제갈량이 후주에게 은밀히 표문을 올려 "양의는 성격이 성급하고 편협하니, 신이 만약 불행한 일을 당하게 되면 장완으로 신을 대신하십시오."라고 했다. 그래서 장완을 상서령(尙書令)으로 삼아 나랏일을 총괄하게 했다. 양의를 중군사(中軍師), 사마(司馬) 비의를 후군사(侯軍師), 정서장군(征西將軍) 강유(姜維)를 우감군(右監軍)·보한장군(輔漢將軍), 등지(鄧芝)를 전군사(前軍師), 영 예주 자사(領克州刺史), 장익(張翼)을 전령군(前領軍)으로 삼아 군정을 관장하게 했다. 요립(廖立)은 문산(汶山)에서 제갈량이 죽었다는 소식을 듣고 눈물을 흘리며 말하기를, "나는 끝내 좌임(左衽)을 하겠구나."[36]라고 했다. 이평(李平) 역시 병이 나서 죽었다. 처음에 요립과 이평은 제갈량에 의해 쫓겨나 유배

〈한신전(韓信傳)〉에 따르면, '한신(韓信)의 고사'는 초한(楚漢) 전쟁 중에 한신이 하동(河東)을 평정한 뒤 사람을 시켜 한왕(漢王) 유방(劉邦)에게 "군사 3만 명을 더하여 주신다면 신은 북쪽으로 연(燕)나라와 조(趙)나라를 멸망시키고, 동쪽으로 제(齊)나라를 공격하며, 남쪽으로 초(楚)나라의 양식을 운반하는 길을 끊고, 서쪽으로 형양(滎陽)에서 대왕과 만날 것입니다."[願益兵三萬人, 臣請以北擧燕趙, 東擊齊, 南絶楚之糧道, 西與大王會于滎陽.]라고 한 일을 가리킨다.

36 좌임(左衽)을 하겠구나: 요립(廖立)이 유배된 문산(汶山)은 저강족(氐羌族) 지역에 있었는데, 제갈량(諸葛亮)이 죽어 더 이상 돌아갈 수 없음을 탄식한 말이다.

지에서 오랫동안 머물다가 죽었는데, 항상 제갈량이 마땅히 자신의 벼슬을 회복시켜 주기를 바랐지만 후인들이 자신을 등용하지 않을 것을 헤아렸으므로 분한 감정이 북받쳐 오른 것이었다.

건흥(建興) 13년(235)에 상서령(尙書令) 장완(蔣琬)을 대장군(大將軍)에 임명하고, 익주 자사(益州刺史)를 겸하게 했다. 비의(費禕)를 상서령으로 삼았다. 당시는 막 원수(元帥제갈량)의 상(喪)을 당했던 때라서 먼 곳이든 가까운 곳이든 간에 모두가 위태롭고 두려워했다. 장완이 높은 지위에 올랐지만 슬퍼하는 모습이 없고 기뻐하는 안색도 없었으니, 사람들이 점차 장완을 우러러보며 따르게 되었다. 시랑(侍郎)[37] 동윤(董允)에게 호분중랑장(虎賁中郎將)을 겸하게 하여 숙위병(宿衛兵)을 통솔하게 했다. 군사(軍師) 양의(楊儀)는 자신이 나이나 관리가 된 시기가 장완보다 앞서고, 비록 같이 참군(參軍)·장사(長史)가 되었지만 자신은 항상 정벌을 나가 부지런히 수고하는데 장완보다 낮은 자리에 있다고 여겨 원망하면서 비의에게 일러 말하기를, "공(公제갈량)께서 돌아가셨을 때 내가 마땅히 군사를 이끌고 위나라에 항복했다면, 세상에서 내 처지가 어찌 이처럼 떨어졌겠습니까? 사람으로 하여금 후회하게 함이 여기에까지 이를 수는 없습니다."라고 했다. 비의가 후주(後主)에게 표문을 올려 그 말을 전하니, 양의를 폐하고 한가군(漢嘉郡)으로 유배 보냈다. 양의가 다시 글을 올렸는데 내용이 격렬하여 마침내 양의를 극형으로 처리했다. 오(吳)나라는 제갈량이 죽자, 다시 파구(巴丘)를 지키는 병사 1만 명을 늘렸다.[38] 촉(蜀)나라 역시 백제(白帝)를

---

37 시랑(侍郎): 《삼국지(三國志)》〈촉서(蜀書) 동윤전(董允傳)〉에 따르면, 제갈량(諸葛亮)이 생존해 있을 때 이미 시중(侍中)으로 호분중랑장(虎賁中郎將)을 대리하고 있었고, 제갈량이 죽은 뒤에도 여전히 원래의 직책을 유지하고 있었다. 따라서 원문에서는 '시중(侍中)'을 '시랑(侍郎)'으로 자못 표기한 듯하다.

지키는 군사를 늘렸다. 우중랑장(右中郎將)[39] 종예(宗預)가 오나라에 사신으로 가니, 오나라 군주가 말하기를, "동쪽과 서쪽은 함께 일가(一家)가 되는데, 어째서 백제를 지키는 군사를 늘렸는가?"라고 하자, 종예가 대답하여 말하기를, "동쪽에서 파구를 지키는 병사를 늘리고, 촉(蜀)나라에서 백제의 병사를 늘린 것은 일의 형세에 따라 마땅한 것이니, 물을 만한 것이 되지 못 합니다."라고 했다.

건흥(建興) 14년(236) 여름 4월에 후주(後主)가 서쪽으로 순행(巡幸)을 나가 전산(湔山)에 이르러 관판(觀坂)[40]에 올라 문천(汶川$_{민강}^{(岷江)}$)이 흘러가는 모습을 바라보았다. 무도(武都)의 저족(氐族) 왕 부건(符健)이 항복을 청하자, 장군 장위(張尉)에게 그를 맞이하게 했으나 기일이 지나도록 이르지 않았다. 대장군(大將軍) 장완(蔣琬)이 그 일을 근심했다. 그때 아문장(牙門長) 파서(巴西) 사람 장억(張嶷)이 말하기를, "부건이 귀부를 요청한 것이 진지하고 간절했으니 반드시 돌이키거나 지체하지 않을 것입니다. 부건의 동생이 교활하여 공(功)을 함께할 수 없어 각자가 헤어졌다고 들었으니, 그 때문에 늦어지는 것입니다."라고 했다. 과연 부건의 동생이 반란을 일으켜 위(魏)나라로 갔다. 부건이 4백 호를 이끌고 장위를 따라와 광도현(廣都縣)

---

38 파구(巴丘)를 … 늘렸다: 파구(巴丘)는 지금의 호남성(湖南省) 악양현(岳陽縣)으로, 당시 오(吳)나라의 중요한 진지였다. 손권(孫權)이 군사를 늘린 까닭은 첫째로 위(魏)나라가 승기를 타고 촉(蜀)나라를 공격하는 것을 막기 위함이며, 둘째로는 기회를 보아 촉 땅을 차지하기 위해서였다.

39 우중랑(右中郎): 원문에는 '우중랑(右中郎)'으로 되어 있으나, 정식 관명에 맞게 '우중랑장(右中郎將)'으로 수정했다.

40 관판(觀坂): 관현(灌縣)의 서문(西門) 바깥에 있는 성벽 아래 강을 끼고 있는 가파른 언덕을 말한다. 《삼국지(三國志)》 〈촉서(蜀書) 후주전(後主傳)〉에 이르기를, "후주(後主)가 전현(湔縣)에 이르러 관판(觀坂)에 올라 문수(汶水)가 흘러가는 것을 보았다.[後主至湔, 登觀坂, 看汶水之流.]"라고 했다.

에 거주했다.

건흥(建興) 15년(237)은 위(魏)나라 경초(景初) 원년이다. 여름 6월에 황후(皇后) 장씨(張氏)가 세상을 떠났고, 시호를 '경애(敬哀)'라고 했다. 그해 거기장군(車騎將軍) 오의(吳懿)가 죽었다. 후전군(後典軍)·안한장군(安漢將軍) 왕평(王平)에게 한중 태수(漢中太守)를 겸하게 하고, 오의를 대신하여 한중의 일을 감독하게 했다. 오의의 사촌동생 오반(吳班)은 한(漢)나라 대장군 하진(何進)의 관속(官屬)이었던 오광(吳匡)의 아들로, 명성이 늘 오의에 버금갔고, 관직은 표기장군(驃騎將軍)·지절(持節)·향후(鄉侯)에 이르렀다.[41] 당시 남군(南郡) 사람 원필(元弼)[42] 보광(輔匡)과 영릉(零陵) 사람 남화(南和) 유옹(劉邕)은 관직이 진남장군(鎭南將軍)에 이르렀고, 영천(潁天) 사람 원침(袁綝)과 남군 사람 고상(高翔)은 대장군에 이르렀고, 원침을 정서장군(征西將軍)으로 삼았다.

연희(延熙) 원년(238) 봄 정월에 장씨(張氏)를 황후로 세웠는데, 경애황후(敬哀皇后)의 동생이다. 대사면을 실시하고 연호를 바꾸었다. 아들 유선(劉璿)을 세워 태자로 삼고, 유요(劉瑶)를 안정왕(安定王)으로 삼았다. 전학종사(典學從事) 파서(巴西) 사람 초주(譙周)를 태자가령(太子家令)으로 삼고, 재동(梓潼) 사람 이선(李譔)을 복야(僕射)로 삼았는데, 모두 이름난 유학자였

---

41 관직은 … 향후(鄉侯)에 이르렀다.:《삼국지(三國志)》〈양희전(楊戲傳)〉에 수록된 〈계한보신찬(季漢輔臣贊)〉에 따르면, "오의(吳懿)의 친척 동생 오반(吳班)은 자가 원웅(元雄)이며, 대장군 하진(何進)의 관속이던 오광(吳匡)의 아들이다. … 후주(後主) 때 점차 승진하여 표기장군(驃騎將軍)이 되고, 부절을 받았으며, 면죽후(綿竹侯)에 봉해졌다.[懿族弟班, 字元雄, 大將軍何進官屬吳匡之子也. … 後主世, 稍遷至驃騎將軍, 假節, 封綿竹侯.]"라고 했다. 따라서 원문에서 말하는 '지절(持節)'과 '향후(鄉侯)'는 잘못 표기한 듯하다.

42 원필(元弼): 보광(輔匡)의 자로, 원문에는 '광필(光弼)'로 되어 있으나 잘못되었으므로 '원필(元弼)'로 수정했다.

다. 겨울 12월[43]에 대장군 장완(蔣琬)이 출병하여 한중(漢中)에 주둔하고, 다시 왕평(王平)을 전호군(前護軍)으로 임명하여 대장군부(大將軍府)의 일을 관장하게 했으며, 상서복야(尚書僕射) 이복(李福)을 전감군(前監軍)으로 삼아 대장군사마(大將軍司馬)를 겸하게 했다.

연희(延熙) 2년(239) 봄 3월에 대장군(大將軍) 장완(蔣琬)에게 대사마(大司馬)를 더하여 주고, 관부를 열게[開府] 했다. 치중 종사(治中從事) 건위(犍爲) 사람 양희(楊羲)[44]를 동조연(東曹掾)으로 삼았다. 양희는 성품이 간략하여 장완과 함께 이야기할 때면 때때로 응답하지 않았는데, 여러 관리들은 그가 거만하다고 여겼다. 장완이 말하기를, "무릇 사람의 마음이 서로 다른 것은 각자의 얼굴이 다른 것과 같습니다.[夫人心不同, 各如其面.][45] 얼굴을 마주하여서는 따르다가 뒤에서 험담을 하는 것은 옛사람이 경계하는 바입니다. 양희가 나의 생각이 옳다고 찬성하려고 하면 그것은 그의 본심이 아니고, 나의 말에 반대하려고 하면 그것은 나의 잘못을 드러내는 것이기 때문에 침묵하는 것입니다. 이것이 양희의 솔직한 점입니다."라고 했다. 독농(督農) 양민(楊敏)이 늘 장완을 비방하기를, "일 처리가 모호하여 진실로 앞사람에게 미치지 못한다.[誠非前人也.][46]"라고 했다. 어떤 사람이 그 사실을 장완에게 말해 주자, 장완이 말하기를, "나는 분명히 앞사람보

---

43 겨울 12월: 《삼국지(三國志)》〈촉서(蜀書) 후주전(後主傳)〉에는 '11월'로 되어 있다.

44 양희(楊羲): 《삼국지(三國志)》〈촉서(蜀書) 양희전(楊戲傳)〉에서는 '양희(楊戲)'로 되어 있는데, 옛날에는 '희(戲)' 자와 '희(羲)' 자가 서로 통용되었다.

45 무릇 사람의 … 같습니다: 이는 《춘추좌씨전(春秋左氏傳)》 양공(襄公) 3년에 나오는 글로, 정(鄭)나라 자산(子産)이 자피(子皮)에게 한 말이다.

46 진실로 … 미치지 못한다[誠非前人也.]: 《삼국지(三國志)》〈촉서(蜀書) 장완전(蔣琬傳)〉에는 '비(非)' 자 뒤에 '급(及)' 자가 있어 보충하여 번역했다. 여기에서 '앞사람'은 '제갈량(諸葛亮)'을 가리킨다.

다 못합니다."라고 했다. 일을 주관하는 사람이 어떤 것이 모호한 상태인지 묻자, 장완이 말하기를, "진실로 앞사람만 못한 것이 모호한 상태입니다. 다시 무엇을 묻겠습니까?"라고 했다. 나중에 양민이 사건에 연루되어 감옥에 갇혔는데, 사람들은 그가 틀림없이 죽을 것이라고 여겼다. 그러나 장완은 편견을 가진 사람이 아니었다. 그런 까닭에 조정의 상하(上下)가 화목했고, 사람들은 장완을 우러러보며 그에게 귀의했다. 촉(蜀)나라는 잘 다스려졌다고 칭하여졌다. 장완이 보한장군(輔漢將軍) 강유(姜維)에게 대사마사마(大司馬司馬)⁴⁷를 겸하게 하고, 그해 서쪽 정벌을 나서 강중(羌中)으로 들어갔다. 위 명제(魏明帝)가 세상을 떠나고, 제왕(齊王) 조방(曹芳)이 즉위했다.

연희(延熙) 3년(240)은 위(魏)나라 정시(政始) 원년이다. 안남장군(安南將軍) 마충(馬忠)이 월수 태수(越巂太守) 장억(張嶷)을 이끌고 월수군(越巂郡)의 반란을 평정했다.

연희(延熙) 4년(241) 겨울 10월에 상서령(尚書令) 비의(費禕)가 한중(漢中)에 이르러 대사마(大司馬) 장완(蔣琬)과 함께 정무(政務)에 대한 계책을 상의하고 토론했다. 그는 연말이 되어서 돌아왔다.

연희(延熙) 5년(242) 봄 정월에 강유(姜維)가 돌아와 부현(涪縣)에 주둔했다. 대사마(大司馬) 장완(蔣琬)은 승상(丞相) 제갈량(諸葛亮)이 여러 차례나 진천(秦川)으로 들어가려 했으나 이기지 못했으므로 면수(沔水)를 따라 동쪽

---

47 대사마사마(大司馬司馬): 대사마(大司馬) 관부(官府)의 사마(司馬)를 가리킨다. 원문에는 '대사마'로 되어 있는데, 《삼국지(三國志)》 〈촉서(蜀書) 강유전(姜維傳)〉에 따르면, "장완(蔣琬)이 이미 대사마로 승진한 뒤 강유(姜維)는 사마가 되어 여러 차례 한 갈래의 군대를 거느리고 서쪽으로 쳐들어갔다.[琬旣遷大司馬, 以維爲司馬, 數率偏軍西入.]"라고 했다. 이를 근거로 하여 '대사마'를 '대사마사마'로 수정하여 번역했다.

으로 내려가 세 군(郡)[48]을 정벌하고자 했다. 조정의 신하들이 모두 불가능하다고 여겼다. 안남장군(安南將軍) 마충(馬忠)이 건녕(建寧)에서 조정으로 돌아왔다. 그 뒤에 마충이 한중에 이르러 장완에게 조서를 선포했는데, 장완 역시 연달아 병이 생겨 계획을 거두었다. 마충을 진남대장군(鎭南大將軍)으로 옮기고, 팽향후(彭鄕侯)[49]에 봉했다.

연희(延熙) 6년(243)에 대사마(大司馬) 장완(蔣琬)이 상소하여 이르기를, "신이 어리석고 나약한데다 병까지 걸리게 되었습니다. 조서를 받든 지 6년, 계획한 일을 이루지 못하여 이른 아침부터 밤늦게까지 근심하고 마음 아파했습니다. 지금 위(魏)나라는 아홉 주(州)[50]를 차지하고 있어 제거하기가 쉽지 않습니다. 만약 동쪽과 서쪽이 기각(掎角)[51]의 형세를 이룬다

---

48 세 군(郡): 위흥(魏興)·상용(上庸)·신성(新城)을 가리키는데, 촉(蜀)나라 사람들은 이 세 군을 '동삼군(東三郡)'이라 불렀다.

49 팽향후(彭鄕侯): 《삼국지(三國志)》 〈촉서(蜀書) 마충전(馬忠傳)〉에 이르기를, "월수군(越嶲郡)도 오랫동안 땅을 잃었으므로 마충(馬忠)은 태수 장억(張嶷)을 이끌고 옛 군을 되찾았다. 이로 말미암아 안남장군(安南將軍)을 더하고, 팽향정후(彭鄕亭侯)에 봉하여졌다.[又越嶲郡亦久失土地, 忠率將太守張嶷開復舊郡, 由此就加安南將軍, 進封彭鄕亭侯.]"라고 했다.

50 아홉 주(州): 동한(東漢) 때 전국에는 사주(司州)·예주(豫州)·기주(冀州)·연주(兗州)·서주(徐州)·청주(靑州)·형주(荊州)·양주(揚州)·익주(益州)·양주(涼州)·병주(幷州)·유주(幽州)·교주(交州) 등 모두 13개 주(州)가 있었다. 오(吳)나라에 형주·양주·교주 3개 주가 있고, 촉(蜀)나라에 익주 1개 주가 있으며, 나머지 9개 주는 위(魏)나라에 속해 있었다. 그러나 당시 형주와 양주의 절반이 위나라에 속하고, 또한 옹주(雍州)와 진주(秦州)를 나누어 설치하여 위나라가 실제로 차지하고 있는 주는 9개 주를 넘어선다.

51 기각(掎角): 사슴을 잡을 때 뒤에서는 발을 잡고, 앞에서는 뿔을 켠다는 뜻으로, 앞뒤 양쪽에서 함께 공격함을 말한다. 《춘추좌씨전(春秋左氏傳)》 양공(襄公) 14년에 이르기를, "이를 비유하자면 사슴을 잡는 것과 같다. 진(晉)나라 사람은 뿔을 잡아당기고, 여러 융인(戎人)은 다리를 잡아당길 때에 진나라 사람과 함께 일제히 공격한다.[譬如捕鹿. 晉人角之, 諸戎掎之, 與晉掊之.]"라고 했다. 여기에서는 촉(蜀)나라와 오(吳)나라가 함께 위(魏)나라를 공격함을 의미한다.

면 위나라의 땅을 잠식할 수는 있습니다. 그러나 오(吳)나라가 약속을 해 놓고 망설이는 바람에 연합이 성과를 낼 수 없었습니다. 비의(費禕)·마충(馬忠)과 의논하여 양주(涼州)는 오랑캐들이 사는 변새의 요충지로 보고 마땅히 강유(姜維)를 양주 자사(涼州刺史)로 삼아 황하(黃河)의 서쪽 지역을 제압해야 한다고 생각했습니다. 지금 부현(涪縣)은 강과 육지가 사방으로 통하여 있으므로, 긴급한 때에는 동북쪽 한중(漢中)으로 가기 편리하니 구원하기가 어렵지 않습니다."[52]라고 했다. 겨울 10월에 장완이 한중에서 돌아와 부현을 지켰다. 왕평(王平)을 진북대장군(鎭北大將軍)으로 삼아 한중의 일을 감독하게 했다. 강유를 진서대장군(鎭西大將軍)·양주 자사로 삼았다. 11월에 대사면을 실시하고, 상서령(尙書令) 비의를 옮겨 대장군·녹상서사(錄尙書事)로 삼았다. 또한 강주도독(江州都督) 등지(鄧芝)를 거기장군(車騎將軍)으로 삼았다.

연희(延熙) 7년(244) 윤월(閏月)에 위(魏)나라의 대장군(大將軍) 조상(曹爽)과 정서장군(征西將軍) 하후현(夏侯玄)이 촉(蜀)나라를 향하여 정벌을 나섰다. 왕평(王平)이 아뢰기를, 호군(護軍) 영릉(零陵) 사람 유민(劉敏)과 함께 흥세위(興勢圍)[53]에서 막겠다고 했다. 후주(後主)는 대사마(大司馬) 장완(蔣琬)이 병중에 있었으므로 대장군 비의(費禕)에게 부절을 내려서 군대를 이끌고 성도(成都)에서 한중(漢中)으로 달려가도록 했다. 그때 정기(旌旗)가 길

---

52 지금 부현(涪縣)은 … 어렵지 않습니다:《삼국지(三國志)》〈촉서(蜀書) 장완전(蔣琬傳)〉에 이르기를, "지금 부현(涪縣)은 바다와 육지가 사방으로 통하니 긴급한 사태가 생기면 반드시 호응할 수 있을 것입니다. 만약 동북쪽으로 어떤 우려가 있다면 앞으로 가기는 어렵지 않을 것입니다.[今涪水陸四通, 惟急是應, 若東北有虞, 赴之不難.]"라고 했는데, 원문과는 내용이 약간 다르다. 여기서 '동북쪽'은 '한중(漢中)'을 가리킨다.

53 흥세위(興勢圍): 한중(漢中)의 요충지로서 지금의 섬서성(陝西省) 양현(洋縣) 서북쪽에 위치했는데, 흥세산(興勢山)이 있어서 '흥세위(興勢圍)'라고 불렀다.

에서 나부꼈고, 말과 사람이 갑주를 입었으며, 우격(羽檄)[54]이 번갈아 전해졌다. 비의가 급히 북을 울리며 출병하려고 할 때, 광록대부(光祿大夫) 의양(義陽) 사람 내민(來民)이 찾아와서 함께 바둑을 두자고 청했다. 비의는 바둑에 전념하며, 얼굴빛이 태연자약했다. 내민이 말하기를, "잠시 그대를 시험해 보았습니다. 그대는 정말 사람들로 하여금 마음에 들게 하는 사람이니, 반드시 적을 잘 대응할 수 있을 것입니다."라고 했다. 비의가 한중에 도착하자, 조상 등이 퇴각했다. 진남대장군(鎭南大將軍) 마충(馬忠)을 평상서사(平尙書事)에 임명했다. 여름 4월에 안평왕(安平王 유선(劉禪)동생 유리(劉理))이 죽고, 그의 아들 유윤(劉胤)이 뒤를 이었다. 가을 9월, 비의가 돌아왔다. 대사마(大司馬) 장완(蔣琬)이 병이 들어 주(州)의 직책을 비의와 동윤(董允)에게 굳게 사양했다. 그래서 비의에게 대장군을 더하고,[55] 익주 자사(益州刺史)를 겸하게 했다. 동윤에게도 보국장군(輔國將軍)·수 상서령(守尙書令)을 더하여 주었다. 동윤은 조정에서 안색을 바르게 하고 일을 공정하게 처리하여 위로는 군주의 잘못을 바로잡고 아래로는 여러 관리들을 통솔했다. 그래서 당시 촉나라 사람들은 제갈량(諸葛亮)·장완(張琬)·비의(費禕)·동윤(董允)을 '사상(四相)'이라 하고, 또는 '사영(四英)'이라 불렀다. 환관 황호(黃皓)는 편벽되고 아첨하며 교활했는데, 동윤을 두려워하여 감히 잘

---

54 우격(羽檄): 군사상 긴급하게 전달하는 격문(檄文)이다. 격문에 새의 깃털을 꽂아서 긴급한 뜻임을 보여 신속하게 전달되도록 했다. 《사기(史記)》〈한신노관전(韓信盧綰傳)〉에 이르기를, "진희(陳豨)가 반기를 들자, 한단(邯鄲) 이북은 모두 진희에게로 돌아갔다. 내가 우격(羽檄)으로 천하의 군대를 징발했으나 오지 않고, 지금 오직 한단의 병력만 있다.[陳豨反, 邯鄲以北皆豨有, 吾以羽檄征天下兵, 未有至者, 今唯獨邯鄲中兵耳.]"라고 했다. 새의 깃털을 격서에 꽂은 것을 '우격'이라고 하는데, 나는 새처럼 빠르다는 의미를 취한 것이다.

55 비의에게 … 더하고: 본문에 따르면 비의(費禕)는 연희 6년(243) 11월에 이미 대장군(大將軍)이 되었으며, 《삼국지(三國志)》〈촉서(蜀書) 후주전(後主傳)〉에서도 마찬가지이다. 따라서 비의가 대장군이 된 시점이 명확하지 않다.

못을 저지르지 못했다. 후주는 항상 미인을 뽑아 후궁으로 삼으려고 했지만, 동윤이 말하기를, "후비(后妃)의 수는 열두 명을 넘을 수 없습니다."라고 했다. 동윤은 일찍이 전군(典軍) 의양(義陽) 사람 호제(胡濟), 대장군(大將軍) 비의와 함께 교외로 나가 연회를 열기로 약속하고 곧 수레를 출발하라고 명했다. 그때 낭중(郎中) 양양(襄陽) 사람 동회(董恢)가 동윤에게 나아가 경의를 표하고는 자신은 관직이 낮고 나이가 어리니 그 자리에서 떠나게 해 달라고 청했다.[自以官卑少行, 求索去.][56] 그러자 동윤이 말하기를, "본래 내가 출유하려는 까닭은 좋아하는 사람들과 교외에서 노닐며 환담을 나누기 위해서이다. 그대는 몸을 낮추고 오랫동안 가슴에 쌓아 둔 사념(思念)의 정을 마음껏 털어놓고 이야기하려고 했다. 이야기 나누는 것을 포기하고 연회에 가는 것은 말한 바가 아니다"라고 했다. 곧바로 수레에서 말을 풀라고 명하고, 수레를 멈추고 나가지 않았다. 동윤이 지위가 낮은 선비들에게 대하는 태도가 대체로 이와 같았다. 군자들은 그가 주공(周公)의 덕망[57]을 갖추었다고 여겼다.

연희(延熙) 8년(245) 가을에 황태후(皇太后) 오씨(吳氏)가 세상을 떠났다. 시호는 목(穆)이다. 겨울 11월[58]에 대장군 비의(費禕)가 한중(漢中)의 군대를 시찰했다.

---

56 자신은 관직이 … 청했다[自以官卑少行, 求索去.]: 《삼국지(三國志)》〈촉서(蜀書) 동윤전(董允傳)〉에 이르기를, "동회(董恢)는 자신이 나이가 어리고 관직이 낮았는데 동윤(董允)이 나가다 멈추는 것을 보고는 머뭇거리면서 떠나게 해 달라고 청했다.[恢年少官微, 見允停出, 逡巡求去.]"라고 했다.

57 주공(周公)의 덕망: 주공(周公) 단(旦)이 인재를 만나기 위해 '한 번 머리를 감다가 세 번이나 머리카락을 움켜쥐고, 한 끼 음식을 먹다가 세 번이나 토하며 뱉어 낸[一沐三握髮, 一飯三吐哺.]' 것과 같은 행동을 가리킨다.

58 11월: 《삼국지(三國志)》〈촉서(蜀書) 후주전(後主傳)〉에는 '12월'로 되어 있다.

연희(延熙) 9년(246) 여름 6월에 비의(費禕)가 성도(成都)로 돌아갔다. 가을에 대사면을 실시했다. 사농(司農) 맹광(孟光)이 여러 사람들 앞에서 비의(費禕)를 꾸짖으며 말하기를, "무릇 사면이라는 것은 편고(偏枯)[59]와 같아서 밝은 세상에서는 마땅히 있어서는 안 됩니다. 지금은 주상께서 현명하고 어지시며, 백관들은 직책을 잘 수행하고 있으니, 무슨 단시일 내에 들이닥칠 환난이 있다고 비상(非常)의 은혜를 자주 시행하여 법도에 어긋나는 일을 범하는 악인들에게 혜택을 베푼단 말입니까? 위로는 하늘의 때를 범하고[60] 아래로는 사람의 도리를 어기니, 어찌 사람들이 바라보는 고상한 풍치와 아름다운 덕이며 사람들이 바라는 밝은 덕망이겠습니까?"라고 했다. 비의는 다만 머리를 숙여 사과할 따름이었다. 처음 제갈량(諸葛亮)이 승상(丞相)으로 있었을 때, 어떤 사람이 "공께서는 사면을 아끼십니다."라고 말하자, 제갈량이 대답하여 말하기를, "세상을 다스리는 것은 큰 덕으로 하는 것이지, 작은 은혜로 베푸는 것이 아닙니다. 그런 까닭에 광형(匡衡)과 오한(吳漢)은 사면하기를 원하지 않았습니다. 선제 역시 말씀하시기를, '내가 진원방(陳元方)(陳紀)과 정강성(鄭康成)(鄭玄) 사이를 왕래하면서 매번 치란(治亂)의 도를 깨우쳤지만, 사면을 말한 적은 없다.'고 했습니다. 내가 만약 경승(景升)(劉表)과 계옥(季玉)(劉璋) 부자(父子)처럼 해마다 사면하여 용서한다면, 그것이 다스림에 무슨 도움이 되겠습니까?"라

---

59 편고(偏枯): 병명(病名)으로 지금의 반신불수(半身不遂)에 해당한다. 여러 차례 사면을 실시하게 되면 악인은 징벌을 받지 않게 되어 법령을 시행할 수 없으므로 마치 사람으로 비유하자면 반신불수에 해당한다는 의미이다.

60 위로는 하늘의 … 범하고: 옛날의 제왕들은 '천인감응론(天人感應論)'에 따라 '봄에는 낳고 가을에는 죽인다.[春生秋殺.]'는 도(道)를 믿어, 봄과 여름에는 죄를 사면하고, 가을과 겨울에는 형벌을 집행했다. 그런데 지금은 계절상 가을인데 대사면을 실시했으니, 맹광(孟光)이 그렇게 말한 것이다.

고 했다. 그런 까닭에 제갈량은 살아 있을 때 군대를 이끌고 전쟁을 자주 일으켰지만, 사면을 망령되게 내리지는 않았다. 제갈량이 죽은 뒤부터 이 제도는 마침내 이울어졌다. 촉(蜀)나라는 처음에 삼사(三司)[61]의 지위를 비워 놓고 천하의 어진 사람을 기다렸다. 촉나라의 경사(卿士)[62]들은 모두 공훈이 탁월하고 덕망이 출중했다. 태상(太常) 두경(杜瓊)은 학문에 통달하고 품행이 훌륭하고, 위위(衛尉) 진진(陳震)은 충성심이 두텁고 순수하며, 맹광(孟光)은 밝고 정직함으로 소문이 났으니, 모두 훌륭한 기둥이었다. 그러나 맹광은 이로운 일과 병폐로운 일을 들추어내어 지적하기를 좋아했고, 대장추(大長秋)[63] 남양(南陽) 사람 허자(許慈)는 성품이 폭넓게 기억하는[普記] 것을 자랑하고 남을 질투했으며,[64] 광록대부(光祿大夫) 내민(來敏)은 말이나 행동을 삼가지 않아 권세를 잡고 있는 사람의 뜻을 잃어버렸으므로 당세에 아름다운 명성이 있었다고 할지라도 특진(特進)[65] 태상

---

61 삼사(三司): 삼공(三公)으로, 동한(東漢) 때 삼공은 태위(太尉)·사도(司徒)·사공(司空)이었다. 그러나 촉한(蜀漢) 선주(先主) 때에는 태위와 사도는 있었지만, 사공은 존재하지 않았다.

62 경사(卿士): 구경(九卿) 및 그에 상응하는 중앙의 관리를 가리킨다. 동한(東漢) 때 구경은 태상(太常)·광록훈(光祿勳)·위위(衛尉)·태복(太僕)·정위(廷尉)·대홍려(大鴻臚)·종정(宗正)·대사농(大司農)·소부(少府)이다.

63 대장추(大長秋): 관직명으로, 황후(皇后)의 근신(近臣)으로서 대부분 환관이 담당했는데, 황후의 명을 전달하고 궁중의 일을 관리하는 것이 그 직무였다.

64 성품이 … 질투했으며: 원문에는 '폭넓게 기억하는[普記]' 이하 6글자가 누락되어 있는데, 이 글은 전체적으로 허자(許慈)의 단점을 지적하고 있으므로 《삼국지(三國志)》 〈촉서(蜀書) 허자전(許慈傳)〉에서 허자와 호잠(胡潛)이 "서로 공격하고 비난하며 원수가 되어 다투는 것이 말투와 얼굴빛에까지 드러났다. 서적이 있건 없건 간에 서로 알려 주거나 빌려주지 않았고, 때로는 찾아가 회초리로 볼기나 종아리를 때려 서로의 위엄을 견주기도 했다. 자신을 자랑하고 상대방을 질투하는 것이 마침내 여기에까지 이르렀다.[謗讟忿爭, 形於聲色, 書籍有無, 不相通借, 時尋楚撻, 以相震攇. 其矜己妒彼, 乃至於此.]라는 내용을 근거로 삼아 의역(意譯)했다.

65 특진(特進): 한(漢)나라 이후 구경(九卿)에게 내린 일종의 가호(加號)로, 지위는 삼공(三公)

(太常) 광한(廣漢) 사람 심승(譚承)과 광록훈(光祿勳) 하동(河東) 사람 배준(裴
儁)에 미치지는 못했다. 조정 신하들로는 상서(尚書) 파서(巴西) 사람 사학
(司學),[66] 의양(義陽) 사람 호박(胡博), 복야(僕射) 파서 사람 요주(姚伷), 시중
(侍中) 여남(汝南) 사람 진지(陳祗) 등이 나란히 나라의 사업을 보좌했다. 옛
승상장사(丞相長史) 상랑(向郎)은 좌장군(左將軍)이 되었는데, 상랑이 스스로
장사의 직책을 버리고 떠나 하는 일 없이 한가하게 떠돌다가 마침내 경
전을 모아 문을 열고 선비들을 끌어들였으며, 오직 옛 도의만을 강론하
며 세상일에는 관여하지 않았다. 그런 까닭에 위로는 집정자로부터 아래
로는 아이와 청년에게 이르기까지 그를 높이고 공경하지 않는 자가 없었
다. 겨울 11월에 대사마(大司馬) 장완(蔣琬)이 죽고, 시호를 '공후(恭侯)'라고
했다. 상서령(尚書令) 동윤(董允) 역시 죽었다. 촉군 태수(蜀郡太守) 남양(南
陽) 사람 여예(呂乂)가 등급을 뛰어넘어 상서령으로 발탁되었다. 강유(姜
維)를 올려 위장군(衛將軍)으로 삼고,[67] 대장군(大將軍) 비의(費禕)와 나란히
녹상서사(錄尚書事)로 임명했다. 강유가 농서(隴西)로 출병하여 위(魏)나라
장수 곽회(郭淮)·하후패(夏侯霸)와 싸워 그들을 무찔렀다.[68]

연희(延熙) 10년(247)에 양주(涼州)의 호왕(胡王) 백호문(白虎文)과 치무대

아래이고 구경(九卿) 위이다. 북주(北周) 때 폐지되었다.

66 사학(司學):《삼국지(三國志)》및《화양국지》목록에는 사학(司學)에 관한 기록이 보이지
않는다. 유림(劉琳)은《화양국지》목록을 근거로 촉한(蜀漢) 때 파서(巴西) 사람 가운데 상
서(尚書)에 임명된 자는 오직 마제(馬齊)밖에 없다고 여겨 '사학'을 '마제'로 보았다.

67 강유(姜維)를 … 위장군(衛將軍)으로 삼고:《삼국지(三國志)》〈촉서(蜀書) 강유전(姜維傳)〉
에서는 강유(姜維)가 위장군(衛將軍)에 임명된 때가 '연희(延熙) 10년(247)'으로 기록되어
있다.

68 강유가 … 그들을 무찔렀다:《삼국지(三國志)》〈촉서(蜀書) 강유전(姜維傳)〉및〈위서(魏書)
곽회전(郭淮傳)〉에서는 강유(姜維)가 조수(洮水) 서쪽에서 위(魏)나라 장수 곽회(郭淮)·하후
패(夏侯霸)와 싸운 때가 '연희(延熙) 10년(247)'으로 기록되어 있다.

(治無戴) 등이 무리를 이끌고 투항했으므로 위장군(衛將軍) 강유가 그들을 번현(繁縣)으로 옮겨 살게 했다. 문산군(汶山郡) 평강현(平康縣)의 이족(夷族)이 반란을 일으키자, 강유가 다시 그들을 토벌하여 평정했다. 강유가 문산을 지나다가 요립(廖立)을 만나 보았는데, 의기가 평소와 다름없었다. 강유가 돌아오자, 그에게 부절을 내렸다.

연희(延熙) 11년(248)에 진북장군(鎭北將軍) 왕평(王平)이 죽었다. 중감군(中監軍) 호제(胡濟)를 표기장군(驃騎將軍)으로 삼아 부절을 내리고, 연주 자사(兗州刺史)를 겸하여 왕평을 대신하여 한중(漢中)의 일을 감독하게 했다. 왕평은 무인(武人) 출신이라 글을 많이 알지 못하지만, 성품이 기민하고 명랑하며, 생각에 조리가 있어서 마충(馬忠)과 나란히 사적에 이름을 남겼다. 왕평과 같은 군(郡) 사람 구부(勾扶) 역시 과감하고 용맹하여 왕평에 버금갔으며, 관직은 우장군(右將軍)[69]에 이르고 탕거후(宕渠侯)에 봉하여졌다. 나중에 장익(張翼)과 양양(襄陽) 사람 요화(廖化)가 나란히 대장(大將)이 되었다. 그러한 까닭에 당시 사람들이 말하기를, "앞에는 하평(何平)과 구부가 있고, 뒤에는 장익과 요화가 있다."라고 했다. 왕평은 본래 외가인 하씨(何氏)에게서 자라다가, 나중에 왕씨(王氏) 성을 회복했다. 여름 5월에 대장군(大將軍) 비의(費禕)가 출정하여 한중(漢中)에 주둔했다.

연희(延熙) 12년(249)은 위(魏)나라 가평(嘉平) 원년이다. 위(魏)나라에서 대장군(大將軍) 조상(曹爽)을 주살했다. 또 우장군(右將軍) 하후패(夏侯霸)가 찾아와서 투항했는데, 그는 하후연(夏侯淵)의 아들로 거기장군(車騎將軍)에 임명했다. 4월에 대사면을 실시했다. 가을에 위장군(衛將軍) 강유(姜維)가

---

69 우장군(右將軍): 《삼국지(三國志)》〈촉서(蜀書) 왕평전(王平傳)〉 및 《화양국지》 목록(目錄)에는 '좌장군(左將軍)'으로 기록되어 있다.

옹주(雍州)로 출병했지만, 이기지 못했다. 장군 구안(勾安)과 이소(李韶)가
위(魏)나라에 투항했다.

연희(延熙) 13년(250)에 위장군(衛將軍) 강유(姜維)가 다시 서평(西平)으로
출정했으나, 이기지 못하고 돌아왔다.[70]

연희(延熙) 15년(252)에 오(吳)나라 군주 손권(孫權)이 세상을 떠나고 그
의 아들 손량(孫亮)이 즉위하여 부고를 알리니, 후주(後主)가 옛날의 도의
(道義)[71]에 따라 조문(弔問)했다. 후주가 아들 유종(劉琮)을 세워 서하왕(西河
王)으로 삼았다. 대장군(大將軍) 비의(費禕)에게 명하여 관부를 열게 했다.
상서령(尙書令) 여예(呂乂)가 죽자,[72] 시중(侍中) 진지(陳祗)를 수 상서령(守尙
書令)으로 삼고 진군장군(鎭軍將軍)을 더하여 주었다.

연희(延熙) 16년(253) 봄 정월 초하루에 위(魏)나라에서 투항한 곽수(郭
脩)가 축수(祝壽)하는 기회를 이용하여 한수현(漢壽縣)에서 손에 든 칼로 대
장군 비의(費禕)를 찔러 죽였다. 시호를 '경후(敬侯)'라 했다. 비의가 국정
을 담당할 때 그의 명성과 책략은 장완(蔣琬)과 비견했으며 직임과 공업
을 계승했다. 비록 바깥에서 군대를 통솔했지만 조정에서 상을 내리고
형벌을 주는 일을 다 그들에게 물어보았으며, 제갈량(諸葛亮)이 만든 법규
를 계승하여 따르며 바꾸지 않았기 때문에 하나로 화합할 수 있었다. 비

---

70 강유(姜維)가 … 돌아왔다: 《삼국지(三國志)》 〈촉서(蜀書) 강유전(姜維傳)〉에는 강유(姜維)가
서평(西平)으로 출정했다가 이기지 못하고 돌아온 때가 '연희(延熙) 12년(249)'으로 기록
되어 있다. 반면에 〈촉서(蜀書) 후주전(後主傳)〉에서는 '연희(延熙) 13년(250)'으로 기록되
어 있다.

71 옛날의 도의(道義): 춘추 시대 때 제후국의 군주가 세상을 떠나게 되면 동맹 관계에 있
는 각 나라에 그 사실을 알려야 했다. 그런 까닭에 '옛날의 도의(道義)'라고 한 것이다.

72 여예(呂乂)가 죽자: 《자치통감(資治通鑑)》과 《삼국지(三國志)》 〈촉서(蜀書) 여예전(呂乂傳)〉에
서는 여예(呂乂)가 죽은 때가 '연희(延熙) 14년(251)'으로 기록되어 있다.

의가 죽은 뒤부터 환관들이 권력을 잡게 되었다. 위장군(衛將軍) 강유(姜維)는 자신이 문무(文武)를 겸비한 재능을 가지고 있다고 자부했고, 게다가 서쪽 지역의 풍속에 익숙하여 스스로 농산(隴山) 서쪽 지역을 제압하여 소유할 수 있다고 말했으나, 비의(費禕)가 번번이 그를 제지시켰다. 이때에 이르러 꺼리는 바가 없자, 자주 군대를 출정시켰으나 공업을 세우지 못하고 오히려 정치와 형벌에 잘못을 저질렀다. 4월, 강유가 수만 명을 이끌고 남안(南安)을 공격했지만, 위(魏)나라 옹주 자사(雍州刺史) 진태(陳泰)가 가서 구원하자, 강유가 양식이 다 떨어져 물러나 돌아왔다.

　연희(延熙) 17년(254)은 위(魏)나라 정원(正元) 원년이다. 봄에 위장군(衛將軍) 강유(姜維)가 안팎의 군사 일을 감독했다. 대사면을 실시했다. 여름 6월에 강유가 다시 농서(隴西)로 출정하니, 농서 적도현(狄道縣)의 우두머리 이간(李簡)이 현을 들어 투항했다. 강유가 양무(襄武)를 포위하자, 위나라의 대장 서질(徐質)이 그곳을 구원했다. 강유가 적도·하간(河間)[73]·임조(臨洮) 세 현을 공격하여 빼앗고, 그곳 백성들을 촉(蜀)나라로 들어오게 하여 면죽현(綿竹縣) 및 번현(繁縣)에 살게 했다. 그해에 위나라 황제를 폐위하여 제왕(齊王)으로 삼고, 고귀향공(高貴鄕公) 조모(曹髦)가 즉위했다.

　연희(延熙) 18년(255) 봄에 위장군(衛將軍) 강유(姜維)가 다시 출정을 논의했다. 정서대장군(征西大將軍) 장익(張翼)이 조정에서 언쟁을 하며 나라가 약소하니 마땅히 무력을 남용하여 전쟁을 일삼아서는 안 된다고 했으나, 강유가 듣지 않았다. 여름, 거기장군(車騎將軍) 하후패(夏侯霸)와 장익을 이

---

73 하간(河間): 원문과 진수(陳壽)의 《삼국지(三國志)》〈촉서(蜀書) 강유전(姜維傳)〉 그리고 《자치통감(資治通鑑)》 권76에서는 '하간(河間)'으로 되어 있으나, 호삼성(胡三省) 주(注)에 따르면 '하간'을 '하관(河關)'으로 고쳐야 한다고 했다. 하관현은 지금의 감숙성(甘肅省) 임하현(臨夏縣) 서북쪽에 있다.

끌고 적도(狄道)로 출정하여 조하(洮河) 서쪽에서 위(魏)나라의 옹주 자사(雍州刺史) 왕경(王經)을 크게 무찌르니, 왕경의 무리 수만 명이 죽었다. 왕경이 후퇴하여 적도성(狄道城)을 지켰다. 장익이 말하기를, "됐습니다. 더 이상 진격하지 말아야 합니다. 만약 다시 공격하면 이 성공을 훼손하게 될 것이니, 이는 뱀 그림에 발을 그려 넣는 것입니다."라고 했다. 강유는 반드시 진격하고자 했다. 위나라 정서장군(征西將軍) 진태(陳泰)가 적도성을 구원하자, 강유가 물러나 종제현(鍾題縣)에 주둔했다.

연희(延熙) 19년(256)은 위(魏)나라 감로(甘露) 원년이다. 봄에 위장군(衛將軍) 강유(姜維)를 올려 대장군(大將軍)으로 삼았다. 가을 8월에 강유가 다시 천수(天水)로 출병하여 상규현(上邽縣)에 도착했으나, 진서대장군(鎭西大將軍) 호제(胡濟)[74]가 기한이 지났는데도 도착하지 않아 위나라 장수 등지(鄧芝)에게 크게 패하여 죽은 자가 많았다. 그로 인하여 뭇 병사들이 강유를 원망하자, 농서(隴西) 지역도 안정된 해를 보내지 못했다. 겨울에 강유가 돌아와 잘못을 사죄하고 책임을 지기 위하여 스스로 관직을 떨어뜨리고 작위를 깎아 달라고 청했다. 그래서 강유를 후장군(後將軍)으로 삼아 대장군의 일을 대행하게 했다. 후주(後主)가 아들 유찬(劉瓚)을 신평왕(新平王)으로 삼고, 대사면을 실시했다.

연희(延熙) 20년(257) 봄에 대사면을 실시했다. 위(魏)나라의 정동대장군(征東大將軍) 제갈탄(諸葛誕)이 회남(淮南)에서 반란을 일으켜 오(吳)나라와 연합했다. 위나라에서는 관중(關中)의 병사를 나누어 동쪽으로 내려보냈

---

74 진서대장군(鎭西大將軍) 호제(胡濟):《삼국지(三國志)》〈촉서(蜀書) 동화전(董和傳)〉배송지(裴松之) 주(注)에 따르면, 의양(義陽) 사람 호제(胡濟)는 진서대장군(鎭西大將軍)이 된 적이 없다고 했다.

다. 후장군(後將軍) 강유(姜維)가 다시 낙곡(駱谷)[75]에서 나와 장성(長城)[76]으로 출병하여 망수(芒水)[77]에 군대를 주둔하고 위나라 대장(大將) 사마망(司馬望)·등지(鄧芝)와 서로 대치했다.

경요(景耀) 원년(258)에 강유(姜維)는 제갈탄(諸葛誕)이 패했다는 소식을 듣고 퇴각했다. 성도(成都)로 돌아와 다시 대장군(大將軍)에 임명되었다. 사관(史官)이 하늘에 경성(景星)[78]이 출현했다고 말하니, 대사면을 실시하고 연호를 바꾸었다. 환관 황호(黃皓)가 상서령(尙書令) 진지(陳祗)와 안팎으로 결탁하여 정사에 간여하기 시작했다. 황호는 황문승(黃門丞)에서 시작하여 금년에 이르러 봉거도위(奉車都尉)·중상시(中常侍)가 되었다. 강유가 비록 반열은 진지보다 위에 있었지만 권한이나 임무는 그보다 못하여, 촉(蜀)나라 사람들 가운데 동윤(董允)을 돌이켜 생각하지 않는 자가 없었다. 당시 병거(兵車)가 오랫동안 출전하여 백성들이 피폐하자, 태중대부(太中大夫) 초주(譙周)가 〈구국론(仇國論)〉을 지어 "주 문왕(周文王)처럼 할 수는 있지만, 한 고조(漢高祖)처럼 하기는 어렵다."[79]라고 말했는데, 그 내용

---

75 낙곡(駱谷): 지금의 섬서성 주지현(周至縣) 남쪽 진령(秦嶺)에 있다. 주지현으로부터 양현(洋縣)에 이르는 사이에 북쪽으로 낙곡이 있고 남쪽에 당곡(儻谷)이 있는데, 두 계곡을 따라 진령으로 통과하는 옛길을 '낙곡도(駱谷道)' 또는 '당낙도(儻駱道)'라고 부른다.

76 장성(長城):《수경주(水經注)》〈위수(渭水)〉에 따르면 지금의 주지현(周至縣) 남쪽에 있다.

77 망수(芒水):《수경주(水經注)》〈위수(渭水)〉에 따르면 망수(芒水)는 남산(南山) 망곡(芒谷)에서 나와 북쪽으로 흘러 지금의 주지현(周至縣) 동쪽을 거쳐 북쪽 위수(渭水)로 들어간다고 했다. 지금은 '단곡하(丹峪河)'라고 부른다.

78 경성(景星): 별이름으로 고대의 봉건 통치자들은 경성(景星)이 보이면 임금에게 덕이 있다고 여겼다. 그래서 연호를 바꾸어 '경요(景耀)'라고 했다.

79 주 문왕(周文王)처럼 … 어렵다: 초주(譙周)는 〈구국론(仇國論)〉에서 당시 촉(蜀)나라와 위(魏)나라의 형세가 주 문왕(周文王)과 은(殷)나라와의 관계와 서로 비슷하지만, 유방(劉邦)과 항우(項羽)의 전쟁과는 상황이 같지 않다고 했다. 그렇기 때문에 마땅히 주 문왕이 병사들을 쉬게 하고 백성들을 부양한 일을 배워야지, 한 고조(漢高祖)처럼 전쟁을 멈추

을 살펴보는 사람들은 없었다. 정북대장군(征北大將軍)[80] 종예(宗預)를 영안(永安)에서 불러들여 진남장군(鎭南將軍)[81]에 임명하고 연주 자사(兗州刺史)를 겸하게 했다. 양양(襄陽) 사람 나헌(羅憲)을 진군(鎭軍)[82]으로 삼아 영안의 일을 감독하게 했다. 오(吳)나라 대신(大臣^{손침(孫綝)을 가리킴})이 자신의 군주인 손량(孫亮)을 폐위시키고, 손휴(孫休)를 세우고 나서 동맹국의 관례대로 사람을 보내 어려운 사정을 알려왔다. 대장군(大將軍) 강유가 건의하여 이르기를, "한중(漢中)에서 여러 진영을 교차시켜 지키는 것은 적을 방어하는 데는 적합할 수 있지만 커다란 이익을 얻을 수는 없습니다. 차라리 물러나 한성(漢城)과 악성(樂城)을 점거하고 곡식을 축적하고 성벽을 견고하게 하는 것만 못합니다. 적이 평천(平川^{한중평원(漢中平原)})에 들어온다는 소식을 들으면 관문을 겹으로 하여 지키며 방어하십시오. 그러면 적이 관문을 공격하더라도 이기지 못하고, 들판에는 흩어진 곡식이 없어 천 리나 되는 먼 곳에서 양식을 가져와야 하니 자연히 피로하여 퇴각할 것입니다. 이것이 적을 전멸시키는 전술입니다."라고 했다. 그래서 한중을 감독하는 호제(胡濟)에게 퇴각하여 한수(漢壽)를 지키고, 감군(監軍) 왕함(王含)에게 악성을 지키며, 호군(護軍) 장서(蔣舒)[83]에게 한성을 지키게 했다. 또 서안(西安)·건위(建威)·무위(武衛)·석문(石門)·무성(武城)·건창(建昌)·임원(臨遠)에 모두 수

지 않는 것을 본받아서는 안 된다는 의미이다.

80 정북대장군(征北大將軍):《삼국지(三國志)》〈촉서(蜀書) 종예전(宗預傳)〉에는 '정서대장군(征西大將軍)'으로 기록되어 있다.

81 진남장군(鎭南將軍):《삼국지(三國志)》〈촉서(蜀書) 종예전(宗預傳)〉에는 '진군장군(鎭軍將軍)'으로 기록되어 있다.

82 진군(鎭軍):《화양국지(華陽國志)》 권1 '파동군(巴東郡)'에는 '영군 나헌(領軍羅憲)'으로 기록되어 있으며,《진서(晉書)》〈나헌전(羅憲傳)〉에도 '영군(領軍)'으로 기록되어 있다.

83 장서(蔣舒):《삼국지(三國志)》〈촉서(蜀書) 강유전(姜維傳)〉 및 〈촉서 장완전(蔣琬傳)〉에는 장완(蔣琬)의 아들 '장빈(蔣斌)'으로 기록되어 있다.

비 시설을 설치했다.

경요(景耀) 2년(259) 여름 6월에 후주(後主)가 아들 유심(劉諶)을 세워 북지왕(北地王)으로 삼고, 유순(劉恂)을 신흥왕(新興王)으로 삼으며, 유건(劉虔)을 상당왕(上黨王)으로 삼았다. 정서장군(征西將軍) 장익(張翼)을 좌거기장군(左車騎將軍)으로 삼고 기주 자사(冀州刺史)를 겸하게 했다. 광무도독(廣武都督) 요화(廖化)를 우거기장군(右車騎將軍)으로 삼고 병주 자사(幷州刺史)를 겸하게 했다. 이때 남군(南郡) 사람 염우(閻宇)를 우위대장군(右衛大將軍)으로 삼았다. 가을 8월 병자(丙子)에 영 중호군(領中護軍)[84] 진지(陳祗)가 죽었다.[85] 시호는 '충후(忠侯)'라고 했다. 진지는 조정에 있으면서 위로는 군주의 뜻에 영합하고 아래로는 환관들을 가까이 하여 후주가 몹시 좋아했다. 복야(僕射) 남향후(南鄉侯) 동궐(董厥)을 상서령(尚書令)으로 삼았다.

경요(景耀) 3년(260)은 위(魏)나라 경초(景初) 원년이다. 가을 9월에 이미 고인(故人)이 된 전장군(前將軍) 관우(關羽)를 장무후(壯繆侯)로, 거기장군(車騎將軍) 장비(張飛)를 환후(桓侯)로, 표기장군(驃騎將軍) 마초(馬超)를 위후(威侯)로, 군사(軍師) 방통(龐統)을 정후(靖侯)로, 후장군(後將軍) 황충(黃忠)을 강후(剛侯)로 시호를 추증했다. 그해 위나라 황제 고귀향공(高貴鄉公☆曹髦)이 세상을 떠나고, 상도향공(常道鄉公☆曹奐)이 황제의 자리에 올랐다.

경요(景耀) 4년(261) 봄 3월에 이미 고인이 된 진군장군(鎮軍將軍) 조운(趙雲)에게 시호를 추증하여 '순평후(順平侯)'라 했다. 겨울 10월에 대사면을 실시했다. 승상(丞相) 제갈량(諸葛亮)의 아들 무향후(武鄉侯) 제갈첨(諸葛瞻)

---

84 영 중호군(領中護軍):《삼국지(三國志)》〈촉서(蜀書) 진지전(陳祗傳)〉에는 '진군장군(鎮軍將軍)'으로 기록되어 있다.

85 진지(陳祗)가 죽었다:《삼국지(三國志)》〈촉서(蜀書) 진지전(陳祗傳)〉에 따르면, 진지가 죽은 해는 '경요(景耀) 원년(258)'으로 기록되어 있다.

을 중도호(中都護)·위장군(衛將軍)에 임명했다. 동궐(董厥)을 옮겨 보국대 장군(輔國大將軍)으로 삼아 제갈첨과 함께 정사를 보좌하게 했다. 시중(侍 中) 의양(義陽) 사람 번건(樊建)을 수 상서령(守尙書令)으로 삼았다. 제갈첨과 동궐이 정사를 담당하고 황호(黃皓)가 권력을 잡고서부터 그들을 바로잡 을 수 있는 사람이 없었는데, 오직 번건만이 황호와 우호적으로 왕래하 지 않았다. 비서령(秘書令)[86] 하남(河南) 사람 극정(郤正)이 황호와 이웃에 살 면서 왕래했다. 황호가 미천하던 때부터 지위가 현저해질 때까지 극정을 미워하지 않고 아끼지도 않았기 때문에 벼슬이 6백석(六百石)을 넘지 않 았지만 항상 황호의 참언으로 인한 우환에서 벗어날 수 있었다.

경요(景耀) 5년(262) 봄 정월에 서하왕(西河王) 유종(劉琮)이 죽었다. 대장 군(大將軍) 강유(姜維)는 황호(黃皓)가 방자하고 전횡을 저지르는 것을 미워 하여, 후주(後主)에게 아뢰어 그를 죽이려고 했다. 후주가 말하기를, "황 호는 조당(朝堂)을 왔다 갔다 하는 대수롭지 않은 신하일 뿐이다. 과거에 동윤(董允)이 그에게 이를 갈았기 때문에 내가 늘 그것을 한스럽게 생각 했다. 그대가 어찌 개의할 만한 인물이겠는가?"라고 했다. 강유는 본래 객지를 떠도는 것에 몸을 의탁하여 칭할 만한 공효가 없었는데, 황호의 가지에 잎들이 연달아 붙어 있는 것[87]을 보고 실언을 두려워하여 겸손하 게 사양하며 바깥으로 나왔다. 후주가 황호에게 칙서를 내려 강유를 찾 아가서 사과하게 했다. 강유가 황호에게 답중(沓中)에 가서 보리를 심게 해 달라고 청하여 조정 안으로부터의 핍박을 피했다. 황호가 그 사실을

---

86 비서령(秘書令): 한 환제(漢桓帝) 때 처음 비서감(秘書監)을 설치하고 촉한(蜀漢) 때 비서령(秘 書令)으로 바꾸었는데, 궁정의 도서(圖書)와 전적(典籍)을 관장했다.

87 가지에 … 붙어 있는 것: 원문 '지부엽연(株附曄連)'은 상하의 관계가 매우 긴밀함을 비유 한다. 반고(班固)의 〈답빈부(答賓賦)〉에 나오는 말이다.

후주에게 보고했다. 가을, 강유가 후화(侯和)로 출병했다가 위(魏)나라 장수 등애(鄧艾)에게 패하고 답중으로 돌아와 주둔했다. 황호가 염우(閻宇)를 좇아 가까이 지내며, 강유를 폐하고 염우를 세우고자 했다. 그런 까닭에 강유가 두려워하여 감히 성도(成都)로 돌아가지 못했다.

경요(景耀) 6년(263) 봄에 위(魏)나라 상국(相國) 진 문왕(晉文王^{사마소}(司馬昭))이 정남장군(征南將軍)[88] 등애(鄧艾), 진서장군(鎭西將軍) 종회(鍾會), 옹주 자사(雍州刺史) 제갈서(諸葛緒), 익주 자사(益州刺史) 사찬(師纂)에게 명하여 다섯 길[五道][89]로 나누어 촉(蜀)나라를 정벌하게 했다. 대장군(大將軍) 강유(姜維)가 후주(後主)에게 표문을 올려 좌거기장군(左車騎將軍) 장익(張翼)과 우거기장군(右車騎將軍) 요화(廖化)를 보내 여러 군대를 감독하게 하고, 그들을 나누어 양안관(陽安關) 입구와 음평교(陰平橋) 부근을 지키게 해 달라고 청했다. 황호(黃皓)는 미신과 귀신을 믿어 적이 오지 않을 것이라고 말하고, 후주에게 그 일을 중지시키도록 아뢰었는데, 신하들은 그 사실을 알아채지 못했다. 여름, 등애가 답중(沓中)으로 들어가고 종회가 낙곡(駱谷)으로 향하자, 촉나라에서 그 소식을 듣고 비로소 장익과 동궐을 보내 양안관 바깥

---

88 정남장군(征南將軍):《삼국지(三國志)》〈촉서(蜀書) 등애전(鄧艾傳)〉에는 '정서장군(征西將軍)'으로 기록되어 있다.

89 다섯 길[五道]: 당시 위(魏)나라에서는 등애(鄧艾)에게 군사 3만 명을 이끌고 감송(甘松)·답중(沓中)으로 진군하여 강유(姜維)를 견제하고, 제갈서(諸葛緒)에게 군사 3만 명을 이끌고 무가(武街)·교두(橋頭)로 진군하여 강유의 퇴로를 끊으며, 종회(鍾會)에게 군사 10만 명을 이끌고 낙곡(駱谷)에서 한중(漢中)으로 들어가 촉(蜀)을 성벌하게 했다. 그런 까닭에 마땅히 '세 길[三道]'로 촉을 친 것인데, 여기에서 '다섯 길[五道]'이라고 칭한 것은 종회의 군대가 낙곡·야곡(斜谷)·자오곡(子午谷)으로 나누어 진군했기 때문이다. 그리고 사찬은 등애의 사마(司馬)로, 등애가 성도(成都)로 들어간 이후에 표문을 올려 익주 자사(益州刺史)가 되었으므로, 당시는 아직 익주 자사가 되기 전의 일이다. 따라서 사찬에 관한 내용은 서술이 부정확한 것으로 보인다.

에서 돕고, 요화에게는 강유를 구원하는 후속부대로 삼게 했다. 대사면을 실시하고 연호를 바꾸어 '염흥(炎興)'이라고 했다. 요화가 음평에 이르러 위(魏)나라 제갈서가 건위(建威)로 향한다는 소식을 들었으므로 한 달여를 기다렸다. 강유가 등애에게 패배하여 음평으로 돌아왔다. 종회가 악성(樂城)을 포위하고, 별장(別將)을 보내 양안관을 공격했다. 양안관을 지키던 장수 장서(蔣舒)가 관문을 열고 항복했고, 도독(都督)[90] 부첨(傳僉)은 있는 힘을 다하여 싸우다가 죽었다. 겨울에 종회는 악성을 공격하여 함락시키지 못했지만, 곧바로 부대를 이끌고 거침없이 앞으로 쳐들어갔다.[91] 장익과 동궐이 한수(漢壽)에 도착하자, 강유와 요화도 음평을 버리고 돌아와 검각(劍閣)을 지키며 종회를 막았다. 종회는 성을 공격하여 이기지 못했고, 또 식량을 운반하는 곳이 멀어 장수들과 상의하여 돌아가고자 했다. 등애는 음평과 경곡(景谷) 옆을 지나 촉나라 땅으로 들어왔다. 후주가 또 도호(都護) 제갈첨(諸葛瞻)을 보내 여러 군대를 감독하며 등애를 막게 했는데, 제갈첨은 부현(涪縣)[92]에 이르러 더 이상 전진하지 않았다. 상서랑(尙書郎) 황숭(黃崇)은 황권(黃權)의 아들인데 제감첨에게 신속하게 행군하여 험요한 곳을 굳게 지켜 적으로 하여금 평원으로 들어서지 못하게 하라고 권했고, 말하는 내내 눈물을 흘렸다. 그러나 제갈첨이 따르지

---

90 도독(都督): 요본(廖本)을 제외한 다른 판본에서는 모두 '독(督)'으로 기록되어 있으나,《보신찬주(輔臣贊注)》에 따르면 부첨(傳僉)은 일찍이 좌중랑장(左中郎將)으로 있다가 관중도독(關中都督)이 되었으니, '도독(都督)'이 맞다.

91 종회는 … 쳐들어갔다: 종회가 악성을 공격했으나 오랫동안 함락시키지 못했는데, 양안관이 이미 무너졌다는 소식을 듣고 곧바로 계속 진격한 것이다.

92 부현(涪縣): 원문에는 '한부(漢涪)'로 기록되어 있으나,《삼국지(三國志)》〈촉서(蜀書) 제갈첨전(諸葛瞻傳)〉에 이르기를, "제갈첨이 군대를 이끌고 부현(涪縣)까지 와서 주둔했다.[瞻都督軍至涪停住.]"라고 했으니, '한(漢)'은 잘못하여 글 속에 들어간 글자이다.

않았다. 선봉부대가 격파되자, 등애가 지름길로 부현에 도착했다. 제갈첨이 퇴각하여 면죽(綿竹)을 지켰다. 등애가 제갈첨에게 서신을 보내 유인하여 이르기를, "만약 그대가 항복한다면 반드시 표문을 올려 야랑왕(琊瑯王)으로 봉하겠다."라고 했다. 제갈첨이 노하여 등애의 사자를 죽이고 면죽에서 싸웠다. 제갈첨의 군대가 패하고, 제갈첨은 전사했다. 황숭과 우림독(羽林督) 이구(李球), 상서(尙書) 장준(張遵)도 모두 싸우다가 목숨을 잃었다. 제갈첨의 맏아들 제갈상(諸葛尙)이 탄식하여 말하기를, "우리 부자가 은혜를 입고도 일찍이 황호를 베지 못하여 나라가 망하고 백성들이 죽기에 이르렀으니, 살아서 무엇 하겠는가?"라고 하고, 마침내 말을 몰아 위나라 군대로 달려가 싸우다가 죽었다. 백성들은 등애가 이미 평원으로 들어왔다는 소식을 듣고 놀라서 산과 들로 흩어져 달아났다. 후주가 신하들을 모아 논의하니 남쪽의 일곱 군(郡)[93]으로 들어가자고 하고, 어떤 사람은 오(吳)나라로 달아나자고 했다. 광록대부(光祿大夫) 초주(譙周)가 권하기를, "위나라에 항복하면, 위나라에서는 틀림없이 영토를 분할하여 후주를 봉할 것입니다."라고 했다. 후주가 그의 말을 따랐다. 시중(侍中) 장소(張紹)와 부마도위(駙馬都尉) 등량(鄧良)을 보내 옥새(玉璽)와 인수(印綬)를 주어 문서를 받들고 등애에게 가서 항복하게 했다. 북지왕(北地王) 유심(劉諶)이 분노하여 처자식을 죽이고 나서 자살했다. 등애가 성도에 도착하자, 후주는 수레에 관을 싣고, 두 손을 뒤로 결박하며, 벽옥(碧玉)을 입에 물고[94] 그를 맞이했다. 등애가 친히 그의 결박을 풀고, 벽옥을

---

93 일곱 군(郡): 남중(南中)의 월수군(越嶲郡)·주제군(朱提郡)·건녕군(建寧郡)·영창군(永昌郡)·운남군(雲南郡)·흥고군(興古郡)·장가군(牂柯郡)을 가리킨다.

94 벽옥을 입에 물고: 두 손을 뒤로 결박했기에 벽옥을 입에 문 것이다. 임금이 투항한 것을 비유한다.《춘추좌씨전(春秋左氏傳)》희공(僖公) 6년에 나온다.

받으며, 관을 불에 태우고, 황제의 명을 받들어 후주를 표기장군(驃騎將軍)에 임명하고 예전에 살던 궁전에 그대로 머물게 했다. 황호를 잡아 그를 죽이고자 했으나 뇌물을 받고 용서했다. 여러 보루를 지키는 병사들은 모두 후주의 칙령을 받고 마침내 항복했다.

강유(姜維)는 후주(後主)가 항복한 줄 몰랐고, 또 성이 견고하다고 여겼다. 그는 평소 정권을 잡고 있는 사람들과 화합하지 못했으므로 그들로 하여금 적을 방어하는 어려움을 알게 한 다음에 한을 풀려고 하여 마침내 파서(巴西)에서 군사를 돌려 처현(郪縣)과 오성현(五城縣)으로 나아갔다. 강유는 때마침 후주가 손수 쓴 칙령을 받고, 마침내 창을 던지고 갑옷을 풀고 종회를 찾아가서 부현(涪縣)에서 항복했다. 군사들은 분격하여 칼을 들어 돌을 베었다.

다음 해(264) 봄 정월에 종회(鍾會)가 등애(鄧艾)를 모함하여 등애가 함거(檻車)에 실려 경사(京師)로 불려갔다. 종회가 다른 계획을 도모한데다 강유(姜維)의 빼어난 용맹함에 놀라서 부절(符節)을 돌려주고 본진의 병력을 더하여 주었으며, 장사(長史) 두예(杜預)에게 일러 말하기를, "강백약(姜伯約^{강유(姜維)})을 중원의 명사들과 비교하면, 하후태초(夏侯太初^{하후현(夏侯玄)})나 제갈공휴(諸葛公休^{제갈탄(諸葛誕)})도 그보다 못할 것입니다."라고 했다. 등애 역시 촉(蜀)나라 사람들에게 일러 말하기를, "강유는 빼어난 사내이다."라고 했다. 종회와 강유는 밖으로 나가게 되면 같은 수레를 탔고, 앉을 때도 같은 자리에 앉았는데[會維到,⁹⁵ 出同車, 坐同席.], 성도(成都)에 이르러 스스로 '익주 목(益州牧)'이라 칭하며 반란을 일으켰다. 그는 강유를 믿어 조아(爪牙)로 여겼으며, 그

---

95 원문의 '도(到)' 자는 판본에 따라 '즉(則)' 자로 되어 있는 경우가 있으며, 《삼국지(三國志)》〈촉서(蜀書) 강유전(姜維傳)〉에서는 "종회와 강유는 밖으로 나가게 되면 곧 같은 수레를 탔고, 앉을 때도 곧 같은 자리에 앉았다.[會與維出則同車, 坐則同席.]"라고 했다.

를 전장군(前將軍)으로 삼아 중국(中國^{중원}_(中原))을 공격하고자 했다. 강유는 이
미 자신의 책략이 실패했고, 또 종회의 뜻이 넓음을 알아서 그에게 북방
에서 온 여러 장수들을 모두 죽이라고 훈계했다. 여러 장수들이 죽으면
천천히 종회를 죽이고 위(魏)나라 병사들을 생매장시킨 다음에 후주(後主)
에게로 돌아가려고 한 것이다. 그래서 후주에게 은밀히 서신을 보내 이
르기를, "폐하께서 며칠 동안만 치욕을 더 참으시기를 바랍니다. 신이 위
태로운 사직(社稷)을 다시 안정시키고, 어두워진 해와 달을 다시 밝히려
고 합니다."라고 했다. 위나라 태후(太后)가 세상을 떠나자, 종회가 장수
들에게 발상(發喪)을 명하고, 그 기회에 그들을 추격하여 죽이고자 했다.
여러 장수들이 절반쯤 들어왔을 때 남안 태수(南安太守) 호열(胡烈) 등이 그
모의를 알고 성도(成都)의 동문을 불태우고 습격하여 종회와 강유, 장익
(張翼)과 후주의 태자 유선(劉璿) 등을 죽였다. 군사들이 노략질을 하더니,
며칠이 지나서 마침내 안정되었다. 3월에 후주가 가족을 데리고 동쪽의
낙양(洛陽)으로 옮겨 갔다. 정해일(丁亥日)에 유선을 안락현공(安樂縣公)에
봉하고 식읍(食邑) 1만 호(戶), 비단 1만 필, 노비 1백 명을 하사하고, 다른
물건들도 그에 걸맞게 내렸다. 형제와 자손들 가운데 군도위(郡都尉)⁹⁶와
제후(諸侯)로 삼은 자가 50여 명이었다. 초주(譙周)는 나라를 보전하고 백
성을 구제했기 때문에 성양정후(城陽亭侯)⁹⁷로 봉해졌다. 비서령(秘書令) 극

---

96 군도위(郡都尉):《삼국지(三國志)》〈촉서(蜀書) 후주전(後主傳)〉에 이르기를, "자손을 삼도위
(三都尉)에 삼고, 50여 명을 제후로 봉했다.[子孫爲三都尉, 封侯者五十餘人.]"라고 했는데, 삼도
위는 봉거도위(奉車都尉)·부마도위(駙馬都尉)·기도위(騎都尉)이다. 당시 후주(後主)의 동생
인 유영(劉永)과 유리(劉理)는 후주를 따라 낙양으로 거처를 옮겨 봉거도위에 제수되고,
향후(鄕侯)에 봉해졌으므로, 군도위(郡都尉)는 의미상 맞지 않는다.

97 성양정후(城陽亭侯):《삼국지(三國志)》〈촉서(蜀書) 초주전(譙周傳)〉에는 '양성정후(陽城亭侯)'로
기록되어 있고,《수서(隋書)》〈경적지(經籍志)〉에는 '의양정후(義陽亭侯)'로 기록되어 있다.

정(郤正)은 처자식을 버리고 후주를 모시고 따랐는데, 후주의 위엄과 의례를 돕고 이끌어서 관내후(關內侯)에 봉해졌다. 그래서 상서령(尚書令) 번건(樊建), 전중독(殿中督) 장통(張通), 시중(侍中) 장소(張紹) 역시 후(侯)에 봉해졌다.

유씨(劉氏)가 촉(蜀)나라를 얻은 지 무릇 50년이 되고, 황제를 칭한 지가 42년[98]이 되었다.

촉군 태수(蜀郡太守) 왕숭(王崇)이 후주(後主)를 논하여 말하기를, "옛날 세조(世祖광무제(光武帝))께서는 안으로는 뛰어난 무용과 탁월한 재주를 바탕으로 삼고, 바깥으로는 스물여덟[四七][99] 명의 뛰어난 장수를 선발하여 부지런히 힘썼기 때문에 백성을 구제하는 일에 성공할 수 있었다. 그러나 마침내 하늘의 길[天衢제위(帝位)를 비유한 말]에 올랐지만, 병거를 쉬지 않고 부렸고 자리에 앉아서도 편안하지 않았다. 만약 심원한 명달(明達)과 넓은 식견이 아니라면 중흥(中興)의 대업이 어찌 쉬웠겠는가? 후주는 평범한 군주로, 비록 제갈량(諸葛亮) 한 사람이 나라를 다스렸지만 안으로는 친하여 의지할 신하의 지략이 없고, 바깥으로는 조아(爪牙)로 삼을 장수가 없었으니, 어찌 천하를 담을 수 있었겠는가?"라고 했다. 또 말하기를, "등애(鄧艾)는 피로한 병사 2만 명을 이끌고 강유(江油)[100]를 나왔는데, 만약 강유(姜維)가 10만 명의 군사를 통솔하여 길을 따라 남쪽으로 돌아갔다면 등애를 사로잡았을

---

98 42년: 214년에 유비(劉備)가 촉(蜀)을 얻어 221년에 칭제하고 263년에 망했으니, 황제를 칭한 지 43년이 된다.

99 스물여덟[四七]: 원문에는 '사둔(四屯)'으로 기록되어 있으나, 고교본(顧校本)에서는 "둔(屯) 자는 마땅히 칠(七) 자가 되어야 한다.[屯當作七]"라고 했다. 여기서 '스물여덟[四七]'은 한 명제(漢明帝)가 영평(永平) 연간에 전대(前代)의 공신들을 추모하여 남궁운대(南宮雲臺)에 초상을 그려 놓은 등우(鄧禹) 등 28명의 장수를 가리킨다.

100 강유(江油): 원문에는 '강유(江由)'로 기록되어 있으나, '강유(江油)'로 수정하여 번역했다.

것이다. 등애를 사로잡은 뒤에 다시 돌아와 종회를 막았더라면 촉(蜀)나라의 존망(存亡)은 예측할 수 없었을 것이다. 그런데 강유가 오히려 길을 돌려 파현(巴縣)으로 갔고, 또 멀리 오성(五城)에까지 이르렀으니, 등애로 하여금 가볍게 진격하여 지름길로 성도(成都)에 이르게 했다. 군대가 찢기고 나라가 멸망한 것은 자신이 스스로 불러들인 일이다. 그러나 종회의 지략은 자방(子房張良)이라 칭할 만하고, 강유는 종회를 해치려는 모의가 발각되지만 않았다면 도모하던 계획을 이룰 수 있었을 것이니, 서로 우열을 가릴 수 있겠는가? 애석하다! 나 상거(常璩)는 강유(姜維)가 단지 종회(鍾會) 한 명만 도모했지, 위나라 병사들 10만 명을 제어하는 일이 어렵다는 사실을 고려하지 않았으니, 결국 아름다운 뜻이 파괴되어 소멸되었다고 여긴다.

사관이 논한다.

제갈량(諸葛亮)이 비록 영웅과 패자의 능력을 갖췄으나 주인이 중흥(中興)의 그릇이 아니었으며, 조그마한 촉(蜀)나라로 이미 폐기된 천명(天命)을 빌어 북쪽으로 강한 위(魏)나라를 삼키고 대국(大國)과 맞서려고 했으니, 또한 어렵지 않았겠는가? 송 양공(宋襄公)이 패업(霸業)을 구했던 일과 비슷하다. 그러나 제갈량이 정사를 닦고 백성들을 다스려 밖으로 위엄과 무용(武勇)이 떨쳐졌다. 장완(蔣琬)과 비의(費禕)에 이르러서는 제갈량이 닦은 정책을 좇을 뿐 바꾸려고 하지 않았기 때문에 대국들 사이에 끼어 있어도 약한 것을 강하게 만들어 오히려 스스로를 지킬 수 있었다. 강유는 재능이 제갈량에게 필적하지 못했지만 그의 뜻이 넓었는데, 백성들이 정벌로 인한 수고로움을 싫어하여 끝내 집안과 나라가 멸망하게 되었다.

卷七

劉後主志

後主諱禪, 字公嗣, 先主太子, 甘夫人所生也. 襲位時年十七.

建興元年夏五月, 後主即位. 尊皇后吳氏曰皇太后. 大赦, 改元. 於魏黃初四年, 吳黃武二年也.

立皇后張氏, 車騎將軍張飛女也. 封丞相亮武鄉侯. 中護軍李嚴假節, 加光祿勳, 封都鄉侯, 督永安事. 中軍師衛尉魯國劉琰亦都鄉侯. 中護軍趙雲, 江州都督費觀, 屯騎校尉丞相長史王連, 中部督襄陽向寵, 及魏延吳懿, 皆封都亭侯. 楊洪王謀等關內侯. 南中諸郡並叛亂, 亮以新遭大喪, 未便加兵. 遣尚書南陽鄧芝固好於吳. 吳王孫權曰: "吾誠願與蜀和親. 但主幼國小, 慮不自存." 芝對曰: "吳蜀二國之地, 吳有三江之阻, 蜀有重險之固. 大王命世之英, 諸葛亮一時之傑. 合此二長, 共為唇齒, 進可兼并天下, 退可鼎足而峙. 大王如臣服於魏, 魏則上望大王入朝, 其次求太子入侍. 若其不從, 則奉辭伐叛. 蜀必順流, 見可而進. 如此, 江南之地非復大王之有也." 吳主大悅, 與蜀和報, 使聘歲通. 芝後累往. 權曰: "若滅魏之後, 二主分治, 不亦樂乎." 芝對曰: "滅魏之後, 大王未深識天命者, 戰爭方始耳." 權曰: "君之誠懇, 乃至於此. 書與亮曰: 丁掞張, 陰化不實, 和合二國, 惟有鄧芝."

二年, 丞相亮開府, 領益州牧, 事無巨細, 咸決於亮. 亮乃撫百姓, 示儀軌,約官職，從權制．盡忠益時者，雖讎必賞；犯法怠慢者，雖親必罰；服罪輸情者，雖重必釋；遊辭巧飾者，雖輕必戮．善無微而不賞，惡無纖而不貶．庶事精練，物究其本．循名責實，虛偽不齒．終乎封域之內，畏而愛之．刑政雖峻而無怨者，以其用心平勸戒明也．辟尚書郎蔣琬及廣漢李邵巴西馬勳為掾，南陽宗預為主簿，皆德舉也．秦宓為別駕，犍為五梁為功曹，梓潼杜微為主簿，皆州俊彥也．而江夏費禕南郡董允郭攸之始為侍郎，贊揚日月．吳遣中郎將張溫來聘，報鄧芝也．將返，命百官餞焉．惟秦宓未往，亮累催之．溫問曰："彼何人也．"亮曰："益州學士也．"及至，溫問宓曰："君學乎？"答曰："五尺童子皆學，何況小人？"溫曰："天有頭乎，在何方也？"宓曰："《詩》云：'乃眷西顧．'知其在西．"又曰："天有耳乎？"宓曰："《詩》不云乎：'鶴鳴九皋，聲聞於天．'若無其耳，何以聽之？"又曰："天有足乎？"曰：《詩》不曰乎：'天步艱難，之子不猶．'若其無足，何以步之？"又曰："天有姓乎？"曰："姓劉．""何以知之？"曰："其子姓劉．"又曰："日生於東乎？"曰："雖生於東，終沒於西．"答問如響之應聲，溫大敬服．宓亦尋遷右中郎將長水校尉大司農．

三年春，長水校尉廖立坐謗訕朝廷，改徙汶山．立自荊州，與龐[統]並見知，而性傲侮．後更冗散，故致黜廢．三月，亮南征四郡，以弘農太守楊儀為參軍，從行，步兵校尉襄陽向朗為長史，統留府事．秋，南中平．軍資所出，國以富饒．冬，亮還至漢陽，與魏降人李鴻相見，說新城太守孟達委仰於亮無已．亮方北圖，欲招達為外援，謂參軍蔣琬從事費詩曰："歸，當有書與子度相聞．"對曰："孟達小子，昔事振威，不忠；後奉先帝，背叛；反覆之人，何足與書．"亮不答．詩數率意而言，故淩遲於世．十有二月，亮至，羣官皆道迎，而亮命侍郎費禕參乘．禕官小年幼，衆士於是莫不易觀．

四年, 永安都護李嚴還督江州, 城巴郡大城. 以征西將軍汝南陳到督永安, 封亭侯. 是歲, 魏文帝崩. 明帝立.

五年, 魏太和元年也. 春, 丞相亮將北伐, 上疏曰:"今天下三分, 益州疲弊, 此誠危急存亡之秋也. 然侍衛之臣不懈於內, 忠志之士忘身於外者, 咸追先帝之遇, 欲報之陛下也. 先帝以臣謹慎, 故臨崩寄臣以大事. 受命以來, 夙夜憂歎. 故五月渡瀘, 深入不毛. 今南方以定, 兵甲已足, 當帥將三軍, 北平中原. 庶竭駑鈍, 攘除姦凶. 克復漢室, 還乎舊都. 此臣所[以]報先帝而忠於陛下. 願陛下託臣以討賊興復. 不効, 則治臣之罪, 以告先帝之靈. 陛下亦宜自謀, 諮諏善道, 察納雅言, 不宜引喻失(所)[誼], 以塞忠諫之路也."又曰:"親賢臣, 遠小人, 先漢所以興隆. 昵小人, 疏君子, 後漢所以傾覆. 侍中郭攸之費禕, 侍郎董允, 先帝簡拔以遺陛下, 斟酌規益, 進盡忠言, 則其任也. 宮省之事, 悉以諮之, 必能裨補闕漏, 有所廣益也."以尚書南陽陳震為中書令, 治中張裔為留府長史, 與參軍蔣琬公琰知居府事. 二月, 亮出屯漢中, 營沔北陽平石馬. 以鎮北將軍魏延為司馬.

六年春, 丞相亮揚聲由斜谷道取郿, 使鎮東將軍趙雲中監軍鄧芝據箕谷為疑軍. 魏大將軍曹真舉衆當之. 亮身率大衆攻祁山. 賞罰肅而號令明. 天水南安安定三郡叛魏應亮, 關中響震. 魏明帝西鎮長安, 命張郃拒亮. 亮使參軍襄陽馬謖裨將軍巴西王平及張休李盛黃襲等在前, 違亮節度, 為郃所破. 平獨斂衆為殿. 而雲芝亦不利. 亮拔將西縣千餘家還漢中, 戮謖及休盛以謝衆, 奪襲兵, 貶雲秩. 長史向朗以不時臧否, 免罷. 超遷平參軍, 進位討寇將軍, 封亭侯, 統軍五(年)[部]. 亮上疏曰:"臣以弱才, 叨竊非據, 親秉節旄以屬三軍, 不能訓章明法, 臨事而懼, 至有街亭違令之闕, 箕谷不戒之失, 咎皆在臣. 臣授任無方.

春秋責帥，職臣是當．請自貶三等，以督厥咎．"於是以亮為右將軍，行丞相事．
辟天水姜維為倉曹掾，加奉義將軍，封當陽亭侯．亮書與長史張裔參軍蔣琬，
稱維曰："姜伯約西州上士，馬季常李永南不如也．"冬，亮復出散關，圍陳倉．
糧盡，還．魏將王雙追亮，亮合戰，斬雙．

七年春，丞相亮遣護軍陳戒攻武都陰平．魏雍州刺史郭淮出將擊戒．亮自至
建威，淮退，遂平二郡．後主詔策亮曰："街亭之敗，咎由馬謖，而君引愆，深自
抑損．重違君意，聽順所守．前年耀師，馘斬王雙．今歲爰征，郭淮遁走．降集
氐羌，興復二郡．威震凶暴，功勳赫然．復君丞相，君其無辭．"夏四月，吳主孫
權稱尊，遣衛尉陳震慶問．吳與蜀約分天下．冬，城漢樂．

八年春，丞相亮以參軍楊儀為長史，加綏遠將軍．遷姜維護軍征西將軍．秋，
魏大將軍司馬宣王由西城，征西車騎將軍張郃由子午，大司馬曹真由斜谷，三
道將攻漢中．丞相亮軍成固，表進江州都護李嚴驃騎將軍，將二萬人赴漢中．
嚴初求以五郡為巴州．書告亮，言魏大臣陳羣司馬懿並開府．亮乃加嚴中都
護．以嚴子豐為江州都督．大雨，道絕，真等還．丞相亮以當先北征，因留嚴
漢中，署留府事．嚴改名平．丞相司馬魏延將軍吳懿西入羌中，大破魏後將軍
費㿝雍州刺史郭淮於陽谿．延遷前軍師鎮西將軍，封南鄭侯．懿左將軍高陽鄉
侯．徙魯王永為甘陵王，梁王理為安平王，皆以魯梁在吳分故也．

九年春，丞相亮復出圍祁山．始以木牛運．參軍王平守南圍．司馬宣王拒亮，
張郃拒平．亮慮糧運不繼，設三策告都護李平曰："上計斷其後道．中計與之持
久，下計還住黃土．"時宣王等糧亦盡．盛夏雨水，平恐運漕不給，書白亮宜振
旅．夏六月，亮承平指引退．張郃至青封交戰，為亮所殺．秋八月，亮還漢中．
平懼亮以運不辦見責，欲殺督運領岑述，驚問亮何故來還，又表後主言亮偽退．

亮怒, 表廢平為民, 徙梓潼. 奪平子豐兵, 以為從事中郎, 與長史蔣琬共知居府事. 時費禕為司馬也.

十年春, 丞相亮休士勸農. 車騎將軍劉琰與軍師魏延不和, 還成都. 秋, 旱, 亮練兵講武.

十一年, 魏青龍元年也. 丞相亮治斜谷閣, 運糧谷口.

十二年春, 丞相亮以流馬運, 從斜谷道出武功, 據五丈原, 與司馬宣王對於渭南. 亮每患糧不繼, 使志不伸, 乃分兵屯田, 為久住之基. 耕者雜於渭濱居民之間, 百姓安堵, 軍無私焉. 秋八月, 亮疾病, 卒於軍, 時年五十四. 還葬漢中定軍山. 塚足容棺, 斂以時服. 謚曰忠武侯. 鎮西大將軍魏延與長史楊儀素不和, 亮既恃延勇猛, 又惜儀籌畫, 不能偏有所廢, 常恨恨之, 為作《甘戚論》. 二子不感. 延常舉刃擬儀. 儀涕淚交流. 惟護軍費禕和解中間, 終亮之世, 盡其器用. 儀欲案亮成規, 將喪引退, 使延斷後, 姜維次之. 延怒, 舉軍先歸南鄭. 各相表反. 留府長史蔣琬侍中董允保儀疑延. 延逆欲擊儀. 儀遣平北將軍馬(絨)[岱]討滅延. 延自以武幹, 常求將數萬別行, 依韓信故事, 亮不許, 以亮為怯. 及儀將退, 使費禕造延, 延曰: "公雖亡, 吾見在, 當率衆擊賊. 豈可以一人亡, 廢國家大事乎?"使禕報. 儀不可, 故欲討儀. 儀率諸軍還成都. 大赦. 以吳懿為車騎將軍, 假節, 督漢中事. 初, 亮密表後主, 以"儀性狷狹, 若臣不幸, 可以蔣琬代臣". 於是以琬為尚書令, 總統國事. 以儀為中軍師, 司馬費禕為後軍師, 征西姜維為右監軍輔漢將軍, 鄧芝前軍師領兗州刺史, 張翼前領軍, 並典軍政. 廖立在汶山, 聞亮卒, 垂泣曰: "吾終為左袵矣!"李平亦發病死. 初, 立平為亮所廢, 安奄沒齒, 常冀亮當自補復, 策後人不能, 故感憤焉.

十三年, 拜尚書令蔣琬為大將軍, 領益州刺史. 以費禕為尚書令. 時新喪元帥, 遠近危悚. 琬超登大位, 既無戚容, 又無喜色, 眾望漸服. 侍郎董允兼虎賁中郎將, 統宿衛兵. 軍師楊儀自以年(官)[宦]在琬前, 雖同為參軍長史, 己常征伐勤苦, 更處琬下, 怨望, 謂費禕曰: "公亡際, 吾當舉眾降魏, 處世寧當落度如此耶. 令人追悔不可及." 禕表其言. 廢徙漢嘉. 儀又上書激切, 遂行儀重辟. 吳以亮之卒也, 又增巴丘守萬人. 蜀亦益白帝軍. 右中郎宗預使吳, 吳主曰: "東之與西, 共為一家, 何以益白帝守. 預對曰: 東增巴丘之戍, 蜀益白帝之兵, 俱事勢宜然, 不足以相問也."

十四年夏四月, 後主西巡至湔山, 登坂, 觀汶川之流. 武都氏王符健請降, 將軍張尉迎之, 過期不至. 大將軍琬憂之. 牙門將巴西張嶷曰: "健求附款至, 必無返滯. 聞健弟狡, 不能同功, 各將乖離, 是以稽耳." 健弟果叛就魏. 健率四百家隨尉, 居廣都縣.

十五年, 魏景初元年也. 夏六月, 皇后張氏薨, 謚曰敬哀. 是歲, 車騎將軍吳懿卒. 以後典軍安漢將軍王平領漢中太守, 代懿督漢中事. 懿從弟班, 漢大將軍何進官屬吳匡之子也, 名常亞懿, 官至驃騎將軍持節鄉侯. 時南郡輔匡光弼零陵劉邕南和, 官亦至鎮南將軍; 潁川袁(淋)[綝]南郡高翔至大將軍, (淋)[綝]征西將軍.

延熙元年春正月, 立皇后張氏, 敬哀皇后妹也. 大赦, 改元. 立子璿為太子, 瑤為安定王. 以典學從事巴西譙周為太子家令, 梓潼李譔為僕射, 皆名儒也. 冬十二月, 大將軍[琬]出屯漢中, (夏)[更]拜王平以前護軍署大將軍府事, 尚書僕射李福為前監軍領大將軍司馬.

延熙二年春三月, 進大將軍琬大司馬, 開府. 辟治中從事犍為楊(義)[儀]為東曹掾. (義)[儀]性簡, 琬與言, 時不應答. 羣吏以為慢. 琬曰: "夫人心不同,各如其面. 面從後言, 古人所戒. (義)[義]欲贊吾是耶, 則非本心; 欲反吾言也, 則顯吾之非, 是以嘿然. 此(義)[義]之快也." 督農楊敏常毀琬: "作事憒憒, 誠非前人也." 或以白琬, 琬曰: "吾信不如前人." 主者白: "乞問憒憒狀." 琬曰: "苟其不如, 則憒憒矣. 復何問也." 後敏坐事下獄, 人以為必死, 琬心無適莫. 是以上下輯睦, 歸仰於琬. 蜀猶稱治. 輔漢將軍姜維領大司馬, 是歲西征, 入羌中. 魏明帝崩, 齊王即位.

延熙三年, 魏正始元年也. 安南將軍馬忠率越雟太守張嶷平越雟郡.

四年冬十月, 尚書令費禕至漢中, 與大司馬琬諮論事計. 歲盡還.

五年春正月, 姜維還屯涪縣. 大司馬琬以丞相亮數入秦川不克, 欲順沔東下征三郡. 朝臣咸以為不可. 安南將軍馬忠自建寧還朝, 因至漢中宣詔旨於琬, 琬亦連疾動, 輟計. 遷忠鎮南大將軍, 封彭鄉侯.

六年, 大司馬琬上疏曰: "臣既闇弱, 加嬰疾疹, 奉辭六年, 規方無成, 夙夜憂慘. 今魏跨帶九州, 除之未易. 如東西犄角, 但當蠶食. 然吳期二三, 連不克果. 輒與費禕馬忠議, 以為涼州胡塞之要, 宜以姜維為涼州刺史, 銜持河右. 今涪水陸四通, 惟急是赴, 東北之便, 應之不難." 冬十月, 琬還鎮涪. 以王平為鎮北大將軍, 督漢中事. 姜維鎮西大將軍涼州刺史. 十有一月, 大赦, 遷尚書令費禕大將軍錄尚書事. 就遷江州都督鄧芝車騎將軍.

七年閏月, 魏大將軍曹爽征西將軍夏侯玄征蜀. 王平白: "與護軍零陵劉敏拒興勢圍." 以大司馬琬疾病, 假大將軍禕節, 率軍自成都赴漢中. 旌旗啟路, 馬人擐甲, 羽檄交馳. 嚴鼓將發, 光祿大夫義陽來敏求共圍棋. 禕留意博弈, 色守自若. 敏曰: "聊試君耳. 君信可人, 必能辨賊者也." 比至, 爽等退. 命鎮南大將軍馬忠平尚書事. 夏四月, 安平王卒, 子胤嗣. 秋九月, 禕還. 大司馬

琬以病, 固讓州職於費禕董允. 於是禕加大將軍, 領益州刺史. 允加輔國將軍,

守尚書令. 允立朝, 正色處中, 上則匡主, 下帥羣司. 於時蜀人以諸葛亮蔣費

及允為四相. 一號"四英". 宦人黃皓便僻佞慧, 畏允, 不敢為非. 後主常欲採

擇, 允曰: "妃后之數, 不可過十二." 允嘗與典軍義陽胡濟大將軍禕共期遊宴,

命駕將出, 郎中襄陽董恢造允修敬, 自以官卑少行, 求索去, 允曰: "本所以出

者, 欲與同好遊談耳. 君以自屈, 方展闊積. 舍此就彼, 非所謂也." 命解驂止

駕. 允之下士接物, 皆此類也. 君子以為有周公之德.

八年秋, 皇太后吳氏薨. 諡曰穆. 冬十有一月, 大將軍禕行軍漢中.

九年, 夏六月, 禕還成都. 秋, 大赦. 司農孟光眾責禕曰: "夫赦者, 偏枯之

物, 非明世之所宜有也. 今主上賢仁, 百寮稱職, 有何旦夕之急, 數施非常之

恩, 以惠奸軌之惡. 上犯天時, 下違人理, 豈具瞻之高美, 所望於明德哉." 禕

但顧謝焉. 初, 丞相時, 有言公惜赦者, 亮答曰: "治世以大德, 不以小惠. 故匡

衡吳漢不願為赦. 先帝亦言: '吾周旋陳元方鄭康成間, 每見啟告治亂之道, 備

曾不語赦也.' 若景升季玉·父子, 歲歲赦宥, 何益於治?" 故亮時, 軍旅屢興,

赦不妄下也. 自亮沒後, 茲制逐虧. 蜀初闕三司之位, 以待天下賢人. 其卿士,

皆勳德融茂: 太常杜瓊, 學通行脩; 衛尉陳震, 忠惇篤粹; 孟光, 亮直著聞; 皆

良幹也. 但光好指摘利病, 大長秋南陽許慈普記闕六字. 性, 光祿來敏舉措不

慎, 失勢事者指, 當世美名, 不及特進太常廣漢鐔承光祿勳河東裴雋也, 其朝

臣: 尚書巴西司學義陽胡博, 僕射巴西姚伷, 侍中汝南陳祗, 並讚事業. 以故丞

相長史向朗為左將軍, 朗自去長史, 優遊無事, 乃鳩合經籍, 開門誘士, 講論古

義, 不豫世務. 是以上自執事, 下及童冠, 莫不宗敬焉. 冬十有一月, 大司馬琬

卒, 諡曰恭侯. (中)[尚]書令董允亦卒. 超遷蜀郡太守南陽呂乂為尚書令. 進姜

維為衛將軍, 與大將軍禕並錄尚書事. 維出隴西. 與魏將郭淮夏侯霸戰, 剋之.

十年, 涼州胡王白虎文治無戴等率衆降, (魏)[衛]將軍維徙之繁縣. 汶山平康夷反, 維復討平之. 過見廖立, 意氣自若. 維還, 假節.

十一年, 鎮北將軍王平卒. 以中監軍胡濟為驃騎將軍, 假節, 領兗州刺史, 代平督漢中事. 平始出軍武, 不大知書, 性警朗, 有思理, 與馬忠並垂事績. 平同郡勾扶, 亦果壯, 亞平, 官至右將軍, 封宕渠侯. 後張翼與襄陽廖化並為大將, 故時人為語曰: "前有何勾, 後有張廖." 平本養外家何氏, 後復姓. 夏五月, 大將軍禕出屯漢中.

十二年, 魏嘉平元年也. 魏誅大將軍曹爽, 右將軍夏侯霸來降, 淵子也, 拜車騎將軍. 四月, 大赦. 秋, 衛將軍維出雍州, 不克. 將軍勾安李韶降魏.

十三年, 衛將軍維復出西平, 不克而還.

十五年, 吳主孫權薨, 子亮立, 來告赴之, 如古義也. 立子琮為西河王. 命大將[軍]禕開府. 尚書令呂乂卒, 以侍中陳祇守尚書令, 加鎮軍將軍.

十六年, 春正月朔, 魏降人郭脩因賀會, 手刃殺大將軍費禕於漢壽. 謚曰敬侯. 禕當國, 名略與蔣琬比, 而任業相繼; 雖典於外, 慶賞刑威咸咨於己; 承諸葛之成規, 因循不革, 故能和壹. 自禕歿後, 閹宦并權. 衛將軍維自負才兼文武, 加練西方風俗, 謂自隴以西可制而有, 禕常裁制; 至是無憚, 屢出師旅, 功績不立, 政刑失錯矣. 四月, 維將數萬攻南安, 魏雍州刺史陳泰救之. 維糧盡, 還.

十七年, 魏正元元年也. 春, 衛將軍維督中外軍事. 大赦. 夏六月, 維復出隴西. 隴西狄道長李簡舉縣降. 維圍襄武, 魏大將徐質救之. 維拔狄道河間臨洮三縣民入蜀, 居於綿竹及繁. 是歲, 魏帝齊王廢, 高貴鄉公即祚.

十八年春，衛將軍維復議出征．征西大將軍張翼廷爭，以國小不宜黷武．維不聽，夏，率車騎將軍夏侯霸及翼出狄道，大破魏雍州刺史王經於洮西，經衆死數萬．經退保狄道城．翼曰："可矣！不宜進．或毀此成功，為蛇畫足．"維必進．魏征西將軍陳泰救狄道．維退駐鍾題．

十九年，魏甘露元年也．春，進衛將軍姜維為大將軍．秋八月，維復出天水，至上邽，鎮西大將軍胡濟失期不至，大為魏將鄧艾所破，死者衆．士庶由是怨維，而隴以西亦無寧歲．冬，維還，謝過引負，求自貶削．於是以維為後將軍，行大將軍[事]．立子瓚為新平王，大赦．

二十年春，大赦．魏征東大將軍諸葛誕以淮南叛，連吳．魏分關中兵東下．後將軍姜維復從駱谷出長城，軍芒水，與魏大將司馬望鄧艾相持．

景耀元年，姜維以誕破，退．還成都，復拜大將軍．史官言景星見．大赦，改元．宦人黃皓與尚書令陳祗相表裏，始豫政．皓自黃門丞至今年為奉車都尉中常侍．姜維雖班在祗右，權任不如，蜀人無不追思董允者．時兵車久駕，百姓疲弊，太中大夫譙周(者)著《仇國論》，言可為文王，難為漢祖，人莫察焉．征北大將軍宗預自永安徵，拜鎮南將軍，領兗州刺史．以襄陽羅憲為鎮軍，督永安事．吳大臣廢其主亮，立孫休，來告難，如同盟也．大將軍維議，以為："漢中錯守諸圍，適可禦敵，不獲大利．不若退據漢樂二城，積穀堅壁．聽敵入平，且重關鎮守以禦(大)[之]．敵攻關不克，野無散穀，千里懸糧，自然疲退．此殄敵之術也．"於是督漢中胡濟却守漢壽，監軍王含守樂城，護軍蔣舒守漢城．又於西安建威武衛石門武城建昌臨遠皆立圍守．

二年夏六月，立子諶為北地王，恂為新興王，虔為上黨王．以征西張翼為左車騎將軍，領冀州刺史．廣武督廖化為右車騎將軍，領并州刺史．時南郡閻宇為右衛大將軍. 秋八月丙子, 領中護軍陳祗卒, 諡曰忠侯. 祗在朝, 上希主指, 下接閹宦, 後主甚善焉. 以僕射南鄉侯董厥為尚書令.

三年, 魏景初元年也. 秋九月, 追諡故前將軍關羽曰壯繆侯, 車騎將軍張飛曰桓侯, 驃騎將軍馬超曰威侯, 軍師龐統曰靖侯, 後將軍黃忠曰剛侯. 是歲, 魏帝高貴鄉公卒, 常道鄉公即位.

四年, 春三月, 追諡故鎮軍趙雲曰順平侯. 冬十月, 大赦. 拜丞相亮子武鄉侯瞻中都護衛將軍. 遷董厥輔國大將軍, 與瞻輔政. 以侍中義陽樊建守尚書令. 自瞻厥用事, 黃皓秉權, 無能正矯者, 惟建持不與皓和好往來. 而秘書令河南郤正與皓比屋周旋, 皓從微至著, 既不憎正, 又不愛之, 官不過六百石, 常免於憂患.

五年, 春正月, 西河王琮卒. 大將軍維惡皓之恣擅, 啟後主, 欲殺之. 後主曰: "皓趨走小臣耳. 往者董允切齒, 吾常恨之. 君何足介意." 維本羈旅自託, 而功效無稱, 見皓枝附葉連, 懼於失言, 遜辭而出. 後主敕皓詣維陳謝. 維誘皓求沓中種麥, 以避內逼. 皓承白後主. 秋, 維出侯和, 為魏將鄧艾所破, 還駐沓中. 皓協比閻宇, 欲廢維樹宇. 故維懼不敢還.

六年春, 魏相國晉文王命征南將軍鄧艾鎮西將軍鍾會雍州刺史諸葛緒益州刺史師纂五道伐蜀. 大將軍姜維表後主, 求遣左右車騎張翼廖化督諸軍分護陽安關口及陰平橋頭. 黃皓信巫鬼, 謂敵不來, 啟後主寢其事. 羣臣不知. 夏, 艾將入沓中, 會將向駱谷, 蜀方聞之. 遣張翼董厥為陽安關外助, 廖化為維援繼. 大赦, 改元炎興. 比至陰平, 聞諸葛(維)[緒]向建威, 故待月餘. 維為鄧艾所摧, 還陰平. 鍾會圍樂城, 遣別將攻關. (分)[守]將蔣舒開門降, [都]督傅僉奮戰而死. 冬, 會以樂城不下, 徑長驅而前. 翼厥之至漢壽也, 維化捨陰平, 還保劍閣, 拒會. 會不能克, 糧運懸遠, 議欲還. 而鄧艾由陰平景谷傍入. 後主又遣都護諸葛瞻督諸軍拒艾, 至(漢)涪, 不進. 尚書郎黃崇, 權子也, 勸瞻速行固險, 無令敵得入(坪)[平], 言至流涕. 瞻不從. 前鋒已破, 艾徑至涪. 瞻退保綿竹. 艾書誘瞻曰:"若降者, 必表封琅琊王." 瞻怒, 殺艾使, 戰於綿竹. 瞻軍敗績, 瞻臨陣死. 崇及羽林督李球尚書張遵, 皆必死, 沒命. 瞻長子尚歎曰:"父子荷恩, 不早斬黃皓, 以致敗國殄民, 用生何為." 乃驅馬赴魏軍而死. 百姓聞艾入(坪)[平], 驚迸山野. 後主會羣臣議, 欲南入七郡, 或欲奔吳. 光祿大夫譙周勸:"降魏, 魏必裂土封後主." 後主從之. 遣侍中張紹駙馬都尉鄧良齎璽綬奉牋, 詣艾降. 北地王諶恚憤, 殺妻子而後自殺. 艾至成都, 後主輿櫬面縛衛璧迎之. 艾親釋其縛, 受其璧, 焚其櫬, 承制拜驃騎將軍, 使止其宮. 執黃皓, 將殺之, 受賄而赦之. 諸圍守皆奉後主救令乃下.

姜維未知後主降, 謂且固城. 素與執政者不平, 欲使其知衛敵之難, 而後逞志, 乃回由巴西出郪五城. 會被後主手令, 乃投戈釋甲詣鍾會, 降於涪. 軍士莫不奮(擊)[激], 以刃斫石.

明年, 春正月, 會構艾, 檻車見徵. 會圖異計, 奇維雄勇, 還其節益本兵, 謂長史杜預曰:"姜伯約比中州名士, 夏侯太初諸葛公休不如也." 鄧艾亦謂蜀人曰:"姜維, 雄兒也." 會維到, 出同車, 坐同席, 將至成都, 自稱益州牧以叛. 恃維為牙爪, 欲遣維為前將軍伐中國. 維既失策, 又知會意志廣, 教會誅北諸將. 諸將既死, 徐欲殺會, 盡坑魏兵, 還後主. 密書通後主曰:"願陛下忍數日之辱, 臣欲使社稷危而復安, 日月幽而復明." 魏太后崩, 會命將發喪, 因欲追之. 諸將半入, 而南安太守胡烈等知其謀, 燒成都東門, 以襲殺會及維張翼後主太子璿等. 軍衆抄掠, 數日乃定. 三月, 後主舉家東遷洛陽. 丁亥, 封安樂縣公, 食邑萬戶, 賜絹萬匹, 奴婢百人, 他物稱此. 弟兄子孫爲郡都尉, 侯者五十餘人. 以譙周全國濟民, 封城陽亭侯. 秘書令郤正, 舍妻子, 隨侍後主, 相導威儀, 封關內侯. 於是尚書令樊建殿中督張通侍中張紹亦封侯.

劉氏凡得蜀五十年正, 稱尊號四十二年.

蜀郡太守王崇論後主曰: "昔世祖內資神武之大才, 外拔四屯之奇將, 猶勤而獲濟. 然乃外登天衢, 車不輟駕, 坐不安席. 非淵明弘鑒, 則中興之業何容易哉. 後主(不)[庸]常之君, 雖有一亮之經緯, 內無胥附之謀, 外無爪牙之將, 焉可苞括天下也." 又曰: "鄧艾以疲兵二萬, 溢出江油. 姜維舉十萬之師, 案道南歸, 艾爲成禽; 禽艾已訖, 復還拒會, 則蜀之存亡未可量也. 乃回道之巴, 遠至五城, 使艾輕進, 徑及成都. 兵分家滅, 己自招之. 然以鍾會之智略, 稱爲子房; 姜維陷之莫至, 剋捷籌竿, 相應優劣, 惜哉!" 愚以爲維徒能謀一會, 不慮窮兵十萬難爲制御, 美意播越矣.

譔曰: 諸葛亮雖資英霸之能, 而主非中興之器, 欲以區區之蜀, 假已廢之命, 北吞强魏, 抗衡上國, 不亦難哉. 似宋襄求霸者乎. 然亮政修民理, 威武外振. 爰迄琬褘, 遵修弗革, 攝乎大國之間, 以弱爲强, 猶可自保. 姜維才非亮匹, 志繼洪軌, 民嫌其勞, 家國亦喪矣.

화양국지
(華陽國志)
—
권8
대동지(大同志)

옛날에는 나라가 크고 작고 간에 반드시 역사를 기록하는 사관(史官)이 있어서 성공을 표창하고 실패를 드러내어 징벌(懲罰)과 권선(勸善)을 분명하게 했다. 전대의 법식(法式)을 살펴보면 각 주부(州部)에도 마땅히 그러했다. 유씨(劉氏) 왕조가 교체되고 금덕(金德)[1]을 지닌 진(晉)나라가 제위를 계승했으나, 천하의 문명(文明)이 지난 시대에 미치지 못했다. 나의 선조(先祖)인 무평부군(武平府君상관(常寬))과 한가두부군(漢嘉杜府君두공(杜龔))이 나란히《촉후지(蜀後志)》[2]를 지어 대동(大同)과 상란(喪亂)의 시대를 서술했다. 그러나 이씨(李氏이웅(李雄))의 성한(成漢) 때에 이르러 서로 조리가 없고 또한 사건의 전후 사정에 있어서도 간혹 상세하지 않았다. 나 상거(常璩)는 예전에 촉(蜀) 땅에 있을 때 온갖 고초를 겪으며[3] 많은 옛일을 갖추어 알게 되어 새로이 순서에 따라 연호를 명시했다. 이로써 위로는 밝은 덕을 드러내고, 아래로는 위법과 혼란을 다스려 국사(國史)에 대한 지식을 넓히는 데 만분의 일이나마 보탬이 되기를 바랄 뿐이다.

---

1 금덕(金德): 오행설(五行說)에 '화생토(火生土), 토생금(土生金)'이라고 했는데, 그에 따르면 한(漢)나라는 화덕(火德)이 되고, 위(魏)나라는 토덕(土德)이 되며, 진(晉)나라는 금덕(金德)이 된다.

2 《촉후지(蜀後志)》: 진 원제(晉元帝) 때 무평 태수(武平太守) 상관(常寬)과 한가 태수(漢嘉太守)를 지낸 두공(杜龔)이 촉한(蜀漢) 멸망 이후부터 이특(李特) 때까지 촉중(蜀中)의 역사를 기록한 책으로, 현재는 전하지 않는다.

3 온갖 고초를 겪으며: 원문 '즐목(櫛沐)'은 '즐풍목우(櫛風沐雨)'의 준말로, 바람에 머리를 빗고, 비에 몸을 씻는다는 뜻으로, 오랜 세월을 떠돌아다니며 갖은 고생을 함을 의미한다.

위(魏)나라 함희(咸熙) 원년(264), 촉(蜀)나라가 망한 다음 해에 동군(東郡) 사람 원소(袁邵)를 익주 자사(益州刺史), 농서 태수(隴西太守) 안평(安平) 사람 견홍(牽弘)을 촉군 태수(蜀郡太守), 금성 태수(金城太守) 천수(天水) 사람 양흔(楊欣)을 건위 태수(犍爲太守)로 삼았다. 후주(後主^{유선}_(劉禪))가 이미 동쪽 낙양(洛陽)으로 옮겨 간 뒤에 촉나라의 대신 종예(宗預)와 요화(廖化) 및 제갈현(諸葛顯)과 그들에 딸린 3만 가호(家戶)를 하동(河東)과 관중(關中)으로 옮기고, 20년간 전조(田租)를 면제했다. 동궐(董厥)과 번건(樊建)을 나란히 상국(相國) 참군(參軍)으로 삼았다. 겨울, 익주(益州)를 나누어 새로 양주(梁州)를 설치하고[4] 동궐과 번건을 보내 산기상시(散騎常侍)를 겸하게 하고, 촉 땅으로 가서 백성들의 노고를 위로하게 했다.

진(晉)나라 태시(泰始) 원년(265) 봄에 익주 자사(益州刺史) 원소(袁邵)가 성을 〈진(晉)나라의 규정대로〉 쌓지 않았다고 하여 장차 조정으로 소환되려 할 때에, 옛 촉(蜀)나라의 시랑(侍郎) 촉군(蜀郡) 사람 상기(常忌)가 상국부(相國府)에 가서 진술하기를, "원소가 익주 백성들을 어루만지고 구휼하는 데는 법도가 있습니다. 하물며 멀리 있던 나라가 방금 귀부했으니 마땅히 천천히 교화로 이끌어야지, 주(州)의 장관을 쉽게 바꾸어 멀리 바깥에 있는 변방 백성들의 마음을 잃어서는 안 됩니다."라고 했다. 상국(相國^{사마소}_(司馬昭))이 듣고 그대로 머물게 했다. 상기를 불러 사인(舍人)으로 삼았다. 겨울 12월[5]에 진 무제(晉武帝^{사마염}_(司馬炎))가 즉위했다.

---

4 익주(益州)를 … 설치하고: 《삼국지(三國志)》〈위서(魏書) 진류왕기(陳留王紀)〉에는 진(晉)나라 경원(景元) 4년(263) 12월 21일에 익주(益州)를 나누어 양주(梁州)를 설치한 것으로 기록되어 있다.

5 12월: 《화양국지》 원문에는 '10월(十月)'로 되어 있으나, 《진서(晉書)》〈무제기(武帝紀)〉 및 《자치통감(資治通鑑)》에 따르면 사마염(司馬炎)이 위(魏)나라를 찬탈하여 황제를 칭한 때는 함희(咸熙) 2년(265), 즉 진(晉)나라 태시(泰始) 원년(265) 12월이므로, 10월을 12월로 수

태시(泰始) 2년(266) 봄에 무제(武帝)가 널리 양주(梁州)와 익주(益州)의 인재들을 거두어 그 가운데 바른 선비들을 임명하여, 옛 황금독(黃金督) 촉군(蜀郡) 사람 유은(柳隱)을 서하 태수(西河太守), 파군(巴郡) 사람 문립(文立)을 제음 태수(濟陰太守), 상기(常忌)를 하내현령(河內縣令)으로 삼았다.

태시(泰始) 4년(268)에 옛 중군사(中軍士) 왕부(王富)가 죄를 짓고 달아나 숨어 은밀하게 망명한 죄수들과 결탁하여 무리 수백 명을 얻었다. 그는 스스로 '제갈도호(諸葛都護)'라 부르며 임공(臨邛)에서 군사를 일으켜 강원군(江原郡)을 침략했다. 강원군의 방략리(方略吏)[6]이고(李高)와 여술(閭術)이 왕부를 결박하여 주부(州府)로 보내자, 자사(刺史) 동책(童策)이 그의 목을 베었다. 처음에 제갈첨(諸葛瞻)이 면죽(綿竹)에서 등애(鄧艾)와 싸우다가 당시 전장에서 죽었으나 시신을 찾지 못했다. 그래서 어떤 사람은 제갈첨이 살아서 달아나 깊숙이 숨었다고 말했다. 제갈첨의 친병(親兵)은 왕부의 모습이 제갈첨과 비슷한 까닭에 왕부가 제갈첨인양 거짓으로 행세했다고 말했다.

태시(泰始) 5년(269)에 산기상시(散騎常侍) 문립(文立)이 표문을 올려 옛 촉(蜀)나라의 대신과 공훈이 있는 자들의 후손 5백 가(家)에게 과중한 노역에 참여하지 않도록 면제하고 관용을 베풀어 모두에게 옛 관호(官號)에 따라 요역(徭役)을 삭감해 줄 것을 청했다.

태시(泰始) 6년(270)에 익주(益州)와 남중(南中)에 있는 건녕(建寧)·운남(雲南)·영창(永昌)·흥고(興固) 네 군(郡)을 분할하여 영주(寧州)를 설치[7]했다.

정했다.

6 방략리(方略吏):《진서(晉書)》〈직관지(職官志)〉에 이르기를, "현(縣)에는 모두 방략리 4인을 두었다."[縣皆置方略吏四人.]라고 했는데, 현에서 모의에 참여하고 방략을 꾸미는 관속들을 가리킨다.

태시(泰始) 7년(271)에 문산군(汶山郡)을 지키는 병사 여신(呂臣)[8] 등이 자신들의 독장(督將)을 죽이고 반란을 일으켰다가 모두 멸족되었다. 처음에 촉(蜀)나라는 문산군 서쪽의 다섯 군이 북쪽으로 음평(陰平)·무도(武都)와 가까웠기 때문에 험준한 곳에 요새를 설치하여 지키고, 문강(汶江)·용학(龍鶴)·염방(冉駹)·백마(白馬)·광용(匡用) 다섯 지역에 아문(牙門)을 설치하고 군대를 주둔시켰다. 진(晉)나라 초에는 이족(夷族)의 침략을 방어하기 위한 변경으로 삼아 여전히 그곳을 지켰다.

태시(泰始) 8년(272)에 삼촉(三蜀) 땅에 풀이 자라났는데 마치 가늘고 흰 털과 같았고, 3일 저녁 만에 일곱 여덟 재[寸]를 자라 수 리까지 생겨났다. 그해, 문산군(汶山郡)의 백마호족(白馬胡族)이 제멋대로 여러 민족을 침략했다. 여름에 자사(刺史) 황보안(皇甫晏)이 표문을 올려 군대를 출정하여 그들을 토벌하겠다고 했다. 별가종사(別駕從事) 왕소(王紹) 등이 굳게 간언했으나, 따르지 않았다. 전학종사(典學從事) 촉군(蜀郡) 사람 하려(何旅)가 간언하여 말하기를, "옛날 주 선왕(周宣王)이 6월에 북쪽으로 정벌을 나선 것은 험윤(玁狁)[9]이 매우 강성하여 여러 중원 지역까지 미칠까 우려했기

<hr />

7   영주(寧州)를 설치: 《자치통감(資治通鑑)》 권79 〈진기1(晉紀一)〉에 따르면, 익주(益州)와 남중(南中)의 네 군(郡)을 나누어 영주(寧州)를 설치한 것은 태시(泰始) 7년(271) 8월이다. 《진서(晉書)》와 《송서(宋書)》의 기록도 이와 같다.

8   여신(呂臣): 요본(廖本)에는 '여광(呂匡)'으로 되어 있다.

9   험윤(玁狁): 서주(西周) 때 소수 민족으로, 진한(秦漢) 때 흉노(匈奴)이다. '험윤(玁狁)'이라고도 한다. 서주 말에 주나라 왕실이 쇠퇴하자 험윤이 내지로 침략하여 소란을 피우며 경성(京城)을 위협했다. 주 선왕(周宣王)이 즉위하자, 6월에 대신 윤길보(尹吉甫)에게 군대를 이끌고 험윤을 토벌하게 했다. 《시경(詩經)》 〈소아(小雅) 유월(六月)〉에 이르기를, "융거가 편안하니 오르락내리락 덜컹거리고, 네 마리 말이 건장하니 억세면서도 길들여졌다. 험윤을 정벌하여 대원에 이르니, 문무를 겸비한 길보는 만방의 모범이어라.[戎車既安, 如輕如軒, 四牡既佶, 既佶且閑, 薄伐玁狁, 至于大原, 文武吉甫, 萬邦爲憲.]"라고 했다.

때문입니다. 지금은 이민족들끼리 서로 싸우고 죽이는데, 이는 오랑캐들 사이에 늘 있는 일로 커다란 근심거리가 되지 않습니다. 그리고 한여름에 군대를 출정시키면 장차 큰비가 내려 반드시 질병이 생기게 될 것입니다. 마땅히 가을이나 겨울에 그들을 도모하여도 늦지 않습니다."라고 했으나, 황보안이 듣지 않고 마침내 서쪽으로 출병했다. 군대가 성안으로 들어가려고 할 때 노루가 군영 안으로 들어오자, 군중(軍中)에서 점을 치는 자가 상서롭지 않다고 여겼는데 황보안이 깨닫지 못했다. 호족(胡族) 사람 강수자소향(康水子燒香)[10]이 군대가 출정하게 되면 반드시 패할 것이라고 말했다. 황보안은 군중의 사기를 저해한다고 여기고, 그를 베어 죽였다. 여름 5월에 군대가 도안(都安)에 이르러 관판(觀坂)에 주둔했다. 하려가 다시 간언하여 말하기를, "지금 우리가 군영을 치고 주둔한 곳의 지명이 관판인데 위에서부터 아래로 내려다보면 '반상(反上)' 형상으로 불길한 징조입니다. 옛날 한 고조(漢高祖)께서는 '백인(柏人)'[11]이라는 지명에서 깨달은 바가 있어서 재난을 면했고, 잠팽(岑彭)[12]은 '팽망(彭亡)'이라는 지명을 싫어했지만 그곳을 떠나지 않아 마침내 재화(災禍)에 빠지

---

10 강수자소향(康水子燒香): 《자치통감(資治通鑑)》 권79 〈진기1(晉紀一)〉에는 '강목자소향(康木子燒香)'으로 되어 있다.

11 백인(柏人): 한(漢)나라 때 현(縣) 이름으로, 조(趙)나라에 속했다. 지금의 하북성 융요현(隆堯縣) 서쪽이다. 《한서(漢書)》 〈고제기(高帝紀)〉에 이르기를, "한 고조(漢高祖) 8년, 유방(劉邦)이 한왕(韓王) 한신(韓信)의 남은 무리를 정벌하고 돌아가다가 백인(柏人)을 지나게 되었는데, 조(趙)나라 재상 관고(貫高)가 그곳에서 유방을 암살하려고 모의했다. 유방의 마음이 동요하며 말하기를, '백인이라는 것은 사람을 핍박한다는 뜻이다.'고 하고, 바로 그곳을 떠났다.[漢高八年, 劉邦征韓王信餘黨回, 過柏人, 趙相貫高陰謀行刺, 劉邦心動, 曰: 柏人者, 迫于人也. 乃離去.]"라고 했다.

12 잠팽(岑彭): 동한(東漢) 말 때 무장(武將)으로 《후한서(後漢書)》 권17 〈잠팽전(岑彭傳)〉에 따르면, 잠팽이 광무제(光武帝)를 도와 촉(蜀)나라의 공손술(公孫述)을 공격하다가 촉나라의 자객(刺客)에게 팽망(彭亡)에서 피살되었다.

게 되었습니다. 마땅히 군영을 다른 곳으로 옮겨야 합니다.”라고 했으나,
황보안이 그 말을 받아들이지 않았다. 그날 밤, 병사들 가운데 중주(中州
중원(中原)) 사람 채웅(蔡雄)·선반(宣班)·장의(張儀) 등이 문산(汶山)으로 가는 길이
험하고, 또 마음속으로 호족의 강함을 두려워했으며, 황보안이 간언을
거절하고 출병할 적절한 시기를 어겨 무리들이 원망하게 되었으며, 마
침내 아문(牙門) 장홍(張弘)과 독장(督長) 장형(張衡) 등이 반란을 일으켜 황
보안을 살해했다. 군대가 밤중에 갈팡질팡하여 어떻게 해야 할지를 몰
랐다. 오직 병조종사(兵曹從事) 건위(犍爲) 사람 양창(楊倉)만이 활을 당기
고 힘껏 싸워, 화살 1백여 발을 쏘면서 그들을 질책했다. 채웅 등 무리가
그를 공격했는데, 화살이 다 떨어져 피살되었다. 익주 종사(益州從事) 광
한(廣漢) 사람 왕소(王紹) 역시 그들을 막다가 죽었다. 당초 황보안이 출병
하기 전에 촉중(蜀中)에서 전달하여 고하기를, “우물 안에 사람이 있습니
다.[井中有人.]”라고 했다. 학사(學士) 근보(靳普)가 말하기를, “객성(客星)[13]이
동정성(東井星)을 침범했습니다. 동정성은 익주의 분야(分野)로 자사(刺史)
에게 근심이 될 것이니, 객성의 침범을 경계해야 합니다.”라고 했다. 또
세찬 바람이 불었는데, 역풍(逆風)이었다. 그날 점괘는 관괘(觀卦)가 나왔
는데, “만약 군대가 서쪽으로 출발하여 관판문(觀坂門)을 지키게 되면, 사
람이 천정(天井)으로 향하게 되니 더욱 염려스럽다.”라는 내용이었다. 그
런 까닭에 하려가 간곡하게 간언했는데, 마침내 그의 말대로 되었다. 장
홍 등이 마침내 표문을 올려 황보안이 자신들을 인솔하여 함께 반란을
일으켰다고 모함하고, 그렇기 때문에 그를 죽였으니 자신들의 죄를 면

---

13 객성(客星): ‘변성(變星)’ 또는 ‘신성(新星)’이라고도 한다. 혜성(彗星) 따위와 같이 일정한 곳
에 있지 않고 일시적으로 나타났다가 사라지는 별을 일컫는 말이다. 옛 사람들은 외부
에서 온 나그네별이라고 여겨 ‘객성(客星)’이라고 했다.

하게 해 달라고 요구했다. 장홍의 무리가 백성들을 노략질했다. 광한(廣漢) 사람 주부(主簿) 이의(李毅)가 태수 홍농(弘農) 사람 왕준(王濬)에게 말하기를, "마땅히 익주의 화란을 구하는 일이 시급합니다. 저는 황보안이 악행을 저지르지 않았음을 보장하니, 틀림없이 장홍 등이 모함했을 것입니다."라고 하니, 왕준이 그의 말을 따랐다. 황보안의 주부인 촉군(蜀郡) 사람 하반(何攀)이 모친상을 당하여 집에 있었는데, 난리 소식을 듣고 최질(衰絰상복(喪服))[14]을 벗고 낙양(洛陽)에 이르러, 황보안이 충성과 효도를 다하자 장홍 등이 그를 미워하여 반역을 일으켰다고 호소하니, 사정이 분명해졌다. 조서를 내려 왕준을 익주 자사(益州刺史)로 삼고, 경거장군(輕車將軍)[15]을 더하여 주었다. 왕준이 장홍 등을 베어 죽이니, 익주가 평정되었다.

함녕(咸寧) 3년(277) 봄에 익주 자사(益州刺史) 왕준(王濬)이 건위(犍爲) 백성 진서(陳瑞)를 베어 죽였다. 진서는 처음에 귀신을 부리는 도술로 백성들을 미혹했다. 그가 받드는 도술은 처음에는 술 한 말과 생선 한 마리만 사용했고, 다른 신은 받들지 않으며 신선하고 정결한 것을 귀하게 여겼다. 상(喪)을 당하거나 아이를 출산한 자는 1백 일이 지나지 않으면 도관(道觀)에 들어오지 못했다. 그곳에서는 스승을 '좨주(祭酒)'라고 불렀다. 부모와 처자식의 상을 당한 자는 장례에 참여하여 조문하지 못하고, 아이를 출산하거나 병이 난 자를 위문하지 못했다. 나중에 사치스럽게 변하여 붉은색 의복과 흰색 허리띠, 붉은색 두건과 진현관(進賢冠)을 사용했다. 진서는 자신을 '천사(天師)'라고 불렀는데, 무리가 수천 수백에 달했

---

14 최질(衰絰): 최질(衰絰)은 삼년상(三年喪)에 입는 상복(喪服)으로, 가슴에 대는 삼베를 '최(衰)'라 하고 허리에 대는 삼베를 '질(絰)'이라 한다.

15 경거장군(輕車將軍): 한 무제(漢武帝)가 처음 설치하여 위진(魏晉) 때 사용되었으며, 품계는 5품이다.

다. 왕준이 그 상황을 듣고 불효(不孝)라고 여겨, 진서 및 좨주 원정(袁旌) 등을 주살하고, 그곳 객사(客舍)를 불태웠다. 익주 백성들 가운데 진서의 도술을 신봉한 자가 있었는데, 현재 관직에 있는 2천 석 관리 가운데 파군 태수(巴郡太守) 건위(犍爲) 사람 당정(唐定) 등이 다 면직되거나 제명되었다. 촉(蜀) 땅 산천에 있는 신사(神祠)에는 모두 소나무와 잣나무를 심었는데, 왕준은 신사가 예교(禮敎)에 어긋난다고 여겨 모두 폐하여 파괴하거나 불에 태워 없애버리고 그곳의 소나무와 잣나무를 가져다 배를 만들었으며, 오직 우왕(禹王)과 한 무제(漢武帝)의 사당만은 허물어뜨리지 않았다. 또한 무당이 제사 지내는 행위를 금지했다. 그래서 촉 땅에는 음사(淫祀)의 풍속이 없어졌다. 교화가 크게 행하여지니, 연리목(連理木)·가화(嘉禾)·황룡(黃龍)·감로(甘露) 등의 상서로운 징조가 나타났다. 3월에 조서를 내려 둔전병을 파하고, 그들로 하여금 대대적으로 배를 만들게 하여 오(吳)나라를 공격하려는 계획을 세웠다. 별가(別駕) 하반(何攀)은 단지 둔전병 5, 6백 명만으로는 준비할 수 없다고 여겼다. 마땅히 교대로 쉬고 있는 여러 주(州)의 병사들을 부르고, 여러 군(郡)의 군직(軍職)에 있는 관리를 빌려 1만여 명이 배를 만드는 작업에 참여해야 연말에 완성할 수 있다고 여겼다. 왕준이 그의 말을 따랐다. 하반은 또 배를 만들려고 산에 들어가 나무를 수백 리나 옮기는 일은 매우 어려운데, 촉 땅 백성들의 무덤에 소나무와 잣나무가 많이 심겨져 있으므로 마땅히 시장 가격의 10분의 4에 해당하는 값으로 나무를 사도록 건의했다. 이렇게 하니 산에 들어가는 횟수가 줄어들었다. 왕준은 하반에게 명하여 선박과 무기를 관장하게 했다. 겨울 10월에 하반을 사자로 보내 낙양(洛陽)에 이르러 표문을 올려 오나라를 정벌할 수 있다고 말하게 했다. 또한 양양(襄陽)에 이르러 정남장군(征南將軍) 양호(羊祜) 및 형주 자사(荊州刺史) 송정(宋庭)과 함께 나서서 일을 이룩할 계획을 논의하도록 했다.

함녕(咸寧) 4년(278) 봄에 한중군(漢中郡)의 관리[16] 습조(襲祚) 등이 태수(太守) 강종(姜宗)을 죽이고 반란을 일으킬 것을 모의했다. 강종이 그 사실을 알고 굳게 수비했다. 습조 등이 남정현(南鄭縣) 저잣거리와 백성들의 집에 불을 질러 태워 버렸다. 반란이 실패하여 습조 등이 멸족되었다. 자사(刺史) 왕준(王濬)을 옮겨 대사농(大司農)으로 삼았고, 한수(漢壽)에 도착하자 그는 다시 참군(參軍) 이의(李毅)를 보내 낙양(洛陽)으로 가서 하반(何攀)과 함께 오(吳)나라를 공격하겠다는 표문을 올렸다.

함녕(咸寧) 5년(279)에 조서를 내려 왕준(王濬)을 용양장군(龍驤將軍)에 임명하고 가절(假節)을 내려 양주(梁州)와 익주(益州) 두 주의 군사에 관한 일을 감독하게 했다. 하반(何攀)을 낭중(郎中)에 임명하고 군사에 관한 일에 참여하게 했다. 전군종사(典軍從事) 장임(張任)·조명(趙明)·이고(李高)·서조(徐兆)를 아문(牙門)으로 삼고, 요현(姚顯)과 극견(郄堅)을 독(督)으로 삼았다. 겨울에 대대적으로 군사를 일으킬 준비를 했다. 가을에 하반이 사신으로 낙양(洛陽)에 왔다. 안동장군(安東將軍) 왕혼(王渾)이 표문을 올려 손호(孫皓)가 북방을 침략하려고 하니 병사를 요청한다고 했다. 진(晉)나라 조정에서 정벌을 논의했지만, 오히려 6년을 기다려야 한다고 했다. 하반이 그 때문에 표문을 올려 지금 오나라를 공격하여 빼앗아야지, 손호가 반드시 스스로 죽으러 오지는 않을 것이라고 예측하니 황제가 마침내 허락했다. 겨울 12월, 왕준이 성도(成都)에서 수군과 육군 및 양주(梁州)의 삼수호(三水胡)[17] 7만 명을 이끌고 출병하여 오(吳)나라를 공격했다. 막 출병할 때 왕

---

16 한중군(漢中郡)의 관리:《화양국지》원문에는 '한중도리(漢中都吏)'로 되어 있으나 문맥상 '한중군리(漢中郡吏)'로 수정했다.

17 삼수호(三水胡): '삼수(三水)'는 지명으로 양한(兩漢) 때 현(縣)인데 안정군(安定郡)에 속했다.

준이 아문장(牙門長) 이연(李延)을 베어 죽였다. 이연은 왕준의 시중을 들던 아끼는 장수였는데, 말 타기를 다투다가 죽으니 무리가 숙연하지 않음이 없었다. 강주(江州)에 이르자 조정에서 조서를 내려 왕준을 평동장군(平東將軍)으로 올려 두 주(州)를 감독하게 하고, 파동감군(巴東監軍) 당빈(唐彬) 및 평남군(平南軍)[18] 역시 그의 지휘를 받게 했다. 따로 참군(參軍) 이의(李毅) 장군을 보내 부릉(涪陵)에서 무릉(武陵)으로 들어가 무릉을 취하고, 파릉(巴陵)에서 만나게 했다.

태강(太康) 원년(280) 봄 3월에 오(吳)나라가 평정되었다. 하반(何攀)과 이의(李毅) 이하가 공에 따라 각각 차등적으로 봉상(封賞)을 받았다. 회남(淮南) 사람 호비(胡羆)를 익주 자사(益州刺史)로 삼고, 왕준(王濬)을 보국장군(輔國將軍)으로 옮겼다. 처음 왕준이 출정하려고 할 때에 근보(靳普)에게 "이번 출병은 어떠한가?"라고 묻자, 근보가 대답하여 말하기를, "객성(客星)이 남두(南斗) 가운데 숨고, 태백(太白)과 세성(歲星)이 서방에 출현했습니다.[19] 점괘에 이르기를, '동방의 나라가 망한다.'고 했으니 반드시 그대의 뜻대로 될 것입니다."라고 했다. 근보는 음양오행(陰陽五行)의 술수를 익혔으며, 부귀영화를 탐내지 않고 포의(布衣, 평민(平民)) 신분으로 세상을 마쳤다.

태강(太康) 3년(282)에 익주(益州)와 양주(梁州)를 고쳐 경주(輕州)[20]로 삼

이 지역에 거주하는 흉노를 '삼수호(三水胡)'라고 불렀다.

18 평남군(平南軍): 평남장군(平南將軍) 호분(胡奮)의 군대를 가리킨다.

19 객성(客星)이 … 출현했습니다: 남두(南斗)는 28수(宿) 가운데 두성(斗星)이고, 태백(太白)은 금성(金星)이며, 세성(歲星)은 목성(木星)이다. 남두는 오월(吳越) 분야인데, 객성이 남두를 침범했으니 오월은 흉조(凶兆)이고, 태백과 세성이 정상적으로 출현했으니 그 아래에 있는 나라는 길조(吉兆)라는 뜻이다.

20 경주(輕州): 주(州)의 중요성이나 지위에 비추어 볼 때 다른 주보다 덜 중요한 주를 가리킨다. 반대로 중주(重州)는 일반적인 주보다 더 중요한 주를 가리키는데, 경주와 중주의 구별은 상세하지 않다.

고, 자사(刺史)가 전거(傳車)[21]를 타고 조정에 와서 일을 아뢰게 했다. 촉(蜀) 땅에 강족(羌族)과 이족(夷族)이 많아 서이부(西夷府)를 설치하여 평오군사(平吳軍司)[22] 장목(張牧)을 교위(校尉)로 삼고, 지절(持節)을 내려 병사들을 통솔하게 했다. 주(州)에 따로 서이(西夷)와 촉 땅을 다스리는 기구를 설립하고, 각각 장사(長史)와 사마(司馬)를 설치했다.

태강(太康) 5년(284)에 영주(寧州)를 폐하고,[23] 여러 군(郡)을 익주(益州)로 환원시켰다. 남이교위(南夷校尉)를 설치하고, 지절(持節)을 내려 서이부(西夷府)처럼 하여 모두 수재(秀才) 및 효렴(孝廉)[24]과 현량(賢良)을 천거할 수 있었다.

태강(太康) 8년(287)에 진 무제(晉武帝)의 아들 사마영(司馬穎)을 성도왕(成都王)으로 봉하고,[25] 촉군(蜀郡)·광한군(廣漢郡)·건위군(犍爲郡)·문산군(汶山郡) 네 군의 10만 호(戶)를 왕국(王國)에 편입시켰다. 촉군 태수(蜀郡太守)의 호칭을 바꾸어 '성도내사(成都內史)'라 했다.

---

21 전거(傳車): 관부(官府)나 역참(驛站)에서 사용하는 수레를 이르는 말이다. 서한(西漢) 때 자사(刺史)는 매년 연말이 되면 전거를 타고 경사(京師)에 가서 공사(公事)를 아뢰었고, 진(晉)나라 때는 자사가 3년에 한 번 전거를 타고 조정에 들어가 공사를 아뢰었다.

22 군사(軍司): 군대가 출정할 때 황제가 장수를 감독하기 위해 파견하는 관리를 의미한다.

23 영주(寧州)를 폐하고: 《진서(晉書)》와 《송서(宋書)》에서는 영주(寧州)를 폐한 때가 '태강(太康) 3년(282)'으로 되어 있다.

24 효렴(孝廉): 효(孝)는 효도한 사람을 지칭한 것이고, 염(廉)은 청렴한 선비를 지칭한 것이다. 이는 인재를 선발하는 과목(科目)으로서 한(漢)나라 때 비롯되었는데, 동한(東漢) 시대에는 벼슬을 구하는 자들이 반드시 거쳐야 하는 길이 되었다. 그 뒤에 왕왕 두 과목을 합쳐 하나의 과목으로 삼기도 했으며, 또한 추천을 받은 사람을 지칭하기도 한다. 《한서(漢書)》〈무제기(武帝紀)〉에 의하면, 원광(元光) 원년(기원전 134) 11월에 "처음으로 군국(郡國)으로 하여금 각각 효렴(孝廉)한 사람을 각각 1명 천거하게 했다.[初令郡國擧孝廉各一人.]"라고 했다.

25 진 무제(晉武帝)의 아들 … 봉하고: 《진서(晉書)》〈무제기(武帝紀)〉에는 진 무제(晉武帝)의 아들 사마영(司馬穎)을 성도왕(成都王)으로 봉한 때가 '태강(太康) 10년(289)'으로 되어 있다.

원강(元康) 6년(296)에 다시 양주(梁州)와 익주(益州)를 중주(重州)로 삼고, 익주 자사(益州刺史) 율기(栗豱)를 양주 자사(梁州刺史)로 옮기고, 재관장군(材官將軍)을 더하여 주었다. 양렬장군(揚烈將軍) 조흠(趙廞)을 익주 자사로 삼고, 절충장군(折衝將軍)을 더하여 주었다.[26] 관중(關中)의 저족(氐族) 및 마란(馬蘭)의 강족(羌族)이 반란을 일으켜 천수(天水)·약양(略陽)·부풍(扶風)·시평(始平)·무도(武都)·음평(陰平)을 침범했다. 조정에서 양주 및 동강교위(東羌校尉)[27]·진서장군(鎭西將軍)에게 속한 군대를 보내 그들을 토벌했으나 이기지 못했다. 익주에서 아문(牙門) 마현(馬玄)·윤방(尹方)을 보내 그들을 구원하게 했다. 녹거(鹿車)[28]로 성도(成都)의 쌀을 군량미로 공급했다.

원강(元康) 8년(298)에 조흠(趙廞)이 익주(益州)에 이르렀다. 그가 비록 근검절약을 숭상한다고 했지만, 실제로는 성품이 사치하고 태만했다. 약양(略陽)·천수(天水) 등 여섯 군(郡)의 백성 이특(李特) 및 그의 아우 이상(李庠)을 비롯하여 염식(閻式)·조숙(趙肅)·하거(何巨)·이원(李遠) 그리고 저수(氐叟)와 청수(靑叟) 사람 수만 명이 군의 땅에서 해마다 전쟁과 기근이 발생하여 곡식을 찾아 한천(漢川, 한중평원(漢中平原))으로 들어오자, 조정에서 조서를 내렸지만 듣지 않고 촉(蜀) 땅으로 들어왔다. 익주 관부에서도 관문에 명을 내려 그들을 들어오지 못하게 했다. 그런데 호조(戶曹) 이필(李苾)이 관문을 열

---

26 익주 자사(益州刺史) … 더하여 주었다: 위진(魏晉) 때 제도에 따르면, 자사 가운데 군대를 통솔하지 않는 자는 5품이고, 군대를 통솔하는 자에게는 장군의 호칭을 더하여 주고 4품으로 삼았다.

27 동강교위(東羌校尉): 위진(魏晉) 때 안정(安定)·북지(北地)·상군(上郡)·서하(西河)에 거주하는 강족(羌族)을 '동강(東羌)'이라 부르고, 농서(隴西)·한양연(漢陽延) 및 금성새(金城塞) 바깥에 거주하는 강족을 '서강(西羌)'이라 불렀는데, 각각 교위(校尉)를 설치하여 다스리게 했다. 당시 동강교위는 진주 자사(秦州刺史)가 겸했다.

28 녹거(鹿車): 한 사람이 끄는 좁고 작은 수레를 가리키는데, 사천(四川)에서 말하는 계공거(鷄公車)와 비슷하다.

어 그들로 하여금 촉 땅으로 들어와 양주(梁州) 및 삼촉(三蜀)의 경내로 흩어져 살게 했다. 문산군(汶山郡) 홍락현(興樂縣) 사람 황석(黃石), 북지군(北地郡) 노수호(盧水胡)²⁹ 사람 성돈견(成豚堅)·안각(安角)·성명석(成明石) 등이 광유(廣柔)와 평강(平康)의 강족(羌族) 사람 문강(文降)과 유자리(劉紫利) 등에게 원한이 있어서 마침내 방동강(蜂蛦羌)³⁰ 질봉(邳逢) 등과 함께 수천 명의 기병으로 현령을 겁박하며 유자리를 토벌하는 데 돕게 해 달라고 청했다. 태수 양빈(楊邠)이 성돈견 등을 매질하여 죽이고 나머지 사람들에게도 투항하라고 하자, 남은 무리들이 마침내 반란을 일으켜 현지 관리를 살해했다. 겨울에 서이교위(西夷校尉) 서평(西平) 사람 국병(麴炳)이 표문을 올려 출병할 것을 청하자, 조정에서 아문장(牙門將) 손조(孫眺)를 보내 독호(督護)로 삼아 1만 명을 이끌고 정벌에 나섰다. 상안(常安)에서 싸웠으나, 호인(胡人) 군사들에게 크게 패했다.

원강(元康) 9년(299)에 국병(麴炳)이 패한 군대를 이끌고 진(晉)나라 조정에 소환되었다. 여름에 강하 태수(江夏太守) 진총(陳揔)으로 그를 대신하게 했다. 호인(胡人) 역시 물러나 흩어졌다.

영강(永康) 원년(300)에 익주 자사(益州刺史) 조흠(趙廞)을 조정으로 불러들여 대장추(大將秋)로 삼고, 성도내사(成都內史) 중산(中山) 사람 경등(耿滕)을 옮겨 익주 자사·절충장군(折衝將軍)으로 삼았는데, 조흠이 차고 있던

---

29 노수호(盧水胡): 노수(盧水)에 거주하는 호인(胡人)이라는 뜻으로, 노수의 위치는 자세하지 않다. 노수호는 흉노(匈奴)의 한 갈래로, 동한(東漢) 초기 《후한서(後漢書)》 〈서강전(西羌傳)〉 및 〈두고전(竇固傳)〉에 그에 관한 기록이 처음으로 나타난다. 당시는 주로 청해성(青海省) 서녕(西寧) 서쪽에 거주했다. 위진(魏晉) 때 이르러 섬서성·감숙성·영하회족 자치구·청해성 등으로 퍼졌다.

30 방동강(蜂蛦羌): 강인(羌人)의 일종으로, 원래 마란산(馬蘭山) 일대에 거주하여 '마란강(馬蘭羌)'이라 불렀다.

인수(印綬)를 계승한 것이다. 처음에 조흠은 진(晉)나라의 정치가 쇠하고, 조성(趙星)[31]이 황색을 띠자 점을 쳤는데 점괘에 이르기를, "별이 황색인 것은 제왕이 출현할 징조이다."라고 하자, 몰래 다른 계획을 품게 되었다. 그는 '촉(蜀) 땅이 사방으로 막혀 자신을 보전할 수 있다.'라고 여겨, 마침내 창고의 곡식을 기울여서 유민들을 구휼하여 무리들의 마음을 얻었다. 조흠은 이특(李特)의 동생 이상(李庠)이 여섯 군(郡) 사람들을 보호하고, 또 용맹하며 건장하여 그를 후하게 대우했다.[32] 유민들은 이상을 믿고 마음대로 협박하고 도둑질하니, 촉 땅 백성들이 그것을 근심했다. 경 등이 여러 차례 은밀하게 표문을 올려 이르기를, "유민들은 억세고 어리석으며, 촉 땅 사람들은 겁이 많고 나약하여 나그네와 주인이 서로를 용납할 수 없으니, 마땅히 본래 땅으로 옮겨 돌려보내야 할 것입니다. 그렇지 않으면 동쪽 세 군(郡)[33]의 험한 땅을 주어 살게 해야 합니다. 저들의 상황을 살펴보니, 점점 더 커지도록 그냥 두어서는 안 됩니다. 그렇지 않으면 장차 진주(秦州)와 옹주(雍州)의 화란이 양주(梁州)와 익주(益州)로 옮겨질 것입니다."라고 했다. 또 말하기를, "창고가 텅 비어 고갈되어 칼날과 화살촉이 서로 부딪치는 전쟁의 위급함에 대응할 수 없으니, 틀림없

---

31 조성(趙星): 중국은 고대에 하늘의 28수(宿) 방위에 따라 전 중국을 지역별로 배치하여, 별의 변이와 해당 지역의 재난 사이에 상관관계가 있다고 생각했다. 조(趙) 땅은 28수 가운데 묘수(昴宿)와 필수(畢宿)와 대응했기 때문에 이 둘을 '조성(趙星)'이라고 불렀다. 조흠(趙廞)은 자신의 성씨가 조(趙)이고, 집도 조(趙) 땅에 있어서 조성이 황색을 띤 것은 자신이 황제가 될 징조라고 여겼다.

32 조흠은 … 후하게 대우했다:《진서(晉書)》〈이특재기(李特載記)〉에 이르기를, "이특과 같은 당(黨)에 속한 무리들은 모두 파서(巴西) 사람으로 조흠과 같은 군(郡)이었으며, 건장하고 용감한 사람들을 많이 이끌고 있어서 조흠이 그를 후하게 대우하고 조아(爪牙)로 삼았다.[特之黨類皆巴西人, 與廞同郡, 率多壯勇, 廞厚遇之, 以爲爪牙.]"라고 했다.

33 동쪽 세 군(郡): 위흥군(魏興郡)·상용군(上庸郡)·신성군(新城郡)을 가리킨다.

이 성스러운 조정에서 서쪽을 돌아보는 근심을 더하게 될 것입니다."라고 했다. 그로 말미암아 조흠이 경등을 미워했다. 익주에서는 조서를 받고 이미 문무 관원과 병사 1천여 명이 경등을 맞이했다. 경등은 조흠이 아직 익주를 나서지 않았기 때문에 촉군(蜀郡)에서 기다렸다. 조흠이 이상의 당여(黨與)인 나안(羅安)과 왕리(王利) 등을 불러 경등을 위협하게 했으나 오히려 광한(廣漢)의 선화정(宣化亭)에서 크게 패했고, 조서를 전달한 사자를 살해했다. 경등이 익주 성으로 들어가려고 상의하니, 공조(功曹) 진순(陳恂)이 간언하여 말하기를, "지금 익주와 촉군이 서로 병사를 조련하면서 원한이 서로 얽혀 날마다 심해지니 성으로 들어가시면 반드시 커다란 화가 있을 것입니다. 소성(少城)[34]에 편안하게 머물면서 여러 현(縣)에 격문을 보내 마을이 연합하여 스스로 지키며 진주의 저인(氐人)을 대비하는 편이 낫습니다. 장차 서이교위(西夷校尉) 진총(陳摠)이 이를 것이니, 또한 그 변화를 살펴보아야 합니다. 그렇지 않으면 건위(犍爲)로 물러나 서쪽으로 가서 강원(江原)을 건너 예상치 못할 일에 대비하십시오."라고 했으나, 경등이 따르지 않았다. 겨울 12월에 경등이 대성(大城)으로 들어가 서문(西門)에 올랐다. 조흠이 자신의 측근인 대무(代茂)를 보내 경등을 죽이게 했다. 대무는 그 사실을 경등에게 알리고 떠나갔다. 조흠이 다시 병사들을 보내 경등을 토벌하게 했다. 경등은 군대가 패하자, 스스로 소성 위에서 투신했다. 관원 좌웅(左雄)이 경등의 아들 경기(耿奇)를 업고 백성인 송녕(宋寧)의 집에 숨겼다. 조흠이 1천 금(金)의 현상금을 걸고 찾았

---

34 소성(少城): 지금의 사천성(四川省) 성도시(成都市)에 있으며, 당시 익주 자사(益州刺史)가 성도(成都)의 대성(大城)을 다스리고, 성도내사(成都內史) 즉 촉군태수(蜀郡太守)가 소성(少城)을 다스렸는데, 두 성이 서로 연결되어 있으며, 진(秦)나라 때 장의(張儀)가 건설했다. 대성은 '태성(太城)'이라고도 한다.

지만, 송녕이 내어주지 않았다. 얼마 후 조흠이 패하게 되자, 죽음을 면하게 되었다. 군의 관리들은 모두 숨어서 도망쳤는데, 오직 진순만은 면박(面縛)하고 조흠을 찾아가 경등의 시신을 돌려달라고 청했다. 조흠은 그가 의롭다고 여겨 죽이지 않았다. 진순은 호조연(戶曹掾) 상창(常敞)과 함께 관을 준비하여 무덤을 만들고 안장했다. 조흠은 또 군사를 보내 진총을 맞이했다. 진총이 강양(江陽)[35]에 도착하여 조흠이 다른 뜻을 가지고 있다는 사실을 알았다. 주부(主簿) 조모(趙模)가 나아가 말하기를, "지금 주와 군이 서로 화합하지 못하니, 반드시 큰 변란이 발생할 것입니다. 마땅히 속히 가십시오. 우리 서이교위부(西夷校尉府)는 군사적으로 중요한 곳으로, 따르는 사람을 돕고 거역하는 자들을 토벌한다면 감히 움직일 자가 없을 것입니다."라고 했다. 진총이 일부러 길가에서 시간을 끌며 지체했다. 남안(南安)의 어부진(魚涪津)에 이르러 조흠의 군대와 마주쳤다. 조모가 진총에게 말하기를, "재화를 흩뜨려서 병사를 모집하여 조흠의 군대에 대항하여 싸워서 우리가 만약 익주의 군대를 이기면 익주를 얻을 수 있고, 이기지 못하면 장강(長江)을 따라 물러나면 반드시 손해가 없을 것입니다."라고 했다. 진총이 뜻을 바꾸지 않고 말하기를, "익주 자사 조흠은 경후(耿侯)에게 분노했기 때문에 그를 죽인 것이다. 나와는 아무런 혐의가 없으니 어떻게 그와 같이 하겠는가?"라고 했다. 조모가 말하기를, "지금 주에서 군사를 일으켰으니, 반드시 위엄을 세우려고 할 것입니다. 비록 우리가 싸우지 않더라도 아무런 이익이 없습니다."라고 했는데, 말을 하면서 눈물을 흘렸다. 진총이 그의 말을 듣지 않았다. 진총의

---

35 강양(江陽): 군(郡) 이름으로, 지금의 사천성 노주(瀘州)이다. 본래는 현(縣)의 명칭으로, 한(漢)나라 말에 건위군(犍爲郡)에서 4개 현을 분리해 강양군(江陽郡)을 설치했다. 당시 진총(陳總)은 강하(江夏)로부터 장강(長江)을 거슬러 올라갔다.

군대가 붕괴되고, 진총은 풀숲으로 달아났다. 조모는 진총의 옷으로 바꿔 입고 싸웠다. 조흠의 병사들이 조모를 죽이고 보니 진총이 아니자, 마침내 진총을 수색하여 찾아 그를 죽였다. 조흠이 스스로 '대장군(大將軍)·익주 목(益州牧)'이라고 부르며[36] 무양령(武陽令) 촉군 사람 두숙(杜淑), 별가(別駕) 장찬(張粲), 파서(巴西) 사람 장귀(張龜), 서이사마(西夷司馬) 공니(龔尼),[37] 강원령(江原令) 건위(犍爲) 사람 비원(費遠) 등을 좌·우장사(左右長史)와 사마(司馬), 참군(參軍)으로 삼았다. 건위 태수 이상을 옮겨 위구장군(威寇將軍)으로 삼았다. 임공령(臨邛令) 부릉(涪陵) 사람 허엄(許弇)을 불러 아문장(牙門將)으로 심았다. 여러 왕의 관속들을 부르면 감히 가지 않는 자가 없었다. 또 광한 태수(廣漢太守) 장징(張徵), 문산 태수(汶山太守) 양빈(楊邠), 성도령(成都令) 비립(費立)을 군좨주(軍祭酒)로 삼았다.

당시 이상(李庠)은 형 이특(李特), 동생 이류(李流)·이양(李驤), 매부 이함(李含), 천수(天水) 사람 임회(任回)·상관정(上官晶), 부풍(扶風) 사람 이반(李攀), 시평(始平) 사람 비타(費他) 그리고 저족(氐族) 사람 부성(符成)·외백(隗伯)·동등(董滕) 등 4천여 기병과 함께 북문(北門)에 있었는데, 조흠이 이상에게 사자를 보내 북쪽 길을 끊어 버리게 했다. 이상은 본래 동강(東羌)의 뛰어난 장수로 진법을 잘 알았고, 기치(旗幟)를 사용하지 않았으며, 창을 들어 대오를 나아가게 하는 표지로 삼았다. 이상이 조흠에게 황제를 칭하고, 국호를 한(漢)나라로 부르라고 권했다. 이상의 부하들은 군기가 느슨했는데 조흠 등이 그것을 꺼려 하여 마침내 그와 만나는 장소에서 이

---

36 조흠이 … 익주 목(益州牧)이라고 부르며: 《진서(晉書)》 〈이특재기(李特載記)〉 및 《자치통감(資治通鑑)》 권83 〈진기5(晉紀五)〉에는 대장군(大將軍)·익주 목(益州牧) 외에 스스로 '대도독(大都督)'이라고도 칭했다.

37 공니(龔尼): 요본(廖本)에는 '습니(襲尼)'로 되어 있다.

상과 그의 형의 아들인 이홍(李弘) 등 10여 명을 베어 죽였다. 조흠은 이특 등이 변란을 일으킬까 염려하여 독장(督將)으로 임명하고, 그의 군대를 위로했다. 이특에게 이상의 시신을 돌려주었다. 그날 밤, 이특과 이류가 군대를 철수하여 면죽(綿竹)으로 흩어져 돌아갔다. 조흠은 옛 음평령(陰平令) 장형(張衡)과 승천 현령(升遷縣令) 비서(費恕)를 보내 어루만져 위로하고 받아들이려고 했으나, 두 사람 모두 이특에게 살해되었다. 허엄(許弇)은 자신이 파동감군(巴東監軍)이 되기를 청했으나 두숙(杜淑)과 장찬(張粲)이 허락하지 않자, 분노하여 주부(州府)에서 손수 칼로 두숙과 장찬을 베어 죽였다. 두 사람의 수하들도 즉시 허엄을 살해했다. 두 사람은 조흠의 심복이었다.

영녕(永寧) 원년(301) 봄 정월에 조흠(趙廞)은 1만여 명을 보내 북쪽으로 가는 길을 끊고 군사들을 면죽(綿竹)에 주둔시키고, 장사(長史) 비원(費遠)으로 하여금 그 뒤를 잇게 했다. 선봉부대가 석정(石亭)에서 숙영했다. 이특(李特) 등이 사람을 규합하여 7백여 명[38]을 얻고, 밤중에 그들을 습격하여 불을 지르니 조흠의 군대가 거의 다 죽었다. 이특 등이 성도(成都)로 들어가니 성 안 사람들이 두려워했다. 종사중랑(從事中郎) 상미(常美)가 비원·이필(李苾)·장징(張徵)[39] 등과 밤중에 관문을 부수고 조흠을 버리고 달아났다. 문무관원들이 다 달아나자, 조흠은 홀로 처자식과 함께 작은 배를 타고 강물을 따라 광도(廣都)에 이르러 그의 수하인 주축(朱竺)에게 살해되었다. 조흠은 자가 화숙(和叔)이고, 본래 파서(巴西) 안한(安漢) 사람이

---

38 7백여 명:《진서(晉書)》〈이특재기(李特載記)〉에는 '7천여 명[七千餘人]'으로 되어 있다.

39 장징(張徵): 장징의 자는 건흥(建興)이고, 건위군(犍爲郡) 무양(武陽) 사람으로, 촉한(蜀漢)의 거기장군(車騎將軍) 장익(張翼)의 아들이다.《자치통감(資治通鑑)》과 요본(廖本)에는 '장미(張微)'로 되어 있다.

다. 조부(祖父) 조세(趙世)가 장로(張魯)를 따라 내지도 옮겨 와 조(趙) 땅에서 집안을 이루었다. 조왕(趙王) 사마륜(司馬倫)이 그를 기용했다. 장안 령(長安令)과 천문 태수(天門太守)·무릉 태수(武陵太守)를 지내다가 임주(臨州)로 왔다. 맏아들 조병(趙昺)은 낙양(洛陽)에 있었는데, 역시 주살되었다.

이특(李特)과 이류(李流)가 성도(成都)에 도착하여 서이호군(西夷護軍) 강발(姜發) 및 공니(龔尼), 성도령(成都令) 원흡(袁洽)을 죽이고, 대대적으로 약탈을 자행했다. 그런 다음에 아문(牙門) 왕각(王角)과 이기(李基)를 낙양(洛陽)으로 보내 상황을 표문으로 올리게 했다. 처음에 양주 자사(梁州刺史) 나상(羅尙)은 조흠(趙廞)이 반란을 일으켰다는 소식을 듣고 표문을 올려 이르기를, "조흠은 영웅의 재질을 가진 자가 아닙니다. 또한 촉(蜀) 땅 사람들은 반란을 일으키길 원하지 않아서 반드시 동조하는 자가 없을 것이니, 일은 끝내 성공하지 못하며 그들이 패망하는 것은 날짜를 헤아리며 기다릴 수 있습니다."라고 했다. 진 혜제(晉惠帝)가 그로 인하여 나상을 평서장군(平西將軍)으로 삼아 가절(假節)을 내렸으며, 호서이교위(護西夷校尉)·익주자사(益州刺史)를 겸하게 하고 위절병(衛節兵) 1천 명, 양주(梁州)의 병사 2천명, 상서도위(尙書都尉) 의흠(義歆)[40]에게 배치된 1천 5백 명, 도합 4천 5백명을 배정하여 주었다. 재동 태수(梓潼太守) 악릉(樂陵) 사람 서검(徐儉)을 촉군 태수(蜀郡太守)로 삼고, 양렬장군(揚烈將軍) 농서(隴西) 사람 신염(辛冉)[41]을 광한 태수(廣漢太守)로 삼았다. 나상은 또 표문을 올려 아문장(牙門將) 왕

---

40 의흠(義歆): 원문에는 '의부(義部)'로 기록되어 있는데, 《진서(晉書)》〈이특재기(李特載記)〉에는 '의흠(義歆)'으로 되어 있다. 아마도 '의(義)' 자와 '부(部)' 자 사이에 '흠(歆)' 자가 빠진 듯하다.

41 신염(辛冉): 원문에는 '신록(辛甪)'으로 되어 있으나, 《진서(晉書)》〈장화전(張華傳)〉에는 '신염(辛冉)'으로 기록되어 있다. 아마도 '염(冉)' 자를 '록(甪)' 자로 혼동한 듯하다.

돈(王敦)의 병사 7천여 명이 촉 땅으로 들어갈 수 있도록 청했다. 이특 등은 나상이 온다는 소식을 듣고 몹시 두려워하여 동생 이양(李驤)으로 하여금 나상을 받들어 맞이하게 하고, 보물들을 후하게 바쳤다. 나상이 이양을 기독(騎督)으로 삼았다. 이특과 이류는 쇠고기와 술을 받들고 가서 면죽(綿竹)에서 나상을 위로했다. 왕돈이 나상을 설득하여 말하기를, "이특 등은 농상(隴上)에서 길을 막고 물건을 빼앗던 도적입니다. 마땅히 군대에 후환이 없게 하여야 하니, 만나는 자리에서 그를 죽여야 합니다."라고 했다. 신염은 본래 조왕(趙王) 사마륜(司馬倫)이 등용한 사람으로, 자격과 경력이 없어 조정에 소환되어 돌아가야 하기에 조흠을 토벌하여 스스로 새로운 공을 세우려고 그 역시 왕돈과 같은 말을 했다. 그러나 나상이 그들의 말을 받아들이지 않았다. 신염이 또 이특에게 일러 말하기를, "오랜 친구를 만나는 것은 길조(吉兆)가 아니라 흉조(凶兆)입니다."라고 했다. 이특이 혼자서 속으로 이 말의 의미를 헤아리고는 두려워했다. 3월, 나상이 익주(益州) 치소에 도착했다. 문산(汶山)의 강족(羌族)이 도안(都安)의 천식산(天拭山)에서 반란을 일으키자, 왕돈을 보내 그들을 토벌하게 했다. 왕돈이 수천 명을 죽이고, 부녀자와 어린아이들을 대대적으로 탈취하여 포로로 삼았다. 왕돈이 혼자 말을 타고 달려가다가 강족에게 죽임을 당했다. 어사(御史) 풍해(馮該)와 장창(張昌)에게 진주(秦州)와 옹주(雍州)의 종사중랑(從事中郞)을 대리하여 유민들을 옮겨 돌아오게 하는 일을 감독하게 하니, 따르는 자들이 1만여 가(家)나 되었다. 이특의 형 이보(李輔)는 평소 고향에 살고 있었는데, 가족들을 맞이한다는 핑계로 촉 땅에 도착하여 이특에게 일러 말하기를, "중원이 혼란하여 돌아올 만하지 못하다."라고 했다. 이특이 천수(天水) 사람 염식(閻式)을 보내 여러 차례 나상에게 가서 유민을 옮기는 일을 늦춰 잠시 가을까지 멈추어 달라고 청했다. 아울러 나상과 풍해에게 뇌물을 바치니, 그 요구를 허락했다. 가을이 되자, 또 겨울까지 늦추어 달라고 청했다. 신염과 이필(李苾)은 이렇게 해서는 안 된다고 여기고, 유민들을 옮기려고 했다. 염식은 별가(別駕) 두도(杜弢)에게 유민을 재촉하여 옮기는 일의 이해관계를 설명하니, 두도 역시 유민들에게 1년을 연장해 주려고 했다. 신염과 이필이 안 된다고 하자, 나상은 그들의 말을 따랐다. 두도는 수재판(秀才版)⁴²을 건네주고 집으로 돌아갔다. 자신의 계책이 실행되지 않을 것을 알았기 때문이었다. 이때 흰 무지개가 나타났는데, 머리는 마을⁴³에 있고 꼬리는 동산(東山)에 있어 성도(成都) 대성(大城) 위에 가로 걸쳐 있었다. 치중 종사(治中從事) 파서(巴西) 사람 마휴(馬休)가 염식에게 물어 말하기를, "이것은 어떤 징조입니까?"라고 하자, 염식이 말하기를, "점괘에 이르기를, 무지개 아래에 수많은 주검의 기운이 있다는데, 성과 매우 가까우니 좋은 조짐은 아닙니다. 어찌 하늘의 재앙⁴⁴을 어길 수 있겠습니까? 평서장군(平西將軍ᴸᴬᴺᴳ(羅尙))이 만약 유민들의 이주 기한을 늦추어 준다면 재앙은 저절로 소멸될 것입니다."라고 했다. 신염과 이필 역시 나상에게 말하기를, "유민들은 이전에 조흠(趙廞)이 반란을 일으켰을 때 함부로 많은 재물을 약탈했으니, 마땅히 그들을 옮기는 기회를 이용하여 관문을 설치하고 그들의 재물을 빼앗아야 합니다."라고 했다. 가을 7월, 나상이 이서(移書ᴷᴼᴺᴳᴹᵁᴺ(公文))를 재동 태수(梓潼太守)에게 보내 관문을 봉쇄하게 했다. 8월, 관문마다 성채를 쌓았다. 염

---

42 수재판(秀才版): 나상(羅尙)이 두도(杜弢)를 천거하여 수재(秀才)로 삼은 추천서를 말한다.

43 마을: 원문은 '정리(井里)'이라 고대에는 우물을 중심으로 마을을 이루었다.

44 하늘의 재앙: 《진서(晉書)》〈천문지(天文志)〉에 따르면, 고대의 점술가들은 "무릇 흰 무지개는 백 가지 재앙의 근본이고, 무수한 혼란의 기초이다.[凡白虹者, 百殃之本, 衆亂所基.]"라고 여겼고, "무지개의 머리와 꼬리가 땅에 이르는 것은 피를 흘리는 상이다.[虹頭尾至地, 流血之象.]"라고 했다.

식이 말하기를, "도적이 없는데도 성채를 쌓으면 원수는 반드시 스스로를 보전하고자 할 것입니다. 장차 촉 땅에 난리가 일어날 것입니다."라고 했다. 9월, 군대를 보내 면죽(綿竹)에 주둔했는데, 겉으로는 보리를 심는다고 말했지만 실제로는 유민들이 달아나는 것을 대비했다. 신염은 또 이특과 이류(李流)의 목에 명주 1백 필의 현상금을 걸었다. 이특과 이양(李驤)이 그 사실을 알고 나서 현상 문구를 고쳐서 이르기를, "여섯 군(郡)의 큰 성씨인 염씨(閻氏)·조씨(趙氏)·임씨(任氏)·양씨(楊氏)·이씨(李氏)·상관씨(上官氏) 및 저수족(氐叟族)의 양씨(梁氏)·두씨(竇氏)·부씨(符氏)·외씨(隗氏)·동씨(董氏)·비씨(費氏) 등의 수급(首級)을 보내오는 자에게는 명주 1백 필을 상으로 주겠다."라고 했다. 유민들은 본래 돌아갈 뜻이 없어서 크게 놀라 이특을 향하여 달려갔다. 겨울 10월, 이특과 이류가 마침내 적조(赤祖)를 지키며 두 개의 군영을 만들었다. 이특은 '진북장군(鎭北將軍)·익주 목(益州牧)', 이류는 '진동장군(鎭東將軍)'이라 부르고, 둘 다 스스로 대장군(大將軍)으로 명했다. 이특의 형 이보를 표기장군(驃騎將軍), 동생 이양을 효기장군(驍騎將軍), 이특의 큰아들 이탕(李蕩)을 진군장군(鎭軍將軍), 작은아들 이웅(李雄)을 전군장군(前軍將軍), 이함(李含)을 서이교위(西夷校尉), 이함의 아들 이국(李國)과 이리(李離) 그리고 임회(任回)·상관정(上官晶)·이반(李攀)·비타(費他)를 모두 장군(將軍)에 임명했다. 천수(天水) 사람 임장(任臧)·상관돈(上官惇)·양포(楊褒)·양발(楊發)·양규(楊珪)·왕달(王達)·국흠(麴歆), 음평(陰平) 사람 이원(李遠), 무도(武都) 사람 이박(李博), 약양(略陽) 사람 석빈(夕斌) 등을 참좌(參佐)로 삼고, 염식·하거(何巨)·조숙(趙肅) 역시 빈객(賓客)과 시종(侍從)으로 삼았으며, 나머지도 모두 관호(官號)를 내렸다. 신염이 호군(護軍) 증원(曾元)을 보내 이특을 공격했지만, 죽임을 당했다. 나상이 독호(督護) 전좌(田佐)와 아문(牙門) 유병(劉並)을 보내 신염을 돕게 했으나 다시 패했다. 이특이 광한(廣漢)으로 들어가 포위했다. 나상이 다시 건위태수(犍爲太守) 이필과 장사(長史) 비원을 보내 신염을 돕게 했으나 이기지 못했다. 신염이 면죽령(綿竹令) 남군(南郡) 사람 기포(岐苞)에게 죄를 씌워 그를 베어 죽이고, 포위를 뚫고 덕양(德陽)으로 달아났다. 이특 등이 광한을 얻자, 거짓으로 표문을 올려 양통(梁統)이 두융(竇融)을 추천한 고사[45]를 인용하여 자신의 귀중함과 강대함을 비유했다. 나상이 염식에게 격문을 써서 깨우쳐 타이르니, 염식이 답신에서 이르기를, "신염은 교활하게 말을 꾸미는 데 치우치고, 두경(杜景^{두도})은 미처 날뛰며,[46] 중원은 어린애에 불과하고, 전좌는 혈기를 다스리지 못하며, 이 숙평(李叔平^{이필})은 나라를 경략할 재주는 있으나 장수의 호기는 없는데 그나마 허약하고 지친 강족(羌族)을 토벌하는 데는 그런대로 쓸 만하다고 말할 수 있습니다. 나 염식은 예전에 절하(節下)[47] 및 두 경문(杜景文^{두도})을 위하여 유민들을 머물고 옮기는 것 중 어느 것이 마땅한지에 관해 논의했었는데, 사람들이란 상재(桑梓)[48]를 생각하니, 누가 그곳으로 돌아가기를 원하지 않겠습니까? 다만

---

45 양통(梁統)이 … 추천한 고사: 두융(竇融)은 서한(西漢) 말 부풍(扶風) 평릉(平陵) 사람으로 경시제(更始帝) 유현(劉玄) 때 장액속국도위(張掖屬國都尉)에 임명되었다. 경시제가 패한 뒤에 주천 태수(酒泉太守) 양통(梁統) 등이 두융을 천거하여 행 하서오군대장군사(行河西五郡大將軍事)가 되어 하서주랑(河西走廊) 일대를 할거하는 지방 군벌이 되었다.

46 두경(杜景)은 미처 날뛰며:《자치통감(資治通鑑)》권84〈진기6(晉紀六)〉에 따르면, 염식(閻式)의 답신(答信)에는 '두경은 미처 날뛰며[杜景狂發]'라는 네 글자가 없다.

47 질하(節下): 진(晉)나라 때는 어느 한 방면의 징벌을 담당하는 장수로, 지절(持節)이나 가절(假節)을 가진 자를 '절하(節下)'라고 불렀다. 여기서는 나상(羅尙)이 익주 자사(益州刺史)로 가절을 받았기 때문에 높여 부른 것이다.

48 상재(桑梓): 뽕나무와 가래나무로, 조상의 무덤이 있는 고향이나 고향의 집을 비유적으로 이른다.《시경(詩經)》〈소아(小雅) 소반(小弁)〉에 이르기를, "아버이가 심어 놓으신 뽕나무와 가래나무도 반드시 공경해야 하는 법이다. 그런데 하물며 우러러볼 분으로는 아버지 말고 다른 사람이 없으며, 의지할 분으로는 어머니 말고 다른 사람이 없는 데야 더

예전에 유민들이 처음 이곳으로 왔을 때, 먹을 것을 찾아 다른 사람에게 고용되어 한 집안이 다섯 군데로 나뉘어 살게 되었습니다. 그런데다 또 큰비를 만나자, 겨울이 되어 곡식이 익을 때까지 기다려 달라고 빌었지만 듣지 않으셨는데, 궁지에 몰린 사슴은 반드시 호랑이에게 대드는 법입니다. 다만 통제가 너무 지나친 것이 두려워 유민들은 목을 내밀고 칼을 받으려 하지 않을 것이니 근심이 뒤에 있습니다. 만약에 나 염식의 말을 듣고, 엄하게 다스리는 것을 누그러뜨렸다면 아홉 달이 지나지 않아 다 모였을 것이고, 열 달째에는 유민들이 길을 나서서, 향리에 도달하게 했더라면 어찌하여 이와 같은 일이 있었겠습니까? 제가 한 좋은 말은 살피지 않고, 제가 말이 지나칠까 걱정하셨습니다. 지금 신염은 달아났고, 숙평은 멀리 도망하여 종적을 감추었으며, 장군의 세력도 나누어지고 흩어져 사태가 점점 자신에게까지 미치게 되었습니다. 이른바 굴뚝을 구부리고 땔나무를 멀리 옮기는[曲突遠薪]**49** 일을 미처 깨닫지 못하고, 불에 덴

___

말해 뭐하겠는가[維桑與梓, 必恭敬止. 靡瞻匪父, 靡依匪母.]」라고 했다.

49 굴뚝을 … 옮기는: 유향(劉向)이 편찬한 《설원(說苑)》 〈권모(權謀)〉에 나오는 말로 '곡돌사신(曲突徙薪)'이라고도 한다. 굴뚝을 굽게 만들고 아궁이 근처의 땔나무를 멀리 다른 곳으로 옮긴다는 뜻으로, 화근을 없애 재앙을 미연에 방지하라는 말이다. 《설원》에 따르면, 어떤 사람이 어느 집에서 굴뚝을 곧게 세우고 곁에는 땔나무를 잔뜩 쌓아 놓은 것을 보고, 주인에게 충고하기를, "굴뚝을 구부리고 쌓여 있는 나뭇단을 옮기시오. 그러지 않으면 불이 날 수 있습니다.[更爲曲突, 遠徙積薪. 不者且有火患.]"라고 했다. 그러나 주인은 그 말을 귀담아 듣지 않았다. 며칠 뒤에 그 집에 불이 났다. 동네 사람들이 힘을 합해 불을 겨우 끄긴 했지만 불을 끄다가 여러 사람이 불에 데었다. 집주인은 감사의 표시로 이웃들을 초청하여 소를 잡고 술을 차려 대접했는데, 많이 덴 사람들을 상석에 모시고 나머지는 그 공에 따라 다음 자리에 모셨다. 하지만 굴뚝을 구부리라고 충고한 사람은 초대하지 않았다. 한 사람이 주인에게 말하기를, "그때 당신이 그 사람의 말을 들었더라면 이렇게 소와 술을 쓸 필요도 없고, 불이 날 일도 없었을 것이오. 지금 공을 논하여 손님들을 초대했는데, 굴뚝을 구부리고 땔나무를 옮기라고 말한 사람에게는 은택이 가지 못하고 머리를 그슬리고 이마를 덴 사람이 상객이 되었구려.[嚮使聽客之言, 不費

손님만 있게 되었습니다."라고 했다. 나상이 백성들을 이끌고 비수(郫水)를 건너 남쪽으로 가면서 도안(都安)에서부터 건위(犍爲)까지 7백 리나 되는 험하고 기다란 방어 장벽을 쌓아 이특을 방어했다. 이특 등이 광한을 지켰다.

태안(太安) 원년(302) 봄에 나상(羅尙)의 아문장(牙門將) 하광(夏匡)[50]이 입석(立石)에서 이특(李特)을 공격했으나 패했다. 정서대장군(征西大將軍 하간왕(河間王) 사마옹(司馬顒))이 독호(督護) 아박(衙博)을 보내 서쪽으로 정벌을 나서 이특을 토벌하게 했다. 아박이 재동(梓潼)에 주둔했다. 진(晉)나라 조정에서 전(前) 광한 태수(廣漢太守) 장징(張徵)에게 다시 광한 태수를 제수하여 덕양(德陽)을 점거하게 했다. 나상은 독호 파서(巴西) 사람 장귀(張龜)를 보내 아문(牙門) 40명을 통솔하여 번성(繁城)에 주둔하게 했다. 아박이 바야흐로 참군(參軍) 몽소(蒙紹)를 보내 이특에게 항복할 것을 권유하려고 했다. 그러자 나상이 아박에게 편지를 써서 이르기를, "예전에 이류(李流)의 편지를 받았는데, 항복하려는 마음이 간절했습니다. 당시는 위세를 누그러뜨려 고분고분했지만 다시 도적이 될 수도 있습니다. 듣자하니 이특이 그대의 하급 관리에게 투항하겠다는 뜻을 전했다고 하는데도 이류와 이양(李驤)이 7, 8천 명을 이끌고 날마다 찾아와 약탈했습니다. 간사하고 흉악한 태도가 교활하면서도 예측하기 어려우니, 신중하게 처리하지 않을 수 없습니다."라고 했다. 아박이 그의 말을 따르지 않았다가, 양면(陽沔)에서 이특에게 패했다. 재동 태수(梓潼太守) 장연(張演)이 창고를 버리고 파서(巴西)

牛酒, 終亡火患. 今論功而請賓, 曲突徙薪亡恩澤, 焦頭爛額爲上客邪.]"라고 하니, 주인이 비로소 깨닫고 그 사람도 초대했다고 한다.

50 하광(夏匡): 원문에는 '하엄(夏厈)'으로 되어 있으나, 다른 판본에서는 대부분 '하광(夏匡)'으로 되어 있다. '광(匡)' 자를 '엄(厈)' 자로 혼동한 듯하다.

로 도망쳤다. 파서군승(巴西郡丞) 모식(毛植)과 오관연(五官掾)[51] 양반(襄班)이 군(郡) 전체를 들어 이특에게 항복했다. 아박은 문무(文武)의 재주를 겸비하여 정서대장군 하간왕(河間王)이 그를 몹시 소중하게 여겼다. 처음에 음평 태수(陰平太守)로 있었는데, 음평 종사(陰平從事) 파군 사람 모부(毛扶)에 의해 면직되었으므로 양주(梁州) 사람들에게 원한을 가지게 되었다. 서쪽을 정벌하게 되자, 정서장군 허웅(許雄)이 양면의 전투에서 도적들이 아직 도착하지도 않았는데 학이 우는 소리[鶴鳴]만 듣고 곧바로 퇴각했다. 아박은 그 패배의 죄명을 양주에 뒤집어씌우려고, 양주의 군량이 자신에게 제때 공급되지 않았다고 핑계를 대었다. 양주의 치중 종사(治中從事)가 조정에 표문을 올리자, 아박이 그 때문에 죄를 짓게 되었다. 진(晉)나라 조정에서 마침내 허웅을 다시 등용하여 양주 자사(梁州刺史)로 삼았다.

8월, 이특이 덕양(德陽)을 공격하여 깨뜨렸다. 이류가 성도(成都) 북쪽에 주둔하고, 이양은 비교(毗橋)에 주둔했다. 나상이 이양에게 장수 장흥(張興)을 보내 거짓으로 투항하여 병사와 무리들을 엿보게 했다. 장흥이 돌아와 나상에게 보고했다. 나상이 수족(叟族) 병사들을 보내 이양을 습격하여 그들을 깨뜨렸다. 이류와 이양이 병사와 무리를 모아 나상의 군대를 공격했다. 나상의 군대가 패하고 무기와 갑옷을 모두 잃어버렸다. 양주 자사 허웅이 여러 차례 군대를 보내 이특을 토벌했지만, 이특이 험준한 곳에 기대어 대비했으므로 더 진격할 수 없었다. 정서장군이 마침내 감군(監軍) 유침(劉沈)을 보내 서쪽을 정벌했지만 중원에 일이 생겨 이루지 못했다. 남이교위(南夷校尉) 이의(李毅)가 수족 병사들을 보내 나상을 도왔다. 그러나 나상의 군대가 여러 차례 패했고, 이특의 세력은 나날이 강

---

51 오관연(五官掾): 군(郡) 태수(太守)의 속관으로, 어러 조(曹)의 일을 주관했다.

성해졌다.

태안(太安) 2년(303) 봄 정월 초하루에 이특(李特)이 비수(郫水) 가에 있던 나상(羅尙)의 군대를 공격했다. 이특이 앙저(盎底)에서 강을 건너고, 그 나머지 무리들이 적수(赤水)를 건너 비성(郫城) 및 비수 서남쪽으로 진입하자, 강가를 지키던 군사들이 모두 흩어져 달아났다. 소성(少城)의 태수 서검(徐儉)이 핍박에 의해 항복했다. 나상은 대성(大城)을 지키고, 이특은 소성을 다스렸으며, 이류(李流)는 비강 서쪽의 검강(檢江) 가에 주둔했다. 촉 땅의 백성들이 일찌감치 마을끼리 연합하여 스스로를 지키자, 이특이 사람들을 나누어 그 일을 주관하게 했다. 이웅(李雄)이 편지를 써서 이특에게 간언하기를, "저들을 도로 거두어들여서, 정예 부대를 분산시키지 마십시오."라고 했다. 이류 역시 그렇게 간언했다. 이특이 노하여 말하기를, "큰일은 이미 정해졌으니, 다만 백성들을 편안하게 하여야 할 뿐인데, 무슨 까닭으로 동란이 있을 것이라 의심하게 하여 약탈과 해침을 멈추지 않게 하려는 것인가?"라고 했다. 나상의 종사(從事) 촉군(蜀郡) 사람 임예(任叡)가 나상을 설득하여 말하기를, "이특이 백성들을 침범하여 죽이고, 또 군대를 나누어 여러 마을로 분산시켰으며, 게으르고 눈앞의 안일만 꾀하여 아무런 방비도 하지 않고 있으니 이는 하늘이 이특을 망하게 할 때가 다가온 것입니다. 마땅히 여러 마을에 알려 은밀하게 싸울 때를 정하여 안팎에서 그를 공격하면 이특을 격파하는 일은 틀림없을 것입니다."라고 하자, 나상이 그의 말을 따랐다. 밤중에 밧줄을 걸고 임예를 성 밖으로 내보내서 여러 마을에 그 뜻을 알리고, 2월 10일로 기약하여 동시에 이특을 토벌하기로 했다. 그리고 손수 암호를 만들어 '저 잔잔히 흐르는 물에 있다.[在彼揚水]'[52]라고 했다. 임예가 먼저 이특에게 찾아가서 거짓으로 항복하고, 허실을 자세하게 살펴보았다. 이특이 성안의 상황을 묻자, 임예가 말하기를, "미곡(米穀)은 벌써 다 떨어졌고, 다만 돈과 비단만 남았습니다."라고 했다. 그러고는 돌아가 집안을 살피게 해 달라고 청했다. 이특이 그에게 계신(啓信통행허가증)을 주었다. 여러 마을이 모두 임예에게 복종했다. 임예가 돌아와 보고하자, 나상은 약속한 날짜에 군대를 출정시켜 이특을 토벌하니, 여러 마을에서도 함께 일어나 이특의 무리를 많이 죽였다. 이특의 군대가 패하여 퇴각하자, 관군이 번현(繁縣)의 관상(官桑)까지 따라가 이특 및 그의 형 이보(李輔) 그리고 이원(李遠) 등을 베어 죽였다. 이류(李流)가 남은 무리를 거두어 적조(赤祖)로 돌아갔다. 나상이 승기를 탔지만, 오히려 오합지졸을 보내 유민을 토벌하여 소탕하게 했다. 이특의 목을 낙양(洛陽)으로 보내고, 그 시체를 불에 태웠다.

이웅(李雄)이 이리(李離)를 재동 태수(梓潼太守)로 삼고, 무리들은 적조(赤祖)로 돌아갔으며, 이류(李流)를 추천하여 대장군(大將軍)·대도독(大都督)으

---

52 저 잔잔히 흐르는 물에 있다[在彼揚水]:《시경(詩經)》의 〈왕풍(王風)〉·〈정풍(鄭風)〉·〈당풍(唐風)〉에는 모두 '양지수(揚之水)'라는 시가 있다. 〈왕풍〉의 '양지수'는 수자리 서는 자가 원망하며 지은 시로, "그립고 그립구나. 나는 어느 달에나 돌아갈까[懷哉懷哉, 曷月, 予還歸哉]"라는 구절이 있고, 〈정풍〉의 '양지수'는 충성된 신하와 훌륭한 선비가 없음을 탄식한 시로, "마침내 형제도 드물어 오직 우리 두 사람뿐이네. 남의 말을 믿지 말 것이니, 남은 진실로 믿을 게 못 된다네.[從鮮兄弟, 維予二人. 無信人之言, 人實不信.]"라는 구절이 있으며, 〈당풍〉의 '양지수'에는 "그대를 따라 곡옥(曲沃)으로 가리라.[從子于沃]", "그대를 따라 곡(鵠)으로 가리라.[從子于鵠]", "내 명이 있음을 듣고도 감히 남에게 고하지 못했네.[我聞有命, 不敢以告人.]"라는 구절이 있는데, 모두 사람들을 동요시키고 용감하게 결단을 내리게 하기에 충분하다. 그리고 '양(揚)' 자로 봉기 날짜인 2월 10일을 은밀하게 드러냈다. 즉 '양(揚)' 자에서 왼쪽 재방변을 파자(破字)하면 '십일(十一)'이 되는데, 여기서 '일(一)' 자를 떼어 '양(易)'의 '일(日)' 자 아래에 위치한 '일(一)' 자에 붙이면 '이(二)' 자가 되어, 숫자 2[二]와 10[十]이 만들어진다. 그러면 '양(易)' 자에서 '일(日)'과 '월(月)' 두 자가 남게 되니, 조합하면 2월 10일이 된다. 원문에는 '양(楊)' 자로 되어 있으나,《시경》을 근거로 하여 '양(揚)' 자로 수정했다.

로 삼다.[53] 형주 자사(荊州刺史) 송대(宋岱)가 수군(水軍) 3만 명을 보내 나상(羅尙)을 도와 점강(墊江)에 주둔했다. 선봉장인 건평 태수(建平太守) 손부(孫阜)가 이특의 덕양수장(德陽守將) 건석(騫碩)과 태수 임장(任臧)을 깨뜨리고 곧바로 부성(涪城)에 도착했다. 3월, 나상(羅尙)이 독호(督護) 장귀(張龜)·하충(何沖)·좌사(左汜) 등을 보내 번성(繁城)에 주둔하게 했는데, 그때 면죽(綿竹)의 이특 군대가 투항하자, 부릉(涪陵)의 백성 약신(藥紳)과 두아(杜阿)가 나상에게 호응했다. 나상은 또 독호 상심(常深)을 보내 비교(毗橋)에 주둔시켜 이류와 이양(李驤)을 막게 했다. 이탕(李蕩)과 이웅(李雄)이 약신을 공격했다. 상심이 이양을 공격하여 물리치고, 이양의 부장(部將) 이반(李攀)을 죽였다. 이반의 동생 이공(李恭)이 다시 주수(主帥)가 되었다. 좌사와 황은(黃誾)이 이특의 북쪽 군영을 공격하자,[54] 군영 내에 있던 저·강족(氐羌族) 사람 부성(苻成)과 외백(隗伯) 그리고 석정(石定)이 반란을 일으켜 좌사와 황은에게 호응하며 이탕과 이웅을 공격했다. 이탕의 모친 나씨(羅氏)가 갑옷을 입고 진지를 순시하고 있을 때 외백이 칼로 나씨를 공격하여 눈을 다쳤지만 그녀의 기운은 더욱 장렬했다. 또 당시 부성과 외백이 안에서 싸우고, 좌사와 황은이 그 바깥을 공격했는데, 새벽부터 시작하여 정오에 이르러 군영이 거의 다 격파되려고 할 무렵이었다. 마침 이류가 상심을 무찌르고, 이탕과 이웅이 약신을 무찌르고 돌아오다가 좌사와 황은을 만나 그들을 크게 무찔렀다. 부성과 외백이 그 무리를 이끌고

---

53 이류(李流)를 … 삼았다: 《자치통감(資治通鑑)》 권85 〈진기7(晉紀七)〉에는 대장군(大將軍)과 대도독(大都督) 외에도 익주 목(益州牧)으로 삼았다고 했다.

54 좌사와 … 군영을 공격하자: 당시 이류(李流)와 이양(李驤)은 동쪽 진영을 지키고, 이탕(李蕩)과 이웅(李雄)은 북쪽 진영을 지키고 있었다. 이탕과 이웅이 군대를 이끌고 면죽(綿竹)으로 향하여 약신(藥紳)을 공격하는 바람에 북쪽 진영이 텅 비게 되었고, 좌사(左汜)와 황은(黃誾)이 그 기회를 틈타 번현(繁縣)에서 북쪽 진영을 공격한 것이다.

돌격하여 나상에게 갔다. 이탕이 말에 채찍을 가하며 퇴각하는 군대를 추격하다가 수족(叟族) 사람의 긴 창에 찔려 죽었다. 나씨와 이웅이 무리의 마음을 안정시키려고 비밀을 유지하며 상(喪)을 알리지 않았다. 이특과 이탕이 죽고, 송대(宋岱)[55]와 손부(孫阜)가 나란히 도착하자, 이특이 매우 두려워했다. 이함(李含)이 이류에게 항복할 것을 권유하자, 이류가 그의 말을 따랐다. 이웅과 이양이 그에게 간언했지만 받아들이지 않았다. 이류가 자신의 아들 이세(李世) 및 이함의 아들 이호(李胡)를 인질로 손부에게 보냈다. 이리(李離)는 부친과 숙부가 장차 항복하려고 한다는 소식을 듣고, 재동(梓潼)에서 돌아와 간언하려고 했지만 미치지 못했다. 이웅과 이리가 손부를 습격하기로 도모하여 말하기를, "만약 성공하여 일이 이루어지면 마땅히 황제가 되고, 3년마다 한 차례씩 서로 바꾸어 황제가 되어야 한다."라고 했다. 이웅이 말하기를, "그대와 비록 계책을 정했지만, 어른[56]께서 따르지 않는다면 어떻게 하겠는가?"라고 하자, 이리가 대답하여 말하기를, "마땅히 그들을 제압해야 합니다. 만약 그 일이 불가능하다면 즉시 큰일을 행하여 〈부친을 죽일 것입니다.〉 비록 숙부가 군주가 되더라도 형세는 어찌할 수 없을 것입니다. 나의 부친은 그대에게 달려 있으니, 다시 무슨 말을 하겠습니까?"라고 했다. 이웅이 마침내 여섯 군(郡)의 인사들을 설득하면서 나상이 침략하여 사람들을 죽인 일로 마음을 격동시키고, 촉 땅 백성들을 잔혹하게 죽인 재난으로 두려운 마음을 가지게 했다. 그리고 나서 손부를 죽이면 부귀를 누릴 때가 있음을 천명하고, 마침내 손부를 공격하여 무찔렀다. 손부의 군대에 죽은 자가 매

---

55 송대(宋岱):《자치통감(資治通鑑)》권85〈진기7(晉紀七)〉에는 '종대(宗岱)'로 기록되어 있고, 《진서(晉書)》에는 '송대(宋岱)'와 '종대(宗岱)'가 섞여 있다.

56 어른: 이리(李離)의 부친인 이함(李含)을 가리킨다.

우 많았고, 송대(宋岱)도 병으로 죽었다. 형주(荊州)의 군대가 퇴각하다가, 방향을 돌려 나상을 공격했다. 이류는 자신의 지모가 짧은 것을 부끄러워하여 군사에 관한 일을 이웅에게 맡겼다. 이웅이 여러 차례 나상의 군대를 공격하여 무찔렀지만, 나상은 대성(大城)을 지켜냈다. 여름 4월, 나상이 은사(隱士) 유창(劉敞)을 죽였다. 유창은 옛날 익주 목(益州牧) 유장(劉璋)의 증손으로, 백록산(白鹿山)에 은거했는데, 성품이 고상하여 머리가 흴 때까지 일찍이 자신의 뜻을 굽히지 않았으며 세상일에도 간여하지 않았다. 나상이 요언(妖言)을 믿고, 그를 죽인 것이다. 유창을 죽인 날, 하늘에서 천둥이 울리고 사람이 벼락에 맞았으며, 큰비가 내려 성안에 물이 솟구쳤다.

5월에 이류(李流)가 손부(孫阜)에게 항복하고 아들을 보내 인질로 삼자, 이웅(李雄)이 불가하다고 여기고 마침내 거병하여 이리(李離)와 손부를 습격했다. 손부의 군대가 패했다. 송대(宋岱)가 점강(墊江)에서 병으로 죽자, 형주(荊州)의 군대가 퇴각했다. 이웅이 나상을 압박하며 공격했지만, 나상이 대성을 지켜 냈다.[57] 6월에 이웅이 백양퇴(帛羊頹)에서 비강(郫江)을 건너 문산 태수(汶山太守) 진도(陳圖)를 공격하여 죽이고, 비성(郫城)을 점거했다. 가을 7월 초하루에 이웅이 비성으로 들어가니, 이류가 군영을 비성으로 다 옮기고, 그곳을 근거지로 삼았다. 삼촉(三蜀)의 백성들이 흩어져 달아나 남쪽으로 들어가기도 하고, 동쪽으로 내려가기도 했는데,[58] 들

---

57 이류(李流)가 ⋯ 대성을 지켜 냈다: 이 문장은 앞의 기사와 중복되고 약간만 다를 뿐이다. 유림(劉琳)은 아마도 상거(常璩)가 이 부분을 고쳐 쓰면서 실수로 삭제하지 못한 것으로 보았다.

58 남쪽으로 ⋯ 내려가기도 했는데: 《자치통감(資治通鑑)》 권85 〈진기7(晉紀七)〉에 이르기를, "남쪽의 영주(寧州)로 들어가고, 동쪽의 형주(荊州)로 내려갔다.[南入寧州, 東下荊州.]"라고 했다.

판에는 밥 짓는 연기가 보이지 않아 약탈할 만한 곳이 없었기 때문에 얼마 안 되어 굶주리게 되었다. 오직 강서(江西)에 있는 부릉(涪陵)의 백성 1천여 가(家)만이 청성산(靑城山)에 있는 처사 범현(范賢)에게 의지하여 스스로 지키고 있었다. 평서참군(平西參軍) 부릉 사람 서여(徐輿)가 나상에게 자신을 문산 태수로 삼아 주면, 강서의 백성들을 어루만지고 이끌어 관군과 기각의 형세를 만들어 이웅을 토벌하겠다고 청했다. 나상이 허락하지 않자, 서여가 그를 원망했다. 그래서 자신을 강서로 보내 달라고 청하고, 그 기회를 이용하여 반란을 일으켜 이웅에게 투항했다. 이웅이 그를 안서장군(安西將軍)으로 삼자 그가 이웅에게 군량을 공급하여 주니,[59] 이웅은 다시 기세를 떨치게 되었다. 9월에 이류가 병으로 죽었다. 이웅이 다시 대장군(大將軍)·도독(都督)·익주 목(益州牧)을 칭했다. 나상이 여러 차례 비성을 공격했다. 이웅은 무도(武都) 사람 박태(朴泰)로 하여금 나상에게 속여서 "이양(李驤)과 이웅은 굶주리며 고립되고 위태로운 상태라서 날마다 다투며 서로를 탓하고 있습니다. 이양은 백성들을 이끌고 강서로 가서 양식을 찾으려 하고 있습니다. 만약 몰래 군대를 보내오고, 제가 안에서 호응한다면 비성을 얻을 수 있습니다."라고 말하게 했다. 나상이 그렇다고 여겨 금은보화를 넉넉하게 내리자, 박태가 말하기를, "지금은 일이 아직 실현되지 않았으니, 나중에 받아도 늦지 않습니다."라고 했다. 또 다른 사람을 보내 자신과 함께 몰래 가서 살피게 해 달라고 청하니, 나상이 그의 말을 따랐다. 박태가 횃불을 들면 외백(隗伯)의 여러 군

---

59 그가 … 공급하여 주니: 처음에 서여(徐輿)가 나상(羅尙)에게 자신을 문산 태수(汶山太守)로 임명해 주면, 청성산(靑城山)의 범현(范賢)을 초청하여 그와 연결시켜 주어 함께 이웅을 토벌하겠다고 했으나, 나상이 거절하자 이웅(李雄)에게 투항하고, 범현에게 유세하여 군량을 이웅에게 공급하도록 한 것이다.

대를 보내 비성을 공격하기로 나상과 약속했다. 이양이 길에 복병을 배치하고, 외백의 군대가 성을 올라가도록 긴 사다리를 놓아 두었다. 외백의 군대는 불길이 치솟는 것을 보고 모두 다투어 사다리로 올라갔다. 이웅이 병사들을 풀어 그들을 공격하여 나상의 군대를 크게 무찔렀다. 이웅이 곧바로 퇴각하는 군사들을 추격하여 밤중에 익주성 아래에 도착하여 만세를 부르며 말하기를, "이미 비성을 빼앗았다."라고 했다. 이웅이 소성(少城)으로 들어가서야 나상은 그 사실을 깨닫고 물러나 대성(大城)을 지켰다. 이양이 따로 건위(犍爲)를 공격하여 나상의 군량을 운반하는 도로를 끊고, 건위 태수(犍爲太守) 무릉(武陵) 사람 공회(龔恢)를 사로잡았다. 공회는 예전에 천수군(天水郡) 서현(西縣) 현령이었는데, 임회(任回)가 자신의 속리(屬吏)로 삼았다. 임회가 묻기를, "옛 속리들 가운데 아는 자가 없는가?"라고 하자, 공회가 말하기를, "그대만 알 뿐이다."라고 했다. 군(郡)에 속한 관리들이 하늘의 별처럼 뿔뿔이 흩어졌지만, 오직 공조(功曹) 양환(楊渙)만이 공회를 모시며 곁을 지키고 있었다. 임회가 말하기를, "경은 의로운 사람이다. 내 힘으로 공군(龔君 ^{공회}(龔恢))을 구하지 못하고, 경의 죄를 면하게 할 수 없을까 두렵다. 어서 달아나도록 하라."고 했다. 그러자 양환이 말하기를, "주인을 배신하고 목숨을 구하는 것이 어찌 의리를 지켜 죽는 것과 같겠는가?"라고 하니, 마침내 두 사람이 함께 죽임을 당했다. 이부(李溥)를 건위 태수로 삼았다. 이웅이 외백을 사로잡았는데, 그가 죽을 정도로 부상당했음을 알게 되었다. 외백의 딸은 양쌍(梁雙)의 아내로, 양쌍이 자신을 위하여 일하고 있었으므로 이웅이 외백을 죽이지 않았다. 윤12월에 나상은 양식 운반이 계속되지 않은데다 이웅이 급히 공격하자, 밤중에 퇴각하여 우비수(牛鞞水)를 거쳐 동쪽으로 내려갔다. 그리고 아문(牙門) 장라(張羅)를 남겨 밤 내내 성을 지키게 했다. 이웅이 그 사실을 깨달았을 때, 나상은 이미 멀리 떠난 뒤였다. 나상은 미처 생각할 사이도 없이 급하게 퇴각하다가 절월(節鉞)을 갖고 오는 것을 잊었는데, 장라가 그것을 가지고 뒤따라와 다시 얻게 되었고, 물자 공급도 받게 되었다. 이웅이 마침내 성도(成都)를 얻었다. 양주 자사(梁州刺史) 허웅(許雄)은 적을 토벌하면서 전진하지 않았기 때문에 함거(檻車)에 실려 소환되어 조옥(詔獄)[60]에 이르렀다. 다만 호군(護軍, 장은(張殷))과 한국 태수(漢國太守, 한중군(漢中郡)) 두맹치(杜孟治), 도전수(都戰帥) 조문(趙汶), 형주 태수(荊州太守) 재동(梓潼) 사람을 궐문이 의심된다. 남겨 한중(漢中)을 지키게 했다.

영흥(永興) 원년(304) 봄 정월에 나상(羅尙)이 강양(江陽)에 이르러 군사(軍司) 신보(辛寶)를 낙양(洛陽)으로 보내 상황을 표문으로 올렸다. 조정은 나상에게 조서를 내려 임시로 파동(巴東)·파군(巴郡)·부릉(涪陵)의 세 군을 통솔하고, 그곳에서 나상에게 군사에 필요한 물품을 제공하게 했다. 겨울에 나상이 파군으로 옮겨 주둔했다. 나상이 군사를 보내 촉(蜀) 땅을 노략질했고, 이웅의 할아버지 형제인 이염(李冄)을 베어 죽이고 이양(李驤)의 아내 잠씨(昝氏)와 아들 이수(李壽) 형제를 사로잡았다. 12월에 이웅이 태위(太尉) 이리(李離)를 보내 한중을 정벌하고, 도전수(都戰帥) 조문(趙汶)을 죽였다.

영가(永嘉) 원년(307) 봄에 나상(羅尙)이 한안(漢安)과 북도(僰道)에 이르기까지 관문을 설치했다. 당시 익주(益州)의 백성들이 형주(荊州)와 상주(湘州), 월수(越嶲)와 장가(牂柯)로 옮겨 흘러 들어갔다. 나상은 표문을 올려 백성들이 있는 곳에 군현을 설치하고, 또 여러 마을에 참군(參軍)을 설치하도록 청했다. 3월에 관중(關中)의 유민인 등정(鄧定)과 굉저(訇氐) 등이 한

---

60 조옥(詔獄): 천자의 명을 받들어 죄인을 가두는 옥사(獄舍)를 가리킨다.

중(漢中)을 약탈하고 동진세(冬辰勢)[61]를 근거지로 삼아 반란을 일으켰다. 파서 태수(巴西太守) 장연(張燕)이 아문(牙門) 무조(武肇)와 한국군승(漢國郡丞) 선정(宣定)을 통솔하여 병력을 보내 등정을 포위하자, 굉저가 이웅(李雄)에게 구원을 요청했다. 여름 5월에 이웅이 이리(李離)·이운(李雲)·이황(李璜)·이봉(李鳳)을 보내 한중으로 들어가 등정을 구원했다. 두맹치(杜孟治)는 이리가 도착했다는 소식을 듣고 장연에게 포위를 풀고 돌아가 주성(州城)을 지키라고 명했다. 처음에 장연이 등정을 공격했는데, 등정의 무리가 굶주려서 거짓으로 항복하자 장연이 금으로 된 그릇 하나를 보내주었고, 장연이 그것을 받았다. 7일이 지나 굉저가 도착하자, 등정이 동진세로 돌아갔다. 장연은 여전히 진격하여 동진세를 포위하면서 두맹치의 말을 듣지 않았다. 이리가 도착하여 먼저 무조의 군영을 공격하여 무찌르고, 다음에 선정을 공격하여 역시 그의 군영을 무찔렀다. 장연이 전투를 두려워하여 1백 명의 기병을 거느리고 달아났다. 이리 등이 양주(梁州)의 군대를 크게 무찔렀다. 아문 채송(蔡松)이 퇴각하여 두맹치에게 가서 말하기를, "양주의 군대가 패했는데, 적이 많아 더 이상 지체할 수 없습니다."라고 하니, 두맹치가 두려워했다. 양주의 호군(護軍)이 성을 지키려고 하여 두맹치에게 일러 말하기를, "비록 적이 오는 숫자가 많지만, 이는 객군(客軍)에게서 흔히 볼 수 있는 상황입니다. 이웅은 나라가 작고

---

61 동진세(冬辰勢): 《진서(晉書)》〈장광전(張光傳)〉에 이르기를, "진주(秦州) 사람 등정(鄧定) 등 2천여 가(家)가 굶주려 한중(漢中)으로 흘러 들어와 성고(成固)에서 지키고 있는데 점차 노략질하며 도적이 되었다.[秦州人鄧定等二千餘家, 饑餓, 流入漢中, 保于成固, 漸爲抄盜.]"라고 했고, 《자치통감(資治通鑑)》 권86에 이르기를, "성고를 점거하고 한중을 노략질했다.[據成固, 寇掠漢中]"라고 했는데, 이를 근거로 보면 당시 동진세(冬辰勢)는 성고 부근에 있었는데, 양주(梁州) 사람들은 험준한 산을 '세(勢)'라고 불렀다. 따라서 동진세는 동진산(冬辰山)으로 보면 된다.

사람이 미미한데[區區]⁶² 동남쪽으로 나상(羅尙)의 압박을 받고 있어서 반드시 군사를 나누어 바깥에서 오랫동안 머물 수 없으니, 이번에 오는 것은 등정(鄧定)과 굉저(䚔氐)에게 호응하려는 것일 뿐입니다."라고 했다. 두맹치가 말하기를, "그렇지 않다. 이웅이 거짓으로 제왕의 이름을 꾸며대고 천하를 종횡으로 누비며 이미 강력한 군대를 보냈으니, 반드시 한중을 빼앗을 것이다. 비록 견고한 성이 있다고 하더라도 사병과 백성들이 놀라 간담이 서늘해지면 그들과 더불어 적을 막지 못할 것이다."라고 했다. 마침내 두맹치가 성문을 열고 도망쳤다. 호군(護軍)⁶³ 역시 북쪽으로 돌아갔다. 두맹치가 대상곡(大桑谷)으로 들어가니 백성들의 수가 1천여 가(家)이고, 수레가 수천 량이어서 하룻밤에 겨우 수십 리를 걸었다. 재동(梓潼)의 형자(荊子)⁶⁴가 글자에 착오가 있는 것으로 의심된다. 자신의 부친이 두맹치와 틈이 있어서 자제들을 규합하여 그를 추격하여 대상곡 입구까지 이르렀다. 그러자 두맹치가 아들을 버리고 달아났고, 형자가 두맹치의 아들과 관리, 백성 등 1천여 가를 획득했다. 오직 한국공조(漢國功曹) 무건(毌建)만이 짐과 병장기를 메고 말하기를, "내가 비록 불초하지만 한 나라의 대부(大夫)이다. 나라가 망하여 살 수 없을지언정 결코 도적에게 몸을 맡기지는 않겠다."라고 하고, 산골짜기에서 굶어 죽었다. 10여 일이 지나 이리 등이 군사를 이끌고 돌아갔다. 한중 사람 구방(句方)과 백락(白落)이

---

62 나라가 작고 … 미미한데[區區]: '구구(區區)'는 수량이 적거나 사람 혹은 사물이 중요하지 않음을 뜻하는 말로, 이웅(李雄)의 나라가 작고 미미함을 가리킨다.

63 호군(護軍): 《자치통감(資治通鑑)》 권86에 이르기를, "장은(張殷)과 한중 태수(漢中太守) 두맹치(杜孟治)가 성을 버리고 도망갔다.[張殷及漢中太守杜孟治棄城走.]"라고 했으니, 호군(護軍)은 바로 양주 자사(梁州刺史) 장은(張殷)이다.

64 재동(梓潼)의 형자(荊子): 신원 미상으로, 재동(梓潼)에서 한중(漢中)을 떠돌던 유민들의 우두머리로 추측된다.

관리와 백성을 인솔하여 돌아와 남정(南鄭)을 지켰다.

영가(永嘉) 2년(308)에 조서를 내려 나상(羅尙)이 이특(李特)을 토벌한 공로를 기록하여 산기상시(散騎常侍)를 더하고, 양주(梁州)와 익주(益州) 두 주의 도독(都督)을 겸하게 했으며, 작위를 내려 이릉후(夷陵侯)에 봉했다. 나상의 첫째아들 나우(羅宇)에게 봉거도위(奉車都尉)의 인수(印綬)를 차게 하고, 둘째아들 나연수(羅延壽)에게는 기도위(騎都尉)를 제수했다. 양주는 이웅(李雄)에게 파괴되어, 진(晉)나라 조정에서 다시 황보상(皇甫商)을 양주자사(梁州刺史)로 삼았다. 그런데 나상이 관직에 나아갈 수 없자, 다시 순양내사(順陽內史) 강하(江夏) 사람 장광(張光)을 양주 자사로 삼고, 치소를 신성(新城)에 두었다. 한중 백성들이 이봉(李鳳)의 공격을 받아 약탈당하자, 동쪽을 향하여 형주(荊州)의 면수(沔水)로 피난했다.

영가(永嘉) 3년(309) 겨울에 천수(天水) 사람 굉기(訇琦)와 장금구(張金苟), 약양(略陽) 사람 나양(羅羕)이 이웅(李雄)의 태위(太尉) 이리(李離)를 죽이고, 나상(羅尙)에게 투항했다. 이웅이 태부(太傳) 이양(李驤) 및 이운(李雲)과 이황(李璜)을 보내 나양을 공격했는데, 나양에게 패하여 죽었다. 이운과 이황은 이웅의 사촌 동생이었는데, 사공(司空)을 맡고 있었다. 12월에 굉기 등이 이리의 모친과 아들을 나상에게 보내자, 나상이 그들을 베어 죽이고 그 집안의 재산을 나누었다.

영가(永嘉) 4년(310)에 천수(天水) 사람 문석(文石)이 이웅(李雄)의 태재(太宰) 이국(李國)을 살해하고, 파서(巴西)를 가지고 나상(羅尙)에게 투항했다. 재동(梓潼)과 파서가 다시 진(晉)나라에 환속되었다. 처음에 파서 사람 초등(譙登)이 진남장군(鎭南將軍_{劉弘})에게 가서 병력을 청했으나, 진남장군은 병력이 없자 표문을 올려 초등을 양렬장군(揚烈將軍)·재동내사(梓潼內史)로 삼아 삼파(三巴)[65]와 촉(蜀) 그리고 한중(漢中)의 의로운 백성을 모집하

여 병사로 삼아 주·군(州郡)을 공격하여 회복하게 해 달라고 했다. 초등
이 먼저 탕거(宕渠)로 출정하여 이웅의 파서 태수(巴西太守) 마탈(馬脫)을 죽
이고 돌아와 부성(涪城)에 주둔했다. 절충장군(折衝將軍) 장라(張羅)가 진격
하여 건위(犍爲)의 합수(合水)를 점거했다. 파·촉(巴蜀) 지방에 떠도는 말에
이르기를, "초등이 부성을 다스리고, 문석이 파서에 있으며, 장라가 합수
를 지키고 있으니, 파저(巴氐)⁶⁶가 어떻게 앞으로 나아갈 수 있겠는가?"라
고 했다. 가을 7월에 나상이 파남(巴南)에서 세상을 떠났다. 나상의 자는
경지(敬之)로, 일명 '나중(羅仲)'이라고 하고, 자를 '경진(敬眞)'이라고도 하는
데, 양양(襄陽) 사람이다. 나상은 상서승(尙書丞)과 상서랑(尙書郞), 무릉 태
수(武陵太守)와 여남 태수(汝南太守)를 역임하고, 양주 자사(梁州刺史)로 옮겼
다가 익주 자사(益州刺史)로 부임했다. 조서를 내려 장사 태수(長沙太守) 하
비(下邳) 사람 태혼(泰混^{피소의 자(字)}) 피소(皮素)를 익주 자사로 제수하고, 서이교
위(西夷校尉)·양렬장군(揚烈將軍)을 겸하게 했으며, 모집한 의군(義軍) 및 평
서군(平西軍)⁶⁷을 거느리고 나아가 삼관(三關)⁶⁸을 관리하게 했다. 그때 이
양(李驤)이 초등을 거세게 공격하자, 피소는 파동(巴東)에 주둔하여 평서

---

65 삼파(三巴): 옛 지명으로 파군(巴郡)과 파동(巴東) 그리고 파서(巴西)를 모두 합친 명칭으로,
    지금의 사천 가릉강(嘉陵江)과 기강(綦江) 유역 동쪽의 대부분 지역을 포함한다.《자치통
    감(資治通鑑)》권119에 이르기를, "환현(桓玄)이 환희(桓希)를 양주 자사(梁州刺史)로 삼고, 여
    러 장수들에게 나누어 명령을 내려 삼파(三巴)를 지키면서 그들을 대비하게 했다.[玄以桓
    希爲梁州刺史, 分命主將戍三巴以備之.]"라고 했는데, 호삼성(胡三省)의 주(注)에 이르기를, "삼파
    는 파군·파동·파서이다.[三巴, 巴郡巴東巴西也.]"라고 했다.

66 파저(巴氐): 유민(流民) 봉기군 우두머리 이씨(李氏) 등이 대부분 파인(巴人)이었다. 여기에
    나오는 파인은 한말(漢末)에 약양(略陽)으로 옮겨 저족(氐族)과 섞여 살아 그 풍속에 물들
    었기 때문에 '파저(巴氐)'라고 했다.

67 평서군(平西軍): 원문에는 '평서장군(平西將軍)'으로 되어 있는데, 본문 문맥상 평서장군 나
    상(羅尙)의 군대를 의미하므로 '장(將)' 자는 덧붙인 듯하다.

68 삼관(三關): 파서(巴西)와 부성(涪城) 그리고 합수(合水)를 가리킨다.

군(平西軍) 장수 장순(張順)과 양현(楊顯)에게 명을 내려 초등을 구원하게
했다. 나상의 아들 나우(羅宇)는 초등을 원망하여 양식을 공급하지 않았
다.[患恨加登. 加登糧運不給.][69] 피소가 부성에 이르러 일을 주관하는 자들의
죄를 다스리려고 하자, 그들이 두려워했다. 겨울 12월, 피소가 파군(巴郡)
에 도착하자, 항복한 천수(天水) 사람 조반(趙攀)과 염란(閻蘭) 등이 밤중에
피소를 살해했다. 피소의 자는 태혼이고, 하비 사람이다. 건평도위(建平都
尉) 폭중(暴重)이 나우 및 조반을 살해하니 파군이 혼란에 빠져 결국 초등
을 구원하지 못했다. 삼부(三府)[70]의 관속들이 파동감군(巴東監軍)·관군장
군(冠軍將軍) 남양(南陽) 사람 한송(韓松)을 익주 자사·서이교위로 삼고, 파
동군(巴東郡)에 치소를 두게 해 달라고 했다.

영가(永嘉) 5년(311) 봄 정월에 이양(李驤)이 부성(涪城)을 깨뜨리고, 초등
(譙登)을 사로잡았다. 파서(巴西)와 재동(梓潼)이 다시 이웅(李雄)의 소유가
되었다. 형주(荊州)와 양주(襄州)[71]에서 반란[72]이 있었다. 저족(氐族)의 부성
(苻成)과 외문(隗文)이 의도(宜都)에서 반란을 일으켜 서쪽을 향하여 파동

---

69 초등을 … 공급하지 않았다:《자치통감(資治通鑑)》권87 〈진기9(晉紀九)〉에 이르기를, "나
상(羅尙)의 아들 나우(羅宇) 및 그를 보좌하는 사람들이 평소 초등(譙登)을 원망하여 그들
에게 양식을 공급하지 않았다.[羅尙子宇及參佐素惡登, 不給其粮.]"라고 했으니, '가(加)' 자는 덧
붙인 듯하다.

70 삼부(三府): 평서장군부(平西將軍府)·익주자사부(益州刺史府)·서이교위부(西夷校尉府)를 가리
키는데, 모두 나상(羅尙)이 맡고 있던 직책이다.

71 양주(襄州):《자치통감(資治通鑑)》권87 〈진기9(晉紀九)〉에 따르면, "파촉(巴蜀)의 유민들이
형주(荊州)와 상주(湘州) 사이에 흩어져 있었는데, 자주 토착민들에게 침해와 고통을 당
했다. 촉 땅 사람 이양(李驤)이 무리를 모아 낙향(樂鄕)을 점거하고 반란을 일으켰다.[巴蜀
流民布在荊湘間, 數爲土民所侵苦, 蜀人李驤聚衆據樂鄕反.]"라고 하여 '양주(襄州)'가 '상주(湘州)'로 기
록되어 있다.

72 반란: 촉(蜀) 땅의 유민 이양(李驤)·두주(杜疇)·여반(汝班)·건석(騫碩) 등이 두도(杜弢)와 함
께 일으킨 반란을 말한다.

(巴東)으로 들어갔다. 이웅의 무리가 북도(僰道)를 공격하니 건위 태수(犍爲太守) 위기(魏紀)가 달아났고, 강양 태수(江陽太守) 요습(姚襲)은 살해되었다. 2월에 저족의 외문 등이 파동에서 반란을 일으키자 폭중(暴重)이 그를 토벌했으나 이기지 못했다. 폭중이 익주 자사(益州刺史) 한송(韓松)을 살해했다. 한송은 자가 공치(公治)이고, 남양(南陽) 사람으로 위(魏)나라 때 대사도(大司徒) 한기(韓曁)의 손자이다. 폭중이 스스로 삼부(三府)의 일을 다스렸다. 3월에 삼부의 문관과 무관 그리고 파동 태수(巴東太守)와 관리들이 함께 폭중 및 그의 처자식을 가두었다가 의도(宜都)에서 그를 살해하고, 표문을 올려 파동 태수 경치(景治²장라의) 장라(張羅)에게 삼부의 일을 달라고 했다. 장라가 지현(枳縣)을 다스릴 때, 직접 궁탁(宮坼)에서 외문을 토벌하여 깨뜨리고 항복시켰다. 외문이 한 달 만에 다시 반란을 일으켜 파군 태수(巴郡太守) 황감(黃龕)을 겁박하고, 그를 추대하여 주군(主君)으로 삼았다. 황감이 곤란을 겪어 마음이 급하여지자, 자살하려고 했다. 그때 주부(主簿) 양예(楊預)가 건언하여 말하기를, "외문이 평소 저지른 악행은 강을 끼고 있는 이 일대의 백성이라면 누구나 다 알고 있습니다. 외문이 명부(明府²황감을²가리킴)를 구금하고 겁박했으니, 어느 누가 두려워 불안해 하는 마음이 없겠으며, 헛되고 거짓된 명성을 누가 마땅하다고 믿겠습니까? 장라 장군으로 하여금 충성된 마음을 알도록 대책을 강구하여야지, 어찌하여 서둘러 이렇게 하려는 것입니까?"라고 하자, 황감이 말하기를, "적이 이미 길을 끊었는데, 무슨 방법으로 경치에게 그 사실을 알릴 수 있겠는가."라고 했다. 양예가 마침내 황감을 대신하여 편지를 써서 자신의 동생을 보내 저족(氐族)을 벗어나 장라에게 찾아가게 했다. 장라가 말하기를, "황감이 자신의 충성된 마음을 밝혔고, 나도 그의 마음을 이해한다."라고 했다. 외문이 그 소식을 듣고 화가 나서 황감을 가두고, 양예를 붙잡아 편지를

보낸 상황을 물었다. 황감이 말하기를, "편지를 보내지 않았다."라고 했다. 외문이 마침내 하루 밤낮에 걸쳐 양예를 고문했지만, 양예가 말하지 않았다. 외문은 황감을 죽이고자 했지만, 이미 양예가 매를 맞아 죽자 그를 의롭다고 여기고 황감을 사면했다. 장라가 군대를 보내 외문을 토벌했으나, 군대가 패하여 돌아왔다. 장라가 몸소 외문을 토벌했으나, 패하여 죽었다. 장라의 자는 경치이고, 하남(河南) 양현(梁縣) 사람이다. 파중(巴中)에는 더 이상 남은 저족 군대가 없었다. 외문은 관리와 백성들을 몰아서 노략질하다가 서쪽으로 가서 이웅에게 투항했다.[73] 이웅의 장수 임회(任回)가 건위 태수 위기(魏紀)를 사로잡았다. 삼부의 문관과 무관들이 함께 표문을 올려 평서사마(平西司馬) 왕이(王異)에게 삼부의 일을 대리하고, 파군 태수를 겸하게 해 달라고 했다. 양주 자사(梁州刺史) 장광(張光)이 치소를 다시 한중(漢中)에 두었다.[74]

영가(永嘉) 6년(312), 용양장군(龍驤將軍)·강양 태수(江陽太守) 건위(犍爲) 사람 장계(張啓)와 광한(廣漢) 사람 나기(羅琦)가 함께 왕이(王異)를 살해했다. 왕이는 자가 언명(彦明)이고, 촉(蜀) 땅 사람이다. 장계가 다시 삼부(三府)의 일을 맡고, 나기가 파군 태수를 맡았다. 장계가 병으로 죽었다. 장계의 자는 진명(進明)이고 건위 사람으로, 촉나라의 거기장군(車騎將軍) 장익

---

73 파중(巴中)에는 … 이웅에게 투항했다: 유림(劉琳)은 이 문장은 마땅히 '외문은 관리와 백성들을 몰아서 노략질하다가 서쪽으로 가서 이웅에게 투항했다. 파중(巴中)에는 더 이상 남은 저족 군대가 없었다.'라고 문장의 순서가 바뀌어야 한다고 주장했다.

74 양주 자사(梁州刺史) … 한중(漢中)에 두었다:《자치통감(資治通鑑)》권87〈진기9(晉紀九)〉에 이르기를, "처음에 양주 자사(梁州刺史) 장광(張光)이 위흥(魏興)에서 여러 군(郡)의 태수를 모아서 함께 나아가 빼앗을 것을 모의했다. … 군사를 정돈하여 나아가 싸워 몇 년이 걸려서 마침내 한중(漢中)에 다다를 수 있게 되어 황량하고 찢어진 것을 위로하고 달래주니, 백성들이 기뻐하며 복종했다.[初, 梁州刺史張光會諸郡守于魏興, 共謀進取, … 治兵進戰, 累年乃得至漢中, 綏撫荒殘, 百姓悅服.]"라고 했다.

(張翼)의 손자이다. 삼부의 문관과 무관들이 함께 다시 표문을 올려 부릉 태수(涪陵太守) 의양(義陽) 사람 상심(向沈)에게 서이교위(西夷校尉)를 대리하도록 요청하고, 남은 관리와 백성들을 이끌고 남쪽을 향하여 부릉으로 들어왔다.

건흥(建興) 원년(313) 봄에 상심(向沈)이 죽었다. 부릉(涪陵) 대부분의 지역에서 온역(溫疫)이 발생했다. 촉군 태수(蜀郡太守) 강양(江陽) 사람 정융(程融), 의도 태수(宜都太守) 건위(犍爲) 사람 양분(楊芬), 서이사마(西夷司馬) 파군(巴郡) 사람 상흠(常歆), 도안령(都安令) 촉군 사람 상창홍(常倉弘) 등이 함께 문산 태수(汶山太守) 부릉 사람 난유(蘭維)를 추대하여 서이교위(西夷校尉)로 삼았다. 당시 중원(中原)이 이미 혼란하고, 강동(江東)에도 일이 생겨 조정에 구원을 요청했으나 기대할 바가 없자, 정융 등이 함께 관리와 백성들을 이끌고 지현(枳縣)을 나와 북쪽으로 향하여 파동(巴東)으로 가려고 했으나, 결국 이웅(李雄)의 장수인 이공(李恭)과 비흑(費黑)에게 사로잡혔다. 5월에 양주 자사(梁州刺史) 장광(張光)이 왕여(王如)의 잔당인 부릉 사람 이운(李運)과 파서(巴西) 사람 왕건(王建)을 사반편작산(蛇盤便作山)에서 토벌했는데, 그들이 반란을 일으킬까 의심했기 때문이었다. 이운과 왕건이 구산(拘山)으로 달아나 그곳을 지키고 있자, 장광이 군대를 보내 공격하여 물리치고 그들을 죽였다. 왕건의 사위 양호(楊虎)가 황금산(黃金山)을 지키며 반란을 일으켰다. 장광이 그를 토벌했으나, 양호가 밤중에 군영을 버리고 액수(厄水)로 돌아와 양주성(梁州城)으로부터 40리 떨어진 곳에 주둔했다. 장광이 자신의 아들 장맹장(張孟萇)을 보내 그를 토벌하게 했으나 서로 번갈아 가며 이기기도 하고 지기도 했다. 장광이 무도(武都)의 저왕(氐王) 양무수(楊茂搜)에게 도움을 구하고, 양호 역시 양무수에게 구원을 청했다. 처음에 양무수의 아들 양난적(楊難敵)이 자신의 양자(養子)를 양주로 보내 장사를 하게 했는데, 양인(良人)의 자녀 하나를 사사로이 샀다가 [私買]⁷⁵ 장광이 화가 나서 그를 매질하여 죽였다.⁷⁶ 양난적이 그 일로 장광을 원망하며 말하기를, "사군(使君)이 처음 이곳에 왔을 때는 크게 황폐한 뒤라서 병사와 백성들의 목숨이 우리 저족만을 바라보며 살아갔었다. 그런데 저족이 지은 조그마한 죄를 용서할 수 없었단 말인가?"라고 하고, 은밀하게 장광을 토벌하려고 모의했다. 마침 장광과 양호가 구원을 요청했다. 가을 8월에 양무수가 양난적을 보내 기병을 이끌고 한중(漢中)으로 들어가게 했는데, 겉으로는 장광을 돕는다고 말했지만 속으로는 실제로 양호에게 호응하려고 했다. 양난적이 양주성 아래에 도착하자, 장광은 쇠고기와 술을 가지고 잔치를 벌여 양난적의 노고를 위로하고, 그와 함께 장맹장을 보내 양호를 토벌하게 했다. 장맹장이 스스로 앞에 서고, 양난적이 그의 뒤를 이었다. 장맹장이 양호와 한참을 싸우자, 양난적이 뒤에서 장맹장을 습격하여 크게 물리치고 장맹장을 사로잡아 죽였다. 9월, 장광이 분하여 죽었다. 양주 사람들이 함께 시평 태수(始平太守) 호자서(胡子序)를 추천하여 양주의 일을 맡게 했다.⁷⁷ 겨울 10월에 양호와 저족이 거세게 양주성을 공격했다. 호자서가 지킬 수 없어서 성을 버리고 달아났다. 저족과 양호가 양주성을 빼앗자, 장광의 무덤을 파고 그의 시신을

---

75 사사로이 샀다가[私買]: 《자치통감(資治通鑑)》 권88 〈진기10(晉紀十)〉에는 '사사로이 팔았다가[私賣]'로 기록되어 있다.

76 양인(良人)의 아들 … 죽였다: 한(漢)나라 때 이후 양가(良家)의 자녀를 사고팔아 노비로 삼는 행위를 법으로 금지했다.

77 양주 사람들이 … 맡게 했다: 《자치통감(資治通鑑)》 권88 〈진기10(晉紀十)〉에 이르기를, "양주(梁州) 사람들이 장광(張光)의 어린 아들 장매(張邁)를 추천하여 주의 업무를 관장하게 했는데, 그 역시 저족(氐族)과 싸우다가 죽었다. 무리들이 시평 태수(始平太守) 호자서(胡子序)를 추천하여 양주의 업무를 관장하게 했다.[州人推其少子邁領州事, 又與氐戰沒, 衆推始平太守胡子序領梁州.]"라고 했다.

불에 태웠다. 양난적이 장광의 고취(鼓吹)와 기악(妓樂)을 얻고, 스스로 '자사(刺史)'라고 불렀다. 양호가 관리와 백성들을 이끌고 촉 땅으로 들어왔다. 한중의 백성 장함(張咸) 등이 양난적을 토벌하니, 양난적이 퇴각하여 돌아가 모두가 다시 촉 땅으로 들어갔다. 그래서 양주와 익주(益州), 영주(寧州) 세 주를 모두 이웅에게 빼앗기게 되었다.

촉(蜀) 땅은 태강(太康)부터 태안(太安)에 이르기까지 괴이한 일들이 빈번하게 발생했다. 성도(成都) 북향(北鄉)의 어떤 사람이 일찍이 여자가 수풀 속으로 숨어들어가는 것을 보았다. 가서 살펴보니 사람 같은 물체로 몸뚱이에 머리와 목, 눈과 입이 있었지만 손과 발은 없었으며, 움직일 수는 있었지만 말할 수는 없었다. 광한(廣漢)에는 뿔 달린 말이 있었는데, 그 뿔의 길이와 폭이 각각 반 촌(寸)이나 되었다. 또한 살갗과 털이 없는 나귀가 있었는데, 살을 그대로 드러낸 채 음식을 먹고 물을 마셨는데, 며칠 만에 죽었다. 번성(繁城)·십방(什邡)·비성(郫城)·강원(江原)에서 자라는 풀들은 키가 7, 8척(尺)이나 되었는데, 줄기와 잎은 붉은색이고 씨앗은 푸른색으로 소뿔처럼 생겼다. 성도내사(成都內史) 경등(耿滕)은 그 풀이 주초(朱草)라고 여겨 성도왕(成都王)에게 표문을 올려 찬미했다. 원강(元康) 3년(293) 정월 어느 날 밤에 갑자기 불빛이 있더니 땅이 진동했다. 동요(童謠)에 이르기를, "비성(郫城)이 견고하지만, 앙저(盎底)가 뚫렸다네. 비성의 소인 이특이 치밀했네.[郫城堅, 盎底穿. 郫中細子李特細.]"[78]라고 했다. 또 이르기를, "강교두(江橋頭)와 궐하시(闕下市ᵛᵉʳᵗ),[79] 성도 북문에는 18자(字)가 있

---

78 비성(郫城)이 견고하지만 … 치밀했네: 이특(李特)이 진(晉)나라 군대와 교전할 때 비성(郫城)이 비록 견고했지만 앙저(盎底) 나루터로부터 비성으로 들어가 진나라 군대를 격파했다는 뜻인데, 마지막 구절인 '비성의 소인 이특이 치밀했네.[郫中細子李特細.]'의 의미가 분명하지 않다.

다네.[江橋頭, 闕下市, 成都北門十八字.]"[80]라고 했다. 또 나상(羅尙)이 파군(巴郡)에 있을 때 이르기를, "파군의 갈포[葛]는 당장은 아름답게 보인다.[巴郡葛, 當下美.]"[81]라고 했다. 피소(皮素)가 무리를 이끌고 서쪽으로 향하자 또 이르기를, "나그네가, 나그네가 문밖 큰길에 침범하여 왔는데, 그 기세가 쇠하려고 하네.[有客有客, 來侵門陌, 其勢欲索.]"[82]라고 했다. 무평부군(武平府君 상관(常寬))이 이르기를, "초주(譙周)가 말하기를, '내가[巴][83] 죽은 지 30년 후에 마땅히 이인(異人)이 촉(蜀) 땅으로 들어올 것이니, 그로 인하여 그 땅은 망할 것이다.'[84]라고 했는데, 촉 땅을 잃어버린 때가 초주가 죽은 지 33년이

---

79 강교두(江橋頭)와 궐하시(闕下市): 강교(江橋)와 시교(市橋)를 가리키는데, 강교와 시교는 모두 성도(成都) 대성(大城)과 소성(小城)의 남문 밖에 있는 번화가로 성곽 바깥에 있다.

80 성도 북문에는 … 있다네: 성도의 대성과 소성에는 모두 18군데의 성곽이 있다. 그런데 후세 사람들이 이특(李特)의 군대가 자주 북문(北門)을 침범하여 마침내 '북문십팔자(北門十八字)'라고 고쳐 노래했다. 《위서(魏書)》 〈이웅전(李雄傳)〉에 따르면 '십팔자(十八字)'는 '십팔자(十八子)'로 기록되어 있는데, '십팔자(十八子)' 자를 파자(破字)하면 '이(李)' 자가 된다. 따라서 이 동요에서는 장차 이특(李特)이 성도성(成都城)을 차지하게 된다는 사실을 암시하고 있다.

81 파군의 갈포는 … 보인다: 여기서 '갈포[葛]'는 나상(羅尙)을 가리킨다. 갈포가 당장은 아름답게 보이지만 시간이 지나 여러 번 씻게 되면 헤어져 오래 쓰지 못하게 된다. 따라서 이는 나상이 그 자신의 성(姓)에 걸맞은 '비단[羅]'이 아니라고 조롱하고, 결국 그의 위세가 잠시 동안만 떨칠 것임을 암시하고 있다.

82 나그네가 … 쇠하려고 하네: 피소(皮素)의 진(晉)나라 군대가 장차 그 기세가 쇠퇴하여 곧 패할 것임을 암시했다.

83 내가[巴]: 《위서(魏書)》 〈이웅전(李雄傳)〉에 이르기를, "초주가 말하기를, '내가 죽은 뒤 30년이 되면, 마땅히 이인(異人)이 촉(蜀) 땅으로 들어올 것이니, 그로 인하여 망할 것이다.'고 했다."[譙周云, 我死後三十年, 當有異人入蜀, 由之而亡.]라고 했다. 따라서 원문의 '파(巴)' 자는 '나'를 뜻하는 한자인 '기(己)' 자의 오기(誤記)인 듯하다.

84 이인(異人)이 … 망할 것이다: 진수(陳壽)는 《삼국지(三國志)》에서 초주(譙周)에게 예지 능력이 있다고 전했는데, 촉 땅 사람들이 여기에 부회하여 여러 가지 말을 만들어 냈다. 이것도 그 가운데 한 가지이다. 진(晉)나라가 촉 땅을 잃어버린 해는 바로 초주가 죽은 지 33년째 되던 해이다. 초주는 진 무제(晉武帝) 태시(泰始) 6년(270) 겨울에 죽었는데, 그

되던 해이다."라고 했다. 무평부군이 또 말하기를, "송대(宋岱)가 죽지 않았다면 손부(孫阜) 역시 돌아가지 않았을 것이고, 그러면 한 달 내에 이류(李流)와 이웅(李雄)의 목이 원문(轅門)에 걸렸을 것이다."라고 했다. 그러나 나 상거(常璩)는 송대가 진격하고 손부가 인질을 얻었다고 하더라도 패했을 것이고, 설령 송대가 살아 있었다고 하더라도 형주군(荊州軍)이 스스로를 지키지는 못했을 것이라고 생각한다. 두도(杜弢)가 상중(湘中)에서 유감군(柳監軍^{유순}(柳純))에게 편지를 써서 이르기를, "익주(益州)의 예전 여러 관리들은 이특에게 1년이라는 기한을 넉넉하게 주지 않았을 것이고, 또 서사권(徐士權^{서여}(徐輿))을 문산 태수(汶山太守)로 삼아 이처럼 어려운 일을 만들지도 않았을 것이다. 이것이 지극히 작은 실수가 큰 잘못을 만들어 낸다는 말이다."라고 했다. 이 말은 흡사 그런 것 같다. 그러나 반드시 작은 소홀함을 막지 못하여 한(恨)이 된 것은 첫째로 처음에 유민들이 서쪽으로 갈 때 마땅히 조서를 받들어 관문을 닫고 받아들이지 말았어야 하는 일이고, 다음은 조흠(趙廞)을 바꾸어 대신할 사람을 마땅히 조정에서 선발하여 보냈어야 하며, 그다음으로는 평서장군(平西將軍^{나상}(羅尙))이 면죽(綿竹)에서 이특과 만났을 때 왕돈(王敦)의 계책을 들었다면 다소나마 안녕했을 것이라는 점이다. 조그만 차이는 단지 두도가 말한 것만은 아닌 것이다.

사관이 논한다.

전대(前代)의 제왕들이 만국(萬國)을 규획할 때 반드시 종실의 친족, 지

로부터 33년이 지난 태안(泰安) 2년(303)에 나상(羅尙)이 성도(成都)를 버리고 달아났으니, 상관(常寬)은 그 일을 가지고 '촉 땅이 망했다.[蜀亡]'라고 한 것이다. 그런 까닭에 여기서 말하는 '이인(異人)'은 이웅(李雄)을 의미한다. 그러나 《삼국지》〈촉서(蜀書) 초주전(譙周傳)〉에서는 초주가 죽은 해를 태시 6년이 아닌 함희(咸熙) 5년(269)으로 보고 있다.

위가 존귀한 자, 도덕적으로 어진 자, 재능이 출중한 자 그리고 종맹(宗盟)[85]을 함께 임명하는 것은 안으로 왕실을 보호하고 바깥으로 반란을 제압하기 위함이었다. 그러므로 지방관은 백성들을 통솔하는 직책이 있으며, 공물을 바침에 있어서 직책을 잃게 되는 허물을 짓지 말아야 했다. 한(漢)나라 때에 이르러 부·주(部州)의 자사(刺史)는 반드시 구경(九卿)의 재능을 갖추고, 군(郡)의 태수(太守)는 삼공[台鼎]의 명망을 갖추어야 했다. 그렇기 때문에 왕존(王尊)과 왕포(王褒)가 이전 세대에 이름을 드러냈고, 제오륜(第五倫)과 채무경(蔡茂俓)이 지방관에서 삼사(三司)에 올랐다. 이것이 모두 멀리 후대의 표준이 되었으니, 변경할 수 없는 아름다운 법이다. 대동(大同) 이후 언변에 능한 선비들이 서쪽 땅의 광활함을 염려하여 황실과 종친 가운데서 왕을 삼아 현덕(賢德)을 세울 것을 청했다. 그러나 당시는 그곳을 살피지 않고 위태함을 평안하다고 보았다. 그래서 무너진 성벽을 방비하지 않고, 촉 땅의 재능 있는 자들을 등용하지 않은 채 오랑캐들이 오랫동안 침략하도록 길을 열어 주어 마침내 세 주(州)가 함락되었다. 이것이 바로 《시경(詩經)》에서 말하는 "사방의 나라가 바르지 않은 것은 어진 자를 등용하지 않아서라네.[四國無正, 不用其良.]"[86]라는 경우이다.

---

85 종맹(宗盟): 천자(天子)나 황제가 제후(諸侯)를 책봉(冊封)할 때는 반드시 맹서(盟誓)를 했으니, 《사기(史記)》 권18 〈고조공신후자연표(高祖功臣侯者年表)〉에 이르기를, "황하가 변하여 허리띠처럼 되고 태산이 바뀌어 숫돌처럼 되더라도, 나라를 영원히 편안하게 존속되게 하여 후손들에게 전해지게 하겠다.[使黃河如帶, 泰山若礪, 國以永寧, 爰及苗裔.]"라고 했다. 그런 까닭에 천자의 종실과 함께 맹서한 나라를 가리켜 '종맹'이라 불렀다.

86 사방의 나라가 … 않아서라네: 《시경(詩經)》 〈소아(小雅) 시월지교(十月之交)〉의 글이다.

大同志

　　古者國無大小, 必有記事之史, 表成著敗, 以明懲勸. 稽之前式, 州部宜然.
自劉氏祚替而金德當陽, 天下文明, 不及曩世, 逮以多故. 族祖武平府君, 漢
嘉杜府君, 並作蜀後志, 書其大同, 及其喪亂. 然逮在李氏, 未相條貫. 又其始
末, [或]有不詳. 第璩往在蜀, 櫛沐艱難, 備諳諸故事, 更敍次顯挺年號, 上以
彰明德, 下以治違亂, 庶幾萬分有益國史之廣識焉.

　　魏咸熙元年, 蜀破之明年也. 以東郡袁邵為益州刺史, 隴西太守安平牽弘為
蜀郡, 金(成)[城]太守天水楊欣為犍為太守. 後主既東遷, 內移蜀之大臣宗預
廖化及諸葛顯等并三萬家於東及關中, 復二十年田租. 董厥樊建並為相國參
軍. 冬, 分州置梁州, 遣厥建兼散騎常侍, 使蜀慰勞.

　　晉泰始元年春, 刺史袁邵以治城, 將被徵, 故蜀侍郎蜀郡常忌詣相國府陳:
“邵撫卹有方. 遠國初附, 當以漸導化, 不宜改易州將, 失遐外心.” 相國聽留.
辟忌為舍人. 冬十月, 晉武帝踐祚.

　　二年春, 武帝弘納梁益, 引援方彥, 用故黃金督蜀郡柳隱為西河, 巴郡文立
為濟陰太守, 常忌河內縣令.

　　四年, 故中軍士王富有罪逃匿, 密結亡命刑徒, 得數百人, 自稱諸葛都護, 起
臨邛, 轉侵江原. 江原方略吏李高閭術縛富送州, 刺史童策斬之. 初, 諸葛瞻

與鄧艾戰於綿竹也，時身失喪，或言生走深逃．親兵言富貌似瞻，故富假之也．

五年，散騎常侍文立表復假故蜀大臣名勳後五百家不預廝劇，皆依故官號為降．

六年，分益州南中建寧雲南永昌興古四郡為寧州．

七年，汶山守兵呂臣等殺其督將以叛．族滅之．初，蜀以汶山西五郡北逼陰平武都，故於險要置守，自汶江龍鶴冉駹白馬(斤)[匡]用五圍，皆置脩屯牙門．晉初，以禦夷徼，因仍其守．

八年，三蜀地生毛，如白毫，三夕長七八寸，生數里．(十)[是]年，汶山白馬胡忿縱，掠諸種．夏，刺史皇甫晏表出討之．別駕從事王紹等固諫，不從．典學從事蜀郡何旅諫曰：“昔周宣王六月北伐者，獫狁孔熾，憂及諸夏故也．今胡夷相殘，戎虜之常，未為大患，而盛夏出軍，水潦將降，必有疾疫．宜須秋冬，圖之未晚．”晏不聽，遂西行．軍城．比入，麂入營中，軍占以為不祥，晏不悟．胡康水子燒香，言軍出必敗．晏以為沮衆，斬之．夏五月，軍至都安，屯觀阪上．旅復諫曰：“今所安營地名觀阪，自上觀下反之象，徵不吉．昔漢祖悟柏人以免難，岑彭惡彭亡而不去，遂陷於禍．宜移營他所．”晏不納其言．夜，所將中州兵蔡雄宣班張儀等以汶山道險，心畏胡之強，晏愎諫干時，衆庶所怨，遂引牙門張弘督張衡等反，殺晏．衆夜亂，不知所為．惟兵曹從事犍為楊倉彎弓力戰，射百餘發，且詈，雄，衆擊之，[矢]盡見殺．從事廣漢王紹亦赴之，死．初，晏未出，蜀中傳相告曰：“井中有人．”學士靳普言：“客入東[井]．東井，益州之分野，憂刺史，戒客人耳．”又有猛風，是逆風．其日觀卦用事，“若軍西行，護觀坂門，人向天井，益可慮也．”故旅勸諫云，卒如其言．弘等遂誣表晏欲率己共反，故殺之，求以免罪．其衆抄掠百姓．廣漢主簿李毅白太守弘農王濬：“宜急救益州禍亂, 保晏無惡, 必為弘等所枉害." 濬從之. 而晏主簿蜀郡何攀, 以母喪在家, 聞亂, 釋衰絰詣洛, 訴晏忠孝而弘等惡逆. 事得分明. 詔書因以濬為益州刺史, 加輕車將軍. 濬斬弘等. 益州平.

咸寧三年春, 刺史濬誅犍為民陳瑞. 瑞初以鬼道惑民. (一)[其]道始用酒一斗, 魚一頭, 不奉他神, 貴鮮潔. 其死喪產乳者, 不百日不得至道治. 其為師者曰祭酒. 父母妻子之喪, 不得撫殯入弔及問乳病者. 轉奢靡, 作朱衣素帶朱幘進賢冠. 瑞自稱天師, 徒眾以千數百. 濬聞, 以為不孝, 誅瑞及祭酒袁旌等, 焚其傳舍. 益州民有奉瑞道者, 見官二千石長吏巴郡太守犍為唐定等, 皆免官或除名. 蜀中山川神祠皆種松柏, 濬以為非禮, 皆廢壞燒除, 取其松柏為舟船, 惟不毀禹王祠及漢武帝祠. 又禁作巫祀. 於是(俗)[蜀]無淫祀之俗. 教化大行, 有木連理嘉禾黃龍甘露之祥. 三月, 被詔罷屯田兵, 大作舟船, 為伐吳計. 別駕何攀以為佃兵但五六百人, 無所辨. 宜召諸休兵, 借諸武吏, 并萬餘人造作, 歲終可成. 濬從之. 攀又建議: 裁船入山, 動數百里, 艱難. 蜀民冢墓多種松柏, 宜什四市取. 入山者少. 濬令攀典舟船器仗. 冬十月, 遣攀使詣洛, 表可征伐狀. 因使至襄陽與征南將軍羊祜荊州刺史宋庭論進取計.

四年春, 漢中都吏襲祚等謀殺太守姜宗以叛. 宗覺, 堅守. 祚等燒南鄭市及平民屋. 族誅. 刺史濬當遷大司農, 至漢壽, 重遣參軍李毅詣洛, 與何攀並表求伐吳.

五年, 詔書拜濬龍驤將軍, 假節, 監梁益二州軍事. 除何攀郎中, 參軍事. 以典軍從事張任趙明李高徐兆為牙門, 姚顯郫堅為督. 冬當大舉. 秋, 攀使在洛. 安東將軍王渾表孫皓欲北侵, 請兵. 朝議征, 却須. 六年, 攀因表可因今取之, 策皓必不自送, 帝乃許焉. 冬, 十有二月, 濬因自成都帥水陸軍及梁州三水胡七萬人伐吳. 臨發, 斬牙門將李延, 所愛侍將也, 以爭騎斬, 衆莫不肅. 至江州, 詔書進濬平東將軍, 都督二州, 巴東監軍唐彬及平南軍皆受指授. 別遣參軍李毅將軍由涪陵入取武陵, 會巴陵.

太康元年春三月, 吳平. 攀毅以下功封各有差. 以淮南胡罷為益州刺史, 濬遷輔國將軍. 初, 濬將征, 問靳(浦)普: "今行何如?" 普對曰: "客星伏南斗中, 而太白歲星在西方. 占曰: 東方之國破. 必如志矣." 普學術, 不貪榮貴, 卒於布衣.

三年, 更以益梁州為輕(車)[州], 刺史乘傳奏事. 以蜀多羌夷, 置西夷府, 以平吳軍司張牧為校尉, 持節統兵. 州別立治西夷治蜀. 各置長史司馬.

五年, 罷寧州, 諸郡還益州. 置南夷校尉, 持節, 如西夷, 皆舉秀才廉良.

八年, 武帝子成都王穎受封, 以蜀郡廣漢犍為汶山十萬戶為王國. 易蜀郡太守號為成都內史.

元康六年, 復以梁益州為重州, 遷益州刺史栗鐵為梁州, 加材官將軍. 揚烈將軍趙廞為益州刺史, 加折衝將軍. 關中氐及馬蘭羌反, 寇天水略陽扶風始平武都陰平. 發梁州及東羌鎮西討之, 不克. 益州遣牙門馬玄尹方救援之. 以鹿車運成都米給軍糧.

八年, 廞至州. 雖崇簡約, 而性實奢泰. 略陽天水六郡民李特及弟庠閻式趙肅何巨李遠等及氐傁青叟數萬家, 以群土連年軍荒, 就穀入漢川, 詔書不聽入蜀. 益州敕關禁之. 而戶曹李苾開關放入蜀, 布散梁州及三蜀界. 汶山興樂縣黃石北地盧水胡成豚堅安角成明石等, 與廣柔平康文降劉紫利羌有讎, 遂與蟺蜩羌郖逄等數千騎劫縣令, 求助討紫利. 太守楊邠撻殺豚堅, 而降其餘類, 餘類遂叛, 殺長吏. 冬, 西夷校尉西平麴炳表出軍, 遣牙門將孫眺為督護, 萬人征之. 戰於常安, 大為胡所破.

九年, 炳以敗軍徵還晉. 夏, 用江夏太守陳惚為代. 胡退散.

永康元年, 詔徵刺史廞為大長秋, 遷成都內史中山耿滕為益州刺史折衝將軍, 因廞所服佩. 初, 廞以晉政衰而趙星黃, 占曰:"星黃者王."陰懷異計. "蜀土四塞, 可以自安", 乃傾倉賑施流民, 以收衆心. 以李特弟庠衛六郡人, 勇壯厚卹遇之. 流民恃此, 專為劫盜. 蜀民患之. 滕數密表:"流民剛戾, 而蜀人懦弱, 客主不能相饒, 宜移還其本土. 不者, 與東三郡隘地. 觀其情態, 漸不可長, 將移秦雍之禍於梁益矣."又言:"倉庫虛竭, 無以應鋒鏑之急. 必益聖朝西顧之憂."由是廞惡滕. 州被詔書, 已遣文武士千餘人迎滕. 滕以廞未出州, 故在郡. 廞募庠黨羅安王利等劫滕, 大敗於廣漢宣化亭, 殺傳詔者. 滕議欲入州城, 功曹陳恂諫曰:"今州郡并治兵, 怨遘日深, 入城必有大禍. 不如安住少城, 檄諸縣合村保, 以備秦氏. 陳西夷行至, 且觀其變. 不爾, 可退住犍為, 西渡江原, 以防非常."滕不從. 多十有二月, 滕入城, 登西門. 廞遣親近代茂取滕. 茂告之而去. 廞又遣兵討滕. 滕軍敗績, 自投少城上. 吏左雄負滕子奇依民宋寧藏. 廞購千金, 寧不出. 廞敗, 得免. 郡吏皆竄走, 惟陳恂面縛詣廞, 請滕死喪. 廞義而不殺也. 恂與戶曹掾常敵共備棺冢葬之. 廞又遣軍逆陳惚. 惚至江陽, 聞廞有異志. 主簿趙模進曰:"今州郡不協, 必生大變. 惟當速行. 府是兵要, 助順討逆, 莫有動者也."惚更緣道遲留. 至南安魚涪津, 以與廞軍遇. 白惚:"散財貨募士卒拒戰. 若克州軍, 則州可得. 不克, 順流而退, 必無害也."惚不能更, 曰:"趙益州忿耿侯, 故殺之. 與吾無嫌, 何為如此?"模曰:"今州起事, 必當立威. 雖不戰, 無益也."言至垂涕. 惚不聽. 衆(弛)[弛]. 惚逃草中. 模衣惚服格戰. 廞兵殺模, 見非惚, 乃搜求惚, 殺之. 廞自稱大將軍益州牧, 以武陽令蜀郡杜淑別駕張粲巴西張龜西夷司馬龔尼江原令犍為費遠等為左右長史司馬參軍. 徙犍為太守李庠為威寇將軍. 召臨邛令涪陵許弇為牙門將. 召諸王官, 莫敢不往. 又以廣漢太守張(微)[徵]汶山太守楊邠成都令費立為軍祭酒.

時庠與兄弟流驤妹婿李含天水任回上官晶扶風李攀始平費他氐符成隗伯董勝等四千騎在北門, 廞使庠斷北道. 庠素東羌良將, 曉軍陣, 不用麾志, 舉矛為行伍. 庠勸稱大號漢. 庠部下放攬, 廞等忌之, 遂於會所斬庠及其兄子弘等十餘人. 慮特等為變, 又命為督將, 安慰其軍. 還特庠喪. 其夜, 特流徹衆散歸綿竹. 廞遣故陰平令張衡升遷費恕就綏納, 皆為特所殺. 許弇求為巴東監軍, 杜淑張粲逆不許, 弇怒, 於州閣下手刃殺淑粲. 即亦殺弇. 二子, 廞腹心也.

永寧元年, 春正月, 廞遣萬餘人斷北道, 次綿竹, 以長史費遠為繼. 前軍宿石亭. 特等相合, 得七百餘人, 夜襲之, 因放火, 殺廞軍略盡. 進成都, 城中怊元. 中郎常美與費遠李苾張微等夜斬關委廞走. 文武散盡, 廞獨與妻子乘小船順水至廣都, 為下人朱竺所殺. (袞)疑. 廞字和叔, 本巴西安漢人也. 祖世隨張魯内移, 家趙. 趙王倫器之. 歷長安令, 天門武陵太守, 來臨州. 長子昺在洛, 亦見誅.

特流至成都, 殺西夷護軍姜發及龔尼(相)[成]都令袁洽, 因大抄掠. 遣牙門王角李基詣洛表狀. 初, 梁州刺史羅尚聞廞反, 表: "廞非雄才, 又蜀人不願為亂, 必無同者, 事終無成, 敗亡可計日而俟." 惠帝因拜尚平西將軍, 假節, 領護西夷校尉益州刺史, 給衛節兵一千梁州兵二千, 又配尚書都尉義部千五百人, 合四千五百人. 遷梓潼太守樂陵徐儉為蜀郡太守, 揚烈將軍隴西辛冉為廣漢太守. 羅尚又表請牙門將王敦兵七千餘人入蜀. 特等聞尚來, 甚懼, 使弟驤奉迎. (特原)[特厚]進寶物. 尚以驤為騎督. 特流奉牛酒勞尚於綿竹. 王敦說尚曰: "特等隴上塞盜劫賊, 宜軍無後患也, 會所殺之." 辛冉本趙王倫所用, 非資次, 召當還, 欲討厥以自新, 亦言之. 尚不納. 又冉謂特曰:"故人相逢, 不吉當凶." 特自猜懼. 三月, 尚至州治. 汝山羌反於都安之天拭山, 遣王敦討之. 殺數千人, 大沒女弱為生口. 敦單馬馳, 為羌所殺. 御史馮該張昌攝秦雍州從事, 督郵移還流民, 從者萬餘家. 而特兄輔素留鄉里, 記言迎家, 既至蜀, 因謂特曰:"中國亂, 不足還." 遣天水閻式累詣尚, 求弛領校, 權停至秋. 並進貨賂於尚該, 許之. 及秋, 又求至冬. 辛冉李苾以為不可, 必欲移之. 式為別駕杜弢說逼移利害, 弢亦欲寬迸民一年. 辛冉李苾以為不可, 尚從之. 弢致秀才版出, 還家, 知計謀不行故也. 時有白虹, 頭在井里, 尾在東山, 拖大城上. 治中從事巴西馬休問閻式曰:"此何祥也." 式曰:"占言下有萬屍氣, 甚迫於城, 非佳應. 天孽可違乎? 平西若能寬迸民, 災自消矣." 冉苾又白尚:"流民前厥亂際, 多所枉歿. 宜因移, 設關以奪取." 秋七月, 尚移書梓潼, 所在抱關. 八月, 關皆城. 閻式曰:"無寇而城, 讎必保之. 蜀將亂矣." 九月, 遣軍軍綿竹, 揚言種麥, 實備越逸. 冉又購特流首百匹. 特驤悉更其購云:"能送六郡大姓閻趙任楊李上官及氏傁梁竇苻隗董費等首百匹." 流民本無還意, 大驚駭, 趣特. 冬十月, 特流乃保赤祖, 為二營. 特稱鎮北益州, 流鎮東, 皆大將軍. 兄輔驃騎, 弟驤驍騎, 特長子蕩鎮軍, 少子雄前軍, 李含西夷校尉, 含子國離及任回上官晶李攀費他皆將軍. 以天水任臧上官惇楊褒楊發楊珪王達麹歆, 陰平李遠武都李博, 劉略陽夕斌等參佐, 而閻式何巨趙肅亦為賓從, 其餘皆有官號. 辛冉遣護軍曾元攻之, 為特所殺. 尚遣督護田佐牙門並助冉, 復敗. 進圍廣漢. 尚復遣犍為太守李苾長史費遠助冉, 不能克. 冉託罪於綿竹令南郡岐苞, 斬之, 而潰圍走德陽. 特等得廣漢, 詐為表奏, 稱引梁統推舉竇融故事, 以自貴大. 尚書檄告喻閻式, 式答曰:"辛冉傾巧. 杜景狂發. 曾元小豎. 田佐血氣不治, 李叔平才

經廊廟, 無將帥之氣, 討贏乏羌, 謂可長爾. 式前為節下及杜景文論留徙之宜,

人懷桑梓, 孰不願之. 但往初至, 隨穀庸(債)[賃], 一室五分. 復值雨潦. 乞須

多熟, 而不見聽. 必窮鹿抵虎. 但恐繩之大過, 迸民不肯延頸受刀, 其憂在後.

即聽式言, 寬使治嚴, 不過去九月盡集, 十月生進道, 令達鄉里, 何有如此也?

雅聽未察, 卹彼過言. 今辛冉奴亡, 叔平長邁, 支分勢解, 事漸及己. 所謂不寤

曲突遠薪, 而有焦爛之客也."尚率其民盡渡郫水以南, 尚阻長圍, 自都安至犍

為七百里, (押)[捍][特]. 特等保廣漢.

太安元年春, 尚牙門夏斤攻李特於立石, 失利. 征西遣督護衙博西征, 討特.

博次梓潼. 晉復拜前廣漢太守張(微)[徵]廣漢太守, 據德陽. 尚遣督護巴西張

龜督四十牙門軍繁城. 博方遣參軍蒙紹誘特降. 尚貽博書曰:"昔年得李流牋,

降心款款. 由時威帖, 得還為寇. 聞特委誠於下吏, 而流驤七八千人來寇日至,

姦凶之態, 詭譎不測, 不可不重以持之也."博不從, 故為特所破於陽沔. 梓潼

太守張演委倉庫走巴西. 巴西郡丞毛植五官襄班舉郡降特. 衙博才兼文武, 征

西大將軍河間王深器之. 初為陰平太守, 為從事巴郡毛扶所免, 怨梁州人. 及

西征, 征西許雄以陽沔之役寇尚未至, 聞鶴鳴便退, 博欲委罪梁州, 託以自不

供給. 梁州治中表之, 博以是得罪. 晉乃更用許雄為梁州刺史. 八月, 特破德

陽. 流次成都北上. 李驤在毗橋, 尚遣將張興偽降於驤, 覘士衆. 還, 以告尚.

尚遣叟兵襲驤, 破之. 流驤并士衆攻尚軍. 軍失利, 喪其器甲. 梁州刺史許雄

數遣軍討特. 特備險不得進. 征西乃遣監軍劉沈將西征, 以中國有事, 不果.

而南夷校尉李毅遣叟兵助尚. 軍數挫, 特勢日盛.

二年春正月朔, 特攻尚水上軍. 特從盎底渡, 黨徒從赤水渡, 入郫及水西南

緣江守軍皆散走. 太守徐儉逼降. 尚保大城, 特營少城, 而流軍江西之檢上.

蜀民先已結村保, 特分人就主之. 雄書諫特:"收質任, 無得分散猛銳." 流亦諫之. 特怒曰:"大事以定, 但當安民, 何緣疑動而劫害不止?"尚從事蜀郡任叡說尚曰:"侵暴百姓, 又分人衆散在諸村, 怠忬無備, 殆天亡特之秋也. 可告諸村, 密尅戰日, 內外擊之. 破特必矣."尚從之. (從)[夜]縋出叡, 使宣旨告諸村, 期二月十日同時討特. 手書隱語曰:"在彼楊水."叡先詣特降, 究觀虛實. 特問城中. 叡曰:"米穀已欲盡, 但有貨帛耳."因求省家. 特與啟信. 諸村悉從叡. 叡還報. 尚如期出軍討特, 諸村亦起, 大殺特衆. 破退. 追及於繁之官桑, 斬特及兄輔遠等. 李流斂餘衆還赤祖. 尚乘勝, 但施遊軍征盪. 傳特首洛陽, 焚其屍.

李雄以李離為梓潼太守, 衆還赤祖, 推流為大將軍大都督. 而荊州刺史宋岱水軍三萬助尚, 次墊江. 前鋒建平太守孫阜, 破特德陽守將[蹇]碩太守任臧, 徑至涪. 三月, 尚遣督護張龜何沖左汜等軍繁城, 而綿竹降, 涪陵民藥紳杜阿應尚. 尚又遣督護常深軍毗橋, 為流驤禦. 盪雄攻紳. 深破驤, 殺李攀. 弟恭(傷)復為主. 左汜黃閭逼攻特北營. 營中氐羌因苻成隗伯石定叛應汜閭攻盪雄. 盪母羅擐甲略陳, 伯手刃羅, 傷目, 壯氣益烈. 又時成伯戰於內, 汜閭攻其外, 自晨至日中, 營垂欲破. 會流破深, 盪雄破紳還, 適與汜閭會, 大破之. 成伯將其黨突出詣尚. 盪策馬追退軍, 為叟長矛所椿, 死. 羅雄秘不發喪, 以安衆心. 流以特盪死而岱阜並至, 恐懼. 李含勸流降, 流從之. 雄與驤諫之, 不納. 遣子世及含子胡質於阜. 李離聞父舅將降, 自梓潼還, 欲諫不及. 雄與離謀襲阜, 曰:"若功成事濟, 當為人主, 要三年一更."雄曰:"與君計雖定, 老子不從, 若何?"離曰:"當制之. 若不可, 便行大事. 雖君叔, 勢不得已. 老父在君, 夫復何言!"雄乃說六郡人士, 激以尚之自侵, 懼以共殘蜀民之禍. 陳阜可富貴之秋, 得以破阜. 阜軍死者甚衆, 而岱病亡. 荊州軍退, 轉攻尚. 流戁其短, 軍事任雄. 雄數破尚軍, 保大城. 夏四月, 尚殺隱士劉敞. 敞乃故州牧劉璋曾孫也, 隱居白鹿山, 高尚, 皓首未嘗屈志, 亦不預世事. 尚信袄言殺之. 殺之日, 雷震人, 大雨, 城中出水.

五月, 李流降於孫阜, 遣子為質. 不可, 乃舉兵與李離襲阜. [阜]軍敗績. 宋岱病卒墊江, 州軍退. 雄逼攻尚, 尚保大城中. 六月, 雄從帛羊頹渡, 攻殺汶山太守陳圖, 據郫城. 秋七月朔, 雄入郫城, 流盡移營據之. 三蜀民流迸, 南入, 東下, 野無煙火, 鹵掠無處, 亦尋饑餓. 唯涪陵民千餘家在江西, 依青城山處土范賢自守. 平西參軍涪陵徐舉求為汶山太守, 撫帥江西民, 與官犄角討雄. 尚不許. 舉怨之, 求使江西, 因叛降雄. 雄以為安西將軍, 給其軍糧, 雄得以振. 九月, 流病死. 雄復稱大將軍都督州牧. 尚數攻郫. 雄使武都朴泰譎尚曰: "李驤與雄以饑餓孤危, 日鬥爭相咎. 驤欲將民江西食穀. 若潛軍來, 我為內應, 可得也." 尚以為然, 大與金寶, 泰曰: "今事故未立効, 後取不晚也." 又求遣人自隨覘伺. 尚從之. 泰要發火, 遣隑伯諸軍攻郫. 驤使道設伏, 以長梯上伯軍. 伯軍見火起, 皆爭緣梯. 雄因放兵擊之, 大破尚軍. 雄徑追退, 夜至城下, 稱萬歲曰: "以得郫城矣." 入少城, 尚乃覺, 保大城. 驤別攻犍為, 斷尚運道. 獲太守武陵龔恢. 恢往為天水西縣令, 任回為吏. 回問曰: "識故吏不?" 恢曰: "識汝耳." 郡吏星散, 惟功曹楊渙侍衛. 回謂曰: "卿, 義人也. 吾力恐不能救龔君, 不能免卿也. 宜早去." 渙曰: "背主求生, 何如守義而死." 遂并見殺. 以李溥為犍為太守. 雄生獲伯, 知其傷, 死創也. 伯女為梁雙妻, 為己用, 故不殺. 閏十二月, 尚糧運不繼, 而被攻急, 夜退, 由牛韓水東下. 留牙門張羅, 持城終夜. 比雄覺, 去以遠. 倉卒失節鉞, 羅持從後, 得之, 并獲資應. 雄得成都. 梁州刺史許雄以討賊不進, 檻車徵詣詔獄. 惟獲軍與漢國太守杜孟治都戰帥趙汰, 荊州太守梓潼疑闕. 守漢中.

(元)[永]興元年春正月, 尚至江陽, 軍司辛寶詣洛表狀. 詔書權統巴東巴郡涪陵三郡, 供其軍賦. 冬, 尚移屯巴郡. 遣軍掠蜀中, 斬雄從祖冉, 獲驤妻昝子壽兄弟. 十二月, 雄太尉李離伐漢中, 殺戰帥趙汰.

永嘉元年春, 尚施置關戍至漢安僰道. 時益州民流移在荊湘州及越雟牂柯. 尚(書)[施]置郡縣, 就民所在. 又施[置] 諸村參軍. 三月, 關中流民鄧定旬氏等掠漢中冬辰勢以叛. 巴西太守張燕, 帥牙門武肇漢國郡丞宣定遣兵圍之. 氏求救於李雄. 夏五月, 雄遣李離李雲李璜李鳳入漢中, 救定. 杜孟治聞離至, 命燕釋圍保州城. 初, 燕攻定, 定衆饑餓, 偽降, 送金一器與燕, 燕納之. 居七日, 氏至. 定還冬辰勢. 燕進圍之, 不聽孟治言. 離至, 先攻肇營. 營破. 次攻定, 又破之. 燕懼戰, 將百騎走. 離等大破州軍. 牙門蔡松退造孟治曰:"州軍已破, 賊衆, 不可待也."孟治怖. 護軍欲城守, 謂孟治曰: 賊來雖衆, 客氣之常. 李區區有東南之逼, 必不分宿兵於外, 不過迎拔定氏耳. 孟治曰:"不然. 雄冒稱帝王, 縱橫天下, 以遣重衆, 必取漢中. 雖有牢城, 士民破膽, 不可與待寇也."乃開門退走. 護軍北還. 孟治入大桑谷, 民數千家, 車數千兩, 一夜行才數十里. 而梓潼荊子疑字有誤. 以父與孟治有隙, 合子弟追之, 及於谷口. 孟治棄子走. 荊子獲之, 及吏民千餘家. 惟漢國功曹毋建荷檐仗曰:"吾雖不肖, 一國大夫. 國亡不能存, 終不屬賊也."餓死谷中. 積十餘日, 離等引還. 漢中民句方白落率吏民還守南鄭.

二年, 詔書錄尚討特功, 加散騎常侍, 都督二州, 進爵夷陵侯. 長子宇, 以佩奉車都尉, 拜次子延壽騎都尉. 梁州以雄所破壞, 晉更以皇甫商為梁州. 商不能之官, 更用順陽內史江夏張光為刺史, 治新城. 漢中民逼李鳳寇掠, 東走荊沔.

三年冬, 天水旬琦張金苟, 略陽羅羡, 殺雄太尉李離, 降尚. 雄太傅驤李雲李璜攻羡, 為所破殺. 雲璜, 雄從弟也, 為司空. 十有二月, 琦等送離母子於尚. 尚斬之, 分其室.

四年, 天水文石殺雄太宰李國, 以巴西降尚. 梓潼巴西還屬. 初, 巴西譙登詣鎮南請兵. 鎮南無兵, 表為揚烈將軍梓潼內史, 義募三巴蜀漢民為兵, 克復州郡. 先征宕渠, 殺雄巴西太守馬脫, 還住涪. 折衝將軍張羅進據犍為之合水. 巴蜀為語曰: "譙登治涪城, 文石在巴西, 張羅守合水, 巴氏(郡)[那]得前." 秋七月, 尚薨於巴南. 尚字敬之, 一名仲, 字敬真, 襄陽人也. 歷尚書丞郎, 武陵汝南太守, 徙梁州臨州. 詔書除長沙太守下邳皮素泰混為益州刺史, 兼西夷校尉揚烈將軍, 領義募人及平西將軍. 當進治三關. 時李驤急攻譙登, 素次巴東, 敕平西將軍張順楊顯救登. 尚子宇恚恨. 加登糧運不給, 素至涪, 欲治執事, 執事懷懼. 冬十有二月, 素至巴郡, 降人天水趙攀閻蘭等夜殺素. 素字泰混, 下邳人也. 建平都尉暴重殺宇及攀, 巴郡亂, 不果救登. 三府官屬上巴東監軍冠軍將軍南陽韓松為刺史校尉, 治巴東.

五年, 春正月, 李驤破涪城, 獲登. 巴西梓潼復為雄有. 荊襄有亂. 氐苻成隗文作亂宜都, 西上巴東. 雄衆攻犍道, 走犍為太守魏紀, 殺江陽太守姚襄. 二月, 氐隗文等反於巴東, 暴重討之, 未下, 重殺刺史韓松. 松字公治, 南陽人, (隗文)[魏大]司徒暨孫也. 自領三府事. 三月, 三府文武與巴東太守吏共囚重及妻子, 於宜都殺之. 共表巴郡太守張羅字景治行三府事. 羅治枳, 自討隗文於宮坼, 破降之. 旬月復叛, 劫巴郡太守黃龕, 託以為主. 龕窮急, 自殺, 主簿楊預諫曰: "文之宿惡, 江川所知. 拘劫明府, 誰不危心, 虛假之名, 孰當信之. 可使張將軍知其丹誠, 何遽如此." 龕曰: "賊已道斷, 何緣得令景治知之."

預乃作龜書, 遣弟逃氐詣羅. 羅曰:"子宣宣誠, 吾自明之耳." 隗文聞, 怒, 囚龜, 執預, 問遣信狀. 龜曰:"不遣也." 文乃考預, 一日夜, 預不言. 文欲殺龜. 預死杖下, 文義之, 赦龜. 羅遣軍討之, 破還. 羅自討之, 敗績, 身死. 羅字景治, 河南梁人也. 巴中無復餘種矣. 文驅略吏民, 西上降雄. [雄]將任回獲犍為太守魏紀. 三府文武共表平西司馬王異行三府事, 又領巴郡太守. 梁州刺史張光復治漢中.

六年, 龍驤將軍江陽太守犍為張啟與廣漢羅琦共殺異. 異字彥明, 蜀人也. 啟復行三府事. 羅琦行巴郡太守. 啟病亡. 啟字進明, 犍為人, 蜀車騎將軍張翼孫也. 三府文武復共表涪陵太守義陽向沈行西夷校尉. 吏民南入涪陵.

建興元年春, 沈卒. 涪陵多疫癘, 蜀郡太守江陽程融宜都太守犍為楊芬西夷司馬巴郡常歆都安令蜀郡常倉弘等, 共推汶山太守涪陵蘭維為西夷校尉. 時中原既亂, 江東有事, 救援無所顧望, 融等共率吏民北出枳, 欲下巴東, 遂為雄將李恭費黑所破獲. 五月, 梁州刺史張光討王如黨涪陵李運巴西王建於蛇盤便作山, 疑其欲叛也. 運建走保枸山, 光遣軍攻破, 殺之. 建女(聟)[壻]楊虎保黃金山以叛. 討之, 虎夜棄營, 還趨厄水, 去州城四十里住. 光遣其子孟萇討之, 迭有勝負. 光求助於武都氐王楊茂搜, 虎亦求救於茂搜. 初, 茂搜子難敵遣養子適賈梁州, 私買良人子一人, 光怒, 鞭殺之, 難敵以是怨光, 曰:"使君初來, 大荒之後, 兵民之命, 仰我氐活. 氐有小罪, 不能貰也." 陰謀討光. 會光虎求救. 秋八月, 茂搜遣難敵將騎入漢中, 外言助光, 內實應虎. 至州城下, 光以牛酒饗勞, 遣與孟萇共討虎. 孟萇自處前, 難敵繼後. 與虎戰久, 難敵從後擊孟萇, 大破, 生禽孟萇, 殺之. 九月, 光恚死. 州人共推始平太守胡子序領州. 冬十月, 虎與氐急攻州城. 子序不能守, 委城退走. 氐虎得州城, 發光塚, 焚其屍喪. 難敵得光鼓吹妓樂, 自號刺史. 虎領吏民入蜀. 漢中民張咸等討難敵, 難敵退還, 咸復入蜀. 於是三州沒為雄矣.

蜀自太康至於太安, 頻怪異: 成都北鄉, 有人嘗見女子僻入草中, 往視, 物如人, 有身形頭目口, 無手足, 能動搖, 不能言. 廣漢有馬生角, 長大各半寸. 又有驢無皮毛, 袒肉, 飲食, 數日死. 繁什邡郫江原生草, 高七八尺, 莖葉赤, 子青如牛角, 內史耿滕以為朱草, 表美於成都王. 元康三年正月中, 欻一夜, 有火(先)[光], 地仍震. 童謠曰: "郫城堅, 盎底穿. 郫中細子李特細." 又曰: "江橋頭, 闕下市, 成都北門十八字." 及尚在巴郡也, 又曰: "巴郡葛, 當下美." 巴郡, 皮素之西上也. 又曰: "有客有客, 來侵門陌, 其氣欲索." 武平府君云: "譙周言: '巴沒三十年後, 當有異人入蜀, 蜀由之亡.' 蜀亡之歲, 去周三十三年." 又曰: "宋岱不死, 則孫阜不(交)[反], (市)[币]三旬之間, 流雄之首懸於轅門." 愚以為宋岱方進, 阜見得質, 及更(推)[摧]敗. 設岱生在, 無所保據矣. 杜弢自湘中與柳監軍書曰: "前諸人不能寬李特一年, 又不以徐士權為汶山太守, 而屯故如此. 謂失之毫釐, 差以萬里." 斯言有似. 然必以不(村)[杜]漸為恨者, 流民初西, 當承詔書閉關不入, 其次, 易代趙廞, 選宜內遣, 平西綿竹之會, 聽王敦之計, 少可以寧. 毫釐之覺, 非彼之謂也.

譔曰: 先王規方萬國, 必兼親尊賢能, 而任宗盟者, 蓋內藩王室, 外禦叛侮. 故元牧有連率之職, 奉貢無失職之愆. (奚)[爰]及漢氏, 部州必卿佐之才, 郡守皆台鼎之望. 是以王尊王褒著名前世, 第五倫蔡茂徑登三司. 斯作遠之準格, 不淩之令範也. 自大同後, 能言之士, 無不以西土張曠為憂, 求王皇宗, 樹賢建德. 於時莫察, 視險若夷. 缺垣不防, 任非其器, 啟戎長寇, 遂覆三州. 《詩》所謂"四國無正, 不用其良"也.

상거常璩(대략 291~361)

자는 도장(道將)이며, 촉군(蜀郡) 강원현[江源縣, 지금의 사천성 숭경현(崇慶縣)] 사람
이다. 그의 집안은 후한(後漢, 25~220) 때부터 진(晉, 266~420)나라 때까지 강
원 지역에서 대대로 관리를 지낸 문벌사족이었다. 서진(西晉, 266~317) 말
에 저족(氐族) 사람 이웅(李雄, 274~334)이 촉(蜀) 지역의 성도(成都)에 성한(成
漢, 304~349) 왕조를 세웠다. 상거는 이 성한 왕조의 세 번째 황제인 이기(李
期, 재위 334~338)와 네 번째 황제인 이수(李壽, 재위 338~343)의 시대에 사관(史
官)으로 재직하면서 《양익이주지지(梁益二州地志)》·《파한지(巴漢志)》·《촉지
(蜀志)》·《남중지(南中志)》를 저술했다. 여기에서 당시 수많은 지방정권 가
운데 하나인 성한 왕조의 통치자들이 대내외적으로 그 정통성을 인정받
고자 왕조의 역사서를 편찬하는 데 많은 노력을 기울였음을 알 수 있다.
작은 지방정권의 사관이었던 상거는 정치적, 사회적 상황이 급변했던 시
대적 상황에 직면하여 새로운 환경에서 서남을 바라보게 되었다. 동진(東
晉, 317~429) 영화(永和) 3년(347)에 환온(桓溫, 312~373)이 촉 지역을 정벌하자
그는 성한의 마지막 황제인 이세(李勢, 재위 343~347)에게 투항할 것을 권했
다. 상거는 그 공을 인정받아 중원(中原)의 문벌사족들이 주축을 이룬 동
진 정부에서 관직 생활을 했지만 지역 차별로 인해 그의 벼슬길이 그리
순탄하지는 않았다. 이에 그는 멸망한 성한 왕조에 대한 회한과 고향에
대한 그리움으로 예전에 저술했던 《양익이주지지》·《파한지》·《촉지》·
《남중지》 등을 모아 중국 서남 지역의 역사인 《화양국지(華陽國志)》를 편찬
했다. 상거는 제국에 소속된 사관이 아니라 지방정권인 성한의 사관으로
서 파(巴)·한중(漢中)·촉(蜀)·남중(南中) 등 지역의 정체성을 표상하는 《화양
국지》를 기술하여 최초로 중국 서남 지역의 역사를 썼다.

역주자 소개

이은상 李垠尚

한국과 미국에서 중국 문학을 공부했다. 중국 신화와 소설에 관한 내용을 박사 학위 논문으로 썼다.

현재 세종대왕기념사업회에서 연구원으로 있다.

2007년에 출간된 《시와 그림으로 읽는 중국 역사》를 시작으로 2021년에 《이미지 제국: 건륭제의 문화 프로젝트》가 나오기까지 10권의 책을 썼다.

대학원 시절 조식(曹植, 192~232)을 전공한 스승 Prof. Robert Joe Cutter의 가르침을 받으며 《화양국지(華陽國志)》를 처음 접했다.

임승권 林承權

1955년 대구에서 출생했으며 서울에서 성장했다.

오랜 시간 대만과 홍콩, 중국 대륙을 오가며 중국의 토지경제를 공부했다. 국토연구원 동북아연구팀과 토지공개념연구위원회에 참여했다. 대만의 국립정치대학에서 〈土地使用分區管制之比較研究〉로 경제학 박사 학위를 받았다.

아시아나 항공에 입사하여 금호그룹의 임원으로 중국 내 업무와, 금호고속 정비공장장을 지냈다. 전경련 국제경영원, 한국무역협회 등에서 강의했으며, 청운대학교 중국학과에서 정년퇴직했다.

저서로는 《중국토지제도론》, 《중국학개론》이 있으며, 번역서로는 《중국경제대추세》, 《중국 풍류를 마시다》, 《마오쩌둥의 의식주》 그 밖에 다수의 중국 관련 논문이 있다.

華陽國志